인사관계법

인사관계법

저 자 : 노병호
발행처 : 도서출판 개신 (충북대학교 출판부)
발행인 : 임동철
주 소 : (361-763) 충북 청주시 흥덕구 성봉로 410
전 화 : (043) 261-2952, 3014
팩 스 : (043) 274-1256
이메일 : presscbu@chungbuk.ac.kr
등 록 : 제1983-2001-7호
초판1쇄: 2009. 9. 30.
인쇄처 : 진원사 02) 916-1850

* 이 저서(번역서)는 2008학년도 충북대학교 학술연구지원사업에 의하여 발행되었음
(This work was supported by the research grant of the Chungbuk National University in 2008)

ISBN 978-89-7295-162-9 93360

값 25,000원

충북대학교 인문 · 사회연구총서 12

인사관계법

노 병 호 지음

도서출판 개신

머 리 말

우리나라는 전통적으로 종신고용제를 기반으로 하는 근로관계를 형성하여 왔으나, 1997년 외환위기 이후 치열한 기업 간의 경쟁에서 살아남기 위한 전략적 경영관리의 일환으로 고용의 유연성을 제고하는 방향으로 근로관계가 전환되고 있다. 기업은 무한경쟁시대에 살아남기 위하여 고용의 유연성을 제고하는 노력을 기울임과 동시에 고용형태의 다양화와 인사권의 효율적 활용에 주력하고 있다. 특히 최근의 인사이동은 동일한 기업 내부에 국한되지 않고 기업 사이에서도 활발하게 진행되고 있을 뿐만 아니라 경영합리화 차원에서 기업을 양도·분할하거나 경영악화 등으로 기업 자산의 매각·도산·회생절차를 밟는 경우가 빈번하게 이루어지고 있다.

이와 같은 기업이 처한 사회·경제적 상황 아래에서는 근로자의 인사이동도 다양할 수밖에 없다. 그러나 현행 노동법은 주로 기간의 정함이 없는 근로자에 대한 해고제한을 중심으로 구성되어 있기 때문에 근로자의 근로기본권과 사용자의 인사권을 조화시킬 수 있는 사용자의 인사이동 및 인사처분을 규율할 수 있는 규정을 두고 있지 않다. 그 결과 해고와 관련된 인사처분 이외의 다양한 인사이동 및 인사처분에 대해서는 근로기본권과 인사권이 규범적으로 조화될 수 있는 인사이동의 범위와 한계를 결정하는 판례와 이론들이 매우 빈약한 현실이다. 사용자가 법이 허용하는 범위 안에서 합리적인 인사관리를 도모하고 사용자로부터 부당한 인사처분을 받은 근로자의 권리를 적절하게 보호하기 위해서는 해고를 포함한 다양한 인사처분 및 인사이동에 대한 규범적인 이론의 정립이 절실히 요구된다고 할 수 있다. 그러나 다양한 기업환경 상황에서 발생하고 있는 전직, 전적, 전출, 파견, 아웃소싱, 조직변경으로 인한 근로관계의 이전 등 각종 인사이동 및 인사조치에 대한 실체법상의 이론과 권리구제를 체계적으로 연계하여 정리한 서적이 희소한 상태이다.

이에 필자는 사용자의 경영권과 근로자의 근로기본권이 상호 조화될 수 있는 합리적인 근로관계가 정착되기 위해서는 해고를 포함한 다양한 인사이동 및 인사처분에 대한 정당성 판단에 대한 이론과 판례를 총체적으로 정리할 필요성을 느끼면서 이제까지의 강의와 경험을 토대로 아래와 같은 내용을 중심으로 "인사관계법"을 출간하게 되었다.

[1] 인사관계법의 체계적인 이해를 돕기 위하여 근로기본권과 인사권의 근거가 되는 경영권의 이론 및 양 기본권의 조화적 해결원리, 인사관계법의 보호대상인 근로자

와 인사권의 주체가 되는 사용자의 범위, 인사권의 제한 근거가 법률이론 등을 구체적으로 소개하였다.

2 근로자에 대한 사용자의 인사권 행사를 기업내부와 기업 사이로 구분하여 각 인사이동의 유형에 따른 정당성 여부와 근로관계에 미치는 효과를 상세하게 소개하였다. 특히 경영악화 또는 경영합리화에 의한 영업양도·합병·도산절차·아웃소싱 등과 관련된 인사이동 및 근로관계의 승계법리를 다루었다.

3 노동분쟁 중 다수를 차지하고 있는 해고와 관련된 이론은 해고의 유형과 절차로 구분하여 해고의 정당성 여부, 해고의 효과, 부당인사로 인한 근로자의 권리구제 내용을 구체적으로 다루었다. 특히 해고의 효과로서 최근 도입된 이행강제금, 금전보상명령과 권리구제 방법으로서의 행정쟁송과 민사소송의 유형에 대해서는 비교적 상세하게 다루었다.

이와 같은 목적으로 탈고를 마치고 보니 여러 가지로 부족한 면이 많다는 것을 새삼 느낀다. 부족한 부분은 향후 개정작업을 통하여 보완할 것을 약속드린다. 이 책이 출간되기까지 주위 사람들의 헌신적인 도움을 결코 잊을 수 없다. 원고 초안부터 완성까지 도움을 준 국민고충처리위원회 한경식 박사와 교정은 물론 관련 조문 및 판례에 이르기까지 세밀하게 확인 작업을 해 준 성기정 노무사와 조현범 노무사 그리고 박재동 박사와 이욱준 조교에게도 지면으로나마 감사의 뜻을 전하고 싶다. 그리고 인문사회과학총서로 본서의 출간을 지원해 주신 임동철 총장님과 출판부 부장님이하 관계자들께 감사드리며 진원사 사장님과 편집에 심혈을 기울여 주신 편집 직원들의 노고에 깊은 감사를 드립니다.

2009년 8월

저자 노 병 호

목 차

제1장 인사관계법 총론 / 21

제1절 개 설 ······ 22

제2절 근로기본권과 경영권 ······ 25

Ⅰ. 개 관 ······ 25

Ⅱ. 헌법상 기본권으로서의 경영권 인정여부 ······ 26

1. 학 설 / 26
2. 판 례 / 26
3. 평 가 / 27

Ⅲ. 근로기본권과 경영권의 충돌 ······ 27

1. 의 의 / 27
2. 논의의 필요성 / 28
3. 학 설 / 28
4. 판 례 / 30
5. 평 가 / 32

제3절 근로자와 사용자의 개념 및 범위 ······ 33

Ⅰ. 개 관 ······ 33

Ⅱ. 인사권 대상자로서의 근로자 ······ 33

1. 의의 및 중요성 / 33
2. 근로자 여부의 판단기준 / 34
3. 근로자 범위의 확장이론 / 38
4. 판례의 경향 / 42

Ⅲ. 인사권자로서의 사용자 ······ 53

1. 의의 및 중요성 / 53
2. 사용자 여부의 판단기준 / 54
3. 사용자 범위의 확장이론 / 55
4. 판례의 경향 / 58

Ⅳ. 인사관계자로서의 사용자와 근로자와의 상호관계 ······ 64

제4절 근로관계와 당사자의 권리의무 ······ 65

Ⅰ. 개 관 ······ 65

Ⅱ. 근로계약과 근로관계 ······ 66

1. 문제의 소재 / 66
2. 학 설 / 66

3. 판　례 / 67　　　　4. 평　가 / 68

Ⅲ. 근로관계 당사자의 권리의무 ······ 68

1. 의　의 / 68　　　　2. 근로자의 의무 / 68

3. 사용자의 의무 / 70

제5절 인사권행사의 자유와 제한 ······ 74

Ⅰ. 개　관 ······ 74

Ⅱ. 인사권의 근거 ······ 74

1. 학　설 / 74　　　　2. 판　례 / 75

3. 평　가 / 76

Ⅲ. 근로관계 성립 이전의 인사권 ······ 77

1. 채용의 자유 / 77　　　　2. 채용자유의 제한 / 78

3. 채용내정자의 보호문제 / 81

Ⅳ. 근로관계 성립 이후의 인사권 ······ 84

1. 의　의 / 84　　　　2. 인사권의 종류 / 84

3. 인사권의 제한 / 86

제6절 인사관계법의 법원 ······ 88

Ⅰ. 의　의 ······ 88

Ⅱ. 성문법원 ······ 88

1. 헌　법 / 88　　　　2. 법　률 / 88

3. 명　령 / 89　　　　4. 조　약 / 90

Ⅲ. 자치법원 ······ 90

1. 단체협약 / 90　　　　2. 취업규칙 / 91

3. 근로계약 / 91

Ⅳ. 불문법원 ······ 91

1. 판　례 / 91　　　　2. 행정해석 / 92

3. 노동관행 / 93

Ⅴ. 법원의 적용방법 ······ 94

1. 상위법원 적용의 원칙 / 94

2. 같은 순위 법원 상호간의 적용방법 / 95
3. 유리조건 우선의 원칙 / 96

제2장 기업 내부의 인사와 근로관계 / 97

제1절 개 설 ········· 98
제2절 전 직 ········· 99
Ⅰ. 의 의 ········· 99
Ⅱ. 법적 근거 ········· 99
Ⅲ. 전직의 제한 ········· 100
1. 근로계약에 의한 제한 / 100
2. 근로기준법 제23조 제1항에 의한 제한 / 102
3. 전직명령권의 남용에 의한 제한 / 102
4. 기타 법령에 의한 전직 제한 / 106
Ⅳ. 전직의 효과 ········· 106
Ⅴ. 판례의 경향 ········· 106
제3절 휴 직 ········· 108
Ⅰ. 의 의 ········· 108
Ⅱ. 법적 근거 ········· 108
Ⅲ. 휴직의 제한 ········· 108
1. 의원휴직 / 108
2. 상병휴직 / 109
3. 징계휴직 / 109
4. 기소휴직 / 110
5. 고용조정휴직 / 110
6. 육아휴직 / 110
Ⅳ. 휴직의 효과 ········· 111
1. 원직복귀의무 / 111
2. 임금지급 등의 제한 / 111
3. 근속기간의 포함 및 해고의 제한 / 113
Ⅴ. 판례의 경향 ········· 113

제4절 직위해제 ······ 114

Ⅰ. 의 의 ······ 114

Ⅱ. 법적 성격 ······ 115

Ⅲ. 직위해제의 제한 ······ 116

1. 사유에 의한 제한 / 116
2. 직위해제에 이은 직권면직의 제한 / 118
3. 직위해제 기간의 제한 / 119
4. 절차에 의한 제한 / 122

Ⅳ. 직위해제의 효과 ······ 123

1. 직무수행의 정지 / 123
2. 임금지급의 제한 / 124
3. 후속적인 인사조치의 실행 / 125
4. 출근의무 및 연구과제 등의 수행 / 126

Ⅴ. 판례의 경향 ······ 126

Ⅵ. 문제점 및 개선방향 ······ 127

1. 문 제 점 / 127
2. 개선방향 / 128

제5절 징 계 ······ 130

Ⅰ. 의 의 ······ 130

Ⅱ. 법적 근거 ······ 130

1. 학 설 / 131
2. 판 례 / 131
3. 평 가 / 132

Ⅲ. 징계의 종류 ······ 133

1. 견책(경고) / 133
2. 감급(감봉) / 134
3. 정직(출근정지) / 135
4. 강등 및 강호 / 135
5. 징계해고 / 136

Ⅳ. 징계권의 제한법리 ······ 136

1. 징계권 제한의 필요성 / 136
2. 목적에 의한 제한법리 / 137
3. 절차에 의한 제한법리 / 137
4. 징계사유에 의한 제한법리 / 141
5. 법해석의 원칙에 의한 제한법리 / 149

Ⅴ. 징계요건을 규정한 단체협약과 취업규칙과의 관계 ······ 155

1. 문제의 소재 / 155
2. 적용방법의 원칙 / 155

3. 징계사유의 성격에 따른 적용 / 159

제6절 승진 및 표창 ······ 161

Ⅰ. 개 관 ······ 161
Ⅱ. 법적 규제 ······ 162
Ⅲ. 평 가 ······ 163

제7절 근로관계의 종료사유와 인사권의 제한 ······ 164

Ⅰ. 개 관 ······ 164
Ⅱ. 사 직 ······ 165
1. 의 의 / 165
2. 법적 규제 / 166
3. 해고와의 관계 / 167
4. 판례의 경향 / 170
Ⅲ. 합의퇴직 ······ 170
1. 의 의 / 170
2. 법적 규제 / 171
3. 해고와의 관계 / 172
4. 판례의 경향 / 175
5. 평 가 / 176
Ⅳ. 변경해지 ······ 176
1. 변경해지의 의의 / 176
2. 변경해지제도의 도입 가능성 / 177
3. 유보부 승낙의 가능성 / 179
Ⅴ. 근로계약기간의 만료 ······ 180
1. 의 의 / 180
2. 기간제고용 여부의 판단기준 / 181
3. 법적 규제 / 182
4. 해고와의 관계 / 186
Ⅵ. 정년 도달 ······ 188
1. 의 의 / 188
2. 정년제의 합법성 논란 / 189
3. 정년제의 법적 규제 및 정년연장 등을 위한 지원제도 / 192
Ⅶ. 당연퇴직 ······ 198
1. 의 의 / 198
2. 당연퇴직규정의 유효성 / 199
3. 당연퇴직처분과 해고제한 절차와의 관계 / 200

4. 유형에 따른 당연퇴직처분의 정당성 / 201

Ⅷ. 당사자의 소멸 ······ 203

제8절 기업의 도산과 근로관계 ······ 204

Ⅰ. 개 관 ······ 204

Ⅱ. 관리인형 기업회생절차와 근로관계 ······ 206

1. 의 의 / 206
2. 개별적 근로관계와의 관계 / 206
3. 집단적 근로관계와의 관계 / 211

Ⅲ. DIP형 기업회생절차와 근로관계 ······ 213

1. 의 의 / 213
2. 개별적 근로관계와의 관계 / 213
3. 집단적 근로관계와의 관계 / 214

Ⅳ. 파산절차와 근로관계 ······ 215

1. 의 의 / 215
2. 개별적 근로관계와의 관계 / 216
3. 집단적 근로관계와의 관계 / 219

제3장 기업 사이의 인사와 근로관계 / 221

제1절 개 설 ······ 222

제2절 전 출 ······ 222

Ⅰ. 의 의 ······ 222

Ⅱ. 법적 근거 ······ 223

Ⅲ. 법적 제한 ······ 224

Ⅳ. 전출 후의 근로관계 ······ 224

1. 문제의 소재 / 224
2. 원기업과 전출기업과의 관계 / 224
3. 전출근로자와 원기업과의 근로관계 / 226
4. 전출근로자와 전출기업과의 근로관계 / 226

Ⅴ. 판례의 경향 ······ 227

제3절 전 적 ······ 227

Ⅰ. 의 의 ······ 227
Ⅱ. 법적 근거 ······ 228
Ⅲ. 법적 제한 ······ 229
Ⅳ. 전적 후의 근로관계 ······ 230
Ⅴ. 판례의 경향 ······ 232

제4절 기업변동에 따른 인사이동 ······ 232

Ⅰ. 개 관 ······ 232
Ⅱ. 현행법의 태도 ······ 233
1. 민법의 태도 / 233
2. 상법의 태도 / 233
3. 노동법의 태도 / 234
Ⅲ. 영업양도와 근로관계 ······ 235
1. 의 의 / 235
2. 영업양도의 판단기준 / 235
3. 근로관계의 승계요건 / 237
4. 근로관계의 승계범위 / 245
5. 판례의 경향 / 252
Ⅳ. 합병과 근로관계 ······ 254
1. 의 의 / 254
2. 근로관계의 승계요건 / 254
3. 근로관계의 승계범위 / 255
4. 판례의 경향 / 258
Ⅴ. 기업분할과 근로관계 ······ 258
1. 의 의 / 258
2. 근로관계의 승계요건 / 259
3. 근로관계의 승계범위 / 260

제5절 아웃소싱과 근로관계 ······ 262

Ⅰ. 개 관 ······ 262
Ⅱ. 분사화(소사장제)와 근로관계 ······ 263
1. 의 의 / 263
2. 원기업과 독립성이 인정되는 경우 / 263
3. 원기업의 자회사에 불과한 경우 / 264
4. 법인격이 없는 경우 / 265

Ⅲ. 도급(용역)과 근로관계 ······ 266

1. 의 의 / 266
2. 근로관계의 승계 여부 / 266
3. 사용자 책임 귀속여부 / 266

Ⅳ. 위임·위탁과 근로관계 ······ 267

1. 의 의 / 267
2. 근로관계의 승계 여부 / 268
3. 입주자대표회의의 사용자 여부 / 269

Ⅴ. 근로자파견과 근로관계 ······ 271

1. 의 의 / 271
2. 당사자의 법률관계 / 272
3. 사내하도급과의 관계 / 273
4. 근로관계의 보호 / 276

Ⅵ. 판례의 경향 ······ 289

Ⅶ. 문제점 및 개선방향 ······ 290

1. 문제의 소재 / 290
2. 아웃소싱에 따른 근로관계의 문제점 / 290
3. 개선방향 / 291
4. 평 가 / 295

제6절 기업의 자산매각 및 경매와 근로관계 ······ 296

Ⅰ. 자산매각과 근로관계 ······ 296

1. 의 의 / 296
2. 영업양도와 자산매각의 구별기준 / 297
3. 자산매각의 효과 / 299

Ⅱ. 기업경매와 근로관계 ······ 300

제4장 해고와 근로자 보호 / 301

제1절 개 설 ······ 302

제2절 해고의 유형 ······ 303

Ⅰ. 개 관 ······ 303

Ⅱ. 학설의 입장 ······ 304

1. 통상해고와 즉시해고 / 304

2. 일반해고·징계해고·경영해고 / 304

Ⅱ. 판례의 입장 ······ 305

1. 개 관 / 305
2. 징계해고 / 306
3. 직권면직과 당연면직 / 306
4. 정리해고 / 307
5. 통상해고 / 307

제3절 해고에 대한 법적 규제 ······ 308

Ⅰ. 개 관 ······ 308

Ⅱ. 민법에 의한 해고의 규제 ······ 308

Ⅲ. 일반적인 해고의 법적 규제 ······ 309

Ⅳ. 개별목적에 따른 해고의 법적 규제 ······ 310

1. 남녀차별에 의한 해고금지 / 310
2. 모성보호에 반하는 해고금지 / 313
3. 보복적 해고의 금지 / 316
4. 업무상 부상·질병에 의한 해고금지 / 316
5. 부당노동행위에 해당하는 해고금지 / 317
6. 장애인차별에 의한 해고의 금지 / 325

Ⅴ. 법 해석의 원칙에 따른 해고의 법적 규제 ······ 327

1. 의 의 / 327
2. 해고권 남용금지의 원칙 / 327
3. 상당성의 원칙 및 과잉 금지의 원칙 / 328
4. 이중처벌금지의 원칙 / 329
5. 형평성의 원칙 / 329

제4절 이유에 의한 해고의 제한 ······ 330

Ⅰ. 개 관 ······ 330

Ⅱ. 일신상 이유에 의한 해고의 제한 ······ 331

1. 의 의 / 331
2. 해고의 정당성 판단기준 / 331
3. 유형에 따른 해고의 정당성 / 332

Ⅲ. 행태상 이유에 의한 해고의 제한 ······ 335

1. 의 의 / 335
2. 해고의 정당성 판단기준 / 335

3. 유형에 따른 해고의 정당성 / 336
4. 해고사유의 판단범위 및 시기 / 352
5. 해고사유 요건의 특례 / 353

Ⅳ. 경영상 이유에 의한 해고의 제한 ………… 362
1. 개 관 / 362
2. 긴박한 경영상의 필요성 / 363
3. 해고회피의 노력 / 371
4. 합리적이고 공정한 해고대상자의 선정 / 381
5. 정당한 해고사유와 고용안정협약과의 관계 / 387

제5절 절차에 의한 해고의 제한 ………… 390

Ⅰ. 개 관 ………… 390
Ⅱ. 근로기준법에 의한 해고의 제한절차 ………… 391
1. 공통적인 해고의 제한절차 / 392
2. 경영해고의 제한절차 / 395

Ⅲ. 자주적인 규범에 의한 해고의 제한절차 ………… 398
1. 해고협의·동의(합의) 조항 / 398
2. 인사(징계)위원회의 구성 및 의결 / 403

Ⅳ. 해고 제한절차의 적용특례 ………… 405
1. 별도의 해고제한 규정이 없는 경우 / 405
2. 직권면직·당연(자동)면직 처분의 경우 / 406
3. 통상해고의 경우 / 408

제6절 시기에 의한 해고의 제한 ………… 412

Ⅰ. 의 의 ………… 412
Ⅱ. 해고의 금지범위 ………… 412
1. 해고금지의 적용사유 / 412
2. 해고금지의 적용제외 사유 / 413

Ⅲ. 해고의 금지내용 ………… 414

제7절 해고의 효과 ………… 415

Ⅰ. 개 관 ………… 415

Ⅱ. 임금소급지급의무 …… 415

1. 의 의 / 415
2. 임금상당액의 성격 및 범위 / 416
3. 중간수입의 공제 여부 / 417
4. 과실상계의 적용 여부 / 419

Ⅲ. 원직복귀의무 …… 420

1. 의 의 / 420
2. 원직복귀의 범위 / 421
3. 취업청구권의 인정 여부 / 422

Ⅳ. 금전보상명령의 이행의무 …… 424

1. 의 의 / 424
2. 법적 성격 및 특징 / 425
3. 금전보상명령의 요건 / 426
4. 금전보상의 범위 / 427
5. 금전보상명령의 불복 / 430
6. 문제점과 개선방향 / 430

Ⅴ. 이행강제금의 부과 …… 432

1. 의 의 / 432
2. 법적 성격 / 433
3. 이행강제금제도의 내용 / 434
4. 문 제 점 / 436

Ⅵ. 정신적 손해의 배상의무 …… 437

Ⅶ. 경영해고자에 대한 재고용의무 …… 439

제5장 인사구제제도 / 441

제1절 개 설 …… 442

제2절 형사구제 …… 443

Ⅰ. 개 관 …… 443

Ⅱ. 부당인사처분과 관련된 형벌의 주체 및 내용 …… 444

Ⅲ. 형사처벌의 요건 …… 445

Ⅳ. 부당인사처분에 대한 형사업무처리 …… 446

1. 의 의 / 446
2. 업무처리의 기본방침 / 447
3. 처리절차 / 447
4. 검찰의 기소 여부 결정 / 448

제3절 행정구제 ······ 449

Ⅰ. 개 관 ······ 449

Ⅱ. 근로감독행정제도 ······ 449

1. 의 의 / 449
2. 법적 성질 / 450
3. 효 과 / 451

Ⅲ. 노동위원회의 구제명령제도 ······ 451

1. 의 의 / 451
2. 공인노무사 무료지원제도의 활용 / 453
3. 심급절차 / 453
4. 구제명령 / 456

Ⅳ. 행정소송제도 ······ 458

1. 의 의 / 458
2. 행정소송의 제기 / 458
3. 긴급이행명령 / 459
4. 변론 및 심리 / 460
5. 판결의 효력 / 461

제4절 민사적 구제 ······ 461

Ⅰ. 개 관 ······ 461

Ⅱ. 가 처 분 ······ 462

1. 의 의 / 462
2. 가처분의 요건 / 463
3. 사용자의 인사처분과 관련된 가처분의 유형 / 465
4. 가처분명령의 절차 / 468
5. 가처분의 내용과 한계 / 469

Ⅲ. 해고무효 확인소송 ······ 469

1. 의 의 / 469
2. 소의 제기 / 470
3. 변론준비 / 475
4. 변론 및 심리 / 477
5. 판 결 / 478

제5절 현행 권리구제의 문제점과 개선방향 ······ 481

Ⅰ. 개 관 ······ 481

Ⅱ. 심급단계에 관한 부분 ······ 481

1. 문 제 점 / 481
2. 개선방안 / 482

Ⅲ. 행정쟁송과 민사소송절차의 중복에 관한 부분 ········ 483
1. 문 제 점 / 483 2. 개선방안 / 484

【부 록】 ········ 487

Ⅰ. 노동부 및 노동위원회의 인사구제 서식 작성례 ········ 487
[1] 진정서 및 답변서 / 487
[2] 부당인사구제신청서 및 답변서 / 490

Ⅱ. 인사구제소송 서식 작성례 ········ 496
[1] 부당해고판정취소 소장 및 답변서 / 496
[2] 종업원지위보전가처분신청서 및 가처분이의신청서 / 504
[3] 해고무효 확인 등 청구소송 소장 및 답변서 / 508

Ⅲ. 인사관련 노동부 지침 ········ 515
[1] 근로자파견의 판단기준에 관한 지침 관련 사업장 점검요령 / 515
[2] 아파트 종사근로자의 근로조건 보호에 관한 지침 / 536
[3] 해고의 정당사유에 관한 업무지침(1992. 1. 7. 근기32003-9) / 540

【참고문헌】 ········ 543

【사항색인】 ········ 548

【판례색인】 ········ 552

제1장 인사관계법 총론

▶ Key Point ◀

1 사용자는 기업의 존립·운영에 불가결한 기업질서를 확립하고 유지하기 위하여 근로자에 대하여 각종 인사권을 행사할 권한이 있으며, 근로자는 근로계약에 의하여 기업질서를 준수할 의무를 부담한다. 그러나 사용자의 인사권은 헌법 제32조 및 제33조의 노동기본권과 조화되는 범위 내에서 행사되어야 한다는 제약이 따른다.

2 인사권자로서의 사용자와 사용자의 부당한 인사처분의 보호대상자로서의 근로자의 범위를 정하는 것은 매우 중요한 것임에도 근로기준법은 사용자와 근로자의 정의를 매우 추상적으로 규정하고 있어서, 판례상 인정되고 있는 사용자와 근로자의 범위를 정확히 이해하는 것은 매우 중요한 문제이다.

3 근로관계가 성립되면, 근로자는 사용자에게 근로제공의무와 충실의무를 부담하게 되고 사용자는 근로제공에 대한 대가로 임금지급의무와 신의칙상 요구되는 배려의무를 부담하게 된다. 근로관계의 당사자로서의 권리의무는 각종 인사권을 행사하는 근거가 됨과 동시에 인사권의 한계가 된다.

4 근로자에 대한 사용자의 인사권의 기준을 법에서 구체적으로 규정한 것이 없기 때문에 인사권의 사유와 절차에 대해서는 별도의 취업규칙·근로계약 등에 규정하여 행사하는 것이 보통인데, 인사권 행사가 유효하기 위해서는 권리남용금지의 원칙에 위반되어서는 안 된다. 그리고 인사기준이 각 규범 사이에 충돌되는 경우에는 원칙적으로 규범의 효력순위에 따라 적용되어야 한다. 그러나 인사기준이 근로자에게 유리한 때에는 예외적으로 유리한조건우선의 원칙이 적용되어 하위의 규범이 적용된다.

제1절 개 설

기업이란 물적 조직과 인적 조직의 유기적인 결합체로서 영리를 목적으로 설립한 단체이다(상법 §169). 기업이 계속 유지·발전하기 위해서는 물적 조직(자산)을 유지·확보하는 것이 중요한 것이지만, 이를 관리·운영하는 인적 주체인 기업의 구성원도 이에 못지않게 중요하다고 할 수 있다. 그리고 기업의 구성원들이 경영목표 또는 방침에 따라 기업의 발전을 위하여 효율적으로 업무에 종사할 수 있는가의 여부에 따라 기업의 성쇠가 좌우된다. 이러한 면에서 본다면, 기업의 계속적인 발전을 위한 전제가 바로 합리적이고 효율적인 인사관리라고 할 수 있다.

경영적인 측면에서의 인사관리란 근로자들로 하여금 직장에 대하여 최대한 공헌케 하고, 동시에 최대의 만족을 할 수 있도록 조력·지도하는 기능 내지 활동을 말한다. 인사관리는 기업경영에 필요한 인적 자원의 조달기능과 개발기능 및 유지기능에 관한 관리활동으로 이루어진다. 인적 자원의 조달기능이란 모집·면접·시험·선발 등으로 이루어지는 채용기능을 말하고, 개발기능이란 교육훈련·승진·배치전환 등을 통한 인적 자원의 능력 내지 지식의 향상을 도모하는 기능을 말한다. 그리고 유지기능이란 임금관리·복리후생관리·안전보건관리 등을 통하여 양호한 작업환경을 유지하는 기능을 말한다. 이처럼 경영적인 측면에서의 인사관리에는 기업경영에 필요한 인적 자원의 활용에 관한 제반활동이 모두 포함된다. 따라서 사용자는 기업에 필요한 인적 자원을 효율적으로 활용하기 위하여 기업이 필요로 하는 인재를 채용하고 업무능력이 부족하거나 기업질서를 위반한 근로자를 징계 또는 해고하게 된다.

그러나 법학적인 측면에서 보면, 헌법상 보장된 근로기본권을 보장하기 위하여 사용자의 경영권 중에서 근로자의 생존과 밀접하게 관련된 인사권을 제한할 필요성이 대두된다. 특히 근로자의 생존권을 보호하기 위해서는 근로관계의 존속이 매우 중요한 것이므로 직장의 상실을 의미하는 해고처분에 대해서는 많은 제한을 하게 된다. 즉, 사용자가 행하는 인사조치 중에서 근로자에게 지위의 상승 또는 근로조건 향상의 결과를 가져오는 승진, 승급, 승호 등과 같은 인사조치는 법률에서 규제할 필요성이 없으나, 감봉·강등·정직·해고 등과 같은 인사조치는 근로자에게 지위 또는 임금의 저하를 초래하기 때문에 근로자 보호차원에서 법률에서 사용자의 인사권을 제한할 필요성이 있다.

근로관계의 존속을 보호하기 위하여 근로기준법은 남녀·국적·신앙·사회적 신분을 이유로 근로조건에 대하여 차별적 처우를 금지하도록 한 근로기준법 제6조의 「균등

처우」 규정과 정당한 이유 없이 해고, 휴직, 정직, 전직, 감봉 기타 징벌을 하지 못하도록 한 근로기준법 제23조의 「해고 등의 제한」 규정 및 긴박한 경영상의 필요성에 의한 경영해고를 제한하고 있는 근로기준법 제24조의 「경영상 이유에 의한 해고의 제한」 규정을 두고 있다.

이 책은 법학적인 측면에서 근로자에 대한 사용자의 인사권과 관련된 이론을 중심으로 구성되어 있다. 그 결과 서술의 범위는 경영권의 행사인 인사관리 영역에서 탈피하여 사용자가 행하는 인사관리 활동 중에서 근로권을 보호하기 위하여 법률에 의하여 사용자의 인사권이 제한되거나 제한할 필요성이 있는 부분에 국한될 수밖에 없다. 따라서 법학적인 측면에서 의미가 있는 인사의 개념과 그 범위를 확정할 필요성이 있다.

사전적 의미에서는 인사란 관리나 직원의 채용·해고·평가 따위와 관계되는 행정적인 일을 말하는 것이나, 법학적으로는 인사의 개념을 규정한 것이 없다. 따라서 보는 시각에 따라서 인사의 개념을 근로자의 능력이나 신분과 관계되는 일을 총칭하거나 채용 직후의 인사배치, 인사배치 후의 인사지휘 및 인사이동을 총칭하는 의미로 사용될 수도 있다. 다만, 인사와 관련된 직접적인 용어는 근로기준법 제23조 제1항에 규정된 전직뿐이다. 전직이란 직종을 바꾸거나 옮기는 것을 말하는 것이나, 근로자에게 끼칠 수 있는 불이익을 고려하여 정당한 이유가 있는 경우에 한하여 인사이동을 할 수 있다는 취지로 이해할 수 있으므로 근로기준법 제23조 제1항에 규정된 전직은 근로자에 대한 인사이동 일반을 포함하는 것으로 볼 수 있다. 그러나 근로기준법 제23조 제1항의 전직이 일반적인 인사이동을 포함하는 것으로 정착되지 못하고 있는 현실을 감안하면 인사의 개념과 인사의 범위를 정립할 필요가 있다.

이처럼 인사의 개념과 범위에 대한 명문규정이 없는 관계로 인사라는 용어가 다양한 의미로 사용되고 있고, 그 개념과 범위를 확정한다는 것은 쉬운 일이 아니다. 판례는 인사권을 사용자가 근로자를 채용하여 직무를 부여하고 근로제공을 명령하며, 이동배치·승진 등 지위변동이나 정직·해고 등 각종 인사조치를 할 수 있는 권한으로 기업경영 또는 근로계약의 본질상 사용자에게 인정되는 권한으로 정의하고 있다.[1] 필자는 「인사권에 근거하여 사용자가 행하는 인사관리활동 중에서 법적 규제를 받거나 받을 필요성이 있는 인사처분과 인사이동」을 인사의 개념으로 정의하고, 인사권이란 사용자가 기업의 유지 및 존속과 경영 질서를 유지하기 위하여 근로자에게 행하는 각종 인사권한을 의미하는 것으로 정리하기로 한다. 그리고 인사관계법이란 법적 규제를 받거나 받을 필요성이 있는 근로자에 대한 사용자의 인사와 관련된 제반 법률을

1) 대법원 2000. 9. 29. 선고 99두10902.

말하는 것으로 하기로 한다.

인사권에 근거하여 사용자가 근로자에게 행하는 인사처분 또는 인사이동에는 법적 규제를 받는 채용, 전근, 전적, 직위해제 또는 대기발령, 당연 퇴직, 파견, 휴직, 징계 및 해고, 조직변동 또는 기업의 도산에 따른 근로관계의 변경 및 승계 등이 포함된다. 근로자에 대한 사용자의 인사처분과 인사이동에는 근로자의 신분 또는 경제적 불이익을 동반하는 징계 인사뿐만 아니라 단순한 근로자의 신분변동이나 유리한 인사도 당연히 포함된다. 그리고 사용자의 인사처분에는 기업내부에서 이루어지는 인사뿐만 아니라 기업 사이에 이루어지고 있는 인사도 포함된다. 근로자에 대한 사용자의 인사처분 및 인사이동을 기업내부의 인사와 기업사이의 인사로 분류하면 그 종류와 쟁점은 다음과 같다.

〈인사조치의 종류 및 쟁점〉

유 형	종 류	쟁 점
기업내부의 인사	채 용	채용내정자와 시용채용자의 법적 성격 및 보호문제. 의무고용의 문제
	전 근	업무의 필요성과 근로자의 보호와의 균형
	직위해제 (대기발령)	업무의 필요성에 따른 사유·범위와 법률상의 요건과 절차의 준수 여부
	징 계	경영권과 근로권과의 충돌 및 징계권 남용의 문제
	해 고	해고의 사유와 해고제한 절차. 해고권의 남용문제
	당연 퇴직	당연퇴직사유와 해고와의 관계
	기업의 도산과 근로관계	기업의 도산에 따른 회생 및 파산에 따른 근로관계의 승계 및 변동
기업사이의 인사	전 적	전적의 요건과 근로관계의 당사자 및 근로조건 보호범위
	전 출	전출근로자, 전출기업, 원기업과의 법률관계 및 근로관계의 보호문제
	기업변동에 따른 근로관계의 이 전	양도·합병·분할에 따른 근로관계의 이전 범위와 근로조건 보호 문제
	아웃소싱과 근로관계	도급·위탁·파견·소사장제 등의 실시에 따른 원기업과 근로자와의 근로관계

제2절 근로기본권과 경영권

I. 개 관

근로기본권이란 일반적으로 헌법 제32조의 근로권과 헌법 제33조의 단결권·단체교섭권·단체행동권의 노동3권을 포괄하는 것으로서 헌법이 근로자에게 보장하고 있는 사회적 기본권을 말한다.[2] 근로기본권이 헌법상 기본권으로 보장됨에 따라 모든 관계법령은 근로기본권을 보장하는 방향으로 입법되어야 하고 집행되어야 한다. 따라서 근로자는 헌법상의 근로기본권 보장규정과 이를 구체화한 노동관계법에 따라 사용자의 부당한 인사처분으로부터 보호받게 된다.

반면, 근로기본권에 대응하는 사용자의 헌법상 권리는 헌법 제23조 제1항의 재산권보장과 헌법 제119조의 경제활동 자유보장이라고 할 수 있다. 사용자는 헌법상 보장된 재산권과 경제활동에 따라 자유로운 의사에 따라 경영권을 행사하게 되고, 경영권에 근거하여 근로자에 대하여 각종 인사권을 행사하게 된다. 따라서 인사권이란 경영권에 근거하여 사용자가 기업의 유지 및 존속과 경영 질서를 유지하기 위하여 근로자에게 행하는 각종 인사조치 권한이라고 할 수 있다.

그러나 근로권과 노동3권 이외에도 근로자의 경영참가권을 근로기본권의 범위에 포함시키려고 하는 견해도 있다. 경영참가권이란 대체로 근로자들이 기업의 경영과 자본 및 이윤분배 등에 참여할 수 있는 법적 권리를 말한다. 근로자의 경영참가권에 관한 헌법상의 근거는 없으나, 「근로자참여 및 협력증진에 관한 법률」에서 소극적인 의미에서의 경영참가권을 인정하고 있다. 근로자의 경영참가권이 법적 권리로 대두됨에 따라 사용자의 재산권 보장과 경제활동의 자유에 대한 헌법상 원리에 수정이 가해지고 있다.[3]

그런데 근로기본권은 헌법상 권리로 명문화되어 있으나, 경영권은 기본권으로 인정한다는 헌법상 명문규정이 없기 때문에 경영권을 헌법상 권리로 인정할 것인가의 여부에 대하여 논란이 있을 수 있다. 그리고 경영권을 헌법상 권리로 인정할 경우에 근로기본권과 경영권이 서로 경합 또는 충돌될 경우에 양자의 기본권을 어떻게 조화시켜 해결할 것인가의 여부가 문제된다.

---

2) 성낙인, 헌법학(제6판), 593면; 이상윤, 노동법(제3판), 47면. 다만, 넓은 의미에서는 근로기본권에는 근로권과 노동3권 이외에 생존권이 추가되고, 좁은 의미에서는 노동3권만을 지칭한다.
3) 이상윤, 노동법(제3판), 47면.

Ⅱ. 헌법상 기본권으로서의 경영권 인정여부

1. 학 설

1) 헌법 권리인정설

비록 헌법에 경영권을 기본권으로 인정하는 명문규정이 없더라도, 헌법 제23조 제1항의 재산권보장·헌법 제119조 제1항의 경제활동 자유·헌법 제15조의 직업선택 자유권에서 당연히 경영권이 도출된다는 견해이다.[4)]

2) 헌법 권리부인설

헌법 및 법률에 명문으로 경영권을 기본권으로 인정한다는 명문규정이 없으므로 경영권은 법적 권리로 볼 수 없다는 견해이다.[5)] 이 견해에 의하면, 경영권은 구체적인 권리가 아니라 관념적·정책적 산물에 불과하고, 특정 개인 또는 집단이 기업에 대한 지배력을 행사하는 현상일 뿐이라고 한다. 따라서 경영권에 해당되는지의 여부에 따라 의무적 교섭대상의 범위를 판단하는 것은 타당하지 않음을 전제하여 인사권도 단체교섭의 대상에 포함되지 않는다고 한다.

2. 판 례

판례는「헌법 제15조의 직업선택의 자유, 헌법 제23조 제1항의 재산권의 보장, 헌법 제119조 제1항의 경제활동 자유에 따라 기업은 그가 선택한 사업 또는 영업을 자유롭게 경영할 수 있는 자유가 헌법상 보장되고 있으므로 사업 또는 영업을 변경하거나 처분할 수 있는 자유를 가지고 있으며, 기업은 원칙적으로 이와 같은 헌법상의 권리에 따라 자유로운 의사결정에 따라 사업을 확장·축소하거나 폐업 또는 양도할 수 있는 권리를 가지는 것」으로 판단하고 있다.[6)]

판례요지

헌법 제23조 제1항과 제119조 제1항은 사유재산제도와 경제활동에 관한 사적자치의 원칙을 기초로 하는 자본주의 시장경제질서를 기본으로 하고 있음을 선언하고 있다.

---

4) 김형배, 노동법(신판제4판), 195면 이하; 이상윤, 노동법(제3판), 49면.
5) 김유성, 노동법Ⅱ, 142면; 임종률, 노동법(제6판), 129면 이하; 이병태, 최신노동법(제8전정판), 225면 이하.
6) 대법원 2003. 7. 22. 선고 2002도7225; 대법원 2003. 11. 13. 선고 2003도687; 헌법재판소 1997. 8. 21. 선고 94헌마19·95헌마34·97헌가11; 헌법재판소 1998. 10. 29. 선고 97헌마345 등.

> 헌법 제23조의 재산권에는 개인의 재산권뿐만 아니라 기업의 재산권도 포함되고, 기업의 재산권의 범위에는 투하된 자본이 화체된 물적 생산시설뿐만 아니라 여기에 인적조직 등이 유기적으로 결합된 종합체로서의 사업 내지 영업도 포함된다. 이러한 재산권을 보장하기 위해서는 그 재산의 자유로운 이용·수익뿐만 아니라 그 처분·상속도 보장되어야 한다. 한편, 헌법 제15조의 직업선택의 자유에는 기업의 설립과 경영의 자유를 의미하는 기업의 자유를 포함하고 있다. 이러한 규정들의 취지를 기업 활동의 측면에서 보면, 모든 기업은 그가 선택한 사업 또는 영업을 자유롭게 경영하고 이를 위한 의사결정의 자유를 가지며, 사업 또는 영업을 변경(확장·축소·전환)하거나 처분(폐지·양도)할 수 있는 자유를 가지고 있고 이는 헌법에 의하여 보장되고 있는 것이다. 이를 통틀어 경영권이라고 부르기도 한다(대법원 2003. 7. 22. 선고 2002도7225).

3. 평 가

헌법은 개인의 재산권을 보장하고 자유로운 경제활동을 보장하는 자본주의경제질서를 기본원칙으로 하고 있다. 다만, 재산권의 행사는 공공복리에 적합하도록 해야 할 의무가 있고(§23·②), 국가안전보장·질서유지 또는 공공복리를 위하여 필요한 경우에 한하여 법률로써 제한을 받을 뿐이다(§37·②). 헌법상 보장되는 재산권에는 개인의 재산뿐만 아니라 기업의 재산도 당연히 포함된다. 기업의 재산에는 물적 조직과 인적 조직이 유기적으로 결합한 경영권 또는 영업권도 포함되는 것으로 보아야 한다.

헌법상 명문규정이 없더라도 경영권은 재산권을 보장하고 있는 헌법 제23조 제1항과 직업선택의 자유를 보장하고 있는 헌법 제15조 및 경제활동의 자유를 보장하고 있는 헌법 제119조 제1항에 따라 사용자는 기업의 유지·발전을 위하여 법률상 기업경영권을 행사할 수 있고, 이러한 경영권에 따라 인사권을 가진 것으로 보아야 한다. 다만, 경영권은 근로기본권을 보장하고 있는 헌법 제32조 및 제33조와 조화와 균형을 위하여 그 행사에 있어서 제한을 받을 뿐이다.

Ⅲ. 근로기본권과 경영권의 충돌

1. 의 의

근로기본권은 헌법상 명문규정으로 인정한 기본권에 해당되고, 경영권 역시 명문규정이 없더라도 헌법상 재산권보장과 직업선택의 자유 및 경제활동의 자유를 보장한 헌법의 기본원칙에 따라 헌법상 인정된 기본권에 해당된다는 것이 판례의 입장이다. 근로기본권과 경영권을 모두 헌법상의 기본권으로 인정할 경우에 동일한 사안에 대하여 양자의 기본권이 서로 충돌할 수 있다. 여기서 「기본권의 충돌」이란 서로 상이한 기본권의 주체가 서로 각기 충돌하는 권익을 실현하기 위하여 서로 대립되는 기본권의 적용을 국가에 대하여 주장하는 것을 말한다. 사용자가 직장질서 위반 등으로 노동조합 간부를 해고한 경우에 근로자 측은 헌법상 보장된 근로기본권의 침해를 이유로 부당해고임을 주장하고, 반면 사용자 측은 헌법상 보장된 재산권 등에 근거한 경영권을 이유로 정당한 해고임을 주장하는 것이 그 예이다.

2. 논의의 필요성

헌법상 기본권 충돌에 대하여 서열규정이 없더라도, 일반적인 기본권의 제한원리인 헌법 제37조 제2항에 규정된 일반 법률유보 원칙에 따라 이익형량과 과잉금지 및 비례의 원칙으로써 처리할 수 있기 때문에 특별히 기본권 충돌은 문제되지 않는다는 견해가 있다.[7] 즉, 기본권 충돌의 경우 어느 기본권을 우선적으로 보호할 것인가 또는 각각의 기본권을 어느 정도 보호할 것인가의 문제는 기본적으로 기본권의 제한과 관련된 것이므로 기본권 제한의 일반이론에 의하여 해결하면 된다는 것이다.

그러나 기본권 충돌은 처음부터 복수의 주체가 각자의 기본권을 주장하면서 문제로 삼는 것으로써 일방의 기본권 보장에 있어서 타방의 기본권을 제한사유로 고려하는 일반적인 기본권 제한의 문제 상황과 구별되는 유형적인 특징을 가지고 있다. 이러한 점에서 기본권 충돌의 문제를 독자적인 영역으로 다룰 필요성이 있으며, 그 해결을 위한 법리를 개발하고 발전시켜 나갈 필요가 있다.[8]

3. 학 설

헌법은 기본권 상호간의 우열관계 또는 적용순위에 관하여 명문규정을 두고 있지 않기 때문에 근로기본권과 경영권이 서로 충돌될 경우의 해결방법은 전적으로 학설과 판례에 의존할 수밖에 없다.

1) 이익(법익)형량에 의한 해결방법

이익(법익)형량이란 구체적인 사례마다 기본권이 서로 충돌할 경우에 더 높은 서열의 이익을 찾아내어 기본권의 충돌문제를 해결하는 방법이다. 기본권이 충돌될 때 이익형량이 가능하기 위해서는 무제한적인 기본권을 고집하지 말아야 하고, 기본권

---

7) 김철수, 헌법학개론(제18전정신판), 316면 이하.
8) 성낙인, 헌법학(제6판), 267~268면.

상호간에 일정한 위계질서가 있다는 가설이 전제되어야 한다.[9] 이익형량에 따라 기본권의 충돌문제는 다음과 같은 방법으로 해결한다.

기본권 상호간에 위계가 있는 경우에는 상위기본권 우선의 원칙에 따라 상위기본권이 하위기본권보다 우선적 효력이 인정된다. 예컨대, 인간의 존엄성과 생명권과 같은 기본권질서의 가치가 다른 기본권보다 우선하여 효력이 있다는 것이다. 동일한 순위의 기본권이 충돌되는 경우에는 ① 인격적 가치우선의 원칙에 따라 인격적 가치를 보호하기 위한 기본권이 재산적 가치를 보호하기 위한 기본권보다 우선되어야 하고, ② 자유권 우선의 원칙에 따라 자유를 실현시키기 위한 기본권이 평등을 실현시키기 위한 기본권보다 우선되어야 한다.[10]

그러나 이익형량에 따른 해결방법은 ① 일정한 원칙 없이 구체적인 사정에 따라 판단한다는 점, ② 기본권의 효력에 대한 우열을 가리기 위한 합리적인 기준이 없다는 점, ③ 법익이 작은 기본권은 전혀 보호를 받을 수 없다는 등의 문제가 있다.[11]

2) 규범조화적 해석에 의한 해결방법

규범조화적 해석이란 여러 기본권이 충돌하는 경우에 이익형량에 의하여 어느 하나의 기본권만을 다른 기본권에 우선시키지 아니하고, 헌법의 통일성을 유지하기 위하여 충돌하는 모든 기본권이 최대한 그 기능과 효력을 나타낼 수 있도록 조화의 방법을 모색하는 것을 말한다. 규범조화적 해석은 기본권 내의 위계질서를 반드시 전제로 하지 않는다는 점과 충돌하는 기본권의 효력을 함께 존중할 수 있는 상생의 길을 찾으려는 점에서 이익형량의 해석방법과 다르다.[12] 규범조화적 해석은 이익형량의 방법보다 헌법정신에 더 충실한 해결방법이라고 할 수 있으나, 그와 같은 조화점을 찾아낼 수 있는 방법에 어려움이 있다.

구체적인 규범조화적 해석방법은 ① 공평한 제한의 원칙, ② 대안식 해결방법, ③ 최후수단의 억제방법이 있다.[13] ① 공평한 제한의 원칙이란 충돌하는 기본권 모두에게 일정한 제약을 가함으로써 모든 기본권의 효력을 양립시키되, 충돌하는 기본권에 대한 제약은 필요한 최소한에 그치도록 하는 방법이며(과잉금지의 원칙), ② 대안식 해

9) 허영, 한국헌법론(전정4판), 266면.
10) 허영, 한국헌법론(전정4판), 266면.
11) 권유상, 백두헌법(초판), 327면.
12) 권유상, 백두헌법(초판), 327면.
13) 허영, 한국헌법론(전정4판), 266면 이하; 권영성, 헌법학원론(개정판), 337면 이하; 권유상, 백두헌법(초판), 327면 이하.

결방법이란 기본권이 충돌하는 경우 어느 한 기본권의 효력만을 유지하기 위해 다른 기본권의 효력을 전면 부인하는 것은 합리적인 해결방법이 될 수 없는 것이므로 충돌하는 기본권을 해하지 않는 범위 내에서 대안을 찾아내어 기본권의 충돌문제를 해결하는 방법이고[14], ③ 최후수단의 억제방법[15]이란 대안식 해결방법에 의해서도 충돌하는 기본권을 조화시킬 수 없는 경우에 대한 해결책으로써 유리한 위치에 있는 기본권의 보호를 위해서 가능하고 필요한 수단이라도 그 수단을 최후의 선까지 동원하는 것만은 삼가려는 방법이다.

4. 판 례

헌법재판소와 대법원은 대체로 이익형량에 입각한 규범 조화적 해석을 통하여 기본권의 충돌문제를 해결하고 있으나, 기본권의 서열가능성을 제시한 것도 있다.

헌법재판소는「교원의 수업권은 학생의 학습권과 정면으로 상충되는 것으로써 교육계속성 유지의 중요성과 교육의 공공성에 비추어 볼 때, 학습권의 이익이 수업권의 이익보다 크다는 이유로 교원이 고의로 수업을 거부할 자유는 어떠한 경우에도 인정되지 않는다.」라는 취지의 결정을 하였고[16], 「두 기본권이 서로 충돌하는 경우에는 헌법의 통일성을 유지하기 위하여 상충되는 기본권 모두가 최대한으로 그 기능과 효력을 나타낼 수 있도록 하는 조화로운 방법이 모색되어야 할 것」이라고 하면서 피해자의 반론권과 언론의 자유가 상충되는 정기간행물의 등록 등에 관한 법률 제16조는 기본권 상충의 규범조화적 해석방법에 따른 과잉금지의 원칙에 위배되지 않는다고 결정하였다.[17]

그리고 인간의 존엄성과 생명권에 관한 기본권과 사생활의 자유를 실현하는 기본권이 충돌하는 경우에는 상위기본권 우선의 원칙에 따라 사생활의 자유를 위한 기본

14) 예컨대, 재학 중 결혼할 경우에는 제적시킨다는 학칙을 가지고 있는 여자대학에서 실제로 재학 중 결혼한 학생을 제적시킨다면 해당 학생은 결혼의 자유를 제한하는 학칙은 위헌무효라고 주장할 것이고, 학교당국은 대학의 자유 내지 자율권을 근거로 학칙의 합헌성을 주장할 것이다. 따라서 결혼한 학생을 제적시키기보다는 결혼한 학생에 대해서는 학기당 이수할 수 있는 학점의 상한선을 일반학생의 2분의 1로 제한하는 학칙개정을 대안으로 마련한다면 충돌하는 기본권이 모두 효력을 유지할 수 있게 된다(권영성, 헌법학원론(개정판), 338면),

15) 모든 질병에 대한 최상의 치료법은 하나님께 열심히 기도하는 것이라는 종교적 확신 때문에 위독한 배우자의 입원치료를 강력히 권유하지 않아 배우자를 사망케 한 형사피고인에게 가장 강력한 응징수단인 형법상의 형벌을 가하는 것은 종교자유의 방사효과(파급효과)를 제대로 인식하지 못한 위헌적인 처사라고 판시한 독일연방재판소의 판결에 바탕을 두고 있다(허영, 한국헌법론(전정4판), 267면).

16) 헌법재판소 1991. 7. 22. 선고 89헌가106.

17) 헌법재판소 1991. 9. 16. 선고 89헌마165.

권은 인간의 존엄성과 생명권을 침해하지 않는 범위 내에서 제한된다고 함으로써 기본권의 서열가능성을 제시한 헌법재판소의 결정도 있다.[18)]

헌법재판소 결정요지

▶ 기본권을 보장하는 목적은 인간의 존엄성을 실현하기 위한 것이다. 그러므로 우리 헌법구조에서 보다 더 중요한 자유영역과 덜 중요한 자유영역을 나눌 수 있다면, 이를 판단하는 유일한 기준은 "인간의 존엄성"이다. 따라서 인간의 존엄성을 실현하는 데 있어서 불가결하고 근본적인 자유는 더욱 강하게 보호되어야 하고 이에 대한 제한은 더욱 엄격히 심사되어야 하는 반면에, 인간의 존엄성의 실현에 있어서 부차적이고 잉여적인 자유는 공익상의 이유로 보다 더 광범위한 제한이 가능하다고 할 것이다(헌법재판소 1999. 4. 29. 선고 94헌바37).

▶ 흡연권은 사생활의 자유를 실질적 핵으로 하는 것이고 혐연권은 사생활의 자유뿐만 아니라 생명권에까지 연결되는 것이므로 혐연권이 흡연권보다 상위의 기본권이므로 상위기본권우선의 원칙에 따라 하위기본권이 제한될 수 있으므로 흡연권은 혐연권을 침해하지 않는 한에서 인정되어야 한다(헌법재판소 2004. 8. 26. 선고 2003헌마467).

근로기본권과 경영권이 충돌한 경우에 그 해결방법으로써 대법원은 「근로자의 쟁의행위가 정당하기 위해서는 그 주체·목적·절차가 정당할 뿐만 아니라 그 수단과 방법이 사용자의 재산권과 조화되어야 함」을 전제로 하면서[19)] 「기업의 경제상의 창의와 투자의욕을 훼손시키지 않고 오히려 이를 증진시키며 기업의 경쟁력을 강화하는 방향으로 해결책을 찾아야 한다고 하면서 경영권의 본질에 해당되는 공장 이전 자체를 반대하는 쟁의행위는 사용자의 재산권과 조화를 이루지 못하는 것」으로 판단하고 있다.[20)]

판례요지

헌법 제23조 제1항과 제119조 제1항은 사유재산제도와 경제활동에 관한 사적자치의 원칙을 기초로 하는 자본주의 시장경제질서를 기본으로 하고 있음을 선언하고 있다. 헌법 제23조의 재산권에는 개인의 재산권뿐만 아니라 기업의 재산권도 포함되고, 기업의 재산권의 범위에는 투하된 자본이 화체된 물적 생산시설뿐만 아니라 여기에 인적조직 등이 유기적으로 결합된 종합체로서의 사업 내지 영업도 포함된다. 이러한 재산권을 보장

18) 헌법재판소 1999. 6. 24. 선고 97헌마265; 헌법재판소 1999. 4. 29. 선고 94헌바37; 헌법재판소 2004. 8. 26. 선고 2003헌마467 등.
19) 대법원 1998. 1. 20. 선고 97도588; 2001. 10. 25. 선고 99도4837 전원합의체; 대법원 2007. 5. 11. 선고 2006도9478 등.
20) 대법원 2003. 11. 13. 선고 2003도687.

하기 위해서는 그 재산의 자유로운 이용·수익뿐만 아니라 그 처분·상속도 보장되어야 한다. 한편, 헌법 제15조의 직업선택의 자유에는 기업의 설립과 경영의 자유를 의미하는 기업의 자유를 포함하고 있다. 이러한 규정들의 취지를 기업 활동의 측면에서 보면, 모든 기업은 그가 선택한 사업 또는 영업을 자유롭게 경영하고 이를 위한 의사결정의 자유를 가지며, 사업 또는 영업을 변경(확장·축소·전환)하거나 처분(폐지·양도)할 수 있는 자유를 가지고 있고 이는 헌법에 의하여 보장되고 있는 것이다. 이를 통틀어 경영권이라고 부르기도 한다(대법원 2003. 7. 22. 선고 2002도7225).

5. 평 가

근로기본권과 경영권은 모두 헌법상 권리로 인정된 기본권이나, 헌법은 양 기본권이 서로 경합 또는 충돌될 경우에 그 적용순위 및 해결방법에 관한 명문규정을 두고 있지 않기 때문에 해석론에 의존할 수밖에 없다. 그러나 근로기본권과 경영권이 충돌하는 경우에 가장 합리적으로 해결하기 위한 방법은 존재할 수 없다.

결국, 현행법상 근로기본권과 경영권의 우선순위에 관한 명문규정이 없는 이상 양 기본권은 동등한 헌법상의 권리로 인정할 수밖에 없으므로 근로기본권과 경영권은 서로 조화와 균형을 이루면서 행사되어야 함은 당연하다. 따라서 근로기본권과 경영권이 충돌하는 경우에는 이익형량과 규범조화적 해석방법을 모두 동원하여 다각적인 검토를 통하여 양 기본권이 조화와 균형을 이룰 수 있도록 해야 한다.

「경영권과 근로기본권의 한계를 설정함에 있어서는 기업의 경제상의 창의와 투자의욕을 훼손시키지 않고 기업의 경쟁력을 강화하는 방향으로 해결책을 찾아야 한다.」는 판례의 입장도 양 기본권이 서로 조화와 균형을 유지하는 범위 내에서 행사되어야 함을 전제로 한 것으로 볼 수 있다. 왜냐하면, 근로기본권도 기업의 유지 또는 발전이 전제되었을 때 비로소 보장받을 수 있는 것이므로 근로기본권의 과도한 행사로 기업이 도산되거나 폐업한 경우에는 종국적으로 근로기본권과 경영권도 보장받을 수 없기 때문이다.

제3절 근로자와 사용자의 개념 및 범위

Ⅰ. 개 관

사용자는 경영권에 근거하여 기업에 적합한 근로자를 선발·채용하는 동시에 근로자가 직무수행능력이 부족하거나 직장규율질서를 위반한 경우에는 전근·징계 등 각종 인사권을 행사하는 주체이다. 그러나 인사권은 사용자의 권한이기는 하지만 헌법 제32조 및 제33조의 근로기본권 보장조항 및 인사권을 제한하는 법률에 의하여 제한을 받을 수밖에 없다. 반면, 근로자는 헌법상의 근로기본권과 노동관계법령에 정한 사용자의 부당한 인사처분으로부터 법적 보호를 받을 수 있는 인사권대상자로서 법적 보호대상자가 된다.

따라서 인사권주체로서의 사용자와 법적 보호대상자로서의 근로자의 개념과 범위를 규명하는 것은 인사관계법의 인적 적용범위를 확정함에 있어서 간과할 수 없는 매우 중요한 문제일 뿐만 아니라 법적 구제절차에서 당사자의 범위를 확정하는 기초가 된다. 그러나 근로기준법 제2조 제1항 제1호와 제2호는 근로자와 사용자의 개념을 규정하고 있으나, 그 규정이 너무나 일반적이고 추상적인 정의규정으로 되어 있어 법률의 운용에 있어서 상당한 혼란을 가중시키고 있을 뿐만 아니라 그 요건과 범위에 대하여 다양한 해석론이 대두되고 있다.

Ⅱ. 인사권 대상자로서의 근로자

1. 의의 및 중요성

사용자의 부당한 인사처분으로부터 노동관계법에 의한 법적 구제를 받을 수 있기 위해서는 우선적으로 근로기준법 제2조 제1항 제1호의 근로자[21]에 해당되어야 한

21) 근로자와 노동자는 영어의 worker; labourer, 독일어의 Arbeiter, 불어의 travailleur에서 유래한 것으로서 동일한 개념이므로 노동과 근로도 동일한 개념이다. 그럼에도 불구하고 근로자 또는 근로라는 용어를 통일적으로 사용하고 있는 것은 역사적 배경에 있다. 즉, 일제시대에는 노동자는 사회적으로 「노동은 천하다」라고 하는 관념과 함께 주로 육체노동에 종사하는 자만을 의미하였으나, 제2차 대전 중 소위 「총동원체제 확립」을 위하여 전 국민이 참여한다는 취지에서 노동 또는 노동자 대신에 근로 또는 근로자라는 용어로 대체한 후 일본 헌법도 그대로 사용하게 되었다. 우리나라 노동관계법상 근로, 근로자, 근로조건 등의 용어를 사용하고 있는 것은 헌법상의 용어와 통일을 기하기 위해서이다. 그러나 노동계는 일반적으로 노동, 노동자, 노동조건의 용어를 사용하고 있다(노병호·한경식, 임금보호법(초판), 15면).

다.[22] 현실적으로 임금 또는 보수를 목적으로 사용자에게 근로를 제공하다가 부당한 인사처분을 받은 경우라도 근로기준법상 근로자의 요건을 갖추지 못한 자는 노동관계법상의 보호규정의 적용이 배제되어 법적 구제를 받지 못하게 된다.[23] 따라서 우선적으로 근로자 여부를 결정하는 것은 매우 중요한 의미를 가진다.

근로기준법은 제2조 제1항 제1호는 단지「직업의 종류와 관계없이 임금을 목적으로 사업이나 사업장에 근로를 제공한 자」를 근로자의 정의로 규정하고 있을 뿐, 이에 대한 구체적 판단기준을 제시하고 않은 관계로 근로자의 범위 및 판단기준에 관해서 다양한 해석론이 대두되고 있다. 특히 헌법상 보장된 근로기본권의 보장을 위해서 실질적으로 사용자와 종속근로관계 아래에 있는 자를 근로자로 보아야 한다는 이른바「근로자 범위의 확장이론」이 대두되고 있는 현실에서 근로자의 요건과 범위에 대해서 다양한 해석론과 법 개정의 필요성이 대두되고 있다.

그러나 근로자 요건과 범위에 대한 입법적 개선이 없는 한 현행법상 근로자에 해당하는지의 여부는 근로기준법 제2조 제1항 제1호를 기준으로 판단할 수밖에 없는데, 이에 관하여는 다양한 해석론이 대두되고 있다.

2. 근로자 여부의 판단기준

근로기준법 제2조 제1항 제1호는「근로자란 직업의 종류와 관계없이 임금을 목적으로 사업 또는 사업장에 근로를 제공하는 자를 말한다.」라고 규정하고 있으므로 이 규정에 의한 근로자의 개념으로부터 법적 보호대상자인 근로자 범위를 판단할 수밖에 없다.

1) 직업의 종류와 관계없이

직업의 종류와 관계없다는 것은 근로의 내용이 정신노동이거나 육체노동임을 묻지 않고, 계약의 형식이 도급계약이든 위임형식을 가졌는가의 여부도 묻지 않으며, 근로의 형태가 상용근로자이거나 일용근로자 또는 단시간 근로자임을 묻지 않는다는 것을 의미한다.[24] 직업의 종류는 근로자 요건과 무관하므로 육체노동에 종사하는 자(blue collar)나 정신노동에 종사하는 자(white collar)와 서비스업에 종사하는 자(grey collar)

22) 근로기준법 제2조 제1항 제1호는 사업 또는 사업장에서 근로조건을 보호받을 수 있는가의 여부를 기준으로 근로자를 정의하고 있으며,「노동조합 및 노동관계조정법」제2조 제1호는 노동조합에 가입하여 노동운동을 할 수 있는가를 기준으로 근로자를 정의한 것이다. 이처럼 근로기준법과 노동조합 및 노동관계조정법에서 근로자의 정의를 다르게 규정한 것은 법의 목적이 다르기 때문이다. 이외의 노동관계법은 대부분 근로기준법 제2조 제1호의 근로자 정의규정을 준용하고 있다.

23) 다만, 근로자의 요건을 충족하지 못한 경우에도 민사소송 등을 통하여 구제받을 수는 있다.

24) 이병태, 최신노동법, 63면.

모두 근로기준법 제2조 제1항 제1호의 요건을 충족하는 한 근로자에 해당된다.

대법원은 「도급계약의 형식을 빌렸다 하더라도 그 계약의 내용이 사용자와 사이에 사용종속관계를 유지하면서 도급인의 사업 또는 사업장에 특정된 근로제공만을 그 목적으로 하고 있고, 그 근로제공에 대하여 능률급 내지 성과급을 지급받기로 하는 것이라면 이에 따라 노무를 제공한 자는 근로기준법상 소정의 근로자에 해당한다.」라고 판시하여 근로제공 원인이 되는 계약의 형식이 근로자의 여부를 판단하는 기준이 될 수 없음을 분명히 하고 있다.[25)]

2) 임금을 목적으로

근로계약은 유상·쌍무계약의 성격을 가지고 있는 것이므로 근로기준법상 근로자는 당연히 임금을 받을 목적으로 근로를 제공하여야 함은 당연하다. 여기서 임금이라 함은 「사용자가 근로의 대가로 근로자에게 임금, 봉급, 그 밖에 어떠한 명칭으로든지 지급하는 일체의 금품」을 말한다(근로기준법 §2·① 5호). 따라서 임금은 사용종속관계 아래에 있는 근로자가 사용자로부터 근로제공의 대가로 받는 일체의 이익을 말하는 것으로써 반드시 금전에 한정되는 것이 아니기 때문에, 영업시설의 이용에서 오는 이익이나 이에 준하는 수입에 의하여 생활하는 자도 근로자에 해당된다.[26)]

근로제공의 대가로서의 임금은 반드시 근로계약체결 시에 확정될 필요는 없는 것이며 장래 근로의 대가로서의 임금지급이 예정된 경우라도 「임금을 목적으로 근로를 제공하는 경우」로 해석함이 타당하고[27)], 근로자 요건을 판단하는 중요한 기준은 사용종속노동관계가 있는가의 여부이고 단순한 봉사목적의 근로가 아닌 한 임금의 지급 여부는 근로자의 요건을 판단하는 보조적 판단기준으로 보아야 한다.[28)]

---

25) 대법원 1987. 5. 26. 선고 87도604.

26) 한경식, 「근로자 요건의 재구성」, 370면; 이병태, 최신노동법(제8전정판), 65면; 민주사회를 위한 변호사 모임, 변호사가 풀어주는 노동법1(개정3판), 59면; 박홍규, 고용법·근로조건법(제2판), 193면.

27) 근로기준법 제2조 제1호에 분명히 「임금을 목적으로」라는 표현을 쓴 것으로 보아 사전에 임금액이 결정될 것을 근로자의 요건으로 규정하지 않은 것은 분명하기 때문에 채용 당시 구체적으로 임금수준이 결정되지 않았더라도 근로자성이 부인되는 것은 아니다. 임금수준이 결정되지 않은 경우에는 취업규칙에 정한 동일한 근로자의 임금, 최저임금, 관습(노동관행) 등에 의하여 보충되는 것으로 해석해야 한다(노병호·한경식, 임금보호법, 13면; 박종희, 「근로기준법상 근로자의 개념」, 105~106면; 한경식, 「근로자 요건의 재구성」, 370면).

28) 하갑래, 근로기준법(제16판), 103면; 박종희, 「근로기준법상 근로자의 개념」,105~106면; 노병호·한경식, 임금보호법, 13면.

3) 사업 또는 사업장에

근로관계는 사업 또는 사업장에서 근로제공이 이루어지는 것을 본질로 하는 것이므로 근로자에 해당되기 위해서는 사업 또는 사업장에서 근로를 제공하는 관계가 성립되어야 한다.[29] 「사업 또는 사업장」은 일정한 장소에서 유기적인 조직 아래에서 업(業)으로서 계속적으로 행해지고 있어야 한다. 업(業)으로서 계속성의 요건을 갖춘 이상 영리목적의 기업은 물론 비영리 또는 공익목적의 사업도 이에 해당된다. 따라서 사회사업단체나 종교단체[30], 교육·연구기관[31], 정부투자기관[32], 정당도 사업 또는 사업장에 포함된다. 그리고 업으로서의 계속성이 있는 한 사업이 1회적이거나 일시적이라도 무방하다.[33]

그런데 사업 또는 사업장에 근로제공이 이루어지고 있는가의 여부가 근로자를 판단하는 중요한 기준이 됨에도 「사업 또는 사업장」의 개념과 범위에 관하여 구체적인 정의와 범위에 관한 규정을 두고 있지 않아 근로자 여부를 판단하는데 혼선을 가중시키고 있다. 요컨대, 「사업 또는 사업장에서」의 의미는 근로제공과의 조건관계를 이루고 있기 때문에 사용자의 경영조직에서 사용자의 지시권에 따른 근로제공 그 자체를 의미하는 것으로 해석해야 하고, 사용자의 지시권은 시간적·장소적·방법적 요소 이외에 별도의 독자적인 의미를 가미하여 판단하여야 한다. 따라서 외견상으로는 조직 내에 포함되어 있는 것처럼 보일지라도 노무제공자가 독자적인 조직을 가지고 있는 경우에는 근로계약의 당사자가 아닌 것이며, 반대로 외견상 독자적인 노동조직을 가지고 활동하는 것으로 보이나, 실질적으로 그 독자성을 상실하여 사용자의 조직적 구속성이 인정될 정도의 요건을 갖춘 경우라면 근로관계가 성립하는 것으로 해석해야 한다.[34]

---

29) 근로기준법 제2조 제1항 제1호에 규정된 근로자의 요건은 근로계약체결 당사자로서 근로자와 노동조합 및 노동관계조정법 제2조 제1호에 규정된 근로자와는 다르다. 즉, 근로계약체결 당사자로서 근로자는 사용자의 지휘 감독을 받는 사용종속노동관계에 있을 것을 요건으로 하지 않고 현실적인 취업 이전에 계약당사자로서의 지위를 정하기 위한 것이고, 노동조합 및 노동관계조정법 제2조 제1호는 헌법 제33조의 노동3권의 보호법익을 기준으로 근로자의 요건을 규정한 것이다. 따라서 비록 사용자와 근로계약을 체결하였더라도 사용종속노동관계가 성립되지 않은 채용내정자와 실업자는 노동조합 및 노동관계조정법상 근로자에 해당되지만, 근로기준법 제2조 제1항 제1호의 근로자에는 해당되지 않는다(한경식, 「근로자 요건의 재구성」, 370~371면).

30) 대법원 1992. 2. 14. 선고 91누8098.

31) 대법원 1979. 9. 25. 선고 78다2312.

32) 대법원 1994. 1. 11. 선고 93다37540.

33) 대법원 1994. 10. 25. 선고 94다21979.

34) 노병호·한경식, 임금보호법(초판), 17면; 동지 박종희, 「근로기준법상 근로자 개념」, 102면.

문제는 법령상의 허가를 받지 않거나 금지된 사업에 종사하는 자가 근로자에 해당되는가의 여부이다. 정책적 또는 행정상의 목적을 달성하기 위하여 사업주에게 일정한 규제를 가하는 사업에 근로를 제공하는 자는 근로자에 해당되나, 마약의 제조·판매 등과 같이 형사상 범죄행위를 사업으로 하면서 근로자를 채용한 경우에는 근로자도 사용자의 범법행위에 가담하고 협력한 것이므로 형법상 공동정범 또는 종범으로서의 형사책임을 지지 않을 수 없기 때문에 근로기준법의 적용대상인 근로자로 볼 수 없다.[35] 이와 달리 출입국관리법상 외국인 취업을 제한하고 있는 것은 내국인의 실업을 예방하고자 하는 정책적 목적에 기인한 것이므로 출입국관리법을 위반하여 국내에서 불법 취업한 외국인의 경우에는 근로기준법상 근로자에 해당된다.[36]

4) 근로를 제공하는 자

학설[37]과 판례[38]는 일관하여 「근로를 제공하는 자」라 함은 사용자의 지휘·명령을 받으면서 실질적 사용종속관계에서 노무를 제공한 자로 정의하고 있다. 근로자 여부를 판단하는데 가장 중요한 기준이 되는 것이 바로 사용종속관계의 여부이다. 대법원은 사용종속관계를 판단할 수 있는 징표기준으로서 ① 전속관계의 유무, ② 근무에 대한 승낙 또는 거부자유의 유무, ③ 근무시간 및 근무 장소의 지정 유무, ④ 노무제공의 대체성 유무, ⑤ 업무수행과정에 있어서의 지휘·명령의 유무, ⑥ 재료·업무용 기구의 부담관계, ⑦ 보수의 성격 등을 제시하고 있다.[39] 그러나 사용종속관계의 징표기준이 모두 구비되어야만 근로자의 요건을 충족하는 것이 아니라 구체적인 사안에 따라 구체적·개별적으로 판단해야 한다.[40]

---

35) 한경식, 「근로자 요건의 재구성」, 371면; 임종률, 노동법(제6판), 28면; 노병호·한경식, 임금보호법(초판), 18면.

36) 대법원은 「출입국관리법을 위반하여 불법으로 취업한 외국인도 사실상 제공한 근로에 따른 권리나 이미 형성된 근로관계에 있어서의 근로자 신분에 따른 노동관계법상의 제반권리 등의 법률효과까지 금지하려는 규정으로 보기 어렵다.」라고 판시하여 외국인도 근로기준법의 적용을 받는 근로자임을 분명히 밝히고 있다(대법원 1995. 9. 15. 선고 94누12067).

37) 김형배, 노동법(신판 제4판), 306면; 임종률, 노동법(제6판), 28면; 이병태, 최신노동법(제8전정판), 59면; 김유성, 노동법 I (초판), 22면; 이상윤, 노동법(제3판), 92~93면 등.

38) 대법원 2005. 5. 27. 선고 2005두524; 대법원 2001. 1. 18. 선고 99다48986; 대법원 2001. 2. 9. 선고 2000다57498 등.

39) 대법원 1994. 12. 9. 선고 94다22859; 대법원 2005. 5. 27. 선고 2005두524; 대법원 2006. 12. 21. 선고 2006두15240 등.

40) 대법원은 「전체적으로 보아 임금을 목적으로 종속적 관계에서 사용자에게 근로를 제공하였다고 인정되는 이상, 근로자에 관한 여러 징표 중 근로조건에 관한 일부의 사정이 결여되었다고 하여 그러한 사유만으로 근로자가 아니라고 할 수는 없다.」라고 함으로써 사안에 따라 사용종속관계를 구체적·개별적으로 판단하고 있다(대법원 2001. 2. 9. 선고 2000다57498).

3. 근로자 범위의 확장이론

1) 문제의 소재

학설과 판례는 일반적으로 근로기준법상의 근로자 여부를 판단함에 있어서「사용종속노동관계에 있는지의 여부와 임금을 목적으로 근로를 제공하고 있는지의 여부」를 가장 중요한 판단기준으로 설정하고, 사용종속관계 여부의 중요한 판단기준으로서 사용자의 구체적인 지휘·감독을 들고 있다.

현대의 산업사회는 과거와는 달리 통신수단의 급격한 발달로 인하여 굳이 인접한 장소에서 근로자들의 업무수행에 대하여 구체적인 지휘·감독할 필요성이 퇴색되어 가고 있고, 사업의 성격에 따라서는 그 업무방식을 지시하기보다는 업무수행을 전적으로 위임하고 단지 성과만을 가지고 업무를 평가하거나 임금을 지급하는 방식의 채택이 가능하게 됨으로써 고전적인 의미에서의 근로자로 인정되는 노무공급의 범위는 축소되고 자영업자와 근로자 사이에 위치한 회색지대가 급격하게 늘어나고 있는 추세이다.

그럼에도 불구하고 학설과 대법원 판례처럼 근로자의 요건을 엄격하게 해석한다면, 기업은 간접고용을 통하여 근로자와의 사이에 중간업자를 형식적으로만 근로계약의 당사자로 개입시키고 노동법상 사용자에게 부과되는 책임을 회피하면서 실질적으로 노동력을 지배하고자 할 것이다. 그 결과 실질적으로 노동력에 의해서만 생계를 유지하고 있는 상당수가 근로자의 요건을 결하게 되어 경제적·사회적으로 종속성이 인정된다 하더라도 노동법상 보호를 받을 수 없게 되는 불합리한 결과를 초래할 수밖에 없다.[41]

이처럼 근로자의 요건을 엄격하게 해석하고 있는 학설과 판례 및 기업의 노동력 지배현상에 따른 문제점을 시정하고 실질적으로 경제적 종속관계에 있는 자의 인간다운 생활을 보호하기 위하여 근로자의 범위를 확장해야 한다는 이론이 대두되고 있는데, 이를 근로자 범위의 확장이론이라고 한다.

2)「임금을 목적으로」에 관한 해석을 통한 확장방법론

근로계약은 임금을 목적으로 근로를 제공함을 본질로 하는 유상·쌍무계약의 성격을 갖는 것이므로 타인의 지시에 따라 근로를 제공한다 하더라도 임금이라고 하는 근로의 대가관계가 성립하지 않으면 근로기준법상 근로자로 볼 수 없음은 당연하다. 문제는 근로계약 체결 또는 근로제공 당시 당사자 사이에 임금액 또는 임금지급방법

---

41) 노병호·한경식, 임금보호법(초판), 30~33면.

에 대하여 명시적인 합의가 없는 경우에 근로자로 볼 수 있는가의 여부이다.

근로기준법 제2조 제1항 제1호에 명문으로 「임금을 목적으로」라는 표현을 사용한 것으로 보아 단순한 봉사 목적의 근로제공이 아닌 한 반드시 근로계약 체결 또는 근로제공 당시 임금수준과 임금지급 방법이 확정되지 않아도 무방하고, 장래 근로의 대가로서 임금지급이 예정된 경우라면 근로자의 요건을 충족한 것으로 해석해야 한다. 근로계약 체결 또는 근로제공 당시에 임금액이 결정되지 아니한 경우에는 「보수 또는 보수액의 약정이 없는 때에는 관습에 의하여 지급한다.」라고 규정하고 있는 민법 제656조 제1항, 최저임금법의 입법취지 등을 고려하면 사용자는 최소한 관습에 의한 임금을 지급해야 하고 그 임금의 최저액은 최저임금법에 의하여 보충되는 것으로 해석해야 한다.[42)]

오히려 사용자가 근로계약 체결 또는 근로제공 당시 임금액이 결정되지 않았다는 이유로 근로를 제공하였음에도 임금을 지급하지 않은 경우에는 근로계약 체결 시 근로조건 명시의무를 규정한 근로기준법 제17조와 임금지급 방법을 규정한 근로기준법 제43조 위반에 따른 벌칙이 적용된다고 보아야 한다. 그리고 근로기준법 제2조 제5호에서 규정하고 있는 임금은 사용자가 근로의 대가로 지급하는 일체의 이익을 의미하는 것이므로, 근로의 대가성만 충족하면 임금으로 인정해야 한다.[43)] 따라서 당사자간에 임금약정이 없더라도 근로계약은 성립한 것이고 근로제공을 한 이상 근로자의 요건을 충족한 것으로 보아야 한다.

3) 「근로를 제공하는 자」에 관한 해석을 통한 확장방법론

우리나라 근로기준법 제2조 제1항 제1호는 「직업의 종류와 관계없이 임금을 목적으로 사업 또는 사업장에서 근로를 제공하는 자」를 근로자로 정의하고 있음에도, 학설과 판례는 근로자 여부를 판단하는 기준으로서 사용종속노동관계를 중심개념으로 설정하면서 사용종속노동관계를 사용자의 지휘·감독관계로 해석하고 있다. 이는 독일의 종속노동이론과 이를 수용한 일본의 학설과 판례의 영향을 받은 것으로 생각된다.

독일의 경우는 노동관계법에 근로자에 관한 정의규정을 두지 않은 관계로 노동법을 다른 법 영역과 구별되는 독자적인 노동법의 영역으로 만들기 위하여 노동법의 중심을 이루는 근로자 개념을 통일적으로 정립하는데 주력하였으며, 그와 같은 노력의 결과가 바로 종속노동이라는 의미로 자리 잡게 되었다. 그 결과, 민법의 원리로는

42) 한경식, 「근로자 요건의 재구성」, 376면; 노병호·한경식, 임금보호법(초판), 35~36면; 박종희, 「근로기준법상 근로자 개념」, 105면.
43) 한경식, 「근로자 요건의 재구성」, 377면.

해결할 수 없는 종속적인 지위에서 노동하는 자들을 위한 법으로서의 노동법의 생성은 불가피한 것이었고, 「종속노동 = 근로자」라고 하는 노동법의 체계를 유지하게 되었다. 일본의 경우는 노동기준법 제9조에서 「직업의 종류를 묻지 않고 사업 또는 사무소에 사용되는 자로서 임금이 지급되는 자」를 근로자로 정의하고 있기 때문에 사용종속관계를 근로자 판단의 중심으로 삼을 만한 충분한 법적 근거를 가지고 있으며, 다수의 학설도 근로자성을 주로 사용종속성을 가지고 판단하고 있다.[44] 즉, 근로자 요건의 판단기준으로서 「사업 또는 사무소에 사용된 자」라 하고 할 수 있는 전형은 업무명령에 대한 승낙 여부의 자유가 없고, 업무의 내용과 수행방법에 대한 지휘·명령을 받으면서 근무 장소와 시간에 구속되고 업무수행을 타인에게 대체시킬 수 없는 사정을 모두 갖춘 경우를 말한다.[45] 요컨대, 독일은 근로자 및 근로계약에 대한 정의규정이 없는 상태에서 노동법 또는 근로관계의 본질을 규명하기 위한 관점에서 「종속노동」이라는 용어를 사용한 것이고, 일본은 노동기준법상의 근로자 정의규정에 입각하여 「사용종속관계」를 근로자의 여부를 판단하는 기준으로 삼고 있는 것이다.

그러나 근로자와 근로계약에 관한 정의규정을 함께 두고 있는 우리나라의 근로기준법 체계 아래에서는 이러한 정의규정을 도외시하고 법문에 등장하지도 않는 「사용종속노동관계 = 사용자의 지휘·명령관계」를 중심으로 근로자 요건을 판단하는 것은 입법체계상 문제가 있다. 우리나라의 입법체계를 중심으로 근로자 요건을 판단하기 위해서는 근로기준법 제2조 제1항 제1호와 제4호에 규정된 근로자 및 근로계약의 정의규정에 충실하여 상호 연관성을 고려하여 「근로를 제공하는 자」를 규범적으로 새롭게 해석할 필요성이 있다.

근로기준법 제2조 제1항 제4호는 근로계약을 「근로자가 사용자에게 근로를 제공하고 사용자는 이에 대하여 임금을 지급하는 것을 목적으로 체결된 계약」이라고 정의하고 있으므로, 근로계약관계의 본질은 근로제공과 임금지급과의 쌍무적 견련관계로

---

44) 일본은 1985년 노동기준법연구회가 근로자성을 결정하는 통일적인 기준을 마련하기 위하여 「근로자성을 판단하기 위해서는 계약관계 형식을 불문하고 실질적인 사용종속성을 종합적으로 판단하여야 하고, 이를 위한 구체적인 판단기준으로 사용종속성에 관한 판단기준과 근로자성을 보강하는 요소」로 구분하여 제시하였다. 즉, 사용종속성에 관한 판단기준으로서 ① 구체적인 작업의 의뢰, 업무종사의 지시 등에 대한 승낙 또는 거절의 자유 유무와 ② 업무수행상 지휘·감독 유무로 들고 있으며, 업무수행상 지휘·감독이 있는가의 판단기준으로서 ㉠ 업무내용 및 수행방법에 관한 사용자의 구체적인 지휘·명령의 유무, ㉡ 근무장소 및 근무시간이 지정되고 관리되고 있는지의 여부를 들고 있다. 근로자성을 보강하는 요소로서 ① 사용자의 명령에 따라 통상 예정되어 있는 업무 이외의 업무에 종사하는 경우가 있는지의 여부, ② 노무공급의 대체성이 인정되는지의 여부를 제시하였다(박종희, 「근로기준법상 근로자의 개념」, 82면).

45) 菅野和夫(李鋌譯), 일본노동법, 96~97면.

파악할 수 있다. 그런데 근로기준법 제2조 제1항 제3호에 근로를 정신노동과 육체노동을 말한다고만 규정하고 있을 뿐, 근로 그 자체에 대한 아무런 정의규정을 두고 있지 않기 때문에 해석론을 통하여 그 개념을 정립할 수밖에 없다. 근로기준법이 정하고 있는 「근로」는 광의의 인간 활동 가운데 법적 판단이 이루어진 일부 활동만을 의미하는 것이므로 그와 같은 법적 판단은 헌법 제32조의 근로권에서 도출되어야 한다.

헌법 제32조의 「근로권」의 의미와 관련성을 갖는 기본권은 헌법 제15조의 「직업선택의 자유」라고 할 수 있으므로 근로기준법상의 근로는 생존의 필요성을 충족시키는 경제활동의 의미로 이해할 수 있다. 그리고 근로계약관계는 사용자가 원하는 바에 따라 근로자의 노동력 자체를 전적으로 투입하는 것을 전제로 하는 것이므로 「근로제공」이라는 의미는 사용자가 지시하는 시간과 장소 또는 방법에 따라 일을 수행하는 것으로 보아야 한다. 이러한 법체계적 해석방법에 의하면, 업무수행과정에 있어서 사용자의 구체적인 지휘·명령 및 감독이 없다 하더라도 사용자가 지시한 바에 따라 업무를 수행한 경우에는 「근로를 제공한 자」로 해석해야 한다.46)

이와 같이 근로기준법 제2조 제1항 제4호에 의한 「근로계약의 정의규정」과 헌법 제32조에 의한 「근로권」 및 헌법 제15조에 의한 「직업선택의 자유」 규정을 종합하여 근로제공의 의미를 해석해야 하므로, 근로기준법 제2조 제1항 제1호에 규정된 근로자 요건으로서의 「근로를 제공하는 자」를 「사용종속노동관계=사용자의 구체적인 지휘명령관계」 아래에서 있는 자로 해석할 근거가 없다. 따라서 사용자가 지시하는 시간과 장소 또는 방법 등에 의하여 업무를 수행하는 경우에는 「근로의 제공」이 있는 것으로 해석함이 타당하고, 사용자에 의한 지시권에의 구속 여부는 사용자의 지시가 어느 정도인지를 기준으로 할 것이 아니고 「사용자의 지시가 있었는지」를 기준으로 판단하여야 한다.47)

이처럼 사용자의 구체적인 지휘·명령 및 감독이 없다 하더라도 사용자가 지시한 바에 따라 업무를 수행한 경우에는 「근로를 제공하는 자」로 해석할 경우, 교통통신의 발달로 인한 재택근로, 구체적인 업무통제방식에서 벗어나 업무결과 통제방식으로 전환되는 새로운 노무관리패턴으로 인한 자율성이 강한 업무 종사자들도 근로자의 요건을 충족하게 되어 현대의 노무관리 패턴에 어느 정도는 부합할 수 있을 것으로 예상된다.48)

---

46) 한경식, 「근로자 요건의 재구성」, 378~379면.
47) 박종희, 「근로기준법상 근로자의 개념」, 76~99면.
48) 조임영, 「근로계약의 본질과 근로자개념」, 188면 이하.

4. 판례의 경향

1) 근로자 여부의 판단기준

대법원은 "1994. 12. 9.선고 94다22859" 판결을 중심으로 근로자 요건을 판단하는 기준으로 삼고 있다. 이 판례는 근로자 여부를 판단하는 기준으로 「계약의 형식에 상관없이 실질에 있어서 근로자가 사업 또는 사업장에서 임금을 목적으로 종속적인 관계에서 근로를 제공하고 있는지의 여부에 따라서 판단하여야 함을 전제한 뒤, 종속관계가 있는지 여부를 판단하는 구체적인 기준(징표)으로서 ① 업무의 내용이 사용자에 의하여 결정되는지의 여부, ② 취업규칙 또는 복무(인사)규정의 적용을 받고 있는지의 여부, ③ 업무수행과정에서 사용자로부터 구체적·개별적인 지휘·감독을 받는지의 여부, ④ 사용자에 의하여 근무시간과 근무 장소가 지정되고 이에 구속받는지의 여부, ⑤ 업무대체성의 여부, ⑥ 근로자가 비품·원자재나 작업도구 등 소유관계의 여부, ⑦ 보수가 근로자체의 대상적 성격을 가지고 있는지의 여부, ⑧ 기본급이나 고정급이 정해져 있는지의 여부, ⑨ 근로소득세의 원천징수 여부, ⑩ 근로제공관계의 계속성과 전속성의 여부, ⑪ 사회보장제도에 의한 법령 등 다른 법령에 의하여 근로자로서의 지위를 인정받고 있는지의 여부」 등을 제시하고 있다.[49]

판례요지

근로기준법상의 근로자에 해당하는지 여부를 판단함에 있어서는 그 계약이 민법상의 고용계약이든 또는 도급계약이든 그 계약의 형식에 관계없이 그 실질에 있어 근로자가 사업 또는 사업장에서 임금을 목적으로 종속적인 관계에서 사용자에게 근로를 제공하였는지 여부에 따라 판단하여야 하고, 여기서 종속적인 관계가 있는지 여부를 판단함에 있어서는 업무의 내용이 사용자에 의하여 정하여지고 취업규칙·복무규정·인사규정 등의 적용을 받으며 업무수행 과정에 있어서도 사용자로부터 구체적이고 직접적인 지휘·감독을 받는지 여부, 사용자에 의하여 근무 시간과 근무 장소가 지정되고 이에 구속을 받는지 여부, 근로자 스스로가 제3자를 고용하여 업무를 대행케 하는 등 업무의 대체성 유무, 비품·원자재·작업도구 등의 소유관계, 보수가 근로 자체의 대상적(對償的) 성격을 갖고 있는지 여부와 기본급이나 고정급이 정하여져 있는지 여부 및 근로소득세의 원천징수 여부 등 보수에 관한 사항, 근로제공관계의 계속성과 사용자에의 전속성의 유무와 정도, 사회보장제도에 관한 법령 등 다른 법령에 의하여 근로자로서의 지위를 인정받는지 여부, 양 당사자의 경제·사회적 조건 등을 종합적으로 고려하여 판단하여야 한다(대법원 1994. 12. 9. 선고 94다22859).

---

49) 대법원 1994. 12. 9. 선고 94다22859; 대법원 2005. 5. 27. 선고 2005두524; 대법원 2006. 12. 21. 선고 2006두15240; 대법원 2007. 9. 6. 선고 2007다37165 등.

대법원은 위 판례에서 제시하고 있는 근로자 징표기준을 종합하여 개별적으로 근로자 여부를 판단해야 한다고 하고 있으나[50], 대체로 사용자의 구체적인 지휘·명령을 받으면서 계속적으로 근로를 제공하고 업무시간과 업무장소가 지정되고 임금이 정해져 있는 경우에 한하여 근로자의 요건을 충족하는 것으로 판단하고 있다. 따라서 레미콘기사, 지입차주, 화물기사, 학습지교사 등과 같은 특수형태 근로종사자는 근로자의 요건을 충족하지 않은 것으로 해석하여 노동법상 보호대상에서 제외되어 왔다.[51]

판례요지

사용종속관계의 판단기준이 모두 구비되어야만 사용종속관계가 인정되는 것이 아니라 전체적으로 보아 임금을 목적으로 종속적 관계에서 사용자에게 근로를 제공하였다고 인정되는 이상, 근로자에 관한 여러 징표 중 근로조건에 관한 일부의 사정이 결여되었다고 하여 그러한 사유만으로 근로자가 아니라고 할 수는 없다(대법원 2001. 2. 9. 선고 2000다57498).

다만, 최근 대법원은 「사용자의 지휘·감독 여부를 상당한 지휘·감독이라는 표현을 사용하고 있으며, 독립하여 자신의 계산으로 사업을 영위할 수 있는지의 여부와 노무제공을 통한 이윤의 창출과 손실의 초래 등 위험을 스스로 안고 있는지 등과 같은 자영업자 징표를 기준으로 경제적 의존성 여부를 판단해야 한다.」라고 함으로써 근로자 요건을 다소 완화하고 있다.[52]

판례요지

종속적인 관계가 있는지 여부는 업무 내용을 사용자가 정하고 취업규칙 또는 복무(인사)규정 등의 적용을 받으며 업무 수행 과정에서 사용자가 상당한 지휘·감독을 하는지, 사용자가 근무시간과 근무 장소를 지정하고 근로자가 이에 구속을 받는지, 노무제공자가 스스로 비품·원자재나 작업도구 등을 소유하거나 제3자를 고용하여 업무를 대행케 하는 등 독립하여 자신의 계산으로 사업을 영위할 수 있는지, 노무 제공을 통한 이윤의 창출과 손실의 초래 등 위험을 스스로 안고 있는지, 보수의 성격이 근로 자체의 대상적 성격

50) 대법원 2001. 2. 9. 선고 2000다57498.

51) 특수형태 근로종사자에 대한 근로자성을 부인한 판례로서는 대법원 1978. 7. 25. 선고 78다510(위탁수금원 근로자성 부인), 대법원 1996. 4. 26. 선고 95다20348(학습지교사 근로자성 부인), 대법원 1990. 5. 22. 선고 88다카28112(보험설계사 근로자성 부인), 대법원 1996. 7. 30. 선고 95누13432(골프장 캐디 근로자성 부인), 대법원 1997. 2. 14. 선고 96누1795(레미콘차량기사 근로자성 부인), 대법원 2000. 10. 6. 선고 2000다30240(지입차주 근로자성 부인) 등이 있다.

52) 대법원 2007. 3. 29. 선고 2005두13018·13025; 대법원 2006. 12. 7. 선고 2004다29736.

인지, 기본급이나 고정급이 정하여졌는지 및 근로소득세의 원천징수 여부 등 보수에 관한 사항, 근로 제공 관계의 계속성과 사용자에 대한 전속성의 유무와 그 정도, 사회보장제도에 관한 법령에서 근로자로서 지위를 인정받는지 등의 경제적·사회적 여러 조건을 종합하여 판단하여야 한다. 다만, 기본급이나 고정급이 정하여졌는지, 근로소득세를 원천징수하였는지, 사회보장제도에 관하여 근로자로 인정받는지 등의 사정은 사용자가 경제적으로 우월한 지위를 이용하여 임의로 정할 여지가 크기 때문에, 그러한 점들이 인정되지 않는다는 것만으로 근로자성을 쉽게 부정하여서는 안 된다(대법원 2007. 3. 29. 선고 2005두13018).

2) 근로자성을 인정한 판례

◆ 출근시간과 강의시간 및 강의장소가 지정된 사업자등록을 필한 대학입시학원 종합반 강사

대학입시학원 종합반 강사들의 출근시간과 강의시간 및 강의장소의 지정, 사실상 다른 사업장에 대한 노무 제공 가능성의 제한, 강의 외 부수 업무 수행 등에 관한 사정과 그들이 시간당 일정액에 정해진 강의시간수를 곱한 금액을 보수로 지급받았을 뿐 수강생수와 이에 따른 학원의 수입 증감이 보수에 영향을 미치지 아니하였다는 사정 등에 비추어 볼 때 위 강사들이 근로기준법상의 근로자에 해당한다고 하면서, 비록 그들이 학원측과 매년 '강의용역제공계약'이라는 이름의 계약서를 작성하였고 일반 직원들에게 적용되는 취업규칙 등의 적용을 받지 않았으며 보수에 고정급이 없고 부가가치세법상 사업자등록을 하고 근로소득세가 아닌 사업소득세를 원천징수당하였으며 지역의료보험에 가입하였다고 하더라도 위 강사들의 근로자성을 부정할 수 없다(대법원 2006. 12. 7. 선고 2004다29736).

◆ 지정된 강의실과 강의시간표에 따라 강의를 담당하고 있는 대학강사

시간강사로 위촉되어 대학교 측이 지정한 강의실에서 지정된 강의시간표에 따라 개설한 교과목의 강의를 담당한 점, 학사관리에 관한 규정 및 학사일정에 따라 시험문제의 출제·시험감독·채점 및 평가 등 학사관리업무를 수행한 점, 시간당 일정액에 실제 강의시간 수를 곱한 금액(강사료)을 보수로 지급받은 점, 시간강사가 제3자를 고용하여 위와 같은 업무를 수행하는 것은 규정상 또는 사실상 불가능한 점, 시간강사가 위와 같은 업무를 수행하면서 업무수행에 불성실하거나 대학교의 제반 규정을 위반하고 교수로서의 품위를 유지하지 못하는 경우 등에는 징계처분과 동일한 의미를 갖는 조치인 재위촉제한 또는 해촉(해임)을 받도록 되어 있는 점 등을 종합하여 보면, 대학교의 시간강사들은 임금을 목적으로 종속적인 관계에서 원고들에게 근로를 제공한 근로자에 해당한다고 봄이 상당하다(대법원 2007. 3. 29. 선고 2005두13018·13025).

◆ 실질적인 사주의 지휘감독을 받는 등기된 대표이사

노무제공자의 근로자성 여부는 사용종속관계의 존재여부에 따라 판단하여야 하므로 법인등기부에 회사의 대표이사로 등재되어 있다 하더라도 실질에 있어서는 사주의 지휘감독 아래 담당직무를 수행하는 것이라면 근로자에 해당되는 것으로 보아야 한다(대법원 2006. 9. 22. 선고 2006두12180).[53)]

◆ 전속통역안내원

전속통역안내원이 비록 위임계약의 형식으로 채용되고 회사의 취업규칙 등을 적용받지 아니한다 하더라도 근무시간과 장소 및 업무의 내용이 회사에 의하여 일방적으로 정하여 진 점, 여행안내서 및 팀장의 지시에 따라 통역안내 업무를 수행하여 온 점, 업무위반이 있는 경우 실질적으로 정직에 해당하는 배정중지를 명하거나 해고에 준하는 계약해지가 이루어지고 있는 점, 업무의 대체성이 인정되지 않는 점, 이중 취업이 금지되어 전속적으로 회사가 지시하는 통역안내 업무만을 하여야 하는 점, 직원 통역안내원의 일급과 큰 차이가 없고 업무와 차이가 없는 점, 4대 보험에 가입되어 있는 점을 고려하면 임금을 목적으로 종속적인 관계에서 회사에게 근로를 제공하는 근로자에 해당된다(대법원 2006. 12. 21. 선고 2006두15240).

◆ 근무상황이 정규운전기사와 별다른 차이가 없는 일용 대무운전기사

별도의 월급을 준 사실은 없으나 사납금을 정규직 기사보다 10,000원 감액해주고 사납금을 초과한 수입은 일용대무기사의 수입으로 정한 사실, 택시회사의 일용대무기사로 약 12개월 내지 27개월 근무 후 정규운전기사로 채용된 사실, 특별한 사정이 없는 한 택시회사가 지정한 일자에 근무한 사실, 출근일수가 월 22일 내지 26일인 점 등을 고려하면 일용대무기사는 사업장에서 임금을 목적으로 종속적인 관계에서 근로를 제공한 것으로 볼 수 있다(대법원 2005. 4. 14. 선고 2004도1108).

◆ 실질적으로 종속근로를 제공한 임원

집행이사로 선임되어 본부장 또는 지역본부장으로 근무한 자가 그 실질에 있어 사업 또는 사업장에 임금을 목적으로 종속적인 관계에서 사용자에게 근로를 제공하는 경우에는 근로기준법상 근로자에 해당한다(대법원 2005. 5. 27. 선고 2005두524).[54)]

---

53) 이 판례는 법인등기부에 등재된 대표이사가 산재보험법상 보험급여청구권이 인정되는 근로자에 해당되는가의 여부가 문제된 사안이었는데, 등기된 대표이사를 근로자성을 인정한 최초의 판례이다.

54) 대법원은 구체적으로 「① 직원에 준하는 징계규정이 적용되고 있는 점, ② 보수 및 퇴직금에 관하여도 회사의 규정을 적용받게 되는 점, ③ 집행이사제 운영규정상 집행이사가 임원이 아니라고 하는

◆ **사용종속근로관계에 있는 불법체류(미등록) 외국인**

출입국관리법에서 외국인 고용제한규정이 이와 같은 입법목적을 지닌 것이라고 하더라도 이는 취업자격 없는 외국인의 고용이라는 사실적 행위자체를 금지하고자 하는 것뿐이지 나아가 취업자격이 없는 외국인이 사실상 제공한 근로에 따른 권리나 이미 형성된 근로관계에 있어서의 근로자 신분에 따른 노동관계법상의 제반권리 등의 법률효과까지 금지하려는 규정으로 보기 어렵다(대법원 1995. 9. 15. 선고 94누12067).

불법체류자라 할지라도 출입국관리에 중점을 둔 것일 뿐 체류 중인 외국인의 근로권 등 권리를 제한하는 조항이라고 볼 수 없으며, 국적·신앙·신분 등을 이유로 차별대우를 받지 않는다는 헌법과 근로기준법 제5조의 입법취지에 비추어 외국인도 내국인의 권리에 준하는 권리를 누려야 한다(서울고등법원 1993. 11. 26. 선고 93다916774).

◆ **실질적인 종속근로관계에 있는 외국인 산업연수생**

산업기술연수사증을 발급 받은 외국인이 정부가 실시하는 외국인 산업기술연수제도의 국내 대상 업체에 산업기술연수생으로 배정되어 대상 업체와 사이에 연수계약을 체결하였다 하더라도 그 계약의 내용이 단순히 산업기술의 연수만으로 그치는 것이 아니고 대상 업체가 지시하는 바에 따라 소정시간 근로를 제공하고, 그 대가로 일정액의 금품을 지급 받으며 더욱이 소정시간 외의 근무에 대하여는 근로기준법에 따른 시간외 근로수당을 지급 받기로 하는 것이고, 이에 따라 당해 외국인이 대상 업체의 사업장에서 실질적으로 대상 업체의 지시·감독을 받으면서 근로를 제공하고 수당 명목의 금품을 수령하여 왔다면 당해 외국인도 근로자에 해당한다(대법원 2005. 11. 10. 선고 2005다50034).[55)]

◆ **운송수입금 전액을 지입회사가 관리하고 통제를 받는 화물지입차주**

화물지입차주라 하더라도, 운송수입금 전액을 회사에서 관리하고 회사로부터 임금협정서에 의하여 매월 고정적인 임금을 지급받고 있고, 출퇴근의 구속을 받고 회사에서 정한 배차시간과 노선에 따라 운행하는 점, 근로시간·휴일, 휴가 및 임금, 퇴직금 등 근로조건과 징계에 관하여 규율하고 있고 그 적용을 받는 점의 사실이 있는 경우에

점, ④ 인사규정에서 본부장은 직원으로 명시되어 있는 점, ⑤ 회사의 대표이사에 의하여 근무 장소를 지정받고 근무 시간에 대하여도 제한을 받고 있을 뿐 아니라 대표이사의 지휘·감독을 받는 점 등」을 이유로 이사회의 결의를 통하여 집행이사로 선임된 본부장을 근로자로 판단하였다.

55) 헌법재판소는 산업연수생도 자본주의경제질서 하에서 기본적 생활수단을 확보하고 인간의 존엄성을 보장받기 위하여 최소한의 근로조건을 요구할 수 있는 기본권의 주체가 된다고 전제하면서 근로기준법에 정한 근로조건 중 중요사항을 외국인 산업연수생에게는 적용하지 않도록 한 「외국인산업연수생의 보호 및 권리에 관한 지침」은 자의적인 차별이라고 하여 평등권에 위반된다고 결정하였다(헌재 2007. 8. 30. 2004헌마670).

는 근로기준법상 근로자에 해당한다(근기 68207-3301, 2001. 9. 29; 근기 68207-1062, 2002. 3. 15).

◆ 명목상의 이사 및 단순한 등재이사인 경우

탈법적인 목적을 위하여 명목상 대표이사로 등기하여 두었을 뿐 회사의 모든 업무 집행에서 배제되어 실질적으로 아무런 업무를 집행하지 아니한 대표이사는 사용자에 해당하지 않는다(대법원 2000. 1. 18. 선고 99도2910).

◆ 공장장으로 재직하다가 이사 대우로 승진한 경우

회사의 공장장으로 근무하던 중 이사 대우로 승진한 후에도 매일 출근하여 공장장의 업무를 처리하면서 일정한 보수를 받은 경우에는 근로자이다(대법원 2000. 9. 8. 선고 2000다22591).

◆ 자신 소유의 오토바이를 이용하여 택배 배달원

자기 소유의 오토바이를 이용하여 택배 업무에 종사하는 배달원은 근로기준법상의 근로자에 해당한다(대법원 2004. 3. 26. 선고 2003두13939).

◆ 회사에 전속되어 매월 정액 보수를 받고 있는 운송지입차주

자기 소유의 버스를 수영장 사업주의 명의로 등록하고 수영장에 전속되어 수영장이 정한 운행시간 및 운행노선에 따라 회원운송용으로 왕복운행하면서 매월 정액을 지급받은 자는 근로기준법상 근로자에 해당한다(대법원 2001. 1. 18. 선고 99다48986).

◆ 국립병원 전공의

국립병원 전공의는 수련을 거치는 피교육자적인 지위와 함께 병원에서 정한 진료계획에 따라 근로를 제공하고 그 대가로 임금을 지급받는 근로자로서의 지위를 아울러 가지고 있었고, 병원의 지휘·감독 아래 노무를 제공함으로써 병원과의 사이에 실질적인 사용종속관계가 성립한다(대법원 1998. 4. 24. 선고 97다57672).

◆ 광고수탁 및 광고료 수금업무에 종사하는 광고영업사원

영업사원이 광고회사에 제출한 근무서약서와 근로약정서에 광고료 미수금에 대한 입금 및 변제에 관련된 규정이 있기는 하나, 이는 영업사원에게 미수광고료를 수금하여 입금할 직무상의 의무 및 광고료 수금을 비롯한 광고수탁 업무를 취급함에 있어 고의 또는 과실로 회사에게 손해를 끼쳤을 때 그 손해를 배상할 의무가 있음을 규정한 것일 뿐, 광고주를 대신하여 광고료를 납부하여야 할 의무까지 있음을 규정한 것은 아니며, 광고영업사원이 소속 회사의 요구에 따라 미수광고료를 액면금으로 하는 약속어음을 발행한 것을 광고료 미수금을 직접 변제하기로 한 것이거나 그 채무를 인수하기로 한 것이라고 볼 수는 없으므로 근로자로 보아야 한다(대법원 2001. 6. 26. 선고 99다5484).

◆ **사업주가 관리·분배하는 봉사료를 받는 접객원**

손님으로부터 받은 봉사료(팁)가 전적인 수입으로 되는 접객원의 경우에는 사용자가 봉사료를 일정액을 정하거나 사실상 일정액을 받도록 직·간접적으로 규제하고 봉사료를 사용자가 관리·분배하는 경우에는 근로기준법상 근로자로 보아야 한다(대법원 1996. 9. 6. 선고 95다35289).

◆ **안 마 사**

출퇴근시간이 일정하고 그 대기 장소와 안마행위의 제공에 관하여 안마시술소 대표의 포괄적인 지휘·감독을 받는 안마사는 근로자로 보아야 한다(대법원 1992. 6. 26. 선고 92도674).

3) 근로자성을 부정한 판례

◆ **해고의 효력을 다투는 자**

「해고된 자가 노동위원회에 부당노동행위의 구제신청을 한 경우에는 중앙노동위원회의 재심판정이 있을 때까지는 근로자가 아닌 자로 해석하여서는 아니된다.」라는 노동조합 및 노동관계조정법 법 제2조 라목 단서규정은 노동조합의 설립 및 존속을 보호하고 사용자의 부당한 인사권의 행사에 의하여 노동조합의 활동이 방해받는 것을 방지하기 위한 규정으로서 노동조합의 구성원이 될 수 있는 자격에 관하여 규정한 것일 뿐, 사용자와 근로자와의 근로관계에 관한 규정은 아니므로 노동조합의 조합원으로서의 지위와 관련하여서만 적용이 되어야 할 것이고, 근로자와 사용자와의 개별적인 근로계약 일반의 효력에 확대 적용될 수는 없다(대법원 1993. 6. 8. 선고 92다42354).

◆ **지입회사의 구체적 지시를 받지 않는 지입차주**

최초 배차배정을 받은 후 제품운송에 대하여 구체적 지시를 받지 않고 실제 운송횟수에 따라 운임을 지입회사로부터 지급받아 온 경우 지입회사와 지입차주 사이에 대내적으로 사용자와 피용자의 관계가 있다고 볼 수 없다(대법원 2000. 10. 6. 선고 2000다30240).

◆ **손님으로부터 받는 봉사료의 수입에 의하여 생활하는 유흥업소 종사자**

유흥업소의 접대부는 최소 계약기간의 정함이나 취업규칙 등이 없고, 출·퇴근이 비교적 자유로우며 팁 이외에 고정급이 없으며 업주가 그 액수를 통제하거나 사용·관리하지 않고, 근로소득세도 원천징수하는 일도 없는 점 등에 비추어 근로기준법상 근로자로 볼 수 없다(대법원 1995. 9. 6. 선고 95다35289).

◆ **사원증과 기자증을 발급받은 신문사 지사장**

신문사 대표이사가 지사장이 되고자 하는 자와 신문구독료와 광고료의 일정액을 본사에 송금하고 나머지는 지사장의 수입으로 하는 내용의 지사설치약정을 체결하면서 일정 금원을 지대보증금 명목으로 받고 사원증을 발급해 주는 한편 지사에서 채용하는 사원에 대하여도 그 직위를 분류하여 사원증 또는 기자증을 발급해 준 사정만으로는 그 지사장을 신문사에 고용된 근로자라고 단정할 수 없다(대법원 1999. 11. 12. 선고 99도2451).

◆ **취업규칙, 4대 보험 등의 적용을 받지 않는 채화작업자**

회사와 근로계약을 체결한 사실이 없고, 취업규칙·복무규정을 전혀 적용받지 않으면서 기본급이나 고정급의 정함이 없이 근무시간과 무관하게 작업량에 따라 보수를 받고 있으며, 4대 보험을 적용받지 않고 자유롭게 여러 회사에서 일한 점 등이 있는 채화작업자들은 근로자로 볼 수 없다(대법원 2004. 1. 15. 선고 2002도3075).

◆ **상법상의 이사·감사**

주식회사의 이사, 감사 등 임원은 회사로부터 일정한 사무처리의 위임을 받고 있는 것이므로, 사용자의 지휘·감독 아래 일정한 근로를 제공하고 소정의 임금을 받는 고용관계에 있는 것이 아니며, 일정한 보수를 받는 경우에도 이를 근로기준법상 소정의 임금이라 할 수 없고, 회사의 규정에 의하여 이사 등 임원에게 퇴직금을 지급하는 경우에도 그 퇴직금은 근로기준법 소정의 퇴직금이 아니라 재직 중 직무집행에 대한 대가로 지급하는 보수에 불과하므로 근로기준법상 근로자가 아니다(대법원 2003. 9. 26. 선고 2002다64681).

◆ **제품운송에 대하여 지입회사의 구체적인 지시를 받지 않는 지입차주**

지입차주가 자기 명의로 사업자등록을 하고 사업소득세를 납부하면서 기사를 고용하여 지입차량을 운행하고 지입회사의 배차담당 직원으로부터 물건을 적재할 회사와 하차할 회사만을 지정하는 최초 배차배정을 받기는 하나 그 이후 제품운송에 대하여 구체적인 지시를 받지 아니할 뿐만 아니라 실제 운송횟수에 따라 운임을 지입회사로부터 지급받아 온 경우, 지입차주가 지시·감독을 받는다거나 임금을 목적으로 지입회사에 종속적인 관계에서 노무를 제공하는 근로자로 할 수 없고 지입회사와 지입차주 사이에 대내적으로 사용자와 피용자의 관계가 있다고 볼 수 없다(대법원 2000. 10. 6. 선고 2000다30240; 대법원 1998. 1. 23. 선고 97다44676 등).

◆ **골프장 캐디**

골프장 운영회사는 내장객과 골프장의 시설이용권에 관한 계약을 체결함으로써 내장객에게 시설이용권을 부여하고 그에 대한 대가로 소정의 수수료를 받을 뿐이며, 내장객 중에서 캐디의 배치를 희망하는 사람들을 위하여 일정한 수의 캐디를 확보해 두고, 이러한 내장객에 대해서는 일정한 순번에 따라 정해진 캐디를 배치해 줌으로써 내장객과 캐디 사이에 경기보조업무의 용역제공에 관한 계약이 체결되는 것을 알선 내지 중개해 주는 역할을 한다고 봄이 상당하므로 캐디가 원고회사와 사이에 사용종속의 관계에 놓인 근로자에 해당한다고 볼 수 없다(대법원 2003. 1. 24. 선고 2002두8565; 대법원 2003. 2. 12. 선고 2002두12229).

◆ **레미콘 운송기사**

레미콘 회사와 레미콘 운반량에 따라 운반비를 받도록 운반계약을 체결하였을 뿐, 레미콘 회사의 일반 근로자들에게 적용되는 취업규칙, 인사 및 급여규정 등이 적용되지 않는 레미콘차량 운전자들은 독립적 운송사업을 하는 사업자에 해당할 뿐 당해 회사의 사업장에 임금을 목적으로 사용자와의 종속적인 관계에서 근로를 제공하는 근로자로 볼 수는 없다(대법원 1997. 2. 14. 선고 96누1795).

◆ **보험회사 외무원**

원고들이 피고 생명보험회사에서 외무원으로 근무할 당시 외무원에 대하여는 사원 및 별정직 직원에 대한 인사규정과는 별도로 외무원 규정을 두고 있었으며 피고회사의 외무원은 위 규정에 따라 위임·위촉계약에 의하여 그 업무를 위촉받도록 되어 있고 외무원의 보수에 관하여서도 피고회사의 직원에 대한 보수규정과는 별도로 외무사원지급규정, 일반외무원제수당지급규정, 일반외무원 단체보험수당지급규정을 두고 이에 따라서 그 보수를 산정하고 있었던 사실, 피고회사의 직원이 매월 일정한 고정급과 상여금을 지급받고 있음에 비추어 외무원은 피고회사로부터 부여받은 보험모집책임액과 그 실적에 따라 일정비율의 제 수당을 지급받았을 뿐이고 기본급이나 고정급의 임금이 따로 정해져 있었던 것은 아닌 사실, 피고 회사의 직원은 배속된 부서에서 출퇴근 시간을 지키고 엄격한 통제를 받음에 반하여 외무원은 출퇴근사항이나 활동구역 등에 특별한 제한을 받지 않고 또한 보험가입의 권유나 모집, 수금업무 등을 수행함에 있어서 피고회사로부터 직접적이고 구체적인 지휘·감독을 받음이 없이 각자의 재량과 능력에 따라 업무를 처리하여 왔다면, 원고들과 같은 외무원은 피고회사에 대하여 종속적인 근로관계에 있었다고 보기 어렵다(대법원 1990. 5. 22. 선고 88다카28112).

◆ **수강료 수입액의 일정비율을 배분받은 입시학원 단과반 강사**

입시학원 운영자의 시설 내에서 수강생에게 강의를 하고 매월 수강료 수입금의 일정비율을 배분받기로 한 입시학원 단과반 강사는 학원 측에 대하여 사용종속관계 하에서 임금을 목적으로 근로를 제공하는 근로자로 볼 수 없다(대법원 1996. 7. 30. 선고 96도732).

◆ **학습지 상담교사**

학습지 등을 제작·판매하는 회사와 위탁업무계약을 체결한 교육상담교사의 경우, 그 위탁업무의 수행과정에서 업무의 내용이나 수행방법 및 업무수행 시간 등에 관하여 그 회사로부터 구체적이고 직접적인 지휘·감독을 받고 있지 아니한 점, 그 회사로부터 지급받는 수수료는 그 위탁업무 수행을 위하여 상담교사가 제공하는 근로의 내용이나 시간과는 관계없이 오로지 신규 회원의 증가나 월회비의 등록에 따른 회비의 수금 실적이라는 객관적으로 나타난 위탁업무의 이행 실적에 따라서만 그 지급 여부 및 지급액이 결정되는 것이어서 종속적인 관계에서의 근로제공의 대가로서의 임금이라 보기 어려운 점 및 그 밖에 업무수행 시간의 정함이 없는 점 등 여러 사정을 종합하여 볼 때, 교육상담교사는 그 회사와의 사이에 사용종속관계에서 임금을 목적으로 근로를 제공한 근로자로 볼 수 없다(대법원 1996. 4. 26. 선고 78다510).

◆**이른바 건설오야지(건설십장)**

비록 건설회사의 현장소장에 지나지 아니하더라도 자신의 책임 하에 이 사건 피해자들을 선발 고용하고 작업을 지휘·감독하면서 회사로부터 임금명목의 돈을 지급받아 이를 근로자들에게 지급하는 업무를 행하여 왔다면, 근로자들에 대한 관계에 있어서는 근로자에 관한 사항에 대하여 사업주를 위하여 행위하는 자에 해당한다고 봄이 상당하다(대법원 1983. 11. 8. 선고 83도2505).

◆ **채용내정자**

채용내정 때 근로계약이 성립하나, 정식발령 전까지는 사용자에게 근로계약의 해약권이 유보되어 있다(대법원 2000. 11. 28. 선고 2000다51476).

출근권유를 받았을 뿐 채용 시기, 임금 등 근로조건에 관하여 회사와 구체적으로 약정한 사실이 없이 단지 임용대기만 하였다면 근로기준법상 근로자로 보기 어렵다(1999. 12. 13. 근기 68207-848).

4) 평 가

판례는 계약의 형식에 상관없이 실질에 있어서 근로자가 사업 또는 사업장에서 임금을 목적으로 종속적인 관계에서 근로를 제공하고 있는지에 따라서 근로자 여부를 판단하여야 함을 전제하고, 종속관계가 있는지 여부를 판단하는 구체적인 기준으로서 ① 업무의 내용이 사용자에 의하여 결정되는지의 여부, ② 업무수행과정에서 사용자로부터 구체적·개별적인 지휘감독을 받는지의 여부, ③ 사용자에 의하여 근무시간과 근무 장소가 지정되고 이에 구속받는지의 여부, ④ 보수가 근로자체의 대상적 성격을 가지고 있는지의 여부 등을 제시하고 있다. 근로자 여부를 판단하는 기준은 사용종속관계를 판단하는 일종의 예시기준으로 해석하여 모든 조건을 충족하여야만 근로자로 인정하는 것은 아니고, 근로자로 볼 수 있는 기준 중 일부의 사정이 결여되었다 하더라도 임금을 목적으로 사용종속관계를 볼 수 있는 조건을 갖춘 경우에는 근로자로 인정하고 있는 경향이다.[56] 그리고 최근 판례는 근로자 여부를 판단하는 중요한 기준으로서 사용자의 지휘·감독 정도를 종전의 「구체적이고 개별적인 지휘감독」에서 「상당한 지휘감독」이라는 용어를 사용함으로써 근로자의 요건을 완화하고 있는 경향을 보이고 있다.[57]

그러나 구체적인 사안에 대해서는 대체로 근로자의 요건을 엄격하게 해석하여 자영업자와 사용종속성 성격을 모두 갖추고 있는 이른바 「건설오야지」와 「특수고용직 종사자」에 대하여는 일관하여 근로자성을 부인하고 있다. 특히, 이른바 「건설오야지」는 사업자등록을 필하지 않고 원재료·자재 등을 제공함이 없이 단지 건설회사와 일정 공사에 대하여 소수의 일용노무자들을 고용하여 도급공사를 수행하고 있으나, 실질적으로 건설회사의 지휘·감독을 받고 있으며, 오로지 자신의 노동력으로만 업무를 수행하고 있는 자들이므로 근로기준법상 근로자로 해석하지 않고 있는 판례에 수긍하기 어렵다. 또한 「특수고용직 종사자」도 비록 자영업자의 성격을 가지고 있음은 분명하나, 역시 특정 한 회사에 전속되어 노동력을 제공하는 자이고 업무수행과정에서 구체적으로 소속 회사의 통제를 받지 않는 것은 업무의 특성에 기인한 것으로 보아야 하므로 일체의 근로자성을 부인하고 있는 판례에 대하여도 수긍하기 어렵다.

이처럼 판례가 이들에 대하여 근로자성을 부인하고 있는 근본적인 이유는 업무수행과정에 있어서 도급회사 또는 소속회사 등으로부터 구체적·개별적인 노무통제를 받지 않고 있으며, 이들이 받는 보수를 근로기준법상 임금의 성격이 아닌 위탁수수료 또는 일종의 도급금액으로 해석하고 있기 때문이다.

계약의 형식에 구애됨이 없이 사용종속관계가 있는지의 여부 및 임금이 정해져 있는지의 여부 및 근무시간 및 장소가 정해져 있는지의 여부 등을 기준으로 근로자 여부를 판단하고 있는 판례의 경향에 대해서는 다음과 같은 비판이 제기되고 있다.[58]

---

56) 대법원 2001. 2. 9. 선고 2000다57498.

57) 대법원은 강의수행과정에서 사용자로부터 구체적이고 개별적인 지휘·감독을 받지 않으나, 강의시간 및 강의장소가 사용자가 일방적으로 정해져 있는 등 사용자로부터 상당한 지휘·감독을 받고 있다는 이유로 대학강사와 대학입시 종합반 강사를 근로자로 인정하였다(대법원 2007. 3. 29. 선고 2005두13018·13025; 대법원 2006. 12. 7. 선고 2004다29736).

58) 근로자의 요건과 범위에 대한 비판론에 대한 상세는 박종희, 「근로기준법상 근로자의 개념」, 73면 이하; 노병호·한경식, 임금보호법(초판), 30면 이하; 한경식, 「근로자 요건의 재구성」, 374면 이하 참조.

(1) 「사용종속관계=근로자성」의 등식관계로 근로자 여부를 판단하는 것이 타당한가의 여부이다. 근로기준법 제2조 제1항 제1호가 제시하고 있는 근로자 판단요소는 「① 직업의 종류와 관계없이 ② 임금을 목적으로 ③ 사업 또는 사업장에 ④ 근로를 제공」한다는 네 가지 요소를 분명히 제시하고 있음에도 이에 대한 검토 없이 곧바로 실질적인 사용종속관계로 넘어가 근로자 여부의 판단을 위한 핵심도구로 삼고 있는 법적인 근거가 무엇인가에 대한 의문이다.

(2) 근로기준법상 근로자 여부를 판단하기 위해서는 민법상의 고용계약이든 도급계약이든 그 계약의 형식에 관계없이 실질적으로 사용종속관계가 성립하면 근로자에 해당한다고 해석함으로써 근로자 여부를 실질적으로 판단해야 한다고 하는 것은 타당성이 있으나, 근로자 여부를 판단함에 있어서 근로기준법 제2조 제1항 제4호에 규정된 근로계약을 전혀 고려하지 않고 있다는 점이다.

(3) 판례가 제시하고 있는 사용종속관계 여부의 판단기준이 어떠한 근거에서 제시되었다거나 실질적인 사용종속관계를 판단하는 적합한 기준이 될 수 있는가에 대하여 의문이 있고, 사용종속관계 유무의 판단을 위한 기준을 나열하고 있을 뿐 어떤 기준이 핵심적이고 본질적인 것인지 또는 어떤 요소가 부차적인 것인지를 구분하고 있지 않기 때문에 구체적인 사건에 있어서 판단자가 어떤 요소에 가중치를 두는가에 따라 근로자의 요건이 달라질 수 있다고 하는 문제점이 있다.

(4) 근로자 여부를 판단하고 있는 기준으로서 임금지급 여부를 들고 있는데, 근로의 대가가 무엇인지에 대한 분명한 언급이 없어 이에 대한 혼란을 가중시키고 있다고 하는 점이다.

요컨대, 판례는 엄격하게 임금을 지급받으면서 사용자의 지휘·명령을 받고 있는 자만을 근로자로 판단하고 있는 것은 성과·목표관리를 강조하고 있는 현대 노무관리시스템에서 특정 사업주에 종속되어 노동력을 제공하고 일정한 보수를 받는 상당수의 노동력 제공자들이 노동법의 보호를 받지 못하는 결과를 초래하고 있는 점을 감안하면, 「① 근로계약 체결 여부와 관계없이 사업 또는 사업장에서 ② 임금을 목적으로 사용자의 지시에 의하여 ③ 근로를 제공하는 자」는 근로자의 요건을 충족한 것으로 해석하여 노동법의 인적 적용범위를 확대할 필요성이 있다.

Ⅲ. 인사권자로서의 사용자

1. 의의 및 중요성

사용자는 노동관계법상 의무를 이행하는 대내적인 책임과 근로계약상 의무를 부담하는 대외적인 책임을 부담하는 자이므로 근로자의 권리구제를 위해서는 사용자의 범위와 그 책임범위를 확정하는 것은 매우 중요한 문제이다.

근로기준법 제2조 제1항 제2호는「사업주 또는 사업경영담당자, 그 밖에 근로자에 관한 사항에 대하여 사업주를 위하여 행위하는 자」를 사용자로 정의하고 있으므로 사용자의 범위는 이 규정에 따라 판단할 수밖에 없다. 내부적으로 근로자에 대하여 사용자로서 책임을 부담하는 자는 근로기준법 제2조 제1항 제2호에 규정한 모든 사용자가 해당할 것이고, 대외적으로 근로계약 당사자로서 책임을 부담하는 사용자는 사업주에 국한된다. 그러나 근로기준법 제2조 제1항 제2호는 매우 추상적인 사용자의 정의만 규정하고 있기 때문에 어느 범위까지 사용자로 볼 것인가의 여부에 대하여는 다양한 해석론이 대두되고 있다.

특히, 최근 고용형태의 다양화로 인하여 근로계약서상 사용자로 되어 있지 않으나, 사실상·실질적으로 특정인 또는 특정기업이 인사권과 근로조건 등을 결정하거나 영향력을 행사하고 있는 경우가 많은데, 이 경우 특정인 또는 특정기업을 근로계약상의 제반 의무를 부담하는 대외적인 사용자로 볼 수 있는가의 여부가 새로운 문제로 등장하고 있다.

2. 사용자 여부의 판단기준

1) 사 업 주

사업주라 함은 사업의 손익이 귀속되는 경영주체를 의미한다. 따라서 개인기업의 경우에는 개인 기업주가 사업주가 되고, 법인기업의 경우에는 법인 그 자체가 사업주가 된다. 사업주는 당해 사업에서 노동관계법 위반행위가 발생하였을 때 사업주 본인이 직접 위반행위에 관여하지 않았다 하더라도, 그 위반행위방지에 필요한 조치를 다한 것이 입증되지 않는 한 벌칙을 면할 수 없다. 사업주는 대외적으로 근로계약상 임금지급 의무를 부담하고 있는 사용자에 해당하나, 근로계약이 형식상 유효하게 존재하지 않는 경우라도 실질적으로 사용종속관계가 성립하면 사용자에 해당된다.[59)]

2) 사업경영담당자

사업경영담당자라 함은 사업경영일반에 대하여 권한과 책임을 지는 자로서 사업주로부터 사업경영의 전부 또는 일부에 관하여 포괄적인 위임을 받고 대외적으로 사업

---

59) 노병호·한경식, 임금보호법(초판), 39면.

을 대표하거나 대리하는 자를 말한다. 주식회사의 대표이사, 합명회사 및 합자회사의 업무집행사원, 유한회사의 이사, 지배인, 회사정리절차 개시 이후 선임된 관리인, 미성년자 또는 금치산자가 사업주인 경우의 법정대리인 등이 이에 해당한다. 그러나 이러한 명칭을 사용하지 않더라도 실질적으로 사업경영담당자로서 실질적인 권한을 갖는 경우에는 사업경영담당자로 보아야 한다.[60)]

3) 근로자에 관한 사항에 대하여 사업주를 위하여 행위하는 자

「근로자에 관한 사항에 대하여 사업주를 위하여 행위하는 자」라 함은 인사·임금·복리후생·노무관리 등 근로조건의 결정 또는 근로의 실시에 관하여 지휘·명령 내지 감독을 할 수 있는 일정한 책임과 권한이 사업주에게 의해 부여된 자를 말한다. 일반적으로 이사, 공장장, 과장, 부장, 직장책임자, 현장감독자 등이 이에 해당할 것이다. 그러나 이와 같은 직책상의 명칭에 관계없이 실질적으로 근로자에 관한 사항에 대하여 일정한 권한이 부여된 자는 사용자에 해당하고, 반대로 이와 같은 직명을 가지고 있다 하더라도 단지 상사의 상급자의 명령을 전달하는 자에 불과한 경우에는 사용자에 해당하지 않는다.[61)] 이처럼 근로기준법상 근로자에 해당하는 경우라도 다른 근로자와의 관계에서는 사용자의 지위를 가지고 있는 경우가 있다.

3. 사용자 범위의 확장이론

1) 문제의 소재

근로자에 대한 법적의무를 부담해야 하는 사용자는 근로자와 근로계약을 체결한 사업 또는 사업장의 사업주가 되는 것이 원칙이다. 그런데 형식적인 근로계약상 사용자가 아닌 제3자가 실질적으로 근로관계에 대하여 실질적으로 결정권을 행사하거나 지휘·통제하는 경우에 그 제3자가 근로관계에 있어서 사용자로 해석하여 책임을 물을 수 있는가의 여부가 문제된다.

최근 근로계약의 체결당사자가 아닌 다른 사업 또는 사업장의 사업주가 실질적으로 근로관계를 지휘·통제하는 경우에는 그들에게도 사용자성을 확대하여 근로관계에 대한 책임을 물어야 한다는 주장이 제기되고 있다. 이러한 이론을 사용자 범위의 확장이론이라고 한다.[62)] 예컨대, 모기업이 자회사에 대하여 경영권을 행사하여 지배

60) 박홍규, 고용법·근로조건법(제2판), 199면.
61) 박홍규, 고용법·근로조건법(제2판), 199면.
62) 이상윤, 노동법(제3판), 101면; 임종률, 노동법(제6판), 324면.

하는 경우에 모기업 사업주를 자회사 소속 근로자의 사용자로 해석하여 근로관계에 대한 책임을 지게 하는 것이다. 사용자의 범위를 확장하기 위한 이론으로서는 법인격 부인의 법리, 실질적 동일성의 법리, 지배 영역의 법리가 대두되고 있다.[63)]

2) 법인격 부인의 법리

「법인격 부인의 법리」란 법인과 구성원 사이에 자산·업무가 혼동되어 있어서 법인격이 형해화(허수아비)되어 있는 경우 또는 그 법인이 그 구성원에 의하여 남용적인 목적으로 이용되고 있는 경우에 특정한 권리관계에 한해서 법인격의 존재를 부인하고, 그 배후에 있는 실질적인 구성원을 법인과 동일시하여 법률관계를 타당하게 조정 또는 해결하려는 이론을 말한다.[64)] 즉, 회사의 법인격이 법이 본래 의도한 목적과는 달리 남용되는 경우에 회사의 특정한 법률관계에 한하여 그 법인격을 인정하지 아니하고 그 법인의 배후에 있는 실체를 기준으로 하여 법률적인 취급을 하려는 이론이다. 형식상 법인회사로 등록되었더라도 특정인 또는 모회사 등이 출자하고 실질적으로 직접 경영을 하여 온 경우에는 그 법인회사의 법인격은 부인되어 그 특정인 또는 모회사를 근로기준법상 사용자로 해석할 여지가 있다. 그러나 법인격 부인을 이유로 한 사업주의 범위를 확장하여 책임을 묻는 것은 예외적인 책임사유에 해당하는 것이므로 그 요건은 엄격하게 적용할 필요성이 있다.

판례는 「회사가 외형상으로는 법인의 형식을 갖추고 있으나, 그 실질에 있어서는 완전히 그 법인격의 배후에 있는 타인의 기업에 불과하거나 그것이 배후자에 대한 법률적용을 회피하기 위한 수단으로 함부로 쓰이는 경우에는 비록 외견상으로는 회사의 행위라 할지라도 회사와 그 배후자가 별개의 법인격체임을 내세워 회사에게만 그로 인한 법적 효과가 귀속됨을 주장하면서 배후자의 책임을 부정하는 것은 신의성실의 원칙에 위반되는 법인격의 남용으로서 심히 정의와 형평에 반하여 허용될 수 없으므로, 회사는 물론 그 배후자인 타인에 대하여도 회사의 행위에 관한 책임을 물을 수 있다고 보아야 한다.」라고 판시하여 탈법행위의 목적으로 한 형식상 법인에 대해서는 법인격을 부인하고 있다.[65)]

3) 실질적 동일성의 법리

「실질적 동일성의 법리」는 원래 위장 해산된 구회사와 신설회사가 영업실태와 회

---

63) 사용자 범위의 확정이론 및 관련 판례에 대한 상세는 "제3장 제5절 아웃소싱과 근로관계"편 참조.
64) 김홍규, 민사소송법(제7판), 38면.
65) 대법원 2001. 1. 19. 선고 97다21604.

사 임원의 구성 등 여러 가지 면에서 실질적으로 동일하다고 판단되는 경우에는 신설 회사에게 사용자 책임을 묻는 이론이다. 최근 다양한 고용형태의 확산으로 인하여 근로계약상의 사용자와 동일시할 수 있는 자에게까지 사용자 개념을 확대하여 책임을 묻는 판례들이 많이 있으나, 구체적인 사항에 대해서는 그 책임요건을 엄격하게 해석하고 있다.

판례는 실질적으로는 모회사가 자회사의 직원들을 직접 채용한 것과 마찬가지로 모회사와 근로계약관계가 존재한 것으로 평가할 수 있는 경우로서 모회사가 위장도급의 형식으로 자회사의 법인격을 이용한 것에 불과한 경우[66], 소사장 기업의 근로자를 직접 관리하여 온 분할 전 기업[67]에 대하여는「실질적 동일성의 법리」에 따라 모회사를 사용자로 판단하고 있다.

판례요지

형식적으로는 피고 회사와 도급계약을 체결하고 소속 근로자들인 원고들로부터 노무를 제공받아 자신의 사업을 수행한 것과 같은 외관을 갖추었다고 하더라도, 실질적으로는 업무수행의 독자성이나, 사업경영의 독립성을 갖추지 못한 채, 피고 회사의 일개 사업부서로서 기능하거나, 노무대행기관의 역할을 수행하였을 뿐이고, 오히려 피고 회사가 원고들로부터 종속적인 관계에서 근로를 제공받고, 임금을 포함한 제반 근로조건을 정하였다고 봄이 상당하므로, 원고들과 피고 회사 사이에는 직접 피고 회사가 원고들을 채용한 것과 같은 묵시적인 근로계약관계가 성립되어 있었다고 보는 것이 옳다(대법원 2008. 7. 10. 선고 2005다75088).

4) 지배영역의 법리

집단적 근로관계는 주로 근로자의 단결권 침해를 배제·시정하면서 정상적인 근로관계를 회복하는 것을 목적으로 하는 것이기 때문에 사용자의 범위는 개별적 근로관계 영역보다 넓다고 할 수 있다. 집단적 근로관계법에서 사용자 범위를 확대하는 이론은 이른바「지배·영역의 법리」이다. 이 법리는 노동조합 및 노동관계조정법 제2조 제2호에서 규정한 근로자를 직접 사용하는 자 이외에 근로관계에 실질적·구체적으로 지배력과 영향력을 행사하는 자는 비록 직접적인 근로계약관계가 없더라도 단체교섭의 상대방으로서 적격성을 인정하여 노동3권을 보호하고자 하는 이론이다.[68] 이 법리

66) 대법원 2003. 9. 23. 선고 2003두3420; 대법원 2008. 7. 10. 선고 2005다75088.
67) 대법원 2002. 11. 26. 선고 2002도649.
68) 이병태, 최신노동법(제8전정판), 405면.

에 의하면, 집단적 근로관계에서의 사용자는 근로계약당사자인 사업주뿐만 아니라 근로관계에 직·간접적으로 관련이 있거나 근로관계의 제반 이익에 대하여 영향력 또는 지배력을 행사할 수 있는 지위에 있는 자도 포함된다.[69] 따라서 근로자파견계약에 따라 파견근로자를 사용하는 사용자도 근로자에 대해 자신의 근무체제와 지휘감독 아래 근로조건을 지배하는 경우[70]의 사용사업주, 노동조합을 와해시킬 목적으로 기업을 일단 해산하면서 실질적으로는 동일사업을 계속하는 위장해산인 경우의 그 동일기업, 분사 전 회사가 분사 후 회사에 대하여 실질적으로 조합원의 근로조건 등을 결정하고 영향력을 행사하여 온 경우의 분사 전 회사가 사용자가 되어 부당노동행위의 주체와 단체교섭의 상대방으로서 사용자에 해당될 수 있을 것이다.

그러나 우리나라의 판례는 사용자 범위를 확대하여 노동3권을 보호하고 있는 경향을 보이고 있는 외국[71]과는 달리, 근로계약상 사용자만을 단체교섭의 당사자인 사용자로 해석하여 집단적 노사관계에서의 사용자 범위의 확대에 관하여 매우 소극적인 입장을 보이고 있다[72].

판례요지

단체교섭 상대방이 되는 사용자라 함은 근로자와의 사이에 사용종속관계가 있는 자, 즉 근로자와의 사이에 그를 지휘·감독 하면서 그로부터 근로를 제공받고 그 대가로서 임금을 지급하는 것을 목적으로 하는 명시적이거나 묵시적인 근로계약관계를 맺고 있는 자를 말한다(대법원 1995. 12. 22. 선고 95누3565).

4. 판례의 경향

최근 상당수의 기업들이 노동시장의 유연성과 경영합리화 차원에서 근로자의 직접 고용보다는 간접 고용형태인 도급·파견 등과 기업을 매각하거나 양도 또는 합병을 확대함으로써 대외적으로 법률상 근로관계의 의무자인 사업주를 누구로 보아야 할 것인가에 대하여 법적 분쟁이 빈발하고 있다. 이하에서는 주로 대외적으로 법률상

69) 이상윤, 노동법(제3판), 834면; 임종률, 노동법(제6판), 262면; 이병태, 최신노동법(제8전정판), 405면.

70) 서울행정법원 2006. 5. 6. 2005구합11968.

71) 외국의 경우는 일본은 1995년 최고재판소의 조일방송사건 판결에서 「직접적인 근로계약관계가 없더라도 노동조합 제반 이익의 결정에 실질적·구체적으로 지배력과 영향력을 행사하는 자는 단체교섭의 상대방인 된다.」라고 하여 판결한 이래 집단적 근로관계에 있어서 사용자 범위의 확대를 일반화하고 있다(김광호, 아웃소싱과 노사관계의 발전방향, 57면).

72) 대법원 1993. 11. 23. 선고 92누13011; 대법원 1995. 12. 22. 선고 95누3565; 대법원 1996. 6. 11. 선고 96누1504; 대법원 1997. 9. 5. 선고 97누3644.

의무를 부담하고 있는 사업주로서의 사용자에 관한 판례의 경향만 개관하기로 한다.

1) 사업주 여부의 판단기준

◆ 사업주로서의 독자성과 독립성이 있는가의 여부

원고용주에게 고용되어 제3자의 사업장에서 제3자의 업무에 종사하는 자를 제3자의 근로자라고 할 수 있으려면, 원고용주는 사업주로서의 독자성이 없거나 독립성을 결하여 제3자의 노무대행기관과 동일시 할 수 있는 등 그 존재가 형식적·명목적인 것에 지나지 아니하고, 사실상 당해 피고용인은 제3자와 종속적인 관계에 있으며, 실질적으로 임금을 지급하는 자도 제3자이고, 또 근로제공의 상대방도 제3자이어서 당해 피고용인과 제3자 간에 묵시적 근로계약관계가 성립되어 있다고 평가될 수 있어야 한다(대법원 2008. 7. 10. 선고 2005다75088; 대법원 2002. 11. 26. 선고 2002도649).

◆ 법인격이 부인될 정도의 특정인이 권한을 행사하고 있는지의 여부

회사가 외형상으로는 법인의 형식을 갖추고 있으나, 그 실질에 있어서는 완전히 그 법인격의 배후에 있는 타인의 기업에 불과하거나 그것이 배후자에 대한 법률적용을 회피하기 위한 수단으로 함부로 쓰여지는 경우에는 비록 외견상으로는 회사의 행위라 할지라도 회사와 그 배후자가 별개의 법인격체임을 내세워 회사에게만 그로 인한 법적 효과가 귀속됨을 주장하면서 배후자의 책임을 부정하는 것은 신의성실의 원칙에 위반되는 법인격의 남용으로서 심히 정의와 형평에 반하여 허용될 수 없고, 따라서 회사는 물론 그 배후자인 타인에 대하여도 회사의 행위에 관한 책임을 물을 수 있다고 보아야 한다(대법원 2001. 1. 19. 선고 97다21604).

◆ 실질적인 사주로서의 권한을 행사하여 왔는지의 여부

형식상으로는 대표이사직에서 사임하였으나 실질적으로는 사주로서 회사를 경영하여 온 자는 임금 지불에 관한 실질적 권한과 책임을 가지는 자로서 근로기준법 소정의 사용자에 해당한다(대법원 2002. 11. 22. 선고 2001도3889).

◆ 근로계약의 체결이 형식적·명목적인 것에 불과한지의 여부

아파트관리업자와 위수탁관리계약을 체결하였을 뿐인 아파트입주자대표회의가 직원들에 대하여 임금지급의무가 있는 사용자로 인정되기 위해서는 그 직원들이 관리사무소장을 상대방으로 하여 체결한 근로계약이 형식적이고 명목적인 것에 지나지 않고, 직원들이 사실상 입주자대표회의와 종속적인 관계에서 그에게 근로를 제공하며, 입주자대표회의는 그 대가로 임금을 지급하는 사정 등이 존재하여 관리사무소 직원들과 입주자 대표회의와 사이에 적어도 묵시적인 근로계약관계가 성립되어 있다고 평가되어야 한다(대법원 1999. 7. 12. 선고 99마628).

2) 사업주성을 인정한 판례

◆ **실질적으로 인사경영권을 행사하여 온 모기업**

자회사가 형식적으로 독립된 법인으로 되어 있으나 실질적으로는 모회사의 한 부서와 같이 사실상 경영에 관한 결정권을 행사하여 왔고, 자회사의 인원 충원이 필요할 때에는 채용광고 등의 방법으로 대상자를 모집한 뒤 그 면접과정에서 자회사의 임원과 담당자들이 함께 참석한 가운데 실시하여 왔고, 모회사의 직원과 구분 없이 업무지시, 직무교육실시, 표창, 휴가사용 승인 등 제반 인사관리를 모회사가 직접 시행하고 조직편성이나 경조회의 운영에 있어서 아무런 차이를 두지 않았으며, 근로자들의 업무수행능력을 직접 평가하고 임금인상 수준도 모회사의 임금인상율과 연동하여 결정하였음을 알 수 있는바, 이러한 사정을 종합하여 보면 모회사는 「위장도급」의 형식으로 자회사의 법인격을 이용한 것에 불과하고, 실질적으로는 모회사가 자회사의 직원들을 직접 채용한 것과 마찬가지로서 모회사와 근로계약관계가 존재한다(대법원 2003. 9. 23. 선고 2003두3420; 동지 대법원 2008. 7. 10. 선고 2005다75088).

◆ **소사장제 기업의 근로자를 직접 관리하여 온 분할 전 기업**

기존 기업이 경영합리화라는 명목으로 소사장 법인을 설립한 후 그 소속 근로자들에게 직접 임금을 지급하고, 인사 및 노무관리에 있어서도 구체적이고 직접적인 관리·감독을 하여 온 경우, 기존 기업의 대표이사가 소사장 법인 소속 근로자들에 대한 관계에서도 사용자의 지위에 있는 것이다(대법원 2002. 11. 26. 선고 2002도649).

◆ **다른 기업과 합병한 회사**

피합병 회사의 권리의무는 사법상의 관계나 공법상의 관계를 불문하고 그 성질상 이전을 허용하지 않는 것을 제외하고는 모두 합병으로 인하여 존속하는 회사에 승계되는 것으로 보아야 한다(대법원 1980. 3. 25. 선고 77누265; 대법원 1994. 3. 8. 선고 93다1589; 대법원 1994. 10. 25. 선고 93누21231).

◆ **영업을 포괄적으로 양수한 기업**

다른 기업의 사업부문의 일부를 양수하는 계약을 체결하면서 그 물적 시설과 함께 그 사업부문에 근무하는 근로자들에 대한 권리의무도 함께 포괄승계받기로 약정한 경우에는 원칙적으로 해당 근로자와의 근로관계는 영업양수인에게 승계되는 것이지만 이때 승계되는 근로관계는 계약체결일 현재 실제로 그 영업부문에서 근무하고 있는 근로자와의 근로관계만을 의미하고 계약체결일 이전에 해당 영업부문에서 근무하다가 해고 또는 면직된 근로자로서 해고 및 면직처분의 효력을 다투는 근로자와의 근로관계까지 승계하는 것은 아니다(대법원 1993. 5. 25. 선고 91다41750).

◆ **건설하도급자에게 고용된 일용노무자를 지휘·감독을 하여 온 도급인**

건설회사로부터 지하철공사 중 철골공사부분을 하도급 받은 자에게 일용근로자로 고용되어 근무하여 왔으나, 위 건설회사가 위 근로자에 대한 사업주로서 산재보험에 가입시키고 일당의 형식으로 매월 2회씩 계속적으로 임금을 지급하여 왔으며, 위 공사에 필요한 제반장비 및 시설을 제공함은 물론, 위 하도급업자를 통하여 작업을 지휘감독하여 왔다면 실질적으로 위 근로자는 위 건설회사와 고용계약을 맺은 것으로서 그들 사이에 사용종속관계에 있는 것으로 보아 마땅하므로 위 건설회사는 사용자로서 위 근로자에 대하여 근로기준법상의 퇴직금 지급채무를 부담한다(대법원 1986. 8. 19. 선고 83다카657).

◆ **명의차용인**

피고 경영의 자동차주식회사 명의로 차량을 소유하고 자동차운수사업을 경영하고 있는 이상, 위 회사와 차주와의 합의는 내부적 관행에 불과한 것으로서 대외적인 관계에서는 위 회사가 차량을 소유하고 이를 운행하는 경영주체로 보지 않을 수 없으므로 그 사업장의 근로자와의 관계에서도 위 회사가 직접적인 근로계약상 책임을 지는 사용자에 해당한다(대법원 1987. 7. 12. 선고 99마628).

3) 사업주성을 부정한 판례

◆ **조직의 동일성이 없는 기업자산만을 매수한 기업**

양도계약관계가 영업의 양도로 인정되느냐는 단지 어떠한 영업재산이 어느 정도로 이전되어 있는가에 의하여 결정되어져야 하는 것이 아니고 거기에 종래의 영업조직이 유지되어 그 조직이 전부 또는 중요한 일부로서 기능할 수 있는가에 의하여 결정되어야 하는 것이므로 영업재산의 전부를 양도했어도 그 조직을 해체하여 양도했다면 영업의 양도에 해당되지 않는다(대법원 2001. 7. 27. 선고 99두2680).

◆ **인력공급을 하여 온 항운노동조합**

항운노동조합은 국내에서 유일하게 근로자공급사업을 허가받아 하역업체에 근로자공급사업을 영위하고 있어 하역업체들은 항운노동조합을 통하여서만 하역작업에 필요한 근로자를 공급받을 수 있으며, 조합원이 아니면 하역작업에 종사하지 못하도록 하는 이른바 클로즈드 숍(closed shop)제도를 운영하고 있기 때문에 하역근로자의 근로조건은 사용자단체인 사단법인 한국항만하역협회와 전국항운노동조합연맹 사이에 맺어진 단체협약에 따라 기본적으로 결정되고 있는데, 위 단체협약에 따르면 조합원들은 각 하역업체로부터 직접 임금을 수령하도록 되어 있으나, 실제로는 피고

조합이 각 하역업체로부터 임금을 일괄 지급받은 다음, 그 중 2%의 조합비를 공제한 나머지를 각 조합원에게 작업시간에 따라 분배하여 왔고, 항만근로자들이 퇴직할 때에는 전국항만하역협회 산하 항만근로자 퇴직충당금관리위원회로부터 그 소정의 관리운영규정에 정한 바에 따라 퇴직금을 지급받고 있으므로 피고 조합이 근로기준법상의 퇴직금지급의무를 지는 사용자라고 보기 어렵다(대법원 2007. 3. 30. 선고 2004다83330).

◆ **근로조건 등에 직·간접적으로 관여한 사실이 있는 아파트입주자대표회의**

아파트입주자대표회의가 아파트관리업자와 체결한 위수탁관리계약상의 지위에 기한 감독권의 범위를 넘어 일부 직원의 채용과 승진에 관여하거나 관리사무소 업무의 수행상태를 감독하기도 하고, 또 관리사무소 직원들의 근로조건인 임금, 복지비 등의 지급수준을 독자적으로 결정하여 오기는 하였으나, 관리업자 혹은 그를 대리한 관리사무소장이 근로계약 당사자로서 갖는 관리사무소 직원들에 대한 임면, 징계, 배치 등 인사권과 업무지휘명령권이 모두 배제 내지 형해화되어 그 직원들과 체결한 근로계약이 형식적인 것에 지나지 않는다고 할 수 없고, 또 입주자 대표회의가 관리사무소 직원들의 업무내용을 정하고 그 업무수행 과정에 있어 구체적·개별적인 지휘·감독을 행하고 있다고 볼 수도 없는 경우, 입주자 대표회의가 그 관리사무소 직원들과 근로계약관계에 있는 사용자라고 볼 수 없다(대판 1999. 7. 12. 선고 99마628; 대법원 2001. 1. 5. 선고 2000두2686; 대법원 2001. 6. 1. 선고 2001두2218).

◆ **아파트관리형태의 변경으로 인한 새로운 위탁관리회사**

원고가 입주자대표회의에 대하여 종전 근로자를 우선 재고용해야 한다는 입찰조건을 수락함으로써 아파트 관리업체로 선정된 후 그 재고용 약속에 관한 내용을 공고한 바 있기는 하나, 원고가 종전 관리업체와 근로자간의 고용관계를 포괄적으로 승계하였다고 볼 수는 없다(대법원 2000. 3. 10. 선고 98두4146; 중노위 2006. 3. 2. 2005부해764).

◆ **임의단체인 학교육성회를 제한 감독하는 서울특별시**

원고가 피고 서울특별시 산하에 있는 모 중학교의 수위로 임용된 것이나 그 임용관계는 학부모의 자진협찬으로 조직된 육성회가 학교시설의 유지·관리 등을 위하여 그 예산으로 육성회 회장의 위임에 따른 당연직 이사인 학교장이 원고를 사용임시직잡급직원으로 고용하여 학교시설의 경비업무를 담당시켜 왔으며, 위 육성회는 피고 서울시로부터 학교 교육의 원활한 발전을 위하여 일정한 제한 감독을 받으나 그 지배아래에 있지 아니한 임의단체이므로 서울특별시는 사용자라고 할 수 없다(대법원 1984. 5. 22. 선고 84다1115).

4) 평 가

대법원은 근로계약상 책임을 부담하는 사업주 여부의 판단기준으로서 「독자성과 독립성」의 유무를 제시하고 있다. 대법원은 이러한 사업주의 판단기준에 따라 법인격이 부인될 정도로 모회사 또는 특정인이 권한을 행사함으로써 근로자와 자회사 또는 특정 기업 사이에 체결된 근로계약이 단지 형식적·명목적인 것에 불과한 경우에는 모회사 또는 특정인을 근로기준법상 사업주로 해석하고 있는 경향을 보이고 있다.[73)]

그러나 아파트 위탁관리의 경우에는 비록 위탁자가 위탁관리 소속 근로자의 근로조건 등에 대하여 직간접적으로 사실적으로 관여하여 온 위탁자인 입주자대표회의의 사업주성을 부정하고 있을 뿐만 아니라, 종전 근로관계를 새로운 위탁관리회사가 승계하기로 위·수탁계약을 체결한 경우라도 새로운 위탁관리회사를 종전 근로자의 사업주로 인정하지 않고 있다.[74)] 이는 입주자의 관리비로 위탁회사의 임금 등을 지급할 수밖에 없는 아파트 위탁관리업무의 특성을 고려한 것이고, 단지 위탁관리방법의 변경은 상법상 영업양도에 해당하지 않는다고 보기 때문이다.

기업변경에 의한 종전 근로자의 사업주 귀속에 대하여 대법원은 대체로 다음과 같은 기준에 따라 판단하고 있다. 첫째, 기업 양도의 경우에는 원칙적으로 양도회사의 근로관계가 포괄적으로 양수회사에 이전되나, 그 포괄이전 시점은 영업양도계약체결시로 해석하고 있다.[75)] 그리고 「조직의 동일성」이 없는 자산매각인 경우에는 인적조직이 당연히 양수회사에 포괄적으로 이전되지 않기 때문에 양수회사는 양도회사 소속 근로자에 대하여 근로관계승계의무를 부담하는 사업주로 볼 수 없다는 견해를 취하고 있다.[76)] 둘째, 기업의 합병의 경우는 당사자 간의 고용배제 특약 여부에 상관없이 당연히 합병회사 또는 신설합병회사에 포괄적으로 근로관계가 승계되어 합병회사 또는 신설합병회사의 사업주성을 인정하고 있다.[77)]

이처럼 대법원은 「독립성과 독자성」을 사업주의 요건판단기준으로 제시하면서 법인격을 부인할 정도에 이르는 독립성과 독자성이 결여된 자회사 또는 소사장 기업의 사업주성을 부인하고 있다. 그러나 독립성과 독자성의 요건을 너무나 엄격하게 해석

---

73) 대법원 2002. 11. 26. 선고 2002도649; 대법원 2001. 1. 19. 선고 97다21604; 대법원 2003. 9. 23. 선고 2003두3420; 대법원 2002. 11. 22. 선고 2001도3889 등.

74) 대법원 1999. 7. 12. 선고 99마628; 대법원 2001. 1. 5. 선고 2000두2686; 대법원 2001. 6. 1. 선고 2001두2218; 대법원 2000. 3. 10. 선고 98두4146 등.

75) 대법원 1994. 6. 28. 선고 93다38173.

76) 대법원 1993. 5. 25. 선고 91다41750.

77) 대법원 1980. 3. 25. 선고 77누265; 대법원 1994. 3. 8. 선고 93다1589; 대법원 1994. 10. 25. 선고 93누21231.

한 결과 현실적으로 우월적 지위를 이용하여 근로조건 등에 상당한 영향력을 행사하고 있는 자에 대하여 사업주성을 부인하고 있다. 요컨대, 계약의 형식 또는 보수의 명목에 상관없이 실질적으로 근로자를 사용하거나 구체적으로 업무 지시 등을 행하는 자를 사업주의 범위에 포함시킬 수 있는 입법적 개선이 필요하다고 본다.[78)]

Ⅳ. 인사관계자로서의 사용자와 근로자와의 상호관계

근로기준법은 「직업의 종류와 관계없이 임금을 목적으로 사업 또는 사업장에 근로를 제공하는 자」를 근로자로 정의하고 있으며, 「근로계약 당사자로서 임금 등의 지급의무를 부담하는 사업주뿐만 아니라 근로자에 대하여 지휘·명령할 지시권을 가진 사업경영담당자와 근로자에 관한 사항에 대하여 사업주를 위하여 행위하는 자」를 사용자로 정의하고 있다.

그러나 사업주의 이익대표자인 중간관리자는 근로자에 관한 사항에 대하여 사업주를 위하여 행위하는 자이므로 사용자에 해당되는 것이나, 대외적으로 인사처분을 비롯한 근로관계 당사자로서 법적 책임을 부담하는 사용자라고 볼 수 없다. 오히려 중간관리자는 임금을 목적으로 사업주 또는 경영주에 고용되어 그의 지휘와 명령을 받는 사용종속관계에 있는 것이므로 엄연한 근로기준법상 근로자에 해당된다. 따라서 근로자와 사용자의 개념은 상대적이라고 할 수 있다. 중간관리자를 사용자의 범위로 규정한 것은 중간관리자의 직책은 노무관리에 관련된 사항에 대하여 사업주로부터 직간접적으로 일정한 권한과 책임이 부여되어 있으므로 노동관계법이 제대로 준수되느냐 하는 것은 사업주보다도 오히려 중간관리자에 달려 있기 때문이다. 이와 같은 이유에서 근로기준법은 사업주의 이익대표자까지도 사용자의 범위에 포함시키는 것은 법의 실효성을 확보하고자 하는데 있다.

이러한 측면에서 근로자와 사용자의 범위는 사업장에 있어서의 직책·지위 등에 의하여 획일적으로 결정되는 것이 아니라 근로자 신분과 사용자 신분이 중첩되는 경우가 많다. 이처럼 근로기준법에서 근로자와 사용자의 범위를 상대적·중복적으로 규정한 것은 법의 보호를 받을 수 있는 근로자의 범위를 확대하고 법의 실효성을 확보하기 위한 것이다.[79)]

78) 동지 박홍규, 고용법·근로조건법(제2판), 200면.
79) 노병호·한경식, 임금보호법(초판), 55~56면.

제4절 근로관계와 당사자의 권리의무

Ⅰ. 개 관

근로계약이란 근로자가 사용자에게 근로를 제공하고 사용자는 이에 대하여 임금을 지급하는 것을 목적으로 체결된 계약을 말한다(근로기준법 §2·① 4).[80] 근로계약은 근로자와 사용자 사이에서 근로와 임금이라는 채권채무관계의 성립을 목적으로 하는 것이므로 유상·쌍무의 채권계약인 동시에 일정한 형식을 요하지 않고 당사자의 합의만으로 계약이 성립된다는 점에서 낙성(諾成)·불요식(不要式) 계약이다. 따라서 근로계약은 사회적 지위의 설정을 목적으로 하는 근로자와 사용자 사이에 체결된 일종의 인격적 결합계약으로서의 성격도 지닌 계약이라고 할 수 있다.

판례요지

근로자는 인간의 존엄성과 가치를 지닌 인격체이고, 근로계약에 따른 근로제공은 단순히 임금획득만을 목적으로 하는 것이 아니라 자아실현·기술습득·능령향상 및 원만한 인간관계의 형성 등 자신의 인격을 실현시키고 있다(대법원 1996. 4. 23. 선고 95다6823).

근로계약은 근로관계의 설정과 근로관계의 내용을 정함으로써 당사자의 권리의무관계의 한계를 확정하는 기능을 가지고 있다. 근로기준법은 근로계약을 근로관계의 성립요건으로 보아 근로계약을 기초로 사용자의 인사처분을 포함한 근로조건의 보호를 규정하고 있다. 즉, 근로기준법은 제2장에 근로계약이라는 독립된 장을 두어 근로계약의 정의를 명문으로 규정한 다음, 근로관계의 존속 및 소멸에 관련된 보호규정을 차례로 규정하고 있다. 판례도 「근로관계가 성립하기 위해서는 근로자가 사용자에게 근로를 제공하고 사용자가 이에 대하여 임금지급을 목적으로 명시적 또는 묵시적으로 체결된 계약이 있거나 그 밖에 법적 근거가 있어야 한다.」라고 함으로써 근로계약이 근로관계의 성립요건임을 밝히고 있다.[81]

---

80) 근로계약은 민법상 고용계약에서 분리된 독립된 개념이나, 노동법에서는 근로계약의 당사자를 「근로자와 사용자」로 규정하고 있는 것에 대하여 민법은 「당사자의 일방과 상대방」이라고 규정하고 있을 뿐이어서 근로계약과 고용계약의 목적이나 형식에는 아무런 차이가 없다. 그리고 우리 민법에서도 유상위임을 비롯한 독립적 고용을 고용계약에서 배제하여 종속적 고용만을 고용계약의 내용으로 정하고 있으므로 굳이 근로계약과 고용계약을 구별할 필요가 없다(이병태, 최신노동법(제8전정판), 584~585면).

81) 대법원 1972. 11. 14. 선고 72다895; 대법원 1987. 2. 10. 선고 86다카1949.

여기서 근로관계란 사용자의 지시권에 복종하면서 근로를 제공하는 관계를 의미하는 것이므로 종속노동관계를 본질로 한다. 근로계약에 의해서 형성되는 근로관계는 근로자의 근로제공과 임금지급의 교환을 기본적 내용으로 한다는 점에서 채권관계라고 볼 수 있지만, 근로관계는 민법상 채권관계와는 달리 계속적인 인적 결합을 본질로 하는 근로제공을 매개로 형성되기 때문에 이에 따른 부수적인 의무로서 근로자는 사업장 질서의 준수의무, 비밀유지의무, 경업금지의무 등을 부담하는 반면 사용자는 근로제공수령의무, 인격배려의무, 안전배려의무 등을 부담한다.[82)]

근로계약은 근로관계를 형성하는 계약으로서 근로관계의 성립요건이므로 근로계약을 체결할 때 근로관계가 성립된 이후에 적용되는 임금 등 근로조건을 결정하고, 근로자의 의사에 반하여 사용자의 강제근로를 금지하기 위한 보호 장치를 마련할 필요성이 있다.

근로기준법은 근로계약을 체결할 때 사용자가 임금 등 근로조건을 명시하도록 함과 동시에 강제근로와 인신구속의 폐단을 예방하기 위하여 위약금예정의 금지와 전차금상계의 금지 및 강제저축의 금지 규정을 두고 있다. 그리고 근로기준법에 명문규정은 없지만, 채용내정자와 시용채용자의 법적 보호도 문제가 된다.

Ⅱ. 근로계약과 근로관계

1. 문제의 소재

근로계약은 근로관계를 형성하는 계약이므로 근로관계의 성립요건이 된다. 그런데 근로관계가 성립하기 위해서는 근로계약의 체결만으로 족한 것인지 아니면 다른 사실적 요소가 필요한지의 여부가 문제된다. 근로관계의 성립시기를 근로계약의 체결시점으로 볼 것인가 아니면 사용자의 사업장 조직에 편입되어 근로를 제공한 시점으로 볼 것인가의 여부에 따라 근로자의 보호범위와 밀접한 관련성이 있기 때문에 이에 대한 이해가 필요하다.

2. 학 설

근로관계는 근로계약만으로 성립하는 것인지 아니면 사용자의 경영조직에의 편입이라는 사실행위를 필요로 하는 것인가에 대하여 계약설과 편입설이 있다.

---

82) 김유성, 노동법 Ⅰ (초판), 54면.

「계약설」은 근로관계는 근로계약만으로 성립한다는 견해로써 다수설[83)]이다. 이 견해에 의하면, 오늘날 개별적인 근로관계법의 중심적인 과제가 근로계약의 체결 그 자체가 아니라 그에 형성되는 근로관계의 내용, 즉 권리의무관계의 규제에 있기 때문에 근로계약과는 달리 근로관계의 개념이 사용된 것뿐이라고 한다. 따라서 근로계약의 체결에 의하여 근로관계라는 법률관계가 성립된다고 한다.[84)]

이에 반하여 「편입설」은 근로자가 사용자의 사업장 조직에 사실상 편입되어 근무를 개시함으로써 비로소 근로관계가 성립한다는 견해이다.[85)] 근로계약은 근로관계의 성립요건이지만 필요불가결한 요건은 아니므로 근로자의 근로제공이 있는 경우에 근로관계가 성립된다고 한다.

3. 판 례

근로관계가 성립하기 위해서는 현실적으로 근로자가 사용자에게 근로를 제공할 것을 요건으로 하는가의 여부에 관한 판례는 찾아볼 수 없지만, 다음과 같은 판례를 고려하면 법원은 편입설의 입장을 따르고 있는 것으로 생각된다.

판례는 근로자가 사용자에게 근로를 제공하고 사용자가 이에 대하여 임금지급을 목적으로 명시적 또는 묵시적으로 체결된 계약이 있는 경우에 근로관계가 성립하는 것으로 판단하고 있으며[86)], 채용내정은 근로계약이 성립하나 정식발령 전까지는 사용자에게 근로계약의 해약권이 유보되어 있고 사용자의 사업장에서 근로를 제공한 것이 없다는 이유로 채용내정자의 근로자성을 부인하고 있다.[87)] 위의 판례를 종합하여 보면, 법원은 근로계약은 근로관계의 성립요건이지만 근로계약 체결 이후 현실적으로 근로제공이 있기 전까지는 근로자가 아니기 때문에 사용자가 채용을 거부하더라도 부당해고에 해당되지 않는다고 판단하고 있다.[88)]

---

83) 김유성, 노동법 I (초판), 56면; 이병태, 최신노동법(제8전정판), 587면; 이상윤, 노동법(제3판), 158면; 김형배, 노동법(신판제4판), 215면 등.

84) 김유성, 노동법 I (초판), 56면.

85) 노병호·한경식, 임금보호법(초판), 113~114면.

86) 대법원 1972. 11. 14. 선고 72다895; 대법원 1987. 2. 10. 선고 86다카1949.

87) 대판 2000. 11. 28. 2000다51476. 노동부 역시도 출근권유를 받았을 뿐 채용 시기, 임금 등 근로조건에 관하여 회사와 구체적으로 약정한 사실이 없이 단지 임용대기기만 하였다면 근로기준법상 근로자로 보기 어렵다고 해석하고 있다(1999. 12. 13. 근기 68207-848).

88) 근로계약이 체결되면 사용자는 채용할 의무가 있으나, 이는 근로기준법상의 의무가 아니고 민법상 의무에 의한 것이다. 근로기준법은 특별한 규정이 없는 한 근로계약 체결 이후 현실적으로 근로제공이 있음을 전제로 근로자의 요건을 규정하고 그에 따른 근로조건을 보호하는 것으로 되어 있다.

4. 평 가

근로관계란 사용자의 지시권에 복종하면서 근로자의 근로제공과 사용자의 임금지급을 기본적인 내용으로 하는 종속노동관계를 의미한다. 근로계약의 체결과 동시에 근로자가 현실적으로 사용자에게 근로를 제공하는 경우에는 근로관계는 당연히 성립하는 것이나, 근로계약의 체결 이후에 시간적 간격을 두고 근로제공이 이루어진 경우에는 근로관계는 성립하지 않을 뿐만 아니라 근로기준법상 근로자에 해당되지 않는다.

따라서 근로계약의 주된 권리의무인 근로제공과 임금지급의무는 사업장 조직에 사실상 편입되어 근로를 개시한 시점 이후에 비로소 발생하는 것이므로 편입설이 타당하다고 본다. 다만, 근로자가 현실적으로 근로제공을 실현하기 전에는 사용자의 근로조건 명시의무, 근로계약 체결 시에 강제저축과 위약금예정 및 전차금상계금지 등의 근로기준법이 적용될 뿐이다.

Ⅲ. 근로관계 당사자의 권리의무

1. 의 의

근로계약에 의해서 형성되는 근로관계는 근로자의 근로제공과 임금지급의 교환을 기본적 내용으로 한다는 점에서 채권관계이고, 계속적인 인적 결합을 본질로 하는 근로제공을 매개로 형성된다는 점에서 근로자와 사용자와의 인격적 결합관계라고 할 수 있다. 따라서 근로관계의 채권관계적 성격에 따른 근로제공과 임금지급이라는 근로자와 사용자의 기본적인 권리의무 이외에 인격적 결합관계에 따른 다양한 권리의무가 발생한다.

근로관계는 기본적으로 대가관계가 있는 쌍무·유상적인 채권관계이므로 일방의 의무는 상대방의 권리가 되고, 명문 규정은 없지만 인격적 결합관계에 따른 각종 부수적 의무를 부담한다. 이러한 근로관계의 성격을 감안하여 근로관계 당사자인 근로자와 사용자의 의무관계를 중심으로 개관하기로 한다.

2. 근로자의 의무

1) 근로제공의무

근로자는 근로계약에 따라 사용자에게 근로를 제공할 의무를 부담한다. 근로를 제공한다는 것은 반드시 근로를 실제로 제공하는 것을 말하는 것이 아니고, 근로자 자신의 노동력을 사용자의 지휘·명령 아래에 처분 가능한 상태를 두는 것을 의미한다. 따라서 근로자가 현실적으로 근로를 제공하고 있지는 않지만, 통상적으로 사용자의 지시에 따라 작업을 개시할 수 있는 일정한 장소에서 작업준비를 갖추고 있는 작업대기는 근로의무를 이행한 것으로 보아야 한다.[89] 근로제공의무의 내용은 관련 법령·단체협약·취업규칙·근로계약·노동관행 및 사회통념 등에 의하여 결정된다.

근로기준법은 근로자의 근로제공의무에 관하여 근로자를 보호하기 위하여 사용자로 하여금 강제근로의 금지·근로시간의 제한·휴식을 보장하도록 함으로써 근로자의 노동력을 보호하고 있다. 근로제공의 구체적인 종류·내용·장소·시간 등에 관해서는 강행법령에 위반되지 않는 범위 내에서 단체협약·취업규칙·근로계약 등에 의하여 자율적으로 정할 수 있고, 당사자 사이에 약정이 없는 경우에는 근로계약의 취지·노동관행 및 사회통념에 따라 결정되는 것이 원칙이다.[90]

근로제공과 관련하여 문제되는 것은 노조전임자의 근로제공 여부, 근로시간 중 단체교섭의 허용 여부, 파업과 근로제공의무와의 관계이다. 근로제공 여부의 판단은 헌법 제33조에 의한 노동3권의 행사와 관련하여 판단해야 한다.

(1) 노조전임자는 사용자와의 사이에 기본적 노사관계와 근로자로서의 신분은 그대로 유지되나, 근로제공의무가 면제되고 사용자의 임금지급의무도 면제된다는 점에서 휴직상태에 있는 근로자와 유사한 성격을 가진 근로자이다.[91] 노조전임자의 인정 및 근로제공의 면제여부는 단체교섭을 통하여 결정되는 것이 원칙이므로 단체협약의 규정에 따르면 무방하다.

(2) 단체교섭은 근무시간 외에 행하는 것이 원칙이나, 사용자가 이를 허용하거나 합의한 경우에는 근로시간 중에도 단체교섭을 행할 수 있다. 이 경우 근로자의 근로제공의무는 면제된다.

(3) 파업은 헌법상 보장된 기본권으로서 근로자가 집단적으로 근로제공을 거부하는 쟁의행위이다. 파업이 정당한 이상 근로자는 근로제공의무의 불이행으로 인한 민·형사상의 책임은 물론 징계책임을 부담하지 않는다. 다만, 파업의 정당성 여부를 불문하고 근로자가 근로제공의무를 이행하지 않았으므로 사용자는 임금지급의무를 부담하지 않는다.

---

89) 대법원 1965. 2. 4. 선고 65누162; 1980. 5. 15. 법무811-28682.

90) 이상윤, 노동법(제3판), 168면.

91) 대판 2003. 9. 2. 2003다4815·4822·4839; 대판 2004. 2. 27. 2003다51675.

2) 충실의무

근로자는 근로제공의무 이외에도 사용자에 대하여 충실의무를 부담한다. 충실의무란 사용자 또는 경영상의 이익이 침해되지 않도록 특정행위를 행할 작위의무(作爲義務)와 특정행위를 하지 아니할 부작위의무(不作爲義務)를 말한다. 근로자가 사용자에게 부담해야 할 충실의무의 내용과 범위에 관하여는 노동법상 명문규정을 두고 있지 않기 때문에 그 내용과 범위는 사회통념에 따라 구체적·개별적으로 판단할 수밖에 없다. 근로자의 충실의무는 대체로 ① 사용자의 지휘·명령에 따라야 하는 명령이행의무, ② 사용자의 이익을 보호하고 이를 침해하지 않아야 하는 성실의무[92], ③ 최선을 다하여 근로를 제공하여야 하는 직무전념의무, ④ 업무상 지득한 비밀을 외부에 누설하지 않아야 하는 비밀유지의무[93], ⑤ 사업주와 경쟁대상이 되는 동종 또는 유사한 사업의 운영을 하지 않아야 하는 경업금지의무[94], ⑥ 기타 기업의 사회적 신용을 훼손하지 아니할 의무 등이 있다.

3. 사용자의 의무

1) 취업의무 및 근로제공수령의무

근로계약이 체결되면 사용자에는 해당 근로자를 취업시킬 의무가 발생하고 근로자의 근로제공을 수령할 의무가 발생한다. 근로관계의 성립 이후 사용자가 근로수령을 거부하거나 근로에 종사시키지 않은 경우에는 사용자는 민법 제400조의 수령지체 책임을 부담하는 것이므로 당연히 임금 전액을 지급하여야 한다.

문제는 사용자가 근로에 종사시키지 않거나 근로제공을 거부한 경우에 근로자에게 취업청구권을 인정할 수 있는가의 여부이다. 취업청구권이란 근로제공의무가 있는 근로자가 근로의 의사와 능력이 있음에도 불구하고 사용자가 근로자에게 업무를 부여하지 않는 경우에 근로자가 사용자에게 업무를 수행할 수 있도록 청구할 수 있는 권리를 말한다.[95] 취업청구권의 인정여부에 관한 실익은 ① 근로계약 체결 이후 업무

---

92) 근로자의 성실의무 중에서 쟁점이 되는 것은 이른바 진실고지의무의 위반인 경력사칭이 징계사유에 해당되는가의 여부이다. 경력은 사용자의 근로자에 대한 신뢰관계나 기업질서유지 등에 영향을 주는 것이므로 경력사칭을 사전에 알았다면 채용하지 않았거나 적어도 동일한 조건으로 채용하지 않았을 것으로 인정되는 중요한 경력의 사칭은 정당한 징계사유에 해당된다는 것이 일반적인 견해이다.

93) 「부정경쟁방지 및 영업비밀보호에 관한 법률」 제13조 이하는 영업비밀 침해행위에 대한 예방청구권, 손해배상청구권, 신용회복청구권을 규정하고 있다.

94) 상법 제17조 제1항은 「상업사용인은 영업주의 허락 없이 자기 또는 제3자의 계산으로 영업주의 영업부류에 속한 거래를 하거나 회사의 무한책임사원, 이사 또는 다른 상인의 사용인이 되지 못한다.」라고 규정하여 경업금지의무를 인정하고 있다.

를 부여하지 않은 경우, ② 직위해제 처분하면서 업무를 부여하지 않은 경우, ③ 휴직 또는 출근정지 등의 사유가 소멸되었음에도 업무를 부여하지 않은 경우, ④ 해고무효 확인소송 또는 부당해고 판정이 있음에도 복직시키지 않은 경우에 해당 근로자가 사용자를 상대로 업무부여 또는 복직을 청구할 수 있는가의 문제이다. 근로자에게 취업청구권을 인정할 수 있는가에 관해서는 부정설과 긍정설이 대립한다.

「부정설」은 사용자는 임금을 지급하는 이상 근로자의 노동력을 사용할 것인가의 여부는 사용자의 자유이고 근로제공수령의무 자체를 강제할 수 있는 것은 아니므로 취업청구권은 원칙적으로 인정할 수 없다는 견해로써 일본의 통설과 판례의 입장이다.[96] 다만, 부정설의 견해도 예외적으로 당사자의 특약이 있거나 특수한 기능자(연수생·기술자·의사·연구원·배우 등)의 경우에는 취업청구권이 인정된다고 한다.

이에 반하여 「긍정설」은 근로제공은 임금획득을 위한 수단적 활동에 그치지 않고 그 자체가 목적인 활동 또는 근로자의 인격실현행위로써 법률상 두텁게 보호할 필요성이 있으므로 사용자가 정당한 이유 없이 취업을 거부하는 경우에는 채무불이행에 해당된다고 하면서 취업청구권을 인정해야 한다는 견해이다.[97]

판례는 「사용자의 취업거부는 인격적인 법익을 침해하는 행위로써 사용자는 그 침해로 인한 정신적 고통에 대하여 배상할 의무」가 있다고 판시하고 있으나[98], 이는 사용자의 채무불이행에 대한 손해배상을 인정한 것이지 취업청구권을 인정한 것으로 볼 수 없다.

판례요지

사용자는 특별한 사정이 없는 한 근로자와 사이에 근로계약의 체결을 통하여 자신의 업무지휘권·업무명령권의 행사와 조화를 이루는 범위 내에서 근로자가 근로제공을 통하여 참다운 인격의 발전을 도모함으로써 자신의 인격을 실현시킬 수 있도록 배려하여야 할 신의칙상의 의무를 부담한다. 따라서 사용자가 근로자의 의사에 반하여 정당한 이유 없이 근로자의 근로제공을 계속적으로 거부하는 것은 이와 같은 근로자의 인격적 법익을 침해하는 것이 되어 사용자는 이로 인하여 근로자가 입게 되는 정신적 고통에 대하여 배상할 의무가 있다(대법원 1996. 4. 23. 선고 95다6823).

95) 이상윤, 노동법(제3판), 170면.

96) 임종률, 노동법(제6판), 337면; 菅野和夫(이정 譯). 일본노동법, 73면. 대표적인 일본 관련판례로는 東京高決 召和 33. 8. 2. 讀賣新聞社 事件.

97) 이상윤, 노동법(제3판), 171면; 이병태, 최신노동법(제8전정판), 613면; 김형배, 노동법(신판제4판), 283~284면.

98) 대법원 1996. 4. 23. 선고 95다6823.

요컨대, 취업청구권은 근로자가 사용자를 상대로 업무부여 및 복직을 청구하여 현실적인 근로제공 상태를 유지하는 것을 본질로 하는 것이므로 인격적 결합관계로 형성된 근로관계의 성격상 취업청구권을 인정할 수 없다. 구체적인 근거로서는 다음과 같다.

(1) 근로관계는 인격적 결합관계라는 점에서 근로제공의 실현은 사용자가 근로자에 대하여 근로제공의무의 이행을 강제할 수 없는 것처럼 사용자의 조직적 내지 인격적 수용에 의존할 수밖에 없으므로 근로자의 취업을 강제할 수 있는 법적 근거나 당사자 사이의 특약 또는 특수한 기능자의 경우를 제외하고는 사용자에게 취업을 강제할 수 없다.[99)]

(2) 사용자의 취업거부로 인한 손해배상을 인정한 것이 간접적으로 사용자로 하여금 근로제공의 실현을 강제하는 효과가 있다 하더라도, 이는 근로계약관계에 따른 채무불이행으로 인한 정신적 손해에 대한 배상이므로 이를 근로제공의 실현을 목적으로 하는 취업청구권을 인정하는 근거가 될 수 없다.

2) 임금지급의무

근로계약관계는 유상·쌍무적인 법률관계이므로 사용자는 근로제공에 대한 대가인 임금을 지급할 의무가 있으나, 근로자가 근로를 제공하지 않은 경우에 임금을 지급할 의무가 없다(무노동·무임금의 원칙). 그러나 근로자의 근로제공이 없더라도 근로기준법상의 유급휴일·유급휴가 또는 취업규칙·단체협약에 정한 유급휴직 등의 경우에는 임금을 지급해야 한다. 임금지급의 수준 및 지급방법은 강행 법률에 위반되지 않는 범위에서 노사가 자율적으로 결정할 수 있다.[100)]

무노동·무임금의 원칙에 따라 사용자는 파업의 정당성 여부와 관계없이 파업기간에 대해서는 임금을 지급할 의무가 없으며, 노조전임자에 대해서도 임금을 지급할 의무가 없다. 노조전임자는 전임기간 동안 사용자로부터 어떠한 급여도 받아서는 아니 되고, 노조전임자에 대한 임금지급은 부당노동행위가 된다(노조법 §81·④).

그러나 사용자의 귀책사유로 근로를 제공하지 못한 경우에는 사용자는 휴업기간 중 평균임금의 70% 이상을 휴업급여로 지급할 의무가 있으며(근로기준법 §46), 근로제공이 있다 하더라도 징계수단으로써 감급처분을 받으면 사용자는 임금의 일부를 지급하지 아니할 수 있다(근로기준법 §95).

---

99) 임종률, 노동법(제6판), 337~338면.

100) 근로자의 기본적인 생활을 보호하기 위한 임금의 수준과 지급방법을 법률로 강제하는 내용으로서는 최저임금, 야간·휴일·기준근로 초과 근무 시 적용되는 가산(할증)임금, 직접지급·통화지급·전액지급·정기지급의 원칙에 따른 임금지급방법의 강제 등이 있다.

3) 안전배려의무

근로제공의 대상인 노동력은 근로자의 신체 및 인격과 불가분의 관계를 이루고 있기 때문에 근로자는 자신의 생명·신체·건강까지도 사용자의 지배 아래에 둘 수밖에 없다. 따라서 사용자는 임금지급 이외에 생산시설·기계·기구 등의 위험으로부터 근로자의 생명·신체·건강을 안전하게 보호할 의무가 있는데, 이를 안전배려의무[101]라고 한다.

사용자의 안전배려의무는 오늘날 근로계약에 있어서 당사자는 주된 급부의무 뿐만 아니라 이에 부수되는 의무까지도 부담해야한다는 채권관계의 중층적 구조가 승인됨에 따라 근로계약상 내재하는 부수적 의무로 보는 것이 다수설[102]과 판례[103]의 입장이라고 할 수 있다.

판례요지

사용자는 근로계약에 수반되는 신의칙상의 부수적 의무로서 피용자가 노무를 제공하는 과정에서 생명, 신체, 건강을 해치는 일이 없도록 인적·물적 환경을 정비하는 등 필요한 조치를 강구하여야 할 보호의무를 부담하고, 이러한 보호의무를 위반함으로써 피용자가 손해를 입은 경우 이를 배상할 책임이 있다(대법원 2006. 9. 28. 선고 2004다44506).

사용자의 안전배려의무를 인정하더라도, 안전배려의무에 관한 명문규정이 없기 때문에 구체적인 경우에 어떠한 내용의 의무를 부담하는가는 일률적으로 설명하기는 어렵다. 그러나 산업안전보건법상의 안전보건에 관한 사용자의 조치는 안전배려의무의 중요한 근간을 이루고 있다고 보아야 한다. 이러한 산업안전보건법상의 사업주의 의무는 안전관리상 최저한의 기준을 법정화한 것에 불과하다. 따라서 안전배려의무의 구체적인 내용은 직종, 관습, 신의칙, 근로내용, 장소 등 구체적인 상황에 따라 각각 다를 수 있는 것이므로 산업안전보건법상의 내용에 한정되는 것은 아니다.[104]

사용자가 안전배려의무를 다하지 않는 경우에 근로자는 근로를 제공함에 있어서

101) 안전배려의무는 학문상 정립된 용어라고 할 수 없고 용어도 다양하게 사용되고 있다. 우리나라의 경우 민법상으로는 안전의무·안전보호의무라고 하며, 노동법상으로는 안전배려의무로 파악하고 있다. 그리고 일본에서는 안전배려의무·안전보호의무·노동위생의무·안전보지의무라고 한다.

102) 안전배려의무는 근로자의 생명, 신체, 건강을 침해해서는 안 된다고 하는 소극적인 의무보다는 예상되는 시설의 위험으로부터 근로자를 안전하게 보호하기 위하여 적절한 조치를 강구해야 할 적극적인 의무로서 근로계약상의 본질적 의무로 파악하는 견해도 있다(한경식, 산업재해보상 및 배상론(초판), 229면).

103) 대법원 1997. 4. 25. 선고 96다53086; 대법원 2001. 7. 27. 선고 99다56734; 대법원 2002. 11. 26. 선고 2000다7301; 대법원 2006. 9. 28. 선고 2004다44506 등.

104) 한경식, 산업재해보상 및 배상론(초판), 282~283면.

안전한 작업환경과 작업조건하에서 작업할 것을 사용자에게 요구할 수 있고, 사용자가 안전배려의무를 다하지 않은 경우, 근로자는 사용자에 대하여 근로제공거부권을 행사할 수 있다. 사용자의 안전조치의무는 근로자의 근로제공을 보완하는 전제가 되는 것이므로 근로제공 거절권과 안전배려의무의 관계는 민법상 동시이행항변권과 유사한 성격을 갖는다.[105)]

제5절 인사권행사의 자유와 제한

Ⅰ. 개 관

기업의 유지·발전과 노동력의 효율적인 활용 및 경영합리화를 도모하기 위한 목적으로 이루어지고 있는 각종 인사처분 또는 인사이동은 전직, 전근, 전보, 전적, 파견, 근로자 공급 및 근로관계의 이전 등 다양한 형태의 근로관계 변경을 포함하는 개념으로써 이를 일률적으로 정의한다는 것은 용이하지 않다. 그러나 인사처분 또는 인사이동은 사용자가 관할하는 기업 내부 또는 사용자의 교체를 수반하는 기업 사이에서 이루어지는 것으로써 근무 내용·근무 장소 및 근로관계 당사자의 변경 등을 초래하는 근로관계의 변동이라고 정의할 수 있을 것이다.[106)]

인사권에 근거하여 근로자에게 행해지는 인사조치 또는 인사이동은 경영 질서 및 유지 등을 위한 사용자의 권한이라고 할 수 있다. 그러나 인사조치의 대상자인 근로자의 입장에서 보면 신분상의 변동 또는 근무 장소 및 담당업무 등이 변경된다는 점에서, 근로자에게 불리한 인사 조치에 대하여는 헌법 제32조의 근로권과 제33조의 노동3권을 보장하기 위해서 사용자의 전권(專權)으로 할 수는 없고, 인사조치의 필요성과 근로자 보호와의 적절한 균형이 요구된다.

Ⅱ. 인사권의 근거

1. 학 설

1) 경영권설

인사권은 사용자의 경영권에서 도출되는 것이고, 사용자는 경영권에 근거하여 인

105) 한경식, 산업재해보상 및 배상론(초판), 284면.
106) 이상윤, 노동법(제3판), 378면.

사권을 행사할 수 있다는 견해이다.[107] 즉, 근로자는 근로계약의 체결에 의하여 경영조직에 편입됨으로써 사용자의 전반적인 경영관리권의 일부인 인사권 행사에 따라 인사관리를 받게 된다고 한다.

2) 포괄적 합의설

근로자는 사용자와의 근로계약 체결을 통하여 자신의 노동력을 사용자의 지휘·관리권에 속하게 하는 포괄적 합의를 하게 되고, 사용자는 포괄적인 지휘·관리권을 근거로 인사권을 행사한다는 견해이다.[108] 만약, 근로자와 사용자 사이에 사용자의 인사권에 대한 별도의 약정이 없는 경우에는 포괄적인 지휘·관리권이 인정된다고 한다.

3) 계 약 설

근로자와 사용자는 근로계약에 의하여 근로조건에 대하여 합의하게 되는데, 인사권의 행사는 하나의 근로조건으로서 근로계약의 합의사항에 포함되는 것이기 때문에 사용자는 근로계약에 의하여 인사권을 행사할 수 있다는 견해이다.[109] 따라서 사용자의 인사권은 근로계약에 합의된 범위 안에서만 유효하고, 이러한 범위를 벗어난 인사권의 행사는 근로계약의 변경에 해당되기 때문에 별도의 합의가 필요하다고 한다.

2. 판 례

대법원은 「비록 근로자에게 불이익한 인사처분이라 할지라도 인사권은 원칙적으로 사용자(인사권자)의 권한에 속하는 것이고, 업무상 필요한 범위 내에서 상당한 재량권이 인정되는 것이므로 특별한 사정이 없는 한 당연 무효라고 할 수 없고[110], 근로자 본인과 성실한 협의절차를 거쳤는가의 여부는 정당한 인사권의 행사 여부를 판단하는 하나의 요소이므로 성실협의 절차를 거치지 않았다는 사정만으로는 인사권의 남용에 해당되지 않는다.[111]」라고 판시함으로써 인사권의 근거를 경영권에 두고 있다.

판례요지

▶ 근로자에 대한 전직이나 전보는 근로자가 제공하여야 할 근로의 종류와 내용 또는 장

107) 이 견해에 대하여는 이상윤, 노동법(제3판), 375면 참조.

108) 이 견해에 대하여는 임종률, 노동법(제6판), 493면 참조.

109) 이 견해를 취하고 있는 학자는 박홍규, 고용법·근로조건법(제2판), 290면; 김유성, 노동법Ⅰ, 면; 김형배, 노동법(신판제4판), 477면 등이 있다.

110) 대법원 1998. 4. 28. 선고 97누19953; 대법원 2005. 2. 18. 선고 2003다63029.

111) 서울행정법원 1999. 10. 8. 선고 99구2696; 대법원 2005. 2. 18. 선고 2003다63029.

소 등의 변경을 가져온다는 점에서 불이익 처분이 될 수도 있으나, 이는 원칙적으로 사용자(인사권자)의 권한에 속하여 업무상 필요한 범위 안에서는 상당한 재량을 인정해야 할 것이며, 이것이 근로기준법 제23조 제1항에 위반하거나 권리남용에 해당하는 등 특별한 사정이 없는 한 당연 무효라고 할 수 없다(대법원 1998. 4. 28. 선고 97누19953).

▶ 대기발령의 업무상 필요성과 그에 따른 근로자의 생활상 불이익과의 비교교량, 근로자와의 협의 등 대기발령을 하는 과정에서 신의칙상 요구되는 절차를 거쳤는지의 여부는 정당한 인사권의 행사인지의 여부를 판단하는 하나의 요소라고는 할 수 있으나 그러한 절차를 거치지 아니하였다는 사정만으로 대기발령이 권리남용에 해당되어 무효가 되는 것은 아니다(대법원 2005. 2. 18. 선고 2003다63029).

3. 평 가

「근로계약설」은 근로자와 사용자 사이에 합의된 사항에 대해서만 사용자가 인사권을 행사할 수 있고, 근로계약·취업규칙 등에 인사이동의 근거가 없는 경우에는 근로자의 동의 또는 합의가 필요하다는 것으로써 사용자의 인사권을 과도하게 제한하는 것이고, 「포괄적 합의설」은 근로자와 사용자 사이에 별도의 인사권에 대한 합의가 없는 경우에도 사용자에게 포괄적인 지휘·관리권이 인정되기 때문에 경영권설과 차이가 없다. 그리고 「경영권설」은 원칙적으로 사용자가 경영권에 기하여 인사권을 가지는 것이나, 사용자가 근로자와의 근로계약 등에 의하여 인사권을 제한할 수 있고 노동관계법이나 권리남용 금지의 원칙 및 신의칙의 적용을 받게 되므로 인사권은 사용자의 포괄적인 권리로 볼 수 없다.

요컨대, 사용자는 헌법 제23조 제1항의 재산권보장 원칙에 따라 기업의 계속적인 활동을 위하여 영업의 자유를 가지고 있으므로 인사권은 경영권으로부터 도출되는 사용자의 권한이라고 보아야 한다. 그러나 경영권에 근거한 인사권은 무제한의 권리가 아니고 근로자와 사용자와의 근로계약과 단체협약, 노동관계법령, 권리남용금지의 원칙 및 신의칙에 따라 제한을 받는다.

결국, 인사권은 상당한 재량권이 인정되는 사용자의 권리이지만, 근로기준법 제23조 제1항에 규정된 「정당한 이유」가 있어야 하고 권리남용 금지 및 신의칙 등에 위반되지 않아야 한다. 그리고 근로기준법 제23조 제1항에 규정된 「전직」은 기업 내부에서 이루어지는 업무내용의 변경만을 의미하는 것이 아니고, 포괄적으로 근로자에게 불이익을 동반하는 모든 인사이동을 의미한다.[112)]

---

112) 이상윤, 노동법(제3판), 378면. 그러나 근로기준법 제23조 제1항의 「전직」을 직무 또는 직종의 변경만을 의미하는 것으로 해석하는 경우도 있다(김형배, 노동법(신판제4판), 471면).

Ⅲ. 근로관계 성립 이전의 인사권

1. 채용의 자유

사업주는 적당한 근로자를 채용하여 다른 생산수단과 결합하여 기업을 유지·발전시키고자 하는 경영권을 갖는다. 경영권은 헌법상 재산권에 기초하여 기업경영의 한 작용으로써 사용자에게 당연히 귀속되는 권리이다. 사용자는 경영권에 기초하여 근로자를 채용하고 어떠한 직종, 직급, 장소에 배치할 수 있는 인사권과 노무지휘권을 행사하게 되고 근로자는 이에 복종할 의무가 있다.[113)]

법률에 특별히 채용을 제한하는 규정이 없는 한 사용자는 경영권에 근거하여 근로자를 채용할 권한을 가지고 있으나, 일단 근로자가 채용되어 근로관계가 성립하면 근로자보호 차원에서 노동관계법의 규정에 의하여 인사권이 제한받게 된다. 따라서 인사권을 제한하는 법률이 없는 이상 근로관계가 성립되기 이전의 인사권은 전적으로 사용자의 고유권한이라고 할 수 있다. 사용자의 채용자유에는 채용방식의 자유, 채용내용의 자유가 포함된다.

1) 채용방식의 자유

계약자유의 원칙에 따라 사용자는 어떠한 형태의 근로자를 채용할 것인가는 전적으로 당사자의 의사에 달려 있다. 즉, 정규직 또는 비정규직 근로자 형태로 채용할 것인가는 전적으로 채용을 희망하는 자와 사용자의 합의로 이루어진다.

사용자는 응모한 자 중에서 어떠한 기준에 의해 누구를 채용할 것인가는 전적으로 사용자의 권한에 속하고, 채용인원과 모집방법(공개모집, 연고모집 등)의 결정권을 가진다. 다만, 사용자는 모집과 채용 시에 성에 따른 차별을 할 수 없다(남녀고용평등법 §6). 그리고 사용자는 수습 또는 시용기간을 거쳐 정식근로자로 채용할 것인가에 대한 결정권을 가진다.

2) 채용내용 결정의 자유

사용자가 근로자를 채용할 때 강행법규에 위반되지 않는 범위 내에서 임금·근로시간 등 근로조건의 결정권을 가진다. 구두 또는 서면으로 근로계약을 체결할 것인가의 여부도 사용자가 결정권을 가진다.

근로기준법 제17조는 근로계약을 체결할 때 근로자에게 임금의 구성항목·계산방법·지급방법, 소정근로시간, 휴일 및 연차유급휴가 등의 근로조건에 대하여는 서면으

113) 하갑래, 근로기준법(제16판), 710면.

로 명시하고, 근로자의 요구가 있는 경우에는 근로자에게 교부하도록 규정하고 있으므로 이를 위반한 경우에는 소정의 벌칙이 적용된다.[114] 그리고 임금수준은 당사자의 계약내용에 따라 결정되는 것이나, 최저임금법에 정한 최저임금 이상이어야 한다. 그러나 최저임금 수준에 미달하는 근로계약을 체결하였더라도 그 계약이 무효로 되는 것이 아니라 최저임금에 미달되는 부분만 무효가 되어 사용자는 최저임금을 지급할 의무가 발생한다.

사용자는 근로계약 불이행에 대한 위약금 또는 손해배상액을 예정하거나 전차금 또는 전대채권과 임금을 상계하는 계약을 체결할 수 없고, 강제저축 또는 저축금의 관리를 규정하는 계약을 체결할 수 없다(근로기준법 §20~§22).

2. 채용자유의 제한

사용자는 기업에서 정한 인사기준과 원칙에 따라 기업에서 필요로 하는 근로자를 채용할 자유가 있으나, 사회적 약자의 취업촉진을 위하여 특별히 법률에 고용의무를 부과거나 부당노동행위로 인한 차별고용을 금지하는 경우가 있다. 그리고 성인 남성에 비하여 신체적으로 열악한 여성 또는 성장기에 있는 연소자의 취업을 특별히 보호하기 위하여 법률에 의하여 채용자유가 제한되는 경우도 있다.

1) 사용자의 채용의무

(1) 국가유공자의 채용의무

국가를 위하여 공헌하거나 희생한 국가유공자와 그 유족의 생활안정과 복지향상을 도모하기 위하여 1984. 8. 2.「국가유공자 등 예우 및 지원에 관한 법률(법률 제3742호)」이 제정되었다. 동 법률은 국가기관·지방자치단체·군부대 및 국공립학교, 1일 20인 이상 고용하는 공사기업체는 전체 고용인원의 3% 내지 8%이내의 범위에서 대통령령이 정하는 고용비율 이상을 국가유공자 및 그 유족을 우선적으로 채용해야 하고, 국가보훈처장은 그 고용비율에 미달하여 국가유공자 및 그 유족을 고용하지 아니한 사업주에게 고용명령을 할 수 있도록 규정하고 있다(§30, §33의 2, §34).

(2) 장애인의 채용의무

1975년 UN총회에서「장애인의 권리선언」이 채택된 이후 일본과 유럽국가에서 장애

114) 사용자가 근로기준법 제17조에 규정된 근로조건의 명시의무를 위반한 경우에 근로자는 즉시 근로계약 해지권과 손해배상을 청구할 수 있으며, 근로자가 취업을 목적으로 거주를 변경하는 경우에는 귀향여비를 지급해야 한다(근로기준법 §19).

인고용촉진을 위한 제도가 마련되면서 우리나라도 1990. 1. 13. 「장애인고용촉진 등에 관한 법률(법률 제4219호)」이 제정된 이래 여러 차례 개정을 거쳐 「장애인고용촉진 및 직업재활법」이 새롭게 제정되었다.

동 법률에 의하면, 국가 및 지방자치단체는 소속 공무원 정원의 2% 이상을 장애인으로 고용해야 하고, 장애인공무원의 수가 정원의 2% 미만인 경우에는 공개채용비율의 5% 이상을 장애인으로 채용하도록 의무화하고 있다(§23). 민간기업의 경우는 상시 50인 이상의 근로자를 고용하는 사업주는 근로자 총수의 2% 이상에 해당하는 장애인을 고용하도록 규정하고 있다(영 §24). 기준고용률에 미달하는 장애인을 고용한 사업주는 매년 노동부장관이 고시하는 장애인고용부담금을 납부하고, 기준고용률을 초과하여 장애인을 고용한 사업주에게는 장애인의 수에 비례하여 산정한 고용장려금을 지급하도록 함으로써 간접적으로 장애인의 고용을 강제하고 있다.

(3) 고령자의 채용의무

고령자들의 경험과 능력을 경제활동에 적절히 활용하고 그들의 자아실현 기회를 제공함으로써 사회적 효율을 극대화시킬 목적으로 1991. 12. 31. 고령자고용촉진법이 제정되었다. 동 법률은 대통령이 정하는 일정 수(현 300인) 이상의 근로자를 사용하는 사업주는 업종에 따른 기준고용률(2~6%) 이상을 고령자로 채용할 것을 노력해야 하고, 기준고용률 이상을 초과하여 고용한 사업주에 대해서는 조세감면과 예산의 범위 내에서 고용지원금을 지급할 수 있도록 하고, 기준고용률에 미달하는 사업주에 대해서는 노동부장관에게 기준고용률 이행에 관한 계획서를 제출하도록 하게 함으로써 간접적으로 고령자의 채용을 유도하고 있다.[115)]

2) 부당노동행위에 의한 차별채용 금지

「노동조합 및 노동관계조정법」 제81조 제1항은 정당한 노종조합 활동을 이유로 한 부당노동행위를 금지하고 있다. 이 규정이 사용자의 채용자유권을 제한하는 근거가 될 수 있는가에 대해서는 논란이 있을 수 있으나[116)], 적어도 사용자가 일정 시기마다

115) 장애인의무고용제도와는 달리 고령자 기준고용률제도는 사업주에게 기준고용률 이상으로 고령자를 채용할 것을 설정하는 일종의 가이드라인을 설정하는 제도이다. 기준고용률을 초과하여 고령자를 채용한 사업주에게는 인센티브(지원금)가 수반되지만, 행정지도수단인 기준고용률 이행계획 작성 및 제출 이외에 기준고용률 미달에 따른 효과적인 대응수단이 부재한 실정이다. 그렇다고 해서 기준고용률을 의무고용제로 전환하는 것은 기업의 영업자유를 제한하는 문제가 발생한다. 이러한 점에서 기준고용률제도를 통한 고령자의 고용촉진은 기본적으로 한계가 있을 수밖에 없다(조용만, 「고용에서의 연령차별금지의 법적 현황과 과제」, 141면).

특정근로자 집단에 대한 단기고용을 반복하여 행하는 등의 노동관행이 있음에도 특정 근로자가 노동조합에 가입하거나 정당한 노동조합 활동을 한 것을 이유로 채용을 거부한 경우에는 부당노동행위가 성립하기 때문에 실질적으로 해당 근로자의 채용을 강제하는 결과를 가져온다.[117)]

3) 연령 또는 여성에 대한 채용제한

근로기준법은 원칙적으로 18세 이상자만을 고용할 수 있음을 원칙으로 하고, 예외적으로 18세 미만인 자에 대해서는 일정한 요건을 갖춘 경우에 한하여 채용할 수 있다. 그리고 도덕·보건상 유해한 사업에 대해서는 여성과 연소자의 사용이 제한된다.

(1) 15세 미만자는 대통령령이 정하는 기준에 따라 노동부장관이 발급한 취직인허증을 소지한 자 이외에는 채용할 수 없다(근로기준법 §64) 15세 미만자에 대한 채용을 금지한 것은 아동의 건전한 성장과 교육의 기회가 방해되지 않도록 하기 위한 것이다. 사용자가 이를 위반하여 15세 미만자와 체결한 근로계약은 사법상 당연 무효가 된다. 그러나 이미 실현된 근로제공에 대해서는 근로기준법이 적용되기 때문에 사용자는 근로제공에 따른 임금 등을 당연히 지급해야 한다.

(2) 사용자는 18세 이상 20세 미만자인 미성년자를 채용할 때에는 친권자의 동의를 얻어야 한다. 친권자·후견인 또는 노동부장관은 근로계약이 미성년자에게 불리하다고 판단되는 때에는 언제든지 근로계약을 해지할 수 있다(근로기준법 §67).

(3) 사용자는 임신 중이거나 산후 1년이 경과되지 아니한 여성과 15세 이상 18세 미만인 연소자를 도덕상 또는 보건상 유해·위험한 작업에 사용할 수 없다(근로기준법 §65). 사용자가 연소자를 채용한 때에는 그 연령을 증명하는 호적증명서와 친권자 또는 후견인의 동의서를 사업장에 비치하여야 하고, 근로조건을 서면으로 명시하여 교부하여야 한다(근로기준법 §66).

4) 남녀차별 모집 및 채용의 금지

「남녀고용평등과 일·가정양립지원에 관한 법률」 제7조는 사용자는 근로자의 모집 및 채용에 있어서 남녀를 차별해서는 안 되고, 여성근로자를 모집·채용함에 있어서

---

116) 독일의 경우는 단결권 보장을 규정한 기본법 제9조 제3항과 근로자의 채용청구권을 규정한 민법 제249조 제1항에 의하여 근로자가 채용이 거부된 경우에는 근로자의 채용청구권을 인정하고 있다. 독일 기본법 제9조 제3항은 직접적 효력을 가지므로 이를 위반한 법률행위는 무효이고 사용자의 불법행위가 성립한다. 그리고 독일 민법 제249조 제1항에 의한 손해배상은 원상회복을 의미하는 것이므로 근로자에게 채용청구권이 인정된다(박홍규, 고용법·근로기준법(제2판), 275면).

117) 박홍규, 고용법·근로기준법(제2판), 275면.

직무의 수행에 필요하지 않은 용모·키·체중 등의 신체적 조건 또는 미혼 조건 등을 제시하거나 요구할 수 없도록 규정하고 있다.

3. 채용내정자의 보호문제

1) 문제의 소재

채용내정이라 함은 기업이 필요로 하는 노동력을 미리 확보하기 위하여 학교 졸업예정자를 대상으로 일정한 기간이 경과한 후 「졸업」요건을 충족한 것을 조건으로 본채용을 약정하는 계약이라고 할 수 있다.

채용내정은 기업이 필요로 하는 노동력을 미리 확보하고 채용내정자는 졸업 전에 직장을 미리 확보할 수 있다는 장점을 가지고 있으나, 기업이 본 채용을 지연하거나 채용내정을 취소하는 경우에 채용내정자는 다른 기업에 취업할 수 있는 적절한 기회를 상실하는 등의 불이익을 당하게 된다. 그런데, 채용내정자는 사실상 기업조직에 편입되지 아니한 상태에서 사용자가 본 채용을 거부한 경우에 보호규정을 두지 않고 있기 때문에 그 보호범위가 문제된다.

2) 법적 성질

어느 정도로 채용내정자를 보호할 것인가에 대하여는 채용내정자의 법적 성질을 어떻게 파악하느냐와 밀접한 관련성이 있다. 채용내정자의 법적 성질에 대하여 다양한 학설이 있다.

(1) 근로계약예약설

일정한 조건이 충족되면 새로운 근로계약을 체결해야 한다는 일종의 예약에 불과하기 때문에 정식채용 전까지는 민법의 적용만 받을 뿐 노동관계법은 적용할 여지가 없다고 하는 견해이다. 이 견해에 의하면, 채용내정자는 기업의 예약불이행 또는 채용내정의 취소에 대하여 민법상 손해배상청구만 가능하고 기업은 채용내정자의 채용이 부적절하다고 인정되는 사정이 발생하면 정식채용 이전에 제한 없이 채용내정을 취소할 수 있고 근로계약의 체결을 거부할 수 있다고 한다.

(2) 근로계약체결과정설

채용내정은 특별한 사정이 없는 한 근로계약을 체결하는 과정에 불과한 것이기 때문에 채용내정자는 부득이한 사유 없이 기업이 근로계약의 체결과정을 중지한 경우에는 단지 민법상 손해배상청구만 가능하다고 하는 견해이다. 이 견해는 채용의 의사표시가 확정 또는 완성되지 아니한 상태이므로 채용내정의 취소는 기대권 침해에 따른 불법행위 책임 또는 신뢰이익 배반에 따른 계약책임을 추궁할 수 있는데 불과하므로 채용내정자의 법적 지위가 지나치게 불안정하고 법적 구속력이 불명확하다는 비판을 받고 있다.[118]

(3) 근로계약성립설

회사의 모집공고를 청약의 유인으로, 응모자의 응모를 청약으로, 기업의 채용내정을 승낙으로 해석하여 근로계약이 성립되었다고 하는 견해로서 통설이다. 이 견해는 다시 ① 졸업을 못하는 사유가 발생하면 근로계약이 자동적으로 해제된다고 하는 「해제조건부근로계약설」[119], ② 졸업을 정지조건으로 보는 「정지조건부근로계약설」, ③ 채용내정에 의하여 근로계약은 성립하나 현실적인 근로제공이나 사업장에 편입되는 시기가 계약에 부과되어 있으므로 채용내정자가 취업시기 도래 전에 졸업을 하지 못하면 근로계약을 해지할 수 있다고 하는 「해약권유보부근로계약설」로 견해가 대립한다. 「해약권유보부근로계약설」이 다수설이고[120], 대법원도 「채용내정 때 근로계약이 성립하나, 정식발령 전까지는 사용자에게 근로계약의 해약권이 유보되어 있다.」라고 판시함으로써 「해약권유보부근로계약설」을 따르고 있다.[121]

생각건대, 채용내정을 근로계약의 예약 또는 체결과정의 일부로 해석한다면 채용내정자는 근로자의 지위를 인정받지도 못하면서 사실상 다른 직장을 구할 기회를 제한받거나 박탈당하는 불합리한 결과를 초래하기 때문에 「해약권유보부근로계약설」이 타당하다. 따라서 채용내정자가 조건을 성취하지 못한 경우에 한하여 근로계약을 해지할 수 있다고 보아야 한다. 그러나 채용내정 통지로 근로계약이 성립되었다 하더라도 채용내정자는 현실적으로 근로를 제공하지 못하고 있는 상태에 있는 유동적 법률관계에 놓인 것으로 보아야 한다.

3) 보호범위

채용내정자는 취업 전까지는 현실적인 근로관계가 존재하지 않고 근로자에 해당되지 않기 때문에 노동법의 보호를 받을 수 없는가의 문제가 발생한다. 특히 근로기준법 제23조 및 제24조의 해고제한 규정을 적용받을 수 있는가의 여부가 쟁점이다.

채용내정시에 근로계약은 이미 성립한 것이므로 기업은 입사예정일부터 채용내정

118) 하경효, 「채용내정자와 시용근로자의 법적 지위」, 718면.
119) 김형배, 노동법(신판제4판), 233면.
120) 박홍규, 고용법·근로조건법(제2판), 281면; 김유성, 노동법 I (초판), 72면.
121) 대법원 2000. 11. 28. 선고 2000다51476.

자를 취업시킬 의무가 있고, 채용내정자는 취업청구권이 발생하게 된다. 따라서 채용내정자는 취업에 대한 기대이익뿐만 아니라 약정된 바에 따라 내정기간 중 사용자가 실시하는 연수·실습·견습 과정에 참가하여 졸업 후 취업을 확보할 기대이익을 가지고 있기 때문에[122] 채용내정이 취소된 경우에는 사용자는 이로 인한 손해를 배상할 책임이 있다.[123]

판례요지

원고가 학교법인으로부터 사무직원 채용시험에서 최종합격자 통지와 발령일자와 구비서류를 제출할 것을 통보받고 구비서류를 제출하였으나, 학교법인이 재정형편, 적정한 직원의 수, 입학정원의 증감 여부 등 여러 사정을 참작하여 채용할 직원의 수를 헤아리고 그에 따라 적정한 수의 합격자 발표와 직원채용 통지를 하여야 하는데도 이를 게을리 하여 채용을 취소한 경우에 불법행위자로서 원고가 위 최종합격자 통지와 계속된 발령 약속을 신뢰하여 직원으로 채용되기를 기대하면서 다른 취직의 기회를 포기함으로써 입은 손해를 배상할 책임이 있다(대법원 1993. 9. 10. 선고 92다42897).

그러나 취업예정일 전까지는 현실적인 근로제공관계가 성립되지 않기 때문에 기업은 임금지급의무와 안전배려의무를 부담하지 않는다. 취업예정일이 도래하여 채용내정자가 취업한 이후에 비로소 사용자와 현실적인 근로관계가 성립하고 노동관계법이 전면적으로 적용된다.[124]

기업이 채용내정자의 정식채용을 거부하거나 채용내정을 취소하는 경우에는 직장상실을 의미하는 사실상의 해고에 해당되기 때문에 근로기준법 제23조 및 제24조에 규정된 정당한 해고사유가 있어야 한다. 따라서 기업이 채용내정자의 정식채용을 거부하거나 취소한 경우에는 입사예정일로부터 취업할 수 없는 기간에 대한 임금 상당액을 지급할 의무를 부담한다. 그리고 경영상의 이유로 채용내정자를 취업시키지 못한 경우에는 근로기준법 제46조의 규정에 의하여 휴업수당을 지급해야 할 의무를 부담한다.[125] 비록 채용내정자가 채용발령 연기에 대하여 사전에 동의하고 이에 대하여

122) 이상국, 근로기준법(개정2판), 82면.
123) 대법원 1993. 9. 10. 선고 92다42897; 근기 68207-848, 1999. 12. 13.
124) 근로관계의 성립시기에 대하여는 근로계약의 체결이 있으면 실제 근로자가 경영에 편입되어 근로하였는가의 여부에 관계없이 근로관계가 성립된다는 「계약설」과 근로계약 이외에 실제로 근로를 제공하기 위하여 경영조직 내의 편입이라는 사실행위가 필요하다는 「편입설」이 대립한다. 근로관계는 근로자의 근로제공의무와 사용자의 임금지급의무를 본질로 하는 법률관계이므로 채용내정시부터 근로제공 전까지는 근로관계는 존재한다고 볼 수 없다(노병호·한경식, 임금보호법, 117면).
125) 김형배, 노동법, 237면.

부제소합의를 하였다 하더라도 임금채권까지 포기한 것으로 볼 수 없다.[126)]

판례요지

원고들과 피고회사 사이에 행한 「부제소 합의」는 채용내정이 확정적으로 취소된다 하더라도 채용내정의 취소에 대한 민사소송을 제기하지 않는다는 취지로 엄격하게 해석함이 상당하므로 원고들이 피고회사의 종업원의 지위를 취득한 사이에 피고회사에 대해 가지는 임금청구권은 채용내정의 취소, 즉 해고와 관계없이 당연히 발생하는 권리이므로 사전에 이에 관해 부제소합의를 하였거나 그 기간 동안의 임금청구권을 포기한 것으로 볼 수 없다(대법원 2002. 12. 10. 선고 2000다25910).

Ⅳ. 근로관계 성립 이후의 인사권

1. 의 의

근로관계가 성립되기 이전의 채용 여부는 특별히 법령에 제한을 두고 있지 아니한 이상 경영권에 기초한 사용자의 고유권한이라고 할 수 있다. 그러나 근로자가 채용된 후 사용종속관계를 본질로 하는 근로관계가 성립하면 인사권은 업무상 필요한 법위 내에서 사용자의 재량권이 인정되지만, 근로자 보호차원에서 사용자의 인사권은 제한받게 된다. 특히, 근로자에게 불이익을 수반하는 징계권은 근로자의 생존을 보호이념으로 하는 노동법의 취지에 따라 제한을 받는다.

2. 인사권의 종류

근로계약이 체결된 이후 사용자의 임금지급의무와 근로자의 근로제공의무를 본질로 하는 근로관계가 성립되면, 인사권자인 사용자는 일정한 수습 또는 교육훈련을 거친 후 근로자를 업무에 배치시키게 되고 근로자와 기업의 사정에 따라 다양한 인사이동을 실시하게 된다.

근로관계 성립 이후에 이루어지는 인사이동은 기업내부와 기업 사이의 인사이동으로 구분할 수 있는데, 기업내부의 인사이동은 전직·휴직·직위해제(대기발령)·징계 등이 있고, 기업 사이의 인사이동은 전출·전적·근로자파견·기업의 변동으로 인한 근로관계의 이전 등이 있다. 근로관계 성립 이후에 이루어지는 인사이동의 법률적 쟁점은 대체로 다음과 같다.

---

126) 대법원 2002. 12. 10. 선고 2000다25910.

(1) 전직(轉職)은 근로자의 직무내용이나 근무 장소를 상당기간에 걸쳐 변경하는 인사처분으로써 업무의 필요성과 근로자의 보호와의 균형이 주요 쟁점사항이다. 왜냐하면, 업무의 필요성이 있다 하더라도 전근은 생활상 불이익을 동반하는 것이 보통이므로 전근의 업무상 필요성과 근로자의 보호가 균형이 이루어져야 하기 때문이다.

(2) 휴직은 근로자를 직무에 종사하게 하는 것이 곤란하거나 적당하지 아니한 사유가 발생한 때에 일정한 기간 동안 근로제공을 면제 또는 금지시키는 사용자의 인사처분으로써 실질적으로 근로자에게 불이익한 결과를 초래하는 경영상 사유 또는 직장질서 위반으로 인한 휴직의 경우 징계절차의 준수여부와 인사권의 제한이 주요 쟁점사항이다.

(3) 직위해제(대기발령)는 직위를 계속 유지시킬 수 없는 사유가 있는 경우에 직위를 부여하지 않는 사용자의 인사 조치로써 업무상 필요성의 범위와 근로자의 보호를 위하여 법률상의 징계요건과 징계절차를 준수하여야 하는가의 여부가 주요 쟁점사항이다.

(4) 징계는 직장규율 또는 경영질서를 위반한 근로자에 대한 사용자의 제재를 말하는 것으로써 경영권과 근로권의 충돌 및 징계권 남용의 법리가 주요 쟁점이다.

(5) 전출은 소속기업과 다른 기업 사이의 협정에 의하여 소속기업에 적을 두고 있는 상태에서 다른 기업의 업무에 장기간 종사하게 하는 인사이동으로써 전출명령을 하기 위한 업무상 필요성과 전출근로자의 생활상 불이익과의 비교 형량 및 전출 후의 근로자와 소속기업 또는 전출기업과의 근로관계를 어떻게 파악할 것인가가 주요 쟁점사항이다.

(6) 전적은 원래의 소속기업과 근로계약관계를 종료하고 다른 기업과 새로운 근로계약을 체결하여 그 기업의 업무에 종사하도록 하는 인사이동으로써 전적의 필요성 범위와 전적 후의 근로관계를 어떻게 파악할 것인가가 주요 쟁점사항이다.

(7) 근로자파견은 소속기업(파견사업주) 근로자를 다른 기업(사용사업주)에게 파견하여 다른 기업의 지휘명령을 받으면서 근로를 제공하도록 하는 인사처분으로써 파견과 도급과의 구별 및 실질적인 사용자를 누구로 볼 것인가가 주요 쟁점사항이다.

(8) 기업변동으로 인한 근로관계의 이전은 경영상 필요에 따른 기업의 매수·합병이 있는 경우에 종전 근로계약관계가 양수·합병기업에 당연히 승계되는가의 여부와 양도·합병 전후의 근로계약관계를 어떻게 파악하는가가 주요 쟁점사항이다.

(9) 경영악화로 기업의 도산절차가 진행되는 경우에 관리인 또는 파산관재인이 기존의 근로계약을 해지하거나 경영해고를 할 수 있는가의 여부와 기존 단체협약의 효력이 지속되는가의 여부가 주요 쟁점사항이다.

3. 인사권의 제한

인사권은 업무상 필요한 범위 내에서 사용자의 재량권이 인정되는 것이지만, 노동관계법에 규정된 인사제한 규정과 권리남용 금지의 원칙과 신의칙에 따른 제한을 받는 권리이다.

1) 노동관계법에 의한 제한

근로기준법 제23조 제1항은 「사용자는 정당한 이유 없이 해고, 휴직, 전직, 감봉 기타 징벌을 하지 못한다.」규정하고 있으므로 인사권에 근거한 사용자의 인사조치는 「정당한 이유」가 있어야 한다. 「전직」은 근무 장소 또는 업무의 변경만을 의미하는 것이 아니고, 사용자의 인사권 행사에 대한 법적 제한으로 해석해야 한다.[127] 따라서 전직 이외의 인사조치도 근로기준법 제23조 제1항의 「정당한 이유」의 요건을 충족하여야 한다. 대법원 판례도 같은 견해를 취하고 있다.[128]

판례요지

근로기준법 제23조 제1항에서 사용자는 근로자에 대하여 정당한 이유 없이 전직, 휴직, 기타 징벌을 하지 못한다고 제한하고 있는 취지에 비추어 볼 때, ···· 대기발령을 받은 근로자가 상당한 기간에 걸쳐 근로의 제공을 할 수 없다거나 근로제공함이 매우 부적당한 경우가 아닌데도 사회통념상 합리성이 없을 정도로 부당하게 장기간 동안 대기발령 조치를 유지하는 것은 특별한 사정이 없는 한 정당한 이유가 있다고 보기 어렵다(대법원 2007. 2. 23. 선고 2005다3991).

그런데 인사조치의 유효요건으로서의 「정당한 이유」의 기준에 대해서 구체적인 규정을 두지 않았기 때문에 정당한 이유의 판단기준은 근로계약·취업규칙·단체협약 등에 구체적으로 정할 수밖에 없다. 일반적으로 인사조치의 유효요건인 「정당한 이유」란 「경영상 필요」와 「근로자의 능력 및 적격성」이 있는 경우를 의미한다. 구체적으로 특정한 근로자에게 인사 조치를 하지 않으면 안 될 경영상 또는 업무상 필요성이 있어야 하고, 경영상의 필요를 충족하기 위하여 당해 근로자가 적격성을 갖추어야 한다.[129]

정당한 이유에 대하여 근로계약·취업규칙 등에 구체적으로 정한 것이 없는 경우에도 업무상 필요성과 근로자의 생활상 불이익과의 비교형량 및 근로자와의 사전협의

127) 이상윤, 노동법(제3판), 379면.
128) 대법원 2007. 2. 23. 선고 2005다3991.
129) 김형배, 노동법(신판제4판), 472면.

등 신의칙상 요구되는 절차를 거쳐야 한다.[130] 예컨대, 전직명령의 경영상 필요성이 근로자가 입는 생활상의 불이익보다 큰 경우에는 그 전직명령은 유효하고, 이러한 전직명령에 따르지 않은 근로자에 대한 징계는 정당하다.[131]

이외에도 사용자는 노동조합의 활동을 방해할 목적으로 노동조합의 활동이 어려운 다른 부서로 전보발령 또는 징계하거나 조합원의 동의 또는 합의를 거치지 않은 채 일방적으로 노동조합에 가입할 수 없는 직위로 승진시키는 것은 부당노동행위에 해당되어 무효이다(노동조합 및 노동관계조정법 §81·①). 그리고 근로자가 정당한 쟁의행위에의 참가, 부당노동행위 또는 근로조건 위반 등에 대한 신고·증언 등을 이유로 한 인사명령은 무효이다(노동조합 및 노동관계조정법 §81·①, 근로기준법 §104·②).

2) 권리남용 금지 및 신의칙 위반에 의한 제한

민법 제2조는 「권리의 행사와 의무의 이행은 신의에 좇아 성실히 하여야 하고(제1항), 권리는 남용하지 못한다(제2항).」라고 규정하여 권리 행사의 요건으로서 신의성실의 원칙(신의칙)과 권리남용 금지의 원칙을 선언하고 있다. 「신의칙」이란 모든 사람은 사회공동생활의 일원으로서 상대방의 신뢰에 반하지 않도록 성의 있게 행동해야 한다는 원칙으로써 윤리적·도덕적 평가를 법적 가치판단의 한 내용으로서 도입한 것이다.

「권리남용」이란 외형상으로는 적법한 권리의 행사인 것과 같이 보이나, 실질적으로는 권리 본래의 사회적 목적을 벗어난 것으로써 정당한 권리의 행사로서 시인할 수 없는 것을 말한다. 신의칙 위반에 따른 권리남용 금지의 원칙은 불공정하다고 판단되는 모든 권리행사에 적용되는 것은 아니고 극히 예외적인 경우에만 적용된다. 왜냐하면 신의칙 또는 권리남용 금지의 원칙을 확대하여 적용하면 구체적인 권리를 규정한 법률의 사문화를 초래하여 법적 안정성을 저해하기 때문이다. 따라서 신의칙 또는 권리남용 금지의 원칙에 위반된다는 이유로 그 권리행사를 부정하기 위해서는 법률관계 당사자가 상대방의 신의에 반하여 권리를 행사하는 것이 정의 관념에 비추어 용인될 수 없는 정도의 상태에 있어야 한다.[132]

법 윤리적인 성격을 가진 신의칙과 권리남용의 금지의 원칙은 법률관계 당사자의 행위준칙인 동시에 재판규범이 된다. 따라서 근로계약·취업규칙 등에 정당한 인사 및 징계기준을 정한 경우라도 사용자가 사회통념상 인정되는 신의칙에 위반되거나 인사 및 징계권을 남용한 경우에는 권리남용에 해당되어 무효로 된다. 즉, 취업규칙

---

130) 대법원 1994. 5. 10. 선고 93다47677; 대법원 1995. 5. 9. 선고 93다51263; 대법원 1996. 4. 12. 95누7130 등.

131) 대법원 1995. 8. 11. 95다10778.

132) 대법원 1995. 12. 12. 선고 94다42693.

등에 정한 징계요건에 따라 근로자를 징계한 경우라도, 신의칙에 위반되거나 인사권을 남용한 경우에 그 징계처분은 사회통념상 합리성을 벗어난 것으로써 부당한 징계처분이 된다.

제6절 인사관계법의 법원

I. 의 의

인사관계법의 법원(法源)이란 인사관련법의 존재형식으로써 그 규범적 의미와 내용을 인식하는 매개물을 말한다. 인사관계법의 법원은 근로자에 대한 사용자의 인사처분이 정당한가의 여부를 확정하는 중요한 판단근거가 된다. 근로자에 대한 사용자의 인사와 관련된 법원에는 실정법뿐만 아니라 단체협약, 취업규칙, 근로계약 등의 자치법원 그리고 불문법원으로서의 판례법과 관습법 또는 노동관행 등이 있다.

Ⅱ. 성문법원

1. 헌 법

근로자에 대한 사용자의 인사와 관련된 중요한 법원으로서는 근로기본권을 규정한 헌법 제32조와 제33조, 사용자의 경영권과 영업권을 규정한 헌법 제15조의 직업선택권과 헌법 제23조의 재산권보장 규정이라고 할 수 있다.

헌법 제32조와 제33조는 사용자의 인사권을 제한하여 근로자의 생존권을 보장하는 중요한 기능을 수행하고, 헌법 제15조와 제23조는 사용자가 근로자에 대하여 인사권을 행사할 수 있는 법적 근거가 된다. 이와 같은 헌법규정들은 인사관련법의 최상위 법원으로써 하위법원에 대하여 규범적 보호기능을 담당한다.

사용자는 헌법 제23조와 제15조에 근거하여 기업경영권과 인사권을 행사할 수 있으나, 근로기본권을 보장하고 있는 헌법 제32조 및 제33조와 조화와 균형을 위하여 그 행사에 있어서 제한을 받게 된다. 따라서 근로기본권과 경영권이 서로 충돌할 경우에는 서로 조화와 균형을 이루면서 행사되어야 한다.

2. 법 률

근로자에 대한 사용자의 인사와 관련된 법률로서는 「근로기준법」, 「남녀고용평등과 일·가정 양립지원에 관한 법률」, 「파견근로자보호 등에 관한 법률」, 「단시간근로자 및 기간제근로자보호 등에 관한 법률」, 「노동조합 및 노동관계조정법」 등 노동관련 법률이 있다. 이외에도 노동관련 법률은 아니지만 인사와 관련된 법률로서는 민법과 국가공무원법 등을 들 수 있다. 특히 사용자의 근로자에 대한 인사 및 징계에 적용될 수 있는 민법은 제2조 제1항의 신의성실의 원칙과 제2항의 권리남용금지의 규정이다. 배치전환, 승진 등과 같이 근로자에게 유리한 인사이동은 사용자의 재량적인 판단에 의하여 이루어지는 것이나, 직장질서 위반에 따른 제재수단으로서의 징계처분은 사용자의 권력적 불이익 처분이기 때문에 사용자가 징계권을 행사함에 있어서 신의성실에 위반하여 징계권을 남용한 경우에는 그 징계처분은 무효로 된다.

판례는 취업규칙에 정한 징계요건과 절차에 따라 근로자를 징계한 경우라도 신의성실의 원칙에 위반되거나 사용자의 권리를 남용한 경우에는 사회통념상 합리성이 벗어난 징계처분은 인사권의 남용으로써 부당징계로 판단하고 있으며[133], 단체협약 등에 노동조합 임원을 해고할 때에는 노동조합의 사전 동의를 얻도록 규정한 경우라도 해고사유가 명백함에도 노동조합이 해고동의를 거부한 경우에는 거부권의 남용에 해당되어 사용자는 노동조합의 동의를 얻지 않고서도 해고할 수 있는 것으로 보고 있다.[134]

판례요지

어떤 징계처분을 선택할 것인지는 징계권자의 재량에 속한다고 할 것이지만, 이러한 재량은 징계권자의 자의적이고 편의적인 재량이 아니며 징계사유와 징계처분 사이에 사회통념상 상당하다고 인정되는 균형의 존재가 요구되므로 경미한 징계사유에 대하여 가혹한 제재를 과하는 것은 징계권 남용으로서 무효이다(대법원 2008. 1. 31. 선고 2005두8269).

인사와 관련된 노동관계법은 일반법인 민법에 대한 특별법의 지위와 원칙적으로 강행적 효력을 가지고 있다. 그러나 노동관계법에 규정된 인사기준은 최저의 기준을 정한 것에 불과하기 때문에 강행적 효력은 절대적인 것이 아니다. 따라서 단체협약·취업규칙·근로계약에 의하여 법률보다 유리한 인사기준을 정하는 것은 노동관계법에 위반되지 않는다.

3. 명 령

명령은 국회의 의결을 거치지 않고 행정관청이 제정한 성문법을 말한다. 명령은

---

133) 대법원 1991. 5. 28. 선고 90다8046; 대법원 1991. 12. 13. 선고 90다18999; 대법원 1994. 5. 24. 선고 93다26854; 대법원 2008. 1. 31. 선고 2005두8269 등.

134) 대법원 1993. 7. 13. 선고 92다45735; 대법원 1993. 7. 13. 선고 92다50263.

제정권자를 중심으로 대통령령, 총리령, 부령으로 구분된다. 명령은 개별 법률에서 위임된 사항과 그 시행을 위한 시행령 또는 개별 법률과 대통령령에서 위임된 사항과 그 시행을 위한 시행규칙의 형식으로 제정된다.

매우 유동적이고 신축성과 기술성을 요하는 근로관계 분야에서는 인사기준을 포함한 모든 근로조건을 법률에 규정하는 것은 현실적으로 불가능하기 때문에 시행령과 시행규칙은 재판규범으로서 중요한 기능을 담당하고 있다. 그러나 근거법인 법률에 반하는 시행령 또는 시행규칙은 근로조건 보호라는 법의 기능을 파괴하기 때문에 근거법인 법률의 입법취지에 반할 수 없으며, 포괄적 위임이나 위임입법의 한계를 벗어날 수 없다.

4. 조 약

대통령은 조약을 체결·비준하며 국회는 중요한 조약의 체결 및 비준에 대한 동의권을 가진다(헌법 §73, §60·①). 그리고 체결·공포된 조약과 일반적으로 승인된 국제법규는 국내법과 동일한 효력을 가진다(헌법 §6·①). 따라서 국회의 동의를 얻은 임금과 관련된 조약은 재판규범이 된다. 그러나 조약의 효력이 국내법원 중 어느 순위에 해당하는가에 대하여는 이견이 있으나, 헌법보다 하위인 법률과 동일한 효력을 가진다고 보는 것이 다수의 견해이다. 근로자에 대한 인사와 관련된 조약은 1982년 ILO 제158호「근로관계의 종료에 관한 협약」이 있다.

Ⅲ. 자치법원

1. 단체협약

단체협약은 노동조합과 사용자 사이에 체결된 규범계약을 말한다. 단체협약의 내용은 근로조건을 정한「규범적 부분」과 당사자의 권리의무를 정한「채무적 부분」으로 구분할 수 있는데, 임금과 관련된 단체협약의 규범적 부분은 노사관계에서 중요한 규범으로서의 기능을 담당한다. 단체협약에 사용자의 인사권을 제한하는 해고동의(협의)조항은 규범적 부분에 해당되는 것으로써 근로자의 근로기본권을 보장하는 중요한 기능을 담당한다.

단체협약은 법률보다는 하위이나, 취업규칙과 근로계약 보다는 상위의 효력을 갖는다. 단체협약의 규범적 부분에 대해서는 조합원과 사용자 사이에 직접적·강행적 효력을 가진다. 그러나 취업규칙이나 근로계약에 정한 인사기준이 단체협약에 정한 것보다 근로자에게 유리한 경우에는 단체협약에 정한 인사기준은 적용되지 않는다.

2. 취업규칙

취업규칙은 사용자가 근로자의 의견을 들어 근로조건과 경영 질서의 규율에 대한 내용을 규정한 회사 내부 규칙이다. 비록 취업규칙은 사용자가 인사기준을 포함한 제반 근로조건 등을 규정한 것이나, 근로자의 근로조건을 형성 하는 중요한 기능을 담당하고 있으므로 중요한 법원이 된다.[135] 다만, 취업규칙의 효력은 근로기준법과 그 시행령 및 단체협약보다는 하위이고, 근로계약보다는 상위이다.

3. 근로계약

근로계약은 근로자와 사용자의 의사표시에 의하여 근로계약관계를 성립시키는 법률행위로서 당사자의 중요한 권리의무를 정한 계약이므로 인사관계법의 직접적인 법원이 된다. 특히 단체협약 또는 취업규칙의 적용을 받지 않는 기업의 경우는 근로계약이 사용자의 인사기준을 결정하는 유일한 기준이 된다. 근로계약의 효력 순위는 성문법원과 자치법원 중에서 최하위이다.

Ⅳ. 불문법원

1. 판 례

법원이 구체적인 인사에 관한 사건에 대하여 내린 법률적 판단을 판례라고 하고, 이러한 판례가 유사한 사건에 반복됨으로써 일반적인 법규범으로 성립된 것이 판례법이다. 불문법주의를 따르고 있는 영미법계 국가에서는 「선례구속의 원칙」이 적용되기 때문에 판례는 중요한 법원이 된다. 그러나 성문법주의를 채택하고 있는 대륙법계 국가에서는 「선례구속의 원칙」에 구속되지 않기 때문에 법원성을 인정할 것인가에 대하여 이견이 있으나, 다수의 견해는 판례의 법원성을 부정하고 있다.[136]

---

135) 노동조합이 결성되어 있지 아니한 기업에 있어서 취업규칙은 근로자의 근로조건 형성기능에서 차지하는 비중이 매우 클 수밖에 없다. 노동부의 취업규칙에 대한 감독행정이 부실한 경우에는 근로조건은 사용자의 일방적 방침에 의하여 결정될 우려가 있으므로 철저한 행정감독이 선행되어야 한다(김형배, 노동법(신판제4판), 113면).

136) 우리나라에서의 판례의 법원성을 인정할 것인가의 여부에 대한 쟁점은 법원조직법 제8조의 「상급법원의 판례에 있어서의 판단은 해당 사건에 관하여 하급심을 구속한다.」라는 규정을 어떻게 해석하느냐에 그 의견을 달리하고 있다. 판례의 법원성을 부인하고 있는 근거로서는 해당사건에 한해

그러나 하급법원이 유사한 사건에 대하여 상급법원의 판례와 다른 판결을 하게 되면, 상급법원에서 「파기환송절차」에 따라 하급심에서 다시 심리하게 되므로 특별한 사정이 없는 한 상급법원의 판결을 존중할 수밖에 없고 국민들도 대체로 이와 유사한 사건에 대하여는 같은 취지의 판결이 내려질 것이라는 법적 확신이 생겨 패소할 것을 염려하여 이미 형성된 판결의 취지에 따라 행위를 하게 된다.

이러한 점을 고려하면 법률 제도상으로는 판례의 법원성은 부정된다고 하지만, 특히 대법원의 판례는 실질적으로 구속력을 가지는 것이므로 대법원의 판례에 대하여는 실질적으로 법원성을 인정해야 할 것이다.137)

2. 행정해석

행정해석은 행정관청이 근로관계 업무의 처리를 위하여 내부적으로 정한 지침을 말한다. 인사와 관련된 행정해석은 노동부와 검찰이 공동으로 작성한 2007. 6. 「근로자파견의 판단기준에 관한 지침」을 들 수 있다. 행정해석은 인사관련법을 운용함에 있어서 해당기관과 공무원을 구속하기 때문에 현실적으로 인사구제에 대하여 상당한 영향을 미칠 수밖에 없다. 이러한 측면에서 보면, 행정해석이 제시하는 인사기준은 사실상의 행위규범으로서의 역할을 하게 된다. 그러나 대법원은 「노동부의 질의해석 또는 법무부의 유권해석은 그 규정의 성질과 내용이 행정기관 내부의 사무처리준칙을 규정한 데 불과한 것이어서 국민이나 법원을 구속하는 것이 아니다.」라는 이유로 법원성을 부정하고 있다.138)

판례요지

자동차운수사업법 제31조 등의 규정에 의한 「사업면허의 취소 등의 처분에 관한 규칙(1987. 3. 11. 교통부령 제853호)」은 부령의 형식으로 되어 있으나 그 규정의 성질과 내용이 자동차운송사업면허의 취소처분 등에 관한 사무처리 기준과 처분절차 등 행정청내의 사무처리준칙을 규정한 것에 불과하므로 교통부장관이 관계행정기관 및 직원에 대하여 그

서만 하급심을 구속하는 것이므로 다른 유사한 사건에 대하여는 하급심을 구속하는 효력이 없다는 것을 들고 있다. 반면 판례의 법원성을 인정하고 있는 근거로서는 종전 대법원의 판례를 변경하기 위해서는 반드시 까다로운 대법원의 전원합의체 판결 절차(법원조직법 제7조 제1항 제3호에 의한 대법관의 2/3 이상의 찬성)를 거치게 되어 있기 때문에 실질적으로 유사한 사건에 대하여는 하급심을 구속하는 효력을 가질 수밖에 없다는 것을 들고 있다.

137) 노병호·한경식, 임금보호법(초판), 8면.

138) 대법원 1990. 1. 25. 선고 89누3564; 대법원 1990. 9. 25. 선고 90누2727; 대법원 1993. 2. 23. 선고 92누7122 등.

직무권한 행사의 지침을 정하여 주기 위하여 발한 행정조직 내부에 있어서의 행정명령의 성질을 가지는 것이고, 대외적으로 국민이나 법원을 구속하는 것은 아니다(대법원 1990. 1. 25. 선고 89누3564).

3. 노동관행

노동관계법은 우리나라의 고유한 노사관계의 현실로부터 생성·발전된 것이 아닐 뿐만 아니라 노사관계의 역사도 일천하기 때문에 초기업적인 범위의 노동관습법이나 노동관행이 존재하지 않는다. 즉, 노사 당사자의 법적 확신을 기초로 하여 법원의 판결에 의해서 노사간의 분쟁을 해결할 정도에 이르는 노동관습과 초기업적인 사실인 관습이 존재하지 않는다.[139] 그러나 특정한 기업에서 인사기준 등에 대하여 일정한 행위가 반복되어 신뢰관계를 형성하는 기업단위의 노동관행은 존재할 수 있다.

판례는 「사용자가 근로자에게 정기적·계속적·일률적으로 일정한 급부를 행함으로써 사용자에게 그 지급의무를 지거나 사실상의 제도로서 확립되어 있다고 할 수 있을 정도의 규범의식에 의하여 지지되고 있는 경우」에는 기업단위의 노동관행에 대하여 법원성을 인정하고 있다.[140] 따라서 근로자가 취업규칙·단체협약 등에 규정된 징계사유에 해당되는 행위를 하였더라도 징계하지 않는 것이 관행화되어 있는 경우에 사용자가 이를 이유로 한 징계처분은 부당하다.

판례요지

기업의 내부에 존재하는 특정의 관행이 근로계약의 내용을 이루고 있다고 하기 위해서는 그러한 관행이 기업 사회에서 일반적으로 근로관계를 규율하는 규범적인 사실로서 명확히 승인되거나 기업의 구성원에 의하여 일반적으로 아무도 이의를 제기하지 아니한 채 당연한 것으로 받아들여져서 기업 내에서 사실상의 제도로서 확립되어 있다고 할 수 있을 정도의 규범의식에 의하여 지지되고 있어야 한다(대법원 2002. 4. 23. 선고 2000다50701).

요컨대, 단체협약 등에 징계사유가 규정되어 있다 하더라도 징계를 한 사실이 없어 신뢰관계가 형성되어 있을 정도의 노동관행이 성립되어 있다면, 사용자는 근로자들의 신뢰를 보호할 책임을 부담한다.

---

139) 김형배, 노동법(신판제4판), 116면.
140) 대법원 2002. 4. 23. 선고 2000다50701.

V. 법원의 적용방법

일반적인 법적용 원칙에 의한 인사관련법의 효력순위는 「헌법 → 법률 → 단체협약 → 취업규칙 → 근로계약 → 노동관행」이므로 법원 상호간에 충돌이 생긴 경우에는 상위법 우선의 원칙이 적용된다. 그리고 같은 순위의 법원 사이에서는 신법우선의 원칙이 적용되고, 일반법과 특별법이 충돌한 경우에는 특별법이 우선하여 적용된다. 그러나 임금 등 근로조건에 대하여 상위법원보다 하위법원이 유리하게 정한 경우에는 근로조건 보호를 위한 이른바 「유리조건 우선의 원칙」이 적용되어 하위법원이 적용된다.

1. 상위법원 적용의 원칙

위계를 달리하는 법원 사이에 인사관계의 내용이 충돌되는 경우에 상위법원이 하위법원보다 우선하는 효력이 있기 때문에 하위법원의 내용이 상위법원에 모순·저촉되는 부분은 법률상 무효가 된다. 예컨대, 단체협약은 취업규칙에 우선하는 효력이 있으므로 취업규칙에 정한 징계사유와 단체협약에 정한 징계사유가 충돌한 경우에는 원칙적으로 단체협약에 정한 징계사유를 적용해야 하고, 취업규칙에 정한 징계사유에 의하여 징계할 수 없다는 취지로 규정되어 있는 경우에는 취업규칙을 적용하여 징계할 수 없다.[141] 다만, 단체협약에 특별한 규정이 없는 경우에는 취업규칙에서 단체협약과 다른 징계사유를 규정하더라도 단체협약의 징계제한에 저촉되지 않는 한 취업규칙에 정한 징계사유는 유효하다.[142]

판례요지

단체협약에 해고는 단체협약규정에 의하여야만 하고 취업규칙에 의해서는 해고할 수 없다고 규정되어 있는 경우에는 그 취업규칙에 의한 해고는 무효이다(대법원 1993. 4. 27. 선고 92다48697).

그리고 단체협약이 실효되었다고 하더라도 단체협약 중 징계사유 및 징계절차에 관한 부분은 근로계약의 내용이 되어 새로운 단체협약 또는 취업규칙이 체결·작성되거나 개별적인 근로자의 동의를 얻지 아니하는 한 종전 단체협약에 규정된 징계사유와 징계절차가 적용된다.[143]

---

141) 대법원 1993. 4. 27. 선고 92다48697; 대법원 1994. 6. 14. 선고 93다62126.
142) 대법원 1993. 1. 15. 선고 92누13035; 대법원 1993. 2. 23. 선고 92다40297; 대법원 1993. 4. 27. 선고 92다48697 등.
143) 대법원 2007. 12. 27. 선고 2007다51758.

판례요지

임금, 퇴직금이나 노동시간, 그 밖에 개별적인 노동조건에 관한 부분은 그 단체협약의 적용을 받고 있던 근로자의 근로계약의 내용이 되어 그것을 변경하는 새로운 단체협약, 취업규칙이 체결·작성되거나 또는 개별적인 근로자의 동의를 얻지 아니하는 한 개별적인 근로자의 근로계약의 내용으로서 여전히 남아 있어 사용자와 근로자를 규율하게 되는데, 단체협약 중 해고사유 및 해고의 절차에 관한 부분에 대하여도 이와 같은 법리가 그대로 적용된다(대법원 2007. 12. 27. 선고 2007다51758).

2. 같은 순위 법원 상호간의 적용방법

효력상 같은 순위에 있는 법원 사이에 충돌이 있는 경우에는 「질서의 원칙」과 「특별규정의 원칙」에 따라 근로조건을 결정한다.[144)]

「질서의 원칙」이라 함은 어떠한 같은 순위의 규정이 다른 같은 순위의 규정 후에 성립되어 두 개의 규정이 충돌된 경우에 후에 성립한 규정이 우선하여 적용되는 것을 말한다. 따라서 같은 효력순위에 해당하는 두 개의 단체협약이 시간적으로 다르게 체결된 경우에 후에 체결된 단체협약이 비록 근로자에게 불리하더라도 새로운 단체협약이 적용되며, 전에 체결된 단체협약은 소멸한다.[145)]

판례요지

협약자치의 원칙상 노동조합은 사용자와의 사이에 근로조건을 유리하게 변경하는 내용의 단체협약뿐만 아니라 근로조건을 불리하게 변경하는 내용의 단체협약을 체결할 수 있으므로 근로조건을 불리하게 변경하는 내용의 단체협약이 현저히 합리성을 결하여 노동조합의 목적을 벗어난 것으로 볼 수 없고, 노동조합으로서는 그러한 합의를 위하여 사전에 근로자로부터 개별적인 동의나 수권을 받을 필요가 없다(대법원 2002. 11. 26. 선고 2001다36504).

「특별규정의 원칙」이라 함은 같은 순위의 규정 사이에 일반규정과 특별규정이 충돌하는 경우에 비록 특별규정이 근로자에게 불리하더라도 특별규정을 우선하여 적용되는 것을 말한다. 따라서 선원인 근로자는 근로기준법보다 불리하더라고 선원법을 적용받고, 기업단위의 단체협약이 산별단위의 단체협약보다 근로자에게 불리하더라

144) 질서의 원칙과 특별규정의 원칙은 법 적용의 일반원칙인 신법우선의 원칙과 특별법우선의 원칙을 노동관계법에 적용한 것이다.

145) 대판 1994. 5. 10. 93다31081; 대판 2002. 11. 26. 2001다36504.

도 기업단위의 단체협약을 적용한다.[146)]

3. 유리조건 우선의 원칙

근로조건과 관련한 법원은 일반적으로 근로기준법, 단체협약, 취업규칙, 근로계약, 노동관행이다. 근로기준법 제97조는 「취업규칙에서 정한 기준에 미달하는 근로조건을 정한 근로계약은 그 부분에 관하여는 무효로 한다.」라고 규정하고 있고, 「노동조합 및 노동관계조정법」 제33조 제1항은 「단체협약에 정한 근로조건 기타 근로자의 대우에 관한 기준에 위반하는 취업규칙 또는 근로계약의 부분은 무효로 한다.」라고 규정하고 있다. 법원 상호간의 효력순위에 관한 일반원칙과 법원의 효력순위를 규정한 노동관계법을 종합하여 보면, 근로조건을 정한 법원의 효력순위는 「근로기준법 → 단체협약 → 취업규칙 → 근로계약 → 노동관행」이다. 따라서 상위 법원에 위반된 하위의 법원은 무효이므로 하위의 법원은 상위의 법원에 위반될 수 없다.

그러나 하위의 법원에 정한 근로조건이 상위의 법원에서 정한 것보다 근로자에게 유리하게 규정된 경우에는 상위의 법원을 적용하지 않고 하위의 법원을 적용하게 되는데, 이를 「유리조건 우선의 원칙」이라고 한다. 노동관계법은 근로조건의 보호를 목적으로 하는 법이므로 「유리조건 우선의 원칙」을 적용해야 한다고 하는 것이 다수의 견해이다.[147)]

요컨대, 노동관계법은 근로조건의 보호를 목적으로 하는 법이기 때문에 하위 법원에서 정한 근로조건이 상위 법원에서 정한 것보다 근로자에게 유리한 내용으로 되어 있는 경우에는 상위 법원의 효력을 인정할 수 없다. 따라서 근로기준법이나 단체협약에 정한 것보다 취업규칙에 정한 인사기준이 근로자에게 유리한 경우에는 근로기준법과 단체협약은 적용되지 않고, 반대로 취업규칙에 정한 기준이 근로기준법 또는 단체협약보다 불리한 경우에는 그 취업규칙은 무효가 된다. 예컨대, 취업규칙에 정한 징계사유가 단체협약에 정한 것보다 근로자에게 유리하게 규정된 경우에는 취업규칙에 정한 징계사유가 적용된다.[148)]

---

146) 김형배, 노동법(신판제4판), 122면; 이상국, 근로기준법(개정2판), 9면.

147) 유리조건 우선의 원칙은 노동조합 통제력 및 단체교섭 기능이 약화되지 않는 범위 내에서만 인정되어야 한다고 하는 견해와 유리조건 우선의 원칙은 실정법과 자치규범 사이에 충돌이 있는 경우에 문제되는 것으로서, 현실적으로 근로기준법 보다 유리한 취업규칙을 적용하는 것은 근로기준법에 정한 근로조건이 최저기준을 정한 것에서 나오는 당연한 귀결이라는 이유로 반대하는 견해도 있다(박홍규, 고용법·근로조건법(제2판), 67면).

148) 대법원 1993. 1. 15. 선고 92누13035; 대법원 1999. 3. 26. 선고 98두4672. 다만, 단체협약에 반하지 않는 한 사용자는 취업규칙에서 새로운 징계사유를 정할 수 있고 그 징계사유에 따라 징계할 수도 있다(대법원 1993. 4. 27. 선고 92다48697).

제2장 기업 내부의 인사와 근로관계

▶ Key Point ◀

1 기업 내부에서 이루어지고 있는 인사처분에는 전직, 휴직, 직위해제, 징계 등이 있다. 전직은 징계와는 달리 사용자에게 상당한 재량권이 인정되는 것이나, 사용자가 인사권을 남용하여 전직명령권을 행사하는 경우에는 그 전직처분은 무효가 된다. 권리남용에 해당되느냐의 여부는 업무상 필요성 여부, 업무상 필요성의 정도와 근로자의 생활상 불이익과의 비교형량, 신의칙상 요구되는 전직명령의 절차위반 등을 종합적으로 고려하여 판단해야 한다.

2 근로자의 일신상의 사유에 의한 휴직은 사용자에게 상당한 재량권이 인정되는 것이나, 긴박한 경영상의 필요성에 의한 휴직과 법률의 규정에 의한 휴직 및 징계의 일환으로 이루어지는 휴직은 법률에 정한 요건과 취업규칙에 정한 사유와 절차를 준수한 경우에 한하여 그 유효성이 인정된다. 그리고 휴직사유가 종료되었음에도 사용자가 근로자를 원직에 복직시키지 않은 경우에는 부당한 휴직처분이 된다.

3 직위해제는 원칙적으로 징계에 해당되지 않기 때문에 사용자에게 상당한 재량권이 인정되나, 직위해제를 이유로 한 직권면직처분은 해고에 해당되는 것이므로 근로기준법과 취업규칙 등에 정한 실체적인 해고요건을 충족해야 한다. 그러나 정당한 직위해제사유가 존재하고 그 사유가 소멸하지 않은 것을 이유로 한 직권면직은 정당하다는 것이 판례의 경향이다.

4 사용자는 근로자가 징계사유에 해당되는 행위를 한 때에는 직장질서를 유지하기 위하여 징계할 수 있으나, 노동기본권과 균형을 위하여 일정한 제한을 받는다. 징계제한의 일반원칙은 징계남용금지의 원칙, 상당성의 원칙 및 과잉징계금지의 원칙, 이중징계의 금지원칙, 균형성의 원칙 등이 있다. 징계가 정당하기 위해서는 취업규칙 등에 정한 징계사유와 징계절차를 준수해야 한다.

제1절 개 설

기업 내부의 인사란 법인격이 다른 기업으로의 인사이동이 아닌 기업 내부에서 이루어지는 인사이동을 말한다. 기업 내부의 인사는 채용 이후부터 근로계약관계가 종료될 때까지의 각종 인사이동을 포함한다. 사용자는 인사권에 기초하여 기업내부에서의 인사이동을 행할 수 있는 권한을 가지나, 근로조건의 보호 이념이라는 노동관계법에 의하여 일정한 제한을 받는다.

인사권자인 사용자는 적합한 근로자를 채용한 이후 업무에 배속시켜 해당 업무를 수행하게 한다. 업무를 배치 받은 근로자가 해당 업무를 수행하는데 적성이 맞지 않거나 업무수행능력이 떨어지게 되는 경우에 사용자는 일정한 교육훈련을 거쳐 다른 업무에 배치하게 되고, 근로자가 업무를 수행하는 과정에서 기업의 직장질서 또는 근무규율을 위반한 경우에는 소정의 징계권을 행사하게 된다. 근로자가 일정기간 근무할 수 없는 불가피한 사정이 있는 경우에는 휴직을 명하거나 근무수행능력의 부족 등으로 해당 업무를 수행하기 곤란한 경우가 있는 경우에는 대기발령을 거쳐 당연 퇴직시키는 경우도 있을 수 있다. 그리고 근로계약관계는 정년의 도달, 계약기간의 만료, 해고, 당사자의 소멸 등의 사유로 인하여 종료하게 된다.

채용 이후부터 근로계약관계가 종료될 때까지의 기업 내부의 인사이동은 일반적으로 근로자의 신분 또는 경제상의 불이익이나 불편을 초래하는 것과 근로자의 근로의욕 등을 증진시켜 기업의 목적을 달성하려고 하는 것이 있다. 전자의 인사이동에는 전직·휴직·직위해제(대기발령)·징계·당연 퇴직·의원면직 등이 있고, 후자의 인사이동에는 승격·승급·승진 등이 있다.

사용자의 인사조치 중에서 해고를 포함한 각종 징계처분은 근로자의 생존과 밀접한 관련이 있기 때문에 다른 인사조치보다는 엄격한 제한을 받게 된다. 비록 형식상 징계에는 해당되지 않지만, 사용자의 강요에 의한 사직서제출에 따른 의원면직이나 당연 퇴직처분 등도 실질적인 해고로 보아 엄격한 법적 제한을 가하는 경우도 있다.

기업 내부에서 이루어지고 있는 인사이동은 근로자의 귀책사유 또는 일정한 사유로 인한 것이 보통이므로 근로기준법이나 취업규칙에 정한 인사제한 규정을 준수해야 하는 것이 원칙이다. 그러나 근로자의 귀책사유가 아닌 경영악화 등으로 기업이 도산되어 기업회생절차 또는 파산절차가 개시된 경우에 관리인 또는 파산관재인이 근로기준법과 취업규칙·단체협약 등에 규정된 해고제한 사유 및 절차를 준수하여 근로자를 해고해야 하는가의 여부가 문제된다. 여기서는 주로 전형적인 해고를 제외한 기업내부에서 이루어지고 있는 인사처분만 개관하고, 해고에 대한 구체적인 내용은 제4장에서 상세하게 다루기로 한다.

제2절 전 직

Ⅰ. 의 의

전직(轉職)이란 근로자의 담당 직종·부서 등과 같은 직무내용이나 근무 장소를 상당 기간에 걸쳐 변경하는 인사처분을 말한다.[1] 동일 근무지 내에서 직무내용이 변경되는 것을 협의의 전직이라 하고, 근무지의 변경을 전근이라고 하기도 하지만[2], 양자 사이에 본질적인 차이가 없고 직무내용과 근무지를 모두 변경하는 경우도 있기 때문에 법률상 양자를 구별하여 취급할 실익이 없다.[3]

일반적으로 전직은 인력의 적재적소의 배치, 인사교류를 통한 사업운영의 효율성 증대를 목적으로 정기적인 인사이동의 일종으로 실시하나, 경영해고 회피수단이나 징계처분의 일환으로 활용하는 경우도 있다.

Ⅱ. 법적 근거

취업 장소와 종사하여야 할 업무는 근로계약을 체결할 때에 사용자가 근로자에게 명시해야 하는 근로조건이기 때문에 근무 장소와 직무내용은 당사자의 합의를 필요로 한다(근로기준법 §17, 영 §8). 따라서 근로자와 사용자 사이에 근로계약을 체결할 때 또는 근로관계 존속 중에 직무내용과 근무 장소를 사용자의 결정에 맡긴다고 명시적으로 합의한 경우에는 이에 근거하여 사용자는 전직을 명할 수 있다.

그러나 취업규칙에 전직을 명할 수 있다는 취지의 포괄적 근거규정을 두고 당사자 사이에 근로자의 직무내용이나 근무 장소를 특정하거나 별도로 합의하지 않는 것이 보통이다. 이 경우에도 당사자 사이에 전직명령권에 대하여 포괄적인 합의를 한 것으로 보아야 하므로 이에 근거하여 사용자는 전직명령권을 행사할 수 있다.[4] 포괄적

---

1) 배치전환(配置轉換)이라는 용어를 사용하기도 하지만, 「근로자참여 및 협력증진에 관한 법률」 제19조 제1항 제7호에서만 이 용어를 사용하고 있을 뿐이고 근로기준법 제23조 제1항과 공무원법 제5조 및 지방공무원법 제5조에서 전직이라는 용어를 사용하고 있기 때문에 전직이라는 용어를 사용하기로 한다.

2) 공무원법 제5조는 직렬을 달리하는 공무원 임명을 「전직」, 동일한 직급 안에서의 보직변경을 「전보」로 규정하고 있다.

3) 임종률, 노동법(제6판), 493면; 김유성, 노동법 Ⅰ(초판), 245면; 이병태, 최신노동법(제8전정판), 627면; 이상윤, 노동법(제3판), 403면. 그러나 김형배, 노동법(신판제4판), 470면 이하에서는 전근과 전직을 엄격히 구별하여 인사권의 근거와 한계를 설명하고 있다.

4) 김유성, 노동법 Ⅰ(초판), 246면; 임종률, 노동법(제6판), 493면.

동의는 전직명령에 대한 백지위임식의 동의가 아니며 근로계약 체결 당시의 사정과 관행, 그리고 신·구 직무 사이의 차이 등을 종합적으로 고려하여 합리적인 범위 내에서 사용자에게 직무내용의 일방적인 변경권을 위임하기로 동의한 것으로 해석해야 한다.

대법원은 「전직은 근로자가 제공하여야 할 근로의 종류와 내용 또는 장소 등의 변경을 가져온다는 점에서 불이익 처분이 될 수 있으나, 업무상 필요한 범위 안에서 상당한 재량권을 인정하여야 하므로 근로기준법 제23조 제1항에 위반되거나 권리남용에 해당하는 등 특별한 사정이 없는 한 당연 무효로 볼 수 없다.」라고 판시하고 있다.[5] 그러나 근로계약서상 또는 근로관계 존속 중에 근로자의 직무내용과 근무 장소를 명시적 또는 묵시적으로 한정한 경우에는 근로자의 동의 없이 일방적으로 전직명령권을 행사할 수 없다. 판례도 같은 입장을 취하고 있다.[6]

판례요지

근로자에 대한 전직이나 전보는 원칙적으로 사용자(인사권자)의 권한에 속하므로 업무상 필요한 범위 안에서는 상당한 재량을 사용자에게 인정하여야할 것이나, 그것이 근로기준법 제23조 제1항 또는 제104조에 위반하거나 권리남용에 해당하는 등 특별한 사정이 있는 경우에는 허용되지 않는다고 할 것이고 또 근로계약상 근로의 장소가 특정되어 있는 경우에 이를 변경하는 전직이나 전보명령을 하려면 근로자의 동의가 있어야 한다(대법원 1992. 1. 21. 선고 91누5204).

요컨대, 근로자의 근로제공은 사용자의 지휘명령에 의해 구체화되는 것이기 때문에 사용자의 일방적인 의사표시에 의한 전직명령은 법 위반이 되는 것이나, 업무상 필요한 범위 안에서 행해지는 전직명령은 권리남용에 해당되지 않는 것이므로 그 유효성을 인정해야 한다.

Ⅲ. 전직의 제한

1. 근로계약에 의한 제한

전직명령권의 법적 근거가 근로계약에 있는 이상, 전직명령은 우선 근로계약의 내용에 따라 제한을 받는다. 근로자의 근무 장소와 업무의 내용은 근로계약 체결 시에

5) 대법원 1991. 2. 22. 선고 90다카27389; 대법원 1994. 5. 10. 선고 93다47677; 대법원 1996. 4. 12. 선고 95누7130; 대법원 1998. 1. 20. 선고 97다29417; 대법원 2007. 10. 11. 선고 2007115566 등.
6) 대법원 1992. 1. 21. 선고 91누5204; 대법원 1997. 7. 22. 선고 97다18166·18172.

사용자가 근로자에게 명시해야 할 근로조건에 해당된다. 따라서 근로계약을 체결할 때 또는 근로제공을 이행하는 과정에서 근로자의 직무내용과 근무 장소가 한정되어 있는 경우에는 사용자는 원칙적으로 근로자의 동의가 있어야만 전직명령권을 행사할 수 있다.[7] 직무 내용과 근무 장소가 명시적으로 한정되어 있는 경우에는 사용자는 근로자의 동의를 얻어 전직명령을 하면 될 것이나, 명시적으로 한정되어 있지 아니한 경우에는 근로자의 기술·기능·자격 여부, 채용자격, 사업의 종류, 관행 등을 종합적으로 고려하여 결정해야 한다.

(1) 명시적으로 직무내용이 특정되어 있지 않더라도 의사·간호사·아나운서, 속기사, 보일러기사 등과 같이 특수한 기술·기능·자격을 가진 근로자의 경우는 그 직종으로 직무내용을 한정하는 것으로 당사자 사이에 합의가 있었던 것으로 보아야 하므로 사용자는 전직명령을 함에 있어서 해당 근로자의 동의를 얻어야 한다.[8]

(2) 특별한 훈련·양성을 거쳐 일정한 기능·숙련을 습득하고 장기간 그 직종에 종사하여 온 근로자의 경우는 원칙적으로 직종이 한정되어 있는 것으로 볼 수 있으나, 기술혁신·업종전환·경영다각화와 근로자의 다기능이 요구되는 오늘날에 있어서는 직종이 한정된 것으로 단정할 수 없다.[9] 따라서 기술직 근로자를 그 기술에 관한 전문지식을 필요로 하는 서비스업무나 판매직으로 전직명령을 한 경우에는 부당한 인사처분으로 볼 수 없다.[10]

(3) 특수한 기술이나 기능을 요하지 않는 일반 단순근로자의 경우는 직종이 한정되어 있는 것으로 볼 수 없기 때문에 해당 직군의 범위 내에서 이루어지는 전직은 근로자의 동의를 얻지 않고 전직을 할 수 있다.[11] 다만, 직군을 달리하는 전직의 경우에는 근로자의 채용자격, 채용 시의 사정, 회사에서의 지위, 회사의 규모, 사업의 종류, 관행 등 제반사정을 종합적으로 고려하여 직무가 한정되었는가의 여부를 판단하여야 한다.[12]

(4) 취업규칙에서 직군이나 직종에 관한 규정을 두고 있거나 모집공고 때부터 직종을 분류하여 근로자를 모집하는 경우에는 취업규칙상의 직종이나 모집공고상

---

7) 도재형, 노동위원회 패소사례분석(2000. 1. 1.~ 2005. 4. 30.), 92면.
8) 임종률, 노동법(제6판), 496면; 김유성, 노동법 I (초판), 248면; 김형배, 노동법(신판제4판), 472~473면.
9) 임종률, 노동법(제6판), 496면; 김유성, 노동법 I (초판), 248면; 김형배, 노동법(신판제4판), 473면.
10) 대법원 1995. 8. 11. 선고 95다10778.
11) 대법원 1989. 2. 28. 선고 86다카2567; 대법원 1994. 4. 26. 선고93다10279.
12) 김유성, 노동법 I (초판), 249~250면.

의 직종으로 직무내용이 한정된 것으로 보아야 한다.[13)]

(5) 근로계약상 근무 장소가 명시적으로 특정되어 있지 않더라도, 사업장 인근지역에 연고가 있는 자를 전제로 채용하면서 관행상 전직이 없었던 직원, 생활의 본거지가 고정되어 있음을 전제로 채용된 반농반공(半農半工)의 근로자 또는 주부근로자, 단시간 근로자 등은 주거지의 통근 범위 내로 근무 장소가 정해진 것으로 묵시적 합의가 있었던 것으로 보아야 한다.[14)] 따라서 이들 근로자의 동의 없이 다른 지역으로 전직하는 것은 부당한 인사처분이다.

(6) 본사에 채용된 대졸신입 사원 또는 간부사원은 근무 장소가 특정되어 있지 않고 전국의 지점·영업소·공장 등에서 근무한다는 포괄적인 합의가 있었던 것으로 보아야 하므로 근로자의 동의를 얻지 않고 전직명령을 할 수 있다.[15)]

2. 근로기준법 제23조 제1항에 의한 제한

근로기준법 제23조 제1항은 정당한 이유가 없는 전직을 금지하고 있기 때문에 사용자의 전직명령의 유효성은 정당한 이유가 있는지의 여부에 따라 결정된다. 그런데 근로기준법이 전직의 「정당한 이유」가 무엇인가에 대하여 구체적인 규정을 둔 것이 없기 때문에 현실적으로 근로계약·취업규칙·단체협약에 규정된 전직의 정당한 이유가 그 기준이 된다. 일반적으로 근로기준법 제23조 제1항에 규정된 「정당한 이유」라 함은 경영상의 필요와 근로자의 능력 및 적격성이 있는 경우를 의미한다. 즉, 특정한 근로자에게 직무의 변경 또는 근무 장소의 변경을 명하지 않으면 안 될 경영상 또는 업무상 필요성이 있어야 하고, 업무 또는 경영상의 필요를 충족하기 위하여 당해 근로자가 적격성을 갖추어야 한다.[16)]

따라서 근로계약·취업규칙 등에 전직의 정당성 여부를 판단할 수 있는 기준을 설정한 경우에는 그에 따라 전직의 유효성을 판단하면 될 것이나, 정당성 기준을 설정하지 않은 경우에는 업무상 필요성, 근로자가 입게 될 불이익의 정도, 신의칙상 요구되는 절차 등을 종합적으로 판단하여 그 유효성을 판단할 수밖에 없다.

3. 전직명령권의 남용에 의한 제한

기업의 활동을 계속적으로 유지하기 위해서는 노동력을 재배치하거나 인력수급을

13) 김유성, 노동법 I (초판), 250면.
14) 김유성, 노동법 I (초판), 250면; 임종률, 노동법(제6판), 496면.
15) 김유성, 노동법 I (초판), 250면; 임종률, 노동법(제6판), 496면; 대법원 1993. 9. 14. 선고 92누18825.
16) 김형배, 노동법(신판제4판), 472면.

조절하는 것이 불가피하므로 근로자에 대한 사용자의 전직은 원칙적으로 인사권자인 사용자에게 상당한 재량권을 인정할 수밖에 없다. 그러나 사용자가 전근 발령할 업무상 필요성과는 별개의 부당한 동기 및 목적으로 이루어진 전직명령은 권리남용에 해당되어 무효이다. 예컨대 사용자가 근로자를 퇴직시킬 목적으로 실시하거나 회사 비판의 중심인물에 대한 전직명령은 권리남용에 해당된다.[17] 전직명령이 권리남용에 해당되느냐의 여부를 판단하는 일반적인 기준은 ① 전직명령의 업무상 필요성 여부, ② 근로자의 전직에 따른 업무상 필요성의 정도와 근로자의 생활상 불이익과의 비교형량, ③ 신의칙상 요구되는 전직명령의 절차위반 등이 있다.

판례요지

전직처분이 정당한 인사권의 범위 내에 속하는지의 여부는 전직명령의 업무상 필요성과 전직에 따른 근로자의 생활상의 불이익과의 비교 교량과 본인과의 협의 등 전직처분을 하는 과정상 신의칙상 요구되는 절차를 거쳤는지의 여부에 의하여 결정되어야 한다(대법원 1994. 5. 10. 선고 93다47677).

(1) 근로자에 대한 전직명령이 권리남용에 해당되는가의 가장 중요한 판단기준은 사용자의 「상당한 재량권」과 「업무상 필요성」 및 「근로자의 생활상 불이익」과의 관계라고 할 수 있다. 사용자에게 인정되는 상당한 재량권의 인정범위는 업무상 필요한 범위 내로 제한되고, 업무상 필요성의 정도는 근로자가 전직으로 인하여 겪게 되는 생활상 불이익의 정도에 달려 있다. 왜냐하면 업무상 필요성의 정도는 비교형량의 대상이 될 근로자의 생활상 불이익의 정도와 각각 별개로 독립하여 존재하는 것이 아니라 업무상 필요성 강약에 따라 근로자의 생활상 불이익에 대한 평가도 상대적으로 변하기 때문이다. 따라서 전직처분에 따른 근로자의 생활상 불이익이 통상 예측할 수 없는 경우에는 그 근로자를 대신하여 다른 근로자에게 전직명령을 내리는 것에 특별히 곤란한 사정이 있는 경우에는 업무상 필요성이 인정되어 정당한 전직명령에 해당되나, 반대로 다른 근로자로 대체할 수 있는 경우에는 그 전직처분은 정당성을 상실한 것으로 평가해야 한다.[18]

(2) 「생활상의 불이익」은 전직으로 인하여 근로자가 통상적으로 감수해야 할 정도를 현저히 벗어나는 것을 말한다. 생활상의 불이익에는 출퇴근의 소요시간, 노동의 강도, 임금의 차이 등 근로조건의 불이익뿐만 아니라 주거생활의 수준이나

---

17) 菅野和夫(이정 역). 일본노동법(초판), 407면.
18) 도재형, 노동위원회 패소사례분석(2000. 1. 1. ~ 2005. 4. 30.), 95면.

가족·사회생활상의 불이익도 포함된다. 따라서 전직으로 인한 근로자의 생활상 불이익은 현재 존재하고 있는 불이익에 한정되지 않고 장래의 불이익까지 확장되며, 근로관계의 직접적인 내용뿐만 아니라 근로관계를 통해 간접적으로 형성되는 생활상의 불이익도 고려된다.[19] 생활상의 불이익 정도를 판단할 때에는 출퇴근 차량이나 숙소의 제공, 특별수당의 지급 등 전직근로자의 불이익을 완화하기 위한 사용자의 조치가 있었는지의 여부도 고려하여야 한다. 따라서 업무상 필요성이 크지 않음에도 전직에 따른 출퇴근의 곤란성 등 생활상의 불이익이 크거나 생활상의 불이익이 통상의 정도를 현저히 넘는 경우에는 부당한 전직이 된다.[20]

판례요지

업무상의 필요에 의한 전보 등에 따른 생활상의 불이익이 근로자가 통상 감수하여야 할 정도를 현저하게 벗어난 것이 아니라면, 이는 정당한 인사권의 범위 내에 속하는 것으로서 권리남용에 해당하지 않는다(대법원 2007. 10. 11. 선고 2007두15566).

대법원은 업무상의 필요성이 크지 않음에도 한쪽 다리가 절단된 근로자를 인천에서 서울로 전직시킨 경우[21], 교통·자녀교육·부부생활 등의 점에서 생활상의 불이익이 있음에도 서울에서 제주로 전직시킨 경우[22]에는 부당한 전직으로 판시하고 있다. 반면, 장기간 거주해 온 지역에서 노모를 부양하고 자녀가 중·고등학교에 다니고 본인도 대학에 다니는 근로자를 다른 지역으로 전직하더라도, 업무상 고도의 필요성이 있고 숙소 및 근무수당과 식사의 제공 및 대외호칭의 상향조정 등 불이익 감소를 위한 배려를 한 경우에는 정당한 전직으로 판시하고 있다.[23]

(3) 「업무상 필요성」은 사용자가 그 업무의 원활화와 효율적인 운영을 위하여 그 근로자의 직무내용이나 근무 장소를 변경해야 할 만한 객관적인 필요를 말한다.[24] 일반적으로 직장질서의 유지·회복 또는 상사·동료근로자와의 불화 등을 해결하기 위한 전직[25], 기술혁신이나 기업재편에 따라 사업장 이전이 불가피하여 인력조정 차원에서 이루어진 전직[26], 누적된 인사적체를 해소하기 위한 방편

19) 문무기, 「전직의 법리」, 노동법학(제13호), 81면.
20) 임종률, 노동법(제6판), 495면.
21) 대법원 1995. 5. 9. 선고 93다51263.
22) 대법원 1997. 12. 12. 선고 97다36316.
23) 대법원 1997. 7. 22. 선고97다18165; 대법원 2000. 4. 11. 선고 99두2963.
24) 임종률, 노동법(제6판), 494면.
25) 대법원 1991. 9. 24. 선고 90다12366; 대법원 1994. 5. 10. 선고93다47677.
26) 대법원 1991. 7. 12. 선고 91다12752; 대법원 1996. 4. 12. 95누7130.

으로 이루어지는 전직, 근로자의 기술·업무능력의 제고 및 배치상의 융통성·신축성의 제고 등은 업무상 필요성이 인정된다.[27] 그러나 근로자의 정당한 노동조합활동을 혐오하거나 성별·국적·신앙·사회적 신분 또는 사용자의 근로기준법 위반사실에 대한 진정·고발 등을 이유로 한 전직은 업무상 필요성에 의한 것으로는 인정되지 않는다. 그리고 전직 대상자를 선정함에 있어서 해당 근로자를 선택할 수밖에 없는 합리성도 갖추어야 한다. 그러나 전직대상자 기준의 합리성은 근로기준법 제24조 제2항의 경영상 이유에 의한 해고대상자의 선정기준과 같은 정도의 엄격성이 요구되는 것이 아니므로 전직대상자를 선정함에 있어서 그 기준이 당연 무효가 아닌 이상 전직대상 조건에 해당되는 근로자를 전직시킨 것은 부당하다고 볼 수 없다.[28]

(4) 전직처분을 함에 있어서 해당 근로자와 성실한 협의 등 신의칙상 요구되는 절차를 거쳤는지도 전직의 유효성을 판단하는 하나의 요소가 된다.[29] 절차상의 신의칙 위반 여부를 판단함에 있어서는 근로자의 동의를 얻는 방법이 가장 명쾌한 것이나, 그렇지 못한 경우에는 근로자의 동의를 얻기 위하여 행한 노력의 정도나 근로자 가정생활의 고려정도가 중요한 판단기준이 된다. 원칙적으로 전직처분을 함에 있어서 취업규칙 등에 해당 근로자와의 협의 또는 합의 등의 절차가 규정되어 있는 경우에 사용자가 이러한 전직절차를 준수하지 않는 경우에는 그 전직은 부당한 것이 된다. 그러나 취업규칙 등에 규정된 전직 사전협의절차는 인사의 공정성을 기하기 위하여 참고자료를 얻기 위한 것에 불과하기 때문에 그러한 절차를 거치지 않았다 하더라도 그 전직처분이 권리남용에 해당되지 않는 한 당연 무효가 되는 것이 아니다.[30]

판례요지

전보처분 등을 함에 있어서 근로자 본인과 성실한 협의절차를 거쳤는지의 여부는 정당한 인사권의 행사인지의 여부를 판단하는 하나의 요소라고는 할 수 있으나, 그러한 절차를 거치지 아니하였다는 사정만으로 전보처분 등이 권리남용에 해당하여 당연히 무효가

27) 문무기, 「전직의 법리」, 노동법학(제13호), 81면

28) 김유성, 노동법 I (초판), 247면.

29) 대법원 1994. 5. 10. 선고 93다47677; 대법원 1997. 7. 22. 선고 97다18165; 대법원 2000. 4. 11. 선고 99두2963.

30) 대법원 1995. 8. 11. 선고 95다10778; 대법원 1997. 7. 22. 선고 97다18165·18171. 신의칙상 요구되는 절차는 그 자체가 독립적인 고려요소라기 보다는 실체적 정당성 판단의 참고사항 내지 부수적인 요소에 지나지 않는 것으로 파악하고 있다. 따라서 실체적 정당성이 인정되는 경우에는 절차적 정당성에 다소간 하자가 있다 하더라도 전직처분의 정당성이 상실되는 것은 아니다.

된다고는 볼 수 없다(대법원 1997. 7. 22. 선고 97다18165).

4. 기타 법령에 의한 전직 제한

전직명령은 사용자에게 상당한 재량이 인정되는 인사권에 속하는 것이라 하더라도, 강행법규에 위반되어서는 아니된다. 「노동조합 및 노동관계조정법」 제81조는 사용자는 정당한 노동조합 활동을 이유로 한 사용자의 불이익처분을 부당노동행위로 규정하고 있으므로 노동조합활동을 혐오하거나 노동조합활동을 저해할 목적 등 부당노동행위에 해당되는 전직은 그 정당성이 인정되지 않는다.

그리고 근로기준법 제6조는 사용자는 근로자에 대하여 남녀의 성을 이유로 차별적 처우를 하지 못하고, 국적·신앙 또는 사회적 신분을 이유로 근로조건에 대한 차별적 처우를 금지하고, 「남녀고용평등과 일·가정 양립지원에 관한 법률」 제10조는 남녀를 차별하여 배치전환을 하지 못하도록 규정하고 있으므로 이를 위반한 차별적인 전직은 그 정당성을 인정할 수 없다.

Ⅳ. 전직의 효과

사용자가 근로기준법 제23조 제1항을 위반한 부당한 전직을 행한 경우라도 벌칙이 적용되지 않는다.[31] 그러나 근로기준법 제23조에 위반한 부당전직은 사법상 무효이므로 부당전직을 당한 근로자는 노동위원회에 신청하여 구제받을 수 있고, 일반법원에 제소하여 사법적 구제를 받을 수 있다.

근로자가 사용자의 정당한 전직명령에 불응하여 출근 또는 근로제공을 거부하는 경우에는 징계 또는 해고사유가 될 수 있으나, 전직명령이 객관적으로 부당한 것으로 인정되는 경우에는 근로자가 그 전직명령에 불응하였다는 이유로 징계하거나 해고할 수 없다.

Ⅴ. 판례의 경향

판례는 기본적으로 전직명령이 정당하기 위해서는 ① 업무상 필요성이 존재하여야

31) 종전 정당한 이유 없이 부당전직을 행한 사용자는 5년 이하의 징역 또는 3천만 원 이하의 벌금형이 적용되었으나, 2007. 4. 24. 근로기준법 개정으로 벌칙조항이 삭제되었다.

하고, ② 업무상 필요성과 전직에 따른 근로자의 생활상 불이익을 비교 형량해야 하고, ③ 근로자를 대표하는 노동조합 또는 노동조합이 없는 경우에는 근로자와의 협의 등 전직처분을 하는 과정에서 신의칙상 요구되는 협의절차를 거칠 것을 요구하고 있다. 그러나 판례의 업무상 필요성과 근로자의 생활상 불이익을 비교 형량하는 판단구조는 사용자와 해당 근로자뿐만 아니라 제반요소를 함께 고려함으로써 근로자의 생활상 불이익 보다는 업무상 필요성을 중시하여 전직의 정당성을 판단하고 있는 경향을 보이고 있다.[32] 그리고 사용자는 전직처분 과정에서 근로자 측과의 협의 등 신의칙상 요구되는 절차를 거칠 것을 요구하나, 업무상 필요에 따른 전직으로 근로자가 입게 될 생활상의 불이익이 통상적으로 감수해야 할 정도를 현저히 벗어난 것이 아니라면 해당 근로자와의 협의 등의 절차를 거치지 아니하였다는 사정만으로 당연 무효가 되는 것이 아니라고 판시하고 있다.[33]

따라서 판례는 전직은 원칙적으로 사용자의 권한에 속하는 것으로써 업무상 필요한 범위 안에서 상당한 재량이 인정된다는 것을 전제로 근로기준법 제23조 제1항에 위반되거나 권리남용에 해당되는 등 특별한 사정이 없는 한 무효로 볼 수 없고, 업무상 필요성이 인정되는 이상 근로자의 동의를 얻지 않고 전직명령을 할 수 있으며, 업무상 필요성과 근로자가 입게 될 생활상의 불이익을 비교 형량해야 하나 전직으로 인한 근로자의 생활상 불이익이 사회통념상 통상의 정도를 현저히 넘지 않는 이상 권리남용에 해당되지 않는 것으로 판단하고 있다.[34]

이와 같은 판례의 태도는 전직명령권의 근거는 근로계약 등 당사자의 합의에 의한 것이 아니라 사용자의 인사권에 있는 것이고, 사용자의 일방적인 의사표시에 의하여 전직의 효력이 발생된다는 점에서 당사자의 포괄적인 합의에 기초한 것으로 볼 수 있다.[35]

---

32) 대법원 1994. 1. 25. 선고 93누14301; 대법원 1997. 7. 22. 선고 97다18172.

33) 대법원 1997. 7. 22. 선고97다18165·18172; 대법원 1998. 12. 22. 선고 97누5435; 대법원 2004. 2. 12. 선고 2003두13250;

34) 대법원 1992. 1. 21. 선고 91누5205; 대법원 1994. 4. 26. 선고 93다10279; 대법원 1995. 5. 9. 선고 93다51266; 대법원 1995. 8. 11. 선고 95다10778; 대법원 1995. 10. 13. 선고 94다52928; 대법원 1998. 1. 20. 선고 97다29417; 대법원 2007. 10. 11. 선고 2007115566 등.

35) 김형배, 노동법(신판제4판), 476면.

제3절 휴 직

Ⅰ. 의 의

휴직은 근로자를 직무에 종사하게 하는 것이 곤란하거나 적당하지 아니한 사유가 발생한 때에 근로계약관계를 유지하면서 일정한 기간 동안 근로제공을 면제 또는 금지시키는 사용자의 인사처분을 말한다. 휴직은 근로자가 출근하지 않는다는 면에서 정직과 유사하나, 징계처분에 해당되지 않는다는 면에서는 정직과 구별된다.

휴직은 근로자의 일신상의 사유에 의한 경우(상병휴직·의원휴직 등), 기업경영상의 사유에 의한 해고회피의 일환으로 인한 경우(재택근무 또는 고용조정 휴직), 법률의 규정에 의한 경우(육아휴직), 복무규율위반에 따른 징계의 일환으로 인한 경우(징계휴직), 형사사건으로 기소된 근로자를 판결확정시까지 휴직 처리하는 기소휴직 등 다양하다.

Ⅱ. 법적 근거

휴직은 사용자의 근로제공수령의무를 면하거나 근로자의 근로제공의무를 면하는 것이므로, 취업규칙에 휴직을 명할 수 있는 포괄적인 근거규정이 있거나 근로계약상 당사자의 명시적 또는 묵시적 합의가 있어야 사용자가 휴직을 명할 수 있는 권한을 가진다.[36] 그러나 인사권은 원칙적으로 인사권자인 사용자의 권한에 속하는 것이고, 업무상 필요한 범위 내에서 상당한 재량권이 인정되는 것이므로, 취업규칙에 휴직을 명할 수 있는 근거가 없다 하더라도 사용자는 인사권에 근거하여 정당한 사유가 있는 경우에는 휴직을 명할 수 있다.[37]

일반적으로 휴직은 사용자의 일방적인 의사표시 또는 근로자의 신청에 대한 사용자의 승낙의사표시에 의하여 이루어지는데, 취업규칙 또는 단체협약에 일반적인 휴직사유와 절차를 규정하고 있는 것이 보통이다.

Ⅲ. 휴직의 제한

1. 의원휴직

근로자의 신청에 의한 의원휴직은 근로자에게 불이익을 발생하지 않기 때문에 제

36) 임종률, 노동법(제6판), 502면.
37) 동지 대법원 2005. 2. 18. 선고 2003다63029.

한할 필요성이 적으나, 사용자가 정당한 이유 없이 근로자의 휴직신청을 거부하는 것은 부당하다. 실질적으로 사용자의 휴직승인 거부 이후 결근을 이유로 한 해고처분의 정당성 여부가 문제된다. 근로자가 상사 또는 동료의 폭행·협박으로 직장생활을 감당할 수 없음을 이유로 휴직신청을 하였으나, 사용자가 이를 승인하지 않자 휴직승인을 계속 요구하면서 무단결근한 경우 그것을 이유로 한 징계해고는 징계권의 남용이나 형평성의 원칙에 반하여 무효로 해석해야 한다.[38]

2. 상병휴직

상병휴직은 업무 외의 상병으로 장기결근이 불가피한 경우 일정기간 동안(보통 3개월 내지 6개월) 휴직하게 하는 인사처분을 말한다. 상병을 이유로 한 휴직은 상당한 기간 정상적인 업무수행이 곤란한 정도의 상병이 존재하여야 한다. 휴직기간 중에 상병이 치유되면 당연히 복직되나, 휴직기간이 만료되었음에도 상병이 치유되지 않으면 자연퇴직 또는 해고되는 것을 전제로 한다. 따라서 상병휴직의 정당성은 복직요건인 치유(治癒)가 되었는가의 여부에 따라 결정된다. 복직요건으로서의 치유란 원칙적으로 종전의 직무를 통상의 정도로 이행할 수 있는 건강상태로 돌아오는 것을 말한다.[39] 상병휴직 기간 동안 상병이 치유 된 경우에는 사용자는 당연히 복직시킬 의무가 있다. 사용자가 치유되었음에도 근로자를 복직시키지 않으면 부당해고가 된다.

3. 징계휴직

징계휴직은 근로자가 복무규율 위반을 이유로 징계절차가 진행 중인 경우에 그 징계처분이 확정될 때까지 업무를 부여하지 않는 휴직처분으로 대기발령의 성격을 가지고 있다. 징계절차의 진행을 목적으로 하는 징계휴직은 징계사유에 해당한다고 의심할 만한 상당한 혐의가 인정되어 이를 조사하고 징계절차를 진행하기 위하여 상당한 기간 근로제공을 금지할 필요성이 존재하여야 한다. 징계휴직은 임금·승진 등에서 근로자에게 불이익을 초래하기 때문에 사용자는 정당한 이유 없이 휴직처분을 할 수 없다(근로기준법 §23·①). 취업규칙·단체협약 등에 휴직근거를 규정하고 있더라도 휴직규정의 설정목적과 기능, 휴직명령권 발동의 합리성 여부 및 근로자가 받게 될 신분상·경제상의 불이익 등 구체적인 사정을 참작하여 근로자가 상당한 기간 동안 근로제공을 할 수 없거나 근로제공하는 것이 매우 부적당하다고 인정되는 경우에 한하여 휴직의 정당성이 인정된다.[40]

---

38) 김유성, 노동법 I (초판), 258~259면.
39) 菅野和夫(이정 역). 일본노동법(초판), 417면.
40) 대법원 1992. 11. 13. 선고 92다16690.

4. 기소휴직

기소휴직은 근로자가 형사사건으로 기소되어 일정기간 또는 확정판결 시까지 휴직처분하는 것을 말한다. 통상적으로 취업규칙 등에 형사사건으로 기소된 자는「형사재판이 계류 중인 기간을 휴직으로 한다.」라는 규정을 두는 경우가 많다. 형사기소된 것만으로는 부족하고 형사기소로 인하여 직장질서, 기업의 사회적 신용, 직무수행 등에서 근로제공을 금지할 필요성이 인정되거나 구속이나 공판기일 출석으로 현실적으로 근로제공이 곤란한 경우가 있어야 만 휴직의 정당성이 인정된다.[41]

5. 고용조정휴직

고용조정휴직이란 사용자가 긴박한 경영상의 필요성에 따른 고용조정을 목적으로 하는 휴직을 말하는데, 통상적으로 순환휴직 또는 재택근무라고도 한다. 고용휴직이 정당하기 위해서는 근로기준법 제24조 제1항에 의한 긴박한 경영상의 필요성이 존재하여야 하고, 휴직자의 조 편성·휴직의 기간·휴직기간 중의 대우 등이 공정하고 합리적이어야 한다. 고용조정을 목적으로 하는 휴직은 사용자의 귀책사유에 의한 휴직이므로 원칙적으로 근로기준법 제46조의 평균임금의 70%에 해당하는 휴업급여를 지급해야 한다. 그러나 해고대상자를 선정한 후 해고를 하지 않는 조건으로 해고회피 수단으로써 해고대상자에 대하여 무급휴직을 실시하는 것도 가능하다.[42]

6. 육아휴직

법률의 규정에 의한 육아휴직은 생후 3년 미만(2007. 12. 31. 이전 출생인 경우에는 1년 미만)의 육아를 양육하는 여성근로자 및 남성근로자는 육아휴직을 신청할 수 있다(남녀고용평등과 일·가정양립지원에 관한 법률 §19). 사용자는 반드시 육아휴직을 허용해야 하고 시기변경권을 행사할 수 없다. 사용자가 근로자의 육아휴직을 거부하면 3년 이하의 징역 또는 2,000만 원 이하의 벌금형을 받게 된다. 육아휴직을 신청할 수 있는 자는 출산부모 뿐만 아니라 입양 또는 대리모까지 포함되며, 생후 3년 미만의 육아는 친자 이외에 법률상 양자와 법률상 혼인관계뿐만 아니라 사실상 혼인관계로 인한 자녀까지 포함된다.[43]

---

41) 임종률, 노동법(제6판), 503면; 菅野和夫(이정 역). 일본노동법(초판), 419면.

42) 이와 관련하여 노동부는 해고대상자를 경영해고할 수 있음에도 해고 대신 무급휴직을 실시하는 것은 근로자에게 유리하다는 이유로 근로자의 무급휴직 신청과 관계없이 사용자는 휴업수당을 지급할 의무가 없는 것으로 해석하고 있다(1999. 2. 13. 근기 68207-388).

43) 하갑래, 근로기준법(제16판), 496면.

사용자가 육아휴직을 거부한 것을 제외하고는 사용자가 정당한 이유 없이 휴직처분을 한 경우에 적용되는 벌칙은 없으나[44], 부당휴직을 당한 근로자는 노동위원회에 그 권리구제를 신청하여 구제받을 수 있고 법원에 제소하여 사법적 구제를 받을 수 있다.

Ⅳ. 휴직의 효과

1. 원직복귀의무

휴직기간 동안 잠정적으로 근로제공이 정지되는 것에 불과하기 때문에 휴직기간이 만료되거나 휴직사유가 소멸하면 사용자는 취업규칙 또는 단체협약에 정한 복직절차에 따라 근로자를 복직시킬 의무가 있다. 사용자가 정당한 이유 없이 근로자를 복직시키지 아니한 경우에는 부당한 인사처분에 해당된다.

근로자도 휴직사유가 소멸하거나 휴직기간이 만료하면 원직에 복귀할 의무가 있기 때문에 복직하지 아니한 경우에는 징계사유에 해당된다. 일반적으로 단체협약 또는 취업규칙에 근로자가 복직하지 않으면 자진 퇴직한 것으로 규정하고 있으나, 이는 당연퇴직사유에 해당되지 않고 해고사유를 규정한 것으로 해석해야 한다.[45] 이 경우 해고의 정당성 여부는 근로자의 귀책사유 여부, 휴직사유의 소멸 여부, 회사 업무에 지장을 초래하는 정도 등을 종합적으로 고려하여 판단한다.

판례요지

취업규칙에 복직원의 미제출을 자진퇴직으로 간주하는 규정을 두고 있는 경우 취업규칙이 법령과 같은 효력을 갖는 것은 아니고, 퇴직처리 유무는 사용자의 재량에 맡겨져 있기 때문에 근로관계의 당연 종료사유가 아니라 해고사유를 정한 것으로 보아야 한다(대법원 1993. 11. 9. 선고 83다7464).

2. 임금지급 등의 제한

근로자는 휴직기간 동안 근로를 제공하지 않기 때문에 원칙적으로 정상적인 근로관계에서 받는 임금액을 감액하여 지급하는 것이 보통이다. 휴직기간 동안 임금지급 제한은 취업규칙·단체협약 등에 정한 바에 따르면 될 것이나, 별도로 정한 바가 없으

44) 종전 정당한 이유 없이 부당휴직을 한 사용자는 5년 이하의 징역 또는 3천만 원 이하의 벌금형이 적용되었으나, 2007. 4. 24. 근로기준법 개정으로 벌칙조항이 삭제되었다.
45) 대법원 1993. 11. 9. 선고 83다7464.

면 다음과 같은 방법으로 임금을 지급하면 된다.

(1) 근로자의 신청에 의한 휴직은 그 귀책사유 또는 일신상의 사정으로 인한 것이기 때문에 원칙적으로 사용자는 임금을 지급할 의무가 없다. 다만, 육아휴직의 경우에는 「남녀고용평등과 일·가정양립지원에 관한 법률」과 「고용보험법」에 의하여 사업주는 고용유지비용의 일부를 지원받을 수 있고, 산전후휴가 기간 90일과 중복되지 않는 30일 이상의 육아휴직을 부여받은 근로자는 육아휴직급여를 받을 수 있다.[46]

(2) 근로자의 귀책사유가 아닌 경영상의 이유로 한 휴직(재택근무)은 원칙적으로 근로기준법 제46조에 따라 휴업수당(평균임금의 70%이상)을 지급해야 한다. 그러나 사용자가 경영해고를 회피하기 위한 수단으로써 노사의 합의에 따라 순환휴직을 실시한 경우에 해당 근로자는 휴직기간 동안 임금을 지급받지 못한다 하더라도 근로관계를 계속 유지할 수 있으므로 사용자는 휴업수당을 지급하지 않아도 법 위반이 되지 않는다고 보아야 한다.

(3) 근로자의 귀책사유로 인한 징계휴직은 실질적으로 직위해제와 같은 것이므로 직위해제의 법리에 따라 임금지급 여부를 결정하면 무방할 것이므로 취업규칙 또는 단체협약에 정하는 바에 따라 임금을 감액 지급할 수 있다.[47]

(4) 상여금의 지급기준이 근로자의 총 근속연수에 따라 차등 지급되는 경우에는 휴직기간을 그 근속연수에 포함시켜 상여금을 지급해야 한다. 그러나 상여금이 일정기간 동안 근로한 대가, 즉 출근성적에 따라 지급되는 경우라면 휴직기간 일수에 상응하여 상여금의 일부 또는 전부를 지급하지 않아도 법 위반으로 볼 수 없다.[48]

(5) 실질적으로 휴직기간 동안 근로자는 평상시보다 임금액이 감액되어 그 기간을 평균임금 산정을 위한 기간에 포함시킨다면 평균임금이 저하되어 근로자에게 불이익이 발생하기 때문에 그 기간을 제외하고 평균임금을 산정해야 한다(근로기준법 영 §2).

---

46) 육아휴직 중에 있는 근로자는 육아휴직 개시일 이전에 피보험단위기간이 180일 이상이고, 동일한 자녀에 대해서 피보험자인 배우자가 육아휴직을 부여받지 않고 있고, 육아휴직 개시일 이후 1월부터 종료일 이후 12개월 이내에 육아휴직급여를 신청하면 고용보험법 제55조의 2에 의한 소정의 육아휴직급여를 받을 수 있다.

47) 징계휴직은 직위해제처분과는 달리 근로자가 아예 출근하지 않는다는 면에서 사용자가 휴업수당을 지급해야 하는가의 여부가 문제될 수 있기 때문에 실무적으로는 직위해제 처분하는 것이 바람직하다.

48) 하갑래, 근로기준법(제16판), 499면.

3. 근속기간의 포함 및 해고의 제한

휴직기간은 근로자의 신분을 유지하는 것이므로 퇴직금·연차휴가산정을 위한 계속근로기간에 포함된다. 따라서 사용자는 휴직기간을 계속근로연수에 포함하여 퇴직금과 연차휴가일수를 산정해야 한다.

업무상 재해 또는 육아휴직 등의 사유에 의한 휴직의 경우에는 사업을 계속할 수 없는 불가피한 사유를 제외하고는 사용자는 합리적인 이유가 있다 하더라도 당해 근로자를 해고할 수 없다(근로기준법 §23·②). 그러나 근로자가 휴직기간이 만료될 때까지 휴직사유가 소멸되지 않거나 복직신청이 없는 경우에는 해당 근로자를 해고할 수 있으나, 근로관계를 유지할 수 없는 정당한 이유가 있어야 한다. 취업규칙에 복직신청이 없으면 당연 퇴직한 것으로 간주하는 규정은 당연히 근로관계가 종료되는 것이 아니고 해고할 수 있다는 의미이므로 복직신청이 없는 휴직근로자를 해고하기 위해서는 정당한 이유가 있어야 한다.[49)]

V. 판례의 경향

대법원은 취업규칙·단체협약 등에 휴직사유를 규정하고 있더라도 휴직규정의 설정목적과 기능, 휴직명령권 발동의 합리성 여부 및 근로자가 받게 될 신분상·경제상의 불이익 등 구체적인 사정을 참작하여 근로자가 상당한 기간 동안 근로제공을 할 수 없거나 근로제공하는 것이 매우 부적당하다고 인정되는 경우를 휴직의 정당한 요건으로 인정하고 있다.[50)] 그리고 취업규칙에 휴직사유가 소멸한 후 근로자가 복직원을 제출하지 않는 경우에 당연 퇴직사유로 규정하였더라도 근로관계가 당연히 종료되는 것이 아니라 해고사유를 정한 것으로 보아야 하므로 사용자가 근로계약관계를 종료하기 위해서는 해고절차에 따라 해당 근로자를 해고해야 한다는 입장을 보이고 있다.[51)]

49) 대법원 1993. 11. 9. 선고 93다7464.
50) 대법원 1992. 11. 13. 선고 92다16690.
51) 대법원 1993. 11. 9. 선고 83다7464.

제4절 직위해제

I. 의 의

직위해제는 근로자의 신분을 유지하면서 직위를 계속 유지시킬 수 없는 사유가 있는 경우에 직위를 부여하지 않는 사용자의 인사처분을 말한다.[52] 직위해제는 잠정적인 인사처분으로써 보직의 해제이므로 직위가 부여되지 않고 복직이 보장되지 않는다는 점에서 휴직과 구별된다. 그러나 직위해제는 근로자의 신분을 유지하면서 직무를 수행하지 않고 근로자로서의 비밀 준수의무가 있다는 점에서 휴직과 비슷하고, 직위해제기간 동안 임금 전액이 지급되지 않는다는 점에서 정직과 그 성격을 같이한다.

근로기준법 제23조 제1항은 「사용자는 근로자에게 정당한 이유 없이 해고, 휴직, 전직, 감봉, 그 밖의 징벌을 하지 못한다.」라고 규정하고 있을 뿐, 직위해제에 관한 명문 규정을 두지 않고 있다. 그러나 기업에서는 인사관리 차원에서 인사규정 또는 취업규칙에 직무수행능력이 부족하거나 근무성적이 불량한 자 또는 근무태도가 극히 불량한 자 등을 직위해제 사유로 하고 이를 이유로 대기발령을 한 후 대기발령 기간이 경과하여도 직위해제 사유가 소멸하지 않으면 직권 면직하도록 하여 근로계약관계를 해지하고 있는 것이 노동관행이라고 할 수 있다.[53]

사용자는 기업의 계속적인 활동을 유지하기 위해서는 노동력을 재배치하거나 그 수급을 조절하는 것이 필요 불가결하므로 직위해제를 포함한 인사명령은 원칙적으로 인사권자인 사용자의 고유권한에 속한다고 볼 수 있다. 따라서 직위해제를 포함한 인사명령은 업무상 필요한 범위 안에서 사용자에게 상당한 재량을 인정하여야 하므로 근로기준법 등에 위반되거나 권리남용에 해당하는 등의 특별한 사정이 없는 한 위법하다고 할 수 없다.[54]

직위해제를 포함한 인사명령은 원칙적으로 인사권자인 사용자의 고유권한에 속하

52) 직위해제와 비슷한 인사처분으로서 대기발령이 있다. 대기발령은 새로운 업무 또는 징계를 위한 대기기간을 명하는 사용자의 인사조치로서 출근의무가 없고 근로를 제공하지 않는다는 점에서 직위해제와 구별되는 것이나, 판례와 기업실무에서는 양자를 엄격하게 구별하지 않고 혼동하여 사용하고 있다. 여기서는 대기발령을 포함하여 직위해제라는 용어로 통일하기로 한다.

53) 국가공무원법 제73조의 3은 직무수행능력이 부족하거나 근무성적이 극히 불량한 자, 파면·해임 또는 정직에 해당하는 징계의결이 요구 중인 자, 형사사건으로 기소된 자, 고위공무원단에 속하는 일반직 공무원으로서 적격심사를 요구받은 자를 직위해제 사유로 하고, 직위해제기간은 3개월을 초과하지 못하도록 규정하고 있다.

54) 대법원 2005. 2. 18. 선고 2003다63029; 대법원 2006. 8. 25. 선고 2006두5151; 대법원 2007. 5. 31. 선고 2007두1460.

는 것이므로 업무상 필요한 범위 내에서 사용자에게 상당한 재량권이 인정되나, 근로기준법 제23조 제1항 및 신의칙에 따른 제한을 받는다.

Ⅱ. 법적 성격

대법원은 직위해제는 근로자의 일정한 사유로 인하여 장래에 있어서 해당 근로자가 계속 직무를 담당하게 될 경우 예상되는 업무장애를 예방하기 위하여 잠정적인 보직의 해제에 해당된다는 이유로 기업질서유지를 목적으로 하는 징계에 해당되지 않고[55], 단체협약 등에 직위해제를 징계사유로 규정하고 있더라도 징계와는 별도로 업무명령으로서의 직위해제처분이 가능한 것으로 판단하고 있다.[56]

판례요지

▶ 직위해제는 일반적으로 근로자가 직무수행능력이 부족하거나 근무성적 또는 근무태도 등이 불량한 경우, 근로자에 대한 징계절차가 진행 중인 경우, 근로자가 형사사건으로 기소된 경우 등에 있어서 당해 근로자가 장래에 있어서 계속 직무를 담당하게 될 경우 예상되는 업무상의 장애 등을 예방하기 위하여 일시적으로 당해 근로자에게 직위를 부여하지 아니함으로써 직무에 종사하지 못하도록 하는 잠정적인 조치로서의 보직의 해제를 의미하고, 근로자의 과거의 비위행위에 대하여 기업질서 유지를 목적으로 행하여지는 징벌적 제재로서의 징계와는 그 성질이 다르다(대법원 2007. 5. 31. 선고 2007두1460).

▶ 운송사업체에 있어서의 승무정지처분은 사용자가 경영권 행사의 일환으로 업무수행을 위하여 근로자에 대하여 행하는 업무명령인 승무지시의 소극적 양태라 할 것이고, 이러한 승무정지처분이 경영상의 필요나 업무수행의 합리적인 이유에 기인한 경우에는 이는 정당한 업무명령에 속한다고 할 것이므로 비록 단체협약에 승무정지가 징계사유로 열거되어 있다고 하여도 징계로서의 승무정지와는 별도로 업무명령으로서의 승무정지도 가능하다(대법원 2006. 11. 23. 선고 2006두11644).

그러나 직위해제처분을 받은 근로자는 어떠한 직무에도 종사하지 못하게 될 뿐만 아니라 승급·승호·보수지급 등에 있어서 실질적으로 불이익을 받게 되고 일정한 경우에는 직위해제를 기초로 하여 직권면직 처분을 받을 가능성도 있다. 이러한 이유에서 직위해제는 사실상 불이익한 인사처분에 해당되는 것으로 보아야 한다. 그리고

55) 대법원 1996. 10. 29. 선고 95누15926; 대법원 2003. 10. 10. 선고 2003두5945; 대법원 2004. 10. 28. 선고 2003두6665; 대법원 2005. 11. 25. 선고 2003두8210; 대법원 2007. 5. 31. 선고 2007두1460.
56) 대법원 1997. 11. 25. 선고 96누13231; 대법원 2006. 11. 23. 선고 2006두11644.

직위해제 처분에 이은 자동면직은 사용자의 일방적 의사에 따라 근로계약관계를 종료시키는 것이므로 징계조치로서의 해고에 해당된다.57) 판례는 근무수행능력의 부족을 이유로 직위해제 처분에 따른 직권면직은 통상해고로 해석하고 있다.58)

판례요지

대기발령 또는 직위해제처분을 받은 자가 그 기간 중 능력의 향상 또는 개전의 정이 없다고 인정되는 경우에는 징계위원회의 동의를 얻어 면직할 수 있다는 규정을 두고 있는 경우, 위와 같은 규정에 의하여 행하여지는 직위해제처분과 그에 이은 면직처분은 이를 일체로서 관찰할 때 근로자의 의사에 반하여 사용자의 일방적 의사에 따라 근로계약 관계를 종료시키는 것으로서 실질상 해고에 해당한다고 할 것이므로 그 처분에 있어서는 근로기준법에 의한 제한을 받는다(대법원 2007. 9. 21. 선고 2006다25240).

판례는 일관하여 직위해제는 근로자의 일정한 사유로 인하여 장래에 있어서 해당 근로자가 계속 직무를 담당하게 될 경우 예상되는 업무장애를 예방하기 위하여 잠정적인 인사처분으로써 보직의 해제에 해당된다는 이유로 징계와는 성격이 다른 것으로 해석하고 있다. 그러나 직위해제 처분을 받은 근로자는 승급·승호·임금 등에서 실질적으로 불이익을 받게 되고 직권면직으로 이어질 가능성이 높기 때문에 불이익한 인사처분에 해당되고, 취업규칙·단체협약 등에 직위해제를 징계처분의 일종으로 규정한 경우에는 징계처분으로 보아야 한다.59)

Ⅲ. 직위해제의 제한

1. 사유에 의한 제한

노동법상 직위해제 사유를 명문으로 규정한 것은 없으나, 판례는 ① 근로자의 직무수행능력이 부족하거나 근무성적 또는 근무태도가 불량한 경우, ② 근로자에 대한 징계절차가 진행 중인 경우, ③ 형사사건으로 기소된 경우, ④ 경영상의 이유로 잉여인원이 발생한 경우 등을 직위해제 사유로 인정하고 있다.

---

57) 대법원 1995. 12. 5. 선고 94다43351; 대법원 2005. 11. 25. 선고 2003두8210; 대법원 2007. 5. 31. 선고 2007두1460; 대법원 2007. 9. 21. 2006다25240.

58) 대법원 1989. 7. 25. 선고 88다카25595.

59) 도재형, 「직위해제에 이은 당연퇴직의 정당성」, 64면.

1) 근무수행능력의 부족 등의 사유발생

직위해제는 직무수행능력 부족·근무성적 또는 근무태도가 불량한 근로자가 해당 업무를 수행할 경우에 업무상의 장애가 예상될 때 인정된다. 직무수행능력 등이 부족한가의 여부는 사용자가 판단할 수밖에 없으나, 직위해제처분은 임금 등에 있어서 불이익을 초래하기 때문에 어느 정도 객관성을 갖추어야 한다.

2) 징계절차가 진행 중인 경우

징계혐의로 징계절차가 진행 중인 근로자가 징계절차가 완료될 때까지 해당 업무를 계속 수행한다면, 업무의 질 저하·업무의 비효율성 등으로 조직에 악영향을 끼치게 된다. 따라서 징계절차가 진행 중인 경우에는 부득이 징계가 확정될 때까지 해당 근로자에게 잠정적으로 업무를 부여하지 않는 것이 일반적이다.

3) 형사기소 된 경우

근로자가 형사사건으로 기소되어 상당기간에 걸쳐 근로제공을 할 수 없는 경우에는 사용자의 직위해제처분은 정당하나, 구속취소로 석방된 경우에는 근로자가 상당한 기간에 걸쳐 근로제공을 할 수 없는 경우에 해당된다고 볼 수 없기 때문에 직위해제 사유에 해당되지 않는다. 따라서 근로자가 형사사건으로 기소된 경우에 모두 직위해제 사유에 해당되는 것이 아니고 당해 형사사건으로 상당기간 동안 근로를 제공할 수 없는 객관적인 사정이 있는 경우에 한하여 직위해제 사유가 된다고 해석해야 한다.[60]

4) 잉여근로자의 발생

경영상의 이유로 잉여 노동력이 발생한 경우에 직위해제의 사유로 삼을 수 있는가에 대하여 대법원은 「경영형편상 과원(過員)으로 인정된 근로자에 대하여 대기발령과 출근금지를 명할 수 있고, 출근금지기간 중 명에 의하여 출근하는 경우에는 기본급 또는 그에 준하는 임금만을 지급하도록 하는 취업규칙이 있는 경우에는 업무상 필요한 범위 안에서 이루어 진 것으로써 정당한 이유가 있는 인사대기처분이다.」라는 요지의 판례를 내놓고 있다.[61]

그리고 하급심 법원은 「회사의 인원감축 및 기구개편 과정에서 이루어진 점, 기구개편과정을 거치면서 기술직 직원들이 특허출원 등을 직접 담당함에 따라 원고가 전

60) 근로자 직무와 관련하여 형사 기소된 경우에는 근로기준법 제23조 제1항에 의한 징계사유가 해당되기 때문에 형사기소에 따른 직위해제처분보다는 징계절차가 진행 중인 것을 이유로 직위해제처분을 하는 것이 일반적이라고 할 수 있다.

61) 대법원 2007. 2. 23. 선고 2005다3991.

담할 보직이 더 이상 필요 없게 된 것으로 보이는 점을 종합하여 보면, 직위해제는 인사규정에 근거한 것으로 그 상당성과 합리성이 인정된다 할 것이고, 비록 원고가 정리해고 대상에 포함되어 있음에도 자진하여 사직서를 제출하지 않은 것이 대기발령을 하게 된 계기가 되었다 하더라도 위법하다고 볼 수 없다.」라고 판단하고 있다.[62)]

2. 직위해제에 이은 직권면직의 제한

1) 직권면직의 정당성 판단기준

직위해제 처분을 이유로 한 직권면직 처분은 사용자의 일방적인 의사표시에 의하여 근로관계를 종료시키는 법률행위에 해당되는 것이므로 직권면직처분이 정당화되기 위해서는 사회통념상 근로계약관계를 유지할 수 없을 정도의 사유가 존재하거나 직위해제기간 동안 해고사유가 확정되어야 한다.[63)]

판례요지

일단 대기발령이 인사규정 등에 의하여 정당하게 내려진 경우라도 일정한 기간이 경과한 후의 당연 퇴직처리 그 자체가 인사권 내지 징계권의 남용에 해당하지 아니하는 정당한 처분이 되기 위해서는 대기발령 당시에 이미 사회통념상 당해 근로자와의 고용관계를 계속할 수 없을 정도의 사유가 존재하였거나 대기발령 기간 중 그와 같은 해고사유가 확정되어야 한다(대법원 2007. 5. 31. 선고 2007두1460).

사회통념상 당해 근로자와의 고용관계를 계속할 수 없을 정도인지의 여부는 당해 사용자의 사업의 목적과 성격, 사업장의 여건, 당해 근로자의 지위 및 담당직무의 내용, 비위행위의 동기와 경위, 이로 인하여 기업의 위계질서가 문란하게 될 위험성 등 기업질서에 미칠 영향, 과거의 근무태도 등 여러 가지 사정을 종합적으로 검토하여 판단하여야 한다.[64)]

2) 정당한 직권면직 사례

직위해제 또는 대기발령을 받은 근로자가 그 기간 동안 능력의 향상 또는 개전의 정이 없다고 인정되는 경우에 징계위원회의 의결을 거쳐 이루어진 직권면직처분은

---

62) 서울행정법원 1999. 6. 15. 선고 98구20024.
63) 대법원 1995. 12. 5. 선고 94다43351; 대법원 2002. 8. 23. 선고 2000두9113; 대법원 2004. 10. 28. 선고 2003두6665; 대법원 2007. 5. 31. 선고 2007두1460.
64) 대법원 2003. 7. 8. 선고 2001두8018; 대법원 2006. 11. 23. 선고 2006다48069; 대법원 2007. 5. 31. 선고 2007두1460.

정당한 해고이고[65], 직위해제 처분사유의 하자는 직권면직의 사유에 승계되지 않는다고 하는 것이 판례의 태도이다.[66]

판례요지

▶ 직위해제사유가 소멸되지 않아 대기발령 또는 직위해제처분을 받은 자가 그 기간 중 능력의 향상 또는 개전의 정이 없다고 인정되는 경우에 인사규정에 따라 행하여진 직위해제처분에 이은 면직처분은 인사권 내지 징계권의 남용에 해당한다고 할 수 없다(대법원 2005. 11. 25. 선고 2003다8210).

▶ 직위해제처분이 있은 후 면직처분이 된 경우 전자에 대하여 소청심사청구 등 불복함이 없고 그 처분이 당연 무효가 아닌 이상, 그 후의 면직처분에 대한 불복의 행정소송에서 전자의 취소사유를 들어 위법을 주장할 수 없다(대법원 1970. 1. 27. 선고 68누10).

따라서 직위해제 처분사유가 정당한 경우에는 직위해제 기간 동안 능력의 향상이나 개전의 정이 없음을 이유로 한 직권면적 처분은 정당하다.

3) 부당한 직권면직 사례

직권면직은 기업의 인사규정에 의한 직위해제 사유가 소멸되지 않았음을 근거로 하는 것이므로, 직권면직 사유의 부존재로 정당성이 없는 경우의 직권면직은 무효이다.[67]

판례요지

직권면직은 그 바탕이 된 대기발령이 인사규정에 의하여 정당하게 이루어진 것일 뿐 아니라 대기발령 후 3개월 동안 그 대기발령의 사유도 소멸되지 않아야 정당한 처분으로서 효력이 인정되고, 대기발령 자체가 그 사유의 부존재로 정당성이 없는 것이라면 이로써 직권면직 역시 정당성을 결여하여 무효라고 보아야 한다(대법원 2007. 9. 21. 선고 2006다25240).

3. 직위해제 기간의 제한

1) 원 칙

노동관계법은 직위해제기간을 규제하는 명문규정을 두고 있지 않으나[68], 직위해제

65) 대법원 1995. 12. 5. 선고 94다43351; 대법원 2005. 11. 25. 선고 2003두8210.
66) 대법원 1970. 1. 27. 선고 68누10.
67) 대법원 1995. 12. 5. 선고 94다43351; 대법원 2007. 9. 21. 선고 2006다25240.
68) 다만, 국가공무원법 제73조의 3 제3항은 직위해제된 자에 대하여 3월을 초과하여 대기기간을 설정

는 일정한 사유로 인하여 업무상 장애를 예방하기 위하여 직위해제 사유가 존속하는 동안 업무를 부여하지 않고 직위해제 사유가 소멸하면 업무를 부여하는 잠정적인 인사처분 이므로 직위해제기간은 직위해제 사유의 존속기간이 된다. 직위해제기간 동안 실질적으로 신분 및 근로조건에서 직위해제자의 불이익을 동반하는 인사처분에 해당되기 때문에 인사규정·취업규칙 등에 그 기간을 규정하고 있는데, 통상적으로 3개월을 한도로 규정하고 있다.

그러나 비록 인사규정·취업규칙 등에 규정된 직위해제 기간 이내라고 하더라도 직위해제 된 근로자가 상당한 기간에 걸쳐 근로제공을 할 수 없거나 근로를 제공하는 것이 부적당하지 아니함에도 사회통념상 합리성이 없을 정도로 장기간의 직위해제처분은 정당하다고 할 수 없다.[69)]

판례요지

근로기준법 제23조 제1항에서 사용자는 근로자에 대하여 정당한 이유 없이 전직, 휴직, 기타 징벌을 하지 못한다고 제한하고 있는 취지에 비추어 볼 때, 사용자가 대기발령 근거규정에 의하여 일정한 대기발령 사유의 발생에 따라 근로자에게 대기발령을 한 것이 정당한 경우라도 당해 대기발령 규정의 설정 목적과 그 실제 기능, 대기발령 유지의 합리성 여부 및 그로 인하여 근로자가 받게 될 신분상 및 경제상의 불이익 등 구체적인 사정을 모두 참작하여 그 기간은 합리적인 범위 내에서 이루어져야 하는 것이고, 만일 대기발령을 받은 근로자가 상당한 기간에 걸쳐 근로의 제공을 할 수 없다거나, 근로제공을 함이 매우 부적당한 경우가 아닌데도 사회통념상 합리성이 없을 정도로 부당하게 장기간 동안 대기발령 조치를 유지하는 것은 특별한 사정이 없는 한 정당한 이유가 있다고 보기 어려우므로 그와 같은 조치는 무효라고 보아야 할 것이다(대법원 2007. 2. 23. 선고 2005다3991).

2) 직무수행능력의 부족 등에 따른 직위해제기간

직무수행능력의 부족 또는 근무태도의 불량 등의 사유가 있는 경우에는 해당 근로자의 직무수행능력이 향상될 때, 개전의 정이 있을 때까지 직위해제기간을 설정할 수 있다. 해당 근로자의 직무수행능력의 향상 또는 개전의 정이 있는가의 판단은 인사권자인 사용자가 결정하는 것이므로 매우 주관적인 가치판단이 개입될 수밖에 없다. 그러나 사용자가 해당 근로자의 직무수행능력이 향상되지 않았거나 개전의 정이 없

하지 못하도록 규정하고 있다.

69) 대법원 2007. 2. 23. 선고 2005다3991.

다는 주관적인 가치판단을 가지고 무한정 직위해제기간을 허용하는 것은 신의칙에 반하거나 인사권의 남용에 해당된다. 따라서 직무수행능력의 부족 등을 이유로 한 대기발령은 사회통념상 합리성이 있는 기간으로 한정되어야 하나, 일반적으로 인사규정·취업규칙 등에 정한 직위해제기간이 그 한도가 된다고 보아야 한다.[70)]

3) 징계절차 진행 중이거나 형사기소에 따른 직위해제기간

사용자는 업무상 장애를 예방하기 위한 목적으로 징계혐의가 있어 징계절차가 진행 중이거나 범법행위로 형사 기소된 근로자에 대하여 직위해제처분을 하고 업무를 부여하지 않는 것이 일반적이다. 징계절차가 진행 중인 근로자에 대한 직위해제 기간은 징계처분이 이루어질 때까지이고[71)], 형사기소 된 경우에는 해당 근로자가 업무를 담당할 수 있는 합리적인 기간이 될 것이다. 그러나 범죄혐의 내용이 직장질서 위반에 따른 징계사유와 중복되어 징계절차가 진행 중인 경우에는 징계처분일까지가 직위해제기간이 된다.

판례요지

근로자를 징계위원회에 회부하면서 징계위원회에 회부된 자가 차량을 운행할 경우 사고의 위험 등을 예방하기 위하여 징계처분이 이루어질 때까지로 기간을 한정한 대기발령은 업무수행의 합리적인 이유에 기인한 정당한 업무명령에 해당되고, 거기에 대기발령에 관한 법리오해의 위법이 없다(대법원 2006. 11. 23. 선고 2006두11644).

4) 잉여근로자 발생에 따른 직위해제 기간

경영상의 사유로 업무를 담당할 수 없는 잉여근로자가 발생한 경우에 경영합리화를 위하여 사용자가 취할 수 있는 경영선택은 근로기준법 제24조에 따른 경영해고를 실시하여 기업을 유지하는 방법과 다른 기업에게 영업을 양도하거나 합병하는 방법이 있을 수 있다. 원칙적으로 경영상의 이유로 인한 잉여근로자에 대한 직위해제기간은 직위해제처분일로부터 경영해고일 또는 영업양도일 및 합병일까지이다.

이와 관련하여 판례는「경영상의 이유에 따른 잉여근로자에 대한 직위해제는 업무상 필요한 범위 안에서 이루어진 것으로써 정당성이 있다 하더라도, 소속 기업과 다른

70) 직무수행능력의 부족 또는 근무태도의 불량 등으로 인한 직위해제기간은 장기간 설정하는 것은 사용자에게도 결코 유리한 것이 아니기 때문에 직위해제에 이은 직권면직 또는 근로기준법 제23조의 규정에 따라 해고조치를 하여야 할 것이다.

71) 대법원 2006. 11. 23. 선고 2006두11644.

기업이 영업양도계약을 체결한 후 직위해제 된 근로자와 양수회사 사이에 고용계약까지 체결한 경우에는 직위해제 사유는 소멸된 것으로 보아야 한다.」라고 판시함으로써 직위해제 기간을 영업양도 이후의 근로계약 체결, 즉 근로관계승계 일까지로 해석하고 있다.[72] 따라서 양수회사가 직위해제 된 근로자의 종전의 직위해제 조치를 그대로 유지하는 것은 특별한 사정이 없는 한 정당한 직위해제 사유로 볼 수 없다.

판례요지

회사가 경영형편상 과원(過員)을 이유로 한 인사대기처분을 한 것 자체는 업무상 필요한 범위 안에서 이루어진 것으로써 정당한 이유가 있었다고 보더라도, 그 이후 장기간에 걸쳐 인사대기처분을 그대로 유지하고 있다가 사실상 양수회사와 인사대기처분을 받은 근로자 사이에 고용관계를 그대로 승계하면서 명시적으로 고용계약까지 체결한 이상, 경영형편상 과원이라고 보기 어려우므로 대기발령 사유는 소멸되었다고 보아야 한다(대법원 2007. 2. 23. 선고 2005다3991).

4. 절차에 의한 제한

직위해제는 근로자의 직무수행 능력 부족, 징계절차가 진행 중인 경우, 형사사건으로 기소된 경우 등으로 예상되는 업무상의 장애를 예방하기 위한 잠정적인 인사처분으로써 징계의 성질과는 다르기 때문에 취업규칙 등에 특별히 규정한 것이 없으면 직위해제 처분을 함에 있어서 징계에 관한 절차를 준수하지 않아도 된다는 것이 판례의 태도이다.[73] 그러나 직위해제가 원칙적으로 인사권자인 사용자의 고유권한이기는 하지만, 직위해제의 업무상 필요성과 근로자의 생활상 불이익과의 비교 형량 등에 대한 협의 등 노사관계에서 신의칙상 요구되는 절차는 준수하여야 한다.[74]

판례요지

대기발령이 정당한 인사권의 범위 내에 속하는지의 여부는 대기발령의 업무상 필요성과 그에 따른 근로자의 생활상 불이익과의 비교형량, 근로자와의 협의 등 대기발령을 하는 과정에서 신의칙상 요구되는 절차를 거쳤는지의 여부 등에 의하여 결정되어야 한다(대법원 2000. 9. 1. 선고 99두7908).

72) 대법원 2007. 2. 23. 선고 2005다3991.
73) 대법원 1996. 10. 29. 선고 95누15926.
74) 대법원 2000. 9. 1. 선고 99두7908.

직위해제 이후 일정기간 내에 보직 또는 업무를 받지 못한 경우에는 직위해제에 이은 당연 퇴직(면직)하도록 규정한 인사규정 또는 취업규칙 등이 있는 경우에 사용자가 징계절차를 준수해야 하는가의 여부가 문제된다. 이에 대하여 법원은 직위해제의 사유가 정당한 이상 직위해제를 이유로 한 퇴직(면직)처분은 정당하고 징계절차를 별도로 지키지 않아도 무방하다는 입장을 보이고 있다.[75)]

그러나 취업규칙·단체협약 등에 직위해제와 관련하여 사전절차를 거치도록 규정하고 있는 경우에는 사용자는 직위해제처분을 함에 있어서 그 절차를 준수해야 한다. 왜냐하면, 취업규칙·단체협약 등에 규정된 인사 절차규정은 해당 근로자에게 직위해제를 당하게 된 경위를 알리도록 하여 그에 대한 불복의 기회를 보장함과 동시에 인사권자로 하여금 직위해제 사유의 여부를 신중하고 합리적으로 판단하도록 함으로써 직위해제에 관한 인사권 행사의 적정을 기하려는데 있기 때문이다.[76)] 그리고 직위해제를 이유로 한 면직처분은 실질적으로 근로기준법 제23조의 해고에 해당되는 것이므로 근로기준법과 취업규칙 등에 규정된 징계절차를 준수해야 할 것이다.[77)]

Ⅳ. 직위해제의 효과

직위해제 중인 근로자는 원칙적으로 출근의무가 있으나 일정기간 직무에 종사할 수 없고, 사용자는 직무수행능력이 부족하거나 근무성적이 극히 불량한 근로자에 대하여 일정기간 능력회복 또는 근무성적 향상을 위한 교육훈련 또는 특별연구과제의 부여 등 필요한 조치를 하고, 직위해제 사유가 소멸하면 즉시 그 직위를 부여해야 한다. 그리고 직위해제 기간에는 평상시의 정상근로를 전제로 한 임금보다 낮은 금액을 지급할 수 있다.

1. 직무수행의 정지

직위해제는 근로자에게 발생한 일정한 사유로 인하여 해당 근로자에게 직무를 수행하게 될 경우에 예상되는 업무상 장애를 예방하기 위하여 잠정적으로 직무를 수행하지 못하도록 하는데 그 목적이 있는 것이므로 직위해제처분을 받은 근로자는 직위

75) 서울행정법원 2000. 12. 15. 선고 2000구21853; 대법원 1989. 7. 25. 선고 88다카25595; 대법원 2000. 6. 23. 선고 98다54960.

76) 도재형, 「직위해제에 이은 당연퇴직의 정당성」, 65~66면; 동지 판례 대법원 1992. 7. 28. 선고 91다30729.

77) 동지 하갑래, 근로기준법(제16판), 890면.

해제 사유가 소멸되지 않는 한 직무를 수행할 수 없음은 당연하다.

2. 임금지급의 제한

직위해제처분을 받은 근로자는 회사에 출근하지 않거나 출근하더라도 직무를 수행하지 않기 때문에 정상근로를 전제한 임금수준보다 낮게 지급할 수 있음은 당연하다. 노동법상 직위해제기간 동안 임금을 규제하는 명문규정이 없기 때문에 어느 정도의 임금을 지급할 것인가는 인사규정 및 취업규칙 등에서 사용자가 자율적으로 정할 수 있다. 그러나 직위해제처분을 받은 근로자는 직무를 수행하지는 않지만 기본적으로 근로계약관계가 성립하고 있고 근로제공 이외의 의무를 수행하고 있는 점을 고려하면, 임금 전액을 지급하지 않는 것은 사회통념상 용인될 수 없는 것으로 해석해야 한다.

판례는 일관하여 직위해제는 징계에 해당되지 않기 때문에 일사부재리의 원칙과 이중처벌금지의 원칙이 적용되지 않는다고 하는 입장을 견지하고 있다.[78] 따라서 사용자가 직위해제 기간 동안 취업규칙 또는 단체협약에 정하는 바에 따라 정상근로를 전제로 한 임금수준보다 낮은 금액을 지급한 경우라도 감급의 제한을 규정한 근로기준법 제95조에 위반되지 않는다. 그러나 직위해제의 사유가 소멸되었음에도 사용자가 해당 근로자에게 직무를 부여하지 않거나 직위해제처분이 무효인 경우에는 사용자의 귀책사유로 인하여 해당 근로자가 근로를 제공하지 못한 것이므로 사용자는 계속 근로하였을 경우에 받을 수 있는 임금과 직위해제기간 동안 지급받은 임금과의 차액을 지급해야 한다.[79]

판례요지

원고에게 아무런 직무도 부여하지 않은 채 기본급 정도만을 수령하도록 하면서 장기간 대기발령 조치를 그대로 유지한 것은 특별한 사정이 없는 한 정당한 사유가 있다고 보기 어렵고, 피고 회사의 귀책사유로 인하여 자신의 근로계약상의 의무인 근로제공을 하지 못하게 된 것이라고 볼 수밖에 없으므로 계속 근로하였을 경우에 받을 수 있는 임금과 실제 지급받은 돈의 차액의 지급을 청구할 수 있다(대법원 2007. 2. 23. 선고 2005다3991).

---

78) 대법원은 이중징계를 하여 일사부재리의 원칙이나 이중처벌금지의 원칙에 위배되어 그 징계처분이 무효로 되기 위해서는 ① 선행처분과 후행처분이 모두 법적 성질상 징계처분이어야 하고, ② 선행징계처분이 취소됨이 없이 유효하게 확정되어야 하고, ③ 선행처분과 후행처분의 징계혐의사실이 동일해야 할 것을 모두 갖추어야 한다고 판시하고 있다(대법원 2000. 9. 29. 선고 99두1092). 즉, 대법원은 징계에 해당되지 않는 직위해제와 징계에 해당되는 감봉처분은 동일성이 없다는 이유로 임금저하를 수반하는 직위해제는 근로기준법 제23조 제1항의 감봉처분으로 볼 수 없고 근로기준법 제95조의 감급액의 제재규정에 위반되지 않는 것으로 해석하고 있다.

79) 대법원 2007. 2. 23. 선고 2005다3991.

판례요지

원고에게 아무런 직무도 부여하지 않은 채 기본급 정도만을 수령하도록 하면서 장기간 대기발령 조치를 그대로 유지한 것은 특별한 사정이 없는 한 정당한 사유가 있다고 보기 어렵고, 피고 회사의 귀책사유로 인하여 자신의 근로계약상의 의무인 근로제공을 하지 못하게 된 것이라고 볼 수밖에 없으므로 계속 근로하였을 경우에 받을 수 있는 임금과 실제 지급받은 돈의 차액의 지급을 청구할 수 있다(대법원 2007. 2. 23. 선고 2005다3991).

문제는 직위해제기간 동안 임금이 감액 지급되는 것이 보통인데, 직위해제기간을 평균임금의 산정기간에 포함될 수 있는가의 여부이다. 이와 관련하여 대법원은 근로기준법 시행령 제2조 제1항에 규정된 평균임금의 계산에서 제외되는 기간을 제한적 열거규정으로 해석하여 직위해제기간 중 지급받은 임금액을 평균임금 산정기간에서 제외할 수 없으므로 퇴직금 산정 시 평균임금에 대기발령 전의 시간외 근로수당을 포함시킬 수 없다는 견해를 취하고 있다.[80] 정당한 직위해제에 이은 직권면직으로 이어지게 되는 경우에 해당 근로자는 직장을 상실할 뿐만 아니라 정상적인 근로를 제공한 것보다 평균임금이 낮아지기 때문에 퇴직금 산정에서 불이익을 감수할 수밖에 없다.

판례요지

▶ 평균임금 산정의 예외를 규정한 근로기준법 시행령 제2조 제1항은 제한적 열거규정으로 볼 것인데, 근로자가 정년으로 퇴직하기 전에 대기발령을 받았다가 퇴직한 경우의 대기발령기간은 근로기준법 시행령 제2조 제1항 소정의 어느 기간에도 해당하지 않으므로 위 규정을 적용하여 그 기간의 일수와 그 기간 중에 지급받은 임금액을 평균임금 산정의 기초에서 제외할 수 없다(대법원 2003. 7. 25. 선고 2001다12669).

▶ 평균임금의 기본원리와 퇴직금제도의 취지에 비추어 통상의 생활임금을 사실대로 반영하는 방법으로 평균임금을 산정하여야 하나, 그 평균임금이 통상의 경우보다 현저하게 적거나 많다고 볼 수 없는 경우에는 원칙에 따라 대기발령 기간을 포함한 퇴직 전 3개월간의 지급된 임금을 기준으로 평균임금을 산정해야 한다(대법원 2003. 7. 25. 선고 2001다12669).

3. 후속적인 인사조치의 실행

직위해제는 기본적으로 잠정적인 인사 조치이므로 일정기간이 경과하면 당연히 후속적인 인사 조치를 실행하여야 한다. 즉, ① 직무수행능력의 부족 또는 근무성적의

80) 대법원 2003. 7. 25. 선고 2001다12669.

불량을 이유로 한 직위해제의 경우에는 그 사유가 소멸하거나 개전의 정이 있는 경우에는 원래의 직무를 부여하고 직무수행능력 등이 향상되지 않은 경우에는 직권면직 처분을 하고, 형사사건으로 기소되거나 징계절차가 진행 중임을 이유로 한 직위해제의 경우는 그 결과에 따라 적당한 징계처분을 하면 된다. 직위해제 사유가 소멸되었음에도 불구하고 사용자가 사회통념상 합리성이 없을 정도로 부당하게 장기간 직무를 부여하지 않으면, 그 직위해제처분은 무효이다.[81]

4. 출근의무 및 연구과제 등의 수행

직위해제는 본연의 업무를 수행하지는 않지만, 원칙적으로 회사에 출근하여 회사가 지시하는 교육훈련 또는 연구과제 업무를 수행해야 한다. 직위해제 기간 동안 교육훈련 또는 연구 과제를 부여하는 경우에는 해당 근로자가 업무수행능력이 현저히 부족한 경우에 부여되는 것이 보통이다. 그러나 일반 기업에서 직위해제는 특별한 경우가 아니면, 징계혐의 사실로 징계절차가 진행되는 동안 행해지고 출근하지 않는 것이 보통이므로 출근을 하거나 별도로 교육훈련 또는 연구 과제를 부여하는 경우는 매우 드물다.

직위해제처분을 받은 근로자가 사용자의 사전 동의를 받지 않고 출근하지 않고 사용자가 지시한 교육훈련 또는 연구 과제를 수행하지 않는 경우에 사용자는 직위해제와는 별도로 기업질서 유지를 목적으로 징계책임을 물을 수 있다.

V. 판례의 경향

직위해제는 근로자의 일정한 사유로 인하여 장래에 있어서 해당 근로자가 계속 직무를 담당하게 될 경우 예상되는 업무장애를 예방하기 위하여 잠정적인 보직의 해제에 해당된다는 이유로 징계로 보지 않으므로[82] 징계와는 별도로 직위해제처분이 가능한 것으로 해석하고 있는 것이 일관된 판례의 입장이다.[83] 그러나 직위해제 처분에 이은 자동면직은 사용자의 일방적 의사에 따라 근로계약관계를 종료시키는 것이므로 해고로 판단하고 있다.[84]

---

81) 대법원 2007. 2. 23. 선고 2005다3991.

82) 대법원 1996. 10. 29. 선고 95누15926; 대법원 2003. 10. 10. 선고 2003두5945; 대법원 2004. 10. 28. 선고 2003두6665; 대법원 2005. 11. 25. 선고 2003두8210; 대법원 2007. 5. 31. 선고 2007두1460.

83) 대법원 1997. 11. 25. 선고 96누13231; 대법원 2006. 11. 23. 선고 2006두11644.

84) 대법원 1995. 12. 5. 선고 94다43351; 대법원 2005. 11. 25. 선고 2003두8210; 대법원 2007. 5. 31. 선고 2007두1460; 대법원 2007. 9. 21. 2006다25240.

판례는 직위해제의 실질적인 요건으로써 ① 취업규칙에 정한 직위해제 규정의 설정 목적과 기능, 합리성 여부 및 그로 인하여 근로자가 받게 될 신분상 및 경제상의 불이익 등 구체적인 사정을 모두 참작하여 그 기간이 합리적인 범위 내에서 이루어질 것, ② 근로자가 상당한 기간에 걸쳐 근로의 제공을 할 수 없다거나 근로제공을 함이 매우 부적당할 것, ③ 사회통념상 합리성이 있는 적정한 직위해제기간일 것을 제시하고 있다.[85] 그리고 절차적 요건으로써 업무상 필요성과 그에 따른 근로자의 생활상 불이익과의 비교형량, 근로자와의 협의 등 대기발령을 하는 과정에서 신의칙상 요구되는 절차를 거칠 것을 요구하고 있다.[86]

그리고 비록 직위해제기간 동안 임금이 감액 지급된다 하더라도 직위해제기간은 평균임금 산정기간에 포함시켜 퇴직금 등을 산정하여야 하고[87], 직위해제와 감봉처분은 동일성이 없다는 이유로 임금저하를 수반하는 직위해제는 근로기준법 제23조 제1항의 감봉처분으로 볼 수 없으므로 근로기준법 제95조의 감급액의 제재규정에 위반되지 않는 것으로 판단하고 있다.[88]

Ⅵ. 문제점 및 개선방향

1. 문 제 점

판례는 「직위해제는 직무수행능력이 부족하거나 근무성적 또는 근무태도 등이 불량한 경우, 근로자에 대한 징계절차가 진행 중인 경우, 근로자가 형사사건으로 기소된 경우 등에 있어서 당해 근로자가 장래에 있어서 계속 직무를 담당하게 될 경우 예상되는 업무상의 장애 등을 예방하기 위하여 일시적으로 당해 근로자에게 직위를 부여하지 아니함으로써 직무에 종사하지 못하도록 하는 잠정적인 조치로서의 보직의 해제」를 의미하는 것이므로 징계와는 그 성질이 다르다고 전제하면서[89], 직위해제처분 사유가 정당하고 그 사유가 소멸되지 않은 경우에는 직권면직 처분은 정당한 것이고[90],

---

85) 대법원 2007. 2. 23. 선고 2005다3991.
86) 대법원 2000. 9. 1. 선고 99두7908.
87) 대법원 2003. 7. 25. 선고 2001다12669.
88) 대법원 1996. 10. 29. 선고 95누15926; 대법원 2000. 9. 29. 선고 99두1092; 대법원 2005. 11. 25. 선고 2003두8210; 대법원 2006. 8. 25. 선고 2006두5151 등.
89) 대법원 1996. 10. 29. 선고 95누15926; 대법원 2003. 10. 10. 선고 2003두5945; 대법원 2004. 10. 28. 선고 2003두6665; 대법원 2005. 11. 25. 선고 2003두8210;대법원 2007. 5. 31. 선고 2007두1460 등.
90) 대법원 1995. 12. 5. 선고 94다43351; 대법원 2005. 11. 25. 선고 2003두8210 등.

별도의 징계절차를 준수하지 않아도 무방한 것으로 판단하고 있다.91) 그리고 직위해제기간도 평균임금의 산정기간에 포함되는 것이므로 해당 근로자가 직위해제에 이은 직권면직으로 근로관계가 종료된 경우에 평균임금이 낮아지게 되어 퇴직금이 낮아지는 불합리한 결과를 초래하고 있다.

이와 같은 판례는 직위해제처분이 징계절차 중이라는 이유로 한 직위해제는 별도의 징계절차를 통하여 해당 근로자에게 소명의 기회 등을 부여하여 징계처분의 결과에 따르면 되는 것이기 때문에 근로자에게 그다지 불리하다거나 절차적 정의에 위반된다고 볼 수 없다는 점에서 일응 타당성이 인정된다. 그러나 직위해제 사유가 직무수행능력의 부족 등으로 인한 경우에도 별도의 징계절차 없이 해당 근로자의 직무수행능력이 향상되지 않았거나 개전의 정이 없다는 이유로 곧바로 직권면직의 유효를 인정하고 있는 것은 사용자에게 과도한 해고권을 부여한 것으로써 근로자의 생존권을 제한하는 것으로 평가할 수 있다. 그리고 직무수행능력의 향상이나 개전의 정이 있는가의 여부는 객관적으로 결정되는 것이 아니라 인사권자인 사용자의 주관적인 가치판단에 의하여 좌우되는 성격이 강하기 때문에 사용자의 주관적인 의사에 따라 해당 근로자가 직권면직되어 직장을 상실하는 위험을 초래한다.

그리고 판례는 경영상의 이유로 잉여인원이 있는 경우에도 직위해제 사유로 인정하고 있는데92), 이는 사용자가 경영해고의 요건을 거쳐 잉여인원을 감원하기 보다는 직위해제에 따른 직권면직을 선택할 가능성이 있기 때문에 실질적으로 근로기준법 제24조에 규정된 경영해고제한을 무색케 할 우려가 있다.

결국, 근무수행능력의 부족 등을 이유로 한 직위해제는 근로기준법상의 엄격한 해고제한 규정을 회피하기 위한 수단으로 악용될 소지가 있을 뿐만 아니라93) 직위해제를 이유로 장기간의 대기발령은 잠정적인 인사처분이라고 하는 직위해제의 본질과도 부합되지 않는다.94)

2. 개선방향

판례는 직위해제의 사유를 매우 포괄적으로 인정하면서도 직위해제 사유의 유형을 구분하지 않고 직위해제 사유가 정당하고 직위해제 사유가 소멸되지 않았다는 것을

91) 대법원 1996. 10. 29. 선고 95누15926.

92) 대법원 2007. 2. 23. 선고 2005다3991.

93) 직무수행능력의 부족 또는 경영상 이유로 감원계획의 일환으로 대기발령은 받은 자는 사용자의 사직강요로 받아들여 사직하는 경우가 많다.

94) 김철영, 「대기발령의 정당성의 한계」, 50면.

근거로 직위해제에 따른 직권면직을 정당한 것으로 판단하는 것은 실질적으로 객관적인 사유와 절차를 거칠 필요 없이 사용자의 주관적인 의사에 따라 해당 근로자와의 근로계약관계를 해지하는 것과 다름이 없다. 따라서 징계절차가 진행 중인 사유가 아닌 그 외의 사유로 인한 직위해제에 따른 직권면직이 정당화하기 위해서는 근로기준법과 인사규정 및 취업규칙 또는 단체협약에 정한 징계절차 규정을 준수하도록 하는 입법적 개선과 판례가 형성되어야 한다. 왜냐하면, 직위해제 처분에 따른 직권면직은 실질적으로 근로기준법 제23조의 해고에 해당되는 것이므로 사용자가 해고에 관한 절차를 준수해야 함은 당연하기 때문이다.

그리고 판례가 경영상 이유로 한 잉여인원에 대해서도 직위해제 사유를 인정하고 있는 것은 사용자로 하여금 근로기준법 제24조에 의한 경영해고 절차를 준수하여 잉여인원을 감원하기 보다는 요건이 완화된 직위해제에 따른 직권면직을 선호할 가능성이 있으므로 근로자의 보호차원에서 근로기준법 제24조의 경영해고의 법리에 따라 해결하는 것이 타당하다고 생각한다. 왜냐하면, 근로자의 귀책사유가 아닌 사용자의 경영상 이유로 한 근로자의 감원 등은 경영해고의 법리에 따라 해결하는 것이 근로기준법의 입법체계와 부합하는 것이고, 만약 경영해고 사유에 해당됨에도 직위해제에 따른 직권면직으로 근로계약관계의 해지를 인정하게 되면 근로기준법상의 경영해고의 제한규정은 사문화될 가능성이 있을 뿐만 아니라 해당 근로자가 직위해제기간 동안 임금 등에서 불이익을 받게 되기 때문이다. 그리고 비록 경영상 이유로 인한 잉여인원을 직위해제 사유로 인정하더라도 근로자의 귀책사유가 없는 것이므로 직위해제기간 동안은 근로기준법 제46조를 준용하여 평균임금의 70%를 지급하도록 하는 것이 타당하다.

결국, 사용자가 근로기준법에 규정된 엄격한 해고의 기준을 회피하기 위한 수단으로 직위해제를 통한 직권면직을 악용할 소지가 충분히 있기 때문에 이를 예방할 수 있는 입법적 개선이 필요하다. 즉, 직무수행 능력의 부족 또는 근무태도의 불량, 조직개편 등으로 발생한 잉여인원을 이유로 한 직위해제는 일정한 합리적인 기간이 경과하였음에도 사용자가 직무를 부여하지 않는 경우에는 이에 대한 사유를 사용자가 입증하지 못하는 한 업무상 필요성이 있는 잠정적인 인사조치가 아닌 것으로 간주하도록 하는 입법적 개선이나 판례가 형성되어야 할 것이다.[95)]

또한 직위해제 기간 동안은 평상시보다 임금수준이 낮을 뿐만 아니라 평균임금의 산정에 포함되기 때문에 평균임금이 낮아지게 되어 해당 근로자가 이중의 불이익을

95) 김철영, 「대기발령의 정당성의 한계」, 50~51면.

받게 되므로 근로기준법 시행령 제2조 제1항에 직위해제 기간은 평균임금의 산정기간에 제외하도록 하는 입법적 조치가 있어야 한다.

제5절 징 계

I. 의 의

징계란 통상적으로 경영 질서를 유지하기 위하여 직장규율 질서를 위반한 근로자에 대한 제재벌로써 근로관계상 사용자의 불이익한 인사처분을 의미한다.[96] 사용자는 당연히 기업질서 유지권을 갖게 되고 근로자는 회사의 경영 질서를 준수할 의무가 있다. 경영목적의 달성을 목표로 하는 조직체로서의 기업은 사업의 존립과 사업을 원만하게 수행하기 위한 수단으로 근로자에 대한 징계는 필요불가결하다. 회사는 이러한 경영권에 기하여 기업질서를 유지하기 위하여 취업규칙 제정권·업무상 지시 및 명령권·경영 질서위반에 대한 조사권 등의 권한을 행사할 수 있고, 근로자가 기업질서를 위반한 경우에 그에 따른 제재로서 징계권을 행사할 수 있다.

그러나 국민의 생존권과 근로권의 보장을 지향하는 사회복지국가적 헌법질서 아래에서는 사용자의 일방적인 징계를 제한하는 노동보호법적 규제가 불가피하게 요청된다.[97] 근로기준법은 사용자의 징계권 남용을 방지하기 위한 장치로서 10인 이상의 근로자를 사용하는 사업 또는 사업장에서 징계처분을 규정할 경우 취업규칙에 그 제재에 관한 사항을 기재하도록 의무화하고(§9311호), 사용자는 근로자에게 정당한 이유 없이 해고·휴직·정직·감봉·그 밖의 징벌을 하지 못하도록 하고(§23·①), 감봉의 제재한도를 규제하고 있다(§95). 근로기준법은 징계요건을 구체적으로 규정하지 않고 있기 때문에 징계요건은 취업규칙에 정하는 것이 일반적인데, 취업규칙에 정한 징계요건을 충족한 경우라도 근로기준법 제23조의 정당한 이유가 없거나 신의칙 위반 또는 권리남용에 해당되는 경우에는 그 징계처분은 정당성이 상실된다.

Ⅱ. 법적 근거

징계권의 법적 근거가 무엇인가에 관해서는 ① 사용자의 고유한 권리로 보는 고유

96) 菅野和夫(이정 역). 일본노동법(초판), 381면.
97) 권혁재, '판례를 통하여 본 해고사유', 근로관계소송상의 제 문제(상), 재판자료 제39집, 법원행정처, 1987, 265면.

권설(인사·경영권설), ② 노사간의 집단적 합의에서 징계권을 도출하는 공동규범설, ③ 취업규칙에서 징계권을 도출하는 법규범설 등이 있다.

1. 학 설

1) 고유권설

단체협약 또는 취업규칙에 징계근거 규정이 없더라도 사용자의 기업질서 유지를 위한 인사경영권으로부터 당연히 징계권이 도출된다는 견해이다. 이 견해는 취업규칙 또는 단체협약에 징계근거 규정이 없더라도 사용자는 인사·경영권에 근거하여 징계할 수 있고, 취업규칙 등에 규정한 징계사유나 징계수단의 열거는 예시적인 의미로 해석해야 한다고 한다.[98]

2) 공동규범설

기업공동 질서를 유지하기 위한 징계는 사용자가 전단(專斷)적으로 제정·운영되어서는 안 되고, 단체협약과 같은 노사의 공동규범에 의하여 징계사유와 징계방법, 징계의 집행주체와 징계절차 등이 명확히 규정되어 있어야만 징계권을 행사할 수 있다고 하는 견해이다.[99] 이 견해는 사용자가 취업규칙 또는 경영권에 근거하여 행한 징계는 무효라고 한다.

3) 법규범설

노사관계를 지배하는 법규범인 취업규칙을 근거로 근로기준법에 규정된 소정의 징계요건을 갖춘 경우에 사용자는 징계권을 가진다고 하는 견해로서 다수설이다. 이 견해에 의하면 사용자는 징계사유와 수단을 취업규칙에 규정하여야만 징계할 수 있고, 취업규칙에 규정하지 않은 사유와 수단으로 징계할 수 없다고 한다.[100]

2. 판 례

대법원은 「징계권은 기업운영 또는 근로계약의 본질상 당연히 사용자에게 인정되는 권한으로써 기업질서를 확립하고 유지하는데 필요하고 합리적인 것으로 인정되는

98) 임종률, 노동법(제6판), 505면.
99) 김형배, 노동법(신판제4판), 640면.
100) 이 견해에 대하여는 김유성, 노동법 I (초판), 261면; 임종률, 노동법(제6판), 506면; 박홍규, 고용법·근로조건법(제2판), 302면; 菅野和夫(이정 역). 일본노동법(초판), 383면.

한 기업질서 위반행위에 대하여 근로기준법 등 관계법령에 반하지 않는 범위 내에서 그 위반행위에 대한 규율을 취업규칙으로 정할 수 있다.」라고 판시함으로써 징계권의 근거를 사용자의 고유권설에 두고, 징계의 정당성 근거는 법규범설에 두고 있다.[101] 즉, 징계권은 기업질서를 확립·유지하기 위한 사용자의 고유권한이나, 그 징계권의 정당성은 관계법령에 위반되지 않는 범위 내에서 취업규칙에 정한 징계규정에 근거를 두고 있다.

판례요지

"기업질서는 기업의 존립과 사업의 원활한 운영을 위하여 필요 불가결한 것이므로 사용자는 이러한 기업질서를 확립하고 유지하는 데 필요하고도 합리적인 것으로 인정되는 한 근로자의 기업질서 위반행위에 대하여 근로기준법 등의 관련 법령에 반하지 않는 범위 내에서 이를 규율하는 취업규칙을 제정할 수 있고, 단체협약에서 규율하고 있는 기업질서위반행위 외의 근로자의 기업질서에 관련된 비위행위에 대하여 이를 취업규칙에서 해고 등의 징계사유로 규정하는 것은 원래 사용자의 권한에 속하는 것이므로 단체협약에서 해고에 관하여는 단체협약에 의하여야 하고 취업규칙에 의하여 해고할 수 없다." 는 취지로 규정하거나 "단체협약에 정한 사유 외의 사유로는 근로자를 해고할 수 없다." 고 규정하는 등 근로자를 해고함에 있어서 해고사유 및 해고절차를 단체협약에 의하도록 명시적으로 규정하고 있거나 동일한 징계사유나 징계절차에 관하여 단체협약상의 규정과 취업규칙 등의 규정이 상호 저촉되는 경우가 아닌 한 사용자는 취업규칙에서 단체협약 소정의 해고사유와는 관련이 없는 새로운 해고사유를 정할 수 있고, 그 해고사유에 터잡아 근로자를 해고할 수 있으며, 비록 단체협약에서 해고사유와 해고 이외의 징계사유를 나누어 구체적으로 열거하고 있다 하더라도 취업규칙에서 이와 다른 사유를 해고사유로 규정하는 것이 단체협약에 반하는 것이라고 할 수 없다(대법원 1999. 3. 26. 선고 98두4672).

3. 평 가

사용자는 기업을 유지·발전시키기 위해서 직장질서를 정립·유지할 권한을 당연히 가지고 있는 것이고, 근로자는 근로계약의 성질·내용상 당연히 직장질서를 준수할 의무가 있으므로 사용자는 직장질서를 위반한 근로자에 대하여 징계권을 행사할 수 있음은 당연하다. 그렇다고 하더라도 사용자가 그 고유권한으로 직장질서를 위반한 근로자에 대하여 제한 없이 징계권을 행사하는 것을 인정하게 되면 징계권의 범위가

101) 대법원 1994. 6. 14. 선고 93다26151; 대법원 1994. 9. 30. 선고 94다21337; 대법원 1999. 3. 26. 선고 98두4672; 대법원 2000. 9. 29. 99두10902 등.

지나치게 확대되어 근로자 보호라는 노동법의 이념에 반한다. 그리고 공동규범설은 단체협약에 징계규정을 두지 않은 경우에는 비록 근로자의 직장질서 위반행위가 있더라도 징계를 할 수 없기 때문에 징계권의 범위가 지나치게 축소되어 합리적인 기업질서의 확립·유지의 필요성을 충족시키지 못하고 있다는 비판을 면할 수 없다.[102)]

징계는 직장질서를 위반한 근로자에 대하여 사용자가 근로계약상 행할 수 있는 일반해고, 손해배상청구, 승격의 제한과 같은 보통의 수단과는 별개의 특별한 제재벌이므로 징계를 하기 위해서는 특별한 근거가 필요하다. 즉, 제재에 관한 사항을 취업규칙의 필수적 기재사항으로 규정한 근로기준법 제93조의 입법취지를 고려하면, 사용자가 특별한 제재로서의 징계를 하기 위해서는 죄형법정주의에 준하는 징계사유와 수단을 취업규칙에 미리 규정해야 한다고 본다.[103)]

요컨대, 징계의 사유와 수단을 취업규칙 또는 단체협약에 미리 규정하고 있어야만 사용자는 직장질서를 위반한 근로자를 징계할 권한이 있다고 보아야 하므로 법규범설이 타당하다.

Ⅲ. 징계의 종류

1. 견책(경고)

견책(경고)은 장래 기업질서 위반의 행위가 발생하지 않도록 주의를 주거나 시말서를 받는 형식으로 이루어지는 징계로써 가장 약한 징계에 해당된다.[104)] 견책(경고)은 근로자에게 직접적인 불이익이 발생하지는 않으나, 반사적으로 승진·인사고과에서 불리하게 작용한다.[105)]

문제는 견책처분을 받은 근로자가 시말서를 제출하지 않은 경우에 사용자가 이를 징계사유로 삼을 수 있는가의 여부이다. 시말서 제출거부를 인사고과에 반영할 수 있음은 별론으로 하고 사용자가 인격까지 지배하는 것은 아니므로 시말서의 제출 여부는 근로자의 의사에 맡기는 것이 합리적이다. 따라서 시말서의 제출 거부를 별도의 징계사유로 할 수는 없다고 보아야 한다.[106)]

---

102) 김유성, 노동법 I (초판), 261면.

103) 동지 임종률, 노동법(제6판), 506면; 김유성, 노동법 I (초판), 261면.

104) 견책은 통상적으로 시말서를 제출하게 하고 장래에 대하여 징계하는 것을 말하고, 경고는 장래에 대하여 징계할 뿐 시말서의 제출을 요구하지 않는 것이므로 엄격하게 해석하면 견책과 경고는 구별된다.

105) 김유성, 노동법 I (초판), 265면; 김형배, 노동법(신판제4판), 640~641면.

106) 그러나 판례는 취업규칙 등에 징계처분을 당한 근로자가 시말서를 제출하도록 규정되어있는 경우

2. 감급(감봉)

감급(감봉)은 근무태만이나 직장규율위반에 대한 제재로써 근로자가 실제로 제공한 근로에 대한 임금액에서 일정액을 공제하는 징계처분을 말한다. 임금은 근로자의 생계를 유지하는데 있어 가장 중요한 재정적 기반이 되는 것이기 때문에 근로기준법 제95조는「취업규칙에서 근로자에 대하여 감급(減給)의 제재를 정할 경우에 그 감액은 1회의 금액이 평균임금의 1일분의 2분의 1을, 총액이 1임금지급기의 임금 총액의 10분의 1을 초과하지 못한다.」라고 규정함으로써 감급액의 한도를 규제하고 있다. 따라서 사용자는 1회의 징계혐의로 감봉징계처분을 하는 때에는 평균임금 1일분의 1/2를 초과할 수 없고, 수차례 걸쳐 감봉징계처분을 하는 때에도 1임금지급시기에 있어서 임금총액의 1/10을 최고 한도로 하는 감봉처분만 가능하다.[107]

여기서「임금총액」이라 함은 당해 임금지급기에 제재가 없었다면 실제로 지급되어야 할 임금액을 의미하는 것이므로 당해 임금지급기에 결근 또는 조퇴 등으로 임금이 삭감된 경우에는 삭감된 임금을 기준으로 산정한 임금총액의 1/10이 감봉액의 최고한도가 된다.[108] 그런데 근로자의 귀책사유로 인한 징계처분 등의 부수적 결과에 따라 임금이 삭감된 경우에 감급액의 제재한도를 규정한 근로기준법 제95조에 위반되는가의 여부가 문제된다.

첫째, 출근정지·휴직·정직 등의 징계처분으로 인한 임금수준의 저하는 해당 근로자가 징계의 결과 근로를 제공하지 못한 것에 기인한 것이므로 감급액의 제재한도를 초과하더라도 근로기준법 제95조의 위반으로 볼 수 없다.[109]

둘째, 징계처분의 수단으로서 정기승급에 있어서 불이익을 주는 승급정지는 이미 발생한 임금의 삭감이 아니라 같은 직무를 계속 담당하면서 같은 임금을 받게 되는 것이므로 근로기준법 제95조의 감급의 제재규정을 위반한 것으로 볼 수 없다.[110]

셋째, 직급·직위·호봉 등을 강등시키는 징계처분의 경우는 종전의 직무를 계속 맡

시말서의 제출거부는 그 자체가 사용자의 업무상 정당한 명령을 거부한 것으로써 징계사유에 해당되는 것으로 판단하고 있다(대법원 1991. 12. 24. 선고 90다12991; 대법원 1995. 3. 3. 선고 9누11767).

107) 예컨대, 1일 평균임금이 30,000원이고 월 임금액이 1,000,000원인 경우 1개의 징계혐의로 인한 감급액은 평균임금 30,000원의 반액인 15,000원을 초과할 수 없고, 여러 건의 징계혐의로 수차례에 걸쳐 감급한 경우는 월 임금 1,000,000원의 10%인 100,000원을 초과할 수 없다. 그리고 1개의 징계혐의로 3개월 동안 감급한 경우에도 감급 1회의 액이 1일 평균임금의 반액인 15,000원을 기준으로 3개월 동안 45,000원을 초과할 수 없다.

108) 민변, 변호사가 풀어주는 노동법 I, 504면.

109) 1983. 12. 30. 근기1451-3247.

110) 1966. 7. 14. 노정근 1455.

고 있는지의 여부에 따라 근로기준법 제95조의 위반 여부를 판단하여야 한다. 즉, 종전 업무를 계속 유지하면서 임금만을 삭감하는 취지의 징계처분인 경우는 근로기준법 제95조의 위반이 되나, 직무를 변경하는 취지의 징계처분인 경우는 임금수준의 저하는 직무변경에 수반하는 결과에 의한 것이므로 근로기준법 제95조의 위반이라고 볼 수 없다.[111)]

넷째, 직위해제로 인한 임금저하가 근로기준법 제95조의 위반 또는 일사부재리의 원칙에 위반되는가의 여부가 문제된다. 이에 대하여 대법원은 「예상되는 업무상의 장애 등을 예방하기 위하여 일시적으로 당해 근로자에게 직위를 부여하지 아니함으로써 직무에 종사하지 못하도록 하는 잠정적인 조치로서의 보직 해제를 의미하므로 과거의 근로자의 비위행위에 대하여 기업질서 유지를 목적으로 행하여지는 징벌적 제재로서의 징계와는 그 성질이 다르다.」라고 함으로써 근로기준법 제95조의 위반 또는 일사부재리의 원칙에 반하지 않는다고 판단하고 있다.[112)]

3. 정직(출근정지)

정직(출근정지)은 일정기간 동안 출근을 금지하여 근로제공을 하지 못하게 하는 징계처분이다. 정직(출근정지)은 근로자가 근로를 제공하지 않는다는 점에서 근로제공을 전제로 하는 임금을 감액하는 감급(감봉)과 구별된다. 정직(출근정지)은 취업규칙·단체협약 등에 임금지급 규정을 둔 경우를 제외하고는 근로자가 근로를 제공하지 않기 때문에 사용자는 그 기간 동안 임금을 지급할 의무가 없으나, 근로자의 신분은 유지되므로 근속기간에는 포함된다.

4. 강등 및 강호

강등(降等)이란 직급이나 직위를 강등시키는 징계를 말하고, 강호(降號)란 호봉을 낮추는 징계를 말한다. 근로자가 강등의 징계처분을 받은 경우에 근로기준법 제95조의 감급액의 제재한도 규정이 적용되는가의 여부는 종전의 직무를 그대로 맡고 있는지의 여부에 따라 판단된다. 즉, 강등처분을 받은 근로자가 종전의 업무를 계속 유지하면서 임금만을 삭감하는 취지라면 근로기준법 제95조가 적용되나, 직무를 바꾸는 취지라면 임금삭감은 직무변경에 수반되는 결과이기 때문에 근로기준법 제95조가 적용

111) 1966. 7. 14. 노정근 1455; 1993. 3. 26. 근기 01254-467.

112) 대법원 1996. 10. 29. 선고 95누15926; 대법원 2005. 11. 25. 2003두8210; 대법원 2006. 8. 25. 선고 2006두5151 등.

되지 않는다. 다만, 직무변경이 책임과 의무 등에 있어서 종전 직무와 동일가치노동이라면 감급의 제재규정이 적용된다.[113] 그리고 강호의 결과 삭감되는 임금은 근로기준법 제95조의 감급의 재재한도를 초과할 수 없다.

5. 징계해고

징계해고는 근로자의 기업질서 위반행위가 사회통념상 근로관계를 유지할 수 없을 정도로 근로자의 책임 있는 사유에 해당하는 경우 사용자의 일방적인 의사표시로 근로관계를 종료시키는 징계처분으로써 가장 중한 징계에 해당된다. 제4장 해고권과 근로자보호편에서 별도로 구체적으로 다루기로 한다.

Ⅳ. 징계권의 제한법리

1. 징계권 제한의 필요성

징계권은 기업의 질서를 유지하기 위한 필요불가결한 수단이지만, 근로자의 생존권을 침해하지 않는 범위에서 사용자에게 인정된 권리이다. 따라서 징계권은 ① 기업의 질서를 유지하기 위한 합리적인 목적범위에서 행사되어야 하고, ② 원칙적으로 취업규칙 등에 정한 징계사유의 범위 안에서 이루어져야 하고, ③ 취업규칙 등에 정한 권한 있는 징계기관에 의해 행사되어야 하고, ④ 일반적인 법 해석의 원칙에 따라 징계권이 행사된 경우에 한하여 그 정당성이 인정된다.

기업은 인적·물적 조직의 유기적 결합체로서 사업목적을 달성하기 위해서는 근로자들에게 일률적으로 적용할 수 있는 규율질서를 확립하고, 근로자가 이를 위반한 경우에는 징계를 할 필요성이 있다. 그러나 징계를 당하는 근로자의 입장에서 보면, 신분 또는 근로조건 등에서 불이익을 초래하는 것이기 때문에 규율질서 위반 정도와 균형을 잃은 사용자의 징계권 행사에 대해서는 제한할 필요성이 있다. 징계는 경영규율질서를 위반한 근로자에 대한 사용자의 질서벌이라는 점에서 일종의 권력적 작용에 해당된다. 따라서 사용자가 정당한 징계권을 행사하기 위해서는 그 법적 근거가 있어야 하고 근로기준법과 취업규칙 등에 정한 징계사유와 징계절차를 따라야 한다.[114]

---

113) 하갑래, 근로기준법(제16판), 896~897면.

114) 대부분의 징계에 관한 정당성에 관한 이론은 해고를 중심으로 구성되어 있는 관계로 여기서는 징계의 정당한 요건으로서 징계사유, 징계절차, 징계수단에 대한 개괄적인 내용만 살펴보고 이에 대한 상세는 제4편 해고 편에서 다루기로 한다.

근로기준법 제23조 제1항에 규정된 "징계의 정당한 사유"는 신의칙이나 공서양속, 형평성(비례)의 원칙, 권리남용 금지의 원칙 등을 내포하고 있는 것이다. 따라서 취업규칙·단체협약 등에 징계사유와 징계절차를 규정하고 있다하더라도 당연히 그에 따른 징계처분이 정당한 것이 아니고 위의 원칙에 위반되는 경우에는 그 정당성이 상실된다. 일반원칙에 의한 징계권의 제한법리는 징계권남용 금지의 원칙, 형평성의 원칙, 상당성의 원칙 및 과잉징계금지의 원칙, 이중처벌의 금지원칙 등이 논의되고 있다.

2. 목적에 의한 제한법리

사용자는 기업의 원활한 존립과 운영에 필요불가결한 기업질서를 유지하기 위한 목적으로 징계권을 행사하여야 한다. 징계목적의 정당성 여부는 사업목적과 성격, 사업장의 여건, 당해 근로자의 지위 및 담당직무의 내용, 비위행위의 동기와 경위, 위계질서의 문란 위험성 등 기업질서에 미칠 영향 및 과거의 근무태도 등 여러 가지 사정을 종합적으로 고려하여 판단한다.[115] 따라서 기업의 질서유지와 관계없는 근로자의 사생활이나 정당한 노동조합활동 및 정치활동을 한 것을 이유로 징계할 수 없다.[116]

판례요지

해고처분은 사회통념상 고용관계를 지속할 수 없을 정도로 근로자에게 책임 있는 사유가 있는 경우에 행하여져야 그 정당성이 인정되는 것이고, 사회통념상 당해 근로자와의 고용관계를 계속할 수 없을 정도인지의 여부는 당해 사용자의 사업의 목적과 성격, 사업장의 여건, 당해 근로자의 지위 및 담당직무의 내용, 비위행위의 동기와 경위, 이로 인하여 기업의 위계질서가 문란하게 될 위험성 등 기업질서에 미칠 영향, 과거의 근무태도 등 여러 가지 사정을 종합적으로 검토하여 판단하여야 한다(대법원 2002. 5. 28. 선고 2001두10455).

3. 절차에 의한 제한법리

1) 원 칙

근로기준법은 해고 이외의 징계에 대해서는 그 절차를 규정한 것이 없기 때문에 해고 이외의 징계처분 절차는 취업규칙 또는 단체협약에 정한 바에 따르는 것이 일반적이다.

---

115) 대법원 1998. 11. 10. 선고 97누18189; 대법원 1999. 9. 3. 선고 97누2528·2535; 대법원 2002. 5. 28. 선고 2001두10455; 대법원 2003. 7. 8. 선고 2001두8018 등.

116) 대법원 1994. 12. 13. 선고 93누23275.

취업규칙 등에 정한 징계절차를 위반한 경우에는 그 정당한 징계사유 여부와 관계없이 원칙적으로 그 징계처분은 무효로 해석해야 한다. 왜냐하면, 취업규칙 등에 징계처분절차를 규정한 이유는 징계대상자에게 소명의 기회 또는 이의절차 등을 통하여 징계대상자의 의견을 충분히 청취하여 신중한 징계처분을 하기 위한 것이므로 그 징계절차를 준수하지 못할 특별한 사정이 없는 한 사용자는 이를 준수할 의무가 있기 때문이다. 그리고 취업규칙 등에 징계절차를 규정한 것이 없더라도 사회통념상 공정한 징계절차에 필요한 사항은 피징계자에게 반드시 보장해야 한다.

판례요지

사용자가 인사처분을 함에 있어 노동조합의 사전 동의를 얻어야 한다거나 노동조합의 승낙을 얻거나 노동조합과 인사처분에 관한 논의를 하여 의견의 합치를 보아 인사처분을 하도록 규정된 경우에는 그 절차를 거치지 아니한 인사처분은 원칙적으로 무효이다 (대법원 1993. 9. 28. 선고 91다30620).

그러나 취업규칙 등에 징계절차가 규정되어 있지 아니한 경우에는 사용자가 징계절차를 거치지 않았다 하더라도 징계처분이 당연 무효로 되는 것이 아니고, 징계제한절차를 준수하지 못할 특별한 사정이 있는 때에는 사용자가 그 절차규정을 위반하여 징계처분을 하였더라도 그 징계처분이 유효로 되는 경우가 있다.

2) 예 외

(1) 징계제한 절차 규정이 없는 경우

징계처분을 함에 있어서 취업규칙 등 징계혐의사실의 고지나 변명의 기회부여 등 징계절차를 규정하지 않은 경우에는 징계사유만 정당하다면 별도의 징계절차를 밟지 않고 징계처분을 하여도 무방하다고 하는 것이 일관된 판례의 입장이다.[117] 더욱이 판례는 취업규칙에 소명기회부여 규정이 없는 경우에는 소명기회를 부여하지 않아도 무방한 것으로 해석하고 있다.[118] 그러나 취업규칙에 징계절차규정이 없다는 이유만

117) 대법원 1993. 7. 13. 선고 92다42774; 대법원 1994. 9. 30. 선고 93다26496; 대법원 1995. 7. 14. 선고 95누11491; 대법원 1998. 11. 27. 선고 97누14132 등.

118) 대법원 1993. 7. 13. 선고 92다42247. 근로자에게 불이익한 징계처분을 할 때에는 변명할 기회를 부여하는 것은 당연히 요구되는 절차적 정의라고 할 수 있다. 따라서 취업규칙 등에 명문의 규정이 없더라도 징계혐의자에게 최소한의 소명기회를 부여하지 않은 징계는 무효로 보는 것이 타당하다. 그리고 사용자의 주도하에 이루어지는 고용종료에 관한 ILO 제158호 협약 제7조도 「근로자의 고용은 근로자의 행위 또는 근무태도와 관련하여 당해 근로자가 자신에게 불리한 혐의에 대한

으로 부당한 징계를 방치하는 것은 근로자를 보호하기 위한 기본정신에 반하는 것이므로 최소한 사회통념상 요구되는 소명기회는 부여해야 한다고 본다.[119)]

(2) 단순·경미한 징계절차를 위반한 경우

법원은 취업규칙 등에 규정된 단순한 징계절차규정을 위반한 경우라도 징계사유가 정당한 한 그 징계처분은 유효한 것으로 판단하고 있다. 즉, 판례는 ① 인사위원회를 개최함에 있어서 당연직 위원인 사무국장이 징계대상자로 된 경우에 징계대상자가 징계위원으로 참여하는 것은 오히려 위 징계처분을 함에 있어서 인사위원회의 결의를 거치도록 한 취지에 반하고 공정한 징계권의 행사를 위하여 바람직스럽지 않다는 이유로 당연직 위원인 징계대상자를 제외하고 다른 이사 1인을 인사위원으로 위촉하여 징계의결을 한 경우[120)], ② 단체협약과 징계규정에 정한 징계위원의 구성과 의결방법이 다르게 규정되어 있는 경우에 징계규정은 단체협약을 보충하는 의미가 있으므로 단체협약에 정한 징계의결에 따라 징계대상자를 징계할 수 없는 특별한 사유로 인하여 부득이 사용자가 징계규정에 정한 징계의결 방식에 따라 징계의결한 경우[121)], ③ 사용자가 징계대상자에게 소명의 기회를 주었음에도 소명하지 않아 의견개진 없이 징계위원회를 개최한 경우[122)], ④ 징계과정에 절차위반의 하자가 있더라도 재심과정에서 보완되거나 치유된 경우[123)] 등에 있어서의 징계처분은 정당한 것으로 판단하고 있다.

(3) 징계동의(합의)권을 남용한 경우

징계처분의 공정과 신중을 기하기 위하여 단체협약에 노동조합과 협의 또는 동의(합의)를 얻도록 징계처분의 절차를 엄격하게 규정하고 있는 경우가 있다. 인사권은 강행 규범에 저촉되지 않는 한 원칙적으로 사용자의 권한이라도 단체협약을 통하여 그 권한을 제한할 수 있는 것이므로 노동조합의 동의(합의) 절차를 거치지 않은 징계처분은 무효이다.[124)] 그러나 사용자가 근로자의 징계처분에 대하여 노동조합의 동의

변호의 기회를 갖기 이전에는 고용은 종료될 수 없다」라고 규정하고 있음을 볼 때 대법원 판례는 변경되어야 한다(민변, 변호사가 풀어주는 노동법 I (개정3판), 170면).

119) 이병태, 최신노동법(제8전정판), 984면.

120) 대법원 1997. 12. 12. 선고 97누3637.

121) 대법원 1993. 7. 16. 선고 92누16508.

122) 대법원 1993. 9. 28. 선고 91다30620; 대법원 2007.12.27. 선고 2007다51758.

123) 대법원 1999. 3. 26. 선고 98두4672; 대법원 2005. 11. 25. 선고 2003두8210.

124) 대법원 1992. 9. 25. 선고 92다18542; 대법원 1993. 8. 24. 선고 92다34926; 대법원 1993. 9.28. 선고 91다30620 등.

또는 합의를 얻으려고 최선의 노력을 다하였음에도 노동조합이 명백하게 징계사유에 해당됨에도 합리적인 이유도 없이 해당 근로자의 징계에 협의 또는 동의하지 않는 것은 권리남용에 해당되어 노동조합과 협의 또는 동의를 얻지 않고 해당 근로자를 징계할 수 있다.125)

판례요지

인사합의조항은 어디까지나 인사권을 노동조합과의 합의를 거쳐 행사하도록 제한한 것일 뿐 사용자의 인사권을 근본적으로 부정하는 것이 아닌 이상, 노동조합 측에 중대한 배신행위로 인하여 절차의 흠결이 초래되거나 피징계자가 사용자인 회사에 대하여 중대한 위법행위를 하여 직접적으로 막대한 손해를 입히고 비위사실이 징계사유에 해당함이 객관적으로 명백하며 회사가 노동조합 측과 사전 합의를 위하여 성실하고 진지한 노력을 다하였음에도 불구하고 노동조합측이 합리적 근거나 이유제시도 없이 무작정 징계에 반대함으로써 사전 합의에 이르지 못하였다고 인정되는 경우에는 노동조합 측이 합의거부권을 남용한 것이 되어 사용자가 이러한 합의 없이 한 해고도 유효하다(대법원 1993. 7. 13. 선고 92다50263).

그러나 해고협의조항에 대하여 판례는 동의 또는 합의조항과는 달리 해고협의조항은 인사의 공정을 기하기 위하여 필요한 노동조합의 의견을 제시할 기회를 부여하고 노동조합으로부터 제시된 의견을 참고자료로 활용하는 의미로 해석하여 노동조합의 사전협의절차를 거치지 않은 징계해고라도 곧바로 해고의 정당성이 상실되지 않는다는 입장을 견지하고 있다.126)

(4) 징계위원회의 구성을 변경할 만한 특별한 사정이 있는 경우

단체협약 등에 징계위원회의 구성요건을 갖추지 않고 징계의결한 징계처분은 중대한 절차상 하자에 해당되기 때문에 그 징계처분은 무효이나, 예외적으로 징계위원을 다른 사람으로 교체할 수밖에 없거나 징계대상자를 변론할 징계위원의 선정권을 포기한 것으로 볼 수 있는 특별한 사정이 있는 경우에는 징계위원회의 구성요건을 결한 상태에서 징계의결을 하였더라도 그 징계처분을 당연 무효로 볼 수 없다. 예컨대, ① 단체협약의 규정에 따라 노동조합에게 징계위원 선정권을 부여하였음에도 그 권리를

125) 대법원 1993. 7. 13. 선고 92다45735; 대법원 1993. 7. 13. 선고 92다50263; 대법원 1993. 9. 28. 선고 91다30620; 대법원 1994. 6. 14. 선고 93다29167 등.

126) 대법원 1992. 6. 9. 선고 90다41477; 대법원 1992. 9. 25. 선고 92다18542; 대법원 1993. 4. 23. 선고 92다34940; 대법원 1995. 8. 11. 선고 95다10778 등.

행사하지 않은 경우[127], ② 당연직 징계위원이 징계대상자로 된 경우에 다른 사람을 징계위원으로 선임한 경우[128]에는 그 징계처분은 유효한 것으로 보아야 한다.

(5) 징계의결을 할 수 없는 특별한 사정이 있는 경우

단체협약 등에 징계위원회의 노사동수 구성, 징계위원 과반수이상의 찬성을 징계의결정족수로 규정한 경우에 이를 위반한 징계의결은 원칙적으로 중대한 절차상의 하자에 해당되어 무효이다. 그러나 근로자 측 징계위원이 아예 징계위원회에 불참하거나 참석하더라도 징계처분에 반대함으로써 징계의결정족수 요건을 갖추지 못하여 도저히 징계의결을 할 수 없는 사유가 있는 경우, 취업규칙 등에 규정된 다른 징계위원회의 의결정족수의 요건을 갖추어 징계의결하더라도 그 징계처분이 당연 무효로 되지 않는다.

3) 징계절차 위반과 징계처분과의 관계

취업규칙과 단체협약 등에 규정된 징계제한 절차를 거치지 않은 징계처분은 원칙적으로 무효이다. 그러나 원래의 징계처분이 징계제한 규정을 위반한 경우라도 재심을 통하여 그 절차 위반이 보완된 경우에는 그 절차위반의 하자는 치유된 것으로 본다.[129] 그리고 사용자가 징계제한 절차 위반 또는 징계수단(징계양정)이 과하였음을 스스로 인정하여 원래의 징계처분을 취소하고, 다시 적법한 징계 절차와 새로운 징계사유를 추가하여 다시 징계할 수도 있다.[130]

징계절차의 위반과 과다한 징계수단으로 원래의 징계처분이 취소되면, 소급하여 징계처분이 없는 것으로 되기 때문에 그 후 동일한 징계사유 또는 새로운 징계사유를 추가하여 징계처분을 하더라도 일사부재리의 원칙이나 신의칙에 반하지 않는다. 그러나 징계처분을 취소한 후 동일한 사유와 절차로 동일한 징계처분을 하는 것은 신의칙에 반한다.[131]

4. 징계사유에 의한 제한법리

1) 원 칙

근로기준법 제23조 제1항은 「사용자는 정당한 이유 없이 해고, 휴직, 정직, 전직,

127) 대법원 1997. 5. 16. 선고 96다47074.
128) 대법원 1997. 12. 12. 선고 97누3637.
129) 대법원 1993. 10. 26. 선고 93다29358.
130) 대법원 1994. 12. 27. 선고 94누11132; 대법원 1997. 5. 28. 선고 95다45903.
131) 이병태, 최신노동법(제8전정판), 985면.

감봉, 그 밖의 징벌을 하지 못한다.」라고 규정하고 있으므로 근로자에 대한 사용자의 징계는 그 징계사유가 정당해야 한다. 여기서 「징계사유」란 사용자가 기업질서를 유지하기 위하여 근로자를 징계할 수 있는 사유를 말한다. 근로기준법은 정당한 징계사유가 구체적으로 무엇인가에 대해서는 명문규정을 두고 있지 않기 때문에 일반적으로 사용자는 취업규칙 등에 징계사유를 정하고 근로자의 경영 질서위반이 징계사유에 해당되는 경우에는 징계권을 행사하는 것이 보통이다.

그러나 취업규칙 등에 규정한 징계사유에 해당된다 하더라도 그 징계가 당연히 정당성을 가지는 것은 아니고, 기업질서를 유지하기 위하여 필요하고도 합리적 범위 내에서 이루어진 경우에만 그 정당성이 인정된다. 따라서 근로자가 사생활 영역에서의 비행이나 범법행위를 하였더라도. 기업의 사회적 평가 또는 신용에 중요한 영향을 미치는 등 기업질서에 대한 침해에 해당되는 경우에 비로소 정당한 징계사유로 인정된다.[132]

그리고 징계는 근로자에게 불이익을 부과하는 징벌이기 때문에 징계사유는 행위규범으로 기능할 수 있도록 객관적이고 예측가능성이 있어야 한다. 왜냐하면, 징계사유가 불명확하다면 무엇이 금지되는 행위인지 예측할 수 없을 뿐만 아니라 나아가 그 준수를 통한 기업질서의 유지도 기대할 수 없기 때문이다.[133] 또한 단체협약은 취업규칙에 우선하는 효력이 있으므로 취업규칙에 정한 징계사유와 단체협약에 정한 징계사유가 충돌한 경우에는 원칙적으로 단체협약에 정한 징계사유를 적용해야 한다. 다만, 취업규칙에 정한 징계사유가 단체협약에 정한 것보다 근로자에게 유리하게 규정된 경우에는 취업규칙에 정한 징계사유가 적용되고, 단체협약에 반하지 않는 한 사용자는 취업규칙에 새로운 징계사유를 규정할 수 있다.[134]

판례요지

단체협약에 반하지 않는 한 사용자는 취업규칙에서 새로운 징계사유를 정할 수 있고 그 징계사유에 터잡아 징계할 수도 있고, 해고는 단체협약규정에 의해서만 해야 하고 취업규칙에 의해서는 해고할 수 없다고 규정되어 있는 경우에는 취업규칙에 의한 해고는 무효이다(대법원 1993. 4. 27. 선고 92다48697).

2) 유형별 징계사유에 의한 제한법리

(1) 근무태만

근무태만이란 근로자가 정당한 이유 없이 소정의 근로일 또는 근로시간에 근로를

132) 대법원 1994. 12. 13. 선고 93누23275.
133) 김유성, 노동법Ⅰ(초판), 262면.
134) 대법원 1993. 1. 15. 선고 92누13035; 대법원 1999. 3. 26. 선고 98두4672.

제공하지 않거나 근무성과가 현저히 낮은 경우를 말한다. 근무태만에는 일반적으로 무단결근, 지각·조퇴, 근무성적 불량, 직장이탈 등이 있는데, 징계처분 중에서 가장 많이 활용되고 있는 징계사유이다.

근무태만은 근로계약상의 채무불이행에 해당되지만 그것이 취업규칙에 정한 규율을 위반하거나 직장질서를 문란케 한 것으로 인정되는 경우에 비로소 징계사유가 된다. 근로자가 근로계약에 의하여 사용자에게 부담하는 근로제공의무를 이행하지 못한 것을 정당화하기 위해서는 사전 또는 사후에 사용자의 승인을 얻어야 하고, 근로자의 일방적인 통지에 의하여 근로제공의무의 불이행은 정당화될 수 없다.[135]

「무단결근」이란 근로자가 정당한 사유 없이 근로계약에 정한 근로일에 사업장에 출근하지 않는 것을 말한다. 노동조합 전임자도 사용자와 기본적인 근로관계는 존재하므로 취업규칙 또는 단체협약 등에 특별한 규정을 두지 않거나 특별한 관행이 존재하지 아니한 경우에는 출퇴근에 대하여 취업규칙 등의 적용을 받게 되므로 결근계를 제출하지 않고 출근하지 않는 경우에는 무단결근에 해당되어 징계사유에 해당된다.[136] 취업규칙에 특별한 규정이 없다면, 사용자는 근로자의 무단결근을 이유로 징계처분과는 별도로 무단결근에 대한 임금을 공제할 수 있다.[137]

근로자가 정당한 사유 없이 지각·조퇴·작업거부를 한 경우에는 징계사유에 해당된다. 정당한 사유가 있었는지의 여부는 지각·조퇴·작업거부의 시기·방법·원인·결과 등 구체적인 사정을 고려하여 판단해야 한다.

「근무성적 불량」이란 근로자에게 요구되는 근무상태가 다른 근로자에 비하여 현저히 낮아 사용자의 근무성적 향상 독려에도 불구하고 평소 근무태도의 불량으로 개선되지 않은 경우를 말한다. 근무성적 불량이 징계사유에 해당되는가의 여부는 해당 근로자의 지위, 보수, 근무능력, 다른 근로자의 근무성적, 회사의 경영실태 등의 여러 가지 조건을 종합적으로 고려하여 해당 근로자에게 요구되는 최소한의 직무능력이 결여되어 있는가를 기준으로 판단해야 하고, 사용자가 추상적이고 주관적인 판단에 따라 행한 징계처분은 정당성이 없다.[138]

---

135) 대법원 2002. 12. 27. 선고 2002두9063.

136) 대법원 1995. 4. 11. 선고 94다58087.

137) 근로계약은 유상·쌍무계약을 본질로 하는 것이기 때문에 징계처분과는 별도로 무단결근 또는 유계결근에 대하여서는 임금을 공제할 수 있음은 당연하고, 임금공제는 감봉징계처분으로 볼 수 없다(무노동·무임금의 원칙).

138) 이병태, 최신노동법(제8전정판), 969면.

(2) 업무명령 위반

사용자의 정당한 업무명령을 위반한 근로자는 근로계약상의 근로제공의무 위반에 따른 채무불이행 책임과 동시에 업무명령 위반을 취업규칙 등에 징계사유로 규정한 경우에는 징계처분의 대상이 된다. 업무명령 위반에는 작업지시 위반, 연장·휴일근무 명령위반, 전직·출장명령 위반, 취업시간 중 착용한 리본제거지시 위반, 소지품 검사 불응 등이 있다. 사용자의 업무명령 위반에 대한 징계처분의 정당성은 ① 업무명령이 근로계약의 범위 내에서 유효한 것인가의 여부, ② 근로자가 업무명령에 복종하지 않은 것에 대한 부득이한 사유가 있었는가의 여부, ③ 업무명령 위반에 대한 징계처분이 상당한가의 여부에 따라 결정된다.[139)]

(3) 직장규율 위반

직장규율이란 사용자가 근로자의 근로제공이나 사업장 내에서 근로자의 일정한 행동을 제한하는 규율을 말한다. 근로자가 취업규칙 등에 정한 직장규율을 위반한 경우에는 징계할 수 있다. 전형적인 직장규율로서는 사업장 내에서의 음주·흡연·수면·도박, 횡령·배임, 절도·손괴, 폭행 기타 사적 활동의 금지 등에 관한 것이다. 직장규율 위반을 이유로 한 징계처분의 정당성은 ① 직장규율이 정당한 것인가의 여부, ② 직장규율을 위반한 동기, ③ 직장규율 위반의 정도, ④ 해당 근로자의 회사에 대한 공헌도 등을 종합적으로 고려하여 판단해야 한다.[140)]

(4) 회사의 명예·신용 실추행위 및 품위유지 위반

근로자가 사용자 또는 소속 회사의 명예와 신용을 실추시키거나 거래관계에 나쁜 영향을 미치는 행위를 하는 경우와 근로자로서의 품위유지의무를 위반한 경우에는 징계사유가 된다. 사용자나 소속 회사의 명예 등을 실추시킨 것을 이유로 한 징계처분이 정당화되기 위해서는 그 행위의 성질·경위 이외에 사업의 종류·규모, 경제계에서의 회사 지위 및 경영방침, 회사 내에서의 근로자 지위·직종 등 여러 가지 사정을 종합하여 회사의 사회적 평가에 미치는 악영향이 매우 중대하고 객관적으로 인식되는 경우이어야 한다.[141)]

근로자의 품위유지 의무는 업종·직종 및 직위에 따라 그 의무 정도가 다르기 때문

---

139) 이병태, 최신노동법(제8전정판), 971면.
140) 대법원 1991. 10. 25. 선고 90다20428.
141) 이병태, 최신노동법(제8전정판), 975면.

에 그 특성에 따라 개별적으로 징계사유가 되는지를 판단해야 한다. 일반적으로 품위유지의무 위반이 징계사유로 될 수 있는 근로자는 일반근로자에 비하여 높은 도덕성이 인정되는 관리직이나 교직원 등이다.[142)]

(5) 경력사칭

경력사칭이란 고의로 채용 시에 제출하는 이력서 등에 학력·직업경력·학생운동 경력·노동운동 경력·전과사실 등을 허위로 기재하는 것을 말한다. 경력사칭이 징계사유에 해당되는가에 관하여 다수설[143)]과 판례[144)]는 경력은 「사용자의 근로자에 대한 신뢰관계나 기업질서유지 등에 영향을 주는 것이므로 경력사칭을 사전에 알았다면 채용하지 않았거나 적어도 동일한 조건으로 채용하지 않았을 것으로 인정되는 중요한 경력의 사칭은 정당한 징계사유에 해당되는 것」으로 판단하고 있다. 즉, 중요한 경력사칭은 신의칙 위반일 뿐만 아니라 노동력이나 근로자에 대한 전인격적 판단을 그르치게 한 결과 채용 후의 인력의 적정한 배치 등 기업의 질서나 운영에 지장을 초래할 우려가 있다는 점에서 정당한 징계사유가 된다고 보고 있다.

그러나 채용 시의 모든 경력사칭이 징계사유에 해당되는 것은 아니고, 정당한 징계사유로 인정되기 위해서는 ① 경력사칭이 신의칙에 반하는 것이어야 하고, ② 기업질서를 침해할 우려가 현존해야 하고, ③ 근로계약 체결 후에 상당한 기간이 경과되지 않아야 한다.[145)]

(6) 기업비밀의 누설

취업규칙 등에 회사의 비밀누설을 징계사유로 정한 경우에 사용자는 해당 근로자를 징계할 수 있다.[146)] 왜냐하면 근로자는 기업의 비밀을 누설하지 않을 근로계약상 성실의무를 부담하기 때문이다. 그러나 징계사유로 삼을 수 있는 비밀은 사업상 필요한 기업의 비밀에 해당되고 보호할 만한 가치가 있어야 한다.[147)]

---

142) 대법원 2000. 10. 13. 선고 98두8858.

143) 임종률, 노동법(제6판), 510면; 이병태, 최신노동법(제8전정판), 977면 이하; 하갑래, 근로기준법(제16판), 831면 이하; 菅野和夫(이정 역). 일본노동법(초판), 388면.

144) 대법원 1988. 2. 9. 선고 87누818; 대법원 1988. 12. 13. 선고 86다204; 대법원 1989. 1. 31. 선고 87다카2410; 대법원 1989. 3. 14. 선고 87다카3196; 대법원 1990. 12. 7. 선고 90다카23912; 대법원 1994. 8. 12. 선고 93누21521; 대법원 1999. 3. 26. 선고 98두4672 등.

145) 이병태, 최신노동법(제8전정판), 978면 이하.

146) 기업의 비밀을 누설하는 것은 기업의 공동 질서를 위반하는 것이 아니고 근로계약상 부수적인 의무인 성실의무를 위반한 것이라는 이유로 의사·간호사 등 전문직 근로자 이외에는 징계사유로 삼을 수 없다고 하는 반대의견이 있다(김형배, 노동법(신판제4판), 644면).

147) 이병태, 최신노동법(제8전정판), 981면.

(7) 겸직(이중취업)

겸직 또는 이중취업이란 근로자가 사용자의 허락 없이 다른 사업장에 취업하거나 사업을 운영하는 것을 말한다. 근로자는 근로시간 이후에는 사용자의 구속에서 벗어나 자유로이 생활할 수 있는 것이므로 겸직을 하였다는 이유만으로 당연히 징계사유에 해당되지는 않는다. 판례도 「회사의 기업질서 또는 노무통제를 문란케 할 위험이 없고, 근로제공에 대한 특별한 지장을 가져오지 않는 한 겸직은 징계사유에 해당되지 않는 것」으로 판단하고 있다.[148)]

판례요지

근로자가 다른 사업을 겸직하는 것은 근로자 개인능력에 따라 사생활의 범주에 속하는 것이므로 기업질서나 노무제공에 지장이 없는 겸직까지 전면적·포괄적으로 금지하는 것은 부당하다 할 것이며, 근로자가 사적으로 다방영업을 행한 사실이 있다 하더라도 그로 인하여 기업질서나 노무제공에 지장이 초래되었다고 인정할 증거가 없으므로 징계사유가 될 수 없다(서울행정법원 2001. 7. 24. 선고 2001구7465).

그러나 근로자의 겸직이 기업질서를 문란케 하거나 기업의 이익을 침해하는 등 합리적인 이유가 있는 경우에는 취업규칙에 규정된 겸직금지 조항을 이유로 징계할 수 있다.[149)]

(8) 사업장 밖에서의 범법행위

일반적으로 취업규칙 등에 근로자가 사업장 밖에서의 범법행위로 체포·구금·기소·유죄판결 등을 선고받은 경우를 징계사유로 규정하고 있는 것이 보통이다. 그러나 사업장 밖에서의 범법행위가 곧바로 기업질서를 위반한 것으로 볼 수 없기 때문에 범법행위로 인하여 구속 등의 사유가 발생하였더라도 당연히 징계사유가 되는 것이 아니고, 소속 기업의 사업 활동에 직접적인 관련이 있거나 기업의 사회적 평가를 훼손할 염려가 있는 경우에 한하여 징계사유가 된다.[150)]

사업장 밖에서의 범법행위를 징계사유로 할 수 있는가에 대하여 가장 문제되고 있는 것은 정치활동과 노동운동으로 인한 구속 또는 유죄판결을 받은 경우이다. 사업장 밖에서의 정치활동 또는 노동운동으로 근로자가 체포·구속되어 언론에 보도되었다

148) 서울행정법원 2001. 7. 24. 선고 2001구7465.
149) 이병태, 최신노동법(제8전정판), 981면; 김형배, 노동법(신판제4판), 644면.
150) 이병태, 최신노동법(제8전정판), 982면.

하더라도, 곧바로 기업의 신용·명예가 훼손되었다고 볼 수 없기 때문에 징계사유로 삼을 수 없다. 징계사유에 해당되는가의 여부는 기업의 규모, 동기·목적, 구속근로자의 지위, 선고된 형벌 등을 종합적으로 감안하여 기업의 명예를 실추한 행위에 해당되는가를 기준으로 판단해야 한다. 그리고 근로자가 체포·구속되어 결근한 경우라도 곧바로 무단결근을 이유로 징계처분을 해서는 안되고, 체포·구속 전후의 근로자 측 대응, 기소의 유무 등을 참작하여 징계 여부를 결정해야 한다.

유죄판결을 받아 구속되어 정상적인 근로를 제공할 수 없는 사유가 발생한 경우에 사용자는 해당 근로자를 징계할 수 있다. 여기서 「유죄판결을 받은 자」란 근로제공이 불가능한 신체의 구속 상태가 해소되지 아니하는 내용의 유죄판결을 받은 자만을 의미하는 것이 아니고 유죄판결을 받은 모든 근로자를 말하며[151], 유죄판결은 1심의 유죄판결을 의미하는 것이므로 반드시 상급심의 유죄확정판결을 의미하지 않는다.[152]

판례요지

단체협약에 조합원이 형사사건으로 구속 기소되었을 때의 휴직기간은 1심판결까지로 하고, 휴직된 근로자가 1심에서 유죄판결을 받은 경우 해고하고, 상급심에서 무죄판결을 받은 경우에는 재취업할 수 있도록 규정하였다 하더라도 이 규정에서의 유죄판결은 1심의 유죄판결을 의미하는 것으로써 반드시 유죄확정판결을 의미하는 것이 아니다. 단체협약에서 근로조건인 해고사유의 하나로 1심 유죄판결선고를 규정한 것은 1심의 유죄판결 선고만 있으면 그 후 무죄확정 시 복직시킬 조건으로 일단 고용관계를 종료시키기로 합의한 취지로 보아야 한다(대법원 1993. 2. 29. 선고 92다22206).

(9) 위법쟁의행위

정당한 쟁의행위는 민형사상의 책임이 면제되는 것이므로 사용자는 정당한 쟁의행위를 이유로 징계할 수 없음은 당연하다. 그러나 위법한 쟁의행위에 참가하는 근로자를 징계할 수 있는가에 대하여 견해의 대립이 있으나, 다수설과 판례는 징계책임을 긍정하고 있다. 즉, 다수설[153]과 판례[154]는 쟁의행위가 헌법상 보장된 노동3권을 실현하기 위하여 노동조합이 기획·주도한 집단적 사실행위라 하더라도, 쟁의행위에 참여한 개개 근로자에 대하여 어떠한 징계책임을 물을 수 없다고 하는 것은 근로관계의

151) 대법원 1997. 5. 23. 선고 97다9239.
152) 대법원 1993. 2. 29. 선고 92다22206.
153) 이병태, 최신노동법(제8전정판), 365면; 임종률, 노동법(제6판), 234면; 이상윤, 노동법(제3판), 748면; 김형배, 노동법(신판제4판), 861면.
154) 대법원 1991. 7. 12. 선고 90다9353; 대법원 1994. 3. 25. 선고 93다32828.

형평성에 반하는 것이므로 쟁의행위에 참가한 개별근로자에 대한 징계처분은 불가피하고, 쟁의행위는 노동조합의 주도로 행해지는 것이므로 위법쟁의행위를 주도한 조합간부도 징계책임을 부담할 수밖에 없다고 보고 있다.

그러나 쟁의행위에 참가한 개별근로자는 당해 쟁의행위의 위법성 여부에 대하여 판단하기가 곤란한 경우가 일반적이므로 쟁의행위가 위법하다는 것을 알고 있음에도 불구하고 참여한 경우가 아닌 한 참여한 쟁의행위가 위법하다는 것을 알지 못한 경우에도 징계책임을 묻는다면 이는 부당하고 사실상 조합활동을 제약하는 것이 될 것이다. 주로 기업별 노동조합의 형태가 주류를 이루고 있는 우리나라의 경우에는 위법쟁의행위가 있었다는 이유만으로 제한 없는 징계책임을 인정한다면, 노동조합의 조직력을 약화시켜 노동3권의 행사가 위축될 수밖에 없으므로 위법쟁의행위에 이르게 된 귀책사유가 노동조합보다는 사용자에게 더 많거나[155] 위법쟁의행위로 징계하지 않겠다는 노사간에 면책약정이 있는 경우[156]에는 징계책임을 물을 수 없는 것으로 보아야 한다.

(10) 기타의 징계사유

회사의 경영 질서를 유지하기 위해서는 근로자들의 엄격한 근무기강의 확립이 요구된다는 점에서 직장 동료 또는 상사 등에 대한 폭행·폭언행위는 징계사유에 해당된다. 그러나 이와 같은 폭력행위는 다양한 모습과 동기로 발생하는 것이 보통이므로 폭력행위를 이유로 한 징계의 정당성은 그 행위의 동기와 경위 등 전후의 사정을 종합하여 징계권의 남용에 해당되는가의 여부를 판단해야 한다.

그리고 근로자의 업무상 횡령·절도·배임·금품수수는 소속 회사에 대한 범죄행위로써 근로계약상 중대한 성실의무 위반에 해당되므로 특별한 사정이 없는 한 액수의 다과를 불문하고 징계사유에 해당된다. 특히, 다른 징계사유와는 달리 근로자의 횡령 등 업무와 관련된 범죄행위는 사용자의 수익을 감소시켜 종국적으로 회사의 경영상황을 악화시키거나 사용자의 경영판단에 착오를 불러일으킬 수 있다는 점에서 그 액수의 다과를 불문하고 정당한 징계사유로 인정된다. 판례는 횡령·배임·절도 등의 대상이 회사의 본질적인 수입원과 연결되어 있는 운수회사, 용역회사 등에 폭넓게 징계사유로 인정하고 있는 경향을 보이고 있다.[157]

---

155) 대법원 1991. 7. 12. 선고 90다9353.

156) 대법원 1992. 7. 28. 선고 92다14786; 대법원 1993. 5. 25. 선고 92다19859.

157) 대법원 1990. 11. 23. 선고 90다카21589; 대법원 1990. 11. 23. 선고 90다카21589; 대법원 1997. 7. 8. 선고 96누6431.

5. 법해석의 원칙에 의한 제한법리

1) 의 의

근로자에 대한 사용자의 징계처분이 정당하기 위해서는 일단 법률과 취업규칙 및 단체협약에 정한 징계사유와 징계절차에 따라 행해져야 한다. 그러나 취업규칙 등에 정한 징계사유와 징계절차를 준수한 징계처분이라도 당연히 징계처분이 정당한 것은 아니고, 일반적인 법 해석의 원칙에 적합해야 한다.

근로기준법 제23조 제1항에 규정된 「징계의 정당한 사유」는 신의칙이나 공서양속, 형평성(비례)의 원칙, 권리남용금지의 원칙 등이 내포된 것이다. 따라서 취업규칙 등에 징계사유와 징계절차를 규정하고 있다하더라도 당연히 그에 따른 징계처분이 정당한 것이 아니고 징계권 행사의 제 원칙에 위반되는 경우에는 그 정당성이 상실한다.[158] 일반원칙에 의한 징계권의 제한법리는 징계권남용 금지의 원칙, 형평성의 원칙, 상당성의 원칙 및 과잉징계금지의 원칙, 이중처벌의 금지원칙 등이 논의되고 있다.

2) 징계권 남용금지의 원칙

(1) 의 의

징계권 남용금지의 원칙이란 동일한 징계사유에 대하여 어떠한 징계처분을 선택할 것인가는 징계권자인 사용자의 재량에 속하는 것이지만, 징계사유와 징계처분 사이에 사회통념상 상당한 정도의 균형이 상실된 경우에는 징계권의 범위를 일탈한 것으로써 그 징계를 무효로 해석하는 원칙을 말한다.[159] 특히, 징계해고는 임금을 유일한 생계수단으로 하는 근로자의 생존을 위협하는 가장 중한 인사처분에 해당된다. 따라서 형식상 취업규칙·단체협약에 정한 징계 해고사유에 해당되는 근로자의 귀책사유가 있다 하더라도 제반 사정을 종합적으로 고려하여 해고할 수밖에 없는 근로자의 중대한 귀책사유가 있어야만 해고의 정당성이 인정된다.

(2) 징계권 남용 여부의 판단기준

취업규칙·단체협약에 징계사유로 규정되어 있더라도 비위행위 등 근로자의 책임있는 귀책사유, 즉 징계사유의 경중(輕重)과 징계처분 사이에 사회통념상 상당하다고 인정되는 균형을 유지하여야 한다. 따라서 비록 취업규칙·단체협약에 정한 해고사유에 해당되는 근로자의 귀책사유가 있다 하더라도 해고보다 가벼운 징계를 하는 것이

---

158) 권혁재, 전게논문, 307면.
159) 김유성, 노동법 I (초판), 265면.

적정함에도 해고처분을 하는 것은 해고권을 남용하여 사용자가 그 행사 범위의 한계를 일탈한 것으로 무효로 된다.[160] 그러나 근로자의 과거 징계전력의 유무 등을 참작하여 당해 징계사유보다 한 단계 높은 수위의 징계처분을 하거나 낮은 징계처분을 하는 것은 징계권 남용에 해당되지 않는다.

징계권 남용 여부의 판단기준에 관하여 대법원 판례는 "취업규칙이나 상벌규정에서 징계사유를 규정하면서 동일한 사유에 대하여 여러 등급의 징계가 가능한 것으로 규정한 경우에 그 중 어떤 징계처분을 선택할 것인지는 징계권자의 재량에 속한다고 할 것이지만, 이러한 재량은 징계권자의 자의적이고 편의적인 재량이 아니며 징계사유와 징계처분 사이에 사회통념상 상당하다고 인정되는 균형의 존재가 요구되므로 경미한 징계사유에 대하여 가혹한 제재를 과하는 것은 징계권 남용에 해당된다."고 판시하고 있다.[161]

(3) 판례의 경향

대법원은 「동일한 징계사유에 대하여 여러 등급의 징계처분이 가능한 것으로 취업규칙 등에 규정되어 있는 경우에 어떠한 징계처분을 선택할 것인지는 사용자의 재량에 속하는 것이지만, 이러한 재량은 징계권자의 자의적이고 편의적인 재량이 아니며 징계사유와 징계처분 사이에 사회통념상 균형」을 징계권 남용의 판단기준으로 제시하면서 구체적인 사안별로 징계권 남용 여부를 판단하고 있다.[162]

구체적으로 판례는 상당한 이유 없이 근로자를 기능직 → 사무직 → 기능직으로 수차례에 걸쳐 수시로 전직처분을 한 후 다른 기능직 근로자와 차별하여 연장근로를 시키지 않음으로써 수입이 감소된 것에 대한 시정요구 수단으로 5일간 작업거부를 이유로 한 해고[163], 다년간 성실하게 근무하여 온 근로자가 신정휴무기간에 감시근무자로 자원 출근하여 도난·화재예방 등의 업무를 수행하다가 교대시간을 얼마 남겨놓지 않은 상태에서 음주 후 잠을 잔 행위를 이유로 한 해고[164], ③ 상사에 대한 근로자의 폭행이 상사의 선제적인 폭행으로 유발되어 해당 근로자와 상사가 각각 전치 4주·10일간의 상해를 입었다는 이유로 한 해고[165], 동종의 직무상 부정행위에 가담한 다른

---

160) 민변, 변호사가 풀어주는 노동법 I (개정3판), 215면; 김유성, 노동법 I (초판), 265면.
161) 대법원 2008. 1. 31. 선고 2005두8269.
162) 대법원 1991. 12. 13. 선고 90다18999; 대법원 2008. 1. 31. 선고 2005두.
163) 대법원 1991. 5. 28. 선고 90다8046.
164) 대법원 1991. 10. 25. 선고 90다20428.
165) 대법원 1992. 2. 11. 선고 91다25109.

동료근자에 대한 징계처분보다 지나치게 가혹하게 행한 해고처분[166] 등은 해고권의 남용에 해당되는 것으로 판단하고 있다.

(4) 평 가

근로기준법 제23조 제1항은「정당한 사유 없이 해고·휴직·정직·감봉·그 밖의 징벌을 하지 못한다.」라고만 규정하고 있을 뿐이고, 구체적인 징계사유와 징계의 범위에 대해서는 취업규칙 또는 단체협약에 포괄적으로 규정하고 있는 것이 보통이다. 사용자는 이러한 징계규정에 따라 징계사유가 발생하면 해당 근로자의 기업질서 위반 정도를 참작하여 적정한 징계권을 행사하게 된다.

그러나 취업규칙 등에 징계사유를 포괄적으로 규정하고 있기 때문에 사용자가 징계사유의 정도와 징계수위 사이에 균형을 상실할 정도의 과중한 징계권을 행사할 우려가 있다. 따라서 비록 취업규칙 등에 규정된 징계요건을 충족한 경우라도 사용자가 그 징계권을 남용한 경우에는 그 징계처분은 사법상 무효로 해석해야 한다.

요컨대, 징계처분은 사업 내 질서 위반행위에 대한 특별 예방적 관점에서 당해 위반행위자에 대한 반성을 촉구하는 한편, 다른 근로자에게 경고가 되도록 하는 일반 예방적 기능을 수행하는 것이므로 그 징계처분의 종류와 정도는 이러한 목적에 따라 합목적으로 이루어져야 한다.[167]

3) 상당성의 원칙 및 과잉징계금지의 원칙

이 원칙은 징계수단은 징계사유에 해당하는 비위행위의 종류, 정도, 반복성, 직장질서에 미치는 영향 등에 비추어 상당한 것이어야 하고, 과잉징계에 해당되지 않아야 한다는 징계제한의 원칙을 말한다.[168] 예컨대, 사용자의 경위서 제출거부에 대하여 가장 중한 징계해고를 하거나 익숙하지 못한 새로운 직장에서 안정과 적응기간을 고려하지 않고 단지 일시적인 근무성적 저하 등을 이유로 징계해고하는 것은 정당한 징계로 인정되지 않는다.

상당성의 원칙 및 과잉징계금지의 원칙에 해당되는가의 여부는 사용자의 사업목적과 성격, 사업장의 여건, 당해 근로자의 지위 및 담당직무의 내용, 비위행위의 동기와 경위, 이로 인한 기업위계질서의 문란위험성 등 기업질서에 미칠 영향, 과거의 근무태도 등 여러 가지 사정을 종합적으로 검토하여 판단해야 한다.[169]

---

166) 대법원 1994. 5. 24. 선고 93다26854.
167) 이승욱,「징계처분의 범위와 한계」, 133면.
168) 임종률, 노동법(제6판), 511면.
169) 도재형, 노동위원회 패소사례분석(2000. 1. 1.~ 2005. 4. 30.), 118면. 이와 관련된 판례는 대법원

4) 이중징계금지의 원칙

(1) 의 의

이 원칙은 사용자가 동일한 징계사유로 이중징계를 하는 것은 일사부재리의 원칙 또는 이중처벌금지의 원칙에 위배되어 무효가 된다는 징계제한의 원칙을 말한다. 원래 이중처벌금지의 원칙은 범죄에 대한 국가의 형벌권 실행으로서 동일한 범죄행위로 이중처벌을 금지하는 이론이나, 징계해고도 형벌과 마찬가지로 징계행위를 한 근로자를 기업공동체에서 배재하는 방법에 의하여 사업장 질서를 유지한다는 점에서 유사하고, 근로기준법 제23조 제1항의 징벌적 징계처분에 대해서는 형벌과 유사하게 엄격한 통제가 요구된다는 의미에서 사용자의 징계처분에 있어서도 이중처벌금지의 원칙이 적용되어야 한다고 한다.[170)]

(2) 이중징계의 요건

이중징계에 해당되기 위해서는 ① 선행처분과 후행처분이 모두 법적 성질상 징계처분에 해당되어야 하고, ② 선행징계처분이 무효·취소됨이 없이 유효하게 확정되어야 하고, ③ 선행징계처분과 후행징계처분이 동일한 징계혐의사실을 대상으로 해야 한다.[171)]

따라서 노동위원회에서 징계처분이 정당하다고 판정한 동일한 사안에 대하여 사용자가 다시 높은 징계처분을 하거나 다른 형태의 징계처분을 하는 것은 일사부재리의 원칙 또는 이중처벌의 금지원칙에 위배되어 당해 징계처분은 무효가 된다. 다만, 판례는 「집행유예 이상의 형이 확정되었음을 이유로 한 당연 퇴직처분과 징벌적 제재인 정직처분은 그 성질을 달리하므로 당연 퇴직처분이 일사부재리 또는 이중처벌금지 원칙에 위반되지 않는 것」으로 판단하고 있다.[172)]

1992. 5. 12. 선고 91다27518; 대법원 1994. 1. 11. 선고 93다49192; 대법원 1995. 4. 25. 선고 94누13053; 대법원 1995. 5. 26. 선고 94다46596; 대법원 1998. 11. 10. 선고 97누18189; 대법원 1998. 5. 22. 선고 98다2365; 대법원 2002. 5. 28. 선고 2001두10455 등이 있다.

170) 김재훈, 「징계절차의 하자관행과 징계행위의 효력」, 98면; 이승욱, 「징계처분의 범위와 한계」, 121~122면; 菅野和夫(이정 역), 일본노동법(초판), 395면. 형법상 죄형법정주의의 이론에 사용자의 징계권을 엄격히 통제하여야 한다는 견해는 징계가 정당하기 위해서는 징계사유에 대한 취업규칙이나 단체협약의 근거가 필요하고(이른바 법률주의), 징계사유를 규정하기 이전의 행위에 대해서는 징계할 수 없고(이른바 소급효금지의 원칙), 징계사유와 징계의 종류 및 범위가 명확해야 하며(이른바 명확성의 원칙), 징계조항이 없는 경우에는 유사한 성질을 가지는 행위에 대한 징계조항을 적용해서는 안 되고(이른바 유추해석금지의 원칙), 징계의 필요성과 징계처분 사이에 균형이 유지되어야 한다고 한다(이승욱, 「징계처분의 범위와 한계」, 123면).

171) 이상윤, 노동법(제3판), 385면; 대법원 2000. 9. 29. 선고 99두10902.

172) 대법원 2004. 4. 15. 선고 2003두12639.

판례요지

집행유예 이상의 형이 확정되었음을 이유로 한 당연 퇴직처분과 징벌적 제재인 정직처분은 그 성질을 달리하므로 당연 퇴직처분이 일사부재리 또는 이중처벌금지원칙을 위반한 것이라 할 수 없다(대법원 2004. 4. 15. 선고 2003두12639).

(3) 판례의 경향

징계절차 요건의 미비를 이유로 징계처분이 무효로 된 경우에는 사용자는 징계절차 요건을 갖추어 다시 징계처분을 하거나[173] 징계수위가 과다하여 징계처분이 무효로 된 경우에는 사용자가 다시 징계수위를 낮추어 적합한 징계처분을 하는 것[174]은 일사부재리의 원칙 또는 이중처벌의 금지에 반하지 않는다. 그리고 직위해제는 기업질서의 유지를 목적으로 소정의 징계절차를 거쳐 가해지는 징벌적 제재인 징계와는 그 성격을 달리하는 것이므로 근로자가 동일한 사유로 징계처분을 받았다 하더라도 그 사유가 직위해제 사유로 평가할 수 있는 경우에는 징계처분 이외에 새로이 직위해제처분을 하여도 일사부재리의 원칙 또는 이중처벌의 금지원칙에 반하지 않는다.[175] 그러나 직위해제는 사실상 임금 등에 있어서 오히려 징계처분인 정직이나 감봉보다 당사자에게 불이익하게 작용하고 있을 뿐만 아니라 승진소요 근속기간에도 제외되고 있는 점을 감안하면, 직위해제처분의 취소를 구할 소의 이익은 인정된다.[176]

5) 형평성의 원칙

이 원칙은 동일한 비위행위에 대하여 종전 또는 다른 근로자에게 과한 징계수단과 동등하거나 유사한 것이어야 한다는 징계제한의 원칙을 말한다. 즉, 징계사유와 징계처분 사이에는 사회통념상 상당하다고 인정되는 균형이 있어야 한다는 원칙을 말한다.[177] 예컨대, 동일한 징계사유에 대하여 다른 근로자보다 현저히 중한 징계를 하거나 종전에 묵인 또는 가벼운 경고를 해오던 징계사유에 대하여 그 보다 중한 징계처분을 하는 것은 형평성의 원칙에 비추어 정당한 징계처분으로 볼 수 없다.

다만, 종전의 상벌경력, 비위행위에 대한 반성의 정도를 종합적으로 고려하여 징계수단을 달리하거나 근로자에게 동일한 비위행위에 대하여 엄격하게 징계책임을 물을

173) 대법원 1994. 9. 30. 선고 93다26496.
174) 대법원 1981. 5. 26. 선고 80다2945.
175) 대법원 1983. 10. 25. 선고 83누184; 대법원 1992. 7. 28. 선고 91다30729.
176) 서울행정법원 2007. 4. 19. 선고 2006구합32474.
177) 도재형, 노동위원회 패소사례분석(2000. 1. 1.~ 2005. 4. 30.), 118면.

수 있다는 회사의 방침을 사전에 충분히 주시시킨 경우에는 중한 징계처분을 하더라도 형평성의 원칙에 반하지 않는다.[178] 대법원 판례는 "대략 같은 정도의 비위를 저지른 자들에 대하여 그 구체적인 직무의 특성, 금전 수수의 경우에는 그 액수와 횟수, 의도적·적극적 행위인지 여부, 개전의 정이 있는지 여부 등에 따라 징계의 종류의 선택과 양정에 있어서 차별적으로 취급하는 것은 사안의 성질에 따른 합리적 차별로서 이를 자의적 취급이라고 할 수 없어 평등의 원칙 내지 형평에 반하지 않는다."[179]고 하고 있다.

이와 관련하여 하급심판례는 「취업규칙에 동일한 징계사유에 대하여 여러 등급의 징계가 가능한 것으로 규정된 경우에는 어떠한 징계처분을 선택할 것인가는 원칙적으로 징계권자의 재량에 속하나, 징계사유와 징계처분 사이에는 사회통념상 상당하다고 인정되는 균형이 있어야 함을 전제로 하면서 같은 정도의 비위를 저지른 근로자들 사이에 있어서 해당 직무의 특성 등에 비추어 개전의 정 여부에 따라 징계종류의 선택과 양정을 차별적으로 취급하는 것은 형평의 원칙에 반하지 않는 것」으로 판단하고 있다.[180]

징계가 형평성에 위반되어 무효로 될 수 있는가의 여부는 다음과 같은 단계에 따라 판단한다. 사용자가 여러 가지 징계사유를 주장하고 있는 경우에 전체 징계사유에 대하여 입증할 증거가 없다면 그 징계처분은 무효로 되고, 그 일부에 대하여 입증할 증거가 없다면 다음 단계로 넘어가 징계양정의 적정성 여부를 판단한다. 이때 법원은 당해 사용자의 사업목적과 성격, 사업장의 여건, 당해 근로자의 지위 및 담당직무의 내용, 비위행위의 동기와 경위, 이로 인한 기업위계질서의 문란위험성 등 기업질서에 미칠 영향, 과거의 근무태도 등 여러 가지 사정을 종합적으로 검토하여 그 징계양정이 적정한가의 여부를 판단한다.[181] 이러한 검토과정을 거쳐 징계양정이 적정하지 않다고 판단되는 경우에는 당해 징계처분은 사용자에게 허용된 징계재량권의 범위를 일탈한 것으로 무효가 된다.[182]

178) 임종률, 노동법(제6판), 511~512면.
179) 임종률, 노동법(제6판), 511~512면.
180) 서울행정법원 2001. 7. 12. 선고 2000구합38226; 대법원 1999. 8. 20. 선고 99두2611.
181) 대법원 1992. 5. 12. 선고 91다27518; 대법원 1994. 1. 11. 선고 93다49192; 대법원 1995. 4. 25. 선고 94누13053; 대법원 1995. 5. 26. 선고 94다46596; 대법원 1998. 11. 10. 선고 97누18189; 대법원 2002. 5. 28. 선고 2001두10455 등.
182) 도재형, 노동위원회 패소사례분석(2000. 1. 1.~ 2005. 4. 30.),118면.

V. 징계요건을 규정한 단체협약과 취업규칙과의 관계

1. 문제의 소재

근로기준법 제23조 제1항은 단지 사용자는 정당한 이유 없이 징계할 수 없는 것으로 규정하고 있을 뿐, 구체적으로 징계처분을 정당화하게 하는 징계사유와 징계절차를 규정한 것이 없다. 따라서 구체적인 징계사유와 징계절차에 대해서는 취업규칙과 단체협약에 규정을 두어 사용자가 징계권을 행사하게 된다. 일단 취업규칙과 단체협약에 규정된 징계사유와 징계절차가 있는 경우에는 그 규정자체가 신의칙에 반하거나 권리남용에 해당하는 등의 특별한 사정이 없는 한 유효하다. 따라서 취업규칙과 단체협약에 정한 징계사유와 요건을 갖추어 행한 징계처분만이 정당한 징계권의 행사로 인정받을 수 있다.

그런데, 취업규칙과 단체협약에 규정된 징계사유와 징계절차가 다른 경우에 사용자가 징계요건이 덜 엄격한 취업규칙을 적용하여 징계하는 것이 정당한가의 여부가 문제된다. 예컨대, 단체협약에는 징계사유와 징계절차를 규정한 것이 없으나 취업규칙에는 징계사유와 절차를 규정한 경우에 사용자가 취업규칙을 적용하여 근로자를 징계할 수 있는가의 여부이다.

2. 적용방법의 원칙

1) 상위규범 적용의 원칙

(1) 의 의

「상위규범 적용의 원칙」이란 위계를 달리하는 규범이 서로 충돌하는 경우에는 상위규범이 하위규범보다 우선하는 효력이 있기 때문에 하위규범의 내용이 상위법원에 모순·저촉되는 부분은 법률상 무효가 된다는 원칙을 말한다. 예컨대, 근로기준법에 징계요건과 단체협약에 충돌된 징계요건이 서로 다르게 규정된 경우에는 근로기준법에 의한 징계요건이 우선하는 효력을 인정하는 것이다.

(2) 적용순위

근로조건을 규정한 규범의 위계질서에 관하여 「노동조합 및 노동관계조정법」 제33조는 단체협약에 정한 근로조건 기타 근로자의 대우에 관한 기준에 위반하는 취업규칙과 근로계약의 부분은 무효로 하는 "단체협약의 강행적 효력"과 무효로 된 취업규칙과 근로계약은 단체협약에 정한 기준을 적용하도록 하는 「단체협약의 직접적 효력」을 규정하고 있다. 즉, 단체협약에 정한 근로조건 및 근로자의 대우에 관한 부분에 대해서는 규범적 효력이 발생한다. 규범적 효력이 생기는 범위는 단체협약 내용 중 '근로조건 기타 근로자의 대우에 관한 기준'인데, 이는 임금·근로시간·휴일·휴가·안전위생·직장환경·재해보상·복무규율·징계·인사·휴직·해고·정년제·교육훈련·복리후생 등 기업에 있어서 근로자에 대한 사항이 모두 포함된다.[183)]

근로기준법 제3조는 「이 법에서 정한 근로조건은 최저기준이므로 근로관계 당사자는 이 기준을 이유로 근로조건을 낮출 수 없다.」라고 규정하고, 제15조는 「이 법에서 정하는 기준에 미치지 못하는 근로조건을 정한 근로계약은 그 부분에 한하여 무효로 하고(제1항) 무효로 된 부분은 이 법에 정한 기준에 따른다(제2항).」라고 규정하고 있다. 그리고 근로기준법 제97조는 「취업규칙에 정한 기준에 미달하는 근로조건을 정한 근로계약은 그 부분에 관하여는 무효로 한다. 이 경우 무효로 된 부분은 취업규칙에 정한 기준에 따른다.」라고 규정하고 있다. 이와 같은 규범위계 질서에 관한 규정들을 종합하여 보면, 근로조건의 적용순위는 「근로기준법 → 단체협약 → 취업규칙 → 근로계약」이 된다.

(3) 적용방법

사용자의 징계권 남용을 방지하고 징계의 적정성을 보장하기 위하여 근로기준법 제23조 제1항은 매우 추상적으로 "정당한 이유 없이 징계할 수 없다"라고만 규정하고 있고, 해고 이외의 징계절차에 대해서는 전혀 규정한 것이 없다. 결국, 구체적인 징계사유와 징계절차에 대하여는 노사의 자주적 규범인 취업규칙과 단체협약에 별도로 규정하여 징계권을 운용할 수밖에 없다. 따라서 주로 징계요건이 충돌되는 경우는 단체협약과 취업규칙에 정한 징계요건이 서로 다르게 되어 있는 경우의 징계요건 적용방법이라고 할 수 있다. 단체협약에 정한 징계요건은 근로조건에 해당되는 규범적 부분에 해당되기 때문에 징계요건을 규정한 취업규칙은 무효로 되는 것이 원칙이다. 따라서 징계요건이 단체협약과 취업규칙에 서로 다르게 규정된 경우에는 우선적으로 단체협약에 정한 징계요건에 따라 징계의 정당성 여부를 판단해야 한다. 판례도 원칙적으로 "단체협약의 규정에 의하지 않고서는 징계할 수 없다거나 취업규칙과 단체협약에 정한 징계요건이 서로 저촉되는 경우에는 단체협약에 의해서만 징계할 수 있는 것"으로 판단하고 있다.[184)]

---

183) 김재훈, '단체협약상의 해고사유와 취업규칙상의 해고사유', 노동법연구(제4호), 343면.

184) 대법원 1994. 6. 14. 선고 93다62126; 대법원 1995. 2. 14. 선고 94누5069; 대법원 2004. 4. 15. 선고 2003두12639.

그리고 비록 단체협약에 정한 징계요건이 단체협약의 유효기간의 만료로 실효되었다 하더라도, 이미 근로조건으로 전환된 것이므로 근로자의 집단적 동의를 얻지 않는 이상 종전 단체협약의 징계요건은 여전히 유효한 것이므로 취업규칙에 정한 징계요건에 따라 징계의 정당성 여부를 판단할 수 없다. 이와 관련하여 대법원은 "임금, 퇴직금이나 노동시간, 그 밖에 개별적인 노동조건에 관한 부분은 그 단체협약의 적용을 받고 있던 근로자의 근로계약의 내용이 되어 그것을 변경하는 새로운 단체협약, 취업규칙이 체결·작성되거나 또는 개별적인 근로자의 동의를 얻지 아니하는 한 개별적인 근로자의 근로계약의 내용으로서 여전히 남아 있어 사용자와 근로자를 규율하게 되는데, 단체협약 중 해고사유 및 해고의 절차에 관한 부분에 대하여도 이와 같은 법리가 그대로 적용된다."라고 판단하고 있다.[185]

「노동조합 및 노동관계조정법」 제33조는 단체협약에 정한 근로조건 기타 근로자의 대우에 관한 기준에 위반하는 취업규칙과 근로계약의 부분은 무효로 하는 「단체협약의 강행적 효력」과 무효로 된 취업규칙과 근로계약은 단체협약에 정한 기준을 적용하도록 하는 「단체협약의 직접적 효력」을 규정하고 있다. 따라서 단체협약에 규정한 징계사유와 징계절차 조항의 법적 성격은 규범적 부분에 해당하는 것으로 단체협약의 강행적·직접적 효력에 따라 단체협약을 적용하는 것이 원칙이다. 대법원도 원칙적으로 「단체협약의 규정에 의하지 않고서는 징계할 수 없다거나 취업규칙과 단체협약에 정한 징계요건이 서로 저촉되는 경우에는 단체협약에 의해서만 징계할 수 있는 것」으로 판단하고 있다.[186]

판례요지

동일한 징계사유에 관하여 단체협약상의 규정과 취업규칙 등의 규정이 상호 저촉되는 경우에는 사용자는 단체협약 소정의 징계사유에 의해서만 근로자를 징계할 수 있다(대법원 2004. 4. 15. 선고 2003두12639).

그리고 단체협약이 실효되었다고 하더라도 단체협약 내용 중 규범적 부분은 근로계약과 취업규칙의 내용으로 전환되어 여전히 그 효력이 있는 것이므로 근로자의 집단적 동의를 얻어 취업규칙을 개정하지 않는 이상 종전 단체협약에 규정된 징계사유와 징계절차가 적용된다.[187]

185) 대법원 2007. 12. 27. 선고 2007다51758.
186) 대법원 1994. 6. 14. 선고 93다62126; 대법원 1995. 2. 14. 선고 94누5069.
187) 대법원 2007. 12. 27. 선고 2007다51758.

판례요지

임금, 퇴직금이나 노동시간, 그 밖에 개별적인 노동조건에 관한 부분은 그 단체협약의 적용을 받고 있던 근로자의 근로계약의 내용이 되어 그것을 변경하는 새로운 단체협약, 취업규칙이 체결·작성되거나 또는 개별적인 근로자의 동의를 얻지 아니하는 한 개별적인 근로자의 근로계약의 내용으로서 여전히 남아 있어 사용자와 근로자를 규율하게 되는데, 단체협약 중 해고사유 및 해고의 절차에 관한 부분에 대하여도 이와 같은 법리가 그대로 적용된다(대법원 2007. 12. 27. 선고 2007다51758).

그러나 취업규칙에 규정한 징계요건이 단체협약에 규정한 것보다 엄격한 경우에는 단체협약이 적용되는 것이 아니라 이른바 「유리조건 우선의 원칙」에 따라 근로자에게 유리한 취업규칙이 적용된다.[188]

2) 동일순위 규범 상호간의 적용원칙

위계상 같은 순위에 있는 규범 사이에 징계요건에 관하여 충돌이 있는 경우에는 「질서의 원칙」과 「특별규정의 원칙」에 따라 징계요건의 적용순위를 결정한다.[189]

「질서의 원칙」이라 함은 어떠한 같은 순위의 규정이 다른 같은 순위의 규정 후에 성립되어 두 개의 규정이 충돌된 경우에 후에 성립한 규정이 우선하여 적용되는 것을 말한다. 따라서 같은 효력순위에 해당하는 두 개의 단체협약이 시간적으로 다르게 체결된 경우에 후에 체결된 단체협약이 비록 근로자에게 불리하더라도 전에 체결된 단체협약은 소멸한다.[190] 따라서 단체협약에 정한 징계요건이 있다 하더라도 노동조합과 사용자가 합의하여 단체협약과 동일한 효력이 있는 협약서 또는 합의서를 작성하여 징계요건을 강화하거나 완화한 경우에는 후에 성립한 협약서 또는 합의서에 정한 징계요건을 적용해야 한다.

「특별규정의 원칙」이라 함은 같은 순위의 규정 사이에 일반규정과 특별규정이 충돌하는 경우에 비록 특별규정이 근로자에게 불리하더라도 특별규정을 우선하여 적용되는 것을 말한다. 따라서 선원인 근로자는 근로기준법보다 불리하더라도 선원법을 적용받고, 기업단위의 단체협약이 산별단위의 단체협약보다 근로자에게 불리하더라도 기업단위의 단체협약을 적용한다.[191]

---

188) 대법원 1993. 1. 15. 선고 92누13035; 대법원 1999. 3. 26. 선고 98두4672.

189) 질서의 원칙과 특별규정의 원칙은 법 적용의 일반원칙인 신법우선의 원칙과 특별법우선의 원칙을 노동관계법에 적용한 것이다.

190) 대판 1994. 5. 10. 93다31081; 대판 2002. 11. 26. 2001다36504.

191) 김형배, 노동법(신판제4판), 122면; 이상국, 근로기준법(개정2판), 9면.

3) 유리조건우선 적용원칙

「유리조건우선의 원칙」이란 근로조건을 규정한 규범이 서로 충돌한 경우라도 하위 규범이 근로자에게 유리하게 규정되어 있는 경우에는 상위규범 우선의 원칙이 적용되지 않고 근로자에게 유리한 하위 규범을 적용하여 근로자를 보호한다는 원칙을 말한다. 노동법은 근로조건의 보호이념을 목적으로 하는 것이므로 규범의 위계질서를 불문하고 가장 유리한 근로조건을 우선하여 적용해야 함은 당연한 법리이다.[192)]

요컨대, 노동법은 근로조건의 보호를 목적으로 하는 법이기 때문에 하위 규범에서 정한 징계요건이 상위 규범에서 정한 것보다 근로자에게 유리한 내용으로 되어 있는 경우에는 상위 규범의 효력을 인정할 수 없다. 따라서 단체협약에 정한 것보다 취업규칙에 정한 징계기준이 근로자에게 유리한 경우에는 단체협약은 적용되지 않고, 반대로 취업규칙에 정한 기준이 단체협약보다 불리한 경우에는 그 취업규칙은 무효가 된다. 따라서 취업규칙에 정한 징계사유가 단체협약에 정한 것보다 근로자에게 유리하게 규정된 경우에는 취업규칙에 정한 징계요건이 적용된다.[193)]

3. 징계사유의 성격에 따른 적용

징계요건을 규정한 단체협약과 취업규칙이 서로 상충되는 경우에 사용자가 징계를 할 때에는 원칙적으로 상위규범인 단체협약에 정한 징계요건을 충족한 경우에 징계의 정당성이 인정되는 것이나, 예외적으로 하위 규범인 취업규칙에 정한 징계요건이 근로자에게 유리한 경우에는 예외적으로 취업규칙에 정한 징계요건이 적용된다. 그런데 단체협약과 취업규칙에 정한 징계요건이 서로 상충되는 경우에는 단체협약의 강행적 효력과 직접적 효력에 따라 단체협약이 적용된다 하더라도 단체협약에 규정한 각종 징계사유의 법적 성격을 어떻게 보느냐에 따라 그 징계의 효력이 달라질 수 있다.

1) 학 설

단체협약이 적용되기 때문에 단체협약에 규정한 각종 징계사유의 법적 성격을 어

192) 유리조건 우선의 원칙은 노동조합 통제력 및 단체교섭 기능이 약화되지 않는 범위 내에서만 인정되어야 한다고 하는 견해와 유리조건 우선의 원칙은 실정법과 자치규범 사이에 충돌이 있는 경우에 문제되는 것으로서, 현실적으로 근로기준법보다 유리한 취업규칙을 적용하는 것은 근로기준법에 정한 근로조건의 최저기준을 정한 것에서 나오는 당연한 귀결이라는 이유로 반대하는 견해도 있다(박홍규, 고용법·근로조건법(제2판), 67면; 김재훈, 「단체협약상의 해고사유와 취업규칙상의 해고사유」, 346면).

193) 대법원 1993. 1. 15. 선고 92누13035; 대법원 1999. 3. 26. 선고 98두4672. 다만, 단체협약에 반하지 않는 한 사용자는 취업규칙에서 새로운 징계사유를 정할 수 있고 그 징계사유에 따라 징계할 수도 있다(대법원 1993. 4. 27. 선고 92다48697).

떻게 보느냐에 따라 그 징계의 효력이 달라질 수 있는데, 이에 대한 학설로서는「예시적 열거주의」와「제한적 열거주의」가 있다.

「예시적 열거주의」란 단체협약에 규정된 징계사유는 단지 징계사유에 해당하는 경우를 예시적으로 열거한 것에 지나지 않는 것으로 보는 견해이다. 단체협약상의 징계사유를 예시적 열거주의로 해석하면, 단체협약 소정의 징계사유 이외의 취업규칙상의 징계사유를 이유로 한 징계는 유효한 것으로 된다.

「제한적 열거주의」란 단체협약에 규정된 징계사유는 징계할 수 있는 범위를 한정적으로 열거한 것으로 보는 견해이다. 단체협약상의 징계사유를 한정적 열거주의로 해석하면, 단체협약 소정의 징계사유 이외에 취업규칙상의 징계사유를 이유로 한 징계는 무효인 것으로 된다. 통설은 단체협약상의 징계사유는 노동조합이 단결력을 기반으로 근로조건을 확보할 목적으로 쟁취한 것이라는 점과 단체협약의 강행적·직접적 효력을 이유로 사회통념상 근로관계를 계속 유지할 수 없는 중대한 사유가 아닌 한 단체협약상의 징계사유 이외에 다른 징계사유로 근로자를 징계할 수 없다고 해석하고 있다.[194)]

2) 판례의 경향

판례는 원칙적으로 제한적 열거주의에 따라 단체협약에 정한 징계사유 이외에 취업규칙상의 징계사유를 근거로 한 징계처분은 무효로 해석하고 있으나[195)], 단체협약에 반하지 않는 한 취업규칙에 새로운 징계사유를 정할 수 있고 그 징계사유에 따라 징계할 수 있다고 한다.[196)] 다만, 징계사유와 징계절차를 단체협약에 의하도록 명시적으로 규정하고 있거나 동일한 징계사유와 징계절차에 관하여 취업규칙의 규정과 상호 저촉되는 것으로 볼 수 있는 경우[197)]에 한하여 단체협약의 규정에 의해서만 징계할 수 있는 것으로 해석하고 있다.

판례요지

단체협약이「조합원에 대한 회사 측 징계는 본 협약에 의한다.」라고 규정한 것은 동일한 징계사유나 징계절차에 관하여 단체협약상의 규정과 취업규칙 등의 규정이 상호 저촉될 경우에는 단체협약이 우선 적용된다는 취지이고, 노동조합의 조합원인 종업원에 대한 징

194) 민변, 변호사가 풀어주는 노동법 Ⅰ(개정3판), 188면; 이병태, 최신노동법(제8전정판), 964면; 김형배, 노동법(신판제4판), 644~645면; 김유성, 노동법 Ⅰ(초판), 262면.
195) 대법원 1994. 6. 14. 선고 93다62126; 대법원 1995. 2. 14. 선고 94누5069.
196) 대법원 1994. 6. 14. 선고 93다26151.
197) 대법원 1993. 1. 15. 선고 92누13035; 대법원 1993. 4. 27. 선고 92다48797.

> 계를 함에 있어서는 어떠한 경우라도 징계에 관한 사항을 정한 취업규칙 등의 규정이 독자적인 징계의 근거규정이 될 수 없다는 취지를 밝힌 것은 아니다(대법원 1993. 1. 15. 선고 92다13055).

3) 평 가

근로조건에 관한 부분에 대해서는 단체협약이 취업규칙에 우선한다는 단체협약의 강행적 효력과 단체협약상의 엄격한 징계사유는 노사의 자율적인 교섭력에 의한 것임을 감안하면, 단체협약상의 징계사유는 원칙적으로 징계권을 제한하는 한정적 열거주의로 해석해야 한다. 따라서 단체협약상의 징계사유보다 폭넓은 징계사유를 규정한 취업규칙을 적용하여 행한 징계처분은 정당하다고 할 수 없다. 다만, 단체협약상의 징계사유가 강행법규에 위반되거나 사회통념상 근로관계를 유지할 수 없는 중대한 사유에 해당됨에도 징계할 수 없도록 한 내용인 경우 에는 적용되지 않는다고 보아야 하며, 단체협약에 정한 징계사유와 절차는 근로자의 단결력을 기반으로 조합원의 근로조건을 확보함에 있는 것이므로 단체협약의 효력확장이 없는 한 비조합원에는 적용되지 않는다.[198]

제6절 승진 및 표창

I. 개 관

좁은 의미에서의 승진이란 기업조직의 관리·감독권한과 지휘명령 권한의 상하관계의 보직의 상승을 말하고, 넓은 의미이서의 승진이란 보직을 포함한 기업 내의 지위(직위)의 상승을 말한다.[199] 따라서 승진에는 근로자가 보다 유리한 직무로 수직적·상향적으로 이동하는 것뿐만 아니라 임금의 증가를 수반하는 승급까지를 포함한다. 그리고 표창이란 근로자의 장기근속, 개근, 발명, 재해방지 공로, 선행 등의 사유로 사용자가 해당 근로자에게 상장·상품·상금·승급·승격 등을 행하는 것을 말한다.

승진은 일반적으로 근로자의 위신의 증대와 지위의 상승 및 임금의 증가를 수반할 뿐만 아니라 근로의욕의 향상과 자아실현의 욕구를 충족시켜 준다. 그리고 승진은

198) 김재훈, 「단체협약상의 해고사유와 취업규칙상의 해고사유」, 347면.
199) 菅野和夫(이정 역). 일본노동법(초판), 399면.

유리한 직무에 공석이 발생하였을 때 외부에서 채용하지 않고 기업 내부 인력의 능력을 평가하여 보충하는 것이기 때문에 근로자의 사기 진작에도 큰 기여를 하게 된다. 그리고 표창은 당장 임금상승 및 지위의 상승을 동반하지 않으나, 향후 승진을 위한 인사고과에서 가산점을 부여하거나 징계처분 시 감경사유로 작용한다. 이와 같은 승진 및 표창의 기능을 고려하면 기업은 직장규율질서의 유지와 근로의욕의 향상을 위하여 징계와 더불어 합리적이고 공정한 승진 및 표창관리를 할 필요가 있다.

Ⅱ. 법적 규제

승진과 표창은 해당 근로자의 능력과 적성 등을 종합적으로 평가하여 이루어지는 사용자의 재량적 판단이므로 법이 개입하는 것은 바람직하지 못하다. 즉, 승진 및 표창은 근로자에게 이익을 부여하는 것이므로 특별히 법적으로 규제할 필요성은 거의 없다.

그러나 이른바 능력주의 인사관리의 일환으로써 연봉제의 도입이 일반화되어 있는 현대의 인사관리 시스템에서는 승진 및 표창의 부정적인 기능도 무시할 수 없다. 예컨대, 승진 및 표창이 인사고과제도와 결부되어 조합원과 비조합원과의 차별, 복수노조가 인정되는 경우의 조합간의 차별, 남녀 간의 차별, 사상·신조에 따른 차별 등과 노동강화의 수단으로 악용될 소지가 있을 수 있다.[200] 따라서 이에 대한 적절한 법적 규제가 필요하다.

이와 관련된 규정으로는 표창을 취업규칙에 필수적으로 기재하도록 한 근로기준법 제93조 제11호와 교육배치·승진에 있어서 합리적인 이유 없이 차별하지 못하도록 한 「남녀고용평등과 일·가정 양립 지원에 관한 법률」 제10조의 규정 및 인사·노무관리의 제도 개선을 노사협의회의 협의대상으로 하도록 한 「근로자참여 및 협력증진에 관한 법률」 제20조가 있다. 그리고 「노동조합 및 노동관계조정법」 제81조는 정당한 조합활동을 이유로 신분상 불이익처분을 할 수 없도록 규정하고 있다.

승진 및 표창기준은 근로조건에 해당되는 것으로 보아야 하므로 이의 기준을 설정함에 있어서는 평등취급의 원칙에 따른 제약을 받고, 정당한 조합 활동을 이유로 차별승진 및 표창을 실시하면 부당노동행위에 해당된다.[201] 판례는 해당 조합원의 동의를 얻지 않고 일방적으로 노동조합에 가입할 수 없는 직위로의 승진인사는 부당노동행위에 해당되는 것으로 판단하고 있다.[202]

200) 박홍규, 고용법·근로조건법(제2판), 308면.
201) 박홍규, 고용법·근로조건법(제2판), 309면.
202) 대법원 1992. 1. 21. 선고 91누5204; 대법원 1998. 12. 23. 선고 97누18035.

판례요지

사용자가 근로자의 조합 활동을 혐오하거나 노동조합활동을 방해하려는 의사로 노동조합의 간부이거나 조합 활동에 적극적으로 관여하는 근로자를 승진시켜 조합원 자격을 잃게 한 경우에는 노동조합활동을 하는 근로자에게 불이익을 주는 행위로써 부당노동행위가 성립될 수 있을 것이다(대법원 1998. 12. 23. 선고 97누18035).

그리고 노조전임자는 사용자와의 사이에 기본적 근로관계와 근로자로서의 신분은 그대로 유지되지만, 근로제공의무가 면제되고 사용자의 임금지급의무도 면제된다는 점에서 휴직상태에 있는 근로자와 유사하다.[203] 노조전임자는 근로를 제공하지 않기 때문에 정상적인 근로를 제공하고 있는 근로자와 동일하게 근무평정과 승진기준을 적용하는 것은 실질적으로 노조전임자가 승진에서 제외될 개연성이 매우 높다. 따라서 노조전임자들에게 적용되는 인사기준을 별도로 정하지 않거나 근무평정의 불이익을 고려하기 위한 정황을 고려하지 않고 일률적으로 일반근로자와 동일한 인사 및 평정기준을 적용함으로써 다수가 승진에서 제외되었다면 부당노동행위가 성립하는 것으로 판단해야 한다.

Ⅲ. 평 가

승진 및 표창은 근로자의 입장에서 보면 자신의 능력과 지식 및 경험을 활용하여 적극적으로 기업의 발전에 공헌한 것에 대한 정당한 보상의 성격을 가지고 있으며, 기업의 입장에서 보면 근로자로 하여금 근로자의 근로의욕과 사기를 진작시켜 적극적으로 기업의 발전에 참여토록 하는 유인책이 된다.

그러나 노동법은 근로자의 노동기본권을 보장하기 위하여 근로조건을 규율하는 것에 그치는 것이 바람직하다. 비록 합리적인 승진 및 표창제도의 운영이 근로자의 자아실현과 기업의 발전을 위한 매우 중요한 요소임에는 틀림없으나, 노동기본권을 보장하기 위한 입법취지를 넘어 일반적으로 근로자에게 유리하게 적용되는 승진 및 표창에 대해서까지 법적 규제를 가하는 것은 입법의 목적을 일탈한 것이다. 그리고 승진결정에 대한 인사고과는 사용자의 종합적·재량적 판단의 성격을 가지고 있으므로 현저하게 불합리하고 사회통념상 허용할 수 없는 경우를 제외하고는 위법한 것으로 볼 수 없다.

---

203) 대판 2003. 9. 2. 선고 2003다4815·4822·4839; 대판 2004. 2. 27. 선고 2003다51675.

따라서 승진 및 표창제도의 운영에 있어서는 자율적으로 노사가 합리적인 기준과 원칙을 설정하여 이에 따라 운영하는 것이 바람직하다. 취업규칙 또는 인사규정 등에 노사가 자율적으로 정한 승진 및 표창기준에 위반하여 사용자가 차별 적용하는 경우에는 이에 규제를 가하는 것은 가능할 것이다. 그러나 현저하게 불합리하고 사회통념상 허용하기 힘든 차별적 사정에 의한 승진탈락이 있다 하더라도 사용자의 평가와 판단에 의한 결정인 경우에는 승진청구권을 인정하기 곤란하다.[204)]

제7절 근로관계의 종료사유와 인사권의 제한

I. 개 관

근로관계는 근로계약의 체결에 의하여 성립·유지되어 오다가 일정한 근로관계의 종료사유가 발생하면 소멸하게 된다. 근로관계의 종료사유에는 당사자의 의사표시에 의한 것과 당사자의 의사표시와 관계없이 자동적으로 종료되는 것이 있다. 전자에 의한 근로관계의 종료사유에는 근로자가 근로관계 종료의 의사를 표시하는 사직, 사용자에 의한 근로관계 종료의 의사표시인 해고, 당사자의 의사합치에 의한 합의퇴직이 있고, 후자에 의한 근로관계의 종료사유에는 기간의 정함이 있는 근로계약기간의 만료, 당사자의 소멸, 정년의 도달 등이 있다.[205)]

〈근로관계의 종료사유〉

구 분	유 형	쟁 점
당사자의 의사표시에 의한 종료사유	해 고	해고사유와 해고절차의 제한
	사 직	사용자의 사직 강요 및 근로자의 비진의 사직의 의사표시에 따른 해고의 적용문제
	합의 퇴직	사용자의 강요 및 근로자의 비진의 합의의사와 해고 적용문제
자동적 종료사유	계약기간의 만 료	정규직 근로자의 전환 및 해고의 적용문제

204) 菅野和夫(이정 역). 일본노동법(초판), 401면. 그러나 사회통념상 허용할 수 없는 승진탈락에 대해서는 승진청구권이 인정된다고 하는 견해도 있다(박홍규, 고용법·근로조건법(제2판), 309면).

205) 사용자의 일방적인 의사표시에 의한 해고에 대해서는 제3장에서 별도로 다루기로 하고, 여기서는 해고 이외의 근로관계 종료사유에 대해서만 언급하기로 한다.

	정년 도달	정년 후의 재고용과 관련된 법리 및 임금피크제와의 관계
	당연 퇴직	당연 퇴직 규정의 유효성
	당사자의 소 멸	기업의 합병·양도와 근로관계, 기업의 도산과 근로관계와의 관계

그러나 위의 근로관계 종료사유 중에서 근로기준법은 사용자의 일방적인 의사표시에 의한 해고에 대해서만 명문의 규정을 두고 있을 뿐, 그 밖의 사유에 대해서는 특별한 규정을 두고 있지 않기 때문에 노동법의 기본원칙이나 일반적인 법질서에 따른 해석론에 따를 수밖에 없다.

근로관계의 종료사유 중 사용자의 일방적인 의사표시에 의한 해고와 그 밖의 사유에 의한 근로관계 종료사유는 형식적으로는 구별할 수 있지만, 명확하게 구별할 수 없는 것이 있기 때문에 사안에 따라 해고의 제한법리가 적용되는 경우가 있다. 예컨대, 당연 퇴직사유에 의한 근로관계의 자동적 종료는 형식적으로는 당사자의 의사와 관계없이 일정한 사유의 발생으로 근로관계가 당연히 종료하는 것으로 되어 있더라도 실질적으로는 사용자의 일방적인 의사표시에 의한 해고에 해당되는 경우도 있다. 따라서 해고와 그 밖의 근로관계의 종료사유는 형식적으로 구별해서는 안 되고, 실질적으로 근로자의 의사에 반하여 사용자가 일방적으로 근로관계를 종국적으로 종료하였는가의 여부를 기준으로 구별해야 한다.[206)]

Ⅱ. 사 직

1. 의 의

사직이란 근로자의 일방적인 의사표시에 의하여 근로관계를 해지하는 것으로 상대방(사용자) 있는 단독행위이다. 노동법은 사직에 따른 근로관계의 종료에 대하여 아무런 규정을 두고 있지 않기 때문에 사직은 근로자가 자유로이 행사할 수 있는 것이 원칙이다. 사직의 의사표시, 즉 사직서를 제출한 후 사용자가 이를 수리하면 합의에 의한 근로관계의 종료와 동일한 효과가 발생한다. 이 경우 근로자의 사직서 제출은 근로관계의 합의해지를 위한 청약이 되고, 사용자의 수리행위는 이에 대한 승낙이 된다. 사직서에는 사직하는 날, 즉 사직의 효력발생일을 특정해야 하고, 사직의 통고

206) 김유성, 노동법 I (초판), 267~268면.

기간 중에도 근로관계는 유효하게 존속하므로 근로자는 근로계약상의 의무를 성실히 이행해야 한다.[207)]

사직에 대하여 근로계약서 또는 취업규칙 등에 별도로 규정한 것이 있으면 그에 따라 근로관계를 해지하면 무방하나, 명시적인 규정을 두지 않은 경우에는 민법의 고용계약법리를 준용한다. 그러나 근로자의 의사에 반하여 사용자의 강요 또는 강박에 의한 사직원의 제출은 해고로 취급되어 해고제한의 법리가 적용되는 경우가 있다.

판례요지

사직의 의사표시라고 볼 수 없는 단순한 농담만을 기재한 것으로 인정되는 등 특별한 사정이 없는 한 사직서는 사용자와의 근로계약관계를 해지하는 의사표시를 담고 있다(대법원 2003. 4. 25. 선고 2001두6081).

2. 법적 규제

기간의 약정이 있는 근로계약의 경우에는 그 기간의 만료로 당연히 근로관계는 종료되는 것이므로 당사자의 의사표시 여부와 관계없이 자동적으로 근로계약관계는 종료되는 것이 원칙이다. 그러나 기간의 약정이 있는 근로계약이라도 수차례에 걸쳐서 연장되거나 근로계약의 연장신청 없이 근로자가 계속하여 근로를 제공하고 사용자가 이에 대하여 상당한 기간 내에 이의를 제기하지 않은 경우에는 기간의 정함이 없는 근로관계로 변경된 것으로 본다.[208)] 이 경우 사용자가 근로계약기간의 만료로 근로계약을 해지한 경우에는 해고의 제한법리가 적용되고, 근로자는 근로계약 위반에 따른 손해배상책임을 부담하지 않고 언제든지 자유롭게 근로관계를 소멸시킬 수 있다.

기간의 약정이 없는 근로계약의 경우에는 근로자는 자유로운 의사에 따라 언제든지 사직의 의사표시를 할 수 있고(민법 §660·①), 사용자가 이를 승낙(사직서 수리)하면 근로관계는 승낙한 날로부터 합의에 의하여 종료된다. 그러나 사용자가 사직원을 수리하지 않는 경우에는 사직원을 제출한 날로부터 1개월이 경과하면 근로관계는 소멸된다(민법 §660·②). 다만, 주급·월급 등 기간으로 임금을 정한 때에는 「당기 후 1기」가

207) 근로자가 사직서를 제출한 후 무단결근하는 것은 근로계약 위반으로써 손해배상책임을 부담할 수 있고, 사용자는 사직서의 제출을 이유로 임금 기타 근로조건에 관하여 불이익을 주어서는 안 된다. 그러나 현실적으로 사직서 제출 후 결근으로 인한 손해는 크지 않고, 사용자가 결근에 대한 임금을 지급하지 않는 등의 이유로 사용자가 손해배상을 청구하지 않는 경우가 대부분이다(임종률, 노동법(제6판), 551면).

208) 대법원 1994. 1. 11. 선고 93다14843

경과한 날로부터 사직의 효과가 발생한다(민법 §660·③).[209] 그런데 연봉으로 임금을 책정한 경우에도 민법 제660조 제3항의 규정에 따라 「당기 후 1기」가 경과한 때에 사직의 효과가 발생하는지가 문제될 수 있다. 이를 긍정하면 ① 지나치게 장기에 걸쳐 근로자의 퇴직자유 내지 직업선택의 자유를 제한하는 결과를 초래한다는 점, ② 민법의 제정 당시에는 연봉제근로계약 형태를 상정할 수 없었던 점, ③ 연봉제근로계약은 기간으로 보수를 정한 것이기보다는 오히려 업무성과의 평가와 임금지급의 단위기간을 1년으로 설정되어 있음에 불과한 점, ④ 임금은 매월 1회 이상 일정한 날짜에 지급해야 한다는 점(근로기준법 §43·②) 등을 고려하면 민법 제660조 제2항의 규정에 따라 사직서 제출 후 1월이 경과하면 사직의 효과가 발생하는 것으로 해석해야 한다.[210]

3. 해고와의 관계

1) 문제의 소재

근로자의 자유로운 사직의 의사표시가 있는 경우에는 그 의사표시에 따라 근로관계가 종료되는 것이 원칙이라고 할 수 있으나, 사용자의 명시적·묵시적인 사직의 강요 등에 의한 사직서를 사용자가 수리하는 방식으로 근로관계를 종료시키는 경우에 이를 해고로 보아 해고제한 법리가 적용되는가의 여부가 문제된다. 즉, 근로자의 사직서 제출이 해당 근로자의 진의 아닌 의사표시에 의한 사용자의 강요 또는 강박에 의한 경우에 해고로 볼 수 있는가의 여부가 문제이다.

2) 진의 아닌 의사표시에 의한 사직서 제출인 경우

근로자가 자기의 진의와 다른 사직의 의사표시임을 스스로 알면서 사용자에게 사직서를 제출하는 것을 「진의 아닌 의사표시」 또는 「비진의 의사표시」라고 한다(민법 §107). 진의 아닌 사직의 의사표시는 사용자와 통정이 없다는 점에서 허위효시에 의한 사직의 의사표시와 구별되고, 근로자가 진의 아닌 사직의 의사표시임을 본인이 알고 있다는 점에서 착오로 인한 사직의 의사표시와는 구별된다.

비록 사직서의 제출이 근로자의 진의 아닌 의사표시에 의한 경우라도 원칙적으로 사용자가 이를 수리하여 근로관계를 종료시키는 것은 유효하다. 다만, 사용자가 사직

---

209) 민법 제660조는 고용기간의 약정이 없는 때에는 당사자는 언제든지 계약해지의 통고를 할 수 있고, 상대방이 해지의 통고를 받은 날로부터 1월이 경과하면 해지의 효력이 발생하며, 기간으로 보수를 정한 때에는 상대방이 해지의 통고를 받은 당기 후의 1기를 경과함으로써 해지의 효력이 생기는 것으로 규정하고 있다.

210) 김유성, 노동법 I (초판), 328면.

서의 제출이 근로자의 진의 아닌 의사표시에 의한 것임을 알았거나 알 수 있었을 경우에는 무효로 된다(민법 §107·①).[211] 따라서 진의 아닌 의사표시에 의한 사직서의 제출은 원칙적으로 유효한 것이므로 근로자가 해고임을 주장하기 위해서는 사용자가 진의 아닌 의사표시에 의한 사직서 제출이었음을 알았거나 알 수 있었음을 입증해야 한다.

여기서 「진의」란 표의자가 진정으로 마음속에서 바라는 사항을 뜻하는 것이 아니라, 특정한 내용의 의사표시를 하고자 하는 표의자의 생각을 의미한다. 표의자가 의사표시의 내용을 진정으로 바라지는 아니하였더라도, 당시의 상황에서 그것이 최선이라고 판단하여 그 의사표시를 한 경우에는 이를 내심의 효과의사가 결여된 진의 아닌 의시표시로 해석할 수 없다.[212] 따라서 사직서의 제출이 근로자의 진의에 의한 의사표시에 해당되는가의 여부는 진정으로 바라는 내심의 의사를 기준으로 판단할 것이 아니라 근로자가 사직서 제출 당시의 상황에서 최선이라고 생각하여 사직서를 제출하였는가의 여부를 기준으로 판단해야 한다.[213]

사용자가 잉여근로자의 감원 또는 고령근로자의 조기퇴직을 유도하기 위하여 사직하는 근로자에게 퇴직금을 우대하거나 이른바 명예퇴직수당을 지급할 것을 조건으로 사직을 권장하여 근로자가 사직원을 제출한 경우에는 근로관계는 종료된 것으로 해석해야 한다.[214] 그러나 근로자의 의사에 반하여 사용자가 사직서의 제출을 명시적·묵시적으로 강요한 경우에는 해고에 해당된다.

판례요지

진의 아닌 의사표시에 있어서의 진의란 특정한 내용의 의사표시를 하고자 하는 표의자의 생각을 말하는 것이지 표의자가 진정으로 마음속에서 바라는 사항을 뜻하는 것은 아니므로, 표의자가 의사표시의 내용을 진정으로 마음속에서 바라지는 아니하였다고 하더라도 당시의 상황에서는 그것을 최선이라고 판단하여 그 의사표시를 하였을 경우에는 이를 내심의 효과의사가 결여된 진의 아닌 의사표시라고 할 수 없다(대법원 2003. 4. 25. 선고 2002다11458).

대법원은 근로자의 사직서를 수리하여 근로계약관계를 종료시킨 행위가 근로기준

211) 민법 제107조 제1항은 「의사표시는 표의자가 진의 아님을 알고 한 것이라도 그 효력이 있다. 그러나 상대방이 진의 아님을 알았거나 이를 알 수 있을 경우에는 무효로 한다.」라고 규정하고 있다.
212) 송강직, 「해고무효」, 2001노동판례비평, 민주사회를 위한 변호사모임, 2002, 129면; 도재형, 노동위원회 패소사례분석(2000. 1. 1.~ 2005. 4. 30.), 144면.
213) 대법원 1996. 12. 20. 선고 95누16059; 대법원 2000. 4. 25. 선고 99다34475; 대법원 2003. 4. 25. 선고 2002다11458 등.
214) 이상윤, 노동법(제3판), 438면; 동지 대법원 2003. 4. 11. 선고 2002다60528.

법상 해고에 해당되는가에 관하여 원칙적으로 「특별한 사정이 없는 한 사직서는 사용자와의 근로관계를 해지하는 의사표시를 담은 것이므로 당사자 사이의 근로관계는 사용자가 그 사직서 제출에 따른 사직의 의사표시를 수락하여 합의해지(의원면직)가 성립하거나[215] 민법 제660조에 따라 사직원을 제출한 날로부터 1월이 경과함으로써 그 사직서 제출에 따른 근로계약의 해지효력이 발생하는 것으로 판단하고 있다. 이 경우 사용자의 근로자에 대한 근로관계의 소멸통지는 관념의 통지에 불과하여 근로기준법상 해고에 해당되지 않는 것으로 해석하고 있다.[216]

그러나 사용자가 사직의 의사 없는 근로자로 하여금 어쩔 수 없이 사직서를 작성·제출하게 한 후 이를 수리하는 형식(의원면직)을 취하여 근로관계를 종료시킨 경우에는 그 사직의 의사표시는 비진의 의사표시 또는 허위표시에 해당되어 무효이고, 그러한 사직서의 수리는 실질적으로 사용자의 일방적인 의사표시에 의하여 근로관계를 종료시키는 해고에 해당되는 것으로 판단하고 있다.[217]

3) 강박 등에 의한 사직서의 제출인 경우

사기·강박에 의한 사직의 의사표시란 사용자에게 기망 또는 위협을 당하여 근로자가 사직서를 제출하는 것을 말한다. 이와 같은 사용자의 불법수단에 의한 사직의 의사표시는 근로자의 자기결정에 의한 것으로 볼 수 없기 때문에 그러한 사직의 의사표시를 한 근로자는 이를 취소할 수 있다(민법 §110·①).[218]

사기·강박에 의한 사직서의 제출을 근거로 사용자가 사직원을 수리함으로써 근로관계를 종료시키는 것은 근로기준법 제23조 제1항의 정당한 이유 없는 해고처분에 해당되어 무효이다. 따라서 근로자가 사용자의 사기 또는 강박에 의하여 사직원을 제출하였더라도, 근로기준법 제23조 제1항의 정당한 해고사유가 없는 경우에는 근로자의 사직서를 근거로 한 의원면직 처분은 부당해고에 해당된다.[219]

판례는 사용자가 의원면직의 형식을 취하여 근로계약관계를 종료시킨다 할지라도 사직의 의사가 없는 근로자로 하여금 강제로 사직서를 작성·제출하도록 하는 것은 정당한 사유가 없는 한 부당해고에 해당되고[220], 사용자가 근로자에게 징계해고를 시사하면서 공포심을 갖게 하여 근로자로 하여금 사직의 의사표시를 하게 한 경우에는 강박에

215) 대법원 2003. 4. 11. 선고 2002다60528; 대법원 2003. 4. 25. 선고 2001두6081.
216) 대법원 1996. 7. 30. 선고 95누7765; 대법원 2003. 4. 11. 선고 2002다60528.
217) 대법원 1992. 5. 26. 선고 92다3670; 대법원 2001. 1. 19. 선고 2000다51919·51926.
218) 민법 제110조 제1항은 「사기나 강박에 의한 의사표시는 취소할 수 있다.」라고 규정하고 있다.
219) 대법원 1985. 5. 14. 선고 83다카2069; 대법원 1993. 5. 25. 선고 92다18603.
220) 대법원 1993. 1. 26. 선고 91다38686; 대법원 2002. 5. 14. 선고 2000두4675.

의한 사직의 의사표시에 해당되기 때문에 취소할 수 있는 것으로 해석하고 있다.[221)]

4. 판례의 경향

근로자의 사직과 관련하여 법률적 쟁점이 되는 것은 사용자의 권유 등에 의하여 사직서를 제출한 경우에 이를 무효로 볼 수 있는가의 여부이다. 판례는 대체로 민법의 일반원칙에 따라 사직의사표시의 유효성을 판단하고 있다.

즉, 판례는 사용자가 잉여근로자의 감원 또는 고령근로자의 조기퇴직을 유도하기 위하여 사직하는 근로자에게 퇴직금을 우대하거나 이른바 명예퇴직수당을 지급할 것을 조건으로 사직을 권장하여 근로자가 사직원을 제출한 경우에는 유효한 사직으로 보고 있으나[222)], 사용자가 징계사유를 들어 근로자가 사직서를 제출하지 않으면, 징계해고를 할 것임을 시사하여 근로자가 공포심을 갖게 하여 사직서를 제출하도록 한 경우에는 그 의사표시는 무효인 것으로 보고 있다.[223)] 그러나 판례는 근로자가 내심으로는 사직을 원한 것은 아니지만 사직서를 제출하지 않으면 오히려 불이익을 입을 수도 있다는 판단에 따라 차선책으로 사직서를 제출하는 것이 일반적이므로 이와 같은 근로자의 사직서 제출이 비진의 의사표시에 해당되지 아니하므로 무효가 아니라고 한다.

Ⅲ. 합의퇴직

1. 의 의

합의퇴직은 근로계약의 당사자의 합의에 의하여 계속적인 채권관계인 근로계약관계를 장래에 종료시키는 법률행위로 근로관계의 합의해지를 말한다. 사직이 근로자의 일방적인 의사표시임에 반하여 합의퇴직은 근로자와 사용자 사이에 의사의 합치라는 점에서 양자는 구별된다. 따라서 합의퇴직이 유효하기 위해서는 당사자 사이에 근로계약관계의 종료에 대한 확정적인 의사의 합치가 있어야 한다. 노동법은 합의퇴직에 대한 별도의 규정을 두고 있지 않기 때문에 의사표시 및 계약과 관련된 민법의 일반원칙이 적용된다.

---

221) 대법원 1977. 11. 11. 선고 77다1605; 대법원 1993. 7. 27. 선고 92누16942.

222) 이상윤, 전게서, 438면; 동지 대법원 2003. 4. 11. 선고 2002다60528.

223) 대법원 1992. 5. 26. 선고 92다3670; 대법원 2001. 1. 19. 선고 2000다51919·51926; 대법원 1993. 1. 26. 선고 91다38686; 대법원 2002. 5. 14. 선고 2000두4675; 대법원 1977. 11. 11. 선고 77다1605; 대법원 1993. 7. 27. 선고 92누16942.

합의퇴직에는 근로자가 사직서를 제출하고 사용자가 이를 승인하는 「의원면직(依願免職)」, 사용자가 먼저 합의퇴직의 의사표시를 하고 근로자가 이를 승인하는 「권고사직(勸告辭職)」, 사용자가 일정기간까지 근로자가 사직서를 제출하면 의원면직하되 사직서를 제출하지 않으면 해고한다는 「조건부해고(條件附解雇)」, 「일괄사직서의 선별수리」 등의 형태가 있다.

2. 법적 규제

합의퇴직은 당사자의 합의에 의하여 근로계약을 장래 종료시키기로 하는 법률행위이므로 특별한 사정이 없는 한 근로관계는 소멸되는 것이 원칙이다. 그러나 당사자의 의사표시에 하자가 있는 경우에는 예외적으로 그 의사표시를 취소하거나 무효로 할 수 있다(민법 §107~§110). 즉, ① 사용자가 근로자의 진의 아닌 의사표시로 사직서를 제출하였음을 알았거나 알 수 있었을 경우에는 사직서를 수리하여 의원면직시킨 것은 무효이고(민법 §107), ② 근로자와 사용자가 통정한 합의퇴직은 무효로 하며(민법 §108·①), ③ 근로자의 중대한 과실 없이 법률행위의 중요한 부분에 착오가 있는 경우에는 취소할 수 있으며(민법 §109), ④ 합의퇴직이 당사자의 사기·강박에 의한 경우에는 취소할 수 있다(민법 §109).

그런데 위와 같은 의사표시의 하자가 없음에도 근로자의 합의퇴직 신청에 대해 사용자가 승낙의 의사표시를 하기 전에 이를 철회할 수 있는가의 여부가 문제된다. 민법 제111조는 「상대방 있는 의시표시는 그 통지가 상대방에 도달한 때로부터 그 효력이 생긴다.」라고 규정하고, 민법 제527조는 「계약의 청약은 이를 철회하지 못한다.」라고 규정하고 있다. 민법의 해석원칙에 의하면, 합의퇴직 신청도 민법상 의사표시에 해당될 뿐만 아니라 일종의 계약에 해당되기 때문에 합의퇴직의 의사표시가 사용자에게 도달한 이상 이를 철회할 수 없는 것으로 볼 여지가 있다. 그러나 재산의 거래를 주된 목적으로 하는 민법상의 계약과는 달리 근로계약은 계속적인 종속적 노동을 대상으로 하는 것이기 때문에 민법상의 철회제한 규정을 그대로 적용할 수는 없는 것이므로 합의퇴직의 신청에 대한 사용자의 승낙의사표시가 있기 전에는 이를 철회할 수 있는 것으로 보아야 한다.[224] 판례도 명예퇴직신청에 의한 합의퇴직과 관련하여 「근로자가 명예퇴직을 신청하면 사용자가 그 요건을 심사한 후 이를 승인함으로써 합의에 의하여 근로관계를 종료시키는 것이므로 근로계약이 합의해지되기 전에는 근로자가 임의로 명예퇴직신청을 철회할 수 있는 것」으로 해석하고 있다.[225]

224) 김유성, 노동법 I (초판), 332면; 동지 임종률, 노동법(제6판), 552면.
225) 대법원 1992. 4. 10. 선고 91다43138; 대법원 2003. 4. 25. 선고 2002다11458.

판례요지

명예퇴직은 근로자가 명예퇴직의 신청(청약)을 하면 사용자가 요건을 심사한 후 이를 승인(승낙)함으로써 합의에 의하여 근로관계를 종료시키는 것으로, 명예퇴직의 신청은 근로계약에 대한 합의해지의 청약에 불과하여 이에 대한 사용자의 승낙이 있어 근로계약이 합의해지되기 전에는 근로자가 임의로 그 청약의 의사표시를 철회할 수 있다(대법원 2003. 4. 25. 선고 2002다11458).

3. 해고와의 관계

1) 문제의 소재

법리적으로는 해고는 사용자의 일방적인 의사표시에 의하여 근로관계를 종료시키는 것인 반면, 합의퇴직은 근로자와 사용자 사이에 의사의 합치에 의하여 근로관계를 종료시키는 것이기 때문에 명확히 구별된다. 그러나 형식상 합의퇴직의 형식을 갖추어 근로관계를 종료하였으나, 그 합의퇴직이 사용자의 주도로 이루어진 경우에는 실질적으로 해고와 합의퇴직의 구별이 쉽지 않다.[226]

이처럼 합의퇴직이 사용자의 주도로 행해진 경우에 합의퇴직을 해고처분으로 볼 수 있는가의 여부가 문제된다. 그러나 노동관계법은 해고와 합의퇴직을 실질적으로 구별하는 규정을 두고 있지 않기 때문에 법의 일반원칙에 따른 해석론에 의존할 수밖에 없다.

2) 의원면직 또는 권고사직의 경우

근로자의 사직의사에 근거한 사직서를 사용자가 수리하는 형식을 취하여 의원면직하는 것은 해고로 볼 수 없다. 그러나 사용자가 사직의 의사가 없는 근로자로 하여금 강요로 사직서를 제출하도록 한 경우에는 민법 제107조의 근로자의 진의 아닌 사직의 의사표시에 해당되어 그 의원면직은 해고에 해당된다. 따라서 사용자에게는 근로기준법 제23조 제1항의 해고제한법리가 적용된다.

판례는 근로자의 합의퇴직 신청이 민법 제107조의 규정에 따라 진의 아닌 의사표시로 무효로 되는가에 관하여 ① 근로자가 퇴직금을 중간정산받기 위하여 형식상 사직서를 제출한 경우[227], ② 특채인사에 대하여 반발하는 노동조합 조합원이 협상용으로

226) ILO는 「근로관계의 종료에 관한 제158호 협약(1982)」에서 해고 개념 대신에 「사용자의 주도에 의한 근로관계의 종료」라는 광의의 개념을 사용하여 근로관계의 종료가 어느 측의 주도로 이루어졌는가의 여부에 따라 적용대상을 결정하고 있다(김유성, 노동법 I (초판), 329면).

만 사용하겠다는 취지로 사직서를 제출한 경우[228], ③ 영업의 양도·합병·조직변경에 따라 근로자들이 회사 방침에 따라 퇴직금을 받고 일괄 사직서를 제출한 경우[229], ④ 사용자의 지시에 의하여 사직할 의사가 없는 근로자들이 사직서를 제출한 경우[230]에는 진의 아닌 사직의사표시로 보아 무효로 보고 있다. 그러나 조직개편에 의하여 정리해고 대상자로 선정될 것을 예상하여 명예퇴직수당을 지급받는 조건으로 명예퇴직을 신청한 경우에는 진의 아닌 의사표시에 해당되지 않는 것으로 보고 있다.

3) 조건부해고의 경우

조건부해고는 일정기한까지 근로자가 사직서를 제출하면 의원면직하고, 사직서를 제출하지 않으면 해고한다는 사용자의 일방적인 의사표시이다. 조건부해고의 의사표시는 해고의 의사표시와 동시에 합의퇴직의 청약으로 구성되어 있다. 따라서 해고의 의사표시와 합의퇴직에 대한 청약의 의사표시는 일체로 취급하여 해고의 의사표시가 정당한 이유가 없어 무효인 경우에는 근로자의 사직서 제출이라는 합의퇴직 청약에 대한 승낙 역시도 무효로 해석해야 한다.[231]

판례요지

조건부징계면직처분이 실체상 또는 절차상의 이유로 무효로 인정된다면 그에 따라 제출한 사직원에 의하여 행한 의원면직처분도 특별한 사정이 없는 한 무효로 보아야 한다(대법원 1995. 11. 14. 선고 95누1422).

이때 사용자는 조건부해고통지를 받은 날로부터 사직서를 제출하여 의원면직될 것인지 또는 징계면직 된 다음 법적 절차에 따라 구제를 받을 것인지의 여부에 관하여 근로자가 신중히 고려하여 선택할 수 있는 시간적 여유를 부여해야 한다.[232] 따라서 사용자가 촉박하게 사직서 제출기간을 정하여 조건부징계면직통지를 하였다면 근로자가 그 기간 내에 사직서를 제출하지 않았다 하더라도 징계면직처분의 효력은 확정

227) 대법원 1988. 5. 10. 선고 87다카2578.
228) 대법원 1992. 3. 27. 선고 91다44681.
229) 대법원 1999. 6. 11. 선고 98다18353.
230) 대법원 1991. 7. 12. 선고 90다11554; 대법원 1994. 4. 29. 선고 93누16185.
231) 김유성, 노동법 I (초판), 330면; 이병태, 최신노동법(제8전정판), 985면. 동지 판례 대법원 1982. 9. 14. 선고 82다174, 82다카390; 대법원 1985. 5. 14. 선고 83다카2069; 대법원 1988. 4. 25. 선고 87다카1280;대법원 1995. 11. 14. 선고 95누1422.
232) 이병태, 최신노동법(제8전정판), 985면; 동지 판례 대법원 1995. 11. 14. 선고 95누1422.

적으로 발생하지 않고, 근로자가 상당한 기간 내에 사직원을 제출하였다면 조건부징계면직처분에 기초한 사직원의 제출로 보아야 한다.[233)]

판례요지

사직원 제출기간에 관하여 특별한 규정이 없다고 하더라도 상당한 시간적 여유를 두지 않고 촉박하게 사직원 제출기간을 정하여 조건부징계면직통지가 되었다면, 이는 사직원 제출기간의 취지를 몰각한 것으로써 부적법하다. 따라서 근로자가 촉박하게 지정된 사직원 제출기간 내에 사직원을 제출하지 않았다고 하더라도 징계면직처분의 효력이 확정적으로 발생하는 것은 아니며 그 후 근로자가 상당한 기간 내에 사직원을 제출하였다면 이는 조건부징계면직처분에 기초한 사직원의 제출로 보아야 한다(대법원 1995. 11. 14. 선고 95누1422).

4) 일괄사직서에 대한 선별수리의 경우

사용자가 근로자로 하여금 일괄적인 사직서의 제출을 요구하고 이를 선별 수리하여 의원면직하는 것은 형식적으로는 근로자의 합의퇴직에 대한 청약을 사용자가 승낙함으로써 근로계약의 합의퇴직이 성립하여 근로관계가 종료한 것으로 볼 수 있지만, 객관적으로 확정적인 근로자의 퇴직의사가 있다고 인정할 수 없기 때문에 실질적으로는 해고에 해당된다.[234)] 근로자의 확정적인 퇴직의사가 있는가의 여부는 근로자의 내심의 의사가 기준이 아니라 사직서의 제출이 최선의 방법이었는가를 기준으로 객관적으로 판단해야 한다. 판례는 사용자가 근로자로부터 일괄 사직서를 제출받고 이를 수리하여 의원면직을 한 것이 해고에 해당되는가에 관하여 「사직의 의사가 없는 근로자로 하여금 어쩔 수 없이 사직서를 작성·제출하게 한 경우에는 실질적으로 사용자의 일방적인 의사표시에 의한 해고에 해당되는 것」으로 보고 있다.[235)]

판례요지

사용자가 사직의 의사 없는 근로자로 하여금 어쩔 수 없이 사직서를 작성·제출하게 한 후 이를 수리하는 이른바 의원면직의 형식을 취하여 근로계약관계를 종료시키는 경우에는 실질적으로 사용자의 일방적인 의사에 의하여 근로계약관계를 종료시키는 것이어서 해고에 해당한다고 할 것이나, 그렇지 않은 경우에는 사용자가 사직서 제출에 따른 사직

233) 대법원 1995. 11. 14. 선고 95누1422.
234) 김유성, 노동법 I (초판), 330면.
235) 대법원 1992. 5. 26. 선고 92다3670; 대법원 2001. 1. 19. 선고 2000다51919·51926; 대법원 2002. 7. 26. 선고 2002다19292; 대법원 2002. 10. 25. 선고 2002두6552 등.

의 의사표시를 수락함으로써 사용자와 근로자의 근로계약관계는 합의해지에 의하여 종료되는 것이므로 사용자의 의원면직처분을 해고라고 볼 수 없다(대법원 2001. 1. 19. 선고 2000다51919).

판례는 의원면직될지도 모른다는 점을 인식하면서 사용자의 지시에 좇아 일괄사직서를 작성·제출한 경우[236], 근로자가 사직서를 제출하지 않을 수 없도록 사용자가 부당한 영향력을 행사하여 희망퇴직을 신청하도록 한 경우[237], 중간관리자들의 계속적·반복적인 퇴직을 권유하거나 종용하여 사직서를 제출한 경우[238] 등과 같은 사직서 제출행위는 진의 아닌 의사표시에 해당되어 실질적인 해고로 보고 있다. 그러나 희망퇴직제를 실시하는 과정에서 회사의 어려운 상황을 다소 과장하거나 퇴직권유에 응하지 않을 경우 어떤 불이익을 입을 수도 있다는 취지의 설명을 듣고 희망퇴직을 신청한 경우[239], 누군가는 감원대상자로 선정되지 않을 수 없는 상황에서 객관적으로 타당한 심사기준에 의하여 감원대상자로 될 것을 우려하여 사직서를 제출한 경우[240]에는 해고가 아닌 합의퇴직에 해당되는 것으로 해석하고 있다.[241]

4. 판례의 경향

판례는 대체로 근로자에게 책임 있는 징계사유 또는 경영상의 이유로 징계해고 또는 경영해고를 하지 않고 근로자로 하여금 사직서를 제출케 하여 이를 수리하는 형식인 합의퇴직의 형태로 근로계약관계를 종료시킨 경우에 근로기준법에 규정한 해고제한 법리에 따라 의원면직의 정당성을 판단하지 않고 민법상 의사표시의 일반원칙에 따라 그 유효성을 판단하고 있다. 따라서 대부분의 의원면직의 경우는 근로자가 사용자의 권유 등에 의하여 사직서를 제출함에 있어서 내심으로는 사직을 원하지 않았다 하더라도 사직서를 제출하지 않으면 오히려 불이익을 입을 수도 있다는 판단에 따라 차선책으로 사직서를 제출하는 것이 일반적이라는 이유로 합의퇴직을 무효로 판시한 것은 드물다.

236) 대법원 1991. 7. 12. 선고 90다1154.
237) 대법원 2002. 10. 25. 선고 2002두6552.
238) 대법원 2002. 7. 26. 선고 2002다19292.
239) 대법원 2001. 1. 19. 선고 2000다51919.
240) 대법원 1996. 12. 20. 선고 95누16059; 대법원 2003. 4. 11. 선고 2002다60528.
241) 대법원은 공직자에게 일괄사표를 제출하도록 한 후 의원면직시킨 것이 민법 제107조의 진의 아닌 사직의사표시로 보아 무효로 될 수 있는가에 대하여 「공직자의 숙정계획의 일환으로 일괄사표를 제출한 것에 대하여 강압에 의하여 의사결정의 자유를 박탈당한 상태에서 이루어진 것이라 볼 수 없고, 민법상 비진의 의사표시의 무효에 관한 규정은 공법행위에는 적용되지 않는다.」라고 판시하고 있다(대법원 2000. 11. 14. 선고 99두5481).

5. 평 가

근로자의 귀책사유 또는 경영상의 이유로 사용자가 사직서를 제출토록 하고 이를 수리하는 형식으로 근로계약관계를 종료시키는 것은 근로기준법상 해고에 해당된다. 이와 같은 의원면직은 근로기준법상 실질적인 해고에 해당되기 때문에 그 합의퇴직의 정당성은 민사법의 원리에 따라 판단되는 것이 아니라, 민사법의 특별법에 해당되는 노동법의 목적과 이념에 따라 판단해야 함은 헌법상 보장된 근로기본권과 노동법의 이념상 당연한 요청이다.[242] 또한 노사의 자주적 규범인 취업규칙 또는 단체협약상의 해고요건을 충족하거나 민사법상 무효·취소·해제·해지 등의 사유에 해당되더라도 그 해고의 정당성은 근로기본권 보장이념과 경영권과의 균형이론에 따라 별도로 판단해야 한다.

이러한 점을 고려하면, 합의퇴직의 정당성을 노동법의 이념과 목적에 따라 판단하지 않고, 민법상 의사표시의 하자이론에 따라 판단하는 판례의 견해는 법 논리구성상 문제가 있다. 요컨대, 합의퇴직의 유효성을 민법상 의사표시의 하자 규정에 따라 판단할 것이 아니라 근로기준법상 정당한 해고사유에 해당되는가의 여부에 따라 판단해야 한다.

Ⅳ. 변경해지

1. 변경해지의 의의

사용자에게 근로조건 변경 권한이 유보되어 있지 않은 경우 사용자는 일방적으로 근로조건을 변경하는 데에는 많은 제약이 따르게 된다. 근로환경의 변화에 따라 근로조건변경의 필요성이 있어 기존의 근로조건을 유지할 수 없는 경우에 근로조건의 변경이 불가능하게 된다면 사용자는 해고에 의하여 현재의 근로조건의 구속으로부터 벗어나고자 하게 된다. 이러한 점을 고려한 것이 변경해지제도이다.

변경해지는 새로운 근로조건에 의한 고용계약체결의 신청에 수반한 현재의 고용계약의 해지의 고지이다. 근로조건의 변경을 해고라고 하는 수단을 통하여 달성하고자 하는 점에서 근로관계의 종료를 목적으로 하는 통상의 해고와는 다르다. 근로자가 근로조건의 변경의 청구를 받아들이지 않는 경우 해고문제가 야기된다는 점에서 고용관계의 존속을 전제로 하는 취업규칙에 의한 근로조건의 변경과는 다르다. 그리고

242) 강희원, 「해고법제의 체계를 위하여」, 307면.

취업규칙에 의한 근로조건의 변경은 통일적·획일적 변경의 수단인데 대하여 변경해지는 근로조건의 집단적 변경의 수단이 되는 경우도 있으나 주로 개별적 근로조건의 변경 수단으로서의 기능을 하게 되는 것이다.

2. 변경해지제도의 도입 가능성

근로조건 변경과 해고가 연계되는 변경해지의 경우 해고를 엄격히 규제하고 있는 노동관계법의 규제를 받게 되어 해고제한에 대한 일반원칙인 정당한 이유에 의한 규제와 개별목적에 따른 해고제한 규정의 규제를 받게 된다. 바꾸어 말하면 변경해지는 현행법상 해고제한의 틀 속에서 한다면 가능하다고 할 수 있다.[243]

해고를 일반해고와 경영상의 이유에 의한 해고로 나누는 것과 같이 변경해지도 근로조건변경이 일반해고와 연계되는 경우와 경영상의 이유에 의한 해고와 연계되는 경우로 나눌 수 있다.

근로조건변경이 일반해고와 연계되는 형태의 변경해지에 대하여 살펴보면 해고에 정당한 이유가 있는 한계 내에서는 변경해지가 가능하다고 할 수 있다. 예컨대, 버스회사의 운전기사가 운전면허를 취소당한 경우 해고에 있어서의 정당한 이유는 확보되었다고 할 수 있다. 이 경우에 사용자는 해고하기 보다는 다년간의 운수회사 근무의 경험을 살려 다른 직종으로 변경하여 배치전환하는 것이 회사나 본인에게도 이익이 될 것이라는 판단 하에 해고와 연계된 배차원으로의 직종변경을 제안하여 이를 수락하는 경우에는 배차원으로 직종변경하고 수락을 거절하는 경우에는 해고를 하게 된다. 이러한 형태의 변경해지를 하는 실익은 법률관계를 간명하게 할 수 있다는 데 있다. 즉 위 사례에서 면허 취소된 운전기사를 일단 해고하고 사용자가 해고된 운전기사에게 배차원으로 근무할 의사를 타진하여 이를 수락하는 경우 근로계약을 새로 체결하는 것에 비하여 변경해지에 의하여 직종변경을 하는 것이 법률관계를 간명하게 하는 것이다.

근로조건변경이 일반해고와 연계된 형태의 변경해지에는 해고에 정당한 사유가 있는가가 쟁점사안이 될 뿐 변경된 근로조건이 쟁점이 될 가능성은 적다고 하겠다.

근로조건의 변경이 경영상의 이유에 의한 해고와 연계되는 변경해지에 대하여 살펴보면 다음과 같다. 현행법은 경제적 구조적 또는 기술적 원인으로 인한 경영합리화 계획에 따라 정원조정을 하거나 조직을 개편할 필요가 있는 경우 해고를 할 수 있게 하고 있다. 다만 일반해고와는 달리 근로자의 귀책사유 없이 경영상의 필요에 의하여 대량으로 해고하여 근로자의 생계에 타격을 주고 사회적으로 큰 영향을 미친다는 점

243) 김형배, 전게서, 593면

에서 근로기준법 제24조는 경영상의 이유에 의한 해고사유와 해고대상자 선정기준 및 해고절차에 대하여 제한을 가하고 있다.

경영상의 필요성이 있는 경우 극단적인 조치인 해고를 하는 것 보다는 근로조건을 합리적으로 변경하여 계속 고용하는 것이 근로자나 사용자에게 다 같이 이익이 될 것이다. 경영상의 이유에 의한 해고는 일반적으로 불황기에 대량해고의 형태로 이어져 재취업이 현저히 제한되어 근로자에 큰 위협이 되고 있으며 불황기의 경영난 때문에 근로자를 대량 해고한 사용자의 입장에서도 경기가 호전되는 경우에 다시 대규모 신규 인력을 채용하여 훈련을 시켜 직무배치를 하는 것 보다는 숙련된 기존의 근로자를 합리적 근로조건하에 계속 고용하는 것이 유리할 것이다.

경영난을 회피하기 위한 극단적인 조치인 해고가 가능하다면 근로조건을 변경하여 해고 없이 경영난을 피할 수 있다면 이를 마다할 이유가 없다 하겠다. 따라서 경영상의 이유에 의한 변경해지는 경영상의 이유에 의한 해고요건인 ① 긴박한 경영상의 필요성이 있어야 하고, ② 근로자 대표와의 성실한 협의를 거쳐야 하는 요건을 갖추게 되면 ③ 해고회피 노력의 일환으로 근로조건변경을 제안하고 , ④ 합리적이고 공정한 변경해고 대상자를 선정하며, ⑤ 변경된 근로조건을 근로자가 수락하는가 여부에 따라 계속고용 또는 해고를 결정하게 된다. 경영상의 이유에 의한 변경해지 요건의 구체적인 내용은 경영상의 이유에 의한 해고와 마찬가지로 확정적·고정적인 것이 아니라 구체적인 사안에서의 변경해지의 요건은 각 요건을 구성하는 개별적인 사정들을 종합적으로 고려하여 판단하여야 할 것이다.[244] 다만 ⑤의 변경된 근로조건의 수락여부에 대하여는 근로자에게 변경된 근로조건을 무조건 수락을 거부하고 해고소송으로 다툴 것인가의 양자택일을 하도록 하는 것은 타당하다고 할 수 없다. 따라서 1969년 개정에서 변경제안에 대한 유보부 승낙을 도입한 독일의 변경해지제도에서와 같이 유보부 승낙이라는 제3선택의 길을 열어주는 것이 합리적이라고 할 것이다.

근로조건변경에 무조건 동의하지 않는 근로자는 당해 근로조건변경이 사회적 정당성을 결여하지 않았을 것이라는 유보를 붙여서 변경제안을 수락하고 변경된 근로조건 아래서 계속 근로하는 것이 가능하고(해고제한법 제2조) 당해 변경이 사회적 정당성이 없다는 확인을 구하는 소송을 법원에 제기하는 것이 가능하다(동제4조 2문). 법원에 의하여 당해 근로조건변경이 사회적으로 정당하지 않다는 판결이 나면 근로조건변경은 처음부터 무효로 되고(동제8조) 근로조건은 복귀하게 된다. 정당성이 있다고 판결이 나면 변경된 근로조건은 확정된다.[245]

---

244) 구체적인 내용은 경영상의 이유에 의한 해고를 참조할 것

245) 사회적 정당성의 판단은 해고에 대한 것이 아니라 근로조건 변경에 대한 것이다.

3. 유보부 승낙의 가능성

사용자가 근로조건변경해지의 통보를 한 경우 근로자가 고용관계를 유지하면서 당해 변경제안된 근로조건의 합리성에 대하여 다투는 것이 가능한가 하는 것이 유보부 승낙의 가능성 문제이다.

유보부 승낙은 근로조건 변경을 근로자가 거부하는 것을 정지조건으로 하는 해고고지에 대하여 근로자가 당해 근로조건변경에 합리성이 없다는 것을 소급적 해제조건으로 하는 승낙의 의사표시이다.[246] 사용자가 이와 같은 유보부 승낙을 승인하고 근로자의 계속근로를 인정하는 경우에 변경된 근로조건의 합리성여부에 따라 종래의 근로조건으로 복귀하거나 변경된 근로조건이 확정된다.

근로자가 유보부 승낙을 하고 이를 사용자가 승인하면 유보부 승낙은 법원의 판단에 따라 처리되게 되나 사용자가 유보부 승낙을 승인하지 않겠다는 의사표시를 명백히 한 경우 승인할 의무를 부과할 수 있겠는가 하는 것이 문제된다.

우리 민법 제534조의 '승락자가 청약에 대하여 조건을 붙이거나 변경을 가하여 승낙한 때에는 그 청약의 거절과 동시에 새로운 청약을 한 것으로 본다.'는 규정에 따를 때 유보부 승낙은 사용자는 근로조건변경제안에 대하여 조건부 승낙을 한 것이어서 거절과 함께 새로운 제안을 한 것이 된다. 사용자는 유보부 승낙을 승인할 의무는 없게 되고 근로자가 사용자의 근로조건변경제안을 거절한 것으로 취급된다.

우리 민법과 같은 규정을 두고 있는 일본에서는 상기의 문제를 해결하기 위한 방안으로 유보부 승낙을 가능하도록 수정해석을 하자는 견해[247]가 있다. 이 견해는 변경해지의 목적은 근로계약의 해소가 아니라 변경된 근로조건하에서 근로계약을 유지하는 데 있어서 유보부 승낙을 사용자가 받아들이는 것에 불합리한 것은 없으며 변경해지는 근로자의 지위 안정을 해하는 것이어서 사용자는 신의칙상 유보부 승낙을 승인할 의무를 진다고 한다. 그리고 사용자가 이 승인의무를 이행하지 않고 해고를 강행하게 되면 원칙적으로 권리남용이 된다고 한다.

그리고 일본 민법 제528조의 해석과 관련한 견해[248]는 이미 존재하는 계속 계약인 근로계약내용을 변경하는 신청은 동조를 적용하지 않는다고 해석한다. 「신규계약을 성립시키고자 하는 경우에는 일본민법 제528조는 계약의 성부에 관한 분쟁을 방지한다고 하는 의미에서 합리적인 해석기준이라고 할 수 있으나 기존의 근로계약의 내용

---

246) 土田道夫, 變更解雇告知と勞動者の自己決定(下), 法律時報63卷3号, 61面

247) 土田道夫,前揭論文, 61面以下

248) 荒木尙志,雇用システムと勞動條件變更法理, 309面

을 변경하는 변경해지에 있어서 변경신청에 대하여 조건을 붙인 승낙(유보부 승낙)에 동조를 적용하는 것은 합리적이지 않다. 유보부 승낙을 변경해지에 대한 거절로 보면 계속적 계약관계에 있어서는 단지 계약불성립이 아닌 계약관계의 해소에 이르게 된다. 그러나 변경해지의 경우는 양 당사자가 계약존속자체에 대하여 의욕하고 있어서 변경 내용에 대하여 쌍방이 합의를 모색하고 있는 상황이라고 할 수 있다. 계약내용에 대하여 합의모색과정을 봉쇄하는 해석을 하는 것은 타당하지 않다.」고 한다.

독일의 경우 우리 민법제534조에 해당하는 민법전제150조제2항에 의해 사용자는 유보부 승낙을 받아들일 의무를 지지 않는다는 해석이 유력하였다. 그러나 이러한 유보부 승낙을 승인하지 않는 법제도는 타당하지 않다고 하여 1969년 법개정에 의하여 유보부 승낙을 법제도화 하였다.

우리의 경우도 독일과 같이 입법에 의하여 유보부 승낙을 제도화하는 것이 바람직하다고 할 것이나 입법조치가 되지 않은 현상에 있어서도 민법제534조의 해석에 의하여 유보부 승낙이 가능하다 하겠다.

유보부 승낙을 하는 근로자는 그 승낙이 변경제안의 합리성 결여를 해제조건으로 하고 있다는 것을 근거로 변경제안의 합리성 결여를 주장하고 종전의 근로조건의 존재확인을 구하는 소송을 제기할 수 있다.이 때 심사의 대상은 해고가 아니라 변경신청된 근로조건의 합리성이다. 심사의 내용은 종전의 근로조건의 변경의 필요성과 제안된 근로조건변경 내용의 상당성의 상관관계이다.

노동법원이 설립되어 있지 않는 우리의 현실을 감안할 때 변경해지에 대한 심판을 노동위원회에 맡기는 방안도 검토할 필요가 있다 하겠다.

V. 근로계약기간의 만료

1. 의 의

사용자와 기간의 정함이 있는 근로계약을 체결한 근로자를 일반적으로 계약직 근로자 또는 기간제 근로자라고 한다. 특별한 사정이 없는 한 그 계약기간의 만료로 근로계약관계는 당연히 종료하는 것이 원칙이다. 따라서 계약기간의 만료에 의한 근로관계의 종료는 해고가 아니기 때문에 기간의 만료에 즈음하여 당사자의 별도 의사표시를 요하지 않으며 근로기준법에 규정된 해고의 제한규정이 적용되지 않는다.[249)]

---

249) 대법원 1995. 6. 30. 선고 95누528; 대법원 1998. 1. 23. 선고 97다42489; 대법원 1998. 5. 29. 선고 98두625 등.

그러나 기간의 정함이 있는 근로계약이라 하더라도 계약기간 중에 근로자를 해고하기 위해서는 근로기준법에 규정된 해고의 제한규정이 전면적으로 적용된다.[250)]

현행 「근로기준법」과 「기간제 및 단시간근로자보호 등에 관한 법률[251)](이하 "기간제법")」은 기간의 정함이 있는 근로계약의 체결에 대해 그 사유를 제한하는 규정이 없기 때문에 사용자는 기간의 정함이 있는 근로자를 자유롭게 채용할 수 있다. 이에 사용자가 근로계약 형식을 남용하여 기간의 정함이 있는 근로계약을 반복 갱신(更新)하여 노동법에 규정된 해고제한규정을 회피하려는 탈법행위 수단으로 활용하는 경향이 있었다.[252)]

이에 학설과 판례에서는 비록 기간의 정함이 있는 근로계약이라 하더라도 계약기간 종료 후 상당한 기간 내에 이의를 제기하지 않거나 계약기간이 단지 형식에 불과하고 계속 고용이 기대되는 특별한 사정이 있는 경우에는 기간의 정함이 없는 근로계약을 체결한 것으로 해석하여 기간제 근로자를 보호하여 왔다.

2. 기간제고용 여부의 판단기준

해고사건에서 당해 근로계약이 기간의 정함이 있는 근로계약인지의 여부는 매우 중요한 쟁점이다. 왜냐하면 근로기준법상 해고의 제한 규정이 적용되는 것은 기간의 정함이 없는 근로자에 국한되기 때문이다.

판례의 원칙적인 입장은 특별한 사정이 없는 한 기간의 정함이 있는 근로계약을 체결한 경우에는 그 근로계약이 반복적으로 갱신되더라도 기간제 근로자로 판단하는

---

250) 기간의 정함이 있는 근로계약이라도 그 기간 중에 해고하기 위해서는 정당한 사유가 있어야 하는 것이지만, 사용자는 계약기간 중 해고하기 보다는 기간 만료 시에 근로계약이 당연히 종료되는 방식을 취하고 있기 때문에 기간 만료 전의 해고제한이 문제되는 경우는 거의 없다(도재형, 노동위원회 패소사례분석(2000. 1. 1.~ 2005. 4. 30.), 161면).

251) 제정 2006. 12. 21. 법률 제80746호

252) 김유성, 노동법 I (초판), 334면. 종전 근로기준법(전부개정 2007. 4. 11 법률 제8372호 이전의 것) 제23조는 「근로계약은 기간의 정함이 없는 것과 알정한 사업완료에 필요한 기간을 정한 것을 제외하고는 1년을 초과하지 못한다.」라는 규정에 따라 사용자는 근로계약기간을 1년으로 하고 매년 반복적으로 갱신하여 오다가 계약기간이 만료되었다는 이유로 근로계약의 갱신체결을 거부하는 사례가 빈발함에 따라 근로기준법 전부개정으로 근로계약기간의 상한을 폐지하였다(2008. 7. 1. 시행). 그리고 사용자가 「기간을 정한 근로계약이 수차례에 걸쳐 반복 갱신되어 그 계약에 정한 고용기간이 형식적인 것에 불과한 경우를 제외하고는 그 계약기간이 만료되는 시점에서 근로계약의 갱신 또는 근로계약의 체결을 거부한 것은 부당해고로 볼 수 없다.」고 하는 대법원의 판례와 사업주의 근로조건에 대한 정규직근로자와의 차별과 남용으로부터 비정규직을 보호할 수 있는 입법 장치가 없는 것을 이유로 기간제 근로자의 고용비율을 증가시킴으로써 근로조건에 있어서 정규직과 비정규직 사이의 양극화를 심화시켜 왔다. 이러한 문제인식에 따라 비정규직 근로자 중 기간제 근로자의 근로조건 보호를 위하여 제정된 법률이 바로 기간제법이다.

경향이 있다.[253] 따라서 근로계약서에서 근로계약의 존속기간을 정하고 있는 경우에는 일단 기간제 근로자로 추정된다고 보아야 한다. 그러나 예외적으로 처음에 고용할 당시 기간을 정한 근로계약서를 작성한 경우라도 근로계약서의 내용과 근로계약이 이루어지게 된 동기 및 경위, 기간을 정한 목적과 당사자의 진정한 의사, 동종의 근로계약 체결방식에 관한 관행 그리고 근로자 보호법규 등을 종합적으로 고려하여 그 기간의 정함이 단지 형식에 불과하다는 특별한 사정이 인정되는 경우에는 기간의 정함이 없는 근로계약을 체결한 것으로 해석해야 한다.[254]이처럼 근로계약서에 계약기간이 명시된 경우에는 원칙적으로 기간제로 고용된 것으로 보는 이유는 우리나라의 해고요건이 엄격하고 사용자의 인사권이 제약을 받고 있다는 점과 고용의 유연성을 확보하기 위한 부득이한 조치로써 기간제 고용을 감수할 수밖에 없음을 감안한 것으로 보인다.[255]

다만, 최근 판례는「기간제 근로자로 임용된 경우라도 사용자에게 재임용할 의무 또는 재임용절차 및 요건 등에 관한 근거규정을 두고 있어 근로자에게 재임용될 수 있으리라는 정당한 기대권이 인정되는 경우에는 사용자가 그 재임용 절차에 위반하여 부당하게 그 근로자를 재임용에서 제외시키는 것은 실질적으로 부당해고와 동일시할 수 있는 것이므로 그 근로자는 임용기간이 만료된 이후에도 재임용에서 제외한 조치의 유효 여부를 다툴 법률상의 이익을 가진다.」라고 함으로써 기간제 근로자의 권리구제를 확대할 가능성을 열어놓고 있다.[256] 그러나 명시적으로 근로계약을 작성하지 않은 경우에는 기간의 정함이 없는 근로계약을 체결한 것으로 추정되므로 기간제 근로자로 고용하였다는 반증은 사용자가 부담해야 한다.

3. 법적 규제

1) 민법에 의한 규제

사용자는 계약기간이 만료되기 전까지는 근로관계를 유지해야 한다. 그러나 예외

253) 이에 대한 판례의 분석에 대해서는 박수근,「기간제근로분쟁에서의 쟁점과 법해석의 기준 및 과제」, 188면 이하; 김외숙,「근로계약기간과 해고에 관한 법리」, 29면 이하; 도제형, 노동위원회 패소사례분석(2000. 1. 1.~ 2005. 4. 30.), 161면 이하 참조.

254) 대법원 1994. 1. 11. 선고 93다17843; 대법원 1998. 5. 29. 선고 98두625; 대법원 2003. 11. 29. 선고 2003두9336 등. 그러나 유기근로계약이 반복 갱신되어 온 경우라도 그 기간의 정함이 단지 형식에 불과한 것으로 보아 해고제한에 관한 법률을 적용한 사례는 거의 드물고, 근로계약서에 정한 기간의 만료로 근로계약관계가 종료된 것으로 본 판례가 대부분이다(김외숙,「근로계약기간과 해고에 관한 법리」, 29면; 도재형, 노동위원회 패소사례분석(2000. 1. 1.~ 2005. 4. 30.), 164면).

255) 도재형, 노동위원회 패소사례분석(2000. 1. 1.~ 2005. 4. 30.), 162~163면.

256) 대법원 2005. 7. 8. 선고 2002두8640.

적으로 계약기간 중이라도 부득이한 사유가 있거나 사용자의 파산선고가 있는 경우에 당사자는 근로계약을 해지할 수 있다(민법§661, §663). 여기서 근로계약을 해지할 수 있는 「부득이한 사유」란 근로계약관계를 계속 존속시켜 그 이행을 강제하는 것이 사회통념상 불가능한 경우를 말한다. 부득이한 사유에는 근로관계 당사자의 신뢰관계를 파괴하거나 해치는 행위, 근로계약상의 중대한 의무위반 등이 포함된다.[257]

판례요지

민법 제661조 소정의 「부득이한 사유」라 함은 고용계약을 계속하여 존속시켜 그 이행을 강제하는 것이 사회통념상 불가능한 경우를 말하고, 고용은 계속적 계약으로 당사자 사이의 특별한 신뢰관계를 전제로 하므로 고용관계를 계속하여 유지하는 데 필요한 신뢰관계를 파괴하거나 해치는 사실도 부득이한 사유에 포함되므로 고용계약상 의무의 중대한 위반이 있는 경우에도 부득이한 사유에 포함된다(대법원 2004. 2. 27. 선고 2003다51675).

계약기간이 만료되었다 하더라도 사용자가 상당한 기간 내에 이의를 제기하지 않는 경우에는 종전의 근로계약과 동일한 조건으로 갱신된 것으로 본다(민법 §662·①). 여기서 「상당한 기간」란 근로관계의 종료에 관한 사무처리의 착오 등 이의를 제기할 수 없었던 이유를 고려하여 사회통념상 합리성이 있다고 인정되는 기간을 말한다.[258] 판례에서는 근로계약기간 만료 후 근로자가 계속하여 근로를 제공하고 사용자가 약 2개월 동안 이의를 하지 않은 경우에는 상당한 기간 내에 이의를 제기하지 않은 것으로 보아 근로계약의 묵시적 갱신을 인정한 사례가 있다.[259] 근로계약의 묵시적 갱신이 인정된 경우에 기간의 정함이 없는 근로계약으로 전환된 것으로 보는 견해[260]도 있으나, 민법 제662조 제1항은 종전의 계약과 동일한 조건으로 고용된 것으로 간주하도록 규정하고 있으므로 특별한 사정이 없는 한 종전의 계약기간과 동일한 기간으로 계약이 갱신된 것으로 보아야 한다.[261]

---

257) 대법원 2004. 2. 27. 선고 2003다51675.
258) 김유성, 노동법 I (초판), 333면.
259) 대법원 1998. 11. 27. 선고 97누14132.
260) 민법 제662조 제1항 단서는 「당사자는 제660조의 규정에 의하여 해지의 통고를 할 수 있다.」고 규정하고 있고, 민법 제660조는 기간의 약정이 없는 계약에 관한 규정이므로 계약기간 만료에도 불구하고 사용자가 당해 근로자를 계속 사용하겠다는 사용자의 의사에 비추어 볼 때 계약기간과 관련한 고용조건은 이미 소멸한 것으로 보아야 한다는 이유로 근로계약의 묵시적 갱신은 기간의 정함이 없는 근로계약으로 전환된 것이라고 한다(김유성, 노동법 I (초판), 334면).
261) 임종률, 노동법(제6판), 556~57면; 동지 판례 대법원 1986. 2. 25. 선고 85다카2096.

2) 「기간제 및 단시간근로자보호 등에 관한 법률」에 의한 규제

사용자가 2년을 초과하여 기간제 근로자를 사용한 경우에는 기간의 정함이 없는 근로자로 전환함과 동시에 기간제 근로자임을 이유로 동종 또는 유사한 업무에 종사하고 있는 상용근로자와의 차별적 처우를 금지하고 차별적 처우가 있는 경우에 차별시정을 할 수 있도록 하고 있다.[262]

(1) 사용기간의 제한

사용자가 2년을 초과하여 기간제 근로자를 사용할 때에는 기간의 정함이 없는 근로계약을 체결한 것으로 간주되어 근로계약기간 만료로 인한 계약해지로부터 보호를 받을 수 있다(§4 본문). 그러나 사업의 완료 또는 특정한 업무의 완성에 필요한 기간을 정한 경우, 휴직·파견 등으로 결원이 발생하여 당해 근로자가 복귀할 때까지 그 업무를 대신할 필요가 있는 경우, 고령자와 근로계약을 체결하는 경우, 전문적 지식·기술의 활용이 필요한 경우와 정부의 복지정책·실업대책 등에 의하여 일자리를 제공하는 경우로서 대통령령이 정하는 경우 등과 같은 합리적인 사유가 있는 경우에는 2년을 초과하여 사용할 수 있다(§4 단서 각 호). 그런데 사용기간을 어떻게 산정하느냐에 따라 그 효과가 달라지므로 기간제법의 취지에 따라 사용기간을 다음과 같이 합리적으로 산정해야 한다.

첫째, 기간제법은 사용기간을 제한하여 기간의 정함이 없는 근로계약으로 전환하여 근로존속기간을 보호하고자 하는 것이므로 사용자가 기간제법을 회피하고자 하는 목적으로 의도적으로 근로관계를 단절시키고 반복 고용하여 총 사용기간이 2년을 초과하는 경우에는 기간의 정함이 없는 근로계약이 체결된 것으로 해석함이 타당하다.[263]

---

262) 기간제 근로자에 대한 법적 규제에 대한 상세는 윤기택·한경식, 「기간제 근로자의 차별처우금지제도에 관한 고찰」; 박종희 외 3인, 비정규직 차별금지에 관한 선진국 제도운용 연구; 박종희 외 4인, 비정규직 차별금지판단기준 및 운영에 관한 연구; 조임영 외 4인, 비정규직차별시정제도의 운영에 관한 연구: 기간제근로자 차별시정제도를 중심으로 참조.

263) 윤기택·한경식, 「기간제 근로자의 차별처우금지제도에 관한 고찰」, 375면. 그런데 기간제법이 시행되기 전의 대법원 판례는 「기간을 정한 근로계약이 수차례에 걸쳐 반복 갱신되어 그 정한 기간이 형식에 불과한 경우에는 사실상 기간의 정함이 없는 근로계약을 체결한 것으로 보아 정당한 이유 없이 근로계약기간 만료로 인한 근로계약의 해지 또는 근로계약의 체결거부를 부당해고에 해당되고(1995. 7. 11. 선고 95다9280), 근로계약기간은 근로조건이 아니고 '근로관계의 존속기간'에 불과한 것(1996. 8. 29. 선고 95다5783)」으로 판단하고 있다. 그리고 「근로관계가 단절된 후 다시 고용된 경우에 근로계약관계를 맺은 총 기간을 근속기간을 기준으로 퇴직금 산정을 하는 것이 아니라, 근로관계가 단절된 이후의 입사일을 기산일로 해야 한다.」고 판단하고 있다(1982. 7. 3. 선고 81다카571). 종전 대법원의 판례를 유추하여 보면, 2년 미만으로 근로계약을 체결하면서 상당기간 동안 계속근로를 단절시킨 다음 다시 기간제로 고용하는 경우, 총 2년을 초과하여 기간

둘째, 기간제법은 사용기간 산정에 대한 명확한 규정을 두고 있지 않기 때문에 문리적으로 해석하면 사용자는 파견근로기간과 기간제 사용기간을 포함하여 총 4년까지 사용이 가능하다. 그러나 기간제법과 파견법은 부당한 사용으로 인하여 발생하는 비정규직 근로자의 고용안정과 상용근로자와의 근로조건 차별을 시정하고자 함을 목적으로 하는 것이므로 파견기간과 기간제 사용기간이 총 2년을 초과하는 경우에는 기간의 정함이 없는 근로계약을 체결한 것으로 해석해야 한다.[264)]

(2) 차별적 처우의 금지

「차별적 처우」란 임금 그 밖의 근로조건 등에 있어서 합리적인 이유 없이 불리하게 처우하는 것을 말하는 것이므로 기간제 근로자에 대한 차별금지대상은 임금을 포함한 근로조건 등이다(§2·③호). 여기서 차별금지대상이 되는 「근로조건 등」의 내용은 반드시 인사규정 등에 명시되거나 관행으로 정착된 근로조건에 이르는 것만을 의미한다고 볼 수는 없고 고정적인 근로조건이 아니더라도 사용자의 편의제공이나 재량적 판단에 따른 기타의 조치들도 모두 차별시정의 대상이 되는 근로조건 '등'에 해당된다.[265)]

사용자는 합리적인 이유가 있는 경우에는 근로조건 등에 관하여 기간제 근로자에 대해 차별적 처우가 가능하다(§8·①). 여기서 기간제 근로자에 대한 차별사유로서의 「합리적 이유」란 사용자의 자의적인 기준이 아니라 기간제 근로자에 대한 차별적 행위를 객관적으로 정당화할 수 있는 합리적인 이유를 말한다.[266)]

기간제법 제9조는 차별적 처우에 대한 입증책임을 모두 사용자가 부담하도록 규정하고 있으므로 근로자는 상용근로자에 비해 불리한 처우가 있음을 명시하여 기간제 근로자임을 이유로 한 차별적 처우가 존재함을 추정할 수 있는 정도의 사실만을 적시하면 무방할 것이다. 반면 사용자는 당해 처우의 기준이 기간제 근로자와 상용근로자간에 달리 적용되지 않았다는 점을 통해 제시된 상용근로자가 타당한 비교대상이 되지 않는다는 사실을 입증하거나 당해 처우의 결과가 실질적으로 불이익하지 않거나 합리

제 근로자의 사용이 가능하다는 결론에 이르게 된다. 따라서 기간제법이 시행되고 있는 상황을 고려하면 종전 대법원 판례의 수정이 필요하다.

264) 그러나 사용자는 파견사용기간과 기간제 사용기간을 포함하여 총 2년을 초과하였다는 이유만으로 사용자에게 행정벌을 부과하는 것은 죄형법정주의에 반하는 것이므로 기간제 근로자의 사용기간에 대한 산정방법에 대하여는 명문 규정을 두어 해석상 논란을 없애야 한다(윤기택·한경식, 「기간제 근로자의 차별처우금지제도에 관한 고찰」, 376면).

265) 윤기택·한경식, 「기간제 근로자의 차별처우금지제도에 관한 고찰」, 361~362면; 조임영 외 4인, 비정규직차별시정제도의 운영에 관한 연구: 기간제근로자 차별시정제도를 중심으로, 42면.

266) 조임영 외 4인, 비정규직차별시정제도의 운영에 관한 연구: 기간제근로자 차별시정제도를 중심으로, 32~33면.

적 차별이라는 것을 객관적으로 입증하여야 한다. 만약 사용자가 이를 입증하지 못하면 「일응 차별(prima facie case)」로 추정되어 차별적 처우에 해당되는 것으로 보아야 한다.[267)]

(3) 차별시정명령

합리적 이유 없이 차별적 처우를 받은 기간제 근로자에게 신속하고 저렴한 비용으로 권리구제를 도모하기 위한 필요성에서 기간제법 제9조는 노동전문행정위원회인 노동위원회에 차별시정위원회를 설치하여 차별시정 여부를 판단하여 시정명령을 할 수 있도록 규정하고 있다.

노동위원회의 차별시정명령 내용은 각 사안별로 차별시정의 실효성을 높일 수 있도록 적절한 것이면 무방할 것이나, 차별적 행위의 중지, 임금 등 근로조건의 개선 및 적정한 금전보상 등이 포함되어야 한다(§13). 노동위원회의 차별시정명령에 대한 실효성 확보를 위하여 노동부장관은 확정된 차별시정명령에 대하여 사용자에게 이행상황의 제출을 요구할 수 있고, 사용자가 확정된 시정명령을 정당한 이유 없이 이행하지 아니한 경우에는 과태료를 부과할 수 있도록 규정하고 있다(§15, §24·①).

4. 해고와의 관계

근로계약기간이 만료되면 특별한 사정이 없는 한 근로계약관계는 종료되는 것이므로 해고의 정당한 사유와는 관계없이 사용자가 근로계약의 갱신을 거절하더라도 해고에 해당되지 않는다. 그러나 이러한 원칙을 관철할 경우에 사용자는 노동법에 규정된 해고제한을 회피할 수 있게 되고 기간제 근로자의 고용불안을 초래하기 때문에 예외적으로 특별한 사유가 있는 경우에는 해고로 인정하거나 기간의 정함이 없는 근로계약으로 전환되는 경우가 있다.

(1) 기간제법 제4조는 사용자가 기간제 근로자를 2년을 초과하여 사용한 경우에는 기간의 정함이 없는 근로계약을 체결한 것으로 간주하도록 규정하고 있다. 따라서 정당한 해고사유에 해당되지 않는 한 사용자가 2년을 초과하여 기간제 근로자를 사용하다가 계약기간의 만료를 이유로 근로계약을 해지하거나 계약의 갱신을 거절한 경우에는 부당해고에 해당된다.

(2) 계약기간의 정함이 형식에 불과한 경우에는 실질적으로 계약기간의 정함이 없는 근로계약과 같은 것이므로 사용자가 계약기간의 만료를 이유로 근로계약의 갱신을 거절하면 해고에 해당된다. 이와 관련하여 판례는 「장기간에 걸쳐서 계

267) 윤기택·한경식, 「기간제 근로자의 차별처우금지제도에 관한 고찰」, 362~363면; 조임영 외 4인, 비정규직차별시정제도의 운영에 관한 연구: 기간제근로자 차별시정제도를 중심으로, 36면

약기간이 반복 갱신됨으로써 그 계약기간이 단지 형식에 불과한 경우에는 사실상 기간의 정함이 없는 것과 다를 것이 없기 때문에 사용자의 계약갱신의 거절은 해고와 마찬가지로 정당한 이유가 있어야 한다.」고 판단하고 있다.[268] 계약기간의 정함이 단지 형식에 불과한 것인가의 여부는 ① 근로계약의 내용, ② 근로계약의 체결동기 및 경위, ③ 계약기간을 정한 목적과 당사자의 진정한 의사, ④ 동종 근로계약의 체결방식에 관한 관행, ⑤ 근로자 보호법규 등을 종합적으로 참작하여 판단해야 한다.[269] 따라서 기간을 정한 근로계약이 여러 차례에 걸쳐 반복 갱신되었다는 이유만으로 계약기간의 정함이 형식에 불과한 것으로 단정할 수 없다.[270] 따라서 계약기간이 처음으로 만료된 경우라도 그 계약이 체결된 동기 및 경위와 당사자의 진정한 의사 여하에 따라 그 계약기간이 형식에 불과한 것일 수도 있고, 근로계약의 갱신을 거절당한 근로자가 없다는 사정만으로는 그 계약기간이 형식에 불과하지 않다고 한 경우도 있다.

구체적으로 판례는 ① 동료근로자 상당수가 계약의 갱신을 거절당한 경우[271], ② 계약을 갱신할 때마다 종전 근로계약이 단절되고 새로운 고용조건에 의한 근로계약을 체결한 경우[272] 등에는 계약기간의 정함이 단지 형식에 불과한 것으로 해석하지 않고 있다. 심지어 기간제 임용계약이 반복되어 갱신되어 왔고, 재계약 신청을 거부당한 사실이 없고, 계약기간 만료 전 2개월 전까지 재계약을 신청하면 자동적으로 계약이 갱신된다는 조항이 있음에도 계약기간의 정함이 단지 형식에 불과한 것으로 볼 수 없다고 하는 판례도 있다.[273] 그러나 국가로부터 인건비 전액을 지원받고 감독관청이 계약을 갱신하도록 협조 요청하였고, 별다른 문제없이 근로계약을 갱신하여 온 경우에는 계약기간의 정함은 형식에 불과한 것으로 해석하고 있다.[274]

계약기간을 단지 형식에 불과한 것으로 볼 수 없다 하더라도 제반 사정에 비추어 볼 때, 계속 고용이 기대되는 경우에는 예외적으로 사용자의 근로계약 갱신거절은

268) 대법원 1994. 1. 11. 선고 93다17843; 대법원 1995. 7. 11. 선고 95다9280; 대법원 1998. 1. 23. 선고 97다42489; 대법원 2003. 11. 29. 선고 2003두9336 등.

269) 임종률, 노동법(제6판), 554면; 김유성, 노동법 I(초판), 334면; 대법원 1998. 5. 29. 선고 98두625.

270) 동지 임종률, 노동법(제6판), 554~555면; 김유성, 노동법 I(초판), 334면.

271) 대법원 1995. 6. 30. 선고 95누528.

272) 대법원 2005. 10. 13. 선고 2005두7648.

273) 대법원 1998. 1. 23. 선고 97다42489. 이 판례는 계약기간의 정함이 형식에 불과한 것으로 볼 수 없다고 하는 근거를 ① 1년간 계약기간이 종료할 때마다 그 즉시 1년분 퇴직금을 지급함으로써 그 때마다 종전의 근로관계를 정산하여 온 점, ② 근로자가 외국인으로서 행정당국으로부터 단기간의 체류허가를 받아 국내에 거주하면서 재임용계약이 체결될 때마다 그에 맞추어 체류기간의 연장허가를 받아 온 점을 제시하고 있다.

274) 대법원 2006. 2. 24. 선고 2005두5673.

해고에 해당되는 경우도 있다. 이와 관련하여 최근 판례는 계약기간의 정함이 형식에 불과하다고 볼 수 없더라도 계속적인 고용이 기대되는 경우의 계약기간은 연장이 허용되는 갱신기간이 되므로 해고제한의 법리가 유추 적용되어야 한다는 견해를 취하고 있다.[275] 다만, 계속고용이 기대되는 경우라도 그대로 해고제한의 법리가 적용되는 것이 아니라 유추 적용되는 것이므로 정당한 이유라는 해고제한의 기준보다는 완화된 사회통념상 상당하다고 인정되는 합리적인 이유가 근로계약의 갱신거절 사유가 된다.[276]

판례요지

기간의 정함이 형식에 불과하다고 볼 수는 없더라도 그 고용이 상당기간 반복 갱신되어 계속적인 고용이 기대되는 경우에는 계약기간은 그 만료로써 고용관계가 획일적으로 종결되는 존속기간이 아니라 갱신에 의하여 연장이 허용되는 갱신기간으로 보아야 하고, 따라서 해고제한의 법리가 유추 적용되어 경제사정의 변동에 의한 잉여인력의 발생 등과 같은 사회통념상 상당하다고 인정되는 합리적인 이유 없이 근로계약의 갱신을 거절하는 것은 신의칙상 허용될 수 없다(대법원 2005. 9. 9. 선고 2005두6003).

또한 판례는 경영상 사정으로 정규직에서 계약직으로 신분을 전환한 근로자가 계약기간이 만료되었다는 이유로 사용자가 계약의 갱신을 거절한 사안에 대하여 「법령이나 계약 등에서 계약갱신의 절차 및 요건 등에 관한 규정을 두고 있어 근로자에게 소정의 절차에 따라 계속 고용될 수 있으리라는 기대권이 인정되는 경우에는 그 절차에 위반하여 계약의 갱신을 거절하는 것은 부당해고에 해당되는 것」으로 판단하고 있다.[277]

Ⅵ. 정년 도달

1. 의 의

정년제란 취업규칙·단체협약 등에 의하여 근로자가 일정한 연령(정년)에 도달한 경우에는 근로자의 의사나 능력을 묻지 않고 근로관계를 종료시키는 제도이다. 정년제를 도입한 경우에는 사용자의 의사표시 없이 근로자가 정년에 도달하였다는 사실만으로 근로관계는 종료된다.[278] 정년에 도달하면 당연히 근로관계는 종료되는 것이므로 사용자가 정년에 도달한 근로자에게 행한 퇴직의 통지는 해고에 해당되는 것이

275) 대법원 2005. 9. 9. 선고 2005두6003; 대법원 2006. 2. 24. 선고 2005두5673.
276) 임종률, 노동법(제6판), 556면.
277) 대법원 2005. 7. 8. 선고 2002두8640.
278) 도재형, 도재형, 노동위원회 패소사례분석(2000. 1. 1.~ 2005. 4. 30.), 170면.

아니라 근로관계의 종료를 확인하는 관념의 통지에 해당된다.[279]

정년제의 목적은 근로자가 정년에 도달할 때까지는 기업에 대한 귀속감을 갖게 신분을 보장함으로써 근로관계의 안정을 도모하고, 고임금 노령화된 노동력을 신진층인 저임금 근로자로 대체함으로써 취업을 촉진시키는 동시에 승진기회의 부여 및 근로제공의 효율성을 제고하는데 있다.[280]

정년을 얼마로 정할 것인가는 근로의 성질·내용·근무형태 등 제반 여건을 고려하여 합리적인 기준에 따라 기업이 자율적으로 정할 사항으로써 특별한 사정이 없는 한 사용자의 권한에 속한다.[281]

판례요지

취업규칙 등에 명시된 정년에 도달하여 당연퇴직하게 된 근로자에 대하여 사용자가 그 정년을 연장하는 등의 방법으로 근로관계를 계속 유지할 것인지 여부는 특별한 사정이 없는 한 사용자의 권한에 속하는 것이다(대법원 2008. 2. 29. 선고 2007다85997).

따라서 기업이 업무의 특성, 업무의 내용, 업무의 성질 등을 종합적으로 고려하여 합리적인 기준에 따라 정년을 설정한 경우에는 직책 또는 직급에 따라 정년을 달리 정할 수 있을 뿐만 아니라 직종에 따라 정년을 달리 정할 수 있다.[282] 그러나 정년제는 계속 근로에 대한 의사가 있음에도 단지 정년 도달이라는 획일적인 기준에 의하여 근로관계가 종료되는 것이기 때문에 근로자의 입장에서 보면, 해고와 같은 효과가 발생한다. 그리고 우리나라의 정년은 유럽국가와는 달리 공적연금의 수급연령과 무관하게 기업 자체의 사정에 따라 결정된다는 점에서 정년제도에 대한 재평가가 필요하다는 인식이 확산되고 있다.[283]

2. 정년제의 합법성 논란

1) 문제의 소재

정년제는 근로할 의사와 능력이 있음에도 단지 기업이 획일적으로 정해 놓은 정년

279) 대법원 1994. 12. 27. 선고 91누9244.
280) 이상윤, 노동법(제3판), 443면.
281) 대법원 1989. 3. 28. 선고 88누4812; 대법원 1994. 5. 24. 선고 94누873; 대법원 1997. 7. 22. 선고 95다6991; 대법원 1998. 2. 13. 선고 96다52236; 대법원 2008. 2. 29. 선고 2007다85997 등.
282) 대법원 1991. 4. 9. 선고 90다16245; 대법원 1996. 8. 23. 선고 94누13589; 대법원 1997. 10. 24. 선고 97누1686; 대법원 1997. 11. 11. 선고 97누1990; 대법원 2008. 2. 29. 선고 2007다85997 등.
283) 김유성, 노동법 I (초판), 337면 이하.

에 도달하였다는 이유로 근로관계가 종료되는 것이므로 근로자의 귀책사유에 의한 해고는 아니지만 소득의 원천인 직장을 상실한다는 점에서 해고와 같은 효과가 발생한다. 특히, 고령화 사회에 접어들면서 고령자의 비율이 빠르게 증가하고 있으나, 공적연금의 수급연령 이전에 퇴직하게 됨으로써 정년퇴직 후에 생계곤란을 겪는 경우가 발생하고 있다. 이와 같은 정년제에 대한 부정적인 인식이 확산되면서 정년제에 대한 재평가와 정년퇴직에 대해서도 해고의 제한법리를 적용해야 한다는 논란이 일고 있는데, 그 논란의 쟁점은 바로 정년제에 대한 합법성 여부이다.[284)]

2) 쟁점 논란

학설은 정년제에 대하여 합법이라는 견해와 위법이라고 하는 견해가 있으나, 판례와 다수설은 합법이라는 견해를 취하고 있다.

첫째, 정년제가 합법이라는 근거로서는 ① 현실적으로 기업이 고용할 수 있는 근로자에는 한계가 있다는 점, ② 고령자를 일정한 기준에 의해 퇴직시키지 않으면 과다한 고령자가 근로하게 되어 기업운영에 장애가 발생한다는 점, ③ 고령자에 대한 개별적인 노동능력을 평가하여 근로관계를 종료하기 보다는 사전에 획일적인 기준에 따라 당연 퇴직시키는 것이 오히려 합리적이라는 점, ④ 정년까지는 고용이 보장된다는 점 등을 제시하고 있다.[285)]

둘째, 정년제가 위법이라는 근거로서는 ① 정년제는 원칙적으로 연령에 의한 고용차별이기 때문에 헌법 제11조의 평등원칙·근로기준법 제6조의 차별대우금의 원칙·민법 제103조의 공서양속규정에 반한다는 점, ② 정년제의 합리성은 기업 측의 현실적인 사정만을 고려한 것이라는 점, ③ 정년제에 대한 합법성의 전제가 되었던 종신고용제·연공서열제·근로조건의 집단적 결정시스템이 와해되고 있는 점, ④ 급속하게 고령화 사회로 이행되고 있는 상황에서 정년제의 순기능 효과가 크지 않다는 점을 제시하고 있다.[286)]

---

284) 그러나 실무에서는 남녀차별을 이유로 한 정년차별을 제외하고는 정년제의 합법성 여부가 다루어진 사례는 없다. 실무상 문제되는 것은 정년제를 도입하고 있지 않은 사업장에서 정년제를 신설하는 것이 근로조건의 불이익변경에 해당되는가의 여부에 대한 해석론이다.

285) 아직까지 정년제의 합법성 논란에 대한 자세한 내용을 언급한 것은 없으나, 대체로 이와 같은 근거로 정년제는 합법이라고 가정하고 있는 것 같다. 다만, 정년은 당사자 또는 사용자가 자유롭게 정할 수 있는 사항이라도 사회통념상 받아들일 수 없는 낮은 연령의 정년은 무효라고 하거나(이상윤, 노동법(제3판), 443~444면; 하갑래, 근로기준법(제16판), 764~765면), 정년이 특별히 불합리하거나 불공정한 것에 한하여 무효라는 주장이 있을 뿐이다(임종률, 노동법(제6판), 557면). 정년제의 합법성 근거에 관한 상세는 조용만, 「고용에서의 연령차별금지의 법적 현황과 과제」, 134면; 이철수, 「고령자 고용과 정년제의 법적 과제」, 111면 참조.

반면, 판례는 일관하여 정년제의 합법성을 인정하는 경향을 보이고 있다. 헌법재판소는 법관 정년제의 합헌성 여부에 관하여 사법제도의 기능유지, 사법조직의 활력부여, 조직의 활성화 및 직무능률의 유지 등을 근거로 합헌성을 인정하고 있다.[287] 그리고 대법원은 「특별한 사정이 없는 한 정년연장 여부는 사용자의 권한에 속하는 것이므로 근로자는 정년연장을 요구할 수 있는 권리가 없고, 해당 근로자에게 가혹하거나 다른 근로자의 정년과 형평성에 반한다는 사정만으로 정년연장을 하지 않는 것이 정당성이 없는 것으로 단정할 수 없다.」고 하여 원칙적으로 정년제의 합법성을 인정하고 있다.[288] 그리고 정년제의 합법성 여부는 「근로의 성질·내용·근무형태 등 제반 여건에 따라 합리적인지의 여부에 따라 판단해야 하고[289], 정년연장을 허용하지 아니한 조치의 정당성은 취업규칙 등의 규정내용이나 규정취지에 위배되는지 여부에 따라 판단해야 한다.[290]」고 해석하고 있다.

판례요지

정년에 도달하여 당연퇴직하게 된 근로자에 대하여 사용자가 그 정년을 연장하는 등의 방법으로 근로관계를 계속 유지할 것인지 여부는 특별한 사정이 없는 한 사용자의 권한에 속하는 것으로서, 해당 근로자에게 정년연장을 요구할 수 있는 권리가 있다고 할 수 없고, 사용자가 해당 근로자에게 정년연장을 허용하지 아니한 조치의 정당성은 사용자의 행위가 법률과 취업규칙 등의 규정 내용이나 규정 취지에 위배되는지 여부에 의하여 판단해야 하며, 단지 정년연장을 허용하지 아니하는 것이 해당 근로자에게 가혹하다든가 혹은 다른 근로자의 경우에 비추어 형평에 어긋난다는 사정만으로 그 정당성이 없는 것으로 단정할 수는 없다(대법원 2008. 2.29. 선고 2007다85997).

3) 평 가

정년제는 기업이 정한 정년에 도달하였다는 이유만으로 당연 퇴직시키는 제도이므로 근로할 의사와 능력이 충분히 있는 고령자에게는 실질적으로 해고와 같은 효과가

---

286) 정년제의 위법성 근거에 관한 상세는 김유성, 노동법Ⅰ(초판), 339면; 도재형, 노동위원회 패소사례분석(2000. 1. 1.~ 2005. 4. 30.), 170면; 이철수, 「고령자 고용과 정년제의 법적 과제」, 112면; 조용만, 「고용에서의 연령차별금지의 법적 현황과 과제」, 134면 참조

287) 헌법재판소 2002. 10. 31. 선고 2001헌마557.

288) 대법원 1989. 3. 28. 선고 88누4812; 대법원 1994. 5. 24. 선고 94누873; 대법원 1997. 7. 22. 선고 95다6991; 대법원 1998. 2. 13. 선고 96다52236; 대법원 1996. 10. 29. 선고 95누15926; 대법원 2008. 2. 29. 선고 2007다85997 등.

289) 대법원 1991. 4. 9. 선고 90다16245.

290) 대법원 2008. 2. 29. 선고 2007다85997.

발생하고 있음은 부정할 수 없다. 그러나 정년제는 기본적으로 근무수행능력이 부족한 고령근로자에 대해서는 근로계약관계를 종료하고 그 인력을 신규 근로자로 대체하는 기능을 수행함으로써 노동력의 신진대사를 촉진하는 역할을 한다. 그리고 고령근로자의 취업을 보장해야 한다는 필요성이 있다는 이유만으로 법률적으로 정년을 연장하거나 정년제의 폐지를 강제하는 것은 노동력수급의 원칙에도 반할 뿐만 아니라, 정년제와 관계없이 재고용제도를 통하여 근무수행능력이 우수한 고령자들은 정년 이후에도 취업할 기회를 가질 수 있다.

이와 같은 정년제의 취지와 기능을 고려하면, 정년제의 도입 여부 및 정년의 연령, 정년의 연장 여부는 사용자의 권한에 속하는 것으로 볼 수밖에 없기 때문에 정년제가 위법한 것으로 평가할 수 없다. 다만, 고령자의 생계보호와 취업기회를 부여할 필요성은 충분히 인정되기 때문에 정책적으로는 공적연금의 수급연령과 정년이 일치하도록 하거나 고령자의 취업을 촉진할 수 있도록 적극적인 정책의 추진은 필요하다.

그러나 정년기준은 보호대상이 되는 근로조건에 해당되는 것이므로 정년제를 실시하여 오지 않다가 취업규칙에 정년제를 도입한 경우에는 근로조건의 불이익 변경에 해당되는 것으로 해석함이 타당하다. 따라서 새로이 정년제를 도입하기 위해서는 근로자의 집단적 동의를 얻어야 한다.

3. 정년제의 법적 규제 및 정년연장 등을 위한 지원제도

정년의 연령은 근로의 성질·내용·근무형태 등 기업의 제반 여건을 고려하여 사용자가 합리적인 기준에 따라 정하면 되는 것이나, 간접적으로 기업으로 하여금 근로자의 정년을 연장하도록 하거나 고령자의 취업을 촉진하기 위한 정책적인 제도를 실시하고 있다. 그리고 경우에 따라서는 법률이 금지하고 있는 차별정년제에 해당되는 경우도 있을 수 있다.

1) 정년제의 법적 규제

(1) 정년제의 신설 및 변경의 제한

정년제는 법률이 규율하는 제도가 아니므로 정년제의 실시 여부는 전적으로 단체협약이나 취업규칙에 정한 내용에 따라 결정된다. 그런데 취업규칙의 개정을 통하여 정년제를 도입하거나 정년을 단축하는 경우에 근로조건의 불이익 변경에 해당되는 것으로 보아 근로기준법 제94조 제1항 단서의 규정에 따라 근로자의 집단적 동의절차를 거쳐야 하느냐의 여부가 문제될 수 있는데, 원칙적으로 그 동의를 얻어야 한다.[291] 왜냐하면 정년연령의 기준은 근로조건에 해당되는 것이고, 정년제를 도입하거나 기존의 정년을 낮추는 것은 근로조건의 불이익 변경에 해당되기 때문이다. 다만, 정년의 도입이나 정년의 단축이 사회통념상 합리성이 있음에도 근로자가 이에 대한 동의를 거부한 경우에는 정년의 도입 또는 정년을 낮추더라도 그 효력은 인정된다고 보아야 한다.

(2) 차별정년 금지

정년의 연령은 사용자가 합리적인 기준에 따라 정할 수 있는 사항이나, 성별·국적·신앙·사회적 신분에 따른 차등정년제는 금지된다(근로기준법 §6). 그러나 해당 업무의 성질·내용·근무형태, 인력의 정도·연령별 인원구성·정년의 차이 정도, 근로자의 의견 등을 종합하여 설정한 합리적인 기준에 따른 직책·직급·직종에 따라 정년의 연령을 달리 정하는 것은 차별정년금지 원칙에 위반되지 않는다.[292] 그리고 정년은 사업의 특성을 고려하여 사용자 또는 당사자의 합의에 따라 정하는 것이 원칙이므로 다른 기업의 정년보다 낮다고 하더라도 법률상 무효로 볼 수 없다.[293]

판례요지

원고의 교환직렬에서의 인력의 잉여 정도, 연령별 인원구성, 정년 차이의 정도, 차등정년을 실시함에 있어서 노사간의 협의를 거친 점, 신규채용을 하지 못한 기간, 현재의 정년에 대한 교환직렬 직원들의 의견 등에 비추어 보아 원고가 교환직렬에 대하여 다른 일반직 직원과 비교하여 5년간의 정년차등을 둔 것이 사회통념상 합리성이 없다고 단정하기는 어렵다(대법원 1996. 8. 23. 선고 94누13589).

(3) 정년과 퇴직효력의 발생일

정년은 통상적으로 1년 단위를 의미하는 것이므로 어느 시점을 기준으로 퇴직일로 볼 것인가에 대하여 논란이 있을 수 있다. 즉, 정년에 도달한 날, 정년에 도달한 달의 말일, 정년에 도달한 해의 매분기 말일, 정년에 도달한 해의 매반기 말일, 정년에 도달하는 해의 연말, 정년이 종료되는 날 중 어느 것을 기준으로 정년퇴직의 효력발생일로 볼 것인가의 여부이다. 정년퇴직일을 어느 시점으로 보느냐에 따라 당사자에게 미치는 이해관계가 크기 때문에 정년을 정할 때에는 그 퇴직일을 명확히 할 필요성이 있

291) 대법원 1997. 5. 16. 선고 96다2507; 서울행정법원 2001. 1. 18. 선고 2000구12156; 중앙노동위원회 2000. 5. 9. 2000부해73; 중앙노동위원회 2000. 4. 6. 2000부해1; 중앙노동위원회 2001. 3. 9. 2000부해629 등.

292) 대법원 1991. 4. 9. 선고 90다16245; 대법원 1996. 8. 23. 선고 94누13589.

293) 대법원 1991. 4. 9. 선고 90나22624.

다.[294] 노동법은 정년퇴직일에 관하여 특별히 정한 것이 없기 때문에 다음의 원칙에 따라 퇴직일을 정하면 무방할 것이다. 즉, 취업규칙 등에 정한 퇴직일⇒노동관행⇒정년에 도달한 날의 순서에 따르면 무방할 것이다. 이에 대하여 「기간을 일, 주, 월, 또는 년으로 정한 때에는 그 기간의 말일의 종료로 기간이 만료된다.」라는 민법 제159조의 규정을 원용하여 정년이 종료되는 날을 정년퇴직일로 보아야 한다는 견해가 있을 수 있으나, 정년은 기간이 아니고 종기부기한(終期附期限)으로 보아야 하므로 정년에 도달한 날을 퇴직일로 하더라도 법 위반이 되지 않는다.[295]

정년을 남겨 놓은 상태에서 해고를 당한 근로자가 해고무효 확인소송 등 쟁송 도중 사실심 변론종결 이전에 정년이 도래한 경우에 해고무효 확인소송의 이익이 있는가에 관하여 판례는 「사실심 변론종결일 이전에 정년이 도래한 경우에는 근로자의 지위를 회복하는 것이 불가능하다는 이유로 소의 이익이 없는 것」으로 판단하고 있다.[296] 그러나 사실심 변론종결일 이전에 정년을 남겨놓은 경우에는 해고를 다투는 기간까지 정년에 포함시키는 것은 근로권을 제한하는 것이므로 사용자는 잔여 정년기간에 대해서는 고용을 보장해야 한다. 이와 관련하여 판례는 「직권면직기간을 계급정년기간에 포함한다면 공무원 신분보장 규정의 취지를 근본적으로 훼손하게 되므로 직권면직기간은 계급정년기간에서 제외된다고 봄이 상당하다.」라고 판단하고 있다.[297]

판례요지

직권면직처분이 법령상의 직권면직 사유 없이 오로지 임명권자의 일방적이고 중대한 귀책사유에 기인한 것이고, 그러한 직권면직처분으로 인해 줄어 든 직무수행기간 때문에 당해 공무원이 상위계급으로 승진할 수 없었다는 등의 특별한 사정이 인정되는 경우까지 직권면직기간을 계급정년기간에 포함한다면 헌법 제7조 제2항 소정의 공무원신분보장 규정의 취지를 근본적으로 훼손하게 되므로 그러한 경우에는 예외적으로 직권면직기간이 계급정년기간에서 제외된다고 봄이 상당하다(대법원 2007. 2. 8. 선고 2005두7273).

(4) 정년퇴직자의 재고용

재고용이란 기업의 편의 또는 근로자의 사정에 따라 정년에 도달한 이후에도 계속

---

294) 국가공무원법 제74조 제4항은 「공무원은 그 정년에 달한 날이 1월에서 6월 사이에 있는 경우에는 6월 30일에, 7월에서 12월 사이에 있는 경우에는 12월 31일에 각각 당연 퇴직한다.」라고 규정하고 있다.

295) 하갑래, 근로기준법(제16판), 767면; 대법원 1973. 6. 12. 선고 71다2669; 대법원 2002. 9. 27. 선고 2000두4600.

296) 대법원 1984. 6. 12. 선고 82다카139.

297) 대법원 2007. 2. 8. 선고 2005두7273.

하여 근로자를 고용하는 것을 말한다. 재고용은 근로관계를 일단 종료시키고 새로운 근로계약을 맺는 것이기 때문에 정년연장과는 구별된다.[298] 정년에 도달한 근로자의 근로관계는 자동적으로 종료되는 것이나, 정년퇴직자와 사용자와의 합의에 의하여 정년 퇴직자를 재고용하는 것은 무방하다.

정년퇴직자의 재고용은 종전의 근로관계를 일단 종료시키고 새로운 근로계약을 체결하는 것이므로 취업규칙 등에 명시적인 근거 규정이 없다 하더라도 사용자는 정년퇴직자 중에서 자유롭게 재고용대상자를 선별할 수 있고, 근로조건의 내용도 당사자의 합의로 종전의 근로조건과 다르게 정할 수 있다.[299] 그러나 취업규칙 등에 정년퇴직자에게 결격사유가 없는 한 재고용의 권리를 부여하고 있거나 재고용의 관행이 확립되어 묵시의 계약내용으로 되어 있었다고 인정되는 경우에는 재고용계약의 체결을 요구할 권리가 발생한다.[300]

사용자가 정년에 도달한 근로자를 계속하여 재고용한 경우라도 정년의 도달은 당연퇴직사유에 해당되기 때문에 근로관계는 종료된 것으로 보는 것에는 이설이 없다. 그러나 취업규칙에 재고용할 수 있다는 취지를 명시적으로 규정한 경우에는 근로관계가 종료되지 않는 것으로 보는 견해가 있다.[301] 그러나 근로관계의 종료로 보지 않는 경우에는 오히려 근로조건에 있어서 근로자에게 불이익하게 작용될 수도 있으므로 취업규칙 등에 재고용규정 여부와 관계없이 근로관계는 종료된 것으로 해석해야 한다. 왜냐하면, 재고용된 근로자는 일반적으로 종전의 임금수준보다 낮은 것이 보통이므로 퇴직금 등의 산정에서 불이익을 입을 수도 있기 때문이다.

(5) 정년 초과근무와 퇴직의 제한

취업규칙 등에 정년을 정하였더라도 사용자의 동의 아래 근로자가 상당기간 동안 계속하여 근로를 제공하여 왔다면 특별한 사정이 없는 한 정년 도달만을 이유로 정년퇴직시키는 것은 해고에 해당된다. 다만, 사무처리의 착오 등에 의하여 정년을 초과하여 근무하게 된 경우에는 사용자가 정년퇴직시킬 수 있으나, 그에 대한 입증책임은 사용자가 부담해야 한다.[302]

298) 이철수, 「고령자 고용과 정년제의 법적 과제」, 114면.

299) 이와 관련하여 「고용상 연령차별금지 및 고령자고용촉진에 관한 법률」 제21조는 「사업주는 정년에 도달한 자가 그 사업장에 다시 취업하기를 희망할 때 그 직무수행 능력에 맞는 직종에 재고용하도록 노력하여야 하고(제1항), 사업주는 고령자인 정년 퇴직자를 재고용할 때 당사자 간의 합의에 의하여 퇴직금과 연차유급(年次有給) 휴가일수 계산을 위한 계속근로기간을 산정할 때 종전의 근로기간을 제외할 수 있으며 임금의 결정을 종전과 달리할 수 있는 것으로 규정하고 있다.

300) 임종률, 노동법(제6판), 558면.

301) 김형배, 노동법(신판제4판), 616~617면.

302) 하갑래, 근로기준법(제16판), 767면.

판례요지

근로자가 정년이 지난 후에도 사용자의 동의 아래 기간의 정함이 없이 사용자와의 근로관계를 계속 유지하여 왔다면, 사용자는 특별한 사정이 없는 한 단순히 당해 근로자가 정년이 지났다거나 고령이라는 이유만으로 근로관계를 해지할 수는 없고, 당해 근로자를 해고하기 위해서는 근로기준법 제30조 제1항 소정의 정당한 이유가 있어야 한다(대법원 2003. 12. 12. 선고 2002두12809).

2) 정년연장 또는 재고용촉진을 위한 제도

정년의 도입 여부 및 정년의 연령을 어떻게 정할 것인가의 문제는 원칙적으로 사용자의 권한에 속하는 것이므로 법률로 근로자의 정년을 연장하거나 정년퇴직자의 재고용을 강제하는 것은 사적자치의 원칙에 반한다. 그러나 ① 고령화 사회에 접어들면서 고령인구의 증가, ② 퇴직 후의 사회보장제도의 미흡, ③ 핵가족화 등 사회적·경제적 구조와 생활의 변화 등의 상황을 고려하면 고령자의 취업을 확대하고 정년을 연장해야 한다는 당위성이 있다. 특히 공적연금의 수급연령인 60세로 정년을 보장할 필요성이 있다. 이러한 관점에서 정년을 연장하거나 정년퇴직자의 재고용을 촉진시키기 위한 각종 정책지원제도를 시행하고 있다.

(1) 정부의 정년권장제도

「고용상 연령차별금지 및 고령자고용촉진에 관한 법률(이하 "고용촉진법")」 제19조는 「사업주가 근로자의 정년을 정하는 경우에는 그 정년이 60세 이상이 되도록 노력하여야 한다.」라고 규정하여 정부는 정년제를 도입하는 사업주에게 근로자의 정년을 60세 이상이 되도록 권장하고 있다.[303)]

정년의 연령은 사용자가 결정할 사항이나, 사회통념상 받아들일 수 없는 너무 낮은 정년의 연령은 선량한 풍속 기타 사회질서에 위반한 사항을 내용으로 하는 법률행위에 해당되어 무효로 될 수도 있다(민법 §103). 이러한 취지로 고용촉진법 제20조 제2항과 제3항은 노동부장관은 정년을 현저히 낮게 정한 사업주에게 정년 연장에 관한 계획을 작성·제출할 것을 요청할 수 있고, 사업주가 제출한 정년연장 계획이 적절하지

303) 고용촉진법은 60세 정년을 권장하고 있지만 정년연장계획의 작성 제출 등 행정지도 이외에 60세를 하회하는 정년의 설정을 규제할 수 있는 제도적 장치가 마련되어 있지 않다. 그리고 정년퇴직자 재고용장려제도 역시 직접적인 정년연장의 효과를 기대할 수 없다. 국민연금법상 완전노령연금의 수급연령인 60세와 균형을 유지할 수 있는 제도적 연계성을 강화할 수 있는 방안을 강구할 필요성이 있다(조용만, 「고용에서의 연령차별금지의 법적 현황과 과제」, 140~141면).

아니한 경우에는 그 계획의 변경을 권고할 수 있도록 규정하고 있다.[304)]

(2) 재고용 및 고용촉진지원제도

정년퇴직자의 재고용의무를 사용자에게 부담시킬 수는 없지만, 정책적으로는 정년퇴직자를 재고용한 사업주에 대해서는 다양한 지원을 함으로써 재고용을 유도할 필요성이 있다. 이러한 취지로 고용촉진법 제21조의 2는 정년퇴직자를 재고용하거나 그 밖에 정년퇴직자의 고용안정에 필요한 조치를 하는 사업주에게 장려금 지급 등 필요한 지원을 할 수 있도록 규정하고 있으며, 제14조에서는 대통령령으로 정하는 기준고용률을 초과하여 고령자를 추가로 고용하는 경우에는 조세특례제한법으로 정하는 바에 따라 조세를 감면하도록 규정하고 있다.

(3) 임금피크제도

「임금피크제도」란 사업주가 근로자 대표의 동의를 받아 일정한 연령에 도달한 근로자를 대상으로 일정한 연령 이상까지의 고용을 보장하는 조건으로 근로자의 임금을 감액하는 제도를 말한다.[305)] 임금피크제도는 임금조정과 고용보장을 교환조건으로 하는 것이기 때문에 임금피크제도를 시행하기 위해서는 반드시 고용보장기간을 설정해야 한다. 고용보장기간을 결정하는 방법은 정년까지 고용을 보장하는 「정년보장형」과 정년 이후 일정기간까지 고용을 보장하는 「고용연장형」이 있는데, 정년연장과 관련된 것은 후자이다.

고용보험법은 사업주로 하여금 근로자의 정년을 보장하고 정년의 연장을 유도하기 위한 목적으로 2010년까지 한시적으로 노동부령이 정하는 연령(56세) 이상까지의 고용보장을 조건으로 하는 임금피크제의 적용근로자에 대하여 임금피크제 보전수당을 지급하도록 규정하고 있다(법 §23, 영 §28). 「임금피크제 보전수당」이란 사업주가 근로자 대표의 동의를 받아 노동부령이 정하는 연령 이상까지의 고용보장을 조건으로 일정 연령·근속시점 또는 임금액을 기준으로 임금을 감액하는 해당 근로자에 대하여 감액임금의 일정액을 보전하여 주는 정부의 고용안정지원금을 말한다. 임금피크제 보전수당은 당해 사업주에 고용되어 18월 이상을 계속 근무한 54세 이상 근로자로서 임금피크제의 적용으로 임금이 최초로 감액된 날이 속하는 연도의 직전연도 임금(피

---

304) 민법 제103조의 반사회적 법률행위가 되는 낮은 현저히 낮은 정년에 해당되는가의 여부는 최종적으로 법원이 판단할 사항이지만, 노동부장관의 정년연장 계획변경의 권고는 하나의 판단기준으로 원용될 수 있을 것이다.

305) 이하의 내용은 노병호·한경식, 임금보호법(초판), 237면 이하를 정리한 것임.

크임금)과 당해 연도의 임금을 비교하여 100분의 10 이상 떨어진 근로자에게 지급한다 (영 §28·②·④).

(4) 가동연한제도

가동연한이란 사고가 없었다면 수입을 얻을 수 있는 연령을 말하는데, 가동연한은 주로 채무불이행 또는 불법행위로 인한 인적 손해배상액을 산정하기 위한 전제가 된다. 가동연한의 연령을 얼마로 정할 것인가는 구체적으로 법원이 판단할 사항이지만, 평균수명이 증가하면 판례를 통하여 그에 따라 가동연한도 연장된다고 할 수 있다. 실례로 대법원은 종전 일반 육체근로자의 가동연한을 55세로 보았으나, 평균수명이 증가됨에 따라 1989. 12. 26. 전원합의체 판결을 통하여 가동연한을 60세로 상향 조정하였다.[306] 손해배상 산정의 전제가 되는 가동연한이 직접적으로 정년연장과는 관련이 없으나, 정년연장의 근거가 되어 단체교섭을 통하여 단체협약에 반영되거나 사용자가 취업규칙에 정년의 연령을 조정할 수 있도록 하는 기능을 한다.

Ⅶ. 당연퇴직

1. 의 의

당연퇴직제도란 취업규칙·단체협약 등에서 일정한 사유의 발생을 당연퇴직사유로 규정하고 이와 같은 사유의 발생 일에 당연히 근로관계가 종료되는 것을 말한다. 예컨대, ① 휴직기간이 경과되었음에도 휴직사유가 해소되지 아니한 경우, ② 업무에 필요한 자격요건을 취득하지 못하거나 상실한 경우, ③ 직위해제(대기발령)를 받은 후 3개월 만에 보직을 받지 못한 경우, ④ 사망·정년·근로계약기간의 만료, ③ 이중 취업한 경우 등을 당연퇴직사유로 정하는 것을 말한다.[307]

근로관계의 당연퇴직사유를 근거한 사용자의 당연퇴직처분은 법률상 당연히 발생한 퇴직의 사유 및 시기를 공적으로 확인하여 알려주는 관념의 통지에 불과하여 해고처분과 같은 새로운 형성적 행위를 내용으로 하는 법률행위로 볼 수 없다.[308]

---

306) 대법원 1989. 12. 26. 선고 88다카16867 전원합의체 판결은 「우리나라의 사회적, 경제적 구조와 생활여건이 급속하게 향상 발전됨에 따른 저반사정의 변화에 비추어 보면 이제 일반육체노동 또는 육체노동을 주된 내용으로 하는 생계활동의 가동연한이 만 55세라는 경험칙에 의한 추정은 더 이상 유지되기 어렵다고 하지 않을 수 없으며 오히려 일반적으로 만 55세를 넘어서도 가동할 수 있다고 보는 것이 경험칙에 합당하다.」라고 판시하였다.

307) 이상윤, 노동법(제3판), 441면.

308) 대법원 2008. 2. 29. 선고 2007다85997.

2. 당연퇴직규정의 유효성

취업규칙·단체협약 등에 규정된 당연퇴직사유의 발생일에 근로관계를 당연히 종료하는 것이 해고에 해당되는가에 관하여 「당연퇴직설」과 「해고적용설」이 있다.

1) 학 설

「당연퇴직설」은 당연퇴직사유가 발생하면 당연히 근로관계가 종료되는 것이므로 근로기준법 제23조 제1항의 해고에 해당되지 않는다는 견해이다.[309] 이 견해에 의하면, 당연퇴직사유의 발생으로 근로관계는 자동적으로 종료되는 것이므로 사용자의 해고통지는 물론 근로기준법상의 해고제한 절차를 준수할 필요가 없다고 한다. 예컨대, 휴직기간 만료 시까지 휴직사유가 해소되지 아니한 경우에는 근로관계가 당연히 종료된다는 규정은 정년제와 마찬가지로 근로계약의 자동종료사유를 정한 것으로 근로기준법 제23조의 해고와는 구별된다고 한다.

「해고적용설」은 취업규칙 등에 정한 당연퇴직사유가 발생하였더라도 근로관계는 당연히 종료되는 것이 아니라 그 사유가 근로기준법 제23조의 정당한 해고의 요건을 충족한 경우에만 근로관계가 종료된다는 견해이다.[310] 이 견해에 의하면, 당연 퇴직사유인 근로자의 사망·정년·계약기간의 만료 등의 경우를 제외한 당연퇴직사유의 경우에는 근로기준법 제23조의 정당한 해고사유가 있어야만 근로관계가 종료된다고 한다.

2) 판 례

판례는 「사용자가 어떤 사유의 발생을 당연퇴직사유로 규정하고 있다 하더라도, 근로자의 사망·정년·근로계약기간의 만료 등 근로관계의 자동소멸사유로 보이는 경우를 제외하고는 당연퇴직처분은 해고에 해당된다.」라고 하여 취업규칙 등에 정한 당연퇴직사유의 발생으로 근로관계는 당연히 종료되는 것이 아니고 근로기준법 제23조의 정당한 해고요건을 갖춘 경우에 한하여 당연퇴직규정의 유효성을 인정하고 있다.[311]

판례요지

사용자가 어떤 사유의 발생을 당연 퇴직 또는 면직사유로 규정하고 그 절차를 통상의 해고나 징계해고와 달리한 경우에 그 당연퇴직사유가 근로자의 사망이나 정년, 근로계약기

309) 하갑래, 근로기준법(제16판), 769~770면; 김형배, 노동법(신판제4판), 651~652면은 이 견해를 취하고 있는 것 같다.

310) 도재형, 노동위원회 패소사례분석(2000. 1. 1.~ 2005. 4. 30.), 178면.

311) 대법원 1999. 9. 3. 선고 98두18848; 대법원 2007. 10. 25. 선고 2007두2067.

> 간의 만료 등 근로관계의 자동소멸사유로 보이는 경우를 제외하고는 이에 따른 당연퇴직처분은 근로기준법 제23조 소정의 제한을 받는 해고라고 할 것이고, 위와 같이 취업규칙 등에 당연퇴직사유로서 근로관계의 자동소멸사유에 해당하지 아니하는 사유를 규정한 경우 그 의미는 그 규정 취지나 다른 당연퇴직사유의 내용 등에 비추어 합리적으로 판단하여야 한다(대법원 2007. 10. 25. 선고 2007두2067).

3) 평 가

사용자는 취업규칙에 해고와는 별도로 당연퇴직사유를 규정하고 그 사유가 발생하면 별도의 해고사유와 절차를 거치지 않고 근로관계가 종료되는 것으로 할 수는 있으나, 그 당연퇴직사유의 발생으로 당연히 근로관계가 종료되는 것으로 본다면 근로기준법 등에 의한 해고제한 규정이 형해화된다. 따라서 비록 취업규칙 등에 당연퇴직사유에 해당된다 하더라도 근로기준법 제23조의 정당한 해고요건을 갖추지 못한 경우에는 부당해고에 해당되는 것으로 보는 것이 합리적이므로 해고적용설이 타당하다.[312)]

3. 당연퇴직처분과 해고제한 절차와의 관계

일반적으로 취업규칙 등에 당연퇴직사유를 규정하고 있는 경우에는 징계해고와는 달리 그 절차에 관한 규정을 두지 않고 있다. 문제는 취업규칙 등에 정한 당연퇴직사유가 근로기준법 제23조 제1항의 해고사유에 해당되지 않는 경우에 사용자가 당연퇴직처분을 함에 있어서 근로기준법상의 해고제한절차를 준수해야 할 의무가 있는가의 여부이다. 이에 관하여 판례는 「단체협약 등에서 실질적으로 징계사유에 해당하는 당연퇴직사유에 대하여 징계해고에 관한 절차 등을 거치도록 규정하고 있지 않은 이상 사용자가 당연퇴직처분을 하면서 해고의 절차를 거치지 않아도 된다.」는 입장을 취하고 있다.[313)]

---

312) 당연퇴직사유의 성질에 따라 해고에 해당되는가의 여부를 별도로 판단해야 한다는 전제에서 근로자의 사망·정년·계약기간의 만료 등의 당연퇴직사유는 당연퇴직사유로 인정하고, 기타의 사유에 대해서는 별도로 근로기준법 제23조의 정당한 해고사유에 해당되는가의 여부에 근로관계가 종료된다고 하여 당연퇴직사유의 성질에 따라 당연퇴직규정의 유효성을 판단해야 한다는 견해가 있으나(이상윤, 노동법(제3판), 442면), 이 역시 해고적용설과 차이가 없다. 그리고 원칙적으로 당연퇴직설에 동조하는 견해 역시도 사회통념상 합리성이 없고 근로자의 의사에 반하여 당연 퇴직토록 하는 경우에는 근로기준법 제23조의 해고의 정당성 유무를 살펴야 한다는 입장이므로 해고적용설과 차이가 없다(하갑래, 근로기준법(제16판), 769~770면).

313) 대법원 1995. 3. 24. 선고 94다42082; 대법원 1995. 7. 14. 선고 95다1767; 대법원 1998. 4. 24. 선고 97다58750. 그러나 사용자가 취업규칙 등에 실질적인 해고에 해당되는 것을 당연퇴직사유로 규정한 경우, 사용자가 정당한 해고사유의 요건만 입증하면 해고예고수당의 지급 등 근로기준법상의

판례요지

단체협약 등에서 당연퇴직사유에 대하여 징계해고에 관한 절차 등을 거치도록 규정하고 있지 않다 하여 그것이 근로기준법상의 해고제한 규정을 회피하려는 것으로서 무효라고 할 수 없고, 이처럼 당연퇴직에 대하여 일반의 징계해고와 달리 아무런 규정을 두고 있지 아니한 경우에는 그 당연퇴직사유가 동일하게 징계사유로도 규정되어 있는 경우를 제외하고는 당연퇴직처분을 하면서 일반의 징계절차를 거쳐야 한다고 할 수 없으며, 이는 당연퇴직사유가 실질적으로는 징계사유에 해당하는 경우에도 달리 볼 것은 아니다(대법원 2007. 10. 25. 선고 2007두2067).

4. 유형에 따른 당연퇴직처분의 정당성

통설과 판례는 근로자의 사망·정년·계약기간의 만료 등 근로관계의 자동소멸사유로 보이는 경우를 제외하고는 취업규칙·단체협약 등에 정한 당연퇴직사유가 유효하기 위해서는 근로기준법 소정의 해고의 정당한 사유가 있어야 한다는 견해이다. 따라서 각 당연퇴직사유별로 그 정당성 유무를 판단할 수밖에 없으나, 여기서는 실무상 많이 거론되고 있는 몇 가지 당연퇴직사유에 따른 당연퇴직처분의 정당성 유무를 간단히 개관하기로 한다.[314)]

1) 휴직사유가 해소되지 않은 경우

휴직기간이 경과되었음에도 휴직사유가 해소되지 아니하였다는 이유로 한 당연퇴직처분의 정당성 유무는 다음의 원칙에 따라 판단하는 것이 타당하다. 즉, 휴직기간 만료 시까지 근로자의 귀책사유 없이 휴직사유가 소멸되지 않는 것이 일반적인 상황임을 고려하여 그 휴직기간의 경과를 이유로 한 당연퇴직처분은 정당성이 없는 것으로 해석해야 하나[315)], 사회통념상 근로관계를 유지할 수 없을 정도로 그 휴직기간이 장기화된 경우에는 그 정당성이 인정된다고 보아야 한다. 예컨대, 근로자의 상병으로 인한 휴직이 장기화되어 부득이 사용자가 상당기간 동안 다른 근로자로 대체할 수밖에 없는 객관적인 사유가 있는 경우에는 당연퇴직처분은 정당성이 인정된다고 보아야 한다.

이와 관련하여 판례는 「단체협약 등에 정한 휴직기간의 만료일에 당연퇴직처분이

해고제한절차를 거치지 않고 해고할 수 있으므로 실질적으로 즉시해고와 같은 효과가 발생하게 되어 근로기준법상의 해고제한절차의 실효성이 의문시된다.

314) 이에 대한 구체적인 내용은 제4장 해고 참조.

315) 김형배, 노동법(신판제4판), 652면.

있는 것으로 보아야 하나, 휴직사유의 내용과 정도·그 사유의 조속해소 가능성 여부·휴직 또는 휴직의 연장으로 인하여 회사가 입었거나 입게 될 영향 등 제반 사정에 비추어 그 정당성 여부를 판단해야 한다.」는 입장을 취하고 있다.[316]

2) 직위해제(대기발령)에 따른 당연퇴직처분의 경우

직위해제 또는 대기발령이란 회사의 경영상의 사정 또는 근로자의 일신상·행태상의 사유 등을 이유로 근로계약관계는 존속시키면서 근로제공을 일정기간 정지·금지 또는 면제시키는 인사처분을 말한다. 판례는 「대기발령은 사용자의 고유권한임을 전제로 근로기준법 등의 강행법규에 반하거나 권리남용에 해당되지 않는 한 정당하고, 그 정당성 판단은 대기발령의 업무상의 필요성과 그에 따른 근로자의 생활상의 불이익과의 비교, 근로자와의 협의 등 대기발령을 하는 과정에서 신의칙상 요구되는 절차를 거쳤는지의 여부 등에 의하여 결정해야 한다.」는 입장을 취하고 있다.[317]

그리고 대기발령에 이은 당연퇴직처분은 근로자의 의사에 반하여 사용자의 일방적 의사에 따라 근로계약 관계를 종료시키는 것으로서 실질상 해고에 해당하기 때문에 사용자의 대기발령에 이은 당연퇴직처분은 근로기준법 제23조 제1항 소정의 정당한 이유가 있어야 한다. 따라서 정당한 당연퇴직처분이 대기발령 당시에 이미 사회통념상 당해 근로자와의 고용관계를 계속할 수 없을 정도의 사유가 존재하였거나 대기발령 기간 중 그와 같은 해고사유가 확정되어야 한다.[318]

3) 이중취업의 경우

근로자는 근로시간 이외의 시간을 사용자의 구속에서 벗어나 자유로이 이용할 수 있는 것이므로 사용자의 허락 없이 다른 사업장에 취업하거나 사업을 운영하더라도 원칙적으로 정당한 해고사유에 해당되지 않는다.[319] 따라서 취업규칙 등에 이중취업이 당연퇴직사유로 규정되어 있다는 것을 이유로 한 사용자의 당연퇴직처분은 법률상 무효로 해석함이 타당하다. 그러나 이중취업이 기업질서를 문란케 하거나 기업의 이익을 침해하는 등의 합리적인 이유가 있는 경우에는 취업규칙에 규정된 당연퇴직사유에 따라 당연퇴직처분은 유효한 것으로 보아야 한다.

---

316) 대법원 1995. 4. 11. 선고 94다4011.

317) 대법원 2002. 12. 26. 선고 2000두8011 판결; 대법원 2007. 2. 23. 선고 2005다3991.

318) 대법원 1995. 12. 5. 선고 94다43351; 대법원 2002. 8. 23. 선고 2000두9113; 대법원 2004. 10. 28. 선고 2003두6665; 대법원 2007. 5. 31. 선고 2007두1460 등.

319) 이병태, 최신노동법(제8전정판), 981면; 동지 김형배, 노동법(신판제4판), 644면; 서울행정법원 2001. 7. 24. 선고 2001구7465.

Ⅷ. 당사자의 소멸

근로계약은 사업주와 근로자 사이의 계약이므로 계약당사자의 일방이 사망하거나 소멸하면 근로관계는 자동적으로 종료되는 것이 원칙이다. 근로관계는 일신전속적 성격을 가지는 것이므로 근로자가 사망하면 상속인에게 승계되지 않고(민법 §657·②), 기업이 폐업하면 기업의 물적 시설이 없어지는 것이므로 특별한 해고의 조치를 취하지 않더라도 근로관계는 자동적으로 소멸된다. 따라서 폐업으로 기업의 물적 기반이 없는 상태에서 사업주가 도피한 경우에는 폐업시점 이후의 휴업수당, 임금지급, 계속근로연수의 산정 등의 문제는 발생하지 않는다.

그러나 개인기업에 있어서 사업주가 사망한 이후 그 사업이 상속인에게 상속되어 계속 운영되고 있는 경우에 근로관계도 상속인에게 이전되는가의 여부가 문제된다. 이에 대하여 근로계약자의 지위는 일신전속적인 것이라는 이유로 상속의 대상이 되지 않는다는 견해가 있으나[320], 사용자는 근로자의 동의를 얻어 근로자의 지위를 제3자에게 양도할 수 있으므로 근로자의 동의가 있는 경우에는 사용자의 지위도 상속인에게 상속(이전)된다고 해석해야 한다.[321] 왜냐하면 상속인에게 사용자의 지위가 상속(이전)되는 것으로 해석하는 것이 근로자와 상속인에게도 이익이 되기 때문이다. 다만, 사업주와 인적관계가 매우 중요시 되는 간병인, 전속운전기사, 개인비서 등은 상속인에게 이전되지 않는다.[322]

사업주가 법인이거나 법인격 없는 사단인 경우에는 그 법인 또는 사단이 해산되면 근로관계는 청산의 범위 내에서는 존속하나[323], 청산 절차가 종료되면 근로관계도 자동적으로 종료된다. 사업의 폐지를 위하여 법인을 해산하는 것은 기업의 존속·유지를 전제로 한 경영해고와는 성격이 전혀 다른 것이므로 법인의 청산과정에서 해고예고 없이 근로자를 전원 해고하더라도 위장폐업에 해당되지 않는 한 그 해고는 유효하다.[324]

---

320) 菅野和夫(이정 역), 일본노동법, 429면.

321) 임종률, 노동법(제6판),558면; 김유성, 노동법Ⅰ(초판), 335~336면; 김형배, 노동법(신판제4판), 537면.

322) 김유성, 노동법Ⅰ(초판), 336면. 이에 대하여 근로자 중에서 누가 사업주와 긴밀한 인적관계를 가지는지 명백하지 않고, 사업주 개인과의 인적관계가 중요한 자는 근로계약관계의 이전에 동의하지 않을 것이라는 이유로 상속인에게 이전되어야 한다는 반대의 견해도 있다(임종률, 노동법(제6판), 556~557면).

323) 법인의 청산 종료 전에 해고·사직·합의퇴직에 의하여 근로관계를 종료하는 것이 일반적이다.

324) 대법원 1993. 6. 11. 선고 93다7457; 대법원 1995. 10. 12. 선고 94다52768; 대법원 2001. 11. 13. 선고 2001다27975; 대법원 2004. 3. 12. 선고 2003다44363; 대법원 2003. 4. 25. 선고 2003다7005 등.

판례요지

사업의 폐지를 위하여 해산한 기업이 그 청산과정에서 근로자를 해고하는 것은 기업 경영의 자유에 속하는 것으로서 정리해고에 해당하지 않으며, 해고에 정당한 이유가 있는 한 유효하다(대법원 2001. 11. 13. 선고 2001다27975).

회사합병의 경우는 소멸하는 피합병 회사의 권리의무관계가 포괄적으로 합병회사에 이전되는 것이므로 당연히 근로관계도 합병회사에 포괄적으로 이전된다. 그리고 영업양도의 경우에도 해고의 정당한 사유가 없는 고용승계배제특약은 무효가 되는 것이기 때문에 원칙적으로 양도회사와 근로자와의 근로계약관계도 포괄적으로 양수회사에 이전된다.[325)]

제8절 기업의 도산과 근로관계

I. 개 관

도산이란 일반적으로 기업이 발행한 어음 등의 부도로 인하여 주거래 은행으로부터 거래정지처분을 받은 것을 말하나, 법률적으로는 채무자가 정상적인 경제활동을 계속할 수 없을 정도로 경제적으로 파탄하여 변제기에 도달한 모든 채무를 변제할 수 없는 상태를 말한다.[326)] 경영악화로 인하여 도산될 위기에 직면하게 될 경우에 기업은 일부 자산의 매각·합병·영업양도 등의 방법을 통하여 경영정상화를 꾀하거나 아예 폐업하는 경우가 있을 수 있고, 법원의 재판을 통하여 기업을 청산하거나 기업회생절차 또는 파산절차를 밟게 된다. 그러나 소규모 기업이 도산된 경우에는 법원의 재판절차를 거쳐 기업을 정리하는 경우는 드물고 채권자들의 강제집행에 의한 청산절차를 밟는 것이 보통이다.

종전의 「파산법」, 「화의법」, 「회사정리법」과 「개인채무자 회생법」을 통합하는 「채무자 회생 및 파산에 관한 법률(이하 "통합도산법")」이 2005. 3. 2. 국회에서 통과되어 2006. 4. 1.부터 시행되고 있다. 통합도산법상 법원의 재판을 통하여 집단적으로 도산기업을 처리하는 절차로서는 재건형 도산처리절차인 「기업회생절차」와 청산형 도산

325) 이에 대한 상세는 제3장 기업 사이의 인사이동 참조.
326) 정태상, 「회사정리, 파산, 화의시 노사관계에 관한 법률문제」, 1999, 299면.

처리절차인 「파산절차」가 있는데, 기업회생절차는 법원이 관리인을 선임하여 회생절차를 밟는 「관리인형 회생절차」와 관리인을 선임하지 않고 도산기업이 계속 경영권을 가지면서 회생절차를 밟는 「DIP형 회생절차」가 있다.

근로조건에 관한 계속적 계약관계인 근로관계는 채용과 동시에 성립하고 퇴직이나 해고로 인하여 종료되는 것이나, 기업의 도산절차가 개시된 경우에 기존의 근로관계에 어떠한 영향을 미치는가의 여부가 문제된다. 기업회생절차와 도산절차가 개시되더라도 청산이 완료되기까지는 기업이 여전히 존속하고 단지 사용자만 관리인 또는 파산관재인으로 변동된 것에 불과하기 때문에 근로관계는 그대로 존속한다.

그런데 정상적인 영업활동 도중에 이루어지는 통상의 영업양도와는 달리 기업회생 또는 파산을 위해서 도산절차를 진행하는 경우에는 기업의 회생 또는 파산에 따른 채권자의 공평한 채권만족이라는 중요한 목적을 고려하지 않을 수 없다. 이에 따라 도산절차 중에 영업양도가 이루어지는 경우에 통상의 영업양도와 다른 법리구성을 통해 양도인의 근로관계를 양수인에게 승계시키는데 일정한 제한을 가할 수 있는가의 여부가 문제된다.[327] 즉, 사용자가 도산절차가 개시된 것을 이유로 근로관계를 해지하거나 단체협약을 폐기할 수 있는가의 여부가 문제된다. 특히 사용자는 통합도산법상 규정된 「쌍방미이행 쌍무계약」을 근거로 근로계약 또는 단체협약을 폐기하거나 변경할 수 있는가의 여부가 문제된다. 이러한 문제들은 통합도산법상 노동법 이념의 실현 또는 통합도산법과 노동법 이념의 상호교차나 조화의 관점에서도 매우 중요한 의미를 지닌다. 그리고 도산기업에 종사하는 근로자에 대한 생활의 보장은 근로자 개인의 문제에 그치는 것이 아니라 사회안정과도 밀접한 관련이 있는 점을 고려하면 사회보장법과도 밀접한 관련이 있다.[328]

이처럼 도산기업의 근로관계에 관한 체계적인 법 해석의 정립이 요청됨에도 통합도산법은 이에 관한 명문규정을 두지 않고 있을 뿐만 아니라 정립된 학설과 판례도 거의 없는 상황이다. 아래에서는 통합도산법이 규정하고 있는 ① 관리인형 기업회생절차, ② DIP형 기업회생절차, ③ 파산절차로 구분한 후 각 도산절차에 따른 근로관계를 개관하기로 한다.

---

327) 전형배, 「도산절차와 근로관계의 승계」, 119~120면; 유성재, 사업양도시 고용승계에 관한 법제개선방안, 60면.

328) 김재형·남효순, 통합도산법, 610면.

Ⅱ. 관리인형 기업회생절차와 근로관계

1. 의 의

관리인형 기업회생절차란 기업이 사업을 계속할 수 없는 장애가 초래되거나 파산원인이 생길 우려가 있는 경우에 통합도산법의 규정에 따라 법원이 선임한 관리인의 감독 아래 회사를 회생시키는 것을 목적으로 하는 절차를 말한다. 기업이 사업에 지장을 초래하는 경우에 이를 방치하면 파산으로 이어질 수 있으나, 실제는 기업의 이사와 회사채권자 기타의 이해관계인 등이 협의하여 감자, 채무의 감면·유예 등의 사적정리가 행해지는 것이 대부분이다. 그러나 이는 특정한 채권자에게만 이익을 줄 수 있는 밀약 등이 행해지기 쉽고 공정한 수행을 기대하기 어렵기 때문에 법원의 엄격한 감독 아래 회생절차를 행함으로써 주주 및 회사채권자의 이익을 보호하기 위한 제도가 바로 기업회생절차이다.

2. 개별적 근로관계와의 관계

1) 문제의 소재

법원은 기업회생절차의 개시결정을 하는 때에는 동시에 관리인을 선임해야 한다. 관리인이 선임되면 도산기업의 대표이사는 사업의 경영과 재산의 권리처분권한을 상실하고 관리인이 사업운영과 재산관리처분권한을 행사하게 된다. 그런데 기업회생절차가 개시된 경우에 종전의 근로계약관계가 관리인에게 승계되어 존속하는지의 여부, 종전 근로관계에서 발생한 체불임금 등 이행되지 아니한 근로조건의 부담을 누가 부담하는가의 여부, 근로자를 해고할 수 있는가의 여부, 종전 단체협약의 효력은 어떻게 되는지가 문제된다.

2) 근로관계의 존속 여부

기업회생절차가 진행 중인 기업의 경영권은 법원이 선임한 관리인에게 전속되고 기업도 존속하는 것이므로 근로관계는 그대로 존속된다. 즉, 기업회생절차는 파산절차처럼 도산기업의 사업을 청산하는 것이 아니라 사업의 재건을 목적으로 하는 법적 절차이므로 기업회생절차가 개시되더라도 도산기업과 근로자와의 근로관계는 이에 영향을 받지 않기 때문에 당연히 소멸하는 것이 아니다.[329] 다만, 기업회생절차가 개

329) 서울지방법원, 회사정리실무(개정판), 119면; 임채홍·백창훈 외, 회사정리법(상), 379면; 김재형·남효순, 통합도산법, 611면.

시되면 근로관계의 당사자가 도산기업과 근로자에서 관리인과 근로자로 변경될 뿐이다. 기업회생절차의 개시결정이 있으면 사업주체는 도산기업이 아니고 관리인으로 변경되고, 관리인은 도산기업의 대리인 또는 대표자로서 기업회생절차 업무를 수행하는 것이 아니라 스스로 사업경영의 주체로서 경영행위를 수행한다.

3) 근로조건 이행의무의 주체

기업회생절차의 개시결정에 의하여 법원이 관리인을 선임하면 해당 기업의 대표업무집행권과 재산관리 및 처분권은 관리인에게 당연히 이전되어 그 근로자와의 관계도 회사 대 근로자의 관계로부터 관리인 대 근로자의 관계로 변경된다. 따라서 종전의 대표이사는 기업회생절차 개시 이후에는 근로자의 퇴직금 및 임금을 지급할 수 없고[330], 종전 기업과 근로자와의 근로관계는 관리인에게 이전되어 관리인은 퇴직금 및 임금을 지급할 의무가 있다. 그러나 관리인은 기업회생을 위하여 임시적으로 선임된 사용자에 해당되는 것에 불과하기 때문에 체불임금 등을 지급할 의무가 있는 사용자에는 해당되지 않을 뿐만 아니라 근로기준법 위반 등에 따른 벌칙이 적용되지 않는다.[331]

판례요지

자금사정의 악화로 말미암아 도저히 그 퇴직금 등의 지급에 소요되는 자금을 마련할 수 없었던 불가피한 사정이 인정되는 경우에는 설사 법원에 제출된 정리회사의 자금집행계획서에 그 퇴직금 등의 지급에 소요될 자금이 형식적으로 계상되어 있었다던가 퇴직자들과 그 지급에 관한 기일 연장의 합의가 없었다고 하더라도, 정리회사의 관리인에게 체불의 죄책을 물을 수는 없다(대법원 1995. 11. 10. 선고 94도1477).

다만, 통합도산법은 근로자의 생활을 보호하기 위한 정책적 목적에 따라 임금채권에 대해서는 변제 특례를 인정하고 있다. 즉, 근로자의 임금채권을 공익채권으로 규정하여 기업회생절차가 개시되더라도 수시로 변제할 수 있게 하는 동시에 회생채권과 회생담보권에 우선하여 변제를 받을 수 있는 권리를 인정하고 있다.[332] 임금채권에

---

330) 대법원 1989. 8. 8. 선고 89도436.

331) 대법원 1995. 11. 10. 선고94도1477.

332) 공익채권이란 기업회생절차의 수행 및 기업의 재건에 필요한 비용을 지출하기 위하여 인정된 회사에 대한 청구권으로써 주로 회생절차 개시 후의 원인에 의하여 생긴 청구권을 말한다. 그러나 임금채권은 근로자의 생계를 보호하고자 하는 사회 정책적인 이유에서 통합도산법 제179조는 회생절차개시 당시 아직 납부기한이 도래하지 않은 조세, 근로자의 임금·퇴직금 및 재해보상금, 회생절차 개시 전의 원인으로 생긴 근로자의 임치금과 신원보증금의 반환청구권 등을 공익채권으로 규정하고 있다.

인정되고 있는 변제방법 특례내용은 다음과 같다.

(1) 회생채권과 회생담보채권은 기업회생절차에 따라 신고－조사－확정을 거쳐 회생계획에 의하여 변제방법이 정해지나, 임금채권은 회생계획에 따라 채권의 내용이 변경되는 것이 아니고 채권 신고를 거치지 않고 직접 관리인에게 이행을 청구할 수 있고 채권신고를 하지 않았다 하더라도 실권되지 않는다.

(2) 회생채권과 회생담보채권이 권리로 인정되기 위해서는 반드시 채권신고와 조사를 거쳐 채권액을 확정해야 하지만, 임금채권은 이러한 채권확정 절차를 거치지 않고서도 임금청구권을 행사할 수 있으며, 임금채권의 존부 또는 채권액에 관하여 다툼이 있는 때에는 관리인을 상대로 소송을 제기할 수 있다.

(3) 일반적으로 일반채권과 담보채권은 기업회생절차의 개시가 결정되면 강제집행·가압류·가처분·임의경매 등이 일체 허용되지 않고 소송절차도 중단되나, 임금채권은 회사정리절차의 개시결정이 있더라도 회생절차 중인 기업의 재산에 강제집행을 할 수 있고 관리인을 상대로 소송의 제기도 가능하다.

(4) 공익채권으로 인정되는 임금채권의 범위는 최종 3월분의 임금과 최종 3년간의 퇴직금에 한하지 않고 모든 임금과 퇴직금을 포함하는 것이므로, 기업회생절차 중에는 모든 임금채권은 물적 피담보채권보다 우선적으로 변제받게 된다.[333]

4) 근로계약의 해지 여부

기업회생절차의 개시결정이 있다 하더라도 여전히 도산기업은 존속하게 되므로 근로자가 퇴직하지 않는 이상 원칙적으로 근로관계는 존속한다. 따라서 해고의 정당한 이유 없이는 관리인이 기업회생절차가 진행 중이라는 것을 이유로 근로자를 해고할 수 없다.

그런데 기업도산절차에서의 이익을 고려하여 통합도산법 제119조 제1항은 회생절차개시 당시에 아직 그 이행을 완료하지 아니한 때에는 관리인은 쌍무계약을 해제 또는 해지하거나 채무자의 채무를 이행하고 상대방의 채무이행을 청구 할 수 있도록 규정하고, 제2항은 상대방은 관리인에 대하여 계약의 해제나 해지 또는 그 이행의 여부를 확답할 것을 최고할 수 있고 관리인이 그 최고를 받은 후 30일 이내에 확답을 하지 아니하는 때에는 관리인은 쌍무계약의 해제권 또는 해지권을 포기한 것으로 간

333) 실무적으로 일정 금액 이상의 공익채권 지출에 대해서는 관리인이 법원의 허가를 받도록 하고 있는데, 관리인이 법원의 허가를 받지 않고 임금채권(공익채권)을 변제한 경우에는 무효이지만, 선의의 제3자에게는 대항할 수 없다(정태상, 「회사정리, 파산, 화의시 노사관계에 관한 법률문제」, 303면).

주하도록 하는 규정을 두고 있다. 즉, 관리인은 「쌍방미이행 쌍무계약에 관한 선택권」을 행사하여 쌍무계약을 해지할 수 있다.

통합도산법 제119조의 「쌍방미이행 쌍무계약에 관한 선택권」을 적용하여 관리인이 근로계약을 일방적으로 해지, 즉 해고할 수 있는가의 여부가 문제된다. 이에 관하여 근로계약도 쌍무계약에 속하는 것이므로 통합도산법 제119조가 적용되어 고용기간 만료 여부와 관계없이 근로자를 해고할 수 있다고 하는 「긍정설」과 쌍방미이행 쌍무계약에 관한 선택권은 단체협약에는 적용되지 않는다는 통합도산법 제119조 제4항을 근거로 근로계약에는 적용되지 않는다고 하는 「부정설」이 대립한다. 긍정설의 논거로서는 ① 기업을 회생시키기 위해서는 수익성이 낮은 한계사업 분야의 매각 등 사업주의 축소·변경과 경영합리화 조치가 필요하고, 이에 따른 잉여근로자의 감축 등 구조조정과정에서 관리인은 근로자를 해고할 수밖에 없다는 점, ② 관리인의 해고권은 회생절차가 진행 중인 기업의 인격적 사항에 관한 문제가 아니라 관리인의 전권사항인 기업의 경영권·기업재산의 관리처분권에 속하는 법률관계를 처리한다는 점 등을 제시하고 있다.

반면, 부정설의 논거로서는 ① 쌍방미이행 쌍무계약에 관한 선택권은 단체협약에는 적용되지 않기 때문에 단체협약의 규범적 부분은 회생절차 개시 중에도 효력이 있다는 점, ② 근로계약의 해지권을 인정하면 단체협약의 효력이 백지화된다는 점, ③ 단체협약은 근로계약보다 상위규범이므로 근로관계에 있어서는 단체협약이 우선적으로 적용된다는 점, ④ 단체협약과 근로계약 사이에는 근로조건 유리의 원칙이 적용된다는 점, ⑤ 단체협약의 효력을 존치시키고 근로계약의 해지를 인정하면 노동법의 법리와 맞지 않는다는 점 등을 제시하고 있다.[334)]

요컨대, 통합도산법 제119조에 의한 관리인의 해고권이 종전 법률관계를 정리하여 기업회생절차의 원활한 수행을 위하여 관리인에게 전속하는 권리임을 인정하더라도 관리인을 근로기준법상 사용자로 보는 이상 근로기준법의 적용을 배제할 수는 없는 것이므로 강행법규인 근로기준법에 규정된 해고제한 규정이 적용되는 것으로 해석해야 한다.[335)] 그리고 통합도산법 제119조 제4항은 쌍방미이행 쌍무계약에 관한 선택권은 단체협약에는 적용되지 않는다고 하는 법률체계나 해석상 근로계약에는 당연히

334) 김재형·남효순, 통합도산법, 615면; 임채홍·백창훈 외, 회사정리법(상), 384~385면; 서울지방법원, 회사정리실무(개정판), 120면.

335) 동지 서울지방법원, 회사정리실무(개정판), 119~120면; 임채홍·백창훈 외, 회사정리법(상), 388면; 서경환, 「회사정리절차가 계약관계에 미치는 영향」, 회사정리법·화의법상의 제문제(재판자료 제86집), 법원도서관, 2000, 660면.

적용 배제된다는 것을 확인한 것에 불과하기 때문에 근로계약의 해지문제는 근로기준법의 해고제한 법리에 따라 판단할 사항이다.[336)]

5) 경영해고의 가능 여부

근로기준법 제24조 제1항은 사용자는 긴박한 경영상의 필요성이 있는 경우에는 근로자를 해고할 수 있으며, 경영악화를 방지하기 위한 사업의 양도·인수·합병은 긴박한 경영상의 필요성이 있는 것으로 규정하고 있다.[337)] 그런데 「긴박한 경영상의 필요성」은 매우 추상적인 표현이기 때문에 어느 정도의 긴박한 경영상의 필요성이 있어야만 경영해고의 요건에 해당되는가의 여부는 학설과 판례에 의존할 수밖에 없다.

이에 관한 학설로서는 ① 기업이 현실적으로 도산의 위기에 직면하여 그 위기를 타개하기 위하여 경영해고 이외에 다른 방법이 없는 상태에서 도산회피의 수단으로 해고할 수밖에 없는 상태에 이르러야 한다는 「도산회피설」, ② 현실적으로 기업이 도산위기에 직면하지 않았더라도 도산을 예방하기 위하여 해고가 불가피한 사정이 있어야 한다고 하는 「도산예방설」, ③ 계속적인 경영악화가 없더라도 생산성 향상 또는 경쟁력 강화를 위하여 구조조정 또는 기술혁신을 하거나 업종을 전환하는 경우에도 긴박한 경영상의 필요성을 인정하는 「경영합리화설」이 있다.

종전 판례는 「근로자를 해고하지 않으면 도산되거나 도산 위험이 있는 경우」를 긴박한 경영상의 필요성이 있는 것으로 보았으나, 최근에는 「긴박한 경영상의 필요성은 반드시 기업의 도산을 회피하기 위한 것에 한정할 필요는 없고, 인원삭감이 객관적으로 보아 합리성이 있다고 인정될 때에도 긴박한 경영상의 필요성이 있는 것[338)]」으로 판단하고 있다. 다수설과 판례는 경영합리화설에 따라 긴박한 경영상의 필요성 여부를 판단하고 있다.[339)]

그러나 학설과 판례는 기업회생절차가 진행되는 기업이 경영해고의 요건에 해당되는 「긴박한 경영상의 필요성」에 해당되는가의 여부에 관하여 명확한 입장을 밝히지 않고 있다. 다만, 기업회생절차가 개시된 경우 도산예방설과 경영합리화설의 입장에

---

336) 동지 김재형·남효순, 통합도산법, 617면.

337) 통합도산법은 기업회생 및 파산절차 도중 모두 영업양도가 가능한 것으로 규정하고 있다. 통합도산법 제62조 제1항은 기업회생절차 개시 이후 회생계획인가 전이라도 관리인은 채무자의 회생을 위하여 필요한 경우 법원의 허가를 받아 채무자의 영업 또는 사업의 전부 또는 중요한 일부를 양도할 수 있도록 규정하고, 제492조는 파산관재인은 법원의 허가를 받아 영업양도를 할 수 있도록 규정하고 있다.

338) 대법원 1991. 12. 10. 선고 91다8647.

339) 긴박한 경영상의 필요성에 대한 학설과 판례에 대한 상세는 제4장 참조.

서는 긴박한 경영상의 필요성이 있는 것으로 볼 수 있고, 도산회피설의 입장에서는 긴박한 경영상의 필요성이 없는 것으로 유추할 수는 있을 것이다. 그리고 도산회피설이 긴박한 경영상의 필요성을 인정하지 않을 수 있다 하더라도, 근로기준법 제24조 제1항 후단은 「경영악화를 방지하기 위한 사업의 양도·인수·합병」을 긴박한 경영상의 필요성이 있는 것으로 규정하고 있기 때문에 기업회생절차 과정에서 사업의 양도·인수·합병이 있는 경우에는 당연히 긴박한 경영상의 필요성이 인정되어 경영해고가 가능하다.[340)]

이처럼 학설과 판례는 기업이 도산한 경우에 긴박한 경영상의 필요성을 인정하여 경영해고가 가능한 것으로 해석하고 있는 경향을 보이고 있다. 그러나 근로기준법상 해고의 제한규정은 헌법상 근로권을 보장하기 위한 것이고, 기업회생절차는 기업의 청산을 목적으로 하는 것이 아니고 경영위기를 예방하기 위한 조치이다. 이러한 점을 고려하면, 일률적으로 기업회생절차의 개시결정이 있다고 하여 반드시 긴박한 경영상의 필요성이 있는 것으로 단정할 수는 없다. 따라서 구체적인 상황에서 헌법이 보장하고 있는 근로권을 제한하여 경영해고를 해야 할 정도의 필요성이 있어야만 긴박한 경영상의 필요성이 있는 것으로 해석함이 타당하다. 즉, 기업회생절차에 있어서 긴박한 경영상의 필요성이 있는가의 여부는 ① 채권자의 동의를 얻어 정리계획안을 통과시키기 위하여 요구되는 최소한의 범위, ② 기업의 회생을 위하여 필수적으로 사업을 폐지해야 할 최소한의 범위, ③ 경영악화를 방지하기 위한 사업의 양도·인수·합병의 필요성을 종합적으로 고려하여 판단해야 한다.[341)]

3. 집단적 근로관계와의 관계

기업회생절차의 개시결정이 있으면 사용자의 지위는 종전 기업의 대표이사에서 관리인으로 변경되기 때문에 당연히 집단적 근로관계도 관리인에게 이전된다. 따라서 종전의 노동조합이 종전 기업과 체결한 단체협약도 관리인에게 이전되어 단체협약의 효력이 그대로 인정되므로, 관리인은 기업회생절차가 개시되었다는 이유만으로 일방적으로 단체협약을 해지하거나 해제할 수 없는 것이 원칙이다. 그리고 법원이 기업회생절차를 종료하거나 폐지한 경우에는 집단적 근로관계는 종래의 회사로 환원된다.

이처럼 기업회생절차가 진행 중이더라도 기업은 여전히 존속하면서 단지 사용자의 지위만 변경되는 것이기 때문에 단체협약도 관리인에게 승계되어 단체협약의 효력도 그대

340) 김재형·남효순, 통합도산법, 620면.
341) 김재형·남효순, 통합도산법, 622면.

로 발생하는 것이 원칙이지만[342], 단체협약이 위협받게 되는 다음과 같은 요인이 다수 존재하여 단체협약의 유효기간 내라도 임금삭감 또는 임금반납 등 근로조건이 저하되는 새로운 단체협약이 체결되거나 기존 단체협약을 개정하는 경우가 있을 수 있다.[343]

(1) 기업회생절차가 개시된 이후 노동쟁의 또는 기업 내부의 분규나 이해관계인의 불합리하고 과다한 간섭 등이 계속되어 기업운영에 심각한 차질이 발생하거나 공익채권이 과다하게 증가해 향후 정리계획의 수행에 지장을 초래할 우려가 있는 경우에는 법원은 관리위원회, 채권자협의회 및 이해관계인의 의견을 들어 직권으로 회생절차를 조기에 종결하거나 중도에 폐지할 수 있으므로 당사자의 합의에 의하여 기존의 단체협약을 변경할 수 있을 것이다.

(2) 근로자와 노동조합이 스스로 기업을 회생시키기 위하여 임금의 삭감이나 경영해고의 수용 등 자구책을 제시하거나 관리인이 제시한 자구책을 수용하여 단체협약을 개정할 수도 있을 것이다.

(3) 기업회생절차가 진행 중인 기업을 회생시키기 위해서는 신규자금의 조달이 필수적인데, 금융기관이 신규자금을 지원하는 조건으로 단체협약의 개정이나 노동조합의 동의를 요구하는 경우가 있다. 이 경우 채권자가 희생을 감수하면서 회사를 회생시키려고 하는데 근로자들이 일정한 고통을 분담하지 않는 것은 공평·형평의 원칙에 어긋난다는 비판을 면하기 위해서 단체협약의 개정에 동의하는 경우가 있을 수 있다.

(4) 기업회생절차가 진행 중인 기업은 경영해고의 요건을 충족할 가능성이 매우 높기 때문에 단체협약의 효력도 일정부분 영향을 받게 된다. 즉, 근로기준법상 경영해고가 가능하더라도 단체협약의 효력이 상실되는 것은 아니나, 단체협약이 체결될 당시의 사정이 크게 변경되어 일부 내용의 전제조건이 사라진 경우에

---

342) 통합도산법 제119조 제4항은 단체협약에 대해서는 관리인에게 쌍방미이행 쌍무계약의 선택권을 부인하고 있지만, 관리인이 의무적으로 단체협약을 승계하여 그대로 준수해야 할 의무가 있는가에 대하여는 해석상 논란이 있을 수 있다. 이에 관하여 관리인은 기존 기업경영자와 노동조합이 체결한 단체협약에 대하여 전혀 관여한 사실이 없고, 관리인은 기업의 양수인이 아니라 기업의 회생을 위한 특수한 임무를 부여받은 경영자이므로 기존의 단체협약은 준수하지 않아도 된다고 생각할 수도 있다. 그러나 실질적으로 단체협약은 기업에 있어서의 사용자와 노동조합과의 협약으로 볼 수 있으므로 경제적으로 기업의 동일성이 유지되는 이상 법률상 주체의 변경, 즉 관리인이 경영주체로서 사업을 영위하게 되었다는 이유만으로 그 효력을 부인할 수 없다. 따라서 기업회생절차에서 관리인은 단체협약에 대하여 다른 쌍방미이행 쌍무계약과 동일하게 또는 임의적으로 계약의 이행이나 해제 중 어느 하나를 선택하여 단체협약의 효력을 부인할 수 있는 권리가 없으므로 원칙적으로 기존의 단체협약을 준수할 의무가 있다(김재형·남효순, 통합도산법, 618~619면).

343) 이하의 내용에 관해서는 김재형·남효순, 통합도산법, 612면 이하 참조.

는 해당 단체협약의 내용도 그 의미가 변경된 것으로 보아야 하기 때문에 「단체협약의 자동변경원칙」에 따라 영향을 받을 수밖에 없다.

Ⅲ. DIP형 기업회생절차와 근로관계

1. 의 의

기업회생절차의 개시결정이 있으면 법원이 그 결정과 동시에 관리인을 선임하고, 관리인으로 하여금 회생절차를 진행하게 하는 것이 일반적이다. 그러나 예외적으로 기업회생절차의 개시결정이 있다 하더라도 법원이 선임한 관리인이 회생절차를 진행하는 것은 아니라 기존 경영진이 계속하여 경영권을 행사하면서 회생절차를 진행하는 경우가 있다. 이처럼 법원이 선임한 관리인이 아닌 기존 경영진이 채권자의 동의와 법원의 인가를 얻어 기업회생절차를 수행하는 것을 「DIP(debtor in possession)형 기업회생절차」라고 한다. 통합도산법은 관리형 기업회생절차를 원칙으로 하고, 「DIP형 기업회생절차」를 예외로 하고 있다.[344)]

기업회생절차에서 관리인을 선임하지 아니한 「DIP형 기업회생절차」는 기존의 사용자가 계속 경영권을 가지면서 감독을 받는 것 이외에는 기존 기업과 사용자의 법적 지위에는 아무런 변화가 없다. 그러나 「DIP형 기업회생절차」도 엄연한 법적 규제를 받는 기업회생절차에 해당되는 이상 근로관계가 영향을 받을 수밖에 없다.

2. 개별적 근로관계와의 관계

1) 근로계약의 존속 여부

「DIP형 기업회생절차」가 개시되더라도 기존의 사용자가 기업의 재산을 관리하거나 처분하는 권리를 그대로 보유하고 있으므로 근로관계는 아무런 변화가 없다. 다만, 「DIP형 기업회생절차」의 경우, 구체적인 상황에 따라 근로기준법 제24조 제1항의 긴박한 경영상의 필요성이 인정될 가능성이 높기 때문에 근로계약의 해지, 즉 경영해고의 요건을 충족하는 경우가 많이 발생될 수 있을 것이다. 그러나 통합도산법은 「DIP형

344) 우리나라와는 달리 미국은 DIP형 기업회생절차를 원칙으로 하고, 예외적으로 관리형 기업회생절차를 인정하고 있다. 통합도산법의 제정을 검토하는 과정에서 미국식의 DIP형 기업회생절차를 도입하자는 의견이 있었으나, 부실기업에 대한 특혜 및 도덕적 해이 등의 문제가 있다는 강한 반대의견이 제기되어 원칙적으로 법원이 관리인을 선임하고 예외적으로 관리인을 선임하지 않을 수 있게 하였다(김재형·남효순, 통합도산법, 610면).

기업회생절차」에도 관리형 기업회생절차와 마찬가지로 쌍방미이행 쌍무계약의 규정이 적용되지 않기 때문에 단체협약의 효력에는 변화가 없으므로 근로조건 유리의 원칙에 의하여 단체협약에 엄격한 해고의 요건을 규정한 경우에는 사실상 경영해고가 어렵게 되는 경우도 있다.

2) 경영해고의 가능여부

「DIP형 기업회생절차」의 진행이 근로기준법상 경영해고의 요건에 해당되는가의 여부는 전술한 「관리인형 기업회생절차」와 마찬가지로 의문이 제기될 수 있다. 근로기준법 제24조 제1항 후단에서 경영악화를 방지하기 위한 사업의 양도·인수·합병을 긴박한 경영상의 필요성이 있는 것으로 규정하고 있는 점과 긴박한 경영상 필요성 인정 여부에 대한 각 학설을 유추하면, 「DIP형 기업회생절차」에서도 긴박한 경영상의 필요성이 인정된다고 보아야 한다.

따라서 관리형 기업회생절차와 마찬가지로 구체적인 상황을 고려하여 헌법이 보장하고 있는 근로권을 제한하여 경영해고를 해야 할 필요성이 현존하느냐에 따라 긴박한 경영상의 필요성 여부를 판단해야 할 것이다. 다만, 「DIP형 기업회생절차」는 「관리인형 기업회생절차」와는 달리 기존의 사용자가 계속 경영권을 유지한다는 점을 고려하면 관리형 기업회생절차보다는 긴박한 경영상의 필요성을 엄격하게 적용할 필요성은 있다.[345]

3. 집단적 근로관계와의 관계

관리인형 기업회생절차와 마찬가지로 「DIP형 기업회생절차」가 개시된 경우에 단체협약에 어떠한 영향을 미치는가의 여부가 문제될 수 있다. 이에 관한 정립된 학설과 판례는 없으나, 법리적으로는 아무런 영향을 미치지 못한다고 보아야 한다. 왜냐하면, 통합도산법 제119조 제4항은 「DIP형 기업회생절차」에도 쌍방미이행 쌍무계약의 선택권이 인정되지 않는 것으로 규정하고 있고, 「DIP형 기업회생절차」가 개시되더라도 기업은 존속하고 단체협약의 당사자도 전혀 변동이 없기 때문이다.

구체적으로 단체협약은 헌법에서 보장하고 있는 노동3권의 행사결과로 탄생된 것이기 때문에 기업회생절차가 개시되었다 하더라도 기존의 단체협약을 무효로 할 수 있는 이유가 되지 못한다. 특히 「DIP형 기업회생절차」의 경우는 관리인형 기업회생절차와 파산절차와는 달리 관리인이나 파산관재인이 따로 선임되는 것이 아니고, 기존

345) 김재형·남효순, 통합도산법, 624~625면.

사용자가 그대로 경영권을 행사하고 있으므로 기존 단체협약의 효력에는 아무런 영향을 미치지 않는다. 다만, 「DIP형 기업회생절차」의 경우에도 전술한 관리인형 기업회생절차와 마찬가지로 회생계획안에 대한 채권자의 동의 등을 받기 위하여 어느 정도 단체협약을 개정할 수 있는 요인이 존재할 뿐이다. 그러나 이는 단체협약의 개정문제이지 기존 단체협약의 효력과는 아무런 관계가 없다.346)

Ⅳ. 파산절차와 근로관계

1. 의 의

파산절차란 채무자가 그 채무를 완제(完濟)할 수 없는 경우에 채무자의 총재산을 모든 채권자에게 공평하게 변제할 것을 목적으로 하는 재판상의 절차를 말한다. 원래 채무자가 모든 채권자에 대하여 채무를 완제할 수 있다면 각 채권자는 보통의 권리보호의 방법으로 만족을 얻으면 되나, 다수의 채권자가 경합함에도 불구하고 변제에 충당할 재산이 부족할 때에는 특별한 사권보호의 방법이 필요하게 된다. 파산절차는 바로 다수의 채권자에 대한 채무를 변제할 재산이 부족한 경우에 공평한 채무의 변제를 목적으로 하는 특별한 사권보호 요청에 부응하는 재판절차라고 할 수 있다.

파산절차가 개시되면 파산선고 당시에 파산기업이 가지고 있는 모든 재산과 파산선고 전에 생긴 원인으로 인한 장래의 청구권은 압류할 수 없는 재산을 제외하고는 모두 파산재단에 속하게 된다(§382). 그리고 파산선고를 받은 기업은 파산재단에 대한 관리권을 상실하고, 파산재단을 관리하거나 처분할 권리는 법원이 선임한 파산관재인에게 속하게 된다(§384).

파산절차가 개시된 기업은 해산과 청산절차가 진행되나, 청산절차가 종료되기 전까지는 기업의 법인격이 그대로 유지된다. 따라서 파산절차가 개시된 경우라도 청산이 완료되지 않은 이상 청산의 목적 범위 내에서 기업은 존속하는 것이므로 해산에 의하여 근로관계가 당연히 종료되지 않는다. 그러나 파산절차는 기업회생절차와는 달리 기업의 청산을 목적으로 하는 것이기 때문에 기업회생절차에서보다도 근로관계에 상당한 영향을 미칠 수밖에 없다.

346) 김재형·남효순, 통합도산법, 623면.

2. 개별적 근로관계와의 관계

1) 근로계약의 해지 여부

통합도산법 제335조 제1항은「파산관재인은 쌍방미이행 쌍무계약의 해지와 이행 중 어느 한 쪽을 선택할 수 있는 것」으로 규정하고, 민법 제663조와 통합도산법 제339조는「기업이 파산선고를 받은 경우에는 고용기간의 약정이 있는 때에도 근로자 또는 파산관재인은 고용계약을 해지할 수 있고, 고용계약의 해지에 의하여 손해가 발생하여도 쌍방은 손해배상을 청구할 수 없는 것」으로 규정하고 있다. 이들 규정의 취지는 기업이 파산한 경우에는 해산과 청산절차를 거치게 되어 파산관재인은 근로제공을 받을 필요가 없게 되므로 근로관계를 계속 유지하는 것은 부적당하고, 근로자의 입장에서도 기업회생의 전망이 없는 기업에 구속된다는 것은 바람직하지 않기 때문에 퇴직의 자유를 보장하기 위한 것이다.[347)]

파산절차가 개시된 경우에 위의 규정이 그대로 근로계약관계에도 그대로 적용할 수 있는가에 관하여 해석상 논란이 있을 수 있으나[348)], 다음과 같은 근거로 적용되지 않는 것으로 해석해야 한다.

(1) 법원으로부터 선임된 파산관재인이 비록 해당 기업의 해산과 청산업무를 수행하는 자라 하더라도 근로기준법상 사용자에 해당되는 것이므로 강행법규인 근로기준법에 규정된 해고제한 규정을 무시하고 통합도산법과 민법만을 적용하여 일방적으로 근로계약을 해지하는 것은 법체계상 타당성이 없다.

(2) 근로기준법은 근로계약에 관한 법정최저규범이므로 통합도산법 또는 민법을 보완 적용하더라도 근로기준법에 정한 최저수준 이상을 보장하여야 하므로 근로기준법에 규정된 해고의 정당한 사유가 있어야만 근로계약의 해지가 가능하다.

(3) 기업파산의 경우, 근로기준법상 해고가 충분히 가능함에도 굳이 통합도산법 또는 민법을 적용하여 근로계약을 해지할 필요성이 없다.

결국, 기업이 파산되었다 하더라도 파산관재인이 근로계약을 해지하기 위해서는

---

347) 김재형·남효순, 통합도산법, 627면.

348) 기업이 파산된 이후에도 근로관계가 계속 유지되고 있는 경우에는 쌍방미이행 쌍무계약의 규정을 적용하여 근로계약을 해지할 수 있다는 견해(선재성,「파산과 노동관계」, 504면)와 파산 및 이에 준하는 절차에서는 근로관계의 승계를 인정하지 않고 그 이외의 도산절차 중 일어나는 영업양도에 한하여 근로관계의 승계를 인정해야 한다는 견해가 있다(전형배,「도산절차와 근로관계의 승계」, 141면; 유성재, 사업양도시 고용승계에 관한 법제개선방안, 62면). 대체로 외국의 입법례는 파산절차 또는 이에 준하는 도산절차 중에 있는 기업에 대해서는 근로관계의 승계를 인정하지 않고 있다(유럽연합, 프랑스, 독일 등).

근로기준법상 정당한 해고사유가 있음을 요한다. 다만, 파산절차는 기업의 유지·존속을 전제로 하는 것이 아니라 청산의 목적을 하는 법정절차에 해당되는 것이기 때문에 근로기준법 또는 취업규칙 등에 규정된 해고절차를 준수하지 않아도 무방하다. 왜냐하면, 근로기준법 또는 취업규칙 등에 정한 해고제한 절차 규정은 기업의 유지·존속을 전제로 해고의 적정성을 확보하기 위한 것이기 때문이다.

따라서 파산관재인이 근로계약을 해지하는 것은 근로기준법상 정당한 해고사유에 해당되고, 해고예고 또는 해고예고수당을 지급하지 않았다 하더라도 부당해고에 해당되지 않는다.[349] 판례도 파산기업에 대한 청산업무의 일환으로 행한 근로계약의 해지는 정당한 해고사유에 해당되고, 해고예고 또는 해고예고수당을 지급하지 않아도 된다는 취지로 판단하고 있다.[350] 그리고 노동관계법상 해고가 금지되는 근로자가 있다 하더라도 파산관재인은 해당 근로자를 해고할 수 있다.[351] 예컨대, 업무상 재해로 인한 요양으로 휴업한 경우라도 파산관재인은 일시보상을 하지 않고 해당 근로자를 즉시 해고할 수 있다.[352]

판례요지

기업이 파산선고를 받아 사업의 폐지를 위하여 그 청산과정에서 근로자를 해고하는 것은 위장폐업이 아닌 한 기업경영의 자유에 속하는 것으로서 파산관재인이 파산선고로 인하여 파산자 회사가 해산한 후에 사업의 폐지를 위하여 행하는 해고는 정리해고가 아니라 통상해고이고, 파산자 회사의 단체협약상 해고수당에 관한 규정이 정리해고의 경우를 예상한 것으로써 통상해고의 경우에는 적용되지 않는다(대법원 2003. 4. 25. 선고 2003다7005).

2) 경영해고의 적용 여부

기업회생절차와 마찬가지로 파산절차의 경우에도 근로기준법 제24조의 긴박한 경영상의 필요성에 해당되는가의 여부가 문제될 수 있으나, 파산절차는 기업회생이 아

349) 동지 선재성, 「파산과 노동관계」, 505면.

350) 대법원 1993. 6. 11. 선고 93다7457; 대법원 1995. 10. 12. 선고 94다52768 판결; 대법원 2001. 11. 13. 선고 2001다27975; 대법원 2003. 4. 25. 선고 2003다7005; 대법원 2004. 3. 12. 선고 2003다44363 등.

351) 근로기준법 제23조 제2항은 여성근로자의 산전후 휴가기간과 그 후 30일과 업무상 부상으로 인한 휴업기간과 그 후 30일에 대해서는 정당한 해고사유가 있다 하더라도 사용자는 해고할 수 없는 것으로 규정하고 있다.

352) 서울지방법원, 파산사건실무(개정판), 93면.

닌 기업을 청산하기 위한 법정절차에 해당되는 것이므로 긴박한 경영상의 필요성에 관한 어느 학설을 따르든 간에 모두 긴박한 경영상의 필요성이 있는 것으로 인정된다고 보아야 한다. 따라서 파산관재인은 언제든지 근로기준법상 해고제한 절차를 거쳐 경영해고를 할 수 있으나, 근로기준법상 규정된 해고제한 절차를 준수해야 한다는 부담이 있다.

그러나 파산절차의 진행 중에 파산관재인이 근로자를 해고한 것이 근로기준법 제24조의 경영해고에 해당되는가에 대하여 판례는 「기업의 유지·존속을 전제로 한 경영해고와는 달리 기업의 청산절차에서 파산관재인이 행한 해고조치는 위장폐업이 아닌 한 기업경영의 자유에 속하는 것으로서 정리해고가 아니라 통상해고에 해당되는 것이므로 근로기준법 또는 단체협약 등에 정한 해고제한 절차를 준수하지 않아도 무방한 것」으로 판단하고 있다.[353] 즉, 판례는 파산절차가 진행 중인 경우에는 파산관재인은 자유롭게 근로자를 해고할 수 있으므로 경영해고의 요건을 심사할 필요성조차 없다는 입장을 보이고 있다.

판례요지

정리해고(경영해고)는 긴급한 경영상의 필요에 의하여 기업에 종사하는 인원을 줄이기 위하여 일정한 요건 아래 근로자를 해고하는 것으로써 기업의 유지·존속을 전제로 그 소속 근로자들 중 일부를 해고하는 것을 가리키는 것인바, 이와 달리 사업의 폐지를 위하여 해산한 기업이 그 청산과정에서 근로자를 해고하는 것은 기업 경영의 자유에 속하는 것으로서 정리해고에 해당하지 않으며, 해고에 정당한 이유가 있는 한 유효하다(대법원 2001. 11. 13. 선고 2001다27975).

그러나 파산절차가 진행 중이더라도 곧바로 폐업되는 것이 아니라 일부 근로자는 계속적인 청산업무에 종사하기 때문에 파산과 동시에 근로관계가 종료한 근로자와 그렇지 않은 근로자의 선택문제가 발생할 수 있다는 점[354], 채권자가 경영자의 회생계획을 수용한 경우에 기업회생절차로 진행될 가능성 또는 일정 부분의 경영을 개선한 후 이를 양도할 가능성을 전혀 배제할 수 없다는 점[355] 등을 고려하면 경영해고의 요건을 적용할 여지도 있으므로 일률적으로 경영해고의 요건이 적용되지 않는 것으로 단정할 수 없다.

---

353) 대법원 2001. 11. 13. 선고 2001다27975; 대법원 2003. 4. 25. 선고 2003다7005.
354) 김유성, 노동법 I (초판), 337면.
355) 김재형·남효순, 통합도산법, 633면.

3. 집단적 근로관계와의 관계

파산절차의 개시결정으로 해산절차에 들어갔다 하더라도, 청산의 범위 내에서 기업은 여전히 존속하기 때문에 파산관재인이 근로자를 전원해고하지 않는 이상 잔여 근로자에 대한 근로관계는 유지될 뿐만 아니라 단체협약도 그대로 유지되는 것이 노동법의 원리이다. 그런데, 파산관재인이 기업회생절차에 적용되는 쌍방미이행 쌍무계약을 적용하여 단체협약을 해제할 수 있는가의 여부가 문제된다.[356)]

이에 관한 판례는 아직 발견되지 않으나, 소수의견은「파산선고에 의하여 단체협약이 당연히 소멸하는 것은 아니지만, 파산의 본질은 기업의 해체·청산에 있으므로 단체협약이 파산관재인의 업무수행에 지장을 초래할 우려가 있는 경우에는 쌍방미이행 쌍무계약을 적용하여 단체협약을 해제할 수 있는 것」으로 해석하는 견해가 있다.[357)] 그러나 쌍방미이행 쌍무계약의 규정은 단체협약에는 적용되지 않는다고 보는 것이 법률체계나 해석상 당연한 것이므로 쌍방미이행 쌍무계약의 적용배제 규정 유무와 관계없이 단체협약에는 적용되지 않는 것으로 보아야 한다. 따라서 파산관재인은 통합도산법상 쌍방미이행 쌍무계약의 규정을 적용하여 일방적으로 기존의 단체협약을 해제할 수 없으므로 기존 단체협약의 효력은 유효한 것으로 보아야 한다. 다만, 파산절차는 기업의 해체·청산을 목적으로 하는 것이기 때문에 단체협약 내용 중 기업의 존속·유지를 전제로 한 내용은 효력이 상실하고, 나머지의 단체협약 내용은 청산의 목적 범위 내에서 단체협약의 효력이 유지되고 청산절차의 완료와 동시에 모든 단체협약의 효력은 상실되는 것으로 보아야 한다.[358)]

356) 파산절차의 경우는 기업회생절차와는 달리 단체협약에 대해서 쌍방미이행 쌍무계약의 적용을 배제한다는 명문규정을 두고 있지 않다.

357) 서울지방법원, 파산사건실무(개정판), 94면. 일본의 학설도 단체협약에 대해서는 쌍방미이행 쌍무계약의 적용을 배제하는 규정이 없기 때문에 이를 근거로 단체협약을 해제할 수 있는 것으로 보고 있다. 다만, 파산관재인이 당연히 단체협약을 해제할 수 있는 권리가 있는 것은 아니고, 단체협약의 규정이 원활한 파산절차업무의 수행에 방해가 되지 않는다는 것을 노동조합이 입증하면 단체협약의 해제권은 부정된다고 한다(伊藤眞. 破産法, 有斐閣, 2002, 262~263면(김재형·남효순, 통합도산법, 629~630면에서 재인용).

358) 동지 김재형·남효순, 통합도산법, 630~631면; 이병태, 최신노동법(제8전정판), 283면; 김형배, 노동법(신판제4판), 803면; 이상윤, 노동법(제3판), 685면; 菅野和夫(이정 역). 일본노동법, 569면.

제3장 기업 사이의 인사와 근로관계

▶ Key Point ◀

1 인사이동은 기업 내부에서 이루어지는 것이 보통이나, 업무상 필요 또는 경영합리화 등 기업경영상의 필요에 의하여 기업 사이에 이루어지는 인사이동도 최근 많이 이루어지고 있다.

2 업무상 필요성에 따른 기업 사이의 인사이동에는 전출과 전적이 있는데, 이들 인사이동이 정당화되기 위해서는 업무상 필요성이 있어야 하고, 업무상 필요성과 근로자의 생활상 불이익을 비교·형량하여 정당성이 인정되어야 하며, 근로자와의 협의 등 신의칙상 요구되는 절차를 거쳐야 한다. 그러나 사용자의 인사처분이 권리를 남용하지 않는 한 인사이동을 할 만한 업무상 필요성이 인정되면 일반적으로 폭넓게 인사이동의 정당성을 인정하고 있는 것이 판례의 태도이다.

3 기업변동에 따른 기업 사이의 인사이동에는 영업양도와 합병 등이 있는데, 일반적으로 근로관계는 포괄적으로 양수인 또는 합병회사에 이전된다고 하는 것이 학설과 판례의 입장이다. 그러나 단순히 기업의 자산 매각에 불과한 경우에는 영업양도에 해당되지 않는 것으로 해석하여 근로관계는 포괄적으로 이전되지 않는다고 하는 것이 판례의 입장이다.

4 최근 노무관리의 유연화 전략차원에서 아웃소싱이 활발하게 이루어짐에 따라 기업은 분사, 도급, 위임·위탁, 근로자파견 등이 활발하게 진행되고 있다. 아웃소싱에 따른 근로관계에 있어서는 대외적으로 노사관계의 당사자가 되는 사업주가 누가 되느냐가 쟁점이다.

제1절 개 설

근로자에 대한 사용자의 인사처분은 기업내부에서 이루어지고 있는 것이 일반적이나, 경영합리화·이익분산에 따른 절세·주주들의 이행조정·인력운용의 유연성과 생산성의 향상을 도모하기 위한 경영목적에 따라 기업의 합병·영업의 양도·기업의 분할·업무의 외부화 등이 진행됨으로써 기업 사이에 인사이동이 이루어지는 경우가 있다.

기업 사이의 인사이동은 모회사와 자회사 사이에 인사교류·고용조정을 목적으로 이루어지는 전출 및 전적, 영업양도·합병·기업분할 등 조직변경에 따른 근로관계의 승계, 급격한 기업 환경변화와 경쟁에서 기업을 유지·발전시키기 위하여 핵심 사업에 집중하고 부수적인 업무를 외부화하는 아웃소싱(파견·도급·위탁 등)에 따른 근로관계의 변경이 있다. 이처럼 기업 사이에 이루어지고 있는 인사이동 또는 근로관계의 변경은 기본적으로 사용자 지위의 변경을 초래한다.

그런데 노동관계법은 기업변동에 따른 근로관계에 대한 명문규정을 두고 있지 않은 관계로 기업변동 등으로 사용자의 변경이 있는 경우에 근로관계를 둘러 싼 다양한 문제가 발생하게 된다. 기업 사이에 이루어지고 있는 인사이동에 있어서 쟁점이 되는 사항은 새로운 사용자에게 승계되는 근로관계의 범위와 사업주의 교체에 따른 당사자의 법률관계라고 할 수 있다. 그리고 사용자의 변경으로 근로관계가 새로운 사용자에게 승계되는 과정에서 근로계약관계를 어떻게 파악해야 할 것인가의 여부와 법률상 사용자의 책임을 누가 부담하느냐의 여부도 중요한 쟁점이다.

제2절 전 출

Ⅰ. 의 의

전출(轉出)이라 함은 근로자가 원래의 소속기업(원기업)과 다른 기업(전출기업)간의 협정에 의하여 원기업에 적을 두고 있는 상태에서 전출기업의 업무에 상당기간 동안 종사하게 하는 인사처분을 말한다.[1] 전출의 필요성은 자회사 등과 같은 관련회사의 경영기술지도, 근로자의 능력개발, 인사교류, 고용조정 등 다양한 측면에서 인정된다.[2] 전출은 근로자가 다른 기업에서 근로를 제공한다는 점에서 전적(轉籍)과 유사하

---

1) 현행법상 전출에 관하여는 명문규정이 없는 관계로 학설과 실무에서는 출향, 장기출장, 사외파견, 응원파견, 휴직파견 등 다양한 용어로 사용되고 있다.

지만, 원기업의 근로자 신분이 유지된다는 점에서 전적과 구별된다.

원기업은 전출근로자를 휴직처리하고, 전출근로자의 근로시간·휴일·휴가 등의 근무형태는 전출기업의 취업규칙에 따라 정하여 지고 업무지휘 명령권은 전출기업이 행사하는 것이 보통이다.

Ⅱ. 법적 근거

전출은 근로계약상의 근로를 요구하는 권리를 실질적으로 전출기업에 양도하는 것이고 근로제공은 일신전속성을 가지고 있으므로 원기업이 근로자를 전출하기 위해서는 근로자의 동의를 필요로 한다(민법 §657). 그리고 전출은 근로제공의 상대방이 변경되므로 밀접한 관련기업에의 일상적인 전출이라도 취업규칙 등에 전출의 근거규정이 있어야 한다. 전출에 대한 근로자의 동의는 명시적인 개별적인 동의만을 의미하는 것이 아니라, 근로관계의 전개과정에서 경영관행과 관련하여 근로자의 포괄적인 동의가 있는 것이 추단되는 경우에는 동의가 있는 것으로 해석할 수 있다.[3)]

그러나 전출이 비록 원 기업과의 근로관계가 유지되는 것이지만, 실제로 근무하는 기업체가 변경됨으로써 근로조건 또는 경력인정에 있어서 불이익을 받을 가능성이 있다. 따라서 근로자 보호차원에서 근로자가 전출하게 될 기업의 근로조건, 전출기간, 원 기업으로의 복직 등에 관한 전출규정이 있는 경우에 한하여 전출은 유효한 것으로 해석해야 한다.[4)]

요컨대, 전출은 전근과는 달리 실질적으로 근로자의 일신전속적인 근로제공의무를 원 기업이 전출기업에 양도하는 것이고 근로조건 등에 있어서 전근보다는 불이익을 초래할 가능성이 높기 때문에 근로자의 추상적인 동의가 있다고 추단된다는 이유만으로 전출이 정당화될 수는 없다. 따라서 전출의 유효성이 인정되기 위해서는 근로자의 포괄적인 동의는 엄격하게 해석해야 하고, 당해 전출이 통상 예상되는 범위 내에서 전출대상자에게 불이익한 근로조건이 부과되지 않는 조건을 갖추어야 한다고 본다.[5)]

---

2) 菅野和夫(이정 역). 일본노동법(초판), 409면.

3) 실제적으로 전출은 모자기업(母子企業) 또는 밀접한 관련기업 사이에서의 업무제공·기술습득·인사교류 등을 위하여 일상적으로 행해지고 있으며, 근로자도 채용시부터 전출을 당연한 것으로 받아들이는 경우가 있고, 근로계약 또는 취업규칙에 명시하는 경우가 많다. 이처럼 전출이 관행화되어 있거나 취업규칙 등에 전출의 근거를 두고 있는 경우에는 근로자가 전출에 대하여 포괄적으로 동의가 있는 것으로 추단할 수 있다.

4) 김형배, 노동법(신판제4판), 479면.

5) 김유성, 노동법Ⅰ(초판), 251면; 菅野和夫(이정 역). 일본노동법(초판), 410면 이하.

Ⅲ. 법적 제한

전출근로자는 원기업이 아닌 사업주를 달리하는 전출기업에서 근로를 제공하고 실질적으로 전출기업의 지휘·명령을 받을 뿐만 아니라 근로조건 등에서 불이익을 초래할 가능성이 높다는 점에서 근로기준법에 의하여 제한을 받는다. 즉, 전출명령을 하기 위해서는 「업무상 필요성」이 있어야 하고, 전출대상근로자에게 미치는 생활상의 불이익과 비교 형량하여 정당성이 인정되어야 한다. 따라서 전출로 인한 근로자의 생활상의 불이익이 현저한 경우 또는 원 기업에의 복귀가 예정되지 않는 등의 전출은 경영해고의 회피수단으로 정당화되지 않는 이상 무효로 해석해야 한다.[6)]

Ⅳ. 전출 후의 근로관계

1. 문제의 소재

전출은 원기업과 전출기업 사이에 전출기간, 임금지급, 사회보험의 부담, 근로조건 및 대우에 관한 전출계약을 체결함으로써 이루어지는 것이므로 대체로 전출근로자의 근로조건 및 원기업과 전출기업과의 법률관계는 전출계약에 의하여 결정된다.

그러나 원기업과 전출근로자의 근로관계는 존속하고 단지 근로제공관계만 정지되기 때문에 원기업의 취업규칙 중 근로제공을 전제로 하지 않는 부분은 계속 적용되고, 전출기업과 근로자 사이에는 근로제공관계가 성립하기 때문에 전출기업의 복무규율을 적용받게 된다.[7)] 이처럼 전출근로자는 원기업과 근로계약관계를 맺고 있으면서 전출기업에 근로를 제공하고 근로조건 등은 원기업과 전출기업과의 전출계약에 의하여 결정되기 때문에 전출근로자·원기업·전출기업 사이에 복잡한 법률관계를 형성하게 된다.

2. 원기업과 전출기업과의 관계

전출은 원기업과 전출기업 사이의 전출계약에 따라 이루어지는 것이므로 전출근로자의 지위 및 근로조건에 관한 구체적인 사항은 전출계약의 내용에 의하여 결정된다. 전출근로자는 전출 전과 비교하여 근로3권 및 근로조건 등에 있어서 불이익을 받지 않도록 전출계약에 포함시켜야 한다. 따라서 전출기업과 원기업은 헌법 및 노동관계

---

6) 김유성, 노동법Ⅰ(초판), 251면; 菅野和夫(이정 역), 일본노동법(초판), 412~413면.
7) 김유성, 노동법Ⅰ(초판), 251면.

법상의 제 권리가 제한·축소되지 않도록 하는 내용을 포함하는 전출계약을 체결해야 한다.[8] 예컨대, 전출기업의 임금수준이 낮은 경우에는 그 차액을 원기업이 보전하고, 원기업과 전출기업의 근무기간을 통산하고, 노동3권을 보장해야 한다.

그런데, 전출근로자는 원기업과 근로관계를 유지하면서 전출기업의 복무규율을 적용받으면서 근로를 제공하기 때문에 전출근로자의 사용자를 누구로 볼 수 있는가가 문제된다. 근로기준법 제2조 제1항 제2호는 「사업주 또는 사업경영담당자, 그 밖에 근로자에 관한 사항에 대하여 사업주를 위하여 행위라는 자」를 사용자로 규정하여 사업주만이 아니라 근로자를 지휘·감독하는 입장에 있는 자에게도 각각 사용자로서의 근로기준법의 준수의무를 부과하고 있다. 따라서 원기업 및 전출기업과 이중의 근로관계를 맺고 있는 전출근로자에 대해서는 근로실태와 적용되는 구체적인 조항에 따라 당해 사항에 대한 실질적 권한을 가지고 있는 자가 사용자로서의 책임을 부담해야 한다.[9] 구체적인 사항에 적용되는 사용자책임 범위는 다음과 같다.

(1) 임금·제 수당 등의 지급의무가 있는 사용자책임은 원기업과 전출기업과의 전출계약의 내용에 따라 결정된다. 전출기업이 임금 등을 지급하고 원기업은 임금의 차액을 전출기업에 보전하는 방법과 원기업이 지급하고 전출기업이 자기 분담액을 원기업에게 지급하는 방법이 있을 수 있다.

(2) 근로계약상 전출근로자의 사용자는 원기업이므로 전출근로자에 대한 징계권의 주체는 원기업이 된다. 그러나 전출근로자는 전출기업의 지휘·명령에 따라 근로를 제공하기 때문에 전출기업이 원기업에게 징계를 요구하고 원기업이 해당 전출근로자를 징계하는 것이 보통이다.

(3) 근로자에 대한 안전위생 책임은 현실적으로 근로를 제공받고 있는 전출기업이 부담하는 것이 당연하기 때문에 근로기준법 및 산업안전보건법상의 안전위생에 대한 사용자책임은 전출기업이 부담한다.

(4) 산재보험료를 납부하는 사업주는 원칙적으로 전출기업이 되는 것이지만 전출계약에 따라 달리 정할 수 있고, 고용보험법상의 사업주는 전출근로자에 대한 주된 임금지급의무자가 누가되느냐에 따라 결정된다.

(5) 전출기업에서 근무 도중 퇴직한 경우에 원기업은 전출 전후의 근무기간을 합산하여 퇴직금을 정산해야 한다. 다만, 원기업과 전출기업과의 계약에 의하여 전출기간에 해당하는 퇴직금을 전출기업이 부담할 수 있다.

---

8) 이상윤, 노동법(제3판), 377면.
9) 김유성, 노동법 I (초판), 252면.

3. 전출근로자와 원기업과의 근로관계

전출근로자는 전출기업에 근로를 제공한다 하더라도 원기업과 근로계약을 체결하고 원기업에 채용된 근로자이므로 원기업과 근로관계는 그대로 유지된다. 그러나 전출근로자는 원기업에 근로를 제공하지 않기 때문에 원기업과의 근로관계는 전출기간 동안 휴직하여 근로관계를 정지시키는 것이 일반적이다.

원기업과 전출기업 사이에 전출계약 체결 후 원기업은 전출대상근로자에게 전출을 명하게 되는데, 원기업의 전출명령을 거부한 경우에 원기업이 전출대상근로자를 해고 또는 징계할 수 있는가의 여부가 문제된다. 원기업의 전출명령 자체가 근로자의 포괄적인 동의를 얻었다고 볼 수 없거나 정당한 이유 없이 행한 전출명령은 무효이므로 원기업이 그러한 전출명령을 거부한 것을 이유로 징계(해고)한 것은 무효이다. 그리고 전출의 필요성과 정당한 이유가 있다 하더라도 원기업이 노동조합 활동을 약화 또는 와해하는 수단으로 한 전출명령을 거부한 경우에도 해당 근로자를 징계(해고)할 수 없다.[10)]

판례요지

전출명령이 부당노동행위에 해당되는지 여부는 전출명령의 동기, 목적, 전출명령에 관한 업무상의 필요성이나 합리성의 존부, 전출에 따른 근로자의생활상의 불이익과의 비교교량, 전출명령의 시기, 사용자와 노동조합과의 관계, 전출명령을 하기에까지 이른 과정이나 사용자가 취한 절차, 그 밖에 전출명령 당시의 외형적, 객관적인 사정에 의하여 추정되는 부당노동행위 의사의 존재 유무 등을 종합적으로 검토하여 판단하여야 한다(대법원 1993. 2. 23. 선고 92누11121).

그러나 부당노동행위가 인정되지 않는 상태에서의 정당한 전출명령을 거부하는 것은 원기업의 정당한 인사명령에 위반한 것이므로 이를 이유로 한 징계(해고)는 유효하다.

원기업은 전출기업의 도산 등의 사정으로 더 이상 전출기업과 전출근로자와의 근로제공관계를 유지할 수 없거나 전출기간이 만료되면 전출근로자를 원래의 업무에 복귀시켜야 한다. 만약 원기업이 정당한 이유 없이 전출근로자를 복귀시키지 않으면 부당해고가 된다.

4. 전출근로자와 전출기업과의 근로관계

전출근로자는 전출기업에서 근로를 제공하기 때문에 전출기업의 지휘·명령에 따

---

10) 대법원 1993. 2. 23. 선고 92누11121.

라 근무하게 되고, 당사자 사이에 특별한 약정이 없는 한 전출기업의 임금 및 근로시간 등 근로조건을 적용받게 된다.[11] 다만, 원기업과 전출기업에서 적용되고 있는 근로조건이 다른 경우에는 원기업과 전출기업 및 당사자의 합의에 따라 조정하여야 한다. 전출은 원기업과의 근로관계의 유지를 전제로 한 것이므로 원기업과의 근로관계가 단절되면, 전출근로자와 전출기업과의 근로관계도 당연히 단절된다.

V. 판례의 경향

(1) 대법원은 전출명령의 동기, 목적, 전출명령에 관한 업무상의 필요성·합리성의 여부, 전출에 따른 근로자의 생활상의 불이익과의 비교교량, 전출명령의 시기, 사용자와 노동조합과의 관계, 전출명령의 과정 등을 종합적으로 고려하여 전출명령의 정당성을 판단해야 함을 제시하고 있다.[12]

(2) 회사의 경영방침에 따라 일방적으로 퇴직과 재입사의 형식을 취하여 전직의 형식을 취한 경우에는 전출로 보아 원기업과의 근로관계가 단절되지 않은 것으로 판단하여 전출 전후의 근속기간을 합산해야 한다는 입장을 취하고 있다.[13] 그러나 근로자가 자의에 의하여 종전 회사에 사직서를 제출하고 퇴직금을 지급받은 다음 계열회사에 입사한 경우에는 원기업과의 근로관계는 단절된 것으로 보아 원기업의 근무기간을 합산하도록 하는 특별한 규정이 없는 한 원기업과의 근로관계는 단절된 것으로 판단하고 있다.[14] 즉, 대법원은 실질적인 기준에 따라 전출과 전적으로 구별하여 원기업과의 근로관계 단절 여부를 판단하고 있다.

제3절 전 적

I. 의 의

전적(轉籍)이란 본래의 소속기업(원기업)과의 근로관계를 종료하고 다른 기업(전적기업)과 새로이 근로계약을 체결하여 그 기업의 업무에 종사하는 것을 말한다. 전적은

11) 이상윤, 노동법(제3판), 377면.
12) 대법원 1993. 2. 23. 선고 92누11121.
13) 대법원 1997. 3. 28. 선고 95다51397.
14) 대법원 1997. 3. 28. 선고 95다51397; 대법원 1998. 12. 11. 선고 98다36924.

그룹 계열 회사 사이의 원활한 인력수급 조정과 그룹 차원에서의 효율적인 인사정책의 수행 등의 목적으로 행해지는 인사이동이다.[15)]

전적은 외형상 원기업에서 다른 기업으로 옮겨 업무에 종사한다는 점에서 전출과 동일하나, 원기업과의 근로관계가 종료된다는 점에서 원기업과의 근로관계의 존속을 전제로 하는 전출과 구별된다. 그러나 통상적으로 전적은 동일한 그룹 내의 기업에 채용된 근로자를 다른 계열기업으로의 인사이동에 활용되고 있기 때문에 실질적으로 전출과 전적은 혼동되어 사용되는 경우가 많다.[16)]

Ⅱ. 법적 근거

전적은 원기업과 근로자가 근로계약을 해지하고 전적기업과 근로자가 새로운 근로계약을 체결하거나 근로계약상의 사용자의 지위를 양도하는 것을 말한다.[17)] 따라서 전적은 사용자의 변경을 초래하고 근로계약의 일신전속성에 비추어 볼 때, 근로자의 동의가 있는 경우에 한하여 전적을 실시할 수 있다.[18)]

판례요지

전적은 이적하게 될 회사와 새로운 근로계약을 체결하는 것이거나 근로계약상의 사용자의 지위를 양도하는 것이므로 동일 기업 내의 인사이동인 전직이나 전근과는 달리 특별한 사정이 없는 한 근로자의 동의를 얻어야 효력이 생긴다(대법원 1996. 12. 23. 선고 96다29970).

여기서 「근로자의 동의」는 근로자의 명시적 동의뿐만 아니라 포괄적인 동의도 포함된다. 따라서 사용자는 입사 당시 또는 근무하는 동안 전적에 관하여 미리 근로자로

15) 대기업은 그룹 산하 계열회사 사이의 원활한 인력수급 조정과 그룹 차원의 효율적인 인사정책의 수행 등을 이유로 대졸사원을 그룹차원에서 각 계열회사의 인력수요를 감안하여 일괄적으로 채용한 다음 이들을 각 계열회사에 배속하고 계열회사별로 안력의 과부족 현상과 업무상의 필요성을 근거로 근로자를 계열회사로 이동시키는 인사관리를 시행하고 있다.

16) 대법원은 그룹 내의 기업에 고용된 근로자를 다른 기업으로 전직시킨 경우에 비록 형식적으로는 사용자의 법인격이 달라지게 되더라도 실질적으로 업무지휘권의 주체가 변동된 것으로 보기 어렵다고 하거나 모기업에서 퇴직절차를 거쳐 자회사로 적을 옮기는 계열사간의 전적에 대하여 전출이라는 용어를 사용함으로써 전출과 전적을 구분하지 않고 있는 경향을 보이고 있다(대법원 1993. 1. 26. 선고 92누8200; 대법원 1997. 10. 24. 선고 96다12276; 대법원 1997. 3. 28. 선고 95다51397).

17) 대법원 1993. 1. 26. 선고 92다11695.

18) 대법원 1993. 1. 26. 선고 92다11695; 대법원 1993. 1. 26. 선고 92누8200; 대법원 1996. 12. 23. 선고96다29970.

부터 포괄적인 동의를 받아 놓으면 전적 때마다 근로자의 개별적인 동의를 얻지 않더라도 유효하게 전적시킬 수 있다.[19] 그러나 전적은 전출과는 달리 원기업과의 근로관계가 단절되어 원기업에의 복귀가 예정되어 있지 않기 때문에 포괄적 동의는 제한적으로 해석해야 한다. 따라서 미리 전적할 기업을 특정하고 그 기업에서 종사하여야 할 업무에 관한 사항 등 기본적인 근로조건을 명시하여 사전 동의를 얻은 경우에 한하여 전적에 대한 근로자의 포괄적인 동의가 있는 것으로 해석해야 한다.[20]

한편, 대법원은 그룹 내의 다른 계열사로의 전적 요건에 관하여 「근로자의 동의를 얻지 않고 기업그룹 내의 다른 계열회사로 근로자를 전적시키는 관행이 있어서 그 관행이 근로계약의 내용을 이루고 있다고 인정하기 위해서는 그와 같은 관행이 그 법인체들 내에서 일반적으로 근로관계를 규율하는 규범적인 사실로서 명확히 승인되거나 그 구성원이 일반적으로 아무런 이의도 제기하지 아니한 채 당연한 것으로 받아들여 기업 내에서 사실상의 제도로서 확립되어 있지 않으면 아니 된다.」라고 하여 원칙적으로 포괄적인 동의를 엄격하게 해석하고 있으나[21], 경영의 악화로 채산성이 없는 부분을 분리시키거나 판매 강화를 위하여 영업부문을 분리시키는 등의 경영상 이유로 한 전적의 경우는 전적의 필요성을 폭넓게 인정하여 근로자의 동의가 거의 필요 없는 것으로 해석하고 있다.[22]

판례요지

근로계약에 의하여 근무 장소와 근무 내용이 한정되어 있어 그에 대한 변경은 중대한 근로조건의 변경이 된다 하더라도, 회사의 자동차 정비업부분이 다른 회사로 통합됨에 따라 근로자가 자동차정비요원으로 근로를 제공할 사업장이 없어지게 되어 근로자를 배치전환함에 있어서까지 근무 장소와 근무내용이 한정되어 있음을 이유로 전적 시 반드시 그의 동의를 얻어야 한다고 할 수는 없다(대법원 1996. 4. 12. 선고 95누7130).

Ⅲ. 법적 제한

전출과 마찬가지로 사용자는 정당한 이유 없이 전적을 명할 수 없고(근로기준법 §23~§24), 전적절차가 취업규칙이나 단체협약에 규정되어 있는 경우에는 그 절차를 위반

19) 대법원 1993. 1. 26. 선고 92다11695.
20) 김유성, 노동법Ⅰ(초판), 254면; 이병태, 최신노동법(제8전정판), 618면.
21) 대법원 1993. 1. 26. 선고 92다11695; 대법원 2006. 1. 12. 선고 2005두9873.
22) 대법원 1996. 4. 12. 선고 95누7130.

해서도 안된다. 여기서 「정당한 사유」란 해고에 준하는 근로자의 책임 있는 사유가 있거나 부득이한 경영상의 사유가 있음을 뜻한다. 즉, 근로자의 귀책사유에는 전적을 하지 않을 수 없는 일신상의 사유(능력·적성 등)가 있거나 근로자가 특별히 전적을 희망하는 경우이고, 사용자의 경영상 사유에는 ① 긴박한 경영상의 필요가 있고, ② 전적을 하지 않을 수 없는 불가피한 사정이 있으며, ③ 사용자가 전적을 회피하기 위한 성의를 다하고, ④ 사전에 근로자와의 개별적인 합의가 있어야 한다.[23)]

Ⅳ. 전적 후의 근로관계

전적은 원기업과의 근로관계를 해지하고 전적기업과 새로운 근로계약관계가 개시되는 것이므로 전출과는 달리 전적근로자의 사용자는 원칙적으로 전적기업이 된다. 원기업과 전적기업은 원칙적으로 별개의 기업이고 원기업이 전적기업에게 근로자의 채용을 명할 권한이 없기 때문에 전적기업에서의 채용을 전제로 원기업에서 퇴직하였으나, 전적기업이 해당 근로자의 채용을 거부한 경우에는 원기업에서의 퇴직의 효력은 발생하지 않고, 같은 이유로 원기업에서 퇴직하지 않으면 채용의 효력도 발생하지 않는다. 그리고 일단 원기업을 퇴직하고 전적기업에 채용된 경우에는 원기업과의 근로관계는 종료되는 것이므로, 전적기업이 도산된 경우라도 원기업은 전적근로자를 고용할 의무가 없으며, 근로자가 전적의 의사표시로 행한 것이 아니라 오로지 퇴직금을 지급받을 목적으로 전적을 행한 경우라도 사용자가 근로자의 진의 아님을 몰랐거나 알 수 없었을 경우에는 원기업과 근로관계는 당연히 종료된다(민법 §107).

판례요지

근로자가 퇴직 및 입사 등의 행위를 한 때에 그 내심의 의사가 종전 기업과의 근로관계를 종료하고 이적하게 될 기업과 근로관계를 맺으려는 것이 아니라 오로지 퇴직금을 지급받을 의사에 불과한 것으로서 비진의 의사표시에 해당한다고 하더라도 사용자가 그 진의 아님을 몰랐고 알 수도 없었던 경우에는 그 효력을 부인할 수 없다(대법원 1998. 12. 11. 선고 98다36924).

따라서 원기업과 전적기업 사이에 원기업과의 근로관계를 승계하기로 하는 특약이 있거나 이적하게 될 기업의 취업규칙 등에 원기업에서의 근속기간을 통산하도록 하

23) 이병태, 최신노동법(제8전정판), 618면.

는 등 특별한 사정이 없는 한 전적근로자와 원기업과의 근로관계는 단절되고 전적기업이 원기업과의 근로관계를 승계하지 않는다.[24)]

판례요지

근로자가 전적을 함에 있어 자의에 의하여 종전 기업에 사직서를 제출하고 퇴직금을 수령한 다음 이적하게 될 기업에 입사하여 근무를 하였다면, 특별한 사정이 없는 한 이는 전적에 대한 동의를 전제로 한 행동으로 보아야 하고, 당사자 사이에 종전 기업과의 근로관계를 승계하기로 하는 특약이 있거나 이적하게 될 기업의 취업규칙 등에 종전 기업에서의 근속기간을 통산하도록 하는 규정이 있는 등의 특별한 사정이 없는 한 당해 근속자의 종전 기업과의 근로관계는 단절된다(대법원 2000. 12. 22. 선고 99다21806).

그러나 회사의 일방적인 경영방침에 의해 계열기업 사이에 전적이 이루어졌거나 복귀가 예정되고 원기업이 임금차액을 계속 보전하고 퇴직금도 통산하여 지급하는 등 특별한 경우에 있어서는 원기업에서의 근속기간을 계속근로연수에 포함시켜 퇴직금을 지급해야 한다. 그리고 원기업과 전적기업이 형식적으로는 별개의 기업이라 하더라도 실질적으로는 전적기업이 원기업의 한 부문에 불과하여 「법인격 부인의 법리」가 적용되는 경우와 전적 시 복귀에 대한 특약이 있는 경우 등은 원기업이 전적자의 고용의무를 부담하는 경우도 있다.[25)] 이와 관련하여 대법원은 「전적 당시 근로자가 원기업에 사직서를 제출하고 전적회사에 입사서류를 제출하는 형식을 거쳐 퇴직금을 지급받았다 하더라도, 당시 전적은 계열기업간 업무조정이라는 일방적인 경영방침에 따라 일부 소수의 근로자를 제외한 전원이 부득이 원기업을 사직하고 전적회사에 입사한 형식을 거친 것에 불과하여 근로관계를 단절할 의사가 없고, 전적회사가 비록 독립법인이긴 하나 원기업의 대주주들에 의하여 설립된 특수관계에 있는 회사인 점, 전적 전후에 걸쳐 근로자의 업무내용 및 업무처리 장소에 변동이 없었던 점, 원기업의 최초 입사 일을 기준으로 호봉·근속수당을 산정한 점, 퇴직금 산정의 기초가 되는 근속기간을 전적회사의 근속기간만을 산정한다는 별도의 약정이 없었던 점을 이유로 퇴직금 산정 시 원기업에서의 근속기간도 통산하여 산정해야 한다.」라고 판시하고 있다.[26)]

24) 대법원 1993. 6. 11. 선고 92다19315; 대법원 1995. 7. 14. 선고 94다20198; 대법원 1996. 5. 10. 선고 95다42270; 대법원 1996. 12. 23. 선고 96다29970; 대법원 1998. 12. 11. 선고 98다36924; 대법원 2000. 12. 22. 선고 99다21806 등.
25) 김유성, 노동법 I (초판), 256면.
26) 대법원 2003. 4. 11. 선고 2001다71528.

V. 판례의 경향

(1) 대법원은 전적의 유효요건으로서 근로자의 동의 또는 합의와 정당한 사유를 제시하고 있는데, 근로자의 동의 또는 합의는 개별적·명시적인 의사표시뿐만 아니라 포괄적인 의사까지 포함하여 전적의 요건을 판단하고 있다.

(2) 전적에 대한 근로자의 동의 여부에 대하여 대법원은 원칙적으로 「근로자의 동의 없는 일방적인 전적의 관행이 규범적인 사실로써 명확히 승인되었거나 사실상의 제도로서 확립되어 있는 경우에 한하여 근로자의 포괄적인 동의가 있는 것으로 엄격하게 해석하고 있으나[27], 경영의 악화로 인한 해고회피수단으로 행해지는 전적의 경우에는 전적의 필요성을 넓게 해석하여 근로자의 동의가 거의 필요 없는 것으로 해석하는 경향을 보이고 있다.[28]

(3) 전적은 특별한 사정이 없는 한 원기업과의 근로관계는 종료되고 전적기업과 새로운 근로계약을 체결하는 것이므로 근로관계를 승계하거나 근속기간을 통산하도록 하는 등의 특별한 사정이 없는 한 전적근로자와 원기업과의 근로계약관계는 당연히 단절되는 것으로 해석하고 있다.[29] 그러나 예외적으로 일방적인 경영방침에 의해 계열기업 사이에 전적이 이루어졌거나 복귀가 예정되어 있고 전적 전후의 근속기간을 통산하도록 하는 등의 특별한 사유가 있거나 전적기업이 원기업의 한 부서에 불과하여 법인격이 부인될 정도의 독립성이 없는 경우에는 원기업이 사용자로서 책임을 부담하는 것으로 해석하고 있다.[30]

제4절 기업변동에 따른 인사이동

I. 개 관

근로관계는 사용자와 근로자의 근로계약 체결에 의하여 성립되는데, 근로관계 존속 중에 기업변동으로 인하여 사용자가 변경되는 경우가 있다. 기업변동은 주로 기업

---

27) 대법원 1993. 1. 26. 선고 92다11695; 대법원 2006. 1. 12. 선고2005두9873.

28) 대법원 1996. 4. 12. 선고 95누7130.

29) 대법원 1993. 6. 11. 선고 92다19315; 대법원 1995. 7. 14. 선고 94다20198; 대법원 1996. 5. 10. 선고 95다42270; 대법원 1996. 12. 23. 선고 96다29970; 대법원 1997. 3. 28. 선고 95다51397; 대법원 1998. 12. 11. 선고 98다36924; 대법원 2000. 12. 22. 선고 99다21806 등.

30) 대법원 2003. 4. 11. 선고 2001다71528;

의 유지를 강화하기 위한 일환으로써 영업권의 가치실현·도산위험의 극복·경쟁력 강화·경비절감 등 경영합리화 또는 시장독점을 위한 기업결합을 위하여 행해진다. 기업변동은 주로 기업의 합병·영업양도·회사 분할 등 주로 상법상의 회사형태의 변경에 의해 이루어진다. 기업변동은 법적 주체인 사용자의 변경을 초래하는 경우를 의미하므로 소유관계의 변화가 없는 단순한 지분의 변경은 기업변동에 포함되지 않는다.

노동관계법은 기업변동에 따른 근로관계에 대한 명문규정을 두고 있지 않은 관계로 기업변동이 이루어지게 되면 근로관계를 둘러 싼 다양한 문제가 발생하게 되는데, 그 중 가장 기본적인 쟁점은 기업변동으로 인한 근로관계의 승계여부이다. 즉, 영업양도·회사의 합병·회사의 분할 등으로 인하여 사용자의 지위가 다른 사용자에게 이전되거나 소멸되는 경우에 기존의 근로관계가 다른 사용자에게 포괄적으로 이전되는가의 여부이다.

Ⅱ. 현행법의 태도

1. 민법의 태도

민법은 기업변동 시 근로관계의 포괄적 이전에 관한 명문규정을 두지 않고, 단지 채권채무관계의 개별적인 이전만을 규정하고 있다. 민법은 고용관계에서의 일신전속성(一身專屬性)을 기초로 사용자는 노무자의 동의 없이 그 권리를 제3자에게 양도하지 못하도록 규정하고(민법 §667·①), 채권양도와 채무인수에 관하여 권리의무의 개별적인 이전만을 규정하고 있을 뿐 기업변동으로 인한 고용관계의 포괄적인 이전을 인정하고 있지 않다(민법 §449 이하, §453 이하). 따라서 기업변동으로 인한 근로관계의 포괄적 이전이 가능하기 위해서는 당사자 사이에 별도의 합의 또는 동의가 있어야만 한다.

2. 상법의 태도

상법은 기업변동과 관련된 영업양도와 합병 및 분할을 각각 다른 제도로 설정하여 그 내용과 효과를 비교적 상세하게 규정하고 있으나, 기본적으로 영업재산의 이전에 대한 회사간의 채권채무관계를 규율하고 있을 뿐 근로관계의 이전에 대해서는 명문규정을 두고 있지 않다. 즉, 영리목적을 실현하기 위하여 조직된 유기체적 일체로서의 기능적 재산을 의미하는 「영업재산」의 이전을 중심으로 영업양도(§41 이하)·회사의 합병(§522 이하)·회사의 분할 및 분할합병(§530의2 이하)[31]을 규정하고 있을 뿐이다.

그런데 현행 상법은 대외적인 법률관계만을 규율대상으로 하고 근로관계의 이전문제는 부수적인 현상이므로 기업변동 시 이전되는 영업재산의 범위에 물적 재산뿐만 아니라 인적 재산으로서의 근로관계도 포함시킬 수 있는지의 여부가 주요 쟁점사항으로 논의되고 있다.[32] 결국, 통상적인 기업 활동과 관련된 내용은 상법의 규율대상이 되고, 이와 관련된 대내적인 근로관계의 규율은 노동법의 영역으로 남게 된다. 따라서 기업변동에 관한 노동법의 문제는 상법상의 기업변동에 따른 후속현상으로 볼 수 있다.[33]

3. 노동법의 태도

노동법 역시 기업변동에 따른 근로관계의 이전에 관하여 구체적인 규정을 두고 있지 않은 관계로 기업변동에 따른 근로관계의 이전 문제는 해석론에 의존할 수밖에 없다.[34] 상법의 관심방향은 경영주체인 사업주의 관점에서 주로 기업의 기업변동에 따른 영업재산의 이전을 중심으로 규율하고 있기 때문에 근로자의 생존권을 보호이념으로 하는 노동법의 시각과는 전혀 다르다.

따라서 기업변동으로 발생하는 법적인 문제를 규율하는 상법의 규정은 근로관계와 관련된 문제의 해결을 위한 법 원리로서 그대로 적용할 수 있는 것이 아니므로 노동법적 시각에서 새로운 이론정립이 필요하다. 노동법적 시각에서 보면, 주로 기업변동으로 인한 근로관계의 이전 문제는 근로자의 근로권보호 차원에서 논의되고 있다. 이를 살펴보면 다음과 같다.

(1) 기업변동으로 인하여 근로관계가 이전되는 과정에서 근로자가 직장을 상실하여 근로의 기회가 제한되는 것을 방지해야 한다는 논의가 있다. 이 논의는 근로권의 보호문제 및 부당해고의 방지문제와 영업양도 시 근로관계이전에 대한 당사자 사이의 합의문제와 관련되어 논의되고 있다.

(2) 기업변동으로 인하여 근로관계가 다른 기업으로 이전되는 것을 근로자가 원하지 않는 경우에는 이를 허용함으로써 근로자의 직업선택의 자유를 보장해야 한다는 논의가 있다. 이는 근로자의 직업선택의 자유(헌법 §15)와 강제근로금지(근로기준법 §7)의 문제와 관련되어 있으며, 영업양도시 근로관계 이전에 대한 근로자의 동의 여부가 주요 쟁점이 된다.

---

31) 회사분할에 관한 규정은 1998년 상법 개정 당시 처음으로 도입된 제도로서 주식회사에 대해서만 인정하고 있다.

32) 이상윤, 노동법(제3판), 388면.

33) 김형배, 노동법(신판제4판), 485면.

34) 다만, 근로기준법 제24조 제1항 단서는 「경영악화를 방지하기 위한 사업의 양도·인수·합병은 긴박한 경영상의 필요가 있는 것으로 본다.」라고 하여 경영해고의 사유가 될 수 있음을 규정하고, 파견근로자법 제6조의 2는 「사용사업주가 2년을 초과하여 계속적으로 파견근로자를 사용하는 경우에는 당해 파견근로자를 직접 고용하여야 한다.」라고 규정하여 피견근로자의 고용을 보장하고 있을 뿐이다.

Ⅲ. 영업양도와 근로관계

1. 의 의

영업양도라 함은 「영업의 동일성을 유지하면서 영업용 재산과 재산적 가치가 있는 사실관계가 합하여 이루어진 조직적·기능적 재산으로서의 영업재산의 일체의 이전을 목적으로 하는 채권계약」을 말한다.[35] 따라서 영업양도로 인정되기 위해서는 영업양도계약과 그 계약에 따라 유기적으로 조직화된 수익의 원천으로서의 기능적 재산이 그 동일성을 유지하면서 일체로서 양도받았다고 볼 수 있어야 한다.[36]

영업양도는 회사의 재산 또는 일부의 자산매각, 영업의 소유관계의 변동을 초래하지 않는 영업의 임대차 또는 경영위임과 구별되고, 특정승계를 원칙으로 한다는 점에서 포괄승계를 본질로 하는 합병과 구별된다.

영업양도의 대상이 되는 「영업」은 일정한 영업 목적에 의하여 조직화된 유기적 일체로서의 기능적 재산을 말하고, 「유기적 일체로서의 기능적 재산」은 영업을 구성하는 유형·무형의 재산과 경제적 가치를 갖는 사실관계가 서로 유기적으로 결합하여 수익의 원천으로 기능을 하는 것과 이와 같은 유기적으로 결합한 수익의 원천으로서의 기능적 재산이 마치 하나의 재화와 같이 거래의 객체가 된다는 것을 의미한다.[37]

2. 영업양도의 판단기준

영업양도는 종전 기업의 인적·물적 조직의 동일성과 영업의 동일성을 유지하면서 조직화된 유기적 일체로서의 기능적 재산의 전부 또는 일부가 양수인에게 양도되는 것을 본질로 한다. 따라서 계약의 형식이나 양도의 방법과 관계없이 실질적으로 종전 기업의 전부 또는 일부가 인적·물적 동일성을 유지하면서 종전 영업 재산 일체가 양수인에게 이전되는 경우에는 상법상 양도에 해당된다. 따라서 영업양도 여부는 양수인이 유기적으로 조직화된 기능적 재산을 이전받아 종전과 동일한 영업활동을 하고 있는가를 기준으로 판단해야 한다.[38]

영업양도의 요건으로서 영업의 동일성이 있는가의 여부에 대하여 대법원은 계약당사자의 주관적인 의사에 의하여 결정되는 것이 아니고 계약체결 전후의 사정과 경

35) 정찬영, 상법강의요론(제7판), 86면.
36) 대법원 2005. 7. 22. 선고 2005다602.
37) 대법원 2005. 7. 22. 선고 2005다602; 대법원 2008. 4. 11. 선고 2007다89722.
38) 김유성, 노동법 I (초판), 352면; 이상윤, 노동법(제3판), 389면; 임종률, 노동법(제6판), 517면.

위, 당사자의 의사, 현실적으로 이전된 물적·인적 조직의 범위 내용 등을 종합하여 사회통념에 따라 판단해야 한다고 판시하고 있다.[39)]

판례요지

영업양도가 이루어졌는가의 여부는 단지 어떠한 영업재산이 어느 정도로 이전되어 있는가에 의하여 결정되어야 하는 것이 아니고 거기에 종래의 영업조직이 유지되어 그 조직이 전부 또는 중요한 일부로서 기능할 수 있는가에 의하여 결정되어야 하므로, 영업재산의 일부를 유보한 채 영업시설을 양도했어도 그 양도한 부분만으로도 종래의 조직이 유지되어 있다고 사회관념상 인정되면 그것을 영업의 양도라 볼 것이지만, 반면에 영업재산의 전부를 양도했어도 그 조직을 해체하여 양도했다면 영업의 양도로 볼 수 없다(대법원 2007. 6. 1. 선고 2005다5812).

문제는 자산매수의 형태로 종전 회사의 물적 재산을 인수한 후 종전의 영업을 계속한 경우에 영업양도로 볼 수 있는가의 여부이다. 대법원은 자산양도의 형식을 취하여 영업재산을 매수하면서 종전 근로자 상당수를 신규로 채용하여 종전의 영업을 계속하여 온 사안[40)]에서 「① 공장의 자산과 함께 인적 조직(근로자)을 포괄 양도하는 방식으로는 양수희망자가 없어 부득이 공장의 자산만을 매각한 사실, ② 양수인이 양도인 소속 근로자를 신규채용하면서 양도인의 인적 조직을 해체하여 양수회사의 기존 기준 및 인사관리방법에 따라 재구성하여 조직화한 사실, ③ 양수인이 양도인의 채권·채무관계를 전혀 인수하지 아니한 사실 등을 이유로 영업양도가 아닌 자산양도에 해당된다고 판시하였다.[41)] 그러나 회사 자산을 매각하면서 종전 근로자를 신규 채용하여 종전의 생산과 영업을 계속 유지하고 있음에도 회사의 물적 재산만을 양도받았다는 이유로 영업양도로 판단하는 대법원의 판례는 다음과 같은 이유로 그 타당성을

---

39) 대법원 2002. 3. 29. 선고 2000두8455; 대법원 2003. 5. 30. 선고 2002다23826; 대법원 2005. 2. 25. 선고 2004다34790; 대법원 2005. 6. 24. 선고 2005다8200; 대법원 2005. 7. 8. 선고 2003다40798; 대법원 2007. 6. 1. 선고 2005다5812; 대법원 2007. 11. 16. 선고 2007다36537 등.

40) 대법원 2001. 7. 27. 선고 99두2680; 대법원 2003. 11. 14. 선고 2003다두4287

41) 대법원 2001. 7. 27. 선고 99두2680 판결에 대한 원심(서울고등법원 1999. 1. 22. 선고. 97구53801)은 ① 양도회사와 양수회사의 사업목적의 동일성, ② 양수회사에 신규 채용된 후 근로자들이 양도회사를 퇴직한 사실, ③ 채용인원의 구성비는 공장운영에 필요한 기능직이 중심이라는 점, ④ 양수회사의 고유 직원은 임직원·노무관리직에 종사하여 사업운영에 비본질적이라는 점, ⑤ 신규채용근로자들은 수습기간 중 정규직에 상응하는 대우를 한 점, ⑥ 고용불승계 시 노동조합의 권리 및 근로자의 임금채권우선변제권의 침해가능성, ⑦ 양도회사로부터 신규 채용한 인적 자산을 통한 동일한 생산방식·동일제품생산 등의 이유를 들어 영업상의 조직·인적 조직이 그 동일성을 유지하면서 포괄적으로 양수회사에 이전된 영업양도에 해당된다고 판단하였다.

인정할 수 없다.

(1) 양도인이 노동조합활동을 무력화하기 위한 수단으로써 양수인과 담합하여 형식상 물적 자산만을 매각하고 종전 근로자의 다수를 신규 채용하여 종전과 동일한 사업을 운영할 수 있게 된다는 점.

(2) 영업양도에 해당되는가의 여부는 당사자의 계약내용만을 기준으로 판단할 것이 아니라 실질적으로 종전과 동일한 영업을 하고 있는가의 여부에 따라 판단되어야 한다는 점.

(3) 양도인과 양수인 사이의 양도계약 체결시기를 기준으로 영업의 동일성 여부를 판단하게 되면, 근로관계가 포괄적으로 양수인에게 이전되지 않기 때문에 근로자의 고용불안과 체불임금 근로자의 임금채권 확보가 어렵게 된다는 점.

따라서 영업의 동일성 여부는 ① 사업목적의 동일성, ② 사업장소의 동일성, ③ 기존 고객관계의 유지, ④ 생산시설이나 생산수단의 동일성, ⑤ 생산목적의 동일성, ⑥ 영업권의 이전, ⑦ 자산 및 부채의 이전 정도, ⑧ 근로관계의 계속성, ⑨ 종전 경영조직의 계속성 여부 등 다양한 요소들을 종합적으로 고려하여 판단해야 한다.[42)]

3. 근로관계의 승계요건

1) 문제의 소재

영업양도는 영업목적에 의하여 조직화된 인적·물적 조직의 동일성을 유지하면서 일체의 영업재산의 이전을 목적으로 하는 양도인과 양수인이 체결한 채권계약이다. 따라서 원칙적으로 영업양도에 의하여 포괄적으로 양수인에게 이전되는 권리의무관계의 범위는 당사자의 계약에 의하여 결정되고 계약 체결 당시 근로관계를 유지하고 있는 근로자에 한하여 승계되는 되는 것이나, 당사자 사이에 특약이 없으면 양도인의 권리의무가 포괄적으로 양수인에게 이전된다고 보는 것이 통설과 일관된 판례의 입장이라고 할 수 있다.

그런데, 양도인과 양수인이 계약에 의하여 고용승계를 배제하도록 하는 특약의 유효 여부와 당사자의 합의와 근로자의 동의가 근로관계의 승계에 필요한 요건인가의 여부가 문제된다.

2) 영업양도가 이루어 질 것

우선 근로관계의 승계가 이루어지기 위해서는 영업의 양도가 이루어져야 한다. 여

42) 동지 김유성, 노동법 I (초판), 353면.

기서 「영업의 양도」란 계약에 의하여 일정한 사업의 목적에 의하여 조직화된 물적·인적 조직을 동일성을 유지하면서 일체로서 이전하거나 일정한 사업목적에 의하여 조직화된 유기적 일체로서의 기능적 재산을 이전하는 것을 말한다.

영업양도의 여부에 대한 판단기준에 관하여 대법원은 양수인이 조직화된 유기적 일체로서의 기능적 재산을 이전받아 양도인이 하던 영업적 활동을 계속하고 있는지의 여부[43]와 영업재산이 어느 정도 이전되어 있는지가 아니라 종래의 영업조직이 유지되어 그 조직의 전부 또는 중요한 일부로서 기능할 수 있는지의 여부에 따라 판단해야 한다고 한다.[44]

이러한 영업양도의 판단기준에 따라 대법원은 ① 명시적인 영업양도계약이 없었다 하더라도 다른 회사의 사업시설의 일부를 인수·사용하여 종전과 동일한 내용의 사업을 수행하고 근로자도 전원 종전과 동일한 근로조건으로 계속 근무하여 온 경우[45], ② 당사자의 계약에서 자산만을 인수하고 인적 조직을 인수하지 않을 것을 명시하고 근로자를 채용함에 있어서 사직 및 신규채용의 절차를 밟고 채권의 전부와 채무의 일부를 인수하지 않았다 하더라도 승계한 물적·인적 조직을 이용하여 종전 사업부분의 기본골격을 그대로 유지한 채 이를 토대로 사업을 수행하고 있는 경우[46]에는 영업양도로 인정하고 있다. 그러나 양도인이 경영하던 특정의 사업부문을 인수하면서 양도인 소속 근로자 대다수를 채용하고 수습기간을 거쳐 재배치하는 등 그 인적 조직을 해체하여 양수인의 경영방침에 따라 재구성한 경우[47], 사업재산의 전부를 양도하였지만 그 조직을 해체하여 양도한 경우[48]에는 영업의 양도로 보지 않는다.

3) 고용배제특약이 없을 것

근로관계의 승계범위는 당사자의 영업양도계약의 내용에 따라 결정되는 것이므로 원칙적으로 당사자의 계약에 의하여 고용승계를 배제하는 특약은 유효하다. 그러나 고용승계 배제특약은 근로자에게는 실질적으로 해고에 해당되는 것이기 때문에 그 특약이 유효하기 위해서는 정당한 해고사유가 있는 경우에 한한다.[49] 따라서 영업양도 당사자 사이에 고용승계배제 특약이 있다 하더라도 근로기준법상 정당한 해고 사

43) 대법원 1997. 11. 25. 선고 97다35085.
44) 대법원 2001. 7. 27. 선고 99두2680.
45) 대법원 1991. 11. 12. 선고 91다12806.
46) 대법원 2002. 3. 29. 선고 2000두8455.
47) 대법원 2001. 7. 27. 선고 99두2680.
48) 대법원 2003. 6. 10. 선고 2001다17596.
49) 대법원 1994. 6. 28. 선고 93다38173.

유에 해당하지 않으면 근로관계는 포괄적으로 양수회사에 승계된다.

판례요지

영업양도 당사자 사이에 근로관계의 일부를 승계대상에서 제외하기로 하는 특약이 있는 경우에는 그에 따라 근로관계가 이루어지지 않을 수 있으나, 그러한 특약은 실질적으로 해고와 다름이 없다 할 것이므로 근로기준법상 소정의 정당한 이유가 있어야 한다(대법원 1994. 6. 28. 선고 93다38173).

그런데, 근로기준법 제24조 제1항 후단은 경영악화를 방지하기 위한 사업의 양도는 경영해고 요건의 하나인 긴박한 경영상의 필요가 있는 것으로 간주하도록 규정하고 있다. 이 규정은 근로자의 직장보호가 경영악화의 방지를 위한 영업양도의 장애물이 되지 않도록 하기 위한 것이다. 따라서 양도인이 경영악화를 방지하기 위하여 사업의 전부 또는 일부를 양도하는 경우에는 해고회피의 노력을 하고 공정하고 합리적인 기준에 의하여 해고대상자를 선정하고 근로자대표와의 협의를 통하여 그 해고대상자의 근로관계를 양수인과의 특약에 의하여 승계대상자에서 제외시킬 수 있다.[50)]

판례요지

근로관계의 승계를 거부하는 근로자에 대해서는 그 근로관계가 양수기업에 승계되는 것이 아니라 양도기업에 그대로 존속하게 된다. 이 경우 양도기업의 사용자는 영업일부의 양도로 인한 경영상의 필요에 따라 감원이 불가피한 사정이 있어 정리해고의 요건이 갖추어져 있다면, 그 절차를 거쳐 고용승계를 거부한 근로자를 해고할 수 있다(대법원 2000. 10. 13. 선고 93다11437).

4) 당사자의 합의여부

(1) 학 설

영업양도에 관한 법률행위가 있으면 당사자의 근로관계의 승계에 관한 합의가 없더라도 근로관계는 포괄적으로 양수회사에 자동적으로 이전된다고 하는 「합의불요설(자동승계설)[51)]」, 당사자 사이에 근로관계의 승계에 관한 명시적·묵시적인 합의가 있는 경우에 한하여 근로관계가 승계된다고 하는 「합의필요설」, 당사자간의 근로관계의 승계에 관한 약정이 없다 하더라도 그 법률행위에는 원칙적으로 양수회사가 근

---

50) 임종률, 노동법(제6판), 518면; 대법원 2000. 10. 13. 선고93다11437.

51) 임종률, 노동법(제6판), 516~517면.

로관계를 포괄적으로 승계하기로 하는 내용이 포함되어 있다고 보아 근로자의 명시적인 반대의 의사표시가 없는 한 근로관계는 양수회사에게 포괄적으로 승계된다고 하는 「원칙승계설(절충설)[52]」이 대립하고 있다.

(2) 판 례

대법원은 「영업양도 당사자 사이에 반대의 특약이 없는 한 영업양도에 관한 합의 안에는 원칙적으로 근로관계를 포괄적으로 승계하기로 하는 내용의 합의가 있는 것으로 사실상 추정되고, 근로관계의 전부 또는 일부를 제외하는 특약은 실질적으로 해고와 다름없는 것이므로 근로기준법상 해고의 사유에 해당되어야 한다.」라고 판시하여 원칙승계설의 입장을 취하고 있다.[53]

판례요지

영업양도 당사자 사이에 반대의 특약이 없는 한 영업양도에 관한 합의 안에는 원칙적으로 근로관계를 포괄적으로 승계하기로 하는 내용의 합의가 있는 것으로 사실상 추정되고, 영업양도 당사자 사이에 근로관계의 일부를 승계대상에서 제외하기로 하는 특약이 있는 경우에는 그에 따라 근로관계가 이루어지지 않을 수 있으나, 그러한 특약은 실질적으로 해고와 다름이 없다 할 것이므로 근로기준법상 소정의 정당한 이유가 있어야 한다 (대법원 1994. 6. 28. 선고 93다33173).

(3) 평 가

합의불요설(자동승계설)은 근로기준법상 해고의 요건에 해당되어 근로관계를 유지할 수 없는 근로자에 대해서까지도 자동적으로 승계되기 때문에 기업경영의 원칙에 반하여 수긍할 수 없고, 합의필요설은 일방적인 당사자의 계약에 의하여 근로기준법상 해고의 요건에 해당되지 않는 근로자도 고용승계에서 배제되어 근로권을 과도하게 제한한다는 점에서 수긍할 수 없다.

원칙승계설(절충설)은 고용승계를 배제하는 당사자 사이에 특약이 없으면 근로관계는 포괄적으로 승계되고 고용승계배제 특약은 근로기준법상 정당한 해고의 요건에 해당되는 근로자에게만 적용된다는 점에서 경영권과 근로권을 조화시킨 타당한 이론이다. 따라서 영업양도가 있으면 원칙적으로 모든 근로관계는 양수인에게 포괄적으로 이전된다고 보아야 한다.

---

52) 김형배, 노동법, 497면; 김지형, 「영업양도와 근로관계의 승계」, 1041면; 이병태, 최신노동법, 625~626면; 이상윤, 노동법(제3판), 391면; 김유성, 노동법 I (초판), 349면.

53) 대법원 1994. 6. 28. 선고 93다33173; 대법원 1995. 9. 25. 선고 94다54245.

5) 근로자의 동의여부

(1) 학 설

영업양도로 인하여 근로관계가 승계되기 위해서는 근로자의 동의가 필요한가의 여부에 대하여 동의필요설과 동의불요설이 대립하고 있으나, 동의불요설이 다수설이다.

「동의필요설」은 ① 사용자는 노무자의 동의 없이 그 권리를 제3자에게 양도하지 못하도록 규정한 민법 제657조 제1항의 취지, ② 근로관계에 있어서 당사자인 사용자의 변경, ③ 일부 양도시의 잔존사업장에서의 계속취업의 가능성, ④ 헌법상 보장된 직업선택의 자유보장 등을 근거로 근로관계가 이전되기 위해서는 근로자의 동의가 필요하다는 견해이다.[54)]

「동의불요설」은 ① 민법 제657조 제1항의 고용계약은 노동법상의 근로계약과 그 성질을 달리하는 것이므로 근로관계의 승계에는 적용되지 않는다는 점, ② 근로자는 근로관계를 스스로 해지할 수 있기 때문에 직업선택의 자유를 제한하지 않는다는 점, ③ 근로관계의 승계는 사업양도의 효과로써 발생된다는 점 등을 근거로 근로자의 동의는 근로관계의 이전요건이 아니라는 견해이다.[55)]

(2) 판 례

대법원은 양도회사로부터 양수회사에 근로관계가 승계되는 것을 전제로 그 승계를 거부하는 근로자에 대한 근로관계는 양수기업에 승계되지 않고, 양도기업 사이에 존속한다고 함으로써 동의불요설의 입장을 취하고 있다.[56)]

판례요지

▶ 근로관계의 승계를 거부하는 근로자에 대하여는 그 근로관계가 양수하는 기업에 승계되지 않고 여전히 양도하는 기업과의 사이에 존속한다(대법원 2000. 10. 13. 선고 98다11437).

▶ 영업양도에 의하여 양도인과 근로자 사이의 근로관계는 원칙적으로 양수인에게 포괄승계되는 것이지만, 근로자가 반대의 의사를 표시함으로써 양수기업에 승계되는 대신 양도기업에 잔류하거나 양도기업과 양수기업 모두에서 퇴직할 수도 있는 것이고, 양수기업에의 취업을 희망하는 의사를 표시하였다고 하더라도 그 승계취업이 확정되기 전이라면 취업희망 의사표시를 철회할 수 있다(대법원 2002. 3. 29. 선고 2000두8455).

---

54) 동의필요설 ; 이상윤, 노동법(제3판), 390면.

55) 동의불요설 ; 김형배, 노동법(신판제4판), 507면; 임종률, 노동법(제6판), 516~519면; 이병태, 최신노동법(제8전정판), 627면.

56) 대법원 2000. 10. 13. 선고 88다11437; 대법원 2022. 3. 29. 선고 2000두8455.

(3) 평 가

영업양도에 따라 근로관계는 포괄적으로 양도인에서 양수인으로 이전되는 효과가 발생하는 것이므로 근로자의 동의 여부와는 관계없다고 보아야 한다. 그 근거로서는 ① 근로관계에서 사용자의 변경은 특별한 의미가 없다는 점, ② 근로자의 동의여부와 관계없이 포괄적인 근로관계의 승계를 인정하는 것이 근로자에게 유리하다고 하는 점, ③ 근로관계 승계 이후에도 근로자는 언제든지 근로관계를 해지할 수 있기 때문에 직업선택의 자유를 제한하지 않는다는 점 등을 들 수 있다. 다만, 근로자가 근로관계의 승계를 명시적으로 원하지 않는 경우에는 승계되지 않는 것으로 해석해야 한다.[57)]

6) 양도계약 체결시 근로관계의 유지

영업양도는 법률행위인 양도계약에 의하여 이루어지기 때문에 원칙적으로 양도계약이 체결된 때를 기준으로 근로관계가 유지된 근로자에 한하여 포괄적으로 양수인에게 이전된다.[58)] 따라서 영업양도 계약체결 당시 근로관계를 맺고 있는 근로자의 근로관계만 포괄적으로 이전되고, 해고된 자는 근로관계가 없기 때문에 이전되지 않는다. 그런데 영업양도 체결 이전에 해고의 효력을 다투고 있는 근로자를 양수인이 승계할 의무가 있는가의 여부가 문제된다.

(1) 학 설

학설은 대체로 근로관계의 이전시기를 양도계약이 체결된 때로 해석하는 경향이나, 해고의 효력을 다투는 자의 권리보호를 위하여 다양한 해석방법을 제시하고 있다.

① 영업양도를 통한 부당해고를 방지하기 위하여 영업의 전부 양도와 일부 양도에 따라 근로관계의 승계 여부를 따로 판단해야 한다는 견해이다. 즉, 일부 양도의 경우는 양수회사에게 근로관계가 이전되지 않고 양도회사에 그대로 남게 되나,

---

57) 근로관계의 승계를 원하지 않는 경우는 근로자와 사용자의 신뢰관계가 중요시되는 중소기업의 영업양도와 일부 영업양도에 국한된다. 특히, 사업의 일부 양도에 있어서 양도대상이 된 기업에 잔존하는 사업장에서 계속 근무할 자리가 존재하고, 양수기업으로 근로관계가 이전될 경우 오히려 불리한 점이 많다고 판단될 때 근로관계의 승계를 거부하게 될 것이다. 따라서 근로관계의 승계거부를 인정할 실익은 중소기업의 영업양도와 사업의 일부 양도에서 발생한다(김형배, 노동법(신판제4판), 507면).

58) 그러나 현실적으로 양수인이 고용관계를 승계할 의무가 있는 시점은 영업양도계약 체결 시가 아니고, 양수인이 경영조직에 편입된 때로 보아야 한다. 왜냐하면, 양수인이 경영조직에 편입된 이후에 비로소 경영상의 제반문제를 결정할 수 있기 때문이다. 따라서 고용승계의 확정시기와 현실적으로 근로관계를 승계하는 시기는 다르다(동지 김형배, 노동법(신판제4판), 509~510면; 김지형, 「영업양도와 근로관계의 승계」, 민사재판의 제문제(제8집), 민사실무연구회, 1994, 1055면).

전부 양도의 경우는 양도회사가 소멸하기 때문에 양수회사가 근로관계를 승계해야 한다고 한다.[59]

② 양수인이 해고의 효력을 다투는 근로자의 고용을 승계할 의무는 없지만, 부당해고 판결이 확정된 이후에는 승계해야 한다는 견해이다.[60]

(2) 판 례

일부 영업양도에 있어서 해고의 효력을 다투는 근로자가 승계대상에 포함되는가에 대하여 대법원은 「승계되는 근로관계는 계약체결일 현재 실제로 근무하고 있는 근로자와의 근로관계만을 의미하고 계약체결일 이전에 해고의 효력을 다투는 근로자의 근로관계는 승계되지 않는다.」라고 판시하여 양수인의 고용승계의무가 없는 것으로 해석하고 있다.[61] 따라서 영업양도계약 이전에 해고당한 근로자는 비록 해고무효 확인소송을 통하여 부당해고로 확정되었다 하더라도 양수회사에게 복직은 물론 체불된 임금을 청구할 수 없다는 것이 판례의 태도이다.

판례요지

다른 기업의 사업부문의 일부를 양수하는 계약을 체결하면서 그 물적 시설과 함께 그 사업부문에 근무하는 근로자들에 대한 권리의무도 함께 포괄승계받기로 약정한 경우에는 원칙적으로 해당 근로자와의 근로관계는 영업양수인에게 승계되는 것이지만 이때 승계되는 근로관계는 계약체결일 현재 실제로 그 영업부문에서 근무하고 있는 근로자와의 근로관계만을 의미하고 계약체결일 이전에 해당 영업부문에서 근무하다가 해고 또는 면직된 근로자로서 해고 및 면직처분의 효력을 다투는 근로자와의 근로관계까지 승계하는 것은 아니다(대법원 1993. 5. 25. 선고 91다41750).

그러나 대법원은 예외적으로 영업양도 이전에 해고가 무효라는 확정판결이 있음에도 근로자를 복직시키지 않은 상태에서 기존 회사의 임금채무를 면탈하거나 노동조합을 와해하기 위한 목적으로 회사를 폐업하여 새로운 회사를 설립하거나 기존 회사와 실질적으로 동일한 회사에 양도한 경우에는 신설회사 또는 양수회사는 법인격이 부인되어 신설회사 또는 양수회사가 해고된 근로자에 대한 복직의무와 체불임금과 위자료를 지급할 의무가 있는 것으로 판시하고 있다.[62]

---

59) 이상윤, 노동법(제3판), 394~395면.
60) 하갑래, 근로기준법(제16판), 730~731면.
61) 대법원 1993. 5. 25. 선고 91다41750; 대법원 1995. 9. 29. 선고 94다54245; 대법원 1996. 5. 31. 선고 95다33238.
62) 대법원 1999. 2. 23. 선고 98다12157; 대법원 2004. 11. 12. 선고 2002다66892; 대구고등법원 2006.

판례요지

기존회사가 채무를 면탈할 목적으로 기업의 형태, 내용이 실질적으로 동일한 신설회사를 설립하였다면, 신설회사의 설립은 기존회사의 채무면탈이라는 위법한 목적달성을 위하여 회사제도를 남용한 것이므로, 기존회사의 채권자에 대하여 위 두 회사가 별개의 법인격을 갖고 있음을 주장하는 것은 신의성실의 원칙상 허용될 수 없다 할 것이어서 기존회사의 채권자는 위 두 회사 어느 쪽에 대하여서도 채무의 이행을 청구할 수 있으며, 두 회사는 채권자에 대하여 연대채무관계 내지 부진정 연대채무관계에 있다(대법원 2004. 11. 12. 선고 2002다66892).

그리고 양수회사가 양도회사의 부당한 전적명령을 거부하였다는 이유로 해고당한 사실을 알고 있었던 사안에서, 대법원은 양수인이 영업양수 당시 해고가 무효임을 알았다는 이유로 해고된 근로자의 고용승계의무가 있는 것으로 판단하고 있다.[63)]

판례요지

근로자들이 회사의 전적명령에 동의하지 아니함으로써 전적명령 자체가 아무런 효력이 없음이 객관적으로 명확하게 되었을 뿐만 아니라, 양수 회사가 영업양수를 할 당시 근로자들에 대한 전적명령이 아무런 효력이 없게 된 사실을 알고 있었음이 명백하다면, 특별한 사정이 없는 한 근로자들의 근로관계가 양수 회사에게 그대로 승계되는 것으로 봄이 상당하다(대법원 1996. 5. 31. 선고 95다33238).

(3) 평 가

영업양도는 법률행위인 당사자의 영업양도계약에 의하여 그 효력이 발생하는 것이므로 그 계약이 체결될 당시 양도인과 근로관계를 맺고 있는 근로자에 한하여 양수인에게 포괄적으로 승계된다고 하는 것은 당연하다. 그러나 영업양도계약의 체결 당시 현실적으로 근로관계가 있는 근로자만을 고용승계의 대상으로 확정하는 것은 근로자의 생존을 이념으로 하는 노동법의 취지에 반하는 것이므로 일정한 예외를 인정할 필요성이 있다. 따라서 영업양도계약 체결 이전에 해고된 자라도 그 보호의 필요성 여부에 따라 양수인에게 근로관계가 포괄적으로 승계될 수 있도록 하는 예외를 인정해야 한다.

① 사업의 전부가 양도된 경우에는 개별적 근로관계와 집단적 근로관계로 구분하

---

5. 19. 선고 2005나3053.

63) 대법원 1996. 5. 31. 선고 95다33238.

여 해고무효의 확정시기를 기준으로 양수인의 고용의무가 있는지의 여부를 판단해야 한다. 해고의 효력을 다투는 자는 근로기준법상 근로자에 해당되지 않기 때문에 영업양도계약이 체결되기 전에 양수인이 명백하게 부당해고임을 알았을 경우가 아닌 한 양수인에게 고용승계의무를 부담토록 하는 것은 부당하다.[64] 그러나 정당한 노동조합활동을 이유로 한 부당노동행위인 경우에는 집단적 근로관계에서는 근로자에 해당되기 때문에 부당노동행위로 확정된 시기에 양수인의 고용승계의무가 있는 것으로 보아야 한다.

② 사업의 일부양도인 경우에는 양도회사가 존속하고 있으므로 해고무효의 확정시기에 양도인이 잔존하는 사업부분에 복직시킴과 동시에 해고 일부터 복직일까지의 임금상당액을 지급할 의무가 있는 것으로 보아야 한다.

4. 근로관계의 승계범위

1) 문제의 소재

영업양도는 일정한 영업목적에 의하여 조직화된 인적·물적 조직을 그 동일성은 유지하면서 일체로서 이전하는 채권계약이므로 원칙적으로 모든 근로관계는 양수회사에 포괄적으로 이전된다. 그러나 구체적으로 포괄 승계되는 근로관계의 범위는 당사자의 합의 또는 계약에 의하여 결정된다.

현행 노동관계법은 영업양도로 인한 근로관계의 적용방법에 대하여 구체적인 규정을 두고 있지 않기 때문에 영업양도와 관련된 다양한 문제가 발생한다. 즉, 양도인과 양수인이 특정 근로자의 고용승계를 배제하는 특약을 한 경우에 그 특약의 유효성을 인정할 것인가의 여부와 고용승계에서 배제된 근로자를 어떻게 보호할 것인가의 여부가 문제된다. 그리고 양도회사와 양수회사에게 적용된 상이한 근로조건의 적용방법, 근로관계의 승계 시기의 확정 문제, 노동조합과 단체협약의 승계로 인한 집단적 노사관계의 적용방법 등 영업양도에 따른 다양한 문제가 발생한다.

---

64) 대법원은 「해고의 효력을 다투고 있는 자를 근로자가 아닌 자로 해석해서는 안 된다는 노동조합 및 노동관계조정법의 규정은 노동조합의 설립 및 존속을 보호하고 사용자의 부당한 인사권의 행사에 의하여 노동조합의 활동이 방해받는 것을 방지하기 위한 규정으로써 노동조합의 구성원이 될 수 있는 자격에 관하여 규정한 것일 뿐, 사용자와 근로자와의 근로관계에 관한 규정은 아니므로 노동조합의 조합원으로서의 지위와 관련하여서만 적용이 되어 사용자와 근로자와의 근로관계에 관한 규정은 아니므로 노동조합의 조합원으로서의 지위와 관련하여서만 적용이 되어야 할 것이고, 근로자와 사용자와의 개별적인 근로계약 일반의 효력에 확대 적용될 수는 없다」라고 판시하고 있다(대법원 1993. 6. 8. 선고 92다42354).

2) 개별적 근로관계의 승계범위

(1) 승계원칙

영업양도계약의 체결 당시 근로관계를 유지하고 있었던 근로자에 대한 모든 권리 의무관계는 포괄적으로 양수회사에 이전된다. 따라서 양수회사는 양도회사와 근로자 사이에 체결된 종전의 근로계약·취업규칙·단체협약에 정해진 모든 근로조건을 이행할 의무를 부담해야 하고, 근로자도 종전과 동일한 근로관계에서의 의무를 양수회사에 이행할 의무를 부담한다.

양도회사에서의 근로관계는 단절되지 않는 것이므로 연차휴가와 퇴직금의 산정에 있어서 양도회사에서의 근무기간도 계속근로연수에 당연히 합산해야 한다. 따라서 근로자가 양도회사에 사직원을 제출하고 양수회사에 재입사하는 형식을 갖추었다 하더라도, 근로자가 계속 동일한 업무에 종사한 경우에는 근로관계는 단절되지 않고 양도 전후의 근무기간을 모두 합산하여 퇴직금과 연차휴가 등을 산정하여야 한다. 다만, 근로자의 자유로운 의사에 따라 양도회사로부터 퇴직금을 수령하고 양수인에게 재고용된 것을 선택한 경우에는 양도회사와의 근로관계는 단절된 것으로 보아야 한다.[65]

판례요지

영업양도의 경우에는 특단의 사정이 없는 한 근로자들의 근로관계 역시 양수인에 의하여 계속적으로 승계되는 것으로 영업양도 시 퇴직금을 수령하였다는 사실만으로 전 회사와의 근로관계가 종료되고 인수한 회사와 새로운 근로관계가 시작되었다고 볼 것은 아니다. 다만, 근로자가 자의에 의하여 사직서를 제출하고 퇴직금을 지급받았다면 계속 근로의 단절에 동의한 것으로 볼 여지가 있지만, 이와 달리 회사의 경영방침에 따른 일방적 결정으로 퇴직 및 재입사의 형식을 거친 것이라면 퇴직금을 지급받았더라도 계속 근로관계는 단절되지 않는다(대법원 2001. 11. 13. 선고 2000다18608).

(2) 구체적인 승계범위

사업양도로 인한 근로관계의 승계는 근로계약상의 사용자가 양도인에서 양수인으로 변경된다는 것을 의미한다. 따라서 영업양수인은 근로자에 대한 양도인의 근로계약상의 권리의무를 포괄적으로 인수하고, 양도인의 근로계약상의 권리의무는 소멸하기 때문에 양도인의 근로자에 대한 체불임금책임은 양수인이 인수한다. 다만, 체불임

65) 대법원 1991. 5. 28. 선고 90다16801; 대법원 2001. 11. 13. 선고 2000다18608; 대법원 2002. 9. 6. 선고 2002다24270.

금은 양도인이 야기한 것이고 양수인이 지급능력이 부족한 경우도 있을 수 있기 때문에 양도인도 양수인과 함께 체불임금에 대한 연대책임을 진다고 해석해야 한다.[66]

문제는 영업양도계약 체결이전에 퇴직한 근로자의 퇴직금을 양도인이 지급하지 아니한 상태에서 영업이 양도된 경우에 양수인이 퇴직금을 지급할 의무를 부담하는가의 여부이다. 이에 대하여 학설은 퇴직금의 후불임금 성격에 비추어 볼 때 양수인이 퇴직금을 지급해야 한다고 하는 견해[67]와 퇴직금의 지급의무는 근로관계가 종료된 때의 사업주인 양도인이 부담해야 한다는 이유로 양수인이 퇴직금을 지급할 의무가 없다고 하는 견해[68]가 대립한다. 영업양도에 있어서 근로관계의 내용을 보호한다는 것은 근로자로서의 지위가 승계된 것을 전제로 하는 것이고, 근로관계의 승계시점은 영업양도계약의 체결 시가 되는 것이므로 그 계약 체결 전에 이미 근로관계가 종료된 자는 양수인과의 사이에 근로관계가 존속할 여지가 없다.

따라서 영업양도 전에 퇴직한 자가 양수인과의 근로관계를 기초로 퇴직금과 체불임금을 청구할 수 없다. 다만, 영업의 일부양도에 있어서는 양도인은 그대로 존속하기 때문에 퇴직한 자는 양도인에 대하여 퇴직금 및 체불임금청구권은 그대로 존속하고, 양도인과 양수인과의 사이에 퇴직한 근로자에 대한 양도인의 퇴직금 및 임금채무를 인수하는 계약(민법 §454)을 체결한 경우에는 양수인이 퇴직근로자에 대한 퇴직금 및 체불임금에 대한 채무를 부담한다.[69] 요컨대, 영업양도 전에 퇴직한 근로자에 대한 체불임금 및 퇴직금은 양수인에게 이전되지 않는 것이므로 양수인은 퇴직금을 지급할 의무를 부담하지 않는 것으로 해석함이 타당하다.

근로관계의 승계효과는 근로관계 당사자의 변경만 초래할 뿐이고 근로조건의 변경을 수반하는 것이 아니기 때문에 양수인은 양도인으로부터 승계한 취업규칙과 근로계약에서 정한 근로조건을 준수할 의무가 있다. 따라서 양도회사와 양수회사의 취업규칙 등에 정한 퇴직금 등 근로조건이 다르더라도 근로자퇴직급여보장법 제11조의 퇴직금차등금지 규정에 위반되지 않는다.[70]

---

66) 상법 제42조는 양도인과 양수인이 부담하고 있는 제3자에 대한 채무의 성질을 부진정연대책임으로 보고 있다는 점에서 체불임금에 대한 연대책임은 부진정연대책임으로 보아야 한다(김형배, 노동법(신판제4판), 514면; 임종률, 노동법(제6판), 520면).

67) 임종률, 노동법(제6판), 520면.

68) 김형배, 노동법(신판제4판), 514면; 김지형, 「영업양도와 근로관계의 승계」, 1061면.

69) 김형배, 노동법(신판제4판), 513면.

70) 대법원 1992. 12. 22. 선고 91다45165; 대법원 1995. 12. 26. 선고 95다41659; 대법원 1997. 12. 26. 선고 97다17575;

판례요지

근로관계가 포괄적으로 승계된 후의 새로운 퇴직금 제도가 기존 근로자의 기득이익을 침해하는 것이어서 그들에게는 그 효력이 미치지 않고 부득이 종전의 퇴직금규정을 적용하지 않을 수 없어서 결과적으로 하나의 사업 내에 별개의 퇴직금 제도를 운용하는 것으로 되었다고 하더라도, 이러한 경우까지 차등 있는 퇴직금 제도를 설정한 경우에 해당한다고는 볼 수 없다(대법원 1997. 12. 26. 선고 97다17575).

다만, 영업양도에 따른 근로관계의 승계로 인하여 하나의 사업 또는 사업장에 적용되는 상이한 취업규칙과 근로조건의 병존은 바람직하지 않기 때문에 이를 조정·통일할 필요성이 있다. 그러나 양수인이 근로자에게 더 유리한 양도인의 취업규칙을 폐기하고 양수인의 취업규칙을 획일적으로 적용하는 것은 취업규칙의 불이익 변경에 해당되기 때문에 근로자의 집단적 동의를 얻어야만 양수인의 취업규칙을 적용할 수 있다(근로기준법 §94·① 단서).[71]

판례요지

영업양도나 기업합병 등에 의하여 근로계약 관계가 포괄적으로 승계된 경우에 근로자의 종전 근로계약상의 지위도 그대로 승계되는 것이므로, 승계 후의 퇴직금 규정이 승계 전의 퇴직금 규정보다 근로자에게 불리하다면 근로기준법 제94조 제1항 소정의 당해 근로자 집단의 집단적인 의사결정 방법에 의한 동의 없이는 승계 후의 퇴직금규정을 적용할 수 없다(대법원 1995. 12. 26. 선고 95다41659).

퇴직금과 연차휴가의 산정을 위한 계속근로연수는 영업양도 전후의 근무기간을 통산해야 한다. 영업양도 계약 체결시에 양도회사의 근무기간을 퇴직금 또는 연차휴가의 산정에 있어서 제외하고 양도 후의 근무기간만 포함하기로 합의하였더라도, 근로자의 동의가 없는 이상 그 합의는 무효이다.[72] 다만, 근로관계의 승계에 수반하여 근로자의 요구에 의하여 중간퇴직금을 정산한 경우에는 그 이후의 퇴직금 산정에 있어서의 계속근로연수는 근로관계의 승계시점부터 새로이 기산한다(근로자퇴직급여보장법 §8·②). 그러나 양수인이 경영방침에 따라 일방적으로 양도 전의 근속기간에 해당하는 퇴직금을 정산지급한 후 영업양도 시점부터 다시 계속근로연수를 기산한 경우에는 퇴직금의 차액을 지급해야 한다.[73]

---

71) 대법원 1995. 12. 26. 선고 95다41659; 대법원 2001. 4. 24. 선고 99다9370.

72) 대법원 1991. 11. 12. 선고 91다12806.

73) 퇴직금중간정산이 무효로 된 경우에 근로자의 퇴직금중간정산금에 대한 이자가 부당이득에 해당되

3) 집단적 근로관계의 승계범위

(1) 승계원칙

영업양도는 포괄적인 영업재산의 이전으로 사업주가 변경된다는 점을 제외하고는 영업의 동일성이 인정되는 한 그 영업조직에 종사하는 근로자의 근로관계를 전제로 한 집단적 근로관계도 당연히 동일성을 갖는다.[74] 따라서 양도인의 노동조합 및 단체협약은 양수인에게 포괄적으로 이전된다.

다만, 양도인과 양수인 사업장에 모두 노동조합이 설립되어 있는 경우에 양수인이 노동조합을 승계함으로써 복수노조의 금지규정에 위반되는가의 여부에 대하여 논란이 있을 수 있으나, 다수설과 판례는 두 노동조합은 조직대상을 같이하는 것이 아니고 새로이 노동조합을 설립하는 것이 아니라는 이유로 사업장 단위의 복수노조금지규정에 저촉되지 않는 것으로 해석하고 있다.

(2) 구체적인 승계범위

가. 노동조합에 관한 부분

영업양도로 인하여 노동조합의 지위가 양수회사에 포괄적으로 승계되는가에 대하여 다수설[75]은 포괄 승계된 노조원들의 근로관계와 함께 노동조합의 지위도 포괄적으로 양수인에게 승계되는 것으로 파악하고, 소수설[76]은 근로관계의 포괄적인 승계와 노동조합의 지위의 승계는 별개의 문제이므로 노동조합의 지위 자체는 양도의 대상이 되지 않는다고 하여 양수인에게 승계되지 않는 것으로 이해하고 있다.

노동조합의 지위자체가 양수인에게 포괄 승계된다는 다수설은 ① 양도회사의 영업조직에 종사하는 근로자의 근로관계를 전제로 한 집단적 근로관계도 당연히 동일성을 갖는다는 점, ② 영업양도로 인하여 사용자인 사업주만이 변경될 뿐이고 노동조합의 동일성은 그대로 유지된다는 점 등을 그 논거로 제시하고 있다. 따라서 다수설은

는가의 여부에 관하여 대법원은 사용자가 근로자에 대하여 중간퇴직처리를 하면서 퇴직금을 지급하였으나 그 퇴직처리가 무효로 된 경우 이는 착오로 인하여 변제기에 있지 아니한 채무를 변제한 경우에 해당한다고 할 수 없다는 이유로 이미 지급한 퇴직금에 대한 지급일 다음날부터 최종퇴직시까지의 연 5푼의 비율에 의한 법정이자 상당액은 부당이득에 해당하지 않는 것으로 판단하고 있다(대법원 2001. 4. 24. 선고 99다9370).

74) 이병태, 최신노동법(제8전정판), 630면.

75) 김유성, 노동법 I (초판), 355~356면; 임종률, 노동법(제6판), 521면; 이병태, 최신노동법(제8전정판), 630면; 이상덕, 「영업양도와 고용승계」, 256면.

76) 김형배, 노동법(신판제4판), 527면 이하; 유성재, 사업양도시 고용승계에 관한 법제개선방안, 한국법제연구원, 2000, 86면.

근로자가 승계된 경우에 그 근로자가 소속한 노동조합의 지위도 양수인에게 승계되어 복수노조의 금지규정에 저촉되지 않는다고 한다.

반면, 노동조합의 지위 자체는 승계되지 않는다고 하는 소수설은 ① 양도회사에 설립되어 있는 노동조합이 그 자체가 양도의 대상에 포함된다는 것은 영업양도의 개념과 취지에 반한다는 점, ② 기업별 노동조합은 당해 사업의 사용자와 고용관계를 갖고 있는 조합원 근로자의 근로조건의 유지·개선을 목적으로 하는 사단이기 때문에 양도회사의 노동조합의 지위 그 자체를 승계된다고 하는 것은 기업변동 자체의 효과를 부인하는 결과를 초래한다는 점 등을 그 근거로 제시하고 있다. 따라서 소수설은 노동조합의 규약변경만으로는 양수회사의 노동조합으로 인정될 수 없고 복수노조금지규정에 저촉된다고 한다.

양도회사의 노동조합의 지위가 양수회사에 포괄적으로 승계되는가에 대하여 하급심 판례는 「영업양도로 승계되는 근로관계는 사용자와 근로자 사이의 개별적인 근로관계뿐만 아니라 노동조합도 양수인 사업장의 노동조합으로 존속하는 것」으로 해석하고 있다.[77] 그러나 대법원은 영업양도로 인한 노동조합의 지위의 포괄적 승계에 대하여 분명하게 밝히고 있지 않지만, 「특별한 사정이 없는 한 종전의 단체협약도 잠정적으로 승계되는 것」으로 판시한 것으로 보아 노동조합의 지위의 승계를 전제로 단체협약도 함께 승계되는 것으로 해석하고 있는 것 같다.[78]

요컨대, ① 노동조합의 구성원인 근로자가 승계된 경우에는 노동조합의 지위도 함께 승계된다고 보는 것이 모든 권리의무관계의 포괄적 승계를 목적으로 하는 영업양도의 취지에 부합한다는 점, ② 노동조합의 승계를 인정하지 않을 경우 양수회사의 노동조합과 조직대상이 중복되어 복수노조 금지규정에 저촉되어 새로이 노동조합을 결성하기 어려울 뿐만 아니라 노동조합이 와해될 가능성이 있다는 점, ③ 노동조합의 구성원인 근로자가 승계된 이상 그들의 사업주는 이미 양수회사가 된다는 점 등을 종합하여 보면, 노동조합의 지위도 양수회사에 포괄적으로 승계되는 것으로 해석해야 한다. 그리고 승계되는 노동조합은 새롭게 설립되는 것은 아니기 때문에 노동조합 및 노동관계조정법 부칙 제5조 제1항의 사업장단위의 복수노조금지규정에 저촉되지 않는 것으로 해석해야 한다.[79] 다만, 노동조합의 지위의 승계로 인하여 사업주와 소속

77) 서울지방법원 1998. 11. 24. 선고 98가단28156.

78) 대법원 1989. 5. 23. 선고 88누4508.

79) 양수회사에 노동조합이 존재하고 있는 경우 영업양도의 결과 사업장 단위의 복수노조금지 규정에 저촉되는가의 여부가 논란이 될 수 있다. 그러나 현행 노동조합 및 노동관계조정법은 구법과는 달리 노동조합의 설립제한 규정을 삭제하고 사업장 단위에서의 노동조합의 병존으로 인한 혼란을

사업장이 다르기 때문에 규약과 노동조합의 명칭을 변경해야 한다.

나. 단체협약에 관한 부분

양도인과 노동조합이 체결한 단체협약이 양수인에게도 그 효력이 인정되는가에 대하여 학설은 ① 당사자 간의 특약이 없는 한 양도회사의 채권·채무관계가 양수회사로 승계되기 때문에 단체협약의 효력도 그대로 양수회사에게 승계된다고 하는「승계긍정설[80]」, ② 단체협약의 당사자인 사업주가 변경되기 때문에 영업양도로.단체협약의 효력은 당연히 소멸된다고 하는「승계부정설[81]」, ③ 단체협약의 규정 중에서 당사자간의 채무적 부분은 영업양도에 의하여 당사자의 변경으로 인하여 소멸하고, 근로조건에 관한 규범적 부분은 단체협약의 효력발생과 함께 근로관계의 내용으로 화체되어 양수회사에 승계된다고 하는「절충설[82]」의 견해가 대립한다.

영업양도로 인하여 단체협약이 포괄적으로 양수인에게 승계되는가의 여부를 직접적으로 판시한 대법원 판례는 없으나 간접적으로 단체협약의 포괄적인 승계를 인정하고 있는 경향이고, 하급심판례는 명시적으로 단체협약의 포괄적인 승계를 인정하고 있다.

대법원은 회사의 합병과 단체협약의 포괄승계 여부에 대하여「복수의 회사가 합병되더라도 피합병 회사와 그 근로자 사이의 집단적인 근로관계나 근로조건 등은 합병회사와 합병 후 전체 근로자들을 대표하는 노동조합과 사이에 단체협약의 체결 등을 통하여 합병 후 근로자들의 근로관계 내용을 단일화하기로 변경·조정하는 새로운 합의가 있을 때까지는 피합병 회사의 근로자들과 합병회사 사이에 그대로 승계되는 것이고[83], 일반적으로 근로자를 그대로 승계하는 영업양도의 경우에 있어서도 특별한 사정이 없는 한 종전의 단체협약도 잠정적으로 승계되어 존속하는 것이라고 보아야 한다.」라고 판시하고 있다.[84] 그리고 하급심 판례는 분명하게「영업양도가 이루어진

방지하기 위하여 잠정적·예외적으로 부칙(§5·①)에 의하여 기존의 노동조합과 조직대상을 같이 하는 노동조합의 설립을 금지하고 있을 뿐이다. 따라서 사업장 단위의 복수노조금지 적용은 새로운 노동조합의 설립에 한정되는 것이고 기존의 노동조합이 유지되는 경우에는 적용되지 않는다(김유성, 노동법 I (초판), 356면).

80) 이상윤, 노동법(제3판), 396면; 김유성, 노동법 II (초판), 206면; 김지형,「영업양도와 근로관계의 승계」, 1058면 이하; 김흥준,「기업변동에 있어서 노동법적 측면에 대한 소고」, 노동법연구(제4호), 한국노동법학회, 1994, 46면 이하.

81) 박종희·김소영, 기업변동시 노동법적 쟁점과 정책과제, 2000, 32면 이하.

82) 김형배, 노동법(신판제4판), 520면 이하; 유성재, 사업양도시 고용승계에 관한 법제개선방안, 92면,

83) 대법원 1994. 3. 8. 선고 93다1589; 대법원 2004. 5. 14. 선고 2002다23185.

84) 대법원 1989. 5. 23. 선고 88누4508.

경우에는 원칙적으로 양도인과의 관계에서 형성된 집단적 근로관계도 양수인에게 승계되기 때문에 단체협약상의 권리의무는 당연히 승계되는 것」으로 판시하고 있다.[85)]

판례요지

▶ 일반적으로 근로자를 그대로 승계하는 영업양도의 경우에 있어서도 특별한 사정이 없는 한 종전의 단체협약도 잠정적으로 승계되어 존속하는 것이라고 보아야 한다(대법원 1989. 5. 23. 선고 88누4508).

▶ 영업양도가 이루어진 경우에는 원칙적으로 해당 근로자들의 근로관계가 양수인에게 승계된다. 이 때 승계되는 근로관계는 사용자와 근로자 사이의 개별적인 근로관계뿐만 아니라 양도인과의 관계에서 형성된 집단적 근로관계도 포함되고, 노동조합도 양수인 사업장의 노동조합으로 존속한다고 봄이 상당하기 때문에 단체협약상의 권리의무는 당연히 승계된다(서울지방법원 1998. 11. 24. 선고 98가단28156).

위의 판례를 종합하여 보면, 법원은 합병인 경우에는 포괄적으로 일체의 근로관계가 합병회사에게 당연히 포괄적으로 승계됨을 전제로 하나, 영업양도의 경우는 특별한 사정이 없는 한 원칙적으로 단체협약도 양수인에게 포괄적으로 승계되는 것으로 해석하고 있다. 그리고 새로운 단체협약의 체결에 관한 합의가 없는 한 기존의 단체협약이 그대로 양수인에게 승계된다고 함으로써 영업양도 후 새로운 단체협약의 체결을 통하여 단체협약에 정한 근로조건을 변경할 수 있음을 제시하고 있다.

생각건대, 근로관계를 전제로 한 집단적 근로관계도 동일성이 인정되는 인적 조직에 해당되기 때문에 양도회사와 체결한 단체협약도 양수인에게 포괄적으로 승계되는 것으로 보아야 한다. 그러나 양수인이 양도인으로부터 승계 받은 사업을 통합하여 하나의 사업체로 경영하는 경우에 서로 다른 근로조건이 병존하는 것은 동일가치노동·동일임금의 원칙에 비추어 바람직하지 않기 때문에 새로운 단체협약을 체결하여 근로조건을 조정·통일할 필요성이 있다.

5. 판례의 경향

(1) 대법원은 일정한 영업목적에 의하여 조직화된 인적·물적 조직을 그 동일성을 유지하면서 그 일체를 이전하는 것을 영업양도로 정의하면서 영업양도에 해당되는가의 여부는 계약의 형식과 관계없이 양수인이 유기적으로 조직화된 수익

85) 서울지방법원 1998. 11. 24. 선고 98가단28156.

의 원천으로서의 기능적 재산을 이전받아 양도인이 하던 것과 같은 영업적 활동을 계속하고 있다고 볼 수 있는가를 사회통념에 따라 판단해야 한다고 입장을 취하고 있다.[86)]

영업양도로 인하여 승계되는 근로관계의 범위는 영업양도계약의 체결 당시 근로관계를 유지하고 있었던 근로자의 근로관계로 한정하여 영업양도계약 체결 이전에 퇴직한 근로자와 해고의 효력을 다투는 자는 승계대상자의 범위에서 제외되고[87)], 당사자의 합의에 의한 고용승계배제 특약이 유효하기 위해서는 근로기준법상 정당한 해고의 요건을 갖추어야 한다고 함으로써 근로자보호를 위하여 엄격하게 해석하는 경향을 보이고 있다.[88)]

(2) 영업양도로 인하여 특별한 사정이 없는 한 양도인과 근로자 사이에 체결된 근로계약, 취업규칙 등이 포괄적으로 양수인에게 승계된다는 것을 전제로 하여 퇴직금 등을 산정하기 위한 계속근로연수는 양도 전후의 근무기간을 통산하되, 예외적으로 승계된 근로자가 자발적으로 퇴직금을 정산하면서 양도회사에 사직하고 양수회사에 재입사의 절차를 밟은 경우에는 근로관계가 단절된 것으로 보아 계속근로연수의 기산은 재입사일이 된다고 판단하고 있다.[89)]

(3) 양도회사의 노동조합의 지위가 양수회사에 포괄적으로 승계되는가에 대하여 하급심[90)]은 양도회사의 노동조합은 양수회사에 승계되는 것으로 해석하고, 대법원[91)]은 특별한 사정이 없는 한 종전의 단체협약도 잠정적으로 승계된다고 하여 노동조합의 지위의 승계를 인정하고 있는 것으로 보인다. 그리고 종전의 단체협약은 포괄적으로 승계되어 양수인과 노동조합 사이에 새로운 단체협약의 체결에 관한 합의가 없는 경우에는 기존의 단체협약이 그대로 양수인에게 승계되는 것으로 해석하고 있다.[92)]

---

86) 대법원 2002. 3. 29. 선고 2000두8455; 대법원 2003. 5. 30. 선고 2002다23826; 대법원 2005. 7. 22. 선고 2005다602; 대법원 2008. 4. 11. 선고 2007다89722 등.

87) 대법원 1993. 5. 25. 선고 91다41750.

88) 대법원 2002. 3. 29. 선고 2000두8448.

89) 대법원 2001. 11. 13. 선고 2000다18608; 대법원 2002. 선고 2002다34270; 대법원 2005. 2. 25. 선고 2004다34790 등.

90) 서울지방법원 1998. 11. 24. 선고 98가단28156.

91) 대법원 1989. 5. 23. 선고 88누4508.

92) 대법원 1989. 5. 23. 선고 88누4508; 서울지방법원 1998. 11. 24. 선고 98가단28156.

Ⅳ. 합병과 근로관계

1. 의 의

회사합병이란 두개 이상의 회사가 상법의 규정에 따라 청산절차를 거치지 않고 하나의 회사를 만드는 법률사실을 말한다. 합병은 그 방법에 따라 흡수합병과 신설합병이 있으나, 어떠한 형태의 합병이든 소멸회사의 권리의무관계가 포괄적으로 합병회사에 이전된다는 점에서는 동일하다.

흡수합병은 수개의 기업 중 하나의 회사만이 존속하고 존속회사가 소멸회사의 권리의무를 포괄적으로 승계하는 합병을 말하고, 신설합병은 수개의 회사가 모두 소멸하고 신설된 회사가 소멸회사의 권리의무관계를 포괄적으로 승계하는 합병을 말한다. 합병은 새로운 합병회사가 소멸회사의 모든 권리의무를 포괄적으로 승계한다는 점에서 원칙적으로 소멸회사의 권리의무를 개별적으로 승계하는 영업양도와는 구별된다.

2. 근로관계의 승계요건

1) 문제의 소재

상법 제235조는 「합병 후 존속한 회사 또는 합병으로 인하여 설립된 회사는 합병으로 인하여 소멸된 회사의 권리의무를 승계한다.」라고 규정하고 있으므로 소멸회사와의 근로관계도 당연히 합병회사에 포괄적으로 승계되는 것으로 해석해야 한다. 그러나 합병을 함에 있어서 당사자 사이에 승계되는 근로자의 범위를 제한하는 특약을 한 경우에 그 효력을 인정할 것인가와 근로관계를 승계함에 있어서 근로자의 동의를 얻어야 하는가의 여부가 문제될 수 있다.

2) 당사자의 합의 여부

성질상 이전이 허용되지 않는 것을 제외하고는 합병으로 인하여 근로자의 근로관계는 당연히 합병회사에 포괄적으로 승계된다고 하는 것이 판례[93)]와 통설[94)]의 입장이다. 따라서 당사자의 특약에 의하여 근로관계의 승계범위가 결정되는 영업양도와는 달리 합병에 있어서는 근로자의 전부 또는 일부를 승계대상에서 제외하기로 한

---

93) 대법원 1980. 3. 25. 선고 77누265; 대법원 1994. 3. 8. 선고 93다1589; 대법원 1994. 10. 25. 선고 93누21231.

94) 이상윤, 노동법(제3판), 396~397면; 이병태, 최신노동법(제8전정판), 632면; 임종률, 노동법(제6판), 515면; 김형배, 노동법(신판제4판), 491면 등.

특약은 법률상 무효이므로 고용승계 배제 특약과 관계없이 소멸회사의 근로자는 당연히 합병회사에 승계된다.

판례요지

회사합병이 있는 경우에는 피합병회사의 권리의무는 사법상의 관계나 공법상의 관계를 불문하고 그 성질상 이전을 허용하지 않는 것을 제외하고는 모두 합병으로 인하여 존속한 회사에게 승계되는 것으로 보아야 한다(대법원 1994. 10. 25. 선고 93누21231).

그러나 당사자가 근로자의 일부를 감축한 이후에 합병하기로 합의하는 경우가 있는데, 이로 인한 인원감축은 해고에 해당되기 때문에 인원감축에 대한 특약은 근로기준법 제23조 또는 제24조에 규정된 정당한 해고사유의 요건을 충족한 경우에 한하여 그 유효성이 인정된다.[95]

3) 근로자의 동의 여부

합병으로 인한 근로관계의 승계에 대하여 근로자의 동의가 필요한 것인가의 여부에 대하여 「동의필요설[96]」과 「동의불요설」이 대립하고 있으나, 다수설은 근로자는 합병과 관계없이 사직의 자유에 따라 언제든지 이직할 수 있다는 이유로 근로자의 동의는 필요 없다는 견해이다. 요컨대, 근로자는 언제라도 사직예정일 이전 1개월 전에 사직의 의사를 표시하면 사용자의 사직수리 여부와 관계없이 사직할 수 있기 때문에 근로자의 동의를 받지 않고 근로관계를 승계하더라도 근로자에게 불이익하지 않으므로 근로자의 동의는 필요 없다고 보아야 한다.

3. 근로관계의 승계범위

1) 문제의 소재

합병으로 인하여 근로관계는 포괄적으로 합병회사에 승계되기 때문에 근로자는 근로조건 및 고용관계 등 개별적인 근로관계뿐만 아니라 노동3권의 보장 등 집단적 노사관계도 보장을 받게 된다. 그러나 합병으로 인하여 승계되는 근로자와 기존 근로자의 근로조건이 다르거나 이미 합병으로 인하여 하나의 회사에 두 개의 노동조합이

95) 이병태, 최신노동법(제8전정판), 632면; 이상윤, 이상윤, 노동법(제3판), 397면.

96) 동의필요설의 근거로서 근로자는 근로계약기간 동안 계약불이행으로 인한 손해배상책임을 부담하지 않고 근로를 제공하지 아니할 사직의 자유가 보장되어야 한다는 이유를 제시하고 있다(이상윤, 노동법(제3판), 397면).

병존하는 경우에 근로조건과 노동조합을 어떻게 보호할 것인가가 문제된다.

2) 개별적 근로관계의 승계 범위

합병으로 인하여 피합병 회사의 근로계약이나 취업규칙은 합병회사에 포괄적으로 승계되므로 임금·근로시간 등 모든 근로조건은 합병 전과 동일하고 연차휴가나 퇴직금 산정을 위한 계속근로연수도 당연히 합산하여야 한다.[97] 경영방침에 의한 일방적인 결정에 따라 피합병회사에 사직을 하고 합병회사에 재입사의 형식을 거친 경우에도 근로관계는 단절된 것으로 볼 수 없기 때문에 계속근로연수에 합산해야 한다.[98]

판례요지

근로관계가 포괄승계 됨에 있어 근로자가 자의에 의하여 사직서를 제출하고 퇴직금을 지급받았다면 계속근로의 단절에 동의한 것으로 볼 수 있지만, 그것이 근로자의 자의에 의한 것이 아니라 기업의 경영방침에 의한 일방적인 결정에 따라 퇴직과 재입사의 형식을 거친 것에 불과하다면 이러한 형식을 거쳐서 퇴직금을 지급받았더라도 근로자에게 근로관계를 단절할 의사가 있었다거나 계속근로의 단절에 동의하였다고 볼 수 없고, 따라서 계속근로관계도 단절되지 아니한다(대법원 1999. 6. 11. 선고 98다18353).

비록, 합병회사에 근무하고 있는 근로자의 근로조건과 근로관계가 승계되는 근로자의 근로조건이 서로 다르더라도 균등처우 위반이나 이원적인 취업규칙의 문제는 발생하지 않는다.[99] 따라서 피합병회사의 근로조건이 합병회사의 근로조건보다 유리하더라도 합병회사가 근로자의 집단적 동의를 얻어 취업규칙을 개정하거나 새로운 단체협약을 체결하지 않는 이상 종전 근로조건이 적용된다.[100]

판례요지

합병 당시 취업규칙의 개정이나 단체협약의 체결 등을 통하여 합병 후 근로자들의 근로관계의 내용을 단일화하기로 변경·조정하는 새로운 합의가 없는 한 합병 후 흡수회사는 해산회사에 근무하던 근로자들에 대한 퇴직금 관계에 관하여 종전과 같은 내용으로 승계하는 것이라고 보아야 하고, 승계 후의 흡수회사 퇴직금규정이 승계 전의 해산회사의

97) 대법원 1994. 3. 8. 선고 93다1589.
98) 대법원 1991. 3. 22. 선고 90다6545; 대법원 1992. 7. 14. 선고 91다40276; 대법원1997. 6. 27. 선고 96다49674; 대법원 1999. 6. 11. 선고 98다18353.
99) 이병태, 최신노동법(제8전정판), 632면.
100) 대법원 1997. 12. 26. 선고 97다17575; 대법원 2001. 4. 24. 선고99다9370; 대법원 2001. 10. 30. 선고 2001다24051; 1999. 10. 20. 근기68207-390.

퇴직금규정보다 근로자들에게 불리하다면 근로기준법 제94조 제1항 소정의 당해 근로자 집단의 집단적인 의사결정 방법에 의한 동의 없이는 승계 후의 흡수회사의 퇴직금규정을 적용할 수 없다(대법원 1999. 6. 11. 선고 98다18353).

3) 집단적 근로관계의 승계범위

(1) 노동조합에 관한 부분

피합병회사의 근로관계는 합병회사에 포괄적으로 승계되기 때문에 피합병회사에 설립된 노동조합 또는 지부도 그대로 승계된다. 다만, 단체교섭과 단체협약상의 권리의무가 종래의 피합병회사와 노동조합과의 관계에서 합병회사와 노동조합과의 관계로 전환될 뿐이다.[101]

노동조합이 합병회사에 승계된다 하더라도 합병으로 인하여 노동조합의 조직대상과 명칭이 달라지게 되므로 이에 따른 규약을 변경해야 한다. 합병회사에 별도의 노동조합이 있는 경우에는 노동조합을 합병하여 단일 노동조합으로 하는 것이 이상적이지만, 합병하지 않더라도 조직대상을 달리하고 새로이 설립되는 노동조합이 아니기 때문에 사업장 단위의 복수노조금지의 규정에는 저촉되지 않는다. 그리고 합병회사의 노동조합이 유니온 숍(union shop) 조직형태를 취하고 있더라도, 피합병회사의 노동조합과 합병회사 사이에 새로운 단체협약이 체결될 때까지는 합병회사의 노동조합에의 가입이 강제되지 않는다.[102]

판례요지

복수의 회사가 합병되더라도 피합병회사와 그 근로자 사이의 집단적인 근로관계나 근로조건 등은 합병회사와 합병 후 전체 근로자들을 대표하는 노동조합과 사이에 단체협약의 체결 등을 통하여 합병 후 근로자들의 근로관계 내용을 단일화하기로 변경·조정하는 새로운 합의가 있을 때까지는 피합병회사의 근로자들과 합병회사 사이에 그대로 승계되는 것이고, 합병회사의 노동조합이 유니언 숍의 조직형태를 취하고 있었다고 하더라도 위에서 본 바와 같은 피합병회사의 근로자들까지 아우른 노동조합과 합병회사 사이의 새로운 합의나 단체협약이 있을 때까지는 피합병회사의 근로자들이 자동적으로 합병회사의 노동조합의 조합원으로 되는 것은 아니다(대법원 2004. 5. 14. 선고 2002다23185).

---

101) 이병태, 최신노동법(제8전정판), 633면; 대법원 1992. 5. 12. 선고 90누9421; 대법원 2004. 5. 14. 선고 2002다23185).

102) 대법원 2004. 5. 14. 선고 2002다23185.

(2) 단체협약에 관한 부분

합병으로 인하여 포괄적으로 이전되는 권리의무는 개별계약에 따른 권리의무뿐만 아니라 집단계약에 따른 권리의무도 당연히 포함되는 것이기 때문에 근로관계가 동일한 이상 단체협약의 효력도 합병회사에 승계된다. 승계되는 단체협약의 내용은 규범적 부분과 채무적 부분을 포괄한다. 다만, 합병 후에 노동조합이 소멸된 경우에는 규범적 부분만 근로관계의 내용으로 전환되어 합병회사에 승계된다.[103)]

4. 판례의 경향

(1) 대법원은 일관하여 피합병회사의 권리의무는 사법상의 관계나 공법상의 관계를 불문하고 그 성질상 이전을 허용하지 않는 것을 제외하고는 모두 합병으로 인하여 합병회사에 당연히 승계된다는 것을 전제로 임금·근로시간·계속근로연수 등 모든 근로조건은 합병회사에 포괄적으로 승계되는 것으로 판단하고 있다.[104)] 따라서 피합병회사 소속 근로자의 집단적 동의를 얻어 취업규칙 등을 개정하지 않는 이상 기존의 근로조건을 저하시킬 수 없다는 입장을 견지하고 있다.[105)]

(2) 집단적 근로관계도 합병회사에 포괄적으로 승계되는 것이므로 비록 합병회사에 노동조합이 설립되어 있는 경우라도 피합병회사의 노동조합과 합병회사의 노동조합이 합병되지 않는 이상 사업장 단위의 복수노조금지 규정에 저촉되지 않고, 피합병회사의 노동조합과 단체협약은 합병회사에 그대로 승계되는 것으로 해석하고 있다.[106)]

V. 기업분할과 근로관계

1. 의 의

회사분할이란 1개의 회사가 2개 이상의 회사로 분리되어 분할 전 회사(피분할회사)의 권리의무가 분할 후 회사에 포괄 승계되고, 원칙적으로 분할 전 회사의 사원이 분할

103) 이병태, 최신노동법(제8전정판), 633~634면.
104) 대법원 1980. 3. 25. 선고 77누265; 대법원 1994. 3. 8. 선고 93다1589; 대법원 1994. 10. 25. 선고 93누21231.
105) 대법원 1999. 6. 11. 선고 98다18353; 대법원 1997. 12. 26. 선고 97다17575; 대법원 2001. 4. 24. 선고 99다9370; 대법원 2001. 10. 30. 선고 2001다24051.
106) 대법원 1992. 5. 12. 선고 90누9421; 대법원 2004. 5. 14. 선고 2002다23185.

후 회사의 사원이 되는 상법상의 법률요건을 말한다.[107] 상법 제530조의 2는「회사는 분할에 의하여 1개 또는 수 개의 회사를 설립(단순분할)하거나 1개 또는 수 개의 존립 중의 회사와 합병하는 것(분할합병)」을 회사의 분할로 규정하고 있다.[108] 회사분할은 복합적인 사업을 경영하는 대기업에 있어서 특정 사업부분의 기능별 전문화, 부진한 사업이나 적자사업의 분리에 의한 경영효율화, 이익분산에 의한 절세, 주주들 사이의 이해조정 등 다양한 목적으로 이루어지고 있다.

회사분할로 인하여 설립되거나 존속하는 분할 후 회사는 분할계획서 또는 분할합병계약서에 정한 내용에 따라 분할 전 회사의 권리의무를 포괄적으로 승계한다는 점에서 포괄승계를 전제로 하는 합병과 영업양도와는 구별된다. 상법은 분할계획서 또는 분할합병계약서에서 정한 범위에 대해서는 포괄적인 권리의무의 승계를 인정하고 있기 때문에 회사분할로 인하여 분할대상사업에 근무하고 있던 근로자들의 근로관계가 분할 후 회사에 포괄적으로 승계되는가의 여부가 문제된다.

2. 근로관계의 승계요건

영업양도와 마찬가지로 회사분할로 인하여 근로관계가 분할 후 회사에 승계되기 위해서는 분할 전회사와 분할 후 회사 사이에 근로관계의 승계에 관한 합의와 근로자의 동의가 필요한가의 여부가 문제된다.

1) 당사자의 합의여부

상법 제530조의 10은「분할 또는 분할합병으로 인하여 설립되는 회사 또는 존속하는 회사는 분할하는 회사의 권리와 의무를 분할계획서 또는 분할합병계약서가 정하는 바에 따라 승계한다.」라고 규정하고 있으므로 합병과는 달리 당사자의 합의가 있어야만 근로관계의 포괄적인 승계가 인정된다. 따라서 회사분할로 인하여 근로관계가 포괄적으로 분할 후 회사에 승계되기 위해서는 당사자의 합의, 즉 분할계획서 또는 분할합병계약서에 근로관계를 포괄적으로 승계된다고 하는 내용이 포함되어야 한다.

그러나 학설[109]과 판례[110]는 계약의 명칭과 형식에 관계없이 계약체결 전후의 사정

107) 정찬영, 상법강의요론(제4판), 231면.

108) 일반적으로 사업의 분리·독립, 사업의 분할, 자회사의 설립이라는 용어로 통용되고 있는데, 회사분할은 모회사가 출자하여 자회사를 설립하고 해당 영업부문을 양도하는 사후설립의 형태로 이루어진다.

109) 김유성, 노동법 I (초판), 351면 이하; 임종률, 노동법(제6판), 517면; 이상윤, 노동법(제3판), 389면.

110) 대법원 2002. 3. 29. 선고 2000두8455; 대법원 2003. 5. 30. 선고 2002다23826; 대법원 2005. 2. 25. 선고 2004다34790; 대법원 2005. 6. 24. 선고 2005다8200; 대법원 2005. 7. 8. 선고 2003다40798;

과 경위, 당사자의 의사, 현실적으로 이전된 물적·인적 조직의 범위 내용 등을 종합하여 사회통념상 영업의 동일성이 인정되면 영업양도로 해석하고 있다. 따라서 형식상 회사분할의 형식을 갖추었다 하더라도, 실질적으로 분할 전 회사의 영업과 동일성이 인정되는 경우에는 일부 영업양도의 법리에 따라 원칙적으로 근로관계의 승계에 관한 당사자의 합의는 필요 없는 것으로 해석해야 한다.

2) 근로자의 동의여부

합병과 영업양도에 있어서는 근로관계가 합병회사 또는 양수회사에게 그대로 승계되는 것이 근로자에게도 유리하기 때문에 근로자의 동의가 없더라도 근로관계의 포괄적 승계를 인정하는 것이 합리적이라고 할 수 있다. 그러나 회사분할은 합병 또는 영업양도와는 달리 기존의 근로조건을 그대로 승계하는 것이 아니고 전혀 별개의 회사로 분리되는 것이므로 근로자의 동의가 필요한 것으로 보아야 한다.[111]

그 근거로서는 ① 근로자는 분할 전 회사와 근로관계를 계속하여 유지할 실익이 있다는 점, ② 분할 후·분할 전 회사가 소멸하더라도 2개 이상의 분할 후 회사 중 특정 분할 후 회사의 근로관계 승계를 전제로 다른 분할 후 회사로의 근로관계의 승계를 반대하는 항변권을 행사하는 경우가 있을 수 있다는 점, ③ 근로관계가 승계되는 분할 후 회사의 근로조건이 분할 전 회사보다 불리할 수 있음에도 근로관계의 승계를 인정하면 분할계획에 따른 사용자의 일방적인 노동력의 양도에 해당된다는 점 등이 있다.[112]

그러나 회사분할로 인하여 회사분할 전의 사업시설과 자산을 포괄 이전받아 특정 분할 후의 회사가 종전과 동일한 영업을 승계 받은 경우에는 실질적으로 전부의 영업양도로 해석해야 하기 때문에, 이 경우에는 원칙적으로 근로관계의 승계에 대한 근로자의 동의는 필요 없는 것으로 해석해야 한다고 본다.

3. 근로관계의 승계범위

1) 승계원칙

회사분할로 인하여 근로관계가 포괄적으로 분할 후 회사에 이전되는가의 여부는

대법원 2007. 6. 1. 선고 2005다5812; 대법원 2007. 11. 16. 선고 2007다36537 등.

111) 동지 김형배, 노동법(신판제4판), 508~509면.

112) 김형배, 노동법(신판제4판), 508~509면. 이에 대하여 그러나 영업양도와 마찬가지로 회사분할도 단지 물적 시설의 이전뿐만 아니라 그 시설의 운영에 필요한 기능을 보유하고 있는 노동력이 함께 이전될 때 분할의 효과를 극대화시킬 수 있다는 이유로 물적 시설의 필수적인 시설에 종사하는 근로자의 동의요건을 완화해야 한다는 비판이 있다(박종희·이승길, 사업의 일부이전에 따른 근로관계의 이전 등 노동법상 제문제에 관한 고찰 및 개선방안연구, 노동부, 2002, 33면 이하).

실질적으로 전부 영업양도에 해당되는가의 판단기준에 따라 판단해야 한다. 즉, 비록 회사분할의 형식을 갖춘 경우라도 종전 회사의 모든 인적·물적 조직이 동일성을 유지하면서 분할 후 회사에 승계되어 종전의 영업을 계속하는 경우에는 전부 영업양도로 보아 근로관계의 포괄적인 승계를 인정해야 하나, 단순한 물적 시설을 이전받아 새로운 영업을 하거나 생산조직 및 인사조직을 새로 구성한 경우에는 상법상 회사분할로 보아야 하기 때문에 근로관계의 포괄적인 승계는 인정되지 않는 것으로 해석해야 한다.[113)]

2) 구체적 승계범위

회사분할이 종전 회사의 사업을 전부 양도받은 것으로 볼 수 있는 경우에는 개별적인 근로관계뿐만 아니라 집단적 근로관계도 포괄적으로 분할 후 회사에 승계되는 것으로 보아야 한다. 즉, 분할 전 회사의 근로계약·취업규칙·단체협약 등이 그대로 분할 후 회사에 승계되기 때문에 계속근로연수는 분할 전·후의 근속기간을 모두 합산해야 하고, 근로자의 집단적 동의를 얻지 않은 이상 종전의 근로조건을 저하시킬 수 없다. 다만, 분할 전의 회사와 분할 후의 회사에 모두 노동조합이 설립되어 있는 경우에는 하나의 사업장에 두 개의 노동조합과 단체협약이 병존하는 것은 바람직하지 않으므로 노동조합을 통합하는 것이 바람직하고, 근로조건을 통일하기 위해서 근로자의 집단적 동의를 얻어 하나의 취업규칙으로 통일할 필요성이 있다.

분할 전 회사와 분할 후 회사가 분할계획서 또는 합병분할계획서에 고용승계 배제를 정할 수 있으나, 근로기준법상 정당한 해고의 사유에 해당되어야만 그 유효성을 인정할 수 있으므로 해고사유 없이 분할 전의 근로자를 고용승계하지 않는 것은 부당해고에 해당된다. 그리고 분할 후 회사(자회사)가 분할 전 회사(모회사)의 직접적인 지휘·명령을 받아 실질적으로 독립성이 인정되지 않아 법인격이 부인되는 경우에는 분할 전 회사의 한 사업부문으로 보아야 하므로 처음부터 근로관계의 이전은 발생하지 않고 여전히 분할 전 회사가 사용자가 된다.[114)]

판례요지

자회사가 형식적으로 독립된 법인으로 되어 있으나 실질적으로는 모회사의 한 부서와 같이 사실상 경영에 관한 결정권을 행사하여 왔고, 자회사의 인원 충원이 필요할 때에는 채용광고 등의 방법으로 대상자를 모집한 뒤 그 면접과정에서 자회사의 임원과 담당자

113) 하갑래, 근로기준법(제16판), 734~735면.

114) 동지 대법원 2003. 9. 23. 선고 2003두3420; 대법원 2002. 11. 26. 선고 2002도649; 대판 2001. 1. 19. 선고 97다21604.

들이 함께 참석한 가운데 실시하여 왔고, 모회사의 직원과 구분 없이 업무지시, 직무교육실시, 표창, 휴가사용 승인 제반 인사관리를 모회사가 직접 시행하고 조직편성이나 경조회의 운영에 있어서 아무런 차이를 두지 않았으며, 근로자들의 업무수행능력을 직접 평가하고 임금인상 수준도 모회사의 임금인상율과 연동하여 결정하였음을 알 수 있는바, 이러한 사정을 종합하여 보면 모회사는 「위장도급」의 형식으로 자회사의 법인격을 이용한 것에 불과하고, 실질적으로는 모회사가 자회사의 직원들을 직접 채용한 것과 마찬가지로서 모회사와 근로계약관계가 존재한다(대법원 2003. 9. 23. 선고 2003두3420).

제5절 아웃소싱과 근로관계

Ⅰ. 개 관

아웃소싱(outsourcing)이란 기업조직 내부에서 행해지고 있거나 직접 처리하던 업무 중에서 부가가치가 낮은 부수업무 등을 외부에 위탁하거나 외부화함으로써 기업을 유연하게 개편하기 위한 인적자원전략을 말한다.[115] 아웃소싱은 기업이 급격한 환경변화와 경쟁에서 살아남기 위하여 핵심사업에 집중하고, 기타 부수적인 업무는 외부화를 통하여 조직을 슬림화함으로써 인력의 유연성과 생산성 향상의 효과를 거두기 위한 것이다.

아웃소싱의 기본적인 시각은 철저한 업무분석을 통하여 핵심 업무와 부수 업무를 구분한 후, 핵심 업무는 기업내부의 정규인력으로 처리하고 부수 업무는 기업외부의 조직을 활용하거나 비정규직 인력으로 대체한다는 것을 전제로 한다. 핵심 업무를 담당하는 정규인력은 기본적으로 장기고용과 지속적인 경력개발을 통해 필요한 인력을 안정적으로 확보 또는 충당하게 된다. 즉, 조직내부로부터 핵심인력을 형성하는 바이 인(Buy in)의 인사전략이라고 볼 수 있다. 그러나 기업의 부수 업무를 담당하는 비정규직 인력은 기본적으로 기업내부에서 충당하는 것이 아니라 조직외부로부터 충당 하는 것이다. 즉, 기업의 보조적 인력을 조직 외부로부터 구매하는 바이 아웃(Buy out)의 인사전략이라고 할 수 있다.[116]

아웃소싱 전략은 심화되고 있는 시장경쟁과 급속한 기술발전이 일어나고 있는 상

115) 최종태, 현대인사관리론(전정판), 808면.
116) 최종태, 현대인사관리론(전정판), 809면.

황에서 기업의 핵심역량을 집중화함으로써 기업의 이익실현을 높여주고 전문성을 확대한다는 측면에서 그 당위성이 있으나, 정규직과 비정규직 근로자와의 심각한 임금격차·고용불안 등 많은 노사문제를 유발시키는 요인이 되고 있다.

아웃소싱에는 도급·근로자파견·위탁(위임)·분사화(소사장제)·외부 컨설팅·단시간 또는 계약직근로 등이 포함될 수 있으나, 여기서는 노사문제로 이슈화되고 있는 도급·근로자파견·위임 또는 위탁·소사장제도의 도입에 따른 근로관계 이론을 살펴본 후 이와 관련된 문제점과 개선방향을 제시하기로 한다.

Ⅱ. 분사화(소사장제)와 근로관계

1. 의 의

분사화 또는 소사장제란 생산성 향상 등 기업의 경쟁력을 강화하기 위하여 동일 사업 내에서 생산라인 또는 공정의 일부를 독립경영체제를 형성케 하는 소규모 경영방식을 말한다.[117] 분사화는 경영실적에 따라 예산·임금배분을 함으로써 경비절감 등 경영효율성과 소사장을 중심으로 한 소사업장 단위의 경영합리화를 도모하거나 고용조정의 일환으로 시행된다.

동일 사업장 내의 일부 생산라인이나 공정에 분사제를 도입한 경우에는 일반적으로 그 생산라인 또는 공정에 근무하고 있던 근로자들이 독립경영체인 소사장사업장 단위에 편입하게 되는 절차를 밟게 된다. 따라서 경영상 이유에 의한 고용조정 문제나 전출 또는 전적을 둘러싼 문제로 노사관계에 영향을 미치게 된다. 그리고 원기업과 소사장 기업 사이에 모자관계(母子關係)가 성립될 가능성이 높기 때문에 근로관계와 관련하여 원기업과의 마찰이 있을 수 있다.

법률상 원기업과 소사장 기업은 독립한 별개의 회사이므로 종전 생산라인 또는 공정에 근무하고 있었던 근로자의 지위는 승계되지 않는다. 그러나 예외적으로 분사화와 관련된 원기업과 소사장 기업 및 근로자와의 합의에 의하여 해당 근로자가 소사장 기업에 근무할 수는 있으나, 이 경우에 적용되는 인사이동은 소사장 기업의 법적 지위에 따라 다양하게 적용될 수 있다.

2. 원기업과 독립성이 인정되는 경우

소사장 기업이 자신의 책임 아래 사업자등록, 4대 보험 가입, 소속 근로자의 채용·

117) 하갑래, 근로기준법(제16판), 736면.

임금결정·업무수행 감독·징계 등 독자적인 인사노무관리와 회계처리를 하는 경우에는 법률상 원기업과 완전히 독립한 별개의 회사로 보아야 한다. 이처럼 소사장 기업이 원기업과 완전히 분리되어 독립성이 인정되는 경우에는 노동관계법상 소사장이 사용자의 지위를 가지게 된다. 따라서 원기업과 소사장 기업이 근로관계의 포괄적 승계에 관한 합의를 하더라도, 이는 법률상 무효이므로 종전 생산라인 또는 공정에 근무하고 있었던 근로자의 지위는 승계되지 않는다.

그러나 분사의 대상이 된 종전의 생산라인 또는 공정에 근무하고 있었던 당사자의 합의에 의하여 소사장 기업에 승계되어 근무하는 것이 보통인데, 이때 적용되는 인사이동은 전적으로 보아야 한다.[118] 소사장 기업에 근무하게 되는 종전의 근로자는 원기업과의 근로계약관계를 종료하고 소사장 기업과 새로운 근로계약관계를 맺은 것으로 보아야 한다. 따라서 근로관계는 단절된 것이므로 퇴직금 등의 산정을 위한 계속근로연수의 기산은 소사장 기업에 입사한 시점부터 다시 기산해야 하고, 비록 종전의 근로조건보다 불리하더라도 근로기준법 제94조 제1항 후단의 규정에 의한 근로조건의 불이익 변경에 해당되지 않는다.

3. 원기업의 자회사에 불과한 경우

소사장 기업이 비록 독립성이 인정되더라도 경영상 필요에 따라 원기업이 전액 출자하여 설립하여 원기업의 자회사에 불과한 경우에 적용될 수 있는 인사이동은 전출에 해당된다고 보아야 한다.[119] 원기업이 소사장 기업으로 전출을 하기 위해서는 「업무상 필요성」이 있어야 하고, 전출대상근로자에게 미치는 생활상의 불이익과 비교 형량하여 정당성이 인정되고 근로자의 동의를 얻어야 한다. 따라서 업무상 필요성보다 근로자의 생활상의 불이익이 현저하거나 원기업에의 복귀가 예정되지 않는 등의 소사장 기업으로의 전출은 경영해고의 회피수단으로 정당화되지 않는 이상 무효이다.

요컨대, 종전 근로자가 원기업의 인사명령에 따라 소사장 기업에서 근무하게 된 경우에는 전출의 성격을 지닌 인사이동에 해당되기 때문에 여전히 원기업이 사용자의 지위를 갖게 된다. 따라서 분사화 전후의 근무기간은 계속근로연수에 합산해야 하고, 상당한 기간이 경과하면 원기업에 복직시켜야 한다. 그리고 소사장기업에서 근무할 동안 임금수준이 저하된 경우에는 그 임금차액을 원기업이 보전해주어야 할 의무가 있다. 그러나 해당 근로자가 자발적으로 원기업에서 사직하고 신규로 소사장

---

118) 전적 법리에 대한 상세는 제3장 제3절 참조.

119) 전출의 법리에 관한 상세는 제3장 제2절 참조.

기업에 입사한 경우에는 원기업과의 근로관계는 단절된 것으로 보아야 하므로 분사 이전의 근무기간은 계속근로연수에 합산되지 않고, 원기업은 임금차액을 보전할 의무가 없다.

4. 법인격이 없는 경우

원기업이 소사장 기업 소속 근로자의 인사 및 노무관리 전반에 걸쳐 지휘감독권을 행사하여 사실상 소사장과 원기업과의 근로관계가 존속되는 경우에는 소사장 기업은 법인격이 부인되어 여전히 모기업이 사용자의 지위를 가지게 된다.[120]

판례요지

기존 기업이 경영합리화라는 명목으로 소사장 법인을 설립한 후 그 소속 근로자들에게 직접 임금을 지급하고, 인사 및 노무관리에 있어서도 구체적이고 직접적인 관리·감독을 하여 온 경우, 기존 기업의 대표이사가 소사장 법인 소속 근로자들에 대한 관계에서도 사용자의 지위에 있는 것이다(대법원 2002. 11. 26. 선고 2002도649).

원기업이 사용자로서의 책임을 지기 위해서는 소사장이 사업주로서 독자성이 없거나 독립성을 결여하여 기존 기업의 한 부서와 동일 시 할 수 있는 등 그 존재가 형식적·명목적인 것에 지나지 않고 당해 근로자는 기존 기업과 사용종속관계에 있다고 평가될 수 있어야 한다.[121]

이처럼 분사 대상인 생산라인 또는 공정에 근무하였던 근로자가 법인격이 없는 소사장 기업의 소속 근로자로 근무한 경우에는 여전히 원기업이 사용자로서의 책임을 부담한다. 원기업에서 소사장 기업의 소속 근로자로 전환된 것은 같은 기업 내의 인사이동으로 볼 수 있으므로 전근과 유사한 성격을 가진다. 따라서 전근과 같은 인사이동의 제한과 보호를 받는다고 보아야 한다.[122] 즉, 원기업은 정당한 이유 없이는 소사장 기업으로의 인사이동명령을 행할 수 없고, 계속근로연수도 모두 합산하여 퇴직금과 연차휴가일수를 산정해야 한다.

120) 대법원 2002. 11. 26. 선고 2002도649.
121) 대법원 2002. 11. 26. 선고 2002도649; 대법원 2003. 9. 23. 선고 2003두3420.
122) 전근에 관한 상세한 법리는 제2장 제2절 참조.

Ⅲ. 도급(용역)과 근로관계

1. 의 의

「도급」이라 함은 어느 일방이 어느 업무를 완성하여 줄 것을 약속하고 상대방이 업무결과에 대하여 보수를 지급할 것을 내용으로 하는 계약을 말한다(민법 §664). 기업은 경영의 효율화와 경비절약을 도모하기 위하여 식당, 경비, 운전 등 단순 업무부서를 폐지하고 이를 외부 업체에 도급(용역)을 주는 경우가 있다. 특정 업무에 대한 외부의 도급 또는 용역은 근로관계가 외부 도급(용역)업체에 승계되지 않는다는 점에서 영업양도나 합병과 구별된다.

도급 또는 용역은 근로관계의 승계를 전제로 하는 것이 아니기 때문에 외부 용역화 대상이 된 업무에 종사하고 있는 근로자의 근로관계와 사용자를 누구로 볼 것인가의 여부가 쟁점이 된다.

2. 근로관계의 승계 여부

도급(용역)으로 인하여 기존 근로자가 외부의 도급(용역)업체에게 포괄적으로 승계되는 것이 아니기 때문에 당사자의 별도의 계약에 따라 도급(용역)업체로의 이전 여부가 결정된다. 비록 당사자 사이에 근로관계의 포괄적 승계에 관하여 합의를 하더라도 당연히 기존의 근로관계가 그대로 승계된다고 볼 수 없다.

따라서 기존 근로자에 대한 외부 용역업체의 재고용여부, 재고용시의 근로조건 등 일체의 근로관계는 근로자와 용역업체의 별도의 합의로 결정될 수밖에 없다. 기존근로자가 재고용된 경우에는 종전 회사와는 완전히 근로관계가 종료되는 것이기 때문에 용역업체는 종전 근로관계에 따른 권리의무를 부담하지 않고, 이에 대한 책임은 전적으로 종전 기업이 부담한다. 다만, 종전 기업은 재고용을 원하지 않거나 재고용에서 배제된 근로자에 대해서는 배치전환 등의 방법을 통하여 흡수할 수 없는 경우에는 근로기준법 제24조의 경영해고 요건을 갖추어 해고할 수 있다.

3. 사용자 책임 귀속여부

외부 용역업체에 고용승계 된 근로자는 종전 기업과는 완전히 근로관계가 종료된 것이고, 근로관계로 인한 사용자 책임 범위는 각각의 근로관계 존속에 따라 결정된다. 즉, 종전 기업과의 근로관계에서 발생한 권리의무는 종전 사업주가 부담하고, 용역업체와의 근로관계에서 발생한 권리의무는 용역업체가 부담해야 한다.

그러나 외형상 도급계약 등의 명칭을 사용하여 외부 용역으로 전환하였지만, 종전 기업이 근로자에 대하여 실질적인 지휘감독권을 행사하여 온 경우에는 사용자로서의 책임을 부담한다. 이와 관련하여 대법원은 「건설하도급자에게 고용된 일용근로자를 지휘감독을 하여 온 경우에는 실질적으로 도급건설회사와 사용종속관계가 성립된 것」으로 도급건설 회사를 사용자로 판단하고 있다.[123]

판례요지

건설회사로부터 지하철공사 중 철골공사부분을 하도급 받은 자에게 일용근로자로 고용되어 근무하여 왔으나, 위 건설회사가 위 근로자에 대한 사업주로서 산재보험에 가입시키고 일당의 형식으로 매월 2회씩 계속적으로 임금을 지급하여 왔으며, 위 공사에 필요한 제반장비 및 시설을 제공함은 물론, 위 하도급업자를 통하여 작업을 지휘 감독하여 왔다면 실질적으로 위 근로자는 위 건설회사와 고용계약을 맺은 것으로서 그들 사이에 사용종속관계에 있는 것으로 보아 마땅하므로 위 건설회사는 사용자로서 위 근로자에 대하여 근로기준법상의 퇴직금 지급채무를 부담한다(대법원 1986. 8. 19. 선고 83다카657).

요컨대, 용역(도급)을 행한 도급인이 노동법상 사용자의 지위를 가지고 있는가의 여부는 단지 형식상의 도급계약에만 의존할 것이 아니라 구체적으로 수급인 소속 근로자에 대한 직접적인 지휘 및 감독 여부·출퇴근지정 여부·임금지급 여부 등 종합적인 사실관계에 따라 판단하여야 할 사항이며, 단지 개별적으로 도급계약의 형식을 갖추었으나 노무만을 제공하면서 작업적 지시를 받는 경우에는 도급인을 당해 근로자의 사용자로 해석해야 한다.

Ⅳ. 위임·위탁과 근로관계

1. 의 의

「위임」이라 함은 통일적인 사무처리를 위하여 당사자 일방이 상대방에 대하여 사무의 처리를 위탁하고 상대방이 이를 승낙함으로써 그 효력이 발생하는 계약을 말한다(민법 §680). 근로자를 채용한 자는 위탁관리인이 되는 것이므로 원칙적으로 근로관계의 사용자는 위탁관리인이 된다고 하는 것에 이견이 있을 수 없다.

위탁관리업무와 관련하여 실무상 문제가 되고 있는 것은 공동주택의 관리형태가 변

123) 대법원 1986. 8. 19. 선고 83다카657.

경된 경우에 종전의 근로관계가 변경된 위탁관리회사로 승계되는가의 여부와 소속 근로자의 임금 등 근로조건을 실질적으로 결정하거나 인사노무관리에서 영향력을 행사하여 온 입주자대표회의가 근로기준법상 사용자의 지위를 가지고 있는가의 여부이다.

2. 근로관계의 승계 여부

공동주택관리 형태의 변경으로 종전의 근로관계가 승계되는가의 여부에 대하여는 다양한 해석론이 대두되고 있다. 이에 대한 견해를 정리하면 다음과 같다.

1) 학 설

「근로관계 승계설」은 입주자대표회의의 결정으로 아파트관리형태가 변경되면 실질적으로 사업양도로 보아 종전 근로관계의 승계를 인정해야 한다는 견해이다.[124] 그 근거로서는 ① 새로운 관리주체가 종전의 근로관계를 승계하는 것이 관리업무의 연속성이 인정되어 합리적으로 공동주택의 관리가 용이하다는 점, ② 근로관계의 승계를 인정하는 것이 근로자에게도 도움이 된다는 점 등을 제시하고 있다.

「근로관계승계 부정설」은 관리형태의 변경은 의사결정기관인 입주자대표회의 의결로 결정되는 것이므로 당사자 사이에 별도의 근로계약을 체결하지 않는 한 새로운 위탁관리인에게 승계되지 않는다는 견해이다.[125] 그 근거로서는 ① 관리형태의 변경은 전적으로 입주자대표회의 결정으로 이루어진다는 점, ② 동일하게 위탁관리 형태에서 단지 위탁관리회사만 변경되는 경우에도 위탁관리 회사 사이에 별도의 계약을 체결하지 않는다는 점, ③ 새로운 위탁관리 회사가 종전 위탁관리회사의 영업일체를 양도받지 않은 이상, 업무의 동질성이 있다는 이유만으로 영업양도에 준하는 것으로 볼 수 없다는 점, ④ 근로자의 보호문제의 법리와는 구별되어야 한다는 점 등을 제시하고 있다.

2) 판 례

대법원은 「입주자대표회의가 사업주체의 의무관리기간이 만료됨에 따라 다른 관

124) 임종률, 노동법(제6판), 519면. 노동부는 관리자체를 변경하는 경우에는 업무의 동질성이 유지되고 근로자의 인수를 배제하는 특약이 없는 한 영업의 양도로 보아 원칙적으로 고용이 승계되고, 예외적으로 주택관리업자가 입주자대표회의로부터 독립하여 근로자에 대한 인사·노무관리의 전권을 행사하여 온 경우에는 고용승계 의무가 없는 것으로 해석하고 있다(아파트종사근로자의 근로조건 보호에 관한 지침; 1999. 11. 09. 근기 68206-564).

125) 노병호·한경식, 임금보호법(초판), 54면.

리업자에게 위탁한 경우에는 업무의 동질성이 있다는 이유만으로 새로운 관리업자가 사업양도에 준하여 고용을 승계한다고 볼 수 없다.」라고 하고[126], 「입주자대표회의가 종전 근로자의 우선적인 재고용의무를 관리업체선정의 입찰조건으로 수락한 새로운 관리업체인 경우에도 포괄적으로 고용관계를 승계한다고 볼 수 없다.」라고 판시[127]함으로써 고용승계의무를 부정하고 있다.

판례요지

▶ 아파트입주 초기의 의무관리기간 동안 건설업체로부터 관리업무를 위탁받은 관리업자가 직원을 채용하여 관리업무를 수행하다가 그 기간이 만료됨에 따라 입주자대표회의가 건설업체로부터 관리업무를 인계받자 즉시 다른 관리업자에게 위탁한 경우에는 업무의 동질성만을 이유로 새 관리업자가 사업양도에 준하여 고용을 승계한다고 볼 수 없다 (대법원 2000. 3. 10. 선고 98두4146).

▶ 원고가 입주자대표회의에 대하여 종전 근로자를 우선 재고용해야 한다는 입찰조건을 수락함으로써 아파트 관리업체로 선정된 후 그 재고용 약속에 관한 내용을 공고한 바 있기는 하나, 원고가 종전 관리업체와 근로자간의 고용관계를 포괄적으로 승계하였다고 볼 수는 없다(대법원 2000. 3. 10. 선고 98두4146).

3) 평 가

공동주택관리 형태의 결정은 전적으로 입주자대표회의 의결로 결정되는 사항이고, 위탁관리업체가 변경된다 하더라도 위탁관리업체와는 별도로 종전의 권리의무를 승계하는 내용의 위·수탁계약을 체결하는 것이 아니므로 비록 관리형태가 변경되어 업무의 동일성이 있다 하더라도 이를 영업양도에 준하는 것으로 해석할 수는 없다. 따라서 위탁관리업체가 변경되더라도 당연히 근로관계의 승계는 인정되지 않는다. 다만, 종전의 공동주택 종사 근로자가 변경된 위탁관리회사에 계속적으로 근무하기 위해서는 별도의 근로계약을 체결해야 한다.

3. 입주자대표회의의 사용자 여부

공동주택관리 형태는 입주자 대표로 구성된 입주자대표회가 관리하는 자치관리와 외부의 전문관리업체에 위임하는 위탁관리형태가 있는데, 관리형태의 결정은 입주자대표회의 의결로 결정된다. 자치관리 형태인 경우에는 입주자대표회의가 사용자가

126) 대법원 2000. 3. 10. 선고 98두4146.
127) 대법원 2000. 3. 10. 선고 98두4146; 중노위 2006. 3. 2. 2005부해764.

된다. 그런데 위탁관리 형태아래에서도 입주자대표회의가 근로조건 및 인사권에 사실상 관여하는 경우가 많은데, 이때 입주자대표회의를 노동관계법상 사용자로 볼 수 있는가의 여부가 문제된다.

1) 사용자성을 긍정하는 견해(노동부)

노동부는「수탁받은 주택관리업자는 근로자에 대해 근로계약 체결 등 형식적 사용자의 지위를 가질 뿐, 입주자대표회의가 사실상의 사용자로서 근로자의 인사·노무관리에 직접 관여하는 경우」에는 입주자대표회의가 사용자가 되는 것으로 해석하고 있다.[128] 종래 중앙노동위원회는「위탁관리업체가 변경되어도 근로기간이 단절되지 않고 근로조건 변동 없이 근무하여 왔고, 근로자의 인사노무관리에 직간접적으로 관여하여 온 경우」에는 사용자성을 인정하였으나[129], 최근「입주자대표회의가 근로자의 인사·임금의 결정 등에 대하여 관여하여 온 경우라도 위·수탁계약이 형식적인 것에 불과한 것으로 볼 수 없다.」라고 하여 입주자대표회의의 사용자성을 부정하고 있다.[130]

2) 사용자성을 부정하는 견해(판례)

대법원은「아파트관리사무소 직원이 관리사무소 소장을 상대방으로 하여 체결한 근로계약이 형식적이고 명목적인 것에 지나지 않고, 직원들이 사실상 입주자대표회의와 종속적인 관계에서 그에게 근로를 제공하고 입주자대표회의가 그 대가로 임금을 지급하는 사정 등이 존재하여 관리사무소 직원들과 입주자 대표회의와 사이에 적어도 묵시적인 근로계약관계가 성립되어 있을 때 사용자로 볼 수 있다고 전제하면서, 입주자대표회의가 인사·임금 등에 직·간접적으로 영향력을 행사하여 온 경우라도 위탁관리회사의 직원에 대한 인사권과 업무명령권이 형해화되지 않는 이상 사용자로 볼 수 없다.」라고 하여 입주자대표회의의 사용자성을 부정하고 있다.[131]

---

128) 아파트종사자의 근로조건보호에 관한 지침(1999. 11. 09. 근기 68206-564).

129) 중노위 1999. 4. 29. 98부해550.

130) 중앙노동위원회는「입주자대표회의가 4대 보험료를 전액 부담한 점, 입주자대표회의가 승인한 직제상의 인원을 정원으로 한 점, 부적격 직원에 대한 인사 조치의 요구 및 인력운용에 간섭하여 온 점, 고령자고용촉진지원금을 입주대표회의에 귀속한 점, 임금지급대장에 대표회의 회장이 결재하여 온 점, 입주자대표회의가 수년간 단체협약 사용자로서 임금협약을 체결하여 온 점 등이 인정된다 하더라도 위·수탁계약이 형식적인 것에 불과한 것으로 볼 수 없다.」라고 하여 입주자대표회의의 사용자성을 부정하고 있다(중노위 2005. 6. 1. 2005부노2).

131) 대법원 1999. 7. 12. 선고 99마628; 대법원 2001. 1. 5. 선고 2000두2686; 대법원 2001. 6. 1. 선고 2001두2218.

판례요지

▶ 아파트관리업자와 위·수탁관리계약을 체결하였을 뿐인 아파트입주자대표회의가 직원들에 대하여 임금지급의무가 있는 사용자로 인정되기 위해서는 그 직원들이 관리사무소장을 상대방으로 하여 체결한 근로계약이 형식적이고 명목적인 것에 지나지 않고, 직원들이 사실상 입주자대표회의와 종속적인 관계에서 그에게 근로를 제공하며, 입주자대표회의는 그 대가로 임금을 지급하는 사정 등이 존재하여 관리사무소 직원들과 입주자 대표회의와 사이에 적어도 묵시적인 근로계약관계가 성립되어 있다고 평가되어야 한다(대법원 1999. 7. 12. 선고 99마628).

▶ 입주자대표회의가 인사·근로조건 등의 결정에 영향력을 행사하여 온 경우라도 위탁관리회사의 관리사무소 직원들에 대한 임면·징계·배치 등 인사권과 업무지휘·명령권이 모두 배제 내지 형해화되어 그 직원들과 체결한 근로계약이 형식적인 것에 지나지 않는다고 할 수 없다(대법원 2001. 6. 1. 선고 2001두2218).

3) 평 가

입주자대표회의는 공동주택관계 법령에 의하여 공동주택관리에 관한 의결심의기구로서 예산편성권을 가지고 있는 점, 위탁자로서 합리적인 입주자관리를 위한 지도 감독 권한이 있으므로 아파트관리사무소 근로자들의 임금을 결정할 수 있음은 당연하고 인사·임금 등에 대하여는 어느 정도 관여하는 것은 아파트관리업무의 특성상 필요하다.

따라서 입주자대표회의가 직접적으로 관리사무소 근로자의 채용·해임·승진·배치전환·징계 등 인사처분에 관하여 전권을 행사하거나 매월 관리비·사용료 및 특별수선충당금 등의 징수·사용·보관 및 예치에 관하여 전권을 행사하지 않는 한 사용자로 볼 수 없다고 보아야 한다.

V. 근로자파견과 근로관계

1. 의 의

근로자파견이란 파견사업주가 근로자를 고용한 후 그 고용관계를 유지하면서 파견사업주와 사용사업주 사이의 근로자파견계약에 따라 사용사업주의 지휘·명령을 받아 사용사업주를 위한 근로에 종사하게 하는 것을 말하고(파견근로자법 §2·①호), 이러한 파견의 대상이 되는 자를 파견근로자라고 한다(동법 §2·⑤호).[132]

---

132) 근로자파견은 직업안정법에 의하여 금지되어 왔고, 근로기준법 제9조에 의한 중간착취의 배제를 무의미하게 한다는 비판을 받아 왔다. 그럼에도 불구하고 경비업법, 공중위생법, 엔지니어링기술

근로자파견은 사용자가 고용한 근로자를 타인을 위한 근로에 종사하게 한다는 점에서 업무도급과 유사하다. 그러나 근로자파견은 당해 근로자의 노동력을 타인(사용사업주)이 그 지휘·명령 아래 이용하고 사업운영을 타인(사용사업주)에 의존하지만, 업무도급은 노동력을 사용자인 수급인이 그 지휘·명령 아래 직접 이용하고 사업운영을 자기의 책임 아래 독립적으로 수행한다는 점에서 양자는 구별된다.[133] 그리고 근로자파견은 자기가 고용한 근로자를 일정기간 다른 기업에 보내어 그 기업의 지휘·명령 아래 근로하게 한다는 점에서 전출과 유사하지만, 파견근무 후 복귀가 예정되어 있지 않다는 점에서 전출과 구별된다.[134]

2. 당사자의 법률관계

근로자파견은 자기가 고용하고 있는 근로자를 다른 기업에 파견하여 그의 지휘·명령을 받아 근로하게 하는 제도로서 법률관계는 파견사업주, 사용사업주, 파견근로자의 3자관계로 형성된다. 즉, 파견사업주는 고용계약에 의하여 근로자를 고용하고, 사용사업주와 근로자파견계약을 체결하여 파견근로자가 사용사업주의 지휘·명령을 받으면서 사용사업주의 사업장에서 근로를 제공하는 관계가 성립한다. 파견근로자는 소속 사용자의 직접적인 지휘·감독을 받는 일반 근로자와는 달리 법률상 사용자가 아닌 사용사업주의 지휘·명령을 받고 임금은 소속 사용자인 파견사업주로부터 지급받고 있는 특징이 있다.

〈근로자파견관계〉

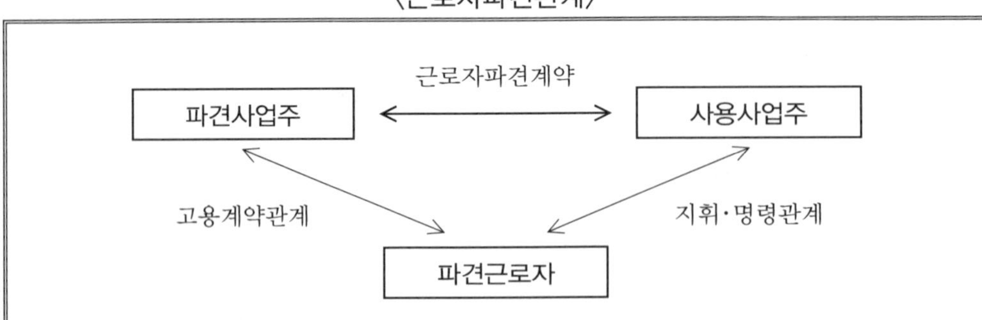

진흥법 등과 같은 특별법에 의하여 일부 업종에 대하여는 파견근로를 허용되어 왔고, 노동시장에서는 원활한 인력수급의 필요에 따라 음성적인 파견근로가 급속히 증가하여 왔다. 이에 따라 파견근로자를 둘러싼 근로관계를 합리적으로 규제할 필요성이 절실함에 따라 많은 논란을 거쳐 1998년 「파견근로자 보호 등에 관한 법률(이하 "파견근로자법")」이 제정되었다.

133) 임종률, 노동법(제6판), 584면; 김형배, 노동법(신판제4판), 1057면.

134) 임종률, 노동법(제6판), 584~585면.

1) 파견사업주와 사용사업주와의 관계

파견사업주와 사용사업주는 근로조건 등이 포함된 근로자파견계약을 서면으로 체결하여야 한다(§20). 여기서 「근로자파견계약」이란 파견사업주와 사용사업주간에 근로자파견을 약정하는 것으로 파견사업주가 근로자를 파견하고 사용사업주는 이에 대하여 대가를 지급할 것을 목적으로 하는 쌍무계약이다(§2·⑥호).

파견근로계약에는 파견근로자의 수, 파견근로자가 종사할 업무의 내용, 파견사유, 파견근로 할 사업장의 명칭 및 소재지 기타 파견근로자의 근로 장소, 파견근로 중인 파견근로자를 직접 지휘·명령할 자에 관한 사항, 근로자파견기간 및 파견근로 개시일에 관한 사항, 시업 및 종업의 시각과 휴게시간에 관한 사항, 휴일·휴가에 관한 사항, 연장·야간·휴일근로에 관한 사항, 안전 및 보건에 관한 사항, 근로자파견의 대가, 기타 노동부령이 정하는 사항 등이 포함되어야 한다(§20·①).

본래 근로조건을 결정하는 근로계약의 체결은 근로자가 직접 체결하여야 함에도 불구하고, 근로자가 아닌 제3자가 대신하여 근로조건을 체결한다는 점에서 근로자파견계약의 특수성이 있다.

2) 파견사업주와 파견근로자와의 관계

파견근로자와 파견사업주는 근로계약이 체결되고 그 관계는 원칙적으로 근로계약관계이다. 일반근로자와 사용자와의 근로계약은 근로자가 직접 사용자에게 근로를 제공하고 임금을 수령하는 것을 목적으로 하나, 파견근로자와 파견사업주와의 근로계약은 사용사업주의 지휘·명령을 받아 근로할 의무를 부담하고 임금은 파견사업주로부터 수령하게 된다는 점에서 일반적인 근로계약과는 구별된다.

3) 사용사업주와 파견근로자와의 관계

파견근로자와 사용사업주 사이에는 사용관계가 성립한다. 여기서 사용관계란 파견근로자가 사용사업주의 지휘·명령을 받으면서 근로를 제공하는 관계를 말한다. 사용사업주가 2년을 초과하여 파견근로자를 계속사용하거나 근로자파견이 금지된 업무에 파견근로자를 사용한 경우에는 파견근로자를 직접 고용하여야 한다(§6의2·①).

3. 사내하도급과의 관계

1) 문제의 소재

사내하도급과 근로자파견은 근로자가 자신의 사용자와 근로계약관계를 유지하면서 자신의 근로제공을 제3자의 사업장에서 제공한다는 점에서 유사성을 가지고 있다. 그러나 근로자의 사용자가 수급인으로서 도급인을 위하여 일의 완성을 목적으로 자신의 근로자를 직접 지휘·감독하여 노무를 제공하는 사내하도급관계와는 달리 근로자파견은 사용자인 파견사업주와 제3자인 사용사업주와의 파견계약에 의하여 사용사업주가 파견근로자를 직접 지휘·감독한다는 점에서 양자는 구별된다.

그런데 근로자파견에 대해서는 파견근로자법에 의하여 법적 규율을 받게 되나 사내하도급을 규제하는 법률은 존재하지 않기 때문에 도급인이 파견근로자법과 근로기준법상 사용자 책임과 벌칙을 회피하고 인력운영의 효율성을 위하여 형식상 사내하도급을 통하여 도급인이 직·간접적으로 사내하도급인에게 고용된 근로자에 대하여 업무지휘 또는 감독을 행사하는 경우가 있다. 법리적으로 볼 때, 도급인이 사내하도급인에게 고용된 근로자를 직접 지휘·감독권을 행사하는 경우에는 실질적으로 근로자파견에 해당되어 도급인은 파견근로자법에 의한 사용자책임을 부담할 뿐만 아니라 이에 따른 벌칙이 적용된다.

이처럼 사내하도급과 근로자파견은 도급인이 사내하도급인에 고용된 근로자에 대하여 업무지휘·감독권을 행사하느냐의 여부에 따라 구분할 수 있는 것이지만, 어느 정도 업무지휘·감독권을 행사하는 경우에 근로자파견으로 볼 수 있는가에 실질적인 기준을 정한 법률은 없다. 종전 노동부는 파견근로자법이 시행된 후 사내하도급과 근로자파견을 구별하기 위한 내부기준으로써 1998. 7.「근로자파견사업과 도급 등에 의한 사업의 구별기준에 관한 고시(노동부고시 제98-32호)」와 2004. 7.「불법파견관련 사내하도급점검지침」을 마련하여 사업장점검을 실시하여 왔다. 그러나 건전한 노동시장 질서의 형성을 목적으로 하는 노동부와 파견근로자법 위반에 따른 형사소추권을 목적으로 하는 검찰이 사내하도급의 근로자파견법 위반기준을 다르게 적용하여 업무집행에 혼선을 초래하여 왔다.

노동부의 근로감독관은 검찰의 지휘를 받아 근로자파견법 위반 여부를 수사하는 사법경찰관이므로 노동부와 검찰이 서로 다른 기준을 적용하여 업무를 처리하는 것은 노동행정의 신뢰성에 문제가 있다는 지적에 따라 노동부와 검찰은 공동으로 2007. 4.「근로자파견의 판단기준에 관한 지침」을 마련하여 현재는 이 지침을 적용하고 있다.

2) 사내하도급과의 구별기준

2007. 4. 노동부와 검찰이 공동으로 마련한「근로자파견의 판단기준에 관한 지침」은 사내하도급과 근로자파견의 구별기준으로써 판단의 체계와 판단의 기준으로 구분하

고, 판단의 체계는 다시 전체적인 판단순서와 판단방법으로 구분하여 근로자파견 여부를 판단하도록 하고 있다.

(1) 판단순서

근로자파견 위반 여부는 우선적으로 「근로자와 고용계약을 체결한 파견사업주 등(파견사업주·수급인·수임인 등)에 대하여 사업주로서의 실체를 인정할 수 있는가의 여부를 먼저 판단해야 한다. 이는 파견사업주 등이 사업주로서의 실체가 인정되지 않는 경우에는 파견근로자법상 근로자파견관계의 성립 자체가 부정되고, 당해 근로자를 고용하지 않고 사용하는 사용사업주 등(사용사업주·도급인·위임인 등)이 당해 근로자를 직접 고용한 것으로 추정하기 위한 것이다. 다음으로 파견사업주 등이 사업주로서의 실체가 인정되는 경우에는 당해 근로자가 사용사업주 등의 지휘·명령을 받는지의 여부를 조사하여 당해 고용관계가 근로자파견에 해당되는지의 여부를 판단해야 한다.

(2) 판단기준

파견사업주 등에 대한 사업주로서의 실체 판단과 사용사업주 등의 지휘·명령에 대한 판단으로 구분하여 근로자파견 위반 여부를 판단해야 한다.

「파견사업주 등에 대한 사업주로서의 실체 판단」은 사용사업주 등과 파견사업주 등 사이에 체결된 계약의 명칭·형식 등에도 불구하고, 파견사업주 등에게 ① 채용·해고 등의 결정권, ② 소요자금조달 및 지급에 대한 책임, ③ 법령상 사업주로서의 책임, ④ 기계, 설비, 기자재의 자기책임과 부담, ⑤ 전문적 기술·경험과 관련된 기획책임과 권한 등이 존재하지 않는 경우에는 파견사업주 등과 근로관계는 유지된 것으로 보지 않는다. 다만, 위의 ④와 ⑤는 단순히 육체적 노동력을 제공하는 경우에는 적용되지 않는다.

「사용사업주 등의 지휘·명령에 대한 판단」은 사용사업주 등과 파견사업주 등 사이에 체결된 계약의 명칭·형식 등에도 불구하고 사용사업주 등이 당해 근로자에 대하여 ① 작업배치·변경 결정권, ② 업무 지시·감독권, ③ 휴가, 병가 등의 근태 관리권 및 징계권, ④ 업무수행에 대한 평가권, ⑤ 연장·휴일·야간근로 등의 근로시간 결정권(작업의 특성상 일치시켜야 하는 경우에는 제외)을 행사하는 경우에는 근로자가 사용사업주의 지휘·명령을 받아 사용사업주를 위한 근로에 종사하는 것으로 판단한다.

(3) 판단방법

근로자파견에 해당되는지의 여부는 위의 「파견사업주 등에 대한 사업주로서의 실체 판단기준」과 「사용사업주 등의 지휘·명령에 대한 판단기준」을 종합적으로 고려하여 판단해야 한다. 특히 ① 작업배치·변경 결정권, ② 업무 지시·감독권, ③ 휴가, 병가 등의 근태 관리권 및 징계권은 근로자파견 여부를 판단하는 주요한 기준이 된다.

3) 평 가

2007. 4. 노동부와 검찰이 근로자파견 위반 여부에 대한 입장 차이를 조정하여 공동으로 마련한 「근로자파견의 판단기준에 관한 지침」은 파견근로자법 위반에 따른 법 집행의 혼선을 줄이고 법률적용의 예측가능성과 투명성을 높일 수 있는 토대를 구축하였다는 점에서 매우 긍정적으로 평가할 만하다. 그러나 이 지침은 행정내부에 대해서만 효력이 인정되는 행정규칙에 불과하고, 대외적으로 효력을 갖는 법규명령으로 볼 수 없기 때문에 그에 따른 한계가 있을 수밖에 없다. 즉, 파견근로자법 위반을 이유로 검찰이 해당 사업주를 상대로 형사 기소한 경우에도 법원이 이 지침에 구속되지 않고 독자적으로 판단할 수 있는 여지는 충분히 있다. 다만, 이 지침은 이제까지의 파견근로자법 위반 여부에 관한 판례를 통하여 제시된 판단기준과 판단방법 등을 종합적으로 고려하여 작성된 것이기 때문에 법원에서도 사실상 중요한 판단근거로 될 수 있을 것으로 보인다.

4. 근로관계의 보호

1) 보호의 필요성

파견근로자는 일반근로자처럼 근로계약상 사용자인 사업주에게 근로를 제공하고 임금을 지급받는 근로자가 아니고, 근로계약의 당사자가 아닌 제3자인 사용사업주의 지휘·명령을 받으면서 근로를 제공하기 때문에 파견근로자의 근로관계를 특별히 보호할 필요성이 있다.

파견근로자법은 파견근로자의 근로관계를 보호하기 위한 특칙으로서 ① 파견대상 업무의 제한, ② 파견기간의 제한, ③ 불법파견 또는 파견기간 초과 사용시의 직접고용 의무, ④ 파견사업장의 쟁의행위 중 파견금지, ⑤ 파견근로자에 대한 차별금지 및 차별시정 등을 규정하고 있다.

2) 개별적 근로관계의 보호

(1) 파견대상업무의 제한

근로자파견을 무제한 허용할 경우에는 파견근로자의 보호는 물론 정규직 근로자의 지위를 불안정하게 할 우려가 있을 뿐만 아니라 고용불안을 야기할 우려가 있기 때문에 근로자파견법은 근로자파견사업의 허용대상 업종을 제한하고 있다. 파견근로자법은 근로자파견대상을 제한하는 방식을 「금지업무 열거방식(negative list)」이 아닌 「허용업무방식(positive list)」을 취하고 있다.[135] 근로자파견법 제5조 제1항은 제조업의 직접생산 공정업무를 제외하고 전문지식·기술·경험 또는 업무의 성질을 고려하여 대통령령이 정하는 업무에 한하여 근로자파견을 허용하도록 규정하고, 시행령 제2조 제1항은 파견허용업무를 컴퓨터전문가, 사업전문가 등 32개 업무로 규정하고 있다.[136] 근로자파견법 제5조 제2항은 근로자의 출산·질병·부상 등으로 결원이 생기거나 일시적·간헐적으로 인력의 확보가 필요한 경우에는 파견허용업무가 아니더라도 근로자파견을 허용할 수 있도록 규정하고 있다(임시파견).

그러나 파견허용업무 또는 임시파견사유에 해당되더라도 ① 건설공사현장에서 이루어지는 업무, ② 「항만운송사업법」·「한국철도공사법」·「농수산물유통 및 가격안정에 관한 법률」·「물류정책기본법」상의 하역업무로서 「직업안정법」 제33조의 규정에 따라 근로자공급사업 허가를 받은 지역의 업무, ③ 「선원법」의 규정에 따른 선원의 업무, ④ 「산업안전보건법」의 규정에 따른 유해위험 업무, ⑤ 그 밖에 근로자 보호 등의 이유로 근로자파견사업의 대상으로는 적절하지 못하다고 인정하여 대통령령이 정하는 업무[137]에 대해서는 근로자파견이 금지된다.

(2) 파견기간의 제한

근로자파견이 허용되는 경우에도 파견근로자는 빠른 시일 이내에 사용사업주의 근로자로 전환되는 것이 근로자 보호차원에서 바람직하기 때문에 파견근로자법 제6

---

135) 「허용업무방식(positive list)」은 일정한 업종에 한하여 근로자파견을 허용하고 나머지 업종에 대해서는 금지하는 입법주의를 말하는데, 근로자파견을 제한할 수 있다는 장점이 있으나 새로이 등장하는 업종에 대해서는 부당한 제한을 하게 되어 불법파견이 확산될 우려가 있다고 하는 단점이 있다. 반면, 「금지업무 열거방식(negative list)」은 일정한 업종을 제외하고는 근로자파견을 허용하는 입법주의를 말하는데, 고용의 유연성을 높일 수 있다는 장점이 있으나 너무 많은 업종에 파견근로가 이루어져 근로자의 권익이 저해될 우려가 있다는 점이 단점이다(이병태, 최신노동법(제8전정판), 1038면; 김형배, 노동법(신판제4판), 1061면).

136) 다만, 경제자유구역에 입주하는 외국인투자기업에 대하여는 노동부장관이 정하는 경제자유구역위원회의 심의·의결을 거친 전문 업종에 대하여는 파견대상 업무를 확대할 수 있다(경제자유구역의 지정 및 운영에 관한 법률 §17·⑤).

137) 시행령 제2조 제2항은 ① 「진폐의 예방과 진폐근로자의 보호 등에 관한 법률」에 따른 분진작업을 하는 업무, ② 「산업안전보건법」에 따른 건강관리수첩의 교부대상 업무, ③ 「의료법」에 따른 의료인의 업무 및 간호조무사의 업무, ④ 「의료기사 등에 관한 법률」에 따른 의료기사의 업무, ⑤「여객자동차 운수사업법」에 따른 여객자동차운송사업의 운전업무, ⑥ 「화물자동차 운수사업법」에 따른 화물자동차운송사업의 운전업무를 파견대상금지업무로 규정하고 있다.

조는 파견기간을 제한하고 있다. 여기서 파견기간은 동일한 사용사업주에 동일한 근로자를 계속적으로 파견할 수 있는 최장기간을 의미하는 것이므로 수차에 걸쳐 파견할 수 있는 최장기간이 아니다.[138] 따라서 파견근로자법 제6조는 다음과 같이 세 가지 경우로 나누어 근로자파견기간을 제한하고 있다.

첫째, 전문지식·기술 또는 경험을 필요로 하는 업무로서 근로자파견이 항상 허용되는 업무의 경우의 파견기간은 1년을 원칙으로 하고, 파견사업주와 사용사업주 및 파견근로자의 합의가 있는 경우에는 예외적으로 1년의 범위 안에서 연장할 수 있다(§6·①·②). 따라서 파견연장기간을 포함하여 최장 파견기간은 2년을 초과할 수 없다.[139]

둘째, 출산·질병·부상 등 사유가 객관적으로 명백한 경우에는 그 사유의 해소에 필요한 기간을 파견기간으로 한다(§6·④·1호).

셋째, 일시적·간헐적으로 인력을 확보할 필요가 있는 경우에는 3월 이내의 기간을 파견기간으로 하되, 그 사유가 해소되지 아니하고 파견사업주·사용사업주·파견근로자간의 합의가 있는 경우에는 1회에 한하여 3월의 범위 안에서 파견기간을 연장할 수 있다. 따라서 일시적·간헐적으로 인력이 필요한 경우의 파견기간은 연장기간을 포함하여 6개월을 초과할 수 없다(§6·④·2호).

파견근로자법은 항상 근로자파견이 허용되는 업무의 파견기간을 최장 2년으로 제한하고 있으나, 파견기간에 대한 산정방법을 구체적으로 규정하지 않았기 때문에 그 산정방법에 대하여 해석상 논란이 있을 수 있다. 파견기간을 제한하고 있는 입법취지는 파견근로자를 사용사업주의 근로자로 전환하고자 하는 것에 있는 것이므로 파견기간은 다음과 같은 방법으로 산정해야 하는 것이 합리적이다.

첫째, 파견기간의 제한은 동일한 파견근로자를 대상으로 하는 것이므로 특정 파견근로자를 파견 허용업무에 2년 사용한 후 다른 근로자로 대체한 경우에는 파견기간에 위반되지 않는다.[140]

둘째, 사용사업주가 파견근로자를 사용하던 도중 파견사업주와의 근로자파견계약이 해지된 후 파견사업주를 변경하면서 동일 파견근로자를 2년을 초과하여 사용한 경우에는 파견기간을 위반한 것으로 보아야 한다.[141] 왜냐하면, 파견근로자를 사용사

138) 김유성, 노동법 I (초판), 392면.

139) 그러나 고령자고용촉진법 제2조 제1호의 규정에 따른 고령자인 파견근로자와 경제자유구역에 입주하는 외국인투자기업 중 경제자유구역위원회의 심의·의결을 거친 전문 업종에 대하여는 2년을 초과하여 파견기간을 연장할 수 있다(파견근로자법 §6·③ 및 경제자유구역의 지정 및 운영에 관한 법률 §17·⑤).

140) 동지 김유성, 노동법 I (초판), 391면; 1998. 6. 9. 고관 68460-407.

141) 동지 김유성, 노동법 I (초판), 392면; 김소영, 고용형태 다양화와 법·제도 개선방향, 110면. 노동부

업주의 근로자로 전환하도록 하여 파견근로자를 보호하고자 함이 파견기간을 제한하는 취지이므로 동일 파견근로자에 대한 파견기간의 기산일은 파견사업주의 변경 여부와 관계없이 최초로 파견사용일을 기준으로 하는 것이 타당하기 때문이다.

셋째, 사용사업주가 파견근로자를 2년 사용 후 일정기간 동안 사용관계의 공백기간을 두고 다시 동일한 근로자를 파견근로자로 사용한 경우에는 파견기간을 위반한 것이다.[142]

(3) 사용사업주의 직접고용의무

파견금지업무에 파견근로자를 사용하거나 2년을 초과하여 계속하여 파견근로자를 사용한 사업주는 해당 파견근로자를 직접 고용해야 한다(§6의 2).[143] 사용사업주의 직접고용의무는 근로자에 대한 사법상의 의무이므로 근로자는 사용사업주를 상대로 직접고용청구권을 갖는다.

사용사업주가 2년을 초과하여 파견근로자를 사용한 경우에는 파견근로자법 제6조의 2의 규정에 따라 2년의 기간이 만료된 날의 다음 날부터 사용사업주가 파견근로자를 직접고용할 의무가 발생되며, 파견기간 만료 후 사용사업주가 파견사업주와의 근로자파견계약을 종료한 후 파견근로자를 계속 사용한 경우에는 당사자의 합의에 따라 계약직 또는 임시직으로 채용할 수 있다.[144] 사용사업주가 파견근로자를 2년 사용 후 직접 채용한 경우에는 고용승계 의무가 없는 신규고용에 해당되는 것이므로 별도의 약정이 없는 한 종전 파견기간의 근로관계는 단절되어 계속근로연수는 직접 채용한 시점부터 새로이 기산된다.[145] 사용사업주가 파견기간을 초과하여 계속 사용한

는「파견기간은 사용사업주가 파견근로자를 최초로 사용한 시점을 기준으로 산정되며, 사용사업주가 파견근로자가 소속한 파견업체를 변경하거나 업무를 변경하여 사용하였다 할지라도 파견기간의 산정에는 영향을 미치지 못한다.」라고 하여 최초 사용일이 파견기간의 기산일이 되는 것으로 해석하고 있다(1998. 10. 19. 고관 68400-219; 1988. 4. 4. 고관 68460-999).

142) 이 경우 사용사업주는 새로이 사용한 시점부터 파견근로자로 사용한 것이 아니라 사용자로서 직접 채용한 것으로 보아야 한다.

143) 구 파견근로자법 제6조 제3항은「사용사업주가 2년을 초과하여 계속적으로 파견근로자를 사용하는 경우에는 2년의 기간이 만료된 날의 다음 날부터 파견근로자를 고용한 것으로 본다.」라고 하여 고용의제를 규정하였으나, 불법파견 또는 위장도급이 2년을 초과하는 경우에 고용의제가 적용되는가의 여부에 관하여 해석상 논란이 있었다. 즉, 행정해석과 하급심 판례는 고용의제를 적용해야 한다는 입장을 취하고 있으나(2001. 5. 11. 고관68460-573; 서울고법 2003. 3. 14. 선고 2002누2521), 대법원은 부정적인 입장을 취하였다(대법원 2003. 9. 23. 선고 2003두3420; 대법원 2004. 4. 16. 선고 2004두1728). 개정 파견근로자법(2006. 12. 21. 법률 제8076호)은 사용사업주의 직접고용의무를 도입하면서 그 적용범위를 명확히 함으로써 이에 대한 다툼을 입법적으로 해결하였다. 다만 대법원은 불법파견인 경우에도 고용의제규정이 적용된다며 기존의 입장을 변경하는 판결을 하였다(대법원 2008. 9. 18. 선고 2007두22320)

144) 김유성, 노동법 I(초판), 392면; 이상윤, 노동법(제3판), 403면.

145) 동지 김유성, 노동법 I(초판), 394면; 2001. 7. 11. 근기 68207-2231.

경우에는 사용자의 직접채용의무는 파견기간 종료일 다음 날이 되는 것이므로 계속 근로연수는 파견기간 만기 그 다음날이 된다.

파견근로자법 제6조의 2 제1항은 「사용사업주가 파견기간 2년을 초과하여 사용하거나 파견대상 금지업무에 파견근로자를 사용한 경우에는 당해 근로자를 직접 고용하여야 한다.」라고 규정하고 있음을 볼 때, 사용사업주가 동일한 파견근로자를 2년을 초과하여 계속 사용한 경우에는 사용사업주를 당해 근로자의 사업주로 보아야 한다. 그리고 파견대상이 아닌 직종에 대하여 파견근로자를 사용한 경우에는 파견기간과 상관없이 사용사업주에게 직접고용의무가 있는 것이므로 사용사업주가 당해 근로자의 사업주가 된다.[146]

사업주가 파견금지업무에 대하여 형식상 도급계약을 체결하여 업무도급을 준 경우에 그 도급사업주를 사용자로 볼 수 있는가의 여부가 문제되나, 도급사업주가 근로자의 근로제공과정에서 실질적으로 지휘·명령을 행사하여 왔다면 위장도급 또는 불법파견이 되어 도급사업주는 해당 근로자를 직접 고용해야 한다. 왜냐하면, 파견근로자법 제6조의 2 제1항은 파견금지업무를 위반하여 파견근로자를 사용하거나 파견업무에 대하여 2년을 초과하여 사용한 경우에는 파견사업주에게 직접고용의무를 부과하고 있으므로 실질적으로 도급관계인지의 여부에 따라 판단해야 하기 때문이다. 실질적으로 도급관계가 성립한 경우에는 수급인이 사업주가 되나, 도급인이 실질적으로 지휘 명령하거나 근로조건 등을 결정하는 경우에는 도급인이 사업주가 되는 것이므로 도급인이 근로자를 직접 고용할 의무를 부담한다.

파견과 도급의 구별은 ① 노동력을 직접 이용하고 있는지의 여부, ② 근로자에 대한 업무수행방법에 대한 지시 및 이에 관한 평가와 노무관리를 직접 행하고 있는지의 여부, ③ 근로자의 작업개시 및 종료시간, 휴식시간, 휴일, 휴가, 연장 및 휴일근로 등에 관한 지시와 관리를 직접 행하고 있는지의 여부, ④ 근로자의 복무상 규율에 관하여 지시와 통제를 하는가의 여부, ⑤ 자신의 책임과 부담으로 조달한 재료·자재 등에 의하여 업무를 처리하는지의 여부, ⑥ 자신의 기획 또는 전문적인 기술 또는 경험에 기초하여 업무를 처리하는지의 여부 등 구체적 사실관계에 의하여 판단하여야 한다.[147] 노동부는 도급인이 ① 작업배치·변경 결정권, ② 업무 지시감독권, ③ 휴가·병가 등의 근태관리 및 징계권, ④ 업무수행에 대한 평가권, ⑤ 연장·휴일·야간근로 등의 근로시간 결정권 등을 행사하는 경우에는 도급인을 사업주로 보아야 한다는 입장을

146) 노병호·한경식, 임금보호법(초판), 41면.
147) 하갑래, 근로기준법(재16판), 679~680면.

보이고 있다.[148] 요컨대, 도급인이 근로기준법상 사용자의 지위를 가지고 있는가의 여부는 단지 형식상의 도급계약에만 의존할 것이 아니라 구체적으로 수급인 소속 근로자에 대한 직접적인 지휘 및 감독 여부·출퇴근지정 여부·임금지급 여부 등 종합적인 사실관계에 따라 판단하여야 할 사항이나, 단지 개별적으로 도급계약의 형식을 갖추었으나 노무만을 제공하면서 작업적 지시를 받는 경우에는 도급인을 당해 근로자의 사업주로 해석하여야 한다.[149]

사용사업주의 직접고용의무는 파견근로자가 명시적인 반대의사를 표시하는 경우[150] 또는 대통령령[151]이 정하는 정당한 이유가 있는 경우에는 적용되지 않는다(§6의2·②). 사용사업주가 파견근로자를 직접 고용하는 경우에 있어서 파견근로자의 근로조건은 ① 사용사업주의 근로자 중 당해 파견근로자와 동종 또는 유사업무를 수행하는 근로자가 있는 경우에는 그 근로자에게 적용되는 취업규칙 등에서 정하는 근로조건에 의하고, ② 당해 파견근로자와 동종 또는 유사업무를 수행하는 근로자가 없는 경우에는 당해 파견근로자의 기존의 근로조건의 수준보다 저하되어서는 안 된다(§6의2·③). 그리고 사용사업주는 파견근로자를 사용하고 있는 업무에 근로자를 직접 고용하고자 하는 경우에는 당해 파견근로자를 우선적으로 고용하도록 노력해야 한다(§6의2·④).

(4) 차별금지 및 차별시정

가. 의 의

파견사업주와 사용사업주는 파견근로자임을 이유로 사용사업주의 사업 내의 동종 또는 유사한 업무를 수행하는 근로자에 비하여 파견근로자에게 차별적 처우를 할 수 없다(§21·①).[152] 파견근로자가 차별적 처우를 받은 경우에는 노동위원회에 그 시정을 신청할 수 있고, 차별시정의 신청, 차별시정절차 등에 관하여는 「기간제 및 단시간근로자 보호 등에 관한 법률[153](이하 "기간제법")」이 준용된다(§21·②·③).[154] 여기서 「차별

148) 노동부, 근로자파견의 판단기준에 관한 지침, 2007. 4. 19.

149) 노병호·한경식, 임금보호법(초판), 43면.

150) 파견근로자의 의사에 반하여 파견사업주와의 근로관계가 사용사업주에게 이전되는 것을 방지하려는 취지이나, 파견근로자가 사용사업주에게 고용되기를 기대하는 일반적인 경향에 비추어 볼 때 실익은 없다.

151) 파견근로자법 시행령 제2조의 2는 임금채권보장법 시행령 제4조 각 호의 어느 하나에 해당하는 경우(채무자 회생 및 파산에 관한 법률에 의한 파산의 선고 또는 회생절차개시의 결정, 노동부장관의 도산등사실인정)와 천재·사변 그 밖의 부득이한 사유로 사업의 계속이 불가능한 경우에는 사용사업주의 직접고용의무가 없는 것으로 규정하고 있다.

152) 상시 4인 이하의 근로자를 사용하는 경우에는 적용되지 않는다(§21·④).

153) 제정 2006. 12. 21. 법률 제80745호.

154) 비정규직 근로자의 근로조건 보호를 위하여 제정된 기간제법은 2년을 초과하여 사용한 경우에는

적 처우」란 임금 그 밖의 근로조건 등에 있어서 합리적인 이유 없이 불리하게 처우하는 것을 말한다.

나. 차별사유

사용자가 파견근로자에 대해 불리한 처우를 적법하게 실시하기 위해서는 원칙적으로 파견근로자라는 이유가 아닌 다른 합리적인 이유가 있어야 한다(기간제법 §8·①). 차별사유로서의 합리적 이유라 함은 파견근로자에 대한 구분이 사용자의 자의가 아니라 객관적인 기준에 의하여 정당화될 수 있는 것을 의미한다. 파견근로자임을 이유로 한 차별을 확정하기 위한 차별판단은 파견근로자에 대하여 상용근로자에 비하여 불이익한 결과가 발생하였다는 「불리한 처우」의 심사단계와 불리한 처우에 대한 「합리적 이유」의 심사단계로 분리할 수 있다. 불리한 처우를 판단하는 심사는 비교를 통한 심사로서 파견근로자와 비교되는 상용근로자 선정의 타당성을 검토하는 「비교가능성 심사」로서 구체화될 수 있으며, 합리적 이유를 판단하는 심사는 불리한 처우의 내용이 객관적으로 정당화되는지를 검토하는 「정당성 심사」로 구체화된다.[155)]

차별 규제는 파견근로자임을 이유로 상용근로자에 비하여 근로조건 등에 대하여 동등하게 대우해야 한다는 명제로부터 당연히 도출되는 것이기 때문에 차별심사는 원칙적으로 상용근로자에 비해 파견근로자에 대해서 불리한 처우가 존재한다면 일단 차별금지의 규범적 범주에 포함되는 것이며, 파견근로자에 대한 차별이 사회적으로 적법·타당한 것으로서 차별금지의 범주에서 벗어나기 위해서는 파견근로자임을 근거로 한 사용자의 행위를 객관적으로 정당화할 수 있는 합리적 이유가 있어야 한다.[156)]

다. 차별금지대상

차별적 처우는 임금 그 밖의 근로조건 등에 있어서 합리적인 이유 없이 불리하게 처우하는 것을 의미하므로 파견근로자에 대한 차별금지대상은 임금을 포함한 근로조건 등이다(기간제법 §2조·③호). 차별금지대상이 되는 「근로조건 등」의 내용은 반드시

기간의 정함이 없는 근로자로 전환함과 동시에 기간제 근로자임을 이유로 동종 또는 유사한 업무에 종사하고 있는 상용근로자와의 차별적 처우를 금지하고 차별적 처우가 있는 경우에 차별시정을 할 수 있도록 하고 있으나, 차별금지 및 시정과 관련한 입법의 내용에 대해서는 대체로 사용자의 차별적 처우가 있는지를 판단할 수 있는 비교대상자의 불명확성, 추상적이고 불확정적인 합리적인 차별이유의 설정, 사용기간의 산정의 모호성 등의 문제점을 지니고 있다. 이에 대한 상세는 한경식, 「기간제근로자의 차별처우금지제도에 관한 고찰」 참조.

155) 한경식, 「기간제근로자의 차별처우금지제도에 관한 고찰」, 법학연구(제26집), 2007. 5, 361면.

156) 조임영 외 4인, 비정규직차별시정제도의 운영에 관한 연구 : 기간제근로자 차별시정제도를 중심으로, 32~33면.

인사규정 등에 명시되거나 관행으로 정착된 근로조건에 이르는 것만을 의미한다고 볼 수는 없고 고정적인 근로조건이 아니더라도 사용자의 편의제공이나 재량적 판단에 따른 기타의 조치들도 모두 차별시정의 대상이 되는 근로조건 '등'에 해당한다고 보아야 한다. 즉, 근로조건 등이란 채용이후 근로제공과 관련된 제반 조건을 모두 포함하는 의미로 보아야 하므로 임금, 기타 각종 수당, 각종 복지후생제도, 근로시간, 교육훈련·배치, 인사, 징계 등 모두를 포함한다.[157]

라. 차별시정명령

합리적 이유 없이 차별적 처우를 받은 파견근로자의 신속하고 저렴한 비용의 권리구제를 도모하기 위하기 위한 필요성에서 기간제법은 노동전문행정위원회인 노동위원회에 차별시정위원회를 설치하여 차별시정 여부를 판단하여 그에 따른 시정명령을 할 수 있도록 규정하고 있다(기간제법 §9).

노동위원회의 차별시정명령 내용은 각 사안별로 차별시정의 실효성을 높일 수 있도록 적절한 것이면 무방할 것이나, 차별적 행위의 중지, 임금 등 근로조건의 개선 및 적정한 금전보상 등이 포함되어야 한다(기간제법 §13조). 노동위원회의 차별시정명령에 대한 실효성 확보를 위하여 노동부장관은 확정된 차별시정명령에 대하여 사용자에게 이행상황의 제출을 요구할 수 있고, 사용자가 확정된 시정명령을 정당한 이유 없이 이행하지 아니한 경우에는 과태료를 부과할 수 있도록 규정하고 있다(기간제법 §15, §24·①).

마. 차별적 처우에 대한 입증책임

파견근로자에 대한 차별에 관한 입증책임은 모두 사용자가 부담하도록 규정하고 있으므로(기간제법 §9·④) 근로자는 상용근로자에 비해 불리한 처우가 있음을 명시하여 파견근로자임을 이유로 한 차별적 처우가 존재함을 추정할 수 있는 정도의 사실만을 적시하면 무방할 것이다. 반면 사용자는 당해 처우의 기준이 파견근로자와 상용근로자간에 달리 적용되지 않았다는 점을 통해 제시된 상용근로자가 타당한 비교대상이 되지 않는다는 사실을 입증하거나 당해 처우의 결과가 실질적으로 불이익하지 않거나 합리적 차별이라는 것을 객관적으로 입증하여야 한다. 이 때 사용자가 입증해야 하는 「합리적 이유」란 사용자가 파견근로자임을 이유로 불이익한 처우를 행하였는지에 대한 주관적인 의도나 내심의 의사를 밝히는 것이 아니라 객관적인 인과관계를

157) 조임영 외 4인, 비정규직차별시정제도의 운영에 관한 연구 : 기간제근로자 차별시정제도를 중심으로, 42면.

밝히는 것이므로 사용자는 자신의 내심에는 차별할 의도가 없었다는 점만으로는 반증이 될 수 없고 객관적으로 납득할만한 당해 처우의 목적 및 사업목적상의 필요성과 적정성을 검토하는 비례성의 원칙을 통해서만 객관적으로 정당화될 수 있다.[158] 만약 사용자가 이를 입증하지 못하면 「일응 차별(prima facie case)」로 추정되어 차별적 처우에 해당되는 것으로 보아야 한다.[159]

(5) 사용자책임의 강화

파견근로자는 파견사업주와 사용사업주 사이에 체결된 파견근로계약에 따라 사용사업주의 지휘·명령에 따라 근로를 제공하는 것이므로 근로계약의 상대방인 파견사업주와 근로제공의 상대방인 사용사업주도 모두 사용자가 된다. 따라서 파견근로관계에 있어서의 사용자는 파견사업주와 사용사업주가 모두 근로기준법상 사용자로 보기 때문에 근로기준법을 위반한 경우에는 모두 벌칙이 적용된다(§34·①·④). 그러나 파견사업주와 사용사업주의 사용자 책임한계를 명확히 설정하기 위하여 파견근로자법은 이에 관한 책임관계를 구체적으로 규정하고 있다(§34 ~ §35).

가. 파견사업주의 책임범위

파견근로자는 파견사업주와의 근로계약 체결을 전제로 사용사업주에게 파견되어 근로를 제공하는 자이므로 파견사업주는 다음과 같은 사항에 대해서는 근로계약상 사용자 책임을 부담한다.

〈파견사업주의 책임범위〉

근거규정	책임유형
파견근로자법 제34조 제1항 단서	▪ 근로계약기간 ▪근로조건의 명시 ▪단시간근로자의 근로조건 ▪근로조건위반 ▪위약예정의 금지 ▪전차금상계의 금지 ▪강제저축의 금지 ▪해고 등의 제한 ▪경영상이유에 의한 해고의 제한 ▪우선재고용 등 ▪해고사유의 서면통지 ▪부당해고 등의 서면통지 ▪부당해고 등의 구제신청 ▪조사 등 ▪구제명령 ▪이행강제금 ▪퇴직금급여제도 ▪금품청산 ▪미지급 임금에 대한 지연이자 ▪사용증명서 ▪근로자명부 ▪계약서류의 보존 ▪임금지급 ▪도급사업에 대한 임금지급 ▪건설업에서의 임금지급연대책임 ▪건

158) 조임영 외 4인, 비정규직차별시정제도의 운영에 관한 연구 : 기간제근로자 차별시정제도를 중심으로, 33면.
159) 한경식, 기간제근로자의 차별처우금지제도에 관한 고찰, 363면.

	설업의 공사도급에 있어서의 임금에 관한 특례 ■비상시 지급 ■휴업수당 ■도급근로자 ■임금대장 ■가산임금 ■ 연차유급휴가 ■최저연령과 취직인허증 ■연소자증명서 ■미성년자의 근로계약과 임금청구 ■재해보상
파견근로자법 제34조 제3항·제35조 제4항	■휴일·생리휴가·산전후휴가 시 유급으로 지급되는 임금(§34·③) ■산업안전보건법에 의하여 사업주가 정기적으로 실시하여야 하는 건강진단 중 일반건강진단(§35·④)

나. 사용사업주의 책임범위

사용사업주는 파견근로자의 업무를 직접적으로 지휘 감독할 권한이 있기 때문에 그의 직접적인 통제 아래에서 이루어지는 근로조건 등에 대해서는 사용자로서의 책임을 부담한다(§34·① 단서, §35·①).

〈사용사업주의 책임범위〉

근거규정	책임유형
파견근로자법 제34조 제1항 단서	■근로시간 ■탄력적 근로시간제 ■선택적 근로시간제 ■ 연장근로의 제한 ■휴게 ■휴일 ■근로시간계산의 특례 ■근로시간 및 휴게시간의 특례 ■유급휴가의 대체 ■적용의 제외 ■근로시간 ■야간근로와 휴일근로의 제한 ■ 시간외근로 ■갱내근로의 금지 ■생리휴가 ■임산부의 보호 ■육아시간
파견근로자법 제35조 제1항	사용사업주를 산업안전보건법 제2조 제3호의 규정에 의한 사업주로 보아 산업안전보건의무를 부담함.

다. 파견사업주와 사용사업주의 공동책임 범위

파견근로자는 파견사업주와 사용사업주가 체결한 파견근로계약에 따라 사용사업주의 사업장에서 사용사업주의 지휘감독을 받으면서 근로를 제공하는 자이므로 파견근로자의 보호를 위하여 파견사업주와 사용사업주가 공동 또는 연대책임을 부담하는 경우가 있다.

파견사업주가 사용사업주의 귀책사유로 인하여 파견근로자의 임금을 지급하지 못한 때에는 사용사업주는 당해 파견사업주와 연대하여 책임을 진다(§34·②). 사용사업주의 귀책사유는 사용사업주가 정당한 사유 없이 근로자파견계약을 해지하거나 근로자파견계약에 의한 근로자파견의 대가를 지급하지 아니한 경우를 말한다(영 §5).

파견사업주와 사용사업주가 근로기준법을 위반하는 내용을 포함한 근로자파견계약을 체결하고 그 계약에 따라 파견근로자를 근로하게 한 때에는 그 파견사업주와 사용사업주 모두를 근로기준법 제2조 제1항 제2호의 규정에 의한 사용자로 보아 해당 벌칙규정을 적용하고(§34·④), 파견사업주와 사용사업주가 산업안전보건법을 위반하는 내용을 포함한 근로자파견계약을 체결하고 그 계약에 따라 파견근로자를 근로하게 한 경우에는 그 파견사업주와 사용사업주 모두를 산업안전보건법 제2조 제3호의 규정에 의한 사업주로 보아 해당 벌칙규정을 적용한다(§35·⑥). 다만, 산업안전보건법에 규정된 건강진단 중 정기 일반건강진단은 파견사업주가 책임을 부담한다(§35·④).

3) 집단적 근로관계의 보호

(1) 단결권 및 단체교섭권의 보호

파견근로자도 헌법 제33조의 노동3권을 향유할 수 있는 권리가 있음은 당연하므로 파견근로자도 「노동조합 및 노동관계조정법」상 노동조합을 결성하거나 가입할 수 있는 근로자에 해당된다. 따라서 노동조합 규약에 노동조합의 가입규정이 있는 경우에는 파견근로자도 사용사업주 또는 파견사업주의 사업장에 설립된 노동조합에 가입하거나 노동조합을 결성할 수 있다. 또한 근로계약관계가 있는 파견사업주와는 당연히 단체교섭관계가 인정된다.[160]

문제는 파견근로자로 조직된 노동조합의 단체교섭 요구가 있는 경우에 파견사업주 또는 사용사업주가 이에 응할 의무가 있는가의 여부와 단체교섭에 응할 의무를 인정할 경우에 단체교섭의 대상범위이다. 파견사업주는 직접적인 근로관계의 당사자인 사용자에 해당되기 때문에 당연히 단체교섭에 응할 의무가 있다. 그러나 단체교섭의 대상은 파견사업주가 사용자로서 책임을 부담하는 임금과 관련된 근로조건, 해고와 관련된 사항, 재해보상 등에 국한된다. 그리고 파견근로자의 근로조건 개선은 파견사업주와 사용사업주 사이에 체결되는 근로자파견계약을 통해서 이루어지는 것이므로 파견근로자의 쟁의행위는 제한적일 수밖에 없다.[161]

그러나 파견근로자로 조직된 노동조합의 단체교섭 요구에 대하여 사용사업주가 이에 응할 의무가 있는가는 해석상 논란이 있을 수 있다. 사용사업주의 단체교섭 의무를 부정하는 근거로서는 ① 사용사업주는 파견근로자와 직접적인 근로계약관계가 있

160) 김소영, 고용형태 다양화와 법·제도 개선과제, 102면.
161) 김유성, 노동법 I (초판), 399면; 김형배, 노동법(신판제4판), 1072면; 김소영, 고용형태 다양화와 법·제도 개선과제, 102면.

는 사용자가 아니라는 점, ② 파견근로자법에 규정된 사용사업주의 사용자책임 규정은 단체교섭 당사자로서의 사용자를 의미하는 것이 아니라 파견근로자의 근로조건을 보호하기 위한 정책적 규정이라는 점을 들 수 있다. 반면, 단체교섭의무를 긍정하는 근거로서는 ① 파견근로자법상 근로시간·휴일·휴가에 관한 사항은 파견근로자의 사용자로서 사용사업주의 책임이라는 점, ② 비록 사용사업주는 직접적인 근로계약의 당사자는 아니나, 파견근로자와 사용종속관계를 맺고 있는 제2의 사용자로 볼 수 있는 점 등을 들 수 있다.[162] 사용사업주가 단체교섭의 상대방이 될 수 있는가에 대하여 대법원은 「단체교섭의 당사자인 사용자는 근로자와의 사이에 그를 지휘감독하면서 그로부터 근로를 제공받고 그 대가로서 임금을 지급하는 것을 목적으로 하는 명시적이거나 묵시적인 근로계약관계를 맺고 있는 자를 말하는 것이므로, 전국항운노동조합 산하 서울특별시 농산물종합시장노동조합 소속의 근로자들을 파견받아 사업장에서 하역작업을 시켜 온 회사와 근로자들과 사이에 실질적인 사용종속관계가 없다.」라고 하여 직접적인 근로계약관계가 없는 사용사업주의 단체교섭의무를 부정하고 있는 경향을 보이고 있다.[163]

판례요지

전국항운노동조합 산하 서울특별시 농산물종합시장노동조합 소속의 근로자들을 파견 받아 사업장에서 하역작업을 시켜 온 농업협동조합중앙회와 근로자들과 사이에 실질적인 사용종속관계가 없으므로 노동조합에 대하여 단체교섭의무를 부담하지 않는다(대법원 1996. 6. 11. 선고 96누1504).

그러나 노동조합이 근로계약을 체결하고 있는 근로자들의 근로조건만을 위하여 단체교섭을 요구할 수 있고, 그렇지 않은 경우에는 단체교섭을 요구할 수 없다면 개별적 근로관계와 집단적 근로관계를 구별하지 못하는 것으로 이는 집단적 근로관계법상의 적법한 질서형성을 부당하게 제약하는 것이다.[164] 따라서 집단적 근로관계에 있어서의 사용자는 근로계약 당사자의 여부와 관계없이 집단적 노사관계에 대한 영향력과 지배력을 행사할 수 있느냐에 따라 사용자 여부를 판단해야 한다.[165]

---

162) 김형배, 노동법(신판제4판), 1075~1076면; 이상윤, 노동법(제3판), 406면; 김유성, 노동법 I (초판), 399면.

163) 대법원 1993. 11. 23. 선고 92누13011; 대법원 1995. 12. 22. 선고 95누3565; 대법원 1996. 6. 11. 선고 96누1504; 대법원 1997. 9. 5. 선고 97누3644.

164) 김형배, 노동법(신판제4판), 1075면.

165) 김소영, 고용형태 다양화와 법·제도 개선과제, 103면.

요컨대, 사용사업주는 파견근로자와 직접적인 근로계약관계를 맺은 당사자라고 볼 수는 없지만, 파견근로의 특성상 당연히 직접적인 사용종속관계가 성립할 뿐만 아니라 근로시간·휴일·휴가 등 일부의 근로조건에 대해서는 사용자로서의 지위가 인정되고 있으므로 제한적인 범위 내에서 단체교섭의 의무가 있다고 봄이 타당하다.

(2) 단체행동권의 보호

사용사업주는 파견근로자의 정당한 노동조합 활동 등을 이유로 근로자파견계약을 해지할 수 없고(§22·①), 파견사업주는 사용사업주의 사업장 노동조합의 쟁의행위로 중단된 업무를 수행하기 위하여 쟁의행위 참가 근로자를 파견근로자로 대체할 수 없다(§16·①). 파견근로자의 대체가 금지되는 「쟁의행위」란 「노동조합 및 노동관계조정법」상 정당한 쟁의행위를 말하는 것이므로 쟁의행위의 정당성이 인정되지 않는 경우에는 파견사업주는 파견근로자로 대체하여도 법 위반이 되지 않는다.[166]

그런데, 파견사업주 소속 노동조합의 쟁의행위로 인하여 사용사업주의 업무가 정상적으로 수행되지 않을 경우에 사용사업주가 다른 근로자로 대체할 수 있는가의 여부가 문제된다. 이 경우는 쟁의행위의 발생원인에 따라 대체근로의 여부를 결정하는 것이 타당하다. 즉, 사용사업주와의 근로조건이 문제되어 쟁의행위가 발생한 경우에는 대체근로를 금지한 파견근로자법 제16조 제1항이 적용되어 다른 근로자로 대체할 수 없으나, 사용사업주와는 무관하게 파견사업주의 사업장에서 비롯된 사유로 쟁의행위가 발생된 경우에는 대체근로금지 규정이 적용되지 않는 것으로 봄이 타당하다.[167]

(3) 노사협의회에의 참여보호

파견근로자법에는 노사협의회의 설립이나 운영에 관해서 명문규정을 두고 있지 않으나, 파견근로자가 사용사업체에서 근무하고 있는 동안에는 파견사업주의 사업장에 고용되어 있는 근로자이므로 「근로자참여 및 협력증진에 관한 법률」에 의하여 파견사업주의 사업장에서 노사협의회의 선거권과 피선거권을 행사할 수 있다. 그러나 노사협의회는 근로조건의 결정권이 있는 사업 또는 사업장 단위로 설치하도록 한 「근로자참여 및 협력증진에 관한 법률」 제4조 제1항의 규정을 고려하면, 파견근로자는 사용사업체의 사업장에서는 노사협의회의 선거권과 피선거권을 갖지 못한다.

---

166) 김유성, 노동법 I (초판), 400면; 1988. 8. 7. 고관68460-627.
167) 김유성, 노동법 I (초판), 400면.

Ⅵ. 판례의 경향

기업이 경쟁력의 확보 및 경비절감을 목적으로 업무위탁, 근로자파견, 분사화 등 아웃소싱을 추진한 경우에 수탁회사, 사용사업주, 분사 전 회사가 개별적인 근로관계에서의 사용자와 집단적 근로관계에서의 단체교섭 상대방으로서 사용자가 될 수 있는가의 여부에 대한 대법원의 판례 경향은 대체로 다음과 같이 요약할 수 있다.

(1) 대법원은 ① 하도급업체가 사업주로서 독자성과 독립성이 결여된 경우[168], ② 도급업체가 실질적인 사주로서 회사를 경영하여 온 경우[169], ③ 도급업체와 사용종속적인 관계에서 근로를 제공하고 그 대가로 임금을 지급하는 사정 등이 존재하여 적어도 묵시적인 근로계약관계가 성립되었다고 평가할 수 있는 경우[170]에는 명시적으로 근로계약을 체결한 사실이 없더라도 사용자로 판단할 수 있다고 판시하고 있다.

(2) 구체적인 사안에서 대법원은 실질적으로는 모회사가 자회사의 직원들을 직접 채용한 것과 마찬가지로 모회사와 근로계약관계가 존재한 것으로 평가할 수 있는 경우로서 모회사가 위장도급의 형식으로 자회사의 법인격을 이용한 것에 불과한 경우[171], 소사장 기업의 근로자를 직접 관리하여 온 분할 전 기업[172]에 대하여는 사용자성을 인정하고 있다. 그러나 아파트 위탁관리회사의 소속 아파트 관리사무소 직원의 근로조건 등에 있어서 직·간접적으로 관여한 사실이 있는 입주자 대표회의[173], 아파트관리형태의 변경으로 종전근로자를 포괄적으로 승계한 새로운 위탁관리회사[174]에 대해서는 사용자성을 부정하고 있다.

(3) 그리고 대법원은 원칙적으로 근로계약상 당사자가 아닌 자는 단체교섭의 당사자가 될 수 없는 것으로 보아[175] 분사 전 회사, 사용사업주, 아파트 입주자 대표

---

168) 대법원 2002. 11. 26. 선고 2002도649.

169) 대법원 2002. 11. 22. 선고 2001도3889.

170) 대법원 1999. 7. 12. 선고 99마628.

171) 대법원 2003. 9. 23. 선고 2003두3420. 법원은 「실질적으로는 모회사의 한 부서와 같이 사실상 경영에 관한 결정권을 행사하여 왔고, 채용면접과정에서 자회사의 임원등과 함께 실시하여 왔고, 모회사의 직원과 구분 없이 업무지시, 직무교육실시, 표창, 휴가사용 승인 제반 인사관리를 직접 시행하고 근로자들의 업무수행능력을 직접 평가하는 동시에 임금인상 수준도 모회사의 임금인상율과 연동하여 결정하여 온 경우에는 실질적으로는 모회사가 자회사의 직원들을 직접 채용한 것과 마찬가지로서 모회사와 근로계약관계가 존재한다.」라고 판시하였다.

172) 대법원 2002. 11. 26. 선고 2002도649.

173) 대법원 1999. 7. 12. 선고 99마628; 대법원 2001. 1. 5. 선고 2000두2686; 대법원 2001. 6. 1. 선고 2001두2218.

174) 대법원 2000. 3. 10. 선고 98두4146; 중노위 2006. 3. 2. 선고 2005부해764.

175) 대법원 1993. 11. 23. 선고 92누13011; 대법원 1995. 12. 22. 선고 95누3565; 대법원 1996. 6. 11.

회의 등에 대하여 단체교섭 상대방으로서의 사용자성을 부정하는 견해를 취하고 있다.

Ⅶ. 문제점 및 개선방향

1. 문제의 소재

아웃소싱은 기업 내부에서 하던 일을 외부의 기능이나 자원을 활용하는 기업전략이라고 할 수 있다. 기업의 입장에서 보면, 주력업무에 대해서는 경영자원을 집중하여 핵심역량을 강화하고 비효율적 업무나 고비용 업무에 대해서는 외부기관에 아웃소싱함으로써 주력업무의 전문성과 경영체질의 강화, 경쟁력의 강화 및 비용절감 등의 효과를 기대할 수 있다는 긍정적인 측면이 있다. 그러나 근로관계의 입장에서 보면, 아웃소싱으로 인한 고용불안, 노동조합조직의 약화, 비정규직 근로자의 증가 등 부정적인 측면이 있다. 그러나 기업들은 아웃소싱으로 인한 근로관계의 부정적인 문제를 간과한 채 경영적인 측면에서의 긍정적인 효과만을 강조하여 기업혁신의 한 방식으로써 아웃소싱을 확대하여 왔다.

대체로 아웃소싱으로 인한 근로관계의 변동은 근로기준법 제24조의 경영상 이유에 의한 해고의 제한, 전출·전적, 회사의 분할에 따른 근로관계의 승계, 모자기업 관계에서의 사용자책임 등을 예상할 수 있다. 그러나 현행 노동법은 파견근로자법을 제외하고는 구체적으로 아웃소싱에 따른 근로자를 보호하기 위한 규정이 전무한 상태이다. 최근 기업들의 과도한 아웃소싱으로 인하여 노사갈등이 심화되고 있는 현실을 감안하면, 아웃소싱으로 인한 근로자의 근로기본권 침해를 방지할 수 있는 규정을 마련하는 것이 필요하다. 만약, 아웃소싱에 따른 근로관계의 문제점을 노동법적으로 규율하지 못한다면, 노동법의 기능은 약화될 것이다. 따라서 아웃소싱에 따른 근로관계의 문제점에 대응한 보호개선이 필요하다.

2. 아웃소싱에 따른 근로관계의 문제점

아웃소싱으로 인하여 근로관계에 파생되는 문제는 아웃소싱의 유형에 따라 다양하게 분석될 수 있는 것이나, 일반적으로 예상되는 문제는 고용불안, 비정규직 근로자의 증가, 근로조건의 악화, 노동조합의 약화 등을 들 수 있다.

선고 96누1504; 대법원 1997. 9. 5. 선고 97누3644.

1) 고용불안의 심화

기업의 일정 업무를 외부화하는 과정에서 경영상 이유에 의한 고용조정 문제와 해당 근로자의 인사이동을 둘러싼 문제가 발생하여 근로관계에 악영향을 줄 수 있다. 즉, 아웃소싱의 구체적인 방식에 따라서 경영상의 이유에 의한 해고의 문제나 전출 또는 전적을 둘러 싼 인사이동과 관련하여 각종 법률문제가 발생하게 된다. 그리고 기업이 일정한 업무를 분사화 하는 경우에는 기업간의 모자관계가 성립될 가능성이 높기 때문에 분사근로자와 모기업과의 마찰이 있을 수 있다.

아웃소싱이 지속적으로 확대되면 아웃소서 기업들의 난립과 수주경쟁의 심화로 인하여 채산성이 악화된 아웃소서 기업들의 지위의 불안정이 곧바로 그 소속 근로자들의 고용불안으로 작용할 가능성이 높다.

2) 비정규직 근로자의 증가 및 근로조건 악화

이웃소싱이 활발하게 진행되면 될수록 아웃소서에 소속된 근로자들의 상당부분은 비정규직 근로자로 대체되고 정규직 근로자에 비하여 임금 등 근로조건에서 불리하게 적용될 될 가능성이 높기 때문에 정규직과 비정규직 근로자 사이에 양극화가 발생하게 된다. 특히 기업이 비용절감 목적으로 아웃소싱을 추진하는 경우에는 종전의 유지비용보다 저렴하게 아웃소싱하게 되고, 아웃소서 기업은 초기의 리스크(risk) 방지와 비용절감을 위하여 근로자를 정규직이 아닌 비정규직으로 고용할 가능성이 높다. 이로 인하여 임금수준의 저하, 고용불안 등의 문제와 정규직과 비정규직 근로자 사이에 심한 양극화가 발생하게 되고, 결국 정부와 노동단체의 마찰로 이어져 전체 근로관계의 불안정을 초래하게 될 가능성이 있다.

3) 노동조합 조직의 약화

아웃소싱에 의하여 감소된 기존 노동조합 조직만큼 아웃소서 기업에서의 조직 확대는 기대할 수 없기 때문에 아웃소싱이 확산되면 필연적으로 노동조합 조직은 약화될 수밖에 없다. 게다가 사업주가 부당노동행위 일환으로써 아웃소싱을 행하는 경우도 배제할 수 없기 때문에 불안심리에 의하여 노동조합 조직이 약화될 가능성이 있다.

3. 개선방향

아웃소싱에 따른 근로관계 보호필요성과 관련하여 논의되고 있는 대표적인 개선방향은 사용자 범위를 확대함으로써 아웃소서 기업 소속 근로자들의 근로관계를 보호해야 한다는 것이다. 개별적인 근로관계에서 사용자 범위를 확대하는데 사용되는 중요한 이론이 바로 「법인격 부인의 법리」와 「실질적 동일성의 법리」이고, 집단적 근로관계에서는 부당노동행위 주체인 사용자 범위를 확대하는데 사용되는 이론은 「지배영역의 법리」라고 할 수 있다.

1) 법인격 부인에 따른 사용자 범위의 확대화

「법인격 부인론」은 회사의 법인격이 법이 본래 의도한 바와는 달리 남용되는 경우에 회사의 특정한 법률관계에 한하여 그 법인격을 인정하지 아니하고 그 법인의 배후에 있는 실체를 기준으로 하여 법률적인 취급을 하려는 이론이다.[176] 원래 회사의 법인격이 남용되는 경우에는 회사설립 요건을 강화하거나 설립무효·취소 등의 입법조치와 회사의 해산명령·해산판결 등 행정적 또는 사법적 조치로써 그 예방과 시정이 가능할 것이나, 이와 같은 극단적인 방법은 건전한 기업발전을 저해할 소지가 많아 거의 이용되지 못하였다. 이에 비하여 법인격부인이론은 법인격의 유지를 전제로 하면서 특정한 법률관계에 한하여 이론적으로 그 법인격을 인정하지 아니함으로써 구체적 타당성을 발견하려는 제도이다.[177] 이웃소싱이 탈세 또는 노동조합을 와해하거나 체불임금을 면탈하기 위한 목적으로 분사화하는 경우에는 법인격의 부인법리가 적용될 가능성이 높다.

우리나라에서는 일부 법인격을 부인하는 판례가 있긴 하지만, 근로관계에서 법인격의 부인 법리에 따라 사용자 범위를 확대한 판례는 찾아보기 어렵다. 대법원은 이에 관하여 「회사가 외형상으로는 법인의 형식을 갖추고 있으나, 그 실질에 있어서는 완전히 그 법인격의 배후에 있는 타인의 기업에 불과하거나 그것이 배후자에 대한 법률적용을 회피하기 위한 수단으로 함부로 쓰여지는 경우에는 비록 외견상으로는 회사의 행위라 할지라도 회사와 그 배후자가 별개의 법인격체임을 내세워 회사에게만 그로 인한 법적 효과가 귀속됨을 주장하면서 배후자의 책임을 부정하는 것은 신의성실

176) 최준선, 「법인격부인이론의 적용요건(상)」, 11면; 정진세, 「법인격부인과 기판력·집행력」, 14면; 김광호, 「아웃소싱과 노사관계의 발전방향」, 56면.

177) 「법인격 부인론」은 19세기 후반부터 미국의 판례에서 성립되고 발달을 본 이론인데, 독일에서는 이러한 이론은 투시이론(Durchgriffslehre)으로, 프랑스에서는 외장이론(theorie de la simulation)으로, 그리고 영미에서는 법인격부인의 법리(the doctrine of the disregard of the corporate entity「fiction」:piercing the corporateveil)로 발달하였다. 日本에서는 법인격이 전혀 형해에 불과하거나 남용되는 때에는 그 법인격은 부인되어야 한다는 最高裁判所 판례가 나온 것을 계기로(1969년 2월 27일 民集2卷 2號, 211面)이 이론이 채택되고 있다(최준선, 「법인격부인이론의 적용요건(상)」, 11면).

의 원칙에 위반되는 법인격의 남용으로서 심히 정의와 형평에 반하여 허용될 수 없으므로, 회사는 물론 그 배후자인 타인에 대하여도 회사의 행위에 관한 책임을 물을 수 있다고 보아야 한다.」라고 하여 형식상 법인의 실체를 갖추고 있으나 그 배후가 실질적으로 법인의 운영을 지배 관리한 경우에는 법인격이 부인되는 것으로 해석하고 있다.[178)]

생각건대, 형식상 법인회사로 등록되었더라도 특정인 또는 모회사 등이 출자하고 실질적으로 직접 경영을 하여 온 경우에는 그 법인회사의 법인격은 부인되어 그 특정인 또는 모회사를 근로기준법상 사용자로 해석함이 타당하다. 다만, 법인격 부인을 이유로 한 사업주의 범위를 확장하여 책임을 묻는 것은 예외적인 책임사유에 해당하는 것이므로 그 요건은 엄격하게 적용할 필요성이 있다.[179)]

2) 실질적 동일성에 따른 사용자 범위의 확대화

현재 개별적인 근로관계 영역에서 사용자 범위를 확대하기 위하여 자주 사용되는 이론이 「실질적 동일성의 법리」이다. 이 법리는 원래 위장해산의 경우에 해산된 구회사와 신설회사가 영업실태와 회사 임원의 구성 등 여러 가지 면에서 실질적으로 동일하다고 판단되는 경우에는 신설회사에 책임을 지우는 이론이다.[180)] 아웃소싱에 있어서 분사 전 모기업이 분사 후의 회사에 대하여 실질적으로 지휘 감독을 하여 분사 전 회사의 실체에 불과한 경우에는 근로계약상의 사용자와 동일시 할 수 있는 자로 보아 분사 전 모회사에게 책임을 묻을 수 있다고 판단된다.

최근 다양한 고용형태의 확산으로 인하여 근로계약법에서는 근로계약상의 사용자와 동일시할 수 있는 자에게까지 사용자 개념을 확대하여 책임을 묻는 판례들이 많이 있으나, 구체적인 사항에 대해서는 그 책임요건을 엄격하게 해석하고 있다. 대법원은 실질적 동일성의 판단기준으로써 ① 소사장 기업이 사업주로서 독자성이 없거나 독립성을 결여하여 기존 기업의 한 부서와 동일시할 수 있는 등 그 존재가 형식적·명목적인 것에 지나지 아니하고, 사실상 당해 근로자가 기존 기업과 사용종속관계에 있다고 평가할 수 있을 것[181)]. ② 대표이사직에서 사임한 자가 실질적인 사주로서 회사를 경영하여 왔을 것[182)], ③ 위탁관리 형태인 아파트관리사무소 직원들이 사실상 입주자

---

178) 대법원 2001. 1. 19. 선고 97다21604.

179) 노병호·한경식, 임금보호법(초판), 45면; 최준선, 「법인격부인이론의 적용요건(하)」, 13면.

180) 김광호, 「아웃소싱과 노사관계의 발전방향」, 56면.

181) 대법원 2002. 11. 26. 선고 2002도649.

182) 대법원 2002. 11. 22. 선고 2001도3889.

대표회의와 종속적인 관계에서 그에게 근로를 제공하고 입주자대표회의는 그 대가로 임금을 지급하는 사정 등이 존재하여 관리사무소 직원들과 입주자 대표회의와 사이에 적어도 묵시적인 근로계약관계가 성립되어 있다고 평가될 수 있을 것[183] 등 제시하고 있다. 개별적인 사안에서 대법원은 실질적으로는 모회사가 자회사의 직원들을 직접 채용한 것과 마찬가지로 모회사와 근로계약관계가 존재한 것으로 평가할 수 있는 경우로서 모회사가 위장도급의 형식으로 자회사의 법인격을 이용한 것에 불과한 경우[184], ② 소사장 기업의 근로자를 직접 관리하여 온 분할 전 기업[185]에 대하여는 「실질적 동일성의 법리」에 따라 모회사를 사용자로 판단하였다. 그러나 아파트 위탁관리회사 소속 아파트관리사무소 직원의 근로조건 등에 있어서 직·간접적으로 관여한 사실이 있는 입주자 대표회의에 대해서는 사용자성을 부정하고 있다.[186]

3) 부당노동행위 주체인 사용자 범위의 확대화

집단적 근로관계법은 노동3권의 보장을 기본목적으로 하는 특성 때문에 개별적인 근로관계법 영역보다 사용자 범위의 확대범위는 넓다고 할 수 있다. 즉, 집단적 근로관계법은 노동3권 보장 질서의 보호를 위한 법률로서 노동조합의 제반이익 확보와 부당노동행위의 방지를 주요 법익으로 하고 있기 때문에 단체교섭의 상대방과 부당노동행위의 금지자로서의 사용자 개념과 범위는 확대될 수밖에 없다. 만약, 집단적 근로관계에서의 사용자를 개별적 근로관계 내지 이와 유사한 사용종속관계를 전제로 파악할 경우에는 근로자의 지위는 불안정할 수밖에 없다. 개별적 근로관계에 있어서의 사용자 범위는 근로계약 체결 당사자뿐만 아니라 이와 동등시될 수 있는 자로 확대되어 가고 있는 것과 마찬가지로 집단적 근로관계에 있어서의 사용자 범위도 근로계약 당사자인가의 여부와 관계없이 집단적 근로관계에 대한 영향력과 지배력을 행사하는 경우에는 「노동조합 및 노동관계조정법」상 사용자로 될 수 있다.[187]

---

183) 대법원 1999. 7. 12. 선고 99마628.

184) 대법원 2003. 9. 23. 선고 2003두3420. 법원은 실질적으로는 모회사의 한 부서와 같이 사실상 경영에 관한 결정권을 행사하여 왔고, 채용면접과정에서 자회사의 임원등과 함께 실시하여 왔고, 모회사의 직원과 구분 없이 업무지시, 직무교육실시, 표창, 휴가사용 승인 제반 인사관리를 직접 시행하고 근로자들의 업무수행능력을 직접 평가하는 동시에 임금인상 수준도 모회사의 임금인상율과 연동하여 결정하여 온 경우에는 실질적으로는 모회사가 자회사의 직원들을 직접 채용한 것과 마찬가지로서 모회사와 근로계약관계가 존재한다.」라고 판시하였다.

185) 대법원 2002. 11. 26. 선고 2002도649.

186) 대법원 1999. 7. 12. 선고 99마628; 대법원 2001. 1. 5. 선고 2000두2686; 대법원 2001. 6. 1. 선고 2001두2218.

187) 김소영, 고용형태 다양화와 법·제도 개선과제, 103면.

집단적 근로관계법에서 사용자 범위를 확대하는 이론은 이른바 「지배·영역설」이다. 이 설은 노동조합의 거래상 제반이익의 결정에 실질적·구체적으로 지배력과 영향력을 행사하는 자는 비록 직접적인 근로계약관계가 없더라도 단체교섭의 상대방으로서 적격성을 인정하여 노동3권을 보호하고자 하는 이론이다.[188] 분사형 아웃소싱에서 분사 전 회사가 분사 후 회사에 대하여 실질적으로 조합원의 근로조건 등을 결정하고 영향력을 행사하여 온 경우에는 분사 전 회사가 근로계약상 사용자가 아니더라도 단체교섭 상대방으로서의 사용자성을 인정할 수 있을 것이다.

대법원은 근로계약상 사용자만을 단체교섭의 당사자인 사용자로 해석하여 집단적 노사관계에서의 사용자 범위의 확대에 관하여 매우 소극적인 입장을 보이고 있다.[189] 그러나 외국의 경우는 판례를 통하여 사용자 범위를 확대하여 노동3권을 보호하고 있는 경향을 보이고 있다. 일본은 1995년 최고재판소의 조일방송사건 판결에서 「직접적인 근로계약관계가 없더라도 노동조합 제반 이익의 결정에 실질적·구체적으로 지배력과 영향력을 행사하는 자는 단체교섭의 상대방이 된다.」라고 판결한 이래 집단적 근로관계에 있어서 사용자 범위의 확대를 일반화하고 있다.[190]

4. 평 가

노동법은 노사관계를 규율하면서 근로관계를 보호하는데 그 존재의의가 있는 것이므로 노동법 질서 자체가 흔들리는 상황까지 아웃소싱의 진행을 간과해서는 안되고, 필요하다면 법 개정을 통하여 근로관계를 보호하여야 할 것이다. 기업혁신과 노동시장의 유연화의 필요성이 아무리 강조된다 하더라도, 노동법의 존재의의까지 무의미하게 할 정도에 이르러서는 안된다. 따라서 아웃소싱과 관련하여 노동법적인 문제에 대한 검토가 긴요하다.

아웃소싱에 따른 노동법적인 접근방법은 아웃소싱의 유형에 따라 다양할 수 있으나, 근로자의 해고문제는 근로기준법 제24조의 경영상 이유에 의한 해고의 제한 법리로, 아웃소싱에 따른 인사문제는 전출 또는 전적의 법리로 해결하면 무방할 것이다. 아웃소싱에 따른 근로관계의 보호방안으로서 공통적으로 논의되고 있는 것이 바로 분사형 아웃소싱에 있어서 사용자 범위의 확대화이다.

---

188) 김광호, 아웃소싱과 노사관계의 발전방향, 제8기 공인노무사실무교육, 한국공인노무사회, 1999, 56~57면.

189) 대법원 1993. 11. 23. 선고 92누13011; 대법원 1995. 12. 22. 선고 95누3565; 대법원 1996. 6. 11. 선고 96누1504; 대법원 1997. 9. 5. 선고 97누3644;

190) 김광호, 아웃소싱과 노사관계의 발전방향, 57면.

아웃소싱으로서의 분사화는 일정 사업부문 또는 일정 직무를 기업으로부터 분리하여 새로운 기업형태를 형성하는 것으로 모기업이 주식소유나 임원 파견 등으로 분사를 지배하게 되어 모자관계를 이루는 것이 보통이다. “모자관계 기업”에서 문제되는 것은 자회사 소속 근로자에 대한 모회사의 사용자 책임의 발생 여부이다. 이 문제는 개별적 근로관계법과 집단적 근로관계법 모두에 발생할 수 있다. 즉, 개별적 근로관계법에서는 자회사 소속 근로자에 대한 임금체불 등 근로계약법적인 문제가 있을 경우에 모회사 사용자에게 책임을 물을 수 있는가의 여부이고, 집단적 근로관계법에서는 자회사 소속 근로자로 조직된 노동조합의 단체교섭 상대방으로서 모회사 사용자가 단체교섭의 적격성을 가질 수 있는가의 여부이다.

원칙적으로 분사 소속 근로자의 사용자는 근로계약상 분사의 사용자가 되는 것이나, 예외적으로 모기업이 분사를 실질적으로 지배하는 경우에는 모기업을 분사 소속 근로자의 사용자로 확대하여 책임을 묻도록 하는 것이 필요하다. 사용자의 개념 및 범위에 관한 우리나라의 학설의 기본적인 관점은 사용자 범위의 확대 가능성을 제시하고 있다. 그러나 대법원은 구체적인 사건에 있어서는 사용자 범위의 확대에 대하여 매우 소극적인 입장을 견지하고 있는 경향을 보이고 있다.

요컨대, 근로관계의 법리를 계약자유의 원칙에만 의존할 수는 없는 것이므로 기업의 경쟁력 강화와 경영합리화를 위한 경영이익과 근로관계의 보호가 상호 균형을 이루는 아웃소싱이 이루어질 수 있도록 하는 입법적 개선이 수반되어야 한다. 따라서 근로계약의 형식과 관계없이 특정인 또는 특정 기업이 실질적으로 근로조건 등을 결정하거나 지배력을 행사하는 경우에는 사용자로 볼 수 있는 입법적 근거가 마련되어야 한다.

제6절 기업의 자산매각 및 경매와 근로관계

Ⅰ. 자산매각과 근로관계

1. 의 의

영업양도가 이루어진 경우에는 명시적인 특약이 없는 한 근로관계는 포괄적으로 양수인에게 이전되는 것이나, 영업양도가 아닌 단순한 기업자산의 매각인 경우에는 근로관계는 매수인에게 이전되지 않는다고 하는 것이 학설과 판례의 경향이다. 그런데 자산 매수인이 매도인의 근로자들을 고용하여 기존과 동일한 영업활동을 하는 경우에 이를 자산매각으로 볼 것인지 아니면 영업양도로 볼 것인가의 여부가 문제된다. 즉, 영업양도와 자산매각의 구별기준을 어떻게 설정할 것인가가 문제이다.

2. 영업양도와 자산매각의 구별기준

「영업」이란 일정한 영업목적을 위하여 조직화된 유기적 일체로서의 기능재산을 말한다. 영업에는 고객관계 등 경제적 가치가 있는 사실관계도 포함된다. 그리고 영업양도란 양도인이 이와 같은 기능재산의 전부 또는 중요한 일부를 양수인에게 넘겨주어 양도인이 그 재산으로 경영하고 있던 영업활동의 전부나 중요한 일부를 양수인으로 하여금 이전받게 하여 양도인이 양도한 범위 내에서 법률상 당연히 경업금지의무를 수반하는 것을 말한다.[191]

판례는 「일정한 영업목적에 의하여 조직화된 인적·물적 조직의 동일성을 유지하면서 일체로서 이전하는 것으로 정의하고, 조직(영업)의 동일성이 인정되는가의 여부는 일반사회 관념에 따라 결정되는 사실인정의 문제로써 단지 어떠한 영업재산이 어느 정도로 이전되는가에 의하여 결정되는 것이 아니고 종래의 영업조직이 유지되어 그 조직의 전부 또는 중요한 일부로서 기능을 할 수 있는가에 의하여 결정되어야 한다.」라는 입장이다.[192] 이와 같은 영업양도의 판단기준에 따라 당사자가 자산매각의 형식을 취한 경우라도 다음과 같은 내용이 포함되어 있으면 영업양도로 볼 수 있는 징표기준이 된다.[193]

(1) 영업에 필요한 일체의 유형·무형재산의 이전(매매가액의 평가): 기업의 매매가액은 사업과 직접 관련되는 요소가 아니더라도, 기업의 경제적인 가치를 결정하는 결정적인 요소가 된다. 따라서 매매가액 자체는 영업양도 여부를 판단하는 본질적인 기준이 되지 못하나, 사업과 분리된 자산을 매각하면서 그 자산평가액을 훨씬 초과하여 매매가액이 산정된 경우에는 영업양도로 인정할 수 있는 적극적인 추정력이 발생한다. 이와 관련하여 판례는 무형의 재산을 금전으로 평가한 후 이를 자산매각 대금에 포함시킨 것은 물적 조직의 동일성을 유지한 채로 영업양도가 있었던 것으로 판단하고 있다.[194]

---

191) 권성중, 「자산매각과 고용관계의 승계」, 2002, 96~97면.

192) 대법원 2001. 7. 27. 선고 99두2680; 대법원 2003. 6. 10. 선고 2001다17596; 대법원 2003. 11. 14. 선고 2003다두4287.

193) 대법원 2002. 3. 26. 선고 2000다3347과 김성중, 「자산매각과 고용관계의 승계」, 100면 이하; 이승욱, 「사업양도에 있어서 사업의 동일성과 근로관계의 이전」, 62면 이하 참조.

194) 대법원 2002. 3. 26. 선고 2000다3347 판결은 무형의 재산인 영업권이 전체 매각대금의 50%를

(2) 고객(거래처)관계의 이전 : 거래처에 대한 계약자로서의 일체의 지위를 양수인에게 이전한 경우는 영업양도를 볼 수 있는 추정력이 발생한다. 재산적 가치가 있는 사실관계에 대한 이전, 즉 고객관계의 이전은 영업양도에서 일반적으로 나타나는 특징이기 때문이다. 따라서 사업수단을 양도하면서 고객관계도 함께 이전되었다면 영업양도가 있었던 것으로 추정된다.

(3) 근로자의 거주용 아파트를 매각재산에 포함시킨 경우 : 근로자에 대한 배려차원에서 생산과 직접적인 관련성이 없는 아파트를 이전한 것은 근로관계의 승계를 전제로 한 계약으로 해석할 수 있다.

(4) 종전 근로자 대부분의 이전 : 자산매각계약서에는 근로관계의 승계의무가 없음을 전제로 소정의 인원만을 입사전형 절차를 통해 신규채용하기로 되어 있으나, 입사시험을 치르는 등 실질적인 입사절차를 거치지 않은 채 소정의 기한 내 입사의사를 표시한 종전 소속 근로자 전부를 채용하여 계속 동일한 업무에 같은 직급으로 종사하게 한 경우에는 인적 조직의 동일성이 있는 것으로 판단해야 한다. 즉, 비록 자산매각의 형식을 취한 경우라도 종전 근로자의 대부분이 실질적으로 동일하게 근무하고 있다는 점은 당사자가 영업양도를 의도한 것으로 평가할 수 있다.

(5) 종전 물적·인적 조직을 이용하여 종전과 동일한 영업활동을 계속하고 있는 경우: 이는 기능적인 동일성이 유지된다는 근거가 된다.

(6) 상호 내지 상표의 이전 : 상호 내지 상표는 사업을 구성하는 요소가 아니라 기업과 관련된 하나의 요소에 불과한 것임을 고려하면, 상호 내지 상표를 양도하더라도 반드시 근로관계의 이전을 수반하는 영업양도에 해당되지는 않는다. 즉, 상호 내지 상표의 양도가 있었다고 하더라도 곧바로 영업의 양도가 긍정되는 것은 아니다. 그러나 상호 또는 상표를 양도한 사실이 있으면 영업양도로 볼 수 있는 징표적 효력은 인정된다. 따라서 상호 내지 상표가 이전된 경우에는 우선 본질적인 사업수단의 양도가 있었는지의 여부를 먼저 검토하여야 하고, 이것이 불분명한 경우에 한하여 상호 내지 상표의 징표적 효력을 고려하여 영업양도의 여부를 판단하여야 한다.

차지하였던 점을 고려하여 영업양도로 판단하였다. LAG Frankfurt v.10.6.83 독일 연방법원 판결은 양도인이 운송업의 사업수단을 양도하면서 동시에 고객의 70%의 이전을 보장하였다는 사실을 적극적으로 고려하여 사업양도의 계속 운영가능성이 있는 것으로 판단하였다(이승욱, 「사업양도에 있어서 사업의 동일성과 근로관계의 이전」, 64면).

(7) 무채재산권의 이전: 무채재산권은 사업을 구성하는 요소가 아니라 기업과 관련된 요소에 지나지 않기 때문에 영업양도의 여부를 결정하는 조직의 동일성을 판단하는데 있어서 직접적인 요소가 되지 않는다. 즉, 무체재산권은 사업수단으로서의 성격을 결여하여 사업의 동일성 그 자체에 대한 요건해당성을 결정하는 요소가 될 수 없고, 영업의 양도로 볼 수 있는 하나의 징표적 효력만이 인정된다. 따라서 사업양도에 해당되는가의 여부가 불분명한 경우에 한하여 영업양도로 볼 수 있는 추정적 효력만이 인정된다.

(8) 영업권의 이전 : 영업의 명성과 신용을 의미하는 영업권은 경영목적의 실현에 간접적인 영향을 미치는 것은 사실이나, 영업권 그 자체는 영업상 성과와 직접적인 기초에 해당되지 않기 때문에 영업권의 이전이 있다고 해서 바로 영업양도의 효과가 발생하는 것은 아니다. 그러나 영업권의 이전은 사업의 동일성을 판단하는 징표적 효력은 인정된다.

3. 자산매각의 효과

경영악화로 인하여 회사의 건물, 대지 및 기계 등의 자산만을 다른 회사에게 매각한 경우에는 근로관계의 포괄적인 승계가 인정되는 영업양도 또는 합병에 해당되지 않기 때문에 근로관계는 매수회사에 이전되지 않는 것이 원칙이다. 비록 회사의 자산을 매수한 회사가 기존의 근로자를 고용하여 기존과 동일한 영업을 하더라도, 근로관계는 포괄적으로 승계되지 않는다고 하는 것이 판례의 입장이다.[195] 따라서 자산을 매각하는 회사와 매수하는 회사는 매각회사에서 영업양수도 관계가 아닌 단순한 채권채무관계에 불과하기 때문에 매수회사는 매각회사에서 근무하던 근로자들의 일부 또는 전부를 신규 채용할 수 있으나, 매수회사의 고용승계의무는 발생하지 않는다. 그리고 회사자산의 매각이 회사폐업에 따른 정리절차인 경우에는 근로기준법 제24조 제1항의 경영해고 사유에 해당되어 회사는 경영해고의 절차에 따라 근로자를 해고할 수 있다.[196]

판례요지

양도계약관계가 영업의 양도로 인정되느냐는 단지 어떠한 영업재산이 어느 정도로 이전되어 있는가에 의하여 결정되어져야 하는 것이 아니고 거기에 종래의 영업조직이 유지되어 그 조직이 전부 또는 중요한 일부로서 기능할 수 있는가에 의하여 결정되어져야 하

195) 대법원 2001. 7. 27. 선고 99두2680; 대법원 2003. 6. 10. 선고 2001다17596; 대법원 2003. 11. 14. 선고 2003두4287.

196) 이상윤, 노동법(제3판), 407면.

는 것이므로 영업재산의 전부를 양도했어도 그 조직을 해체하여 양도했다면 영업의 양도에 해당되지 않는다(대법원 2001. 7. 27. 선고 99두2680).

그러나 형식적으로 자산매각의 형식을 취하고 있으나, 매각대금에 영업권과 같은 무형의 자산평가액이 포함되어 있거나 종전 근로자의 상당부분을 채용하여 종전과 동일한 영업행위를 계속하고 있는 경우와 같은 특별한 사유가 있는 경우에는 실질적으로 종전의 물적·인적 조직의 동일성이 유지되는 영업양도에 해당되는 것으로 보아야 한다. 이때에는 종전의 근로관계는 포괄적으로 매수인에게 이전된다고 해석해야 한다.

Ⅱ. 기업경매와 근로관계

경영악화로 회사의 물적 기반인 기업시설의 전체가 법원에 의한 경매로 다른 기업에게 매수된 때에는 사용자가 폐업처분이나 해고처분을 한 일이 없다 하더라도 특별한 사정이 없는 한 근로관계는 합의퇴직으로 종료된 것으로 보아야 하므로 근로관계는 매수회사에게 이전되지 않는다.[197] 그리고 경매 방법이 아닌 공개입찰의 경우에도 고용승계가 입찰조건으로 되어 있지 아니하는 한 업무의 내용이 동일하다는 점만으로 고용승계를 인정할 수 없다는 것이 판례의 입장이라고 할 수 있다.[198]

판례요지

법인의 이름으로 기업을 경영하는 사용자가 법인의 물적 기반인 기업시설 전체가 법원에 의한 경매로 타에 양도됨으로써 근로자의 일터를 잃게 했을 때에는 비록 사용자가 법인 업무의 폐업처분이나 그것을 전제로 한 해고처분을 한 일이 없다 하더라도 특별한 사정이 없는 한 당해 근로관계는 합의퇴직으로 종료되었다고 보아야 할 것이다(대법원 1988. 2. 9. 선고 87도2509).

197) 대법원 1988. 2. 9. 선고 87도2509.
198) 대법원 2000. 3. 10. 선고 98두4146.

제4장 해고와 근로자 보호

▶ Key Point ◀

1 해고란 사용자의 일방적인 의사표시에 의하여 근로관계를 종료시키는 법률행위이다. 해고는 계속적인 기업질서를 유지하기 위한 필요불가결한 인사권에 해당되는 것이지만 근로자의 생존을 박탈하는 노동기본권의 침해가 될 수 있다. 따라서 근로자의 생존권을 보호하기 위하여 노동법에서는 사용자의 해고를 제한하고 있다.

2 노동법은 개별목적에 따라 다양한 해고제한 규정을 두고 있는 동시에 정당한 이유 없이는 해고를 금지하고 정당한 해고사유에 해당되더라도 해고에 대한 일정한 제한절차를 규정하고 있다. 그런데 근로기준법은 해고의 정당한 사유 및 제한절차에 대한 구체적인 규정을 두지 않지 않기 때문에 취업규칙 또는 단체협약에 해고사유와 절차에 대하여 별도로 규정하는 것이 보통이다.

3 해고가 정당하기 위해서는 더 이상 근로관계를 유지할 수 없는 근로자의 귀책사유가 있어야 하고, 노동법과 취업규칙 등에 정한 해고의 절차와 해고금지기간을 준수해야 한다.

4 그런데 판례는 해고를 징계해고와 정리해고 및 통상해고로 구분하고 통상해고는 단체협약이나 취업규칙의 인사의 장에 정해진 해고사유에 따라 해고하여야 하며 징계해고는 징계의 장에 정해진 해고사유 및 징계절차에 따라 해고하도록 하고 있다. 취업규칙 등에 징계제한 절차를 거치도록 한 명문규정이 없는 경우에는 직권면직 또는 당연면직 처분은 그 절차를 준수하지 않아도 된다는 입장을 보이고 있다.

5 해고가 사법상 무효인 경우에 사용자는 원직복직의무와 해고기간 동안의 임금상당액을 지급해야 하고, 노동위원회의 구제명령을 이행하지 않는 경우에는 이행강제금을 납부해야 한다.

제1절 개 설

해고는 근로관계를 종국적으로 종료시키는 사용자의 일방적이고 확정적인 의사표시를 요건으로 하는 법률행위를 말한다. 법적 규율대상이 되는 해고는 그 명칭이나 절차와 관계없이 근로자의 의사에 반하여 사용자의 일방적인 의사에 의하여 이루어지는 일체의 근로관계의 종료를 의미한다.[1] 따라서 통상해고, 징계해고, 경영해고, 직권면직, 파면, 해임 등 그 명칭 여하를 불문하고 모두 법적 규율대상이 되는 해고에 해당된다.

판례요지

해고란 사업장에서 실제로 불리는 명칭이나 그 절차에 관계없이 근로자의 의사에 반하는 사용자의 일방적인 의사표시에 따라 이루어지는 모든 근로계약관계의 종료를 의미한다(대법원 2005. 6. 10. 선고 2004두10548).

해고는 사용자의 일방적인 의사표시에 의하여 근로계약관계가 종료되는 법적 효과가 발생하는 점에서 형성권적 성격을 가지고 있기 때문에 사용자의 해고의사표시는 근로관계를 종국적으로 종료시키려는 의사가 명확하고 분명한 형태로 표시되어야 한다. 또한 해고는 사용자가 근로계약의 상대방인 근로자에게 행하는 상대방 있는 단독행위이기 때문에 해고는 그 의사표시가 상대방에게 도달하는 때에 효력이 발생하고(민법 §111·①) 원칙적으로 조건을 붙일 수 없다. 해고의 의사표시방법에는 제한이 없다. 다만, 근로기준법 제27조의 규정에 따라 사용자는 해고사유와 해고시기를 적시하여 서면으로 해고를 통지할 의무를 부담할 뿐이다.

원래 시민법의 질서에 의하면, 사용자는 근로자와 자유로이 근로계약을 체결하고 근로계약을 자유로이 해지(해고)할 수 있는 것이 원칙이다(민법 §659 이하). 그러나 시민법상의 근로계약 해지의 자유권을 그대로 근로관계에 적용할 경우에는 임금이라는 계속적 수입을 유일한 생계의 원천으로 하는 근로자와 그 가족의 생존에 커다란 위협이 된다. 그리고 규범적인 측면에서도 근로계약해지의 자유원칙에 기초한 사용자의 무분별한 해고의 자유를 용인할 경우에 인간의 존엄성을 보장하도록 근로조건의 기준을 법률로 정하도록 한 헌법상의 요청(헌법 §32·③)을 충족하지 못하는 결과를 초래할 뿐만 아니라, 근로자의 인간다운 생활할 권리(헌법 §34·①)와 노동을 통한 근로자의

1) 대법원 1993. 10. 26. 선고 92다54210; 대법원 2005. 6. 10. 선고 2004두10548.

인격발현을 저지함으로써 인격적 불이익을 초래하여 행복추구권과 인간의 존엄성(헌법 §10)을 침해하는 결과를 초래한다.[2)]

이러한 근거로 시민법에 의한 사용자의 근로계약 해지의 자유권에 대한 법적 제한의 필요성이 제기되었고, 이것이 바로 시민법상의 원리를 극복하고 노동법의 「해고제한의 법리」가 대두된 이유이다. 이러한 현실적·규범적 필요성이 노동관계법의 전체적인 질서에 반영되어 노동법은 사용자에게 정당한 이유가 있는 경우에 한하여 해고권을 인정하고 일정한 해고의 절차를 거치도록 하고 있다. 즉, 근로기준법은 정당한 이유 없이는 해고할 수 없다는 기본원칙을 설정하면서 해고의 시기를 제한하고 해고사유 등의 서면통지와 해고예고를 하도록 함으로써 근로자를 보호하고 있다.

제2절 해고의 유형

Ⅰ. 개 관

근로기준법은 해고의 유형을 구체적으로 규정하지 않고, 단지 정당한 이유 없이는 해고를 할 수 없도록 규정하고 있는 동시에 정당한 이유가 있다 하더라도 일정한 제한 절차를 거쳐 해고를 할 수 있도록 규정하고 있을 뿐이다. 즉, 근로기준법은 실질적 요건으로서 정당한 이유와 절차적 요건을 갖출 경우에 해고의 정당성을 인정하고 있다.

해고의 실질적인 요건에 해당되는 「정당한 이유」에 대해서는 근로자의 귀책사유와 사용자의 귀책사유로 구분하여 해고의 정당성을 별도로 규정하고 있다(§23·①, §24·①). 그리고 해고의 절차적 요건은 근로자의 귀책사유와 사용자의 귀책사유로 인한 해고에 공통적으로 적용되는 해고예고와 해고사유 등의 서면통지가 있고(§26~§27), 사용자의 귀책사유로 인한 해고에만 별도로 적용되는 근로자대표와의 성실한 협의 등의 절차가 있다(§24·③). 이외에도 사용자는 자율적으로 취업규칙 또는 단체협약에 해고의 요건과 절차를 별도로 규정하고 있는 것이 일반적이다.

이처럼 노동관계법은 해고의 유형을 구체적으로 규정하지 않고 단지 해고의 정당성에 관한 요건만 규정하고 있기 때문에 학설과 판례는 다양하게 해고의 유형을 분류하고 그 정당성의 요건을 별도로 판단하고 있다.

---

2) 김유성, 노동법 Ⅰ (초판), 270면.

Ⅱ. 학설의 입장

해고는 적용되는 법규나 규제 법리에 따라 통상해고와 즉시해고 및 일반해고·징계해고·경영해고(정리해고)로 분류하여 해고의 유형에 따라 해고의 정당성을 판단하고 있는 것이 대체적인 학설의 입장이라고 할 수 있다. 근로기준법은 징계해고와 일반해고에 대해서는 근로기준법 제23조 제1항에서 규율하고, 경영해고(정리해고)에 대해서는 근로기준법 제24조에서 규율하고, 일반적인 해고제한 절차는 공통적으로 적용하도록 하는 입법체계를 취하고 있다.[3)]

1. 통상해고와 즉시해고

이는 근로기준법상 해고예고 또는 해고예고수당을 지급해야 하는 요건을 기준으로 분류한 해고유형이다. 통상해고는 해고예고 또는 해고예고수당의 적용을 받는 해고를 말하고, 즉시해고는 해고예고 또는 해고예고수당의 지급을 요건으로 하지 않는 해고를 말한다.

2. 일반해고·징계해고·경영해고

이는 해고의 이유가 누구의 귀책사유로 인한 것인가를 기준으로 분류한 해고 유형이다. 근로자의 귀책사유로 인한 해고에는 일반해고와 징계해고가 있는데, 일반해고는 일신상의 이유로 한 해고를 의미하고, 징계해고는 행태상의 이유로 한 해고를 의미한다. 그리고 경영해고[4)]는 사용자의 귀책사유인 긴박한 경영상의 필요에 의한 해고를 말한다. 일반해고 사유인 「일신상의 이유」란 근로자에게는 취업규칙·단체협약 및 근로계약에 규정된 위반사실은 없으나, 근로자 개인의 정신적·육체적 기타의 사유로 인하여 법령·단체협약 및 취업규칙 등에 규정된 근로제공을 충분히 이행할 수 없는 것을 이유로 한 해고사유를 의미한다. 징계해고 사유인 「행태상의 사유」란 근로자의

3) 김형배, 노동법(신판제4판), 544~545면; 김유성, 노동법 Ⅰ(초판), 271면.

4) 경영상 이유에 의한 해고를 보통 정리해고 또는 고용조정이라는 용어를 사용하고 있는데, 우리나라의 입법체계상 적절치 않은 용어라고 판단된다. 즉, 정리해고는 일본에서 쓰고 있는 용어를 그대로 무비판적으로 차용한 결과이고, 고용조정은 근로시간과 근로자수를 조정하는 것 이외에 기존 노동력의 활용방법을 변경하는 것과 임금조정 등을 포괄하는 포괄적인 개념으로써 경영상 이유에 의한 해고는 고용조정 방법 중 일부에 해당되는 것이다. 따라서 근로기준법 제24조는 긴박한 경영상의 필요성에 의한 해고의 제한을 「경영상 이유에 의한 해고의 제한」이라는 용어를 사용하고 있는 점과 어감상 정리해고 보다는 경영해고라는 표현이 적절하다는 생각에 판례법상 정립된 정리해고 또는 고용조정 대신에 경영해고로 대체하여 사용하기로 한다.

책임 있는 귀책사유로 인하여 관련법령·취업규칙·단체협약 및 근로계약에 규정된 의무를 위반하거나 사용자의 지시·명령에 불복종한 것을 이유로 한 해고사유를 말한다. 그리고 경영해고의 사유인 「긴박한 경영상의 필요」란 근로자의 귀책사유에 의한 것이 아니라 기업경영상의 필요에 의한 조직의 변경이나 신기술의 도입, 구조조정, 합리화조치 등과 같은 사용자의 귀책사유로 인한 해고사유를 말한다.

Ⅱ. 판례의 입장

1. 개 관

판례는 위와 같은 학설에 따른 해고의 유형 및 명칭과 관계없이 사용자가 근로자의 의사에 반하여 일방적으로 근로관계를 종료시킨 것을 실질적인 해고로 판단하면서 해고를 징계해고, 정리해고, 직권면직, 당연퇴직(당연면직·자동면직), 통상해고로 구분하여 해고의 정당성 여부를 판단하고 있다.[5] 판례에서 분류하고 있는 해고의 유형에 따른 개념과 정당성의 요건을 요약하면 다음과 같다.[6]

〈판례에 의한 해고의 종류에 따른 개념 및 정당성의 요건〉

해고의 유형	개 념	정당성 요건
징계해고	근로자의 잘못에 대하여 징계절차를 통한 해고	■ 절차적 정당성 – 징계위원 구성의 적정성, 소명기회 ■ 사유의 정당성 ■ 양정의 적정성(비례성, 사회적 상당성, 전후사정·태도) ■ 형평성 ■ 징계시효
직권면직	근로자의 잘못이 중대하고 명백하여 절차 없이 취업규칙 등 규정에 따른 퇴직처리	■ 사유의 정당성 ■ 양정의 적정성 ■ 형평성
당연면직	근로자의 책임으로 채용결격 사유에 해당하거나 근로관계 지속이 어려운 경우 취업규칙 등 규정에 따른 퇴직처리(=당연퇴직, 자동면직)	■ 사유의 정당성 ■ 양정의 적정성 ■ 형평성

5) 서울지방노동위원회, 인사권의 기본원리와 해고, 23~24면.
6) 이미 제3장 기업내부의 인사권과 근로자 보호 편에서 직권면직과 당연 퇴직의 유효성에 대해서는 자세하게 다루었기 때문에 이에 대한 자세한 언급은 생략하기로 한다.

정리해고	사업계속을 전제로 경영상 문제점 해소를 위한 감원	■ 긴박한 경영상 필요 ■ 근로자 대표에의 통보·성실협의 ■ 해고회피노력 ■ 합리적이고 공정한 해고기준에 따른 대상자 선정
통상해고	취업규칙 등에서 규정한 징계해고, 정리해고, 직권면직, 당연면직사유 이외의 사유로 인하여 근로관계를 지속시키기 어렵거나 사업 폐지를 위해서 하는 해고	■ 합리적 이유 ■ 사회적 상당성

그리고 판례는 징계해고와 정리해고의 경우는 근로기준법에 정한 징계 제한절차를 따라야 하는 것이나, 기타의 해고에 대해서는 취업규칙 등에 해고절차 규정을 두지 않은 이상 징계 제한절차를 준수하지 않아도 된다는 입장을 취하고 있다. 그러나 특정의 해고사유가 징계해고사유와 징계해고가 아닌 해고사유에 동시에 해당되는 경우 어느 것을 적용하여 해고할 것인가는 사용자의 재량에 속하는 것이나, 단체협약 등에 징계해고에 관한 별도의 징계절차를 규정하고 있는 경우에는 그 절차에 따라야 한다고 판단하고 있다.[7)]

2. 징계해고

징계해고란 직장질서규범의 위반 등으로 근로계약관계를 유지할 수 없을 정도의 근로자의 책임 있는 귀책사유를 이유로 한 해고를 말한다. 징계해고의 정당성은 절차적 정당성(징계위원 구성의 적정성, 소명기회 부여 등), 징계사유의 정당성, 양정의 적정성(비례성, 사회적 상당성, 전후사정·태도), 형평성, 징계시효 여부 등을 종합적으로 고려하여 판단해야 한다는 것이 판례의 기본적인 태도이다.

3. 직권면직과 당연면직

직권면직은 비위의 정도가 중대하고 그에 대한 증거가 명백한 경우로서 취업규칙 등에 징계사유와는 별도로 면직사유를 두어 징계절차 없이 행하는 해고를 말하고, 당연면직은 채용결격사유에 해당하거나 근로자의 책임으로 더 이상 근로관계 지속이 어렵거나 근로제공 목적이 달성되기 어려운 경우를 퇴직사유로 규정해 놓고 이에 해당하는 경우 퇴직처리 하는 것을 말한다.[8)]

---

7) 대법원 1994. 10. 25. 선고 94다25889.
8) 서울지방노동위원회, 인사권의 기본원리와 해고, 26면.

직권면직 사유로서는 상당기간 동안 무단결근이 계속된 경우, 업무와 관련하여 유죄판결이 확정된 경우 등이 있다. 당연면직 사유로서는 형사사건으로 구속되거나 금고 이상의 유죄판결이 확정된 경우, 업무에 필요한 자격이 취소된 경우, 신체장애로 근로제공이 어려운 경우, 업무능력의 저하 또는 업무실적의 저조로 직위해제 후 3개월 이내에 보직을 받지 못한 경우, 휴직기간 종료 후 휴직해소사유를 입증하는 자료를 첨부하지 못한 경우 등이다.

직권면직 또는 당연면직 처분의 정당성은 사유의 정당성, 양정의 적정성, 형평성 등을 종합하여 판단해야 하나, 명문규정이 없는 한 취업규칙 등에 정한 해고절차를 준수하지 않아도 된다는 것이 판례의 태도이다.[9)]

4. 정리해고

정리해고란 사용자의 귀책사유인 경영상의 이유로 감원의 필요성이 있는 경우에 사업 운영의 계속을 전제로 근로자를 감원하는 것을 말한다. 정리해고가 정당하기 위해서는 ① 긴박한 경영상 필요성, ② 해고대상자의 기준 등에 대하여 근로자대표와의 성실한 협의, ③ 해고회피노력, ④ 합리적이고 공정한 해고기준에 따른 해고대상자의 선정이 있어야 한다. 그러나 사업의 폐지를 전제로 한 파산절차와 기업의 해산결의에 의한 청산절차의 일환으로 인한 해고는 정리해고에 해당되지 않으므로 근로기준법과 취업규칙에 정한 해고 요건과 절차적 요건을 거치지 않아도 되는 통상해고로 해석한다.[10)]

5. 통상해고

통상해고란 취업규칙 등에서 규정한 징계해고, 정리해고, 직권면직, 당연면직사유 이외의 사유로 인하여 근로계약의 목적 달성이 불가능하거나 경영상 장애 등으로 인하여 더 이상 근로관계를 지속시키기 어려운 사정이 있는 경우에 행하는 해고를 말한다. 대체로 판례는 통상해고의 유형을 근로자의 귀책사유에 의한 통상해고, 사용자의 귀책사유에 의한 통상해고, 그 밖의 사유에 의한 통상해고로 분류하고 있다.

「근로자의 귀책사유에 의한 통상해고」는 일신상 또는 행태상 사유로 인하여 더 이상 근로관계를 지속시킬 수 없는 상태를 이유로 한 해고를 말한다. 그 사유에는 부상

---

9) 대법원 1999. 9. 3. 선고 98두18848; 대법원 2002. 7. 12. 선고 2002다21233; 대법원 2005. 10. 13. 선고 2005두 6522; 대법원 2007. 10. 25. 선고 2007두2067.

10) 대법원 2004. 2. 16. 선고 2003두13656; 대법원 2001. 11. 13. 선고 2001다27975.

또는 질병에 의한 장해로 정상적인 업무수행이 어려운 경우(일신상의 사유), 현저한 업무능력의 저하·동료 직원들과의 부조화로 인하여 직장분위기를 크게 해치는 경우(행태상의 사유)이다.

「사용자의 귀책사유로 인한 통상해고」는 폐업, 해산결의에 의한 청산절차, 파산선고에 따른 파산절차 등으로 인한 해고를 말하고, 「그 밖의 사유에 의한 통상해고」는 근로계약의 본질이나 사회적 상당성에 비추어 근로계약을 해지하는 것이 합리적이라고 인정되는 해고를 말한다.[11]

제3절 해고에 대한 법적 규제

Ⅰ. 개 관

해고는 사회적·경제적 약자의 지위에 있는 근로자의 직장상실을 의미하는 것이므로 근로의 기회를 보호하기 위하여 사용자의 해고자유권을 제한할 필요가 있다. 민법은 원칙적으로 기업의 정상적인 운영과 근로자의 근로권을 보호하기 위하여 일정한 근로계약의 해지권에 대한 제한을 두고 있으나, 기본적으로는 사적자치에 따른 사용자의 근로계약의 해지권을 인정하고 있다. 그러나 노동관계법은 근로자의 근로권을 보호하기 위하여 사용자의 해고자유권을 광범위하게 제한하고 있다.

노동관계법은 근로권을 보호하기 위하여 ① 정당한 이유 없이는 해고할 수 없다는 기본원칙을 설정하고, ② 특별한 경우에는 해고의 시기를 제한하고, ③ 정당한 이유가 있다 하더라도 일정한 절차를 거쳐 해고할 수 있는 것으로 규정하고 있으며, ④ 개별목적에 따른 해고를 제한하고 있다. 그리고 법규와 단체협약 등에 명문규정을 두고 있지 않더라도 해고권을 남용할 수 없다고 하는 이론이 확립되어 있다.

Ⅱ. 민법에 의한 해고의 규제

해고는 민법상 사용자에 의한 고용계약의 해지에 해당된다. 민법은 고용계약의 해지사유를 당사자 사이에 약정하지 아니한 노무의 제공을 사용자가 요구하거나 약정한 특수한 기능을 근로자가 갖추지 못한 경우로 규정하고 있으며(§658), 계약기간의

11) 서울지방노동위원회, 인사권의 기본원리와 해고, 35면.

약정 유무 또는 약정기간에 따라 그 시기와 절차를 달리 규정하고 있다(§659 이하).

기간의 약정이 3년을 넘는 경우에는 3년이 경과한 후 사용자는 언제든지 근로자에게 해고의 통지를 할 수 있고, 근로자가 그 통지를 받은 날로부터 3월이 경과하면 해고의 효력이 발생한다(§659). 그러나 기간이 만료한 후 근로자가 근로를 계속하여 제공하고 사용자가 상당한 기간 내에 이의를 제기하지 않은 경우에는 동일한 조건으로 고용된 것으로 간주되기 때문에 사용자는 정당한 사유가 없으면 그 기간 동안에는 해고할 수 없다(§662·①).

기간의 약정이 없는 경우에는 사용자는 언제든지 해고의 통지를 할 수 있으나 근로자가 그 통지를 받은 날로부터 1월이 경과하여야만 효력이 발생한다(§660·①·②). 다만, 기간으로 보수를 정한 때에는 해고의 통지를 받은 당기 후의 1기가 경과함으로써 해고의 효력이 발생한다(§660·③).[12] 그러나 기간의 약정이 있는 경우라도 부득이한 사유가 있는 때(§661), 사용자가 파산선고를 받은 때(§663), 노무제공의 대체·기능의 상실 등이 있는 때(§657, §658)에는 사용자는 해고예고 없이 즉시 해고할 수 있다.

위의 민법규정을 종합하여 판단하면, 기간의 정함이 없는 근로자에 대해서는 제한 없이 언제든지 해고통고를 한 후 1월이 경과함으로써 해고의 효력이 발생하고, 기간의 정함이 있는 경우에는 그 기간 동안 해고할 수 없는 것이 원칙이다.[13] 그러나 예외적으로 기간의 정함이 있는 경우라도 고용관계를 유지할 수 없는 부득이한 사유 등이 있는 경우에는 해고예고 없이 즉시 해고할 수 있다. 판례는 예고 없이 즉시 해고할 수 있는 「부득이한 사유」를 고용계약을 계속 존속시켜 그 이행을 강제하는 것이 사회통념상 불가능한 경우로 정의하면서 고용계약은 당사자 사이의 특별한 신뢰관계를 전제로 하는 것이므로 신뢰관계를 파괴하거나 해치는 사실도 부득이한 사유에 해당되는 것으로 판단하고 있다.[14]

Ⅲ. 일반적인 해고의 법적 규제

해고의 제한에 관한 일반적인 원칙을 규정한 것은 정당한 이유 없이는 해고를 하지

---

12) 그러나 근로기준법 제43조 제2항은 임금(보수)은 매월 1회 이상 날짜를 정하여 지급하도록 규정하고 있으므로 결국 사용자와 근로자가 기간을 보수로 정한 경우라도 해고의 통지를 받은 날로부터 1월이 경과하면 해고의 효력이 발생하는 것으로 해석해야 한다.

13) 판례도 고용기간이 정해 진 근로계약은 부득이한 사유가 없는 한 30일 전에 예고하였다 하더라도 근로계약을 해지할 수 없는 것으로 판단하고 있다(대법원 1969. 3. 4. 선고 68다1972).

14) 대법원 2004. 2. 27. 선고 2003다51675.

못하도록 한 근로기준법 제23조 제1항이라고 할 수 있다. 이를 위반한 해고는 강행법규를 위반한 것으로 사법상 무효가 된다. 개별목적에 따른 특수한 해고의 제한 규정은 근로기준법 제23조 제1항 소정의 「정당한 이유」를 각 규율목적에 따라 구체화시킨 것이라고 할 수 있다. 근로기준법 제24조는 경영해고의 정당한 사유를 일반적인 해고보다는 훨씬 구체적으로 규정하고 있지만, 역시 근로기준법 제23조의 정당한 이유를 구체화한 것으로 볼 수 있다.

따라서 근로기준법 제23조 제1항은 해고의 정당한 요건을 규정한 일반조항이므로 특별한 규정이 없는 한 해고의 정당성에 대해서는 근로기준법 제23조 제1항이 적용되고, 특별한 규정이 있는 경우라도 근로기준법 제24조 제1항의 경영상 이유에 의한 해고의 제한 규정은 필요한 범위 내에서 보충적으로 적용된다.[15]

Ⅳ. 개별목적에 따른 해고의 법적 규제

개별목적에 따른 해고의 법적 규제는 남녀를 이유로 한 차별적 해고의 금지, 모성보호에 반하는 해고의 금지, 권리행사에 대한 보복적 해고의 금지, 부당노동행위에 해당하는 해고의 금지 등이 있다. 이러한 해고금지 규정에 위반한 해고는 사법상 무효이다.

1. 남녀차별에 의한 해고금지

1) 의 의

「모든 국민은 법 앞에 평등하다. 누구든지 성별·종교 또는 사회적 신분에 의하여 정치적·경제적·사회적 문화적 생활의 모든 영역에 있어서 차별을 받지 아니한다.」라는 헌법 제11조 제1항의 평등권 이념을 근로관계에서 구체화한 법 규정은 「남녀고용평등과 일·가정 양립지원에 관한 법률(이하 "고용평등지원법")」 제11조이다. 고용평등지원법 제11조는 「사업주는 근로자의 정년·퇴직 및 해고에서 남녀를 차별하여서는 아니되고, 여성 근로자의 혼인·임신 또는 출산을 퇴직 사유로 예정하는 근로계약을 체결하여서는 아니 된다.」라고 규정하여 남녀를 이유로 한 차별적 해고를 금지하고 있다. 남녀차별을 이유로 한 해고는 동시에 근로기준법 제23조 제1항 및 균등처우를 규정한 근로기준법 제6조에도 위반된다.

고용평등지원법 제2조 제1호는 합리적인 사유 없이 성별을 이유로 한 채용·근로조

---

15) 김유성, 노동법 I (초판), 272면.

건 등에 대한 남녀차별을 직접차별과 간접차별로 구분하여 별도로 정의하고 있다. 직접차별은 사업주가 근로자에게 성별의 사유로 합리적인 이유 없이 채용 또는 근로의 조건을 달리하거나 그 밖의 불이익한 조치를 취하는 것을 말하고, 간접차별은 사업주가 채용 또는 근로조건을 동일하게 적용하더라도 그 조건을 충족할 수 있는 남성 또는 여성이 다른 한 성에 비하여 현저히 적고 그로 인하여 특정 성에게 불리한 결과를 초래하며 그 조건이 정당한 것임을 입증할 수 없는 것을 말한다.

정당한 이유 없이는 해고를 할 수 없도록 규정한 근로기준법 제23조 제1항 및 남녀의 차별적 해고를 금지한 고용평등지원법 제11조 제1항의 규정은 상시 5인 미만의 근로자를 사용하고 있는 사업 또는 사업장에는 적용되지 않기 때문에 해고에 대하여 직접 적용할 수는 없다. 그러나 4인 이하의 근로자를 사용하는 사업장에서 남녀를 이유로 한 차별적 해고가 이루어진 경우에는 강행법규인 근로기준법 제6조가 적용되기 때문에 여전히 사법상 무효가 될 뿐만 아니라 벌칙을 적용받게 된다(§114).

2) 차별적 해고의 판단기준

「남녀차별」이란 사용자가 성별의 사유로 합리적인 이유 없이 채용 또는 근로의 조건을 달리하거나 그 밖의 불이익한 조치를 취하는 경우를 말하는 것이므로 합리적인 이유가 있는 경우에는 남녀를 이유로 한 차별해고에 해당되지 않는다. 근로계약·취업규칙상의 결혼 또는 출산퇴직 규정은 강행법규에 위반되는 것으로 사용자가 이들 규정을 적용하여 퇴직시키는 것은 남녀차별에 의한 부당해고에 해당된다. 그러나 결혼 또는 출산 후 퇴직관행으로 근로자가 사직원을 제출하여 사용자가 이를 수리하여 근로관계를 종료하는 것은 차별적 해고에 해당되지 않는다.

근로조건 등에 대한 정당한 남녀차별로 인정되는 「합리적인 이유」란 객관적으로 사업의 목적, 직무의 성질, 양태, 작업조건 등을 구체적·종합적으로 고려할 때 남녀를 달리 대우할 만한 기업경영상 필요성이 있어야 하고, 사회통념상 허용될 수 있는 이유를 말한다. 고용평등지원법 제2조 제2호 단서는 직무의 성격에 비추어 특정 성이 불가피하게 요구되는 경우, 근로여성의 임신·출산·수유 등 모성보호를 위한 조치를 취하는 경우, 그 밖에 고용평등지원법 또는 다른 법률에 의하여 적극적 고용개선조치를 취하는 경우에는 합리적인 이유가 있는 남녀차별로 인정하고 있다.

3) 차별해고에 대한 입증책임

합리적인 남녀차별에 해당되는 것인지의 여부는 매우 주관적인 가치판단에 따라 좌우될 수밖에 없기 때문에 해당 근로자가 합리성이 없는 남녀차별 해고임을 입증한다는 것은 현실적으로 어렵다. 따라서 고용평등지원법은 사업주가 근로조건(해고기준)을 동일하게 적용하더라도 그 조건을 충족할 수 있는 남성 또는 여성이 다른 한 성에 비하여 현저히 적고 그로 인하여 특정 성에게 불리한 결과를 초래하는 간접차별의 경우에는 근로자가 입증하지 않아도 되는 것으로 규정하고 있다(§2·①호). 따라서 사용자가 동일한 해고기준을 적용하여 해고한 경우라도 특별히 여성이 남성보다 해고된 자가 현저히 많은 경우에는 남녀차별 해고로 추정되고, 합리성이 있는 해고라는 입증책임은 사용자가 부담한다.

4) 판례의 경향

판례는 합리적인 이유 없이 남성 또는 여성이라는 이유만으로 부당하게 차별대우하는 것을 남녀의 차별적 대우에 해당되는 것으로 전제하면서 구체적인 사안에 따라 남녀차별 해고 여부를 판단하고 있다.[16)]

잉여인력 등으로 담당 인력이 고령화되고 업무자동화가 추진되고 있는 상황에서 대다수의 여성근로자가 담당하고 있는 전화교환직렬의 정년을 일반직종보다 낮은 조기정년으로 정한 경우[17)], 부부사원을 우선적 명예퇴직대상으로 삼아 명예퇴직을 종용하여 부부사원 중 여성근로자 대다수가 퇴직한 경우[18)] 등은 남녀차별에 해당되지 않는 것으로 판단하고 있다.

그러나 관념적으로 근로자가 결혼퇴직에 관한 계약서나 관행이 있다고 오해하여 사직원을 제출한 경우[19)], 행정직 6직급으로 근무하는 여성근로자를 모두 상용직으로 편입하면서 승진을 인정하지 않는 직제개편을 단행한 경우[20)], 성별 작업구분이나 근로조건의 구분을 명확히 하지 아니한 채 남녀 차별정년을 둔 경우[21)], 여성전문직종에 합리적인 이유 없이 부당하게 낮은 정년을 정한 경우[22)], 공무원채용시험에서 제대군

16) 대법원 1996. 8. 23. 선고 94누13589; 대법원 1996. 8. 23. 선고 94누13589.

17) 대법원 1996. 8. 23. 선고 94누13589. 그러나 여성전용직종이라고 할 수 있는 전화교환직렬에 근무하고 있는 여성근로자는 일반 직렬과 동일하게 근무할 수 있음에도 불구하고 인력이 고령화되고 있다는 등의 이유로 조기정년을 두는 것은 합리성이 없는 차별정년으로 보아야 하기 때문에 이 판례는 많은 비판을 받고 있다.

18) 서울고등법원 2002. 5. 17. 선고 2001나1661(대법원 2002. 11. 8. 선고 2002다35379로 확정). 이 판례는 부부직원 일방을 명예퇴직대상자로 정하였을 뿐 여성배우자만을 대상으로 한 것이 아니라는 이유로 남녀차별에 의한 해고에 해당되지 않는 것으로 판단한 사안이다.

19) 대법원 2001. 12. 27. 선고 2000두7797.

20) 대법원 2006. 7. 28. 선고 2006두3476.

21) 대법원 1993. 4. 9. 선고 92누15765.

22) 대법원 1988. 12. 27. 선고 85다카657; 대법원 1993. 4. 9. 선고 92누15765.

인에게 가산점을 부여하는 경우[23] 등은 남녀차별에 해당되는 것으로 판단하고 있다.

2. 모성보호에 반하는 해고금지

1) 의 의

현대사회는 산업구조의 유연화로 인하여 여성 친화적 업무가 증가함에 따라 여성의 취업비율이 높아지고 있는 실정이고, 국가경쟁력 강화차원에서도 여성인력 활용이 매우 중요시 되고 있다. 그리고 맞벌이 부부가 증가함에 따라 여성의 사회적 지위가 가계보조자에서 가계동반자의 지위로 변화되고 있다. 그러나 이와 같은 사회적 변화에도 불구하고 여성근로자들이 임신·출산·육아 등의 이유로 직장생활을 영위하기 어려운 형편이다. 이런 현실을 감안하여 노동법은 여성근로자들이 직장생활과 가정생활을 양립할 수 있도록 하기 위하여 산·전후 유급휴가와 육아휴직을 부여하는 동시에 육아휴직 기간 동안 수입이 없음을 감안하여 육아휴직급여[24]와 근로기준법상의 유급 산전후 휴가기간을 초과하는 휴가에 대해서는 소정의 산전후휴가급여[25]를 지원하고 있다. 그리고 근로관계의 존속보호를 위하여 산·전후 휴가로 인한 휴업기간과 그 후 30일간에 대해서는 해고를 금지하고, 육아휴직 또는 성희롱 피해자에 대한 해고를 금지하고 있다.

2) 산전후 휴가와 해고금지

사용자는 산전후의 여성근로자가 근로기준법 제74조 제1항의 휴업기간과 그 후 30일간은 해고의 정당한 사유가 있더라도 해고하지 못한다(§23·②). 산전후의 여성근로자에 대하여 해고시기를 제한하고 있는 것은 해고의 정당한 이유가 있다 하여 해고를 인정하게 되면, 해당 여성근로자는 임신 또는 출산 후의 산후조리 등으로 다른 직장을 구할 수 없을 뿐만 아니라 해고로 인한 물질적·정신적 고통의 가중으로부터 태아 및 모성을 보호하기 위한 것이다.

---

23) 헌법재판소 1999. 12. 23. 선고 98헌마363. 전체 여성 중의 극히 일부분만이 제대군인에 해당되는 반면, 남자의 대부분은 제대군인에 해당된다는 이유로 제대군인에게 과목별 만점의 3% 또는 5%의 가산점을 부여하는 것은 남녀차별에 해당된다고 결정하였다.

24) 육아휴직이란 생후 3년 미만의 영유아를 가진 여성 및 남성근로자가 그 영유아의 양육을 위한 휴직이다(고용평등지원법 §19·①). 국가는 육아휴직이 무급임을 감안하여 고용보험법상 소정의 요건을 갖춘 것을 전제로 소정의 육아휴직급여를 지급하고 있다(고용보험법 §20).

25) 국가는 근로기준법 제74조의 60일을 초과하는 산전후휴가가 무급임을 감안하여 고용보험법은 30일 범위 내에서 60을 초과하는 무급휴가일수에 대하여는 산전후휴가급여를 지급하도록 하고 있다(고용보험법 §76).

해고가 금지되는 「휴업기간」은 근로기준법 제74조 제1항에 의한 산전 후 보호휴가 기간인 90일을 의미하나, 사산 또는 조산 등으로 산전에 보호휴가를 사용하지 못한 경우에는 90일에 미달될 수 있다. 그리고 해고가 금지되는 「그 후 30일」은 산전 후 보호휴가를 마치고 출근한 날로부터 기산하여 30일이 되는 날까지의 기간을 말한다. 그러나 사업을 계속할 수 없게 된 경우에는 해고금지기간은 적용되지 않는다(근로기준법 §23·② 단서). 「사업을 계속할 수 없게 된 경우」란 해당 근로자가 소속한 사업장 또는 부서의 사업을 상당기간 중지할 수밖에 없게 된 경우를 말하는 것이므로 반드시 당해 사업의 폐업 또는 주요 사업장의 조업을 계속할 수 없게 될 것을 요하지 않는다.[26] 그리고 조업중지의 사유를 불문한다.[27]

해고예고기간 중에 해고시기의 제한사유인 산전후 휴가기간이 발생한 경우에는 사용자는 정당한 사유가 있더라도 해고를 할 수 없을 뿐만 아니라 해고예고의 효력은 상실되고, 해고시기의 제한사유가 발생한 기간 중에는 해고예고도 할 수 없다고 보아야 한다.[28] 판례도 「트럭운전수가 통원치료기간 중 회사에 나와 파업농성을 주도했다는 것만으로는 부상의 요양을 위하여 휴업을 할 필요가 없는 경우라고 단정할 수는 없다고 하여 요양을 위한 휴업기간 중에는 해고예고를 할 수 없는 것」으로 판단하고 있다.[29]

3) 육아휴직과 해고금지

사업주는 생후 3년 미만 된 영유아가 있는 근로자가 그 영유아의 양육을 위하여 육아휴직을 신청하는 경우에 이를 허용하여야 하고, 사업을 계속할 수 없는 특별한 사정이 없는 한 육아휴직을 이유로 해고나 그 밖의 불리한 처우를 하여서는 아니 되며, 육아휴직 기간에는 그 근로자를 해고하지 못한다. 사업주는 해당 근로자가 육아휴직을 마친 후에는 휴직 전과 같은 업무 또는 같은 수준의 임금을 지급하는 직무에 복귀시켜야 하며, 육아휴직 기간은 근속기간에 포함시켜야 한다(고용평등지원법 §19).

---

26) 임종률, 노동법(제6판), 538면.

27) 종전 근로기준법은 「천재·사변 기타 부득이한 사유로 인하여 사업계속이 불가능한 때」라고 규정하였으나, 현행 근로기준법은 「사업을 계속할 수 없게 된 경우」로 규정함으로써 해고금지 적용제외의 요건을 대폭적으로 완화하였다.

28) 민변, 변호사가 풀어주는 노동법 I, 217면; 김형배, 노동법(신판제4판), 548면. 그러나 근로기준법상의 해고금지대상은 해당 기간 중에 근로자가 해고되어 직장을 상실하는 것으로 한정되고 해고의 예고까지 포함하는 것은 아니라는 근거로 해고금지 기간 경과 이후에 해고의 효력이 발생하는 해고예고는 가능하다고 해석하는 견해도 있다(임종률, 노동법(제6판), 537면).

29) 대법원 1991. 8. 27. 선고 91누3321.

4) 직장내 성희롱과 해고금지

「직장내 성희롱」이란 사업주·상급자 또는 근로자가 직장 내의 지위를 이용하거나 업무와 관련하여 다른 근로자에게 성적 언동 등으로 성적 굴욕감 또는 혐오감을 느끼게 하거나 성적 언동 그 밖의 요구 등에 대한 불응을 이유로 고용에 있어서 불이익을 주는 것을 말한다(고용평등지원법 §2조·②호).

「지위를 이용하거나 업무와 관련하여」라는 것은 포괄적인 업무관련성을 나타낸 것으로써 업무수행의 기회나 업무수행에 편승하여 성적 언동이 이루어진 경우뿐 아니라 권한을 남용하거나 업무수행을 빙자하여 성적 언동을 한 경우를 의미하고, 어떠한 성적 언동이 업무관련성이 인정되는가는 쌍방 당사자의 관계, 행위가 행해진 장소 및 상황, 행위의 내용 및 정도 등의 구체적 사정을 참작하여 판단하여야 한다.[30] 성희롱의 전제요건인 「성적 언동 등」이란 남녀간의 육체적 관계나 남성 또는 여성의 신체적 특징과 관련된 육체적·언어적·시각적 행위로써 사회공동체의 건전한 상식과 관행에 비추어 볼 때 객관적으로 상대방과 같은 처지에 있는 일반적이고도 평균적인 사람으로 하여금 성적 굴욕감이나 혐오감을 느끼게 할 수 있는 행위를 의미한다.[31]

성희롱이 성립하기 위해서는 행위자에게 반드시 성적 동기나 의도가 있어야 하는 것은 아니지만, 객관적으로 상대방과 같은 처지에 있는 일반적이고도 평균적인 사람으로 하여금 성적 굴욕감이나 혐오감을 느낄 수 있게 하는 행위가 있어야 하고, 그로 인하여 행위의 상대방이 성적 굴욕감이나 혐오감을 느꼈음이 인정되어야 한다. 따라서 객관적으로 상대방과 같은 처지에 있는 일반적이고도 평균적인 사람으로 하여금 성적 굴욕감이나 혐오감을 느끼게 하는 행위가 아닌 이상 상대방이 성적 굴욕감이나 혐오감을 느꼈다는 이유만으로 성희롱이 성립할 수는 없다.[32]

사업주는 직장내 성희롱이 발생하면 지체 없이 행위자에 대하여 징계 기타 이에 준하는 조치를 취하여야 하고, 직장내 성희롱과 관련하여 피해주장을 제기한 근로자 또는 피해를 입은 근로자에게 해고 그 밖의 불이익한 조치를 취할 수 없다(고용평등지원법 §14).

---

30) 대법원 2006. 12. 21. 선고 2005두13414.

31) 대법원 2007. 6. 14. 선고 2005두6461.

32) 대법원 2007. 6. 14. 선고 2005두6461. 이 판례는 초등학교 교사들의 회식 자리에서 교감이 여자교사들에 대하여 교장에게 술을 따라 줄 것을 두 차례 권한 언행이 그 경위나 정황, 발언자의 의도 등에 비추어 객관적으로나 일반적으로 여자교사들로 하여금 성적 굴욕감 또는 혐오감을 느끼게 하는 성적 언동에 해당하지 않는다고 판시한 사안이다.

3. 보복적 해고의 금지

근로자의 권리행사를 이유로 한 보복적 해고를 금지한 법규정은 사용자의 근로기준법 위반사실을 감독기관에 신고한 것을 이유로 한 해고를 금지한 근로기준법 제104조 제2항과 산업안전보건법 위반사실을 감독기관에 신고한 것을 이유로 한 해고를 금지한 산업안전보건법 제52조 제2항 및 부당노동행위를 신고한 것 등을 이유로 한 해고를 금지한 노조법 제81조 제5항이 있다.

4. 업무상 부상·질병에 의한 해고금지

업무상 부상 또는 질병의 요양을 위하여 휴업한 기간과 그 후 30일간은 정당한 해고사유가 있더라도 사용자는 해당 근로자를 해고할 수 없다(근로기준법 §23·② 및 선원법 §34·②). 업무상 부상 또는 질병으로 인한 요양기간과 그 후 30일간에 대해서는 해고를 제한하는 목적은 이 시기에 근로자를 해고하면 근로자가 다른 직장을 구하기 어렵고, 비록 직장을 구한다 하더라도 정상적인 근로를 할 수 없게 되어 근로자의 물질적·정신적 고통이 가중될 것이므로 실직으로부터 근로자를 보호하고자 하는데 있다.

해고가 금지되는 기간은 「업무상 부상 또는 질병의 요양을 위하여 휴업한 기간」을 말하는 것이므로 업무 이외의 부상 또는 질병으로 인한 휴업기간은 해고시기의 제한에 적용되지 않는다. 그리고 「그 후 30일간」은 업무상 부상 또는 질병의 요양을 위하여 휴업할 필요가 더 이상 인정되지 않아 다시 출근한 날 또는 출근할 수 있는 상태로 회복한 날[33]로부터 기산하여 30일이 도래한 날까지의 기간을 말한다.

산전후 보호휴가에 의한 해고제한과 마찬가지로 해고예고기간 중에 해고시기의 제한사유인 업무상 부상 또는 질병이 발생한 경우에는 사용자는 정당한 사유가 있더라도 해고를 할 수 없을 뿐만 아니라 해고예고의 효력은 상실하고, 해고시기의 제한사유가 발생한 기간 중에는 해고예고도 할 수 없다고 보아야 한다. 그리고 사용자가 근로기준법 제84조에 따라 일시보상을 하였거나 사업을 계속할 수 없게 된 경우에는 해고금지기간은 적용되지 않는다.

---

33) 업무상 부상을 당하거나 질병에 걸린 재해근로자는 산재보험법에 따라 산재요양신청을 신청하여 승인을 얻어 의료기관에서 요양을 하게 되고, 의학적으로 더 이상 치료의 효과를 기대할 수 없는 경우에는 요양종결을 한다. 따라서 출근할 수 있는 상태로 회복한 날이란 요양종결 다음 날을 의미한다고 보아야 한다.

5. 부당노동행위에 해당하는 해고금지

1) 의 의

부당노동행위란 사용자가 근로자의 노동3권을 침해하는 행위를 말하고, 부당노동행위제도란 사용자의 부당노동행위로부터 근로자의 노동3권을 보호하기 위하여 국가가 정책적으로 설정한 공법상의 권리구제제도를 말한다.[34] 부당노동행위제도는 공법상의 제도이지만, 부당노동행위에 해당하는 해고는 강행법규를 위반한 것이기 때문에 사법상으로도 무효가 된다.

헌법 제33조에 보장된 근로자의 노동3권은 본질상 국가보다는 사용자를 상대로 행사되는 것이 일반적이므로 사용자가 근로자의 노동3권의 정당한 행사를 방해하거나 단체교섭을 거부하는 상태를 방치한다면, 근로자의 단결권 보장의 실효성이 떨어지고 단체교섭관계를 중심으로 한 노동3권은 보장될 수 없다. 따라서 노조법은 근로자에게 노동3권을 보장하기 위하여 사용자의 부당노동행위를 금지하는 동시에 사용자가 부당노동행위를 행한 경우에 그 구제절차와 처벌을 규정하고 있다.

부당노동행위에 해당하는 해고를 금지한 직접적인 법규정은 노조법 제81조이다. 노조법 제81조는 근로자가 노동조합에 가입 또는 가입하려고 하였거나 노동조합을 조직하였거나 기타 노동조합의 업무를 위한 정당한 행위를 한 것을 이유로 불이익처분을 할 수 없도록 규정하여 사용자의 부당노동행위에 의한 해고를 제한하고 있다.

2) 불이익처분의 범위

「불이익처분」은 사용자가 정당한 조합 활동 등을 이유로 근로자를 해고하거나 근로자에게 불이익을 주는 행위를 의미한다. 부당노동행위에 해당되는 불이익처분에는 인사상·경제상·정신상·단결활동상의 불이익 처분이 모두 포함된다.

(1) 인사상 불이익처분에는 근로자의 신분을 박탈하는 해고처분, 해고 이외의 징계처분(강등·강호·견책·감봉·정직 등), 근로자에게 불이익한 교육훈련·전직·전적·휴직·인사평정 등이 포함된다. 불이익처분에 해당되는가의 여부는 징계사유, 지위, 직종, 출퇴근 사정, 개인적인 사정 등을 종합적으로 고려하여 판단한다.

판례요지

비조합원과 비교하여 승진에 있어서 불이익한 취급을 받았다고 하기 위해서는 특별한

34) 이상윤, 노동법(제3판), 831면; 대법원 1988. 12. 13. 선고 86다카1035.

사정이 없는 한 당해 조합원이 비교의 대상으로 된 비조합원과의 사이에 업무능력, 근무성적, 상위직에 대한 적격성 등에 있어서 차이가 없어야 하고, 조합원과 비조합원을 전체적으로 비교하여 보아 승진에 있어서 격차가 있다고 하더라도 부당노동행위에 해당한다고 단정할 수 없다(대법원 1998. 2. 10. 선고 96누10188).

(2) 경제상 불이익처분에는 각종의 임금·퇴직금·복리후생 급부에 대한 불이익처분, 근로자의 의사에 반하여 연장근로 또는 휴일근로 등을 시키지 않는 경우 등이 이에 포함된다. 임금산정 또는 임금삭감 기준에 대한 차별적 적용이 경제상 불이익처분의 전형이라고 할 수 있다.

(3) 정신상 불이익처분에는 사용자가 근로자 본연의 업무 이외에 잡일을 시키거나 아예 업무를 부여하지 않거나 생활근거지로부터 멀리 떨어진 사업장으로 전직시키는 것 등이 포함된다.

(4) 단결활동상 불이익처분에는 조합 활동을 열성적으로 하고 있는 조합원을 노동조합에 가입할 수 없는 관리직으로 승진시켜 조합 활동을 하지 못하도록 하거나[35] 열성적으로 조합 활동을 하고 있는 근로자를 조합원과 접촉이 어려운 근무지로 전직 또는 장기출장을 보내는 것 등이 포함된다.

판례요지

사용자가 근로자의 조합 활동을 혐오하거나 노동조합활동을 방해하려는 의사로 노동조합의 간부이거나 조합 활동에 적극적으로 관여하는 근로자를 승진시켜 조합원 자격을 잃게 한 경우에는 노동조합활동을 하는 근로자에게 불이익을 주는 행위로서 부당노동행위가 성립될 수 있을 것인바, 이 경우에 근로자의 승진이 사용자의 부당노동행위 의사에 의하여 이루어진 것인지의 여부는 승진의 시기와 조합 활동과의 관련성, 업무상 필요성, 능력의 적격성과 인선의 합리성 등의 유무와 당해 근로자의 승진이 조합 활동에 미치는 영향 등 제반 사정을 고려하여 판단하여야 할 것이다(대법원 1998. 12. 23. 선고 97누18035).

승진은 임금과 지위의 상승을 동반한다는 점에서 근로자에게 유리한 것이지만, 해당 근로자가 조합 활동을 계속 희망하고 있음에도 승진대상 요건에 해당된다는 이유만으로 일방적으로 승진시키는 것은 조합 활동을 불가능하게 하므로 불이익처분에 해당된다. 그러나 사용자가 조합 활동과 무관하게 경영상의 필요와 합리적인 기준에 따라 승진시킨 경우에는 조합원 자격이 상실되더라도 불이익처분에 해당되지 않는다.[36]

35) 대법원 1992. 10. 27. 선고 92누9418; 대법원 1998. 12. 23. 선고 97누18035.
36) 임종률, 노동법(제6판), 269면.

3) 부당노동행위의 주체와 객체

(1) 부당노동행위의 주체

부당노동행위의 주체는 누구를 부당노동행위의 규제대상자로 할 것인가의 문제이다. 사용자의 부당노동행위만을 규제하는 경우에는 그 주체는 사용자가 되는 것이지만, 사용자와 노동조합 양자의 부당노동행위를 규제하는 경우에는 사용자와 노동조합이 모두 그 주체가 된다. 우리나라는 사용자의 부당노동행위만을 규제하는 입법체계를 취하고 있기 때문에 사용자만이 부당노동행위의 주체가 된다.[37] 부당노동행위의 주체로서의 사용자란 사업주, 사업의 경영담당자 또는 그 사업의 근로자에 관한 사항에 대하여 사업주를 위하여 행동하는 자를 말한다(노조법 §2·②호). 부당노동행위의 주체로서의 사용자의 범위는 ① 부당노동행위금지명령의 수규자(受規者), ② 부당노동행위 구제명령의 수규자, ③ 형벌부과대상자로서의 사용자로 구분할 수 있다.

가. 부당노동행위 금지명령의 수규자

부당노동행위제도는 일정한 행위를 부당노동행위로 규정하여 근로자의 단결권 침해를 배제·시정하면서 정상적인 근로관계를 회복하는 것을 목적으로 하다. 따라서 부당노동행위 금지명령의 수규자에 해당되는 사용자는 근로계약당사자인 사업주뿐만 아니라 근로관계에 직·간접적으로 관련이 있거나 근로관계의 제반 이익에 대하여 영향력 또는 지배력을 행사할 수 있는 지위에 있는 자도 포함된다.[38]

나. 부당노동행위 구제명령의 수규자

부당노동행위 구제명령의 수규자는 노동위원회의 구제명령을 따를 의무가 있는 사용자를 말한다. 부당노동행위 구제명령의 수규자는 원칙적으로 근로계약관계의 당사자인 사업주에 국한된다. 왜냐하면 부당노동행위에 대한 원상회복은 현실적으로 사업주인 사용자에게 명령하는 것으로 충분하기 때문이다.

다. 형벌부과대상자

부당노동행위를 행한 사용자는 형벌의 대상이 된다(노조법 §90). 그런데 형벌부과대상자로서의 사용자는 부당노동행위 금지명령의 수규자와 일치하는 것이 원칙이나, 그 적용·해석방법이 다르기 때문에 반드시 일치하는 것은 아니다. 즉, 부당노동행위

---

37) 노동3권은 사용자의 재산권과 조화·균형을 이루어 행사되어야 한다는 내재적 한계를 갖는 헌법상 보장된 기본권임을 전제로 노동3권이 이러한 내재적 한계를 일탈하여 행사되는 경우에는 근로자의 부당노동행위를 인정해야 한다는 주장이 있다(이상윤, 노동법(제3판), 836면).

38) 이상윤, 노동법(제3판), 834면; 임종률, 노동법(제6판), 262면; 이병태, 최신노동법(제8전정판), 405면.

금지명령의 수규자로서의 사용자는 노사관행 등 노사관계의 전반적인 측면을 종합적으로 고려하여 사용자의 범위를 판단하는 것이지만, 형벌부과대상자로서의 사용자는 형법상 엄격한 범죄요건을 충족해야 하기 때문이다.[39)]

예컨대, 사용자단체도 성실교섭의무를 지고 있으므로 부당노동행위의 주체가 될 수 있으나, 형벌부과대상자로서의 사용자는 형벌의 제재가 수반되는 범죄구성요건으로 되어 있다는 점에서 죄형법정주의 원리상 명문의 규정이 없는 사용자단체를 부당노동행위의 주체로 볼 수 없다.[40)]

(2) 부당노동행위의 객체

부당노동행위의 객체는 근로자와 노동조합이다. 부당노동행위의 객체가 되는 근로자란 「직업의 종류를 불문하고 임금·급료 기타 이에 준하는 수입에 의하여 생활하는 자」를 말한다(노조법 §2·①호). 이처럼 노조법이 근로자의 개념을 근로기준법 제2조 제1항 제1호의 근로자 개념보다는 넓게 규정한 것은 추구하는 법의 목적이 각각 다르기 때문이다. 즉, 노조법 제2조 제1호는 노동조합에 가입하여 노동운동을 할 수 있는가를 기준으로 근로자를 정의한 것인 반면, 근로기준법 제2조 제1항 제1호는 사업 또는 사업장에서 근로조건을 보호받을 수 있는가의 여부를 기준으로 근로자를 정의하고 있다. 따라서 근로계약관계가 성립되지 아니한 실업자·해고의 효력을 다투는 자 등은 노조법상 근로자에 해당되나 근로기준법상의 근로자에는 해당되지 않는다.

노동조합은 근로자가 주체가 되어 자주적으로 단결하여 근로조건의 유지·개선 기타 근로자의 경제적·사회적 지위의 향상을 도모함을 목적으로 조직하는 단체 또는 그 연합단체를 말한다(노조법 §2·④ 전단). 주체성·목적성·자주성 등의 실질적 요건과 노동조합설립신고 등 형식적 요건을 갖춘 노동조합을 법내 조합이라고 하고, 이 중 어느 한 요건이라도 갖추지 못한 노동조합을 법외조합 또는 무자격조합이라고 한다. 부당노동행위의 객체가 되는 노동조합은 실질적 요건과 형식적 요건을 모두 갖춘 법내조합뿐만 아니라 실질적 요건만 갖춘 법외조합도 노조법상 부당노동행위의 구제신청 및 노동쟁의조정신청 그리고 노동조합 명칭 사용을 제한받을 뿐(§7), 부당노동행위의 객체가 된다고 보아야 한다. 왜냐하면, 단결권은 헌법상 보장된 노동기본권으로 하위법률인 노조법에서 구체적으로 규정한 노동조합의 요건을 충족한 경우에 한하여 효력이 발생하는 것이 아니고, 법외조합이 법률상 아무런 보호를 받지 못한다고 한다

39) 이상윤, 노동법(제3판), 835면.
40) 임종률, 노동법(제6판), 263면.

면 노조법 제7조에서 법외조합에 대한 불이익을 제한적으로 열거할 필요성이 없기 때문이다.[41]

4) 불이익취급의 사유

(1) 불이익취급 원인의 유형

노동조합법 제81조는 ① 근로자가 노동조합에 가입 또는 가입하려고 하였거나 노동조합을 조직하려고 하였거나 ② 기타 노동조합의 업무를 위한 정당한 행위를 한 것(1호), ③ 근로자가 정당한 단체행동에 참가한 것을 이유로 하거나 ④ 노동위원회에 대하여 사용자가 이 조의 규정에 위반한 것을 신고하거나 그에 관한 증언을 하거나 기타 행정관청에 증거를 제출한 것(5호)을 이유로 사용자가 그 근로자를 해고하거나 기타 불이익을 주는 행위를 부당노동행위로 규정하고 있다.

가. 노동조합에 가입 또는 가입하려고 하였거나 노동조합을 조직하려고 하였을 것

「노동조합에 가입」이란 근로자가 기존 노동조합의 조합원이 되는 것을 말하고, 가입하고자 한 노동조합은 기존 노동조합이든 조직 중인 노동조합이든 불문한다. 「노동조합을 조직하려고 하였을 것」이란 새로운 노동조합을 결성하는 것을 의미하는데, 노동조합을 조직하기 위한 준비행위도 당연히 포함된다.

여기서 노동조합이란 통상적으로 실체적 요건과 형식적 요건을 모두 갖춘 법내 노동조합을 의미하는 것이나, 불이익취급의 원인이 되는 노동조합을 조직하려고 한 것까지 당연히 포함되는 것이기 때문에 노동조합의 요건을 갖추지 못한 법외 노동조합까지도 포함된다고 보아야 한다.

나. 노동조합의 업무를 위한 정당한 행위를 한 것

「노동조합의 업무」란 노동조합의 목적을 달성하기 위한 활동으로써 노동3권의 행사와 관련된 업무를 말한다. 이에는 사용자와의 단체교섭 및 단체행동권과 직접적으로 관련된 활동뿐만 아니라 조합간부의 선출·회의의 출석 및 발언 또는 표결·노동조합 업무를 위한 출장·기타 조합원으로서 행하는 모든 행위가 포함된다. 그리고 노동조합의 임의의 목적을 달성하기 위한 공제·수양 기타 복리사업이나 조합원의 취미활동도 노동조합의 업무에 포함된다.[42]

---

41) 이병태, 최신노동법(제8전정판), 129면; 임종률, 노동법(제6판), 62면 이하.
42) 이상윤, 노동법(제3판), 844면.

판례요지

조합원이 조합대의원으로 출마한 행위는 노동조합의 행위에 해당함이 분명하고, 취업규칙과 노사협의에 의하여 지급하도록 정하여진 목욕권과 예비군훈련기간의 수당을 지급하지 않는다고 노동부에 진정한 행위는 노동조합의 목적인 근로조건의 유지개선, 기타 근로자의 경제적 지위향상을 도모하기위한 행위로써 조합의 묵시적 승인 내지 수권을 얻은 행위라고 보아야 할 것이므로 조합의 업무를 위한 정당한 행위이다(대법원 1990. 8. 10. 선고 8217).

「노동조합의 업무를 위한 정당한 행위」란 일반적으로 노동조합의 결의 또는 지시에 따라 조합원이 행한 활동을 의미하나, 노동조합의 결의 또는 지시가 없더라도 행위의 성질상 노동조합활동으로 볼 수 있거나 노동조합의 묵시적 수권 또는 승인을 받았다고 볼 수 있는 경우에는 노동조합의 업무를 위한 정당한 행위로 보아야 한다.[43]

판례요지

노동조합의 업무를 위한 정당한 행위란 일반적으로는 노동조합의 정당한 활동을 가리키나, 조합원이 조합의 결의나 구체적인 지시에 따라서 한 노동조합의 조직적인 활동 그 자체가 아닐지라도 그 행위의 성질상 노동조합의 활동으로 볼 수 있거나 노동조합의 묵시적인 수권 혹은 승인을 받았다고 볼 수 있을 때에는 그 조합원의 행위를 노동조합의 업무를 위한 행위로 보아야 한다(대법원 1995. 6. 13. 선고 95다1323).

다. 근로자가 정당한 단체행동에 참가한 것

근로자가 정당한 단체행동에 참가한 것을 이유로 한 불이익처분은 부당노동행위에 해당되나, 위법한 단체행동에 대해서는 민·형사책임 또는 징계책임이 면제되지 않으므로 이를 이유로 한 불이익처분은 부당노동행위에 해당되지 않는다. 정당한 단체행동이란 목적·방법·수단·절차 등이 정당한 쟁의행위를 말한다.

판례는 쟁의행위의 정당한 요건으로써 「① 그 주체가 단체교섭의 주체로 될 수 있는 자이어야 하고, ② 그 목적이 근로조건의 향상을 위한 노사 간의 자치적 교섭을 조성하는 데 있어야 하며, ③ 사용자가 근로자의 근로조건 개선에 관한 구체적인 요구에 대하여 단체교섭을 거부하였을 때 개시하되 특별한 사정이 없는 한 조합원의 찬성 결정 등 법령이 규정한 절차를 거쳐야 하고, ④ 그 수단과 방법이 사용자의 재산권과

43) 대법원 1995. 6. 13. 선고 95다1323.

조화를 이루어야 함은 물론 폭력의 행사에 해당되지 아니하여야 한다는 여러 조건을 모두 구비할 것」을 제시하고 있다.[44)]

라. 노동위원회에 대하여 구제신청 등을 한 것

근로자의 정당한 단체행동 참가, 부당노동행위의 신고·증언 또는 증거제출 등을 이유로 한 불이익처분은 부당노동행위에 해당되나, 단체협약의 위반 또는 조합의 결의·승인 없이 행한 단체행동은 정당한 조합 활동이 아니므로 이로 인한 불이익처분은 부당노동행위에 해당되지 않는다.

(2) 불이익취급 원인의 경합

가. 문제의 소재

부당노동행위에 해당하는 해고는 사법상으로도 무효가 되나, 근로자에 대한 사용자의 징계처분이 부당노동행위의 요건과 근로기준법 제23조 제1항에 의한 정당한 징계요건을 동시에 충족한 경우에 그 징계처분이 무효로 되는가의 여부가 문제된다. 이처럼 근로기준법상 정당한 징계사유와 부당노동행위가 경합한 경우에 사용자는 해당 근로자가 징계사유에 해당되는 행위를 하였다는 이유로 정당한 징계처분임을 주장할 것이고, 반면 징계처분을 받은 근로자는 부당노동행위임을 이유로 징계처분의 무효를 주장할 것이다.

나. 학 설

징계처분이 징계사유와 부당노동행위의 요건을 동시에 충족한 경우에 부당노동행위가 성립할 것인가에 대하여 다양한 이설(異說)이 있다.

(1) 「부당노동행위 긍정설」은 사용자가 근로자의 정당한 조합 활동 등을 이유로 징계처분을 한 경우에는 정당한 징계사유에 해당된다 하더라도 항상 부당노동행위가 성립되어 그 징계처분은 무효가 된다고 하는 견해이다. 이 견해에 의하면, 징계사유 및 징계요건에 해당되는 근로자가 정당한 조합 활동 등을 행한 이후에 징계처분을 받은 경우에는 당연히 부당노동행위가 성립되어 그 징계처분은 무효가 된다.

(2) 「부당노동행위 부정설」은 근로기준법·단체협약·취업규칙 등에 정한 정당한 징계사유에 해당되는 경우에는 정당한 조합 활동 등을 이유로 불이익처분을 하더

---

44) 대법원 1998. 1. 20. 선고 97도588; 2001. 10. 25. 선고 99도4837 전원합의체; 대법원 2007. 5. 11. 선고 2006도9478 등.

라도 당연히 부당노동행위가 성립되는 것은 아니라고 한다. 이 견해에 의하면, 사용자가 정당한 조합 활동에 참가한 이후에 징계처분을 하였더라도 그 징계사유가 정당한 이상 항상 부당노동행위는 성립되지 않아 그 징계처분은 유효가 된다는 견해이다.

(3) 「결정적 원인설」은 정당한 조합 활동 등의 사실과 징계사유에 해당되는 사실 중 어느 것이 징계처분의 결정적인 원인이 되는가의 여부에 따라 부당노동행위의 성립을 판단해야 한다는 견해이다.

(4) 「상당인과관계설」은 정당한 조합 활동 등의 사실이 없었더라면 징계처분이 없었을 것이라고 판단되는 경우에는 부당노동행위가 성립되지 않는다는 견해로써 다수설이다.[45)]

다. 판 례

판례가 어느 학설을 따르고 있는지에 관하여 정확히 표현을 하고 있지 않지만, 구체적인 사안에 따라 부당노동행위 부정설과 상당인과관계설에 따라 징계처분의 유효성을 판단하고 있는 것 같다.

우선 판례는 「사용자가 정당한 해고사유로 근로자를 해고한 경우에 근로자의 조합 활동을 못마땅하게 여긴 흔적이 있다거나 사용자에게 반조합의사가 추정된다 하더라도 해고사유가 단순히 표면상의 구실에 불과하다고 볼 수 없으므로 부당노동행위가 성립되지 않는다.」고 하여 부정설의 입장을 취하고 있는 것 같다.[46)]

그리고 사용자가 근로자를 해고함에 있어서 근로자가 노동조합의 업무를 위한 정당한 행위를 한 것을 그 결정적(실질적)인 해고이유로 삼았으면서도 표면적으로는 다른 해고사유를 들어 해고한 것으로 인정되는 경우에는 부당노동행위로 보아야 하고[47)], 근로자의 노동조합업무를 위한 정당한 행위를 실질적인 해고사유로 한 것인지의 여부는 사용자측이 내세우는 해고사유와 근로자가 한 노동조합업무를 위한 정당

---

45) 김형배, 노동법(신판제4판), 943면; 이상윤, 노동법(제3판), 847면; 이병태, 최신노동법(제8전정판), 418면; 임종률, 노동법(제6판), 272면 등.

46) 대법원 1996. 4. 23. 선고 95누6151; 대법원 1999. 3. 26. 선고 98두4672; 대법원 2000. 6. 23. 선고 98다54960 등.

47) 일부 학설은 사용자가 정당한 조합 활동을 「결정적」인 이유로 삼았으면서도 표면적으로 다른 해고사유를 들어 해고한 경우에는 부당노동행위가 성립된다는 대법원 1991. 2. 22. 선고 90누6132 판결을 들어 법원이 「결정적 원인설」을 따르고 있는 것으로 소개한 것도 있으나(이병태, 최신노동법(제8전정판), 418면; 김형배, 노동법(신판제4판), 943면 주2), 그러나 결정적 원인설에서의 「결정적」인 이유란 「진정한」 또는 「실질적」인 이유를 말하는 것으로 보아야 하므로 「결정적」인 이유라는 표현을 사용하였다는 이유만으로 판례가 결정적 원인설을 취하고 있는 것으로 볼 수는 없다.

한 행위의 내용, 징계해고를 한 시기·회사와 노동조합과의 관계·동종의 사례에 있어서 조합원과 비조합원에 대한 제재의 불균형 여부·기타 부당노동행위의사의 존재를 추정할 수 있는 제반 사정을 비교 검토하여 종합적으로 판단하여야 한다.」라고 함으로써 상당인과관계설에 따라 부당노동행위의 여부를 판단하고 있다.[48)]

라. 평 가

부당노동행위제도는 노동3권의 보장을 궁극적인 목적으로 하는 것이나, 그 보장은 절대적인 것이 아니므로 사용자의 경영권과 노동3권이 서로 규범적으로 조화되는 범위에서 보장되는 것이다. 이러한 노동3권의 보장한계를 고려하면 부당노동행위 긍정설과 부정설은 노사일방만의 보호에 편향된 것이므로 타당성이 없다. 그리고 징계처분의 결정적인 원인은 사용자의 주관적 동기에 의존할 수밖에 없기 때문에 근로자가 이를 입증한다는 것이 현실적으로 어려운 점을 고려하면 결정적 원인설도 수용하기 어렵다.

결국, 징계사유와 부당노동행위의 사유가 경합한 경우에는 징계시기·징계수위·징계의 형평성을 종합적으로 고려하여 사용자의 부당노동행위의사로 징계처분이 이루어진 것인가를 판단할 수밖에 없으므로 상당인과관계설이 타당하다.

6. 장애인차별에 의한 해고의 금지

1) 의 의

2007. 4. 11. 제정된 「장애인차별금지 및 권리구제 등에 관한 법률(법률 8341호)」은 모든 생활영역에서 장애를 이유로 한 차별을 금지하고 장애를 이유로 차별받은 사람의 권익을 효과적으로 구제함으로써 장애인의 완전한 사회참여와 평등권 실현을 통해 인간으로서의 존엄과 가치를 구현하기 위한 법률이다. 「장애인차별금지 및 권리구제 등에 관한 법률」은 신체적·정신적 손상 또는 기능상실이 장기간에 걸쳐 일상 또는 사회생활에 상당한 제약을 초래하는 상태에 있는 자를 장애인으로 규정하면서 장애를 사유로 한 차별을 폭넓게 금지할 수 있도록 규정한 동시에 장애인 차별에 따른 권리구제의 방법을 구체적으로 규정하고 있다.

제10조 제1항은 「사용자는 모집·채용, 임금 및 복리후생, 교육·배치·승진·전보, 정년·퇴직·해고에 있어 장애인을 차별하여서는 아니된다.」라고 규정하고 있으므로 사용자가 정당한 이유 없이 비장애인과 차별하여 해고하는 경우에는 그 해고는 무효가 된다.

---

48) 대법원 1991. 2. 22. 선고 90누6132; 대법원 1995. 3. 14. 선고 94누5496.

2) 차별행위의 범위 및 차별금지의 영역

금지대상이 되는 차별행위는 ① 직접차별, ② 간접차별, ③ 정당한 편의제공 거부, ④ 광고를 통한 차별, ⑤ 장애아동의 보호자 또는 후견인 그 밖에 장애인을 돕기 위한 장애인 관련자를 차별하는 행위, ⑥ 보조견 또는 장애인보조기구 등의 정당한 사용을 방해하는 행위 등이 있다(§4·①).

차별금지 영역을 고용, 교육, 재화와 용역의 제공 및 이용, 사법·행정절차 및 서비스와 참정권, 모·부성권 및 성 등, 가족·가정·복지시설 및 건강권 등의 여섯 가지 영역으로 규정하여 생활상의 다양한 영역에서 장애인 차별을 금지하고 있다(§10 이하). 그리고 장애여성의 증가 및 장애아동으로 인한 장애인 가족의 부담 증가 등을 고려하여 장애여성 및 장애아동에 대한 차별금지를 별도로 규정하고 있다(§33 이하).

3) 권리구제의 방법

사용자가 동일한 해고사유에 해당됨에도 비장애인과 차별하여 장애인을 해고한 경우에는 그 해고처분은 사법상 무효가 된다. 해고된 장애근로자는 통상적인 권리구제 방법인 노동위원회에 부당해고구제신청을 하거나 행정소송 및 해고무효 확인소송과 같은 민사소송을 제기할 수 있다. 그러나 통상적인 권리구제의 접근이 어렵다는 장애의 특성을 고려하여 그 구제방법에 대하여 몇 가지 특례를 두고 있다.

(1) 차별해고를 당한 장애인은 국가인권위원회에 권리구제를 신청할 수 있도록 하고, 국가인권위원회는 조사결과 차별해고로 판단한 경우에는 사용자에게 시정권고를 한다. 시정권고를 받은 사용자가 정당한 이유 없이 그 권고를 이행하지 않은 경우에는 법무부장관은 시정명령을 할 수 있고[49], 사용자가 정당한 사유 없이 그 시명명령을 이행하지 않은 경우에는 3천만 원 이하의 과태료를 처하도록 하고 있다(§42~§45, §50). 시정명령의 내용은 차별행위의 중지, 피해의 원상회복, 차별행위의 재발방지를 위한 조치, 그 밖에 차별시정을 위하여 필요한 조치이다(§43·②).

(2) 장애인에 대한 차별을 이유로 소송을 제기한 경우에 차별해고가 소명된 경우에는 본안판결 이전이라도 본안판결 전까지 차별행위의 중지 등 적절한 임시조치

49) 법무부장관은 사용자가 국가인권위원회의 시정권고를 사용자가 이행하지 않았다고 해서 당연히 시정명령을 할 수 있는 것이 아니라, 그 피해의 정도가 심각하고 공익에 미치는 영향이 중대하다고 인정되는 경우에 한한다. 피해자가 다수인인 차별행위에 대한 권고 불이행, 반복적 차별행위에 대한 권고 불이행, 피해자에게 불이익을 주기 위한 고의적 불이행 등의 경우에는 그 피해의 정도가 심각하고 공익에 중대한 영향을 미치는 사유에 해당되어 법무부장관은 시정명령을 할 수 있다(§43).

를 명할 수 있도록 하고 있다(§48).

(3) 장애차별로 인한 부당해고에 대한 입증책임은 원칙적으로 해고근로자인 장애인이 부담해야 하나, 비장애인과는 달리 그 입증을 하기 어렵다는 장애인의 특성을 고려하여 그 입증책임을 대폭적으로 완화하고 있다. 즉, 장애인차별로 인하여 재산상 손해를 피해자가 입증할 수 없는 경우에는 차별행위를 한 자가 차별행위로 얻은 재산상의 이익을 손해로 추정하고, 사용자의 고의 또는 과실이 없다고 하는 입증책임은 차별행위를 한 사용자가 부담한다(§46). 그리고 원칙적으로 장애인 차별로 해고를 당한 사실에 대한 입증책임은 이를 주장하는 피해자가 입증해야 하나, 합리적인 차별로 부당해고에 해당되지 않는다는 입증책임은 사용자가 부담한다(§47).

V. 법 해석의 원칙에 따른 해고의 법적 규제

1. 의 의

노동관계법은 해고제한에 대한 일반적인 사항만 규정하고 있을 뿐 구체적인 해고의 사유 또는 절차는 취업규칙·단체협약 등에 규정하고 있는 것이 보통이다. 그러나 취업규칙과 단체협약에 따른 해고사유와 절차에 따른 해고라도 그 정당성이 당연히 인정되는 것이 아니라 일반적인 법해석의 원칙에 따라 그 정당성이 인정된다. 이에 대해서는 다양한 판례와 학설이 정립되어 있는 상태이다. 일반적으로 법 해석의 원칙에 따른 해고제한의 법리는 해고권 남용 금지의 원칙, 형평성의 원칙, 상당성의 원칙 및 과잉금지의 원칙, 이중처벌의 금지원칙 등이 논의되고 있다.[50)]

2. 해고권 남용금지의 원칙

해고는 임금을 유일한 생계수단으로 하는 근로자의 생존을 위협하는 가장 중한 인사처분에 해당된다. 따라서 형식상 취업규칙·단체협약에 정한 해고사유에 해당되는 근로자의 귀책사유가 있다 하더라도 제반 사정을 종합적으로 고려하여 해고할 수밖에 없는 근로자의 중대한 귀책사유가 있어야만 해고의 정당성이 인정된다. 비록 취업규칙·단체협약상의 해고사유에 해당되는 근로자의 귀책사유가 있다 하더라도 해고보다 가벼운 징계를 하는 것이 적정함에도 해고처분을 하는 것은 해고권을 남용하여

---

50) 노동분쟁에서 적용되는 법 해석의 원칙으로서의 권리남용금지의 원칙, 상당성의 원칙, 이중처벌금지의 원칙, 형평성의 원칙에 관한 상세는 제2장 제5절 Ⅳ. 징계권의 제한법리 참조.

사용자가 그 행사 범위의 한계를 일탈한 것으로 무효로 된다.[51] 판례는 「징계사유와 해고처분 사이에 사회통념상 상당하다고 인정되는 균형」이 유지될 때 해고권의 남용에 해당되지 않는 것으로 판단하고 있다.[52]

판례요지

취업규칙이나 상벌규정에서 징계사유를 규정하면서 동일한 사유에 대하여 여러 등급의 징계가 가능한 것으로 규정한 경우에 그 중 어떤 징계처분을 선택할 것인지는 징계권자의 재량에 속한다고 할 것이지만, 이러한 재량은 징계권자의 자의적이고 편의적인 재량이 아니며 징계사유와 징계처분 사이에 사회통념상 상당하다고 인정되는 균형의 존재가 요구되므로 경미한 징계사유에 대하여 가혹한 제재를 과하는 것은 징계권 남용으로서 무효이다(대법원 2008. 1. 31. 선고 2005두8269).

구체적으로 판례는 ① 상당한 이유 없이 근로자를 기능직 → 사무직 → 기능직으로 수차례에 걸쳐 수시로 전직처분을 한 후 다른 기능직 근로자와 차별하여 연장근로를 시키지 않음으로써 수입이 감소된 것에 대한 시정요구 수단으로 5일간 작업거부를 이유로 한 해고[53], ② 다년간 성실하게 근무하여 온 근로자가 신정휴무기간에 감시근무자로 자원 출근하여 도난·화재예방 등의 업무를 수행하다가 교대시간을 얼마 남겨놓지 않은 상태에서 음주 후 잠을 잔 행위를 이유로 한 해고[54], ③ 상사에 대한 근로자의 폭행이 상사의 선제적인 폭행으로 유발되어 해당 근로자와 상사가 각각 전치 4주·10일간의 상해를 입었다는 이유로 한 해고[55], ④ 동종의 직무상 부정행위에 가담한 다른 동료근자에 대한 징계처분보다 지나치게 가혹하게 행한 해고처분[56] 등은 해고권의 남용에 해당되는 것으로 판단하고 있다.

3. 상당성의 원칙 및 과잉 금지의 원칙

해고처분은 해고사유에 해당하는 비위행위의 종류, 정도, 반복성, 직장질서에 미치는 영향 등에 비추어 상당한 것이어야 하고 과잉징계에 해당되지 않아야 한다.[57] 예컨

51) 민변, 변호사가 풀어주는 노동법 I (개정3판), 215면; 김유성, 노동법 I (초판), 265면.
52) 대법원 1991. 12. 13. 선고 90다18999; 대법원 2008. 1. 31. 선고 2005두8269.
53) 대법원 1991. 5. 28. 선고 90다8046.
54) 대법원 1991. 10. 25. 선고 90다20428.
55) 대법원 1992. 2. 11. 선고 91다25109.
56) 대법원 1994. 5. 24. 선고 93다26854.
57) 임종률, 노동법(제6판), 511면.

대, 사용자의 경위서 제출거부에 대하여 가장 중한 징계해고를 하거나 익숙하지 못한 새로운 직장에서 안정과 적응기간을 고려하지 않고 단지 일시적인 근무성적 저하 등을 이유로 한 해고처분은 정당한 해고로 인정되지 않는다.

4. 이중처벌금지의 원칙

사용자가 동일한 징계사유로 이중징계를 하는 것은 일사부재리의 원칙 또는 이중처벌금지의 원칙에 위배되어 무효가 된다. 이중징계에 해당되기 위해서는 ① 선행처분과 후행처분이 모두 법적 성질상 징계처분에 해당되어야 하고, ② 선행징계처분이 무효·취소됨이 없이 유효하게 확정되어야 하고, ③ 선행징계처분과 후행징계처분이 동일한 징계혐의사실을 대상으로 해야 한다.[58] 따라서 집행유예 이상의 형이 확정되었음을 이유로 한 당연 퇴직처분과 징벌적 제재인 정직처분은 그 성질을 달리하는 것이므로 이중처벌금지의 원칙에 위반되지 않으나[59], 노동위원회에서 징계처분이 정당하다고 판정한 동일한 사안에 대하여 사용자가 다시 높은 징계해고처분을 하는 것은 이중처벌의 금지원칙에 위배되어 무효이다.

5. 형평성의 원칙

사용자가 동일한 해고사유에 관하여 다른 근로자에게 과한 징계수단과 동등하거나 유사한 것이어야 한다. 예컨대, 동일한 해고사유에 대하여 다른 근로자에게는 정직처분을 하거나 종전에 묵인 또는 가벼운 징계처분을 해오던 것과는 달리 가장 중한 징계해고처분을 하는 것은 형평성의 원칙에 위반된다. 다만, 종전의 상벌경력, 비위행위에 대한 반성의 정도를 종합적으로 고려하여 징계수단을 달리하거나 근로자에게 동일한 비위행위에 대하여 엄격하게 징계책임을 물을 수 있다는 회사의 방침을 사전에 충분히 주시시킨 경우에는 중한 징계해고처분을 하더라도 형평성의 원칙에 반하지 않는다.[60]

판례요지

대략 같은 정도의 비위를 저지른 자들에 대하여 그 구체적인 직무의 특성, 금전 수수의 경우에는 그 액수와 횟수, 의도적·적극적 행위인지 여부, 개전의 정이 있는지 여부 등에 따라 징계의 종류의 선택과 양정에 있어서 차별적으로 취급하는 것은 사안의 성질에 따

58) 이상윤, 노동법(제3판), 385면; 대법원 2000. 9. 29. 선고 99두10902.

59) 대법원 2004. 4. 15. 선고 2003두12639.

60) 임종률, 노동법(제6판), 511~512면. 동지 판례 대법원 2006. 2. 24. 선고 2005두6447; 2006. 8. 24. 선고 2006두3865;대법원 2008. 6. 26. 선고 2008두6387.

> 른 합리적 차별로서 이를 자의적 취급이라고 할 수 없어 평등의 원칙 내지 형평에 반하지 아니한다(대법원 2008. 6. 26. 선고 2008두6387).

제4절 이유에 의한 해고의 제한

Ⅰ. 개 관

해고의 이유가 어디에 있는가에 따라 근로자의 귀책사유에 의한 해고와 사용자의 긴박한 경영상의 필요에 의한 해고가 있다. 근로기준법 제23조 제1항은 해고의 일반적인 제한으로 사용자는 정당한 이유 없이 해고하지 못하도록 규정하고 있고, 제24조는 경영상 이유에 의한 해고제한으로 긴박한 경영상의 필요성이 없으면 해고를 하지 못하도록 규정하고 있다. 즉 근로기준법 제23조 제1항은 근로자 측의 귀책사유에 의한 해고의 제한 규정이고, 제24조는 사용자의 귀책사유에 의한 해고의 제한규정이다. 여기서 「정당한 이유」란 사회통념상 근로관계를 계속 유지시킬 수 없을 정도로 근로자에게 책임이 있는 사유가 있거나 부득이한 경영상의 필요성이 있는 경우를 말한다.[61]

> **판례요지**
>
> 정당한 이유라 함은 사회통념상 고용계약을 계속시킬 수 없을 정도로 근로자에게 책임이 있는 사유가 있다든가 부득이한 경영상의 필요가 있는 경우를 말한다고 할 것이므로 단체협약, 취업규칙 등에 해고에 관한 규정이 있는 경우에는 그것이 위의 근로기준법에 위배되어 무효가 아닌 이상 그에 따른 해고는 특별한 사정이 없는 한 정당한 이유가 있다고 보아야 할 것이다(대법원 1992. 3. 13. 선고 91다39559).

근로자의 귀책사유에는 일산상의 사유와 행태상의 사유가 있는데, 전자를 이유로 한 해고를 「일반해고」·후자를 이유로 한 해고를 「징계해고」라고 한다. 그리고 긴박한 경영상의 필요에 의한 해고를 「경영해고 또는 정리해고」라고 한다. 일신상의 사유나 행태상의 사유에 의한 해고는 근로자에게 해고원인 내지 귀책사유가 있는 것으로 근로관계의 유지가 기대 불가능한 정도의 해고사유를 근거로 한 해고를 의미하고, 긴박

61) 대법원 1992. 3. 13. 선고 91다39559; 대법원 1995. 5. 26. 선고 94다46596; 대법원 1998. 11. 10. 선고 97누18189 등.

한 경영상의 필요에 의한 해고는 근로자에게 해고원인 내지 귀책사유가 있는 것이 아니라 기업경영상의 필요에 의한 조직의 변경이나 신기술의 도입, 구조조정, 합리화 조치 등에 의하여 발생하는 해고사유를 근거로 한 해고를 의미한다.

우리나라는 징계해고와 일반해고에 대해서는 근로기준법 제23조 제1항에서 규율하고, 경영해고 또는 정리해고에 대해서는 근로기준법 제24조에서 규율하는 이원적 입법체계를 취하고 있다. 그리고 일반적인 해고제한 절차는 공통적으로 적용하도록 하는 입법체계를 취하고 있다.[62)]

Ⅱ. 일신상 이유에 의한 해고의 제한

1. 의 의

「근로자의 일신상의 사유」란 근로자에게는 취업규칙·단체협약 및 근로계약에 규정된 위반사실은 없으나 근로자 개인의 정신적·육체적 기타의 사유로 인하여 법령·단체협약 및 취업규칙 등에 규정된 근로제공을 충분히 이행할 수 없는 것을 이유로 하는 해고사유를 말한다.[63)]

일신상의 사유에 해당되는 근로자의 귀책사유에는 ① 업무의 적성 또는 직무능력의 부족, ② 근로자의 성격에 따른 업무수행의 부적격성, ③ 근로제공을 곤란하게 하는 질병, ④ 경쟁기업과의 친인척관계 등이다. 「일신상의 사유」는 「행태상의 사유」와 명백하게 구별할 수 없거나 중복되어 두 가지 사유의 요건을 충족한 경우에는 근로관계의 존립을 기대할 수 없는 일차적 원인이 근로자의 적성이나 능력 내지 성격을 이유로 한 일신상의 사유에 해당되는지의 여부를 먼저 판단해야 한다.[64)]

2. 해고의 정당성 판단기준

일신상의 사유를 근거로 한 일반해고는 직장질서의 위반 등을 원인으로 하는 징계

---

62) 독일의 해고제한법 제1조 제2항은 해고사유를 일신상의 사유, 행태상의 사유, 긴박한 경영상의 필요로 나누어 구체적으로 규정하고, 이에 따라 해고의 정당성 여부를 판단하고 있다.

63) 학설은 근로자의 일신상의 이유로 한 해고를 일반 해고라고 하고, 판례는 이를 통상해고에 해당되는 것으로 판단하고 있다. 즉, 판례는 사용자가 행한 모든 해고에서 정리해고(경영해고), 징계해고, 직권면직(당연면직)을 제외한 해고를 통상해고로 분류하고 있고, 통상해고는 징계위원회를 개최하거나 근로자에게 소명의 기회를 주는 등 징계해고와 같은 절차를 거칠 필요가 없다고 한다(대법원 1991. 9. 24. 선고 91다13533).

64) 김형배, 노동법(신판제4판), 556면. 예컨대, 경쟁기업과 친인척 관계에 있는 근로자가 사업 또는 거래상의 비밀을 누설한 경우에는 일신상의 사유와 행태상의 사유의 요건을 모두 충족한다.

해고와는 달리 근로자의 유책(有責)에 의한 것이 아니기 때문에 사용자와 근로자의 이익형량을 고려하여 해고의 정당성 여부를 판단해야 한다. 그리고 사용자는 근로계약상 부수적 의무로서 신의칙상 배려의무를 부담하고 있으므로 직무능력의 향상을 위한 훈련기회의 부여 또는 작업배치의 전환 등 배려의무를 이행하였는가를 참작하여 해고의 정당성 여부를 판단해야 한다.[65]

일신상의 사유가 일정기간의 훈련·합리적인 기회의 부여·적절한 치료행위·작업환경의 개선 등으로 극복될 수 있는 것이라면, 사용자는 근로계약상의 배려의무를 한 다음 해고할 수 있다. 특히 근로자의 건강악화가 작업환경 또는 다른 근로조건의 영향에 의하여 발생한 경우에는 근로자의 능력에 상응하는 다른 업무로 배치전환을 실시하지 않고 행한 해고는 정당성이 없다. 결국, 일신상의 사유로 인한 해고가 정당한 것인가의 여부는 구체적인 사안에 따라 당사자의 이익형량과 유기적 전체로서의 경영 질서를 참작하여 판단해야 하고, 해고는 최후의 방법으로 행사되어야 한다.

3. 유형에 따른 해고의 정당성

1) 업무의 적성 결여 또는 직무능력의 부족

담당업무에 대한 근로자의 적성이 결여되거나 직무능력이 부족한 경우에는 일신상의 사유에 해당된다.[66] 직무의 수행에 필요한 자격증을 소지하지 못한 경우, 직무상 요구되는 시험이나 검사에 불합격한 경우, 전문적 지식이나 기능이 부족한 경우 등이 이에 해당된다.

정당한 해고사유에 해당되는 직무적성 또는 직무능력의 부족은 객관적으로 판명된 경우에 한하는 것이므로 단지 인사고과에 의한 근무성적 평정의 결과가 좋지 않다거나 직무능력의 부족이 단기간에 회복될 수 있는 경우에는 그 이유만으로 행한 해고는 정당성이 없다. 그러나 사용자가 근무성적의 향상을 위해 근로자에게 충분한 훈련기간을 부여하였음에도 근무성적의 향상이 없는 경우에는 정당한 해고로 판단할 수 있다.

특히, 상대평가에 의한 인사고과에 의하여 일정 비율의 인원을 해고할 수 있다고

---

65) 김형배, 노동법(신판제4판), 558~559면.

66) 업무능력의 부족 등과 같은 일신상의 사유가 발생하면 사용자는 이를 이유로 해고하는 경우는 드물고, 필요한 직무능력수행기간을 직위해제 또는 대기발령을 명한 다음 그 기간이후에도 직무능력이 향상되지 않거나 개전의 정이 없다고 판단하는 경우에 당연 면직사유로 하여 퇴직시키는 것이 일반적이다, 판례는 직위해제에 이은 당연면직처분은 통상해고로 해석하여 별도의 징계제한 절차를 거치지 않아도 무방한 것으로 판단하고 있다(대법원 1989. 7. 25. 선고 88다카25595; 대법원 2000. 6. 23. 선고 98다54960).

한다면 상대평가로 인해 일정한 비율의 근로자에 대하여 사용자는 제한 없이 해고의 자유권을 가지는 것과 유사한 부당한 결과가 발생하게 된다.[67] 따라서 업무능력 부족을 이유로 한 해고는 사회통념상 더 이상 그 업무를 수행하기 곤란할 정도로 업무능력이 현저하게 부족하고 직업훈련이나 교육에 의해서도 업무능력의 개선 가능성이 없는 경우에 한하여 해고의 정당성이 인정된다고 보아야 한다.[68]

2) 근로자의 성격에 따른 업무수행의 부적격성

성격상 특성에서 비롯된 근로자 개인의 부적격성도 일신상의 사유에 해당된다. 악단 지휘자의 통솔능력이 부족한 경우, 관리자의 부하관리능력이 부족한 경우, 긴밀한 협동정신이 필요한 업무에 적응하지 못한 경우 등이 이에 해당된다. 그러나 근로자의 업무수행의 부적격성을 이유로 곧바로 해고하는 경우는 거의 없고, 직위해제 또는 대기발령을 한 다음 그 사유가 소멸되지 않는 경우에 직권 면직시키는 것이 일반적이다. 판례도 통솔능력 또는 관리능력이 부족하여 관리자로서의 자질이 부족한 경우에는 대기발령사유에 해당되고 대기발령 기간 동안 관리능력 또는 업무수행능력이 향상되지 아니한 것을 이유로 한 직권면직처분은 정당한 것으로 판단하고 있다.[69]

판례요지

직권면직은 그 바탕이 된 대기발령이 인사규정에 의하여 정당하게 이루어진 것일 뿐 아니라 대기발령 후 3개월 동안 그 대기발령의 사유도 소멸되지 않아야 정당한 처분으로서 효력이 인정된다(대법원 2007. 9. 21. 선고 2006다25240).

3) 근로제공을 곤란하게 할 정도의 부상·질병

근로계약상 근로자가 부상·질병 등으로 근로제공을 정상적으로 할 수 없는 경우에는 일신상의 사유에 해당된다. 업무상 또는 개인적인 부상을 당하거나 질병에 걸린 경우, 운전사의 시력이 저하된 경우, 음주벽 또는 약물중독으로 의학상 질병으로 취급된 경우 등이 이에 해당된다.

이러한 질병 등을 이유로 한 해고는 그로 인하여 사용자의 경영상 이익이 침해되고 장기간 근로제공을 할 수 없다고 하는 객관적인 사유가 있는 경우에 한하여 정당성이

67) 김유성, 노동법 I (초판), 283면; 민변, 변호사가 풀어주는 노동법 I (개정3판), 194면.
68) 김유성, 노동법 I (초판), 283면; 박홍규, 고용법·근로조건법(제2판), 314면.
69) 대법원 1995. 12. 5. 선고 94다43351 판결, 대법원 2004. 10. 28. 선고 2003두6665; 대법원 2007. 9. 21. 선고 2006다25240.

인정된다고 보아야 한다. 따라서 사용자는 근로자의 질병상태와 그로 인한 경영상의 이익을 형량하여 질병에 걸린 근로자를 경이한 근로에 취업시킬 수 없음을 입증한 경우에 해고의 정당성이 인정될 수 있을 것이다.70) 업무상 부상 또는 질병으로 인한 휴업기간과 그 후 30일간은 사업을 계속할 수 없게 된 경우를 제외하고는 사용자는 해고할 수 없다(근로기준법 §23·②).

판례는 부상 또는 질병이 사용자의 귀책사유로 인한 것인지의 여부, 발병 당시 담당하고 있었던 업무의 성격과 내용, 노동력상실 정도, 업무조정을 위한 사용자의 배려와 근로자의 적응노력 등 제반사정을 종합하여 해고의 정당성 여부를 판단하고 있다.71)

판례요지

신체장해를 이유로 한 퇴직처분의 정당성은 근로자가 신체장해를 입게 된 경위 및 그 사고가 사용자의 귀책사유 또는 업무상 부상으로 인한 것인지의 여부, 근로자의 치료기간 및 치료 종결 후 노동능력 상실의 정도, 근로자가 사고를 당할 당시 담당하고 있던 업무의 성격과 내용, 근로자가 그 잔존노동능력으로 감당할 수 있는 업무의 존부 및 그 내용, 사용자로서도 신체장해를 입은 근로자의 순조로운 직장 복귀를 위하여 담당 업무를 조정하는 등의 배려를 하였는지 여부, 사용자의 배려에 의하여 새로운 업무를 담당하게 된 근로자의 적응노력 등 제반 사정을 종합적으로 고려하여 합리적으로 판단하여야 한다(대법원 1996. 12. 6. 선고 95다45934).

그러나 근로자의 업무상 부상에 관한 요양종결에 따라 상당한 신체장해가 남아 있는 상태에서 그 근로자가 종전의 업무를 수행할 수 없다고 객관적으로 인정되는 경우에는 해고금지기간에 해당하지 않는 한 장해근로자에 대하여 일정기간 유예기간을 두고 배치전환 등의 배려의무를 행하지 않고 해고하여도 무방하다.72)

4) 경쟁기업과의 친인척관계

기업경영상 비밀의 유지가 요구되는 지위에 있는 근로자가 경쟁기업주와 친인척관계에 있거나 친교관계로 인하여 경쟁기업에 사업상의 기밀이 누설될 위험에 있는 때에는 일신상의 사유에 해당된다. 경쟁기업체의 사용자와 친인척관계에 있는 근로자가 현실적으로 사업의 비밀을 누설한 경우에는 즉시해고사유가 될 수도 있다.

---

70) 김형배, 노동법(신판제4판), 557면.

71) 대법원 1992. 11. 13. 선고 92누6082; 대법원 1993. 7. 13. 선고 93다3721; 대법원 1995. 7. 14. 선고 95다1767; 대법원 1996. 12. 6. 선고 95다45934.

72) 대법원 1996. 11. 12. 선고 95누15728.

Ⅲ. 행태상 이유에 의한 해고의 제한

1. 의 의

「행태상 사유」란 근로자의 귀책사유로 인하여 관련법령·취업규칙·단체협약 및 근로계약에 규정된 의무를 위반하거나 사용자의 지시·명령에 불복종한 것을 이유로 한 해고사유를 말한다. 행태상 사유에 해당되는 근로자의 귀책사유에는 근무태만, 업무명령위반, 직장규율위반, 회사의 명예·신용실추행위 및 품위유지 위반, 경력사칭, 기업비밀의 누설, 범법행위, 위법쟁의행위 등이 있다.

근로자의 행태상의 사유로 인한 해고를 일반적으로 징계해고라고 한다. 징계해고란 근로자가 기업질서 위반행위를 하여 사회통념상 근로관계를 유지할 수 없을 정도로 근로자의 책임 있는 사유가 있을 때 사용자의 일방적인 의사표시로 근로관계를 종료시키는 징계처분으로 가장 중한 징계에 해당된다.

근로기준법 제23조 제1항은 단지 정당한 이유 없이 해고할 수 없는 것으로 규정하고 있을 뿐, 구체적인 징계해고 사유에 대해서는 명문규정을 두고 있지 않기 때문에 일반적으로 사용자는 취업규칙 등에 징계사유 또는 해고사유를 명시하고 근로관계를 계속 유지할 수 없을 정도의 행위를 한 때에는 징계해고 처분을 하고 있다.

2. 해고의 정당성 판단기준

징계해고가 정당하기 위해서는 사회통념상 근로관계를 계속할 수 없을 정도로 근로자에게 책임 있는 사유가 있어야 하고, 사회통념상 근로관계를 유지할 수 없을 정도인지의 여부는 당해 사용자의 사업의 목적과 성격·사업장의 여건·당해 근로자의 지위 및 담당직무의 내용·비위행위의 동기와 경위·기업의 위계질서의 문란 위험성·과거의 근무태도 등을 종합적으로 검토하여 판단해야 한다는 것이 일관된 판례의 입장이다.[73] 따라서 취업규칙 등에서 정하고 있는 징계해고사유에 해당되더라도 이에 따른 해고처분이 당연히 정당한 것으로 인정되는 것이 아니라, 사회통념상 근로관계를 계속할 수 없을 정도로 근로자에게 책임 있는 사유가 있는 경우에만 그 정당성이 인정된다.[74] 즉, 취업규칙 등에 정한 해고사유와는 별도로 해고사유의 실질적인 정당성에

73) 대법원 2002. 5. 28. 선고 2001두10455; 대법원 2003. 7. 8. 선고 2001두8018; 대법원 2006. 11. 23. 선고 2006다48069; 대법원 2007. 5. 31. 선고 2007두1460; 대법원 2007. 10. 12. 선고 2005두10149 등.

74) 대법원 1992. 5. 12. 선고 91다27518.

대해서는 별도의 법적 평가가 이루어져야 한다.

판례요지

해고는 사회통념상 고용관계를 계속할 수 없을 정도로 근로자에게 책임 있는 사유가 있는 경우에 행하여져야 그 정당성이 인정되는 것이고, 사회통념상 당해 근로자와의 고용관계를 계속할 수 없을 정도인지의 여부는 당해 사용자의 사업의 목적과 성격, 사업장의 여건, 당해 근로자의 지위 및 담당직무의 내용, 비위행위의 동기와 경위, 이로 인하여 기업의 위계질서가 문란하게 될 위험성 등 기업질서에 미칠 영향, 과거의 근무태도 등 여러 가지 사정을 종합적으로 검토하여 판단하여야 한다(대법원 2007. 10. 12. 선고 2005두10149).

그리고 정당성 여부의 판단 대상범위는 징계위원회의 의결을 거쳐 징계해고를 하는 경우에 징계위원회에서 징계사유로 삼은 것에 한하고 징계위원회에서 거론되지 아니한 징계사유를 포함시켜 징계해고의 여부를 판단해서는 안 된다.[75] 다만, 근로자의 어떤 비위행위가 징계사유로 되어 있느냐의 여부는 징계의결서나 징계처분서에 기재된 취업규칙 또는 징계규정 소정의 징계해고 근거 사유에 한정되는 것은 아니고 구체적인 자료를 통하여 결정된다.

판례요지

근로자의 어떤 비위행위가 징계사유로 되어 있느냐 여부는 구체적인 자료들을 통하여 징계위원회 등에서 그것을 징계사유로 삼았는가 여부에 의하여 결정되어야 하는 것이지 반드시 징계결의서나 징계처분서에 기재된 취업규칙이나 징계규정 소정의 징계근거 사유만으로 징계사유가 한정되는 것은 아닐 뿐만 아니라, 징계처분에서 징계사유로 삼지 아니한 비위행위라고 하더라도 징계종류 선택의 자료로서 피징계자의 평소의 소행과 근무성적, 당해 징계처분 사유 전후에 저지른 비위행위 사실 등은 징계양정에 있어서의 참작자료로 삼을 수 있는 것이다(대법원 2002. 5. 28. 선고 2001두10455).

3. 유형에 따른 해고의 정당성

1) 근무태만

근무태만이란 근로자가 정당한 이유 없이 소정의 근로일 또는 근로시간에 근로를 제공하지 않거나 근무성과가 현저히 낮은 경우를 말한다. 근무태만에는 무단결근, 지

75) 대법원 1996. 9. 20. 선고 95누15742; 대법원 1997. 3. 14. 선고 95누16684; 대법원 1988. 12. 13. 선고 86다204; 대법원 2002. 5. 28. 선고 2001두10455 등.

각·조퇴, 근무성적 불량, 직장이탈 등이 있는데, 가장 많은 징계해고사유에 해당된다. 근무태만은 근로계약상의 채무불이행에 해당되지만 그것이 취업규칙에 정한 규율을 위반하거나 직장질서를 문란케 하여 더 이상 근로관계를 유지할 수 없는 경우에 이르러야 비로소 해고사유가 된다.

「무단결근」을 이유로 한 해고의 정당성 판단은 구체적·개별적으로 판단할 수밖에 없다. 왜냐하면, 근로자가 결근을 하는 이유는 매우 다양하고 비록 사전에 결근계를 제출하지 않았더라도 무단결근으로 평가할 수 있는지의 여부는 당해 사업장의 관행·취업규칙·단체협약 등을 구체적으로 검토해야 할 뿐만 아니라[76], 무단결근이 사업운영에 미치는 영향이 기업의 업종·규모·근로자의 인원 수·결근의 시기 등에 따라 차이가 있기 때문이다.[77] 판례는 무단결근·조퇴·지각·직장이탈 등에 의한 해고의 정당성 여부를 판단함에 있어서 사업이나 직무의 특수성을 고려하여 판단하고 있다. 예컨대, 고속버스 운전기사가 1일 무단결근하여 예정노선이 1회 결행·2회 대리운행 된 사안에서 정기성·계속성이 요구되는 고속버스사업의 특성 및 공익성을 고려하여 무단결근을 이유로 한 해고처분은 정당한 것으로 판단하고 있다.[78]

문제는 근무태만에 따른 「근무성과의 현저한 부족」의 판단은 매우 주관적인 평가에 의존할 수 없기 때문에 객관적으로 해고의 정당성 여부를 판단하는데 어려움이 많다. 만약 사용자가 해고 당시에 근로자가 불성실하게 근무하고 있었거나 회사 내의 근무성과 기준에 미달한 것으로 믿은 경우에 그 해고의 정당성을 인정한다면 실질적으로 사용자에게 해고자유권을 부여한 것과 같은 결과를 초래한다. 요컨대, 근무태만에 따른 근무성과의 부족을 이유로 한 해고의 정당성도 「사회통념상 근로관계를 계속할 수 없을 정도로 근로자에게 책임 있는 사유가 있는 경우」에만 인정되는 것이므로

---

76) 판례는 취업규칙 등에 전화 또는 구두로 사전 승인을 받은 경우에는 사후에 사유서를 첨부하여 결근계를 제출하도록 규정되어 있는 경우에 근로자가 사전 승인을 받았다 하더라도 결근계를 제출하지 않은 이상 무단결근에 해당된다고 판단하고 있으나(대법원 1990. 4. 27. 선고 89다카5451), 부상을 당한 근로자가 인사담당자에게 전화로 치료기간은 연차휴가를 사용한 것으로 처리해 달라고 요청하고 사용자가 시기지정권을 행사하지 아니한 경우에는 연차휴가일수의 범위 내에서 연차휴가권을 사용한 것이므로 무단결근에 해당되지 않는 것으로 판단하고 있다(대법원 1992. 4. 10. 선고 92누404). 그리고 취업규칙 등에 일정기간 이상의 결근일수를 기준으로 하여 징계 또는 해고사유로 규정하고 있는 경우, 결근일수는 일정한 시간적 제한 없이 합계 며칠 이상의 무단결근을 한 모든 일수를 의미하는 것이 아니라 상당하다고 인정되는 일정한 기간 내에 합계 며칠 이상의 무단결근일수를 의미한다(대법원 1995. 5. 26. 선고 94다46596). 따라서 무단결근이 계속 이어지는 경우에 근로제공의무가 없는 휴일은 결근일수에서 공제되나, 정상적인 근무를 전제로 한 휴무일은 공제되지 않는다(대법원 1989. 5. 9. 선고 88다카4277).

77) 민변, 변호사가 풀어주는 노동법 I (개정3판), 195면.

78) 대법원 1994. 9. 13. 선고 9누576.

사용자의 주관적이고 추상적인 판단에 의한 근무성과 부족을 이유로 한 해고는 정당성이 인정되지 않는다.

2) 업무명령 위반

사용자의 정당한 업무명령을 위반한 근로자는 근로계약상의 근로제공의무 위반에 따른 채무불이행 책임을 지게 됨과 동시에 취업규칙 등에 업무명령위반이 해고사유로 규정되어있는 경우에는 해고처분의 대상이 된다. 업무명령 위반에는 작업지시 위반, 연장·휴일근무 명령위반, 전직·출장명령 위반, 취업시간 중 착용한 리본제거지시 위반, 소지품 검사 불응, 시말서 제출 거부 등이 있다.

근로자의 업무명령 위반을 이유로 한 해고의 정당성은 ① 업무명령이 근로계약의 범위 내에서 유효한 것인가의 여부, ② 근로자가 업무명령에 복종하지 않은 것에 대한 부득이한 사유가 있었는가의 여부, ③ 업무명령 위반에 대한 징계처분이 상당한가의 여부에 따라 결정된다.[79)]

(1) 업무명령이 부당한 경우에 근로자가 이를 거부한 것을 이유로 한 해고는 무효이다. 업무명령을 불응한 것을 이유로 한 해고의 정당성 여부를 판단할 때에는 사용자 또는 상사의 업무명령이 근로계약·취업규칙·단체협약·법령에 위반되지 않는 정당한 것인지의 여부에 따라 해고사유에 해당되는지를 판단해야 한다.[80)] 판례는「취업규칙 등에 징계처분을 당한 근로자는 시말서를 제출하도록 규정되어 있는 경우 징계처분에 따른 시말서의 제출거부는 그 자체가 사용자의 업무상 정당한 명령을 거부한 것으로서 징계사유에 해당되나, 징계종류 중 가장 무거운 파면처분을 선택한 것은 그 징계권의 범위를 일탈한 것」으로 판단하고 있다[81)]. 그러나 소관업무가 아닌 업무지시를 받고서 수행하지 않고 폭언을 하는 등 회사측의 지시를 적극적으로 어긴 경우에는 비록 해당 근로자의 소관 업무가 아닌 점을 감안하더라도 이와 같은 비위행위에 대해 권고해직처분에 응하지 않아 당해 근로자를 징계면직한 경우[82)], 여객자동차운송사업을 영위하는 사업체에서의 운전기사에 대한 배차지시는 통상적인 업무수행명령에 해당되므로 특별한 사정이 없는 한 사용자의 배차지시를 거부한 경우[83)] 등은 정당한 해고사유에 해당되는 것으로 판단하고 있다.

---

79) 이병태, 최신노동법(제8전정판), 971면.
80) 민변, 변호사가 풀어주는 노동법 I (개정3판), 197면.
81) 대법원 1991. 12. 24. 90다12991; 대법원 1995. 3. 3. 선고 9누11767.
82) 대법원 1993. 9. 28. 선고 93다15892.
83) 대법원 1994. 12. 23. 선고 94누3001; 대법원 2000. 6. 23. 선고 98다54960.

(2) 근로자는 전근·전보·출장 등 사용자의 정당한 인사명령을 따라야 할 의무가 있으므로 근로자가 정당한 인사명령을 따르지 않은 경우에는 징계사유에 해당된다. 그러나 사용자의 부당한 인사명령을 거부한 것은 징계사유에 해당되지 않는다. 다만, 사용자의 인사명령을 거부한 것을 이유로 한 해고의 정당성 여부는 인사명령의 정당성과 함께 당해 근로자의 결근일수 및 인사처분의 경위 등의 제반사정을 고려하여 사용자의 인사재량권의 범위 내에 있는가의 여부에 따라 판단해야 한다.[84]

판례는 근로자는 정당한 인사명령을 따라야 할 의무가 있으므로 유효한 인사명령에 불응하여 부임 등을 거부한 사안에서 사용자가 이를 무단결근으로 취급하여 해고사유로 삼아 해고한 것은 정당하나[85], 부당한 인사이동을 거부한 근로자에게 새로운 근무지 출근을 거부한 것을 해고사유로 삼을 수 없고 이를 무단결근으로 취급하여 행한 해고는 무효라고 판단하고 있다.[86]

3) 직장규율위반

직장규율이란 사용자가 근로자의 근로제공이나 사업장 내에서 근로자의 일정한 행동을 제한하는 것을 말한다. 전형적인 직장규율로서는 사업장 내에서의 음주·흡연·수면·도박, 횡령·배임, 절도·손괴, 폭행 기타 사적 활동의 금지 등이다. 직장규율 위반을 이유로 한 징계해고의 정당성은 ① 직장규율이 정당한 것인가의 여부, ② 직장규율을 위반한 동기, ③ 직장규율 위반의 정도, ④ 해당 근로자의 회사에 대한 공헌도 등을 종합적으로 고려하여 판단해야 한다.[87]

4) 회사의 명예·신용 실추행위 및 품위유지 위반

근로자가 사용자 또는 소속 회사의 명예와 신용을 실추시키거나 거래관계에 나쁜 영향을 미치는 행위와 근로자로서의 품위를 해치는 사유가 있는 경우에는 징계사유가 된다. 사용자나 소속 회사의 명예 등을 실추시킨 것을 이유로 한 징계처분이 정당화하기 위해서는 그 행위의 성질·경위 이외에 사업의 종류·규모, 경제계에서의 회사 지위 및 경영방침, 회사 내에서의 근로자 지위·직종 등 여러 가지 사정을 종합하여 회사의 사회

---

84) 민변, 변호사가 풀어주는 노동법 I (개정3판), 198~199면
85) 대법원 1991. 9. 24. 선고 90다12366; 대법원 1994. 5. 10. 선고 90다47677; 대법원 1995. 5. 10. 선고 95다10778 등.
86) 대법원 1997. 12. 12. 선고 97다36316.
87) 대법원 1991. 10. 25. 선고 90다20428.

적 평가에 미치는 악영향이 매우 중대하고 객관적으로 인식되는 경우이어야 한다.[88)]

판례는 조합원인 근로자가 허위사실을 유포하여 조합장 불신임 운동을 전개함으로써 회사의 공동체 질서를 위태롭게 한 경우[89)], 도시개발공사 직원이 부동산 투기를 하여 공사의 사회적 평가에 중대한 악영향을 끼친 경우[90)], 뚜렷한 증거도 없이 사용자를 고소·고발하여 그의 인격을 비난하는 내용이 담긴 진정서 등을 다른 기관에게 제출한 행위[91)] 등을 회사의 명예·신용을 실추시킨 것으로 보아 그 징계해고를 정당한 것으로 보았다.

근로자의 품위유지 의무는 업종·직종 및 직위에 따라 그 의무 정도가 다르기 때문에 그 특성에 따라 개별적으로 해고사유가 되는지를 판단해야 한다. 일반적으로 품위유지 위반이 징계사유로 될 수 있는 근로자는 일반근로자에 비하여 높은 도덕성이 인정되는 관리직이나 교직원 등이다.[92)] 판례는 결혼한 남녀 교사가 불륜관계를 맺어오다가 각각 협의이혼하게 되어 동료 교사와 학부모들로부터 비난을 받고 물의를 일으킨 경우[93)], 교사가 학부모로부터 금품과 향응을 받은 경우[94)] 등을 품위유지위반에 따른 정당한 해고처분으로 인정하였다.

판례요지

교원은 항상 사표가 될 품성과 자질의 향상에 힘쓰고 학문의 연찬과 교육 원리의 탐구 및 학생 교육에 전심전력하여야 한다는 점에서 일반 직업인보다 높은 도덕성이 요구되고 그 품위손상행위는 본인은 물론 교원 사회 전체에 대한 국민의 신뢰를 실추시킬 우려가 있는 점에서 보다 엄격한 품위유지의무를 부담하고 있다(대법원 2000. 10. 13. 선고 98두8858).

5) 경력사칭

(1) 징계해고사유의 해당 여부

경력사칭이란 고의로 채용 시에 제출하는 이력서 등에 학력·직업경력·학생운동 경력·노동운동 경력·전과사실 등을 허위로 기재하는 것을 말한다. 경력사칭이 해고사

88) 이병태, 최신노동법(제8전정판), 975면.
89) 대법원 1995. 2. 14. 선고 94누5847.
90) 대법원 1994. 12. 13. 선고 93누23275.
91) 대법원 1992. 6. 26. 선고 91다42982; 대법원 1995. 3. 3. 선고 94누11767.
92) 대법원 2000. 10. 13. 선고 98두8858.
93) 대법원 1993. 10. 23. 선고 93누14240.
94) 대법원 1997. 4. 25. 선고 96누17479.

유에 해당되는가의 여부에 대하여 학설은 부정설과 긍정설이 대립하고 있으나, 다수설과 판례는 징계해고사유로 인정하고 있다.

가. 학 설

경력사칭이 징계해고사유에 해당되지 않는다는 부정설은 ① 근무규율이나 직장질서를 위반한 행위가 아니기 때문에 근로계약의 무효 또는 취소를 야기하거나 신의칙상의 진실고지의무를 위반으로 일반해고 사유가 될 수는 있어도 징계해고사유로 볼 수 없다는 점[95], ② 근로계약관계는 노무제공과 임금지급을 핵심적 요소로 하는 계약관계이지 신분관계가 아니라는 점[96], ③ 근로제공과 관련된 중요한 사항을 이력서에 허위 기재하여 근로를 제공하는데 지장을 초래하는 경우에 한하여 징계해고사유에 해당되고 노동력의 평가와 무관한 내용을 허위 기재한 것 자체는 징계해고사유에 해당될 수 없다는 점[97] 등을 제시하고 있다.

반면, 징계해고사유에 해당될 수 있다는 긍정설은 중요한 경력사칭은 근로계약상 신의칙 위반일 뿐만 아니라 노동력이나 전인격적 판단을 그르치게 한 결과 채용 후의 인력의 적정한 배치 등 기업의 질서나 운영에 지장을 초래할 우려가 있는 경우에는 징계해고사유가 된다고 해석하고 있다.[98]

나. 판 례

판례는 「기업이 근로자를 고용하면서 학력 또는 경력을 기재한 이력서 등을 요구하는 이유는 단순히 근로자의 근로능력 즉 노동력을 평가하기 위해서 만이 아니라 노사간의 신뢰형성과 기업질서유지를 위해서는 근로자의 지능과 경험, 교육정도, 정직성 및 직장에서의 정착성과 적응성 등 전인격적 판단을 거쳐 고용 여부를 결정할 필요가 있으므로 그 판단자료로 삼기 위한 것」이라는 이유로 징계해고사유에 해당되는 것으로 판단하고 있다.[99]

---

95) 김형배, 노동법(제4판), 648면.

96) 민변, 변호사가 풀어주는 노동법Ⅰ(개정3판), 203면; 박홍규, 고용법·근로조건법(제2판), 306면.

97) 김유성, 노동법Ⅰ(초판), 282면; 민변, 변호사가 풀어주는 노동법Ⅰ(개정3판), 203면; 박홍규, 고용법·근로조건법(제2판), 307면.

98) 임종률, 노동법(제6판), 510면; 이병태, 최신노동법(제8전정판), 977면; 하갑래, 근로기준법(제16판), 831면 이하; 菅夜和夫(이정 역), 일본노동법(초판), 388면 등.

99) 대법원 1990. 12. 7. 선고 90다카23912; 대법원 1992. 9. 25. 선고 92다18542 대법원 1992. 6. 23. 선고 92다8873; 대법원 1992. 9. 25. 선고 92다18542; 대법원 1994. 8. 12. 선고 93누21521;대법원 1995. 3. 10. 선고 94다14650 등.

판례요지

기업이 근로자를 고용하면서 학력 또는 경력을 기재한 이력서 등을 요구하는 이유는 단순히 근로자의 근로능력 즉 노동력을 평가하기 위해서 만이 아니라 노사간의 신뢰형성과 기업질서유지를 위해서는 근로자의 지능과 경험, 교육정도, 정직성 및 직장에서의 정착성과 적응성 등 전인격적 판단을 거쳐 고용 여부를 결정할 필요가 있으므로 그 판단자료로 삼기 위한 것이고, 근로자의 채용 시의 허위경력기재행위 내지 경력은폐행위를 징계해고사유로 규정하는 취업규칙이나 상벌규정 등은 특별한 사정이 없는 한 유효하다 할 것이므로, 경력을 기재하게 되면 채용되지 않을 것이 예상된다고 하여 그 경력을 은폐하거나 허위경력을 기재하는 행위가 정당화될 수는 없는 것이고, 이러한 허위경력기재행위 내지 경력은폐행위를 징계사유로 삼는 것이 근로자의 생존권을 박탈하는 것으로서 위법하다고 할 수 없다(대법원 1995. 3. 10. 선고 94다14650).

나아가「사용자는 통상적으로 근로자가 이력서 등에 기재한 경력 등을 진실한 것으로 신뢰하는 것이므로 달리 특별한 사정이 없는 한 사용자에게 근로자의 이력서 등의 기재내용의 진실 여부를 확인하여야 할 일반적인 의무가 없으므로 시용기간이 지난 후에도 징계해고사유로 삼을 수 있는 것」으로 판단하고 있다.[100)]

(2) 해고의 정당성 여부의 판단

다수설[101)]과 판례[102)]는 경력은「사용자의 근로자에 대한 신뢰관계나 기업질서유지 등에 영향을 주는 것이므로 경력사칭을 사전에 알았다면 채용하지 않았거나 적어도 동일한 조건으로 채용하지 않았을 것으로 인정되는 중요한 경력의 사칭은 정당한 징계해고사유에 해당되는 것」으로 판단하고 있다. 즉, 중요한 경력사칭은 신의칙 위반일 뿐만 아니라 노동력이나 전인격적 판단을 그르치게 한 결과 채용 후의 인력의 적정한 배치 등 기업의 질서나 운영에 지장을 초래할 우려가 있다는 점에서 정당한 징계해고사유가 된다고 보고 있다. 여기서「근로계약을 체결하지 않았거나 적어도 동일한 조건으로 계약을 체결하지 아니하였을 것으로 인정되는 경우」란 기업의 종류나 성격, 허위기재하거나 은폐한 내용, 근로계약의 체결 당시의 상황 등에 비추어 그러한 사정

100) 대법원 1995. 3. 10. 94다14650.

101) 임종률, 노동법(제6판), 510면; 이병태, 최신노동법(제8전정판), 977면 이하; 하갑래, 근로기준법(제16판), 831면 이하.

102) 대법원 1988. 2. 9. 선고 87누818; 대법원 1988. 12. 13. 선고 86다204; 대법원 1989. 1. 31. 선고 87다카2410; 대법원 1989. 3. 14. 선고 87다카3196; 대법원 1990. 12. 7. 선고 90다카23912; 대법원 1994. 8. 12. 선고 93누21521; 대법원 1999. 3. 26. 선고 98두4672 등.

이 객관적으로 인정되는 경우를 말한다. 따라서 허위사항의 이력서 기재가 작성자의 착오에 의한 것이거나 그 내용이 극히 사소한 경우에는 그것을 이유로 한 징계해고는 사회통념상 타당성이 인정되지 않는다.[103)]

판례는 ① 봉제공으로 근무한 사실이 없음에도 다른 회사에 봉제공으로 근무한 것처럼 이력서를 기재하여 봉제공으로 취업한 경우[104)], ② 특수강도 등의 혐의로 형사입건되어 퇴학처분을 받았음에도 고등학교를 졸업한 것으로 이력서에 허위기재하여 신용금고에 입사한 경우[105)], ③ 공업고등학교 졸업과 공업전문대학 2학년 중퇴의 학력을 은폐하고 중학교만 졸업한 것으로 학력을 허위기재하여 입사한 경우[106)], ④ 중졸 이상의 학력을 요건으로 하는 회사에 입사하면서 중학교 졸업자처럼 사칭하고 졸업증명서를 위조하여 8년간 은폐한 채 근무하여 온 경우[107)], ⑤ 근무성적 불량으로 해고된 사실과 주거침입 혐의로 지명수배된 사실 등이 알려질 것을 우려하여 이의 경력을 은폐하고 실재하지도 않은 다른 회사서 근무한 것처럼 허위로 경력을 사칭하여 입사한 경우[108)], ⑥ 대학 4학년 때 좌익대학생 단체의 조직지도책으로 지명 수배되었다가 대통령의 특별사면으로 수배 해제된 사실이 있음에도 고의로 대학입학 및 대학자퇴의 전 과정을 누락시키고 고등학교만 졸업한 것처럼 허위기재하여 입사한 경우[109)], ⑦ 고등학교 졸업자가 입사 당시 이력서에 초급대학에 입학하여 졸업한 것으로 허위기재하여 대학졸업자라는 사실이 크게 작용하여 빠르게 승진한 경우[110)], ⑧ 부당해고구제신청을 하여 사용자와 합의하에 부당해고구제신청을 취하하면서 임의 퇴직한 사실을 숨기기 위하여 그 직장근무기간에 대하여 마치 다른 직장에서 근무한 것으로 허위기재하여 입사한 경우[111)] 등은 정당한 징계해고로 판단하고 있다.

그러나 ① 초등학교 중퇴의 학력밖에 없는 자가 고등학교를 중퇴한 것으로 사칭한 경우라도 학력이 업무능력에 미치는 영향이 거의 없는 납땜업무에 종사한 경우[112)], ② 형사처벌을 받고 파면된 사실을 은폐한 경우라도 입사 이후 13년 동안 성실하게

---

103) 김유성, 노동법 I (초판), 281면.
104) 대법원 1985. 4. 9. 선고 83다카2202.
105) 대법원 1988. 2. 9. 87누818.
106) 대법원 1989. 1. 31. 선고87다카2410.
107) 대법원, 1989. 3. 14. 선고 87다카3196.
108) 대법원 1990. 10. 30. 선고 89다카30846.
109) 대법원 1992. 6. 23. 선고 92다8873. 동지 대법원 1994. 1. 28. 선고 92다45230; 대법원 1994. 8. 12. 선고 93누21521.
110) 대법원 1995. 8. 22. 선고 95누5943.
111) 대법원 2000. 6. 23. 선고 98다54960.
112) 대법원 1986. 10. 28. 선고 85누851. 동지 대법원 1989. 5. 9. 선고 88다카4918.

근무한 경우[113], ③ 최종 학력을 기재하지 아니하고 전 직장의 근무기간을 실제 보다 길게 기재하여 입사한 경우라도 징계해고한 것이 적극적인 노동조합활동을 혐오한 나머지 최종 학력 미게재 등의 사유를 표면적인 구실로 내세워 그에 대한 보복조치로써 징계해고한 경우[114], ④ 회사가 근무경력 은폐사실을 알고 있었더라도 고용계약을 체결하거나 적어도 동일한 조건으로 고용계약을 체결하였을 것으로 인정되는 짧은 경력기간을 누락시킨 경우[115] 등은 정당성이 없는 징계해고로 판단하고 있다.

(3) 평 가

근로관계의 존속 중에 근로관계가 성립되기 전의 행위인 경력사칭을 근거로 징계해고하는 것은 합리성이 있는 인사처분이라고 볼 수 없다. 그러나 근로관계는 근로제공과 임금지급을 목적으로 하는 계약관계인 동시에 노사 당사자의 신뢰관계를 기반으로 하는 인격적 결합관계의 성격도 가지고 있으므로 비록 경력사칭이 근로계약 체결 이전의 행위라도 그 경력사칭이 신뢰관계 또는 기업의 질서유지에 악 영향을 끼칠 위험성이 현존하는 경우에는 징계해고사유에 해당된다고 볼 수 있다. 따라서 경력사칭의 내용이 학력·경력 등과 같이 근로자의 능력평가와 관련이 있는 경우에는 징계해고사유에 해당되나, 이와 직접적인 관련이 없는 조합활동·학생운동·정치활동 등에 관한 경력사칭인 경우에는 징계해고사유가 되지 않는다고 보아야 한다.

요컨대, 채용 시의 모든 경력사칭이 징계사유에 해당되는 것은 아니고, 정당한 징계사유로 인정되기 위해서는 ① 경력사칭이 신의칙에 반하는 것이어야 하고, ② 기업질서를 침해할 우려가 현존해야 하고, ③ 근로계약 체결 후에 상당한 기간이 경과되지 않아야 한다.[116]

6) 기업비밀의 누설

근로자는 기업의 비밀을 누설하지 않을 근로계약상 성실의무를 부담하기 때문에 취업규칙 등에 회사의 비밀누설을 징계해고사유로 정한 경우에 사용자는 해당 근로자를 징계해고할 수 있다.[117] 그러나 징계해고사유로 삼을 수 있는 비밀은 사업상

113) 대법원 1993. 10. 8. 선고 93다30921.
114) 대법원 1996. 2. 9. 선고 94누9771.
115) 대법원 1999. 12. 21. 선고 99다53865.
116) 이병태, 최신노동법(제8전정판), 978면 이하.
117) 기업의 비밀을 누설하는 것은 기업의 공동 질서를 위반하는 것이 아니고 근로계약상 부수적인 의무인 성실의무를 위반한 것이라는 이유로 의사·간호사 등 전문직 근로자 이외에는 징계사유로 삼을 수 없다고 하는 반대의견이 있다(김형배, 노동법(신판제4판), 644면).

필요한 기업의 비밀에 해당되고 보호할 만한 가치가 있어야 한다.[118]

7) 겸직(이중취업)

근로자는 근로시간 이외의 사용자의 구속에서 벗어나 자유로이 이용할 수 있는 것이므로 겸직 또는 이중취업을 하였다는 이유만으로 당연히 해고사유에 해당되지 않는다. 즉, 근로자가 다른 사업을 겸직하거나 근무시간 이외에 다른 직업에 종사하고 있더라도, 이는 근로자 개인능력에 따른 사생활의 범주에 속하는 것이므로 기업질서나 노무제공에 지장이 없는 겸직까지 전면적·포괄적으로 금지하는 것은 부당하다. 법원도 「회사의 기업질서 또는 노무통제를 문란케 할 위험이 없고, 근로제공에 대한 특별한 지장을 가져오지 않는 한 겸직은 해고사유에 해당되지 않는 것」으로 판단하고 있다.[119]

판례요지

근로자가 다른 사업을 겸직하는 것은 근로자 개인능력에 따라 사생활의 범주에 속하는 것이므로 기업질서나 노무제공에 지장이 없는 겸직까지 전면적·포괄적으로 금지하는 것은 부당하다(서울행정법원 2001. 7. 24. 선고 2001구7465).

그러나 근로자의 겸직이 근로관계를 유지할 수 없을 정도로 기업질서를 문란케 하거나 기업의 이익을 침해하는 합리적인 이유가 있는 경우에는 취업규칙에 규정된 겸직금지 조항을 이유로 해고할 수 있다고 보아야 한다.[120]

8) 업무와 관련성이 없는 범죄행위

근로자가 업무와 직접적인 관련성이 없는 범죄행위로 인하여 형사처벌을 받게 되면, 그로 말미암아 회사의 명예 또는 신용이 훼손되고 근로자에 대한 신뢰관계가 저하될 우려가 있다. 더욱이 범죄행위로 인하여 근로자가 구속되어 근로자가 장기간 근로제공의무를 이행할 수 없는 경우에는 근로계약 자체의 목적을 달성할 수 없게 된다.

이러한 이유에서 취업규칙 등에 근로자의 범죄행위로 형사처벌을 받는 경우를 해고사유로 규정하고 있는 경우가 많고, 그와 관련된 해고사건이 많이 발생하고 있다. 해고사유에 해당되는 「유죄판결」이란 유죄의 판결이 확정될 때까지는 무죄로 추정된다는 헌법상의 무죄추정의 원칙에 따라 확정된 유죄판결을 의미하는 것으로 해석해

118) 이병태, 최신노동법(제8전정판), 981면.
119) 서울행정법원 2001. 7. 24. 선고 2001구7465.
120) 이병태, 최신노동법(제8전정판), 981면; 동지 김형배, 노동법(신판제4판), 644면.

야 한다.[121] 따라서 1심에서 유죄판결을 받았지만 상고의 제기 등으로 그 유죄판결이 확정되지 않은 경에는 형사구속 등으로 장기간 근로를 제공할 수 없는 객관적인 사유가 없는 한 유죄판결만을 이유로 한 해고는 정당성이 없다. 그러나 판례는 근로제공이 불가능한 신체의 구속 상태가 해소되지 아니하는 내용의 유죄판결만을 의미하는 것이 아니고 모든 유죄판결을 의미하는 것으로 해석하고 있다. 다만, 상급심에서 무죄판결을 받은 경우에는 재취업할 수 있도록 한 단체협약의 규정은 무죄확정 시 복직조건으로 일단 근로관계를 종료시키기로 한정하여 합의한 취지로 해석하고 있다.[122]

요컨대, 업무와 관련이 없는 사업장 밖에서의 범죄행위는 기업질서를 위반한 것으로 볼 수 없기 때문에 장기간의 형사 구속 등으로 기업의 업무수행에 직접적으로 악영향을 초래하거나 기업의 사회적 평가를 훼손할 염려로 인하여 근로관계를 유지할 수 없는 객관적인 사유가 없는 한 단지 유죄판결을 이유로 한 해고는 무효로 해석해야 한다.[123] 여기서 해고사유가 되는 「사회적 평가를 훼손할 염려」는 반드시 구체적인 업무저해의 결과나 거래상의 불이익이 발생하여야 하는 것은 아니고 당해 행위의 성질과 내용, 기업의 목적과 경영방침, 사업의 종류와 규모 및 그 근로자의 기업에 있어서의 지위와 담당 업무 등 제반 사정을 종합적으로 고려하여 그 비위행위가 기업의 사회적 평가에 미친 악영향이 상당히 중대하다고 객관적으로 평가될 수 있는 경우를 말한다.[124]

판례요지

사용자가 근로자에 대하여 징계권을 행사할 수 있는 것은 사업 활동을 원활하게 수행하는 데 필요한 범위 내에서 규율과 질서를 유지하기 위한 데에 그 근거가 있으므로, 근로자의 사생활에서의 비행은 사업 활동에 직접 관련이 있거나 기업의 사회적 평가를 훼손할 염려가 있는 것에 한하여 정당한 징계사유가 될 수 있다(대법원 2001. 12. 14. 선고 2000두3689).

따라서 업무와 관련이 없는 개인적인 범죄행위 또는 비위행위를 이유로 한 해고의 정당성은 기업의 규모, 동기·목적, 구속근로자의 지위, 선고된 형벌 등을 종합적으로 감안하여 근로제공을 장기간 제공할 수 없거나 기업의 명예를 실추한 행위에 해당되어 기업의 사회적 평가에 미친 악영향이 심히 중대한 것으로 객관적으로 평가되는

121) 민변, 변호사가 풀어주는 노동법 I (개정3판), 201면.
122) 대법원 1993. 2. 29. 선고 92다22206; 대법원 1997. 5. 23. 선고 97다9239.
123) 대법원 1994. 12. 13. 선고 93누23275; 대법원 2001. 12. 14. 선고 2000두3689.
124) 대법원 2001. 12. 14. 선고 2000두3689.

경우에 한하여 해고의 정당성이 인정되는 것으로 해석해야 한다. 그리고 근로자가 범죄행위로 체포·구속되어 결근한 경우라도 곧바로 무단결근을 이유로 해고처분을 해서는 안 되고, 체포·구속 전후의 근로자 측 대응, 기소의 유무 등을 참작하여 해고 정당성 여부를 판단하여야 한다.

9) 위법한 노동조합활동

취업규칙 등에 집회·연설·유인물의 배포 또는 부착 등 업무와 무관한 활동은 사용자의 사전 승인을 얻은 경우에 한하여 허용하고, 이의 위반행위를 징계해고사유로 규정하고 있는 경우가 많다. 사업장 내의 시설관리나 근로자의 휴게시간의 자유로운 이용을 방해할 염려가 있고, 활동 내용 여하에 따라서는 기업질서를 문란케 할 가능성이 있다는 점에서 기업 내에서 업무 이외의 활동에 대한 사전승인은 합리성이 인정된다고 볼 수 있다. 그러나 징계해고사유로 된 업무 외의 활동이 노동조합의 정당한 활동에 해당되는 경우에는 당연히 민형사상의 책임이 면제되는 것이므로 사전승인을 얻지 않은 것을 이유로 한 해고는 무효로 된다. 그러나 그 활동이 노동조합의 정당한 활동에 해당되지 않는 경우에는 정당한 징계해고사유에 해당된다.

정당한 노동조합 활동으로 인정되기 위해서는 ① 노동조합의 업무를 위한 활동으로 볼 수 있거나 노동조합의 묵시적 수권 또는 승인을 받았다고 볼 수 있어야 하고(주체의 정당성), ② 근로조건의 유지개선과 근로자의 경제적 지위향상을 도모하기 위하여 필요하거나 근로자의 단결강화에 도움이 되어야 하고(목적의 정당성), ③ 취업규칙이나 단체협약에 별도의 허용규정이 없거나 노동관행 또는 사용자의 승낙이 없는 경우에는 근로시간 이외에 행해져야 하고(시기의 정당성), ④ 사용자의 시설관리권에 바탕을 둔 합리적인 규율이나 제약에 따라야 하고 폭력이나 파괴행위 등의 방법에 의하지 않는 것이어야 한다(방법의 정당성).[125]

판례는 사업장 내의 노동조합활동의 정당성 여부에 관하여 「회사의 사전 승인을 얻도록 하고 있더라도 근로조건의 유지개선이나 복지 증진을 위한 정당한 행위까지 금지할 수는 없는 것이므로 그 행위가 정당한가의 여부는 회사의 승인 여부만을 가지고 판단할 것은 아니고, 그 유인물의 내용·매수·배포의 시기·대상·방법·이로 인한 기업이나 업무에의 영향 등을 기준으로 판단해야 한다.」고 판시하고 있다.[126]

구체적으로 배포된 유인물이 타인의 인격·신용·명예 등을 훼손 또는 실추시키거나

---

125) 민변, 변호사가 풀어주는 노동법 I (개정3판), 208면.
126) 대법원 1991. 11. 12. 선고 91누4164; 대법원 1997. 12. 23. 선고 96누11778.

사실관계의 일부가 허위이거나 그 표현에 다소 과장되거나 왜곡된 점이 있더라도, 유인물을 배포한 목적이 타인의 권리나 이익을 침해하려는 것이 아니라 근로조건의 유지개선과 근로자의 복지 증진 기타 경제적·사회적 지위의 향상을 도모하기 위한 것으로써 그 내용이 전체적으로 보아 진실한 것이라면 정당한 활동범위에 포함된다.[127] 그러나 노동조합활동이라 하더라도, 유인물이나 언동으로 기업 또는 대표자의 명예를 훼손한 행위는 해고사유에 해당된다. 다만, 정당하지 않은 노동조합활동이 해고사유에 해당된다 하더라도 그로 인한 징계의 적정성 여부는 별도로 판단해야 한다. 즉, 노동조합활동으로 기업 또는 대표자의 명예가 훼손되었다 하더라도 근로자와 회사와의 관계, 비방 또는 고발의 경위, 반복 정도 등 그 행위가 발생하게 된 경위를 구체적으로 고려하여 해고의 정당성 여부를 판단해야 한다.[128]

특히, 노동조합활동과 관련하여 문제되는 것은 위법한 쟁의행위에 참가하는 근로자를 징계해고할 수 있는가의 여부이다. 징계해고할 수 없다는 견해는 ① 쟁의행위는 노동조합의 주도로 이루어지는 것이므로 위법쟁의행위에 대해서는 노동조합 자체가 책임을 부담해야 하는 것이지 개별조합원은 책임이 없다는 점, ② 쟁의행위가 위법하더라도 그 행위는 노동조합의 의사결정에 따라 행해지는 것이므로 조합원의 행위는 노동조합의 행위로 흡수되어 조합원에 대한 징계는 할 수 없다는 점, ③ 조합원에 징계책임을 인정하면 조합원에게 너무 가혹할 뿐만 아니라 이로 인해 노동운동이 위축될 가능성이 있다는 점, ④ 징계처분은 평상시의 근로관계를 전제로 직장질서 위반에 따른 제재이므로 사용자의 지휘감독관계가 존재하지 않는 쟁의행위에는 미칠 수 없다는 점 등을 근거로 제시하고 있다.

반면, 징계해고를 인정하는 견해는 ① 쟁의행위는 집단적 성격을 갖지만, 개별 근로자의 행위로 실현되는 것이므로 근로자 개인도 책임을 부담해야 한다는 점, ② 쟁의행위가 노동조합의 주도로 이루어지는 것이라도 근로자 개인이 전혀 책임을 지지 않는 것은 법의 상식에 부합하지 않는다는 점, ③ 쟁의행위 중 직장무단이탈자가 징계처분을 받지 않는 것은 위법성이 조각되는 것이므로 위법성이 조각되지 않는 위법한 쟁의행위에 참가한 근로자에 대해서는 징계책임이 적용되어야 한다는 점 등을 제시하고 있다.

우리나라의 다수설[129]과 판례[130]는 위법쟁의행위에 참가한 개별근로자에 대하여

---

127) 대법원 1997. 12. 23. 선고 96누11778; 대법원 2001. 12. 28. 선고 2000두7315.

128) 예컨대, 사용자의 부당한 처사에 대항하기 위하여 유인물을 배포하거나 항의를 하는 과정에서 그 내용이나 표현방식이 과격하여 명예훼손에 이른 경우라면 정당한 해고로 볼 수 없을 것이다.

129) 이병태, 최신노동법(제8전정판), 365면; 임종률, 노동법(제6판), 234면; 이상윤, 노동법(제3판), 748면; 김형배, 노동법(신판제4판), 861면.

사용자는 징계책임을 물을 수 있는 것으로 해석하고 있다.

그리고 위법쟁의행위를 주도한 조합간부가 일반조합원보다 무거운 특별징계책임을 부담하느냐에 관하여 긍정설과 부정설이 대립한다. 특별징계책임을 긍정하는 견해의 근거로서는 조합간부의 행위는 일면에 노동조합이라는 단체로서의 행위로 볼 수 있는 측면과 개인의 행위라는 측면을 지니고 있으며, 쟁의행위는 근로제공의 정지를 조직적으로 집단화하여 이루어지는 집단적 투쟁행위이므로 쟁의행위의 기획·지시 및 지도 등을 주도한 조합간부의 특별징계책임을 인정하는 것은 당연하다는 것 등이 제시되고 있다. 반면, 특별징계책임을 부정하는 견해의 근거로서는 민법상 법인이론에 따라 쟁의행위가 전체적으로 위법한 경우에 노동조합 자체가 책임을 부담하는 것과는 별도로 조합간부의 행위는 노동조합의 행위가 되므로 노동조합기관에 해당되는 조합간부에게 징계책임을 물을 수 없고, 조합간부의 위법·부당한 지휘명령에 따라 위법한 쟁의행위가 행해진 경우에도 쟁의행위가 사실행위인 이상 조합간부가 쟁의행위 자체의 대표자가 될 수 없다는 것 등이 제시되고 있다. 학설[131]과 판례[132]는 대체로 위법쟁의행위를 주도한 조합간부에 대한 특별징계책임을 긍정하는 입장을 보이고 있다.

판례요지

조합간부들의 행위는 일면에 있어서는 노동조합 단체로서의 행위라고 할 수 있는 외에 개인의 행위라는 측면도 아울러 지니고 있고, 일반적으로 쟁의행위가 개개 근로자의 노무정지를 조직하고 집단화하여 이루어지는 집단적 투쟁행위라는 그 본질적 특징을 고려하여 볼 때 노동조합의 책임 외에 불법쟁의행위를 기획, 지시, 지도하는 등으로 주도한 조합의 간부들 개인에 대하여도 책임을 지우는 것이 상당하다(대법원 1994. 3. 25. 선고 93다32828).

요컨대, 쟁의행위가 헌법상 보장된 노동3권을 실현하기 위하여 노동조합이 기획·주도한 집단적 사실행위라 하더라도, 쟁의행위에 참여한 개별 근로자에 대하여 어떠한 징계책임을 물을 수 없다고 하는 것은 근로관계의 형평성에 반하는 것이므로 쟁의행위에 참가한 개별근로자에 대한 징계처분은 불가피하고, 쟁의행위는 노동조합의 주도로 행해지는 것이므로 위법쟁의행위를 주도한 조합간부도 징계책임을 부담할

130) 대법원 1991. 7. 12. 선고 90다9353.

131) 이병태, 최신노동법(제8전정판), 366면; 임종률, 노동법(제6판), 235면; 김형배, 노동법(신판제4판), 862면.

132) 대법원 1993. 5. 11. 선고 93다5147; 대법원 1994. 3. 25. 선고 93다32828; 광주지방법원 1995. 7. 14. 선고 94가합4546; 대법원 2006. 2. 23. 2005두14767.

수밖에 없다. 그러나 주로 기업별 노동조합의 형태가 주류를 이루고 있는 우리나라의 경우에는 위법쟁의행위가 있었다는 이유만으로 제한 없는 징계책임을 인정한다면, 노동조합의 조직력을 약화시켜 노동3권의 행사가 위축될 수밖에 없으므로 위법쟁의행위에 이르게 된 귀책사유가 노동조합보다는 사용자에게 더 많거나[133] 위법쟁의행위로 민·형사책임을 묻지 않겠다는 노사간에 면책약정이 있는 경우[134]에는 해고할 수 없는 것으로 보아야 한다.

10) 회사에 대한 비방·진정

사용자는 근로자가 근로기준법 위반 등을 노동행정기관에게 신고 또는 진정을 한 것을 이유로 해고할 수 없다(근로기준법 §104). 그러나 근로자가 뚜렷한 자료도 없이 사용자를 수사기관에 고소·고발하는 행위, 사용자의 인격을 비난하는 내용의 진정서 등을 수사기관에 제출하는 행위, 공개석상에서 진실과 다른 내용이나 과장된 내용을 가지고 회사를 비방하는 행위는 정당한 징계사유에 해당된다.[135] 그러나 공익적 목적을 위한 이른바 내부고발행위는 일부 사실과 다른 내용이 있다 하더라도 전체적인 내용이 사실에 근거하고 그 목적이 정당하다면 해고사유에 해당되지 않는다.[136]

판례요지

근로자가 직장의 내부사실을 외부에 공표하는 것은 공표된 내용과 그 진위, 그 행위에 이르게 된 경위와 목적, 공표방법 등에 따라서는 사용자의 비밀, 명예, 신용 등을 훼손하는 행위로서 징계사유가 될 수 있지만, 고도의 공공성을 갖는 공법인에 있어서는 그 업무가 무엇보다도 먼저 관련 법령 및 제 규정에 따라 적법하게 수행되어야 하고, 그 업무수행에 있어서의 위법행위는 널리 공법인의 내·외부로터 감시, 견제되어야 할 필요가 있으므로 소속 직원에 의한 업무관련사실의 공표행위는 일반 사기업의 경우와 동일하게 평가되어서는 아니 된다(대법원 1999. 12. 21. 선고98두7787).

11) 폭행 또는 폭언

회사의 경영 질서를 유지하기 위해서는 근로자들의 엄격한 근무기강의 확립이 요구된다는 점에서 취업규칙·단체협약에 직장 동료 또는 상사 등에 대한 폭행·폭언행

---

133) 대법원 1991. 7. 12. 선고 90다9353.
134) 대법원 1991. 1. 11. 선고 90다카21176; 대법원 1992. 7. 28. 선고 92다14786; 대법원 1993. 5. 25. 선고 92다19859.
135) 대법원 1992. 6. 26. 선고 91다42982; 대법원 1995. 3. 3. 선고 94누11767.
136) 김유성, 근로기준법 I (초판), 289면.

위를 해고사유로 규정하는 것은 강행 법규에 위반되는 것으로 볼 수 없다.[137] 그러나 이와 같은 폭력행위는 매우 다양한 모습으로 나타날 뿐만 아니라 그 동기도 상대방의 선제적인 도발행위에 기인할 수도 있고 여러 사정에 비추어 볼 때 정상을 참작할 만한 합리적인 이유가 있을 수 있다. 따라서 직장 동료 또는 상사에 대한 폭력행위를 이유로 한 해고의 정당성은 그 행위의 동기와 경위 등 전후의 사정을 종합하여 해고권의 남용에 해당되는가의 여부를 판단해야 한다. 판례는 어떠한 징계처분을 받은 사실이 없더라도 16세의 연상이고 근무경력도 10년이나 많은 노조위원장을 폭행하여 3주간의 치료를 요하는 상해를 입혀 형사처벌을 받은 것을 이유로 한 해고는 정당한 것으로 판시하고 있다.[138]

12) 업무와 관련한 횡령·배임·절도·금품수수 등

근로자의 업무상 횡령·절도·배임·금품수수는 소속 회사에 대한 범죄행위로 근로계약상 중대한 성실의무 위반에 해당된다. 따라서 특별한 사정이 없는 한 액수의 다과를 불문하고 이러한 범죄행위를 이유로 한 해고는 그 정당성이 인정된다고 보아야 한다.

판례도 다른 해고사유와는 달리 근로자의 횡령 등 업무와 관련된 범죄행위는 사용자의 수익을 감소시켜 종국적으로 회사의 경영상황을 악화시키거나 사용자의 경영판단에 착오를 불러일으킬 수 있다는 전제 아래 그 액수의 다과를 불문하고 정당한 해고사유로 인정하고 있는 경향을 보이고 있다.[139] 특히, 횡령·배임·절도 등의 대상이 회사의 본질적인 수입원과 연결되어 있는 운수회사, 용역회사 등의 경우에는 폭넓게 해고사유로 인정하고 있는 경향을 보이고 있다. 다만, 횡령·배임 등이 관행화되어 있는 경우에는 경고 또는 사전교육을 통해 범죄행위라는 것을 주지시켰음에도 그와 같은 범죄행위가 재발되어 해고한 경우에는 금액의 다과와 관계없이 정당한 해고로 판단하고 있다.

판례요지

횡령은 범죄행위로서 그 액수가 적다하여 그 사실만으로 비행의 정도가 낮다고 평가할 수 없다(대법원 1990. 11. 23. 선고 90다카21589).

구체적으로 판례는 우유협동조합의 지방영업소장이 횡령금의 일부를 판촉비에 사

137) 대법원 1991. 12. 24. 선고 90다12991; 대법원 1995. 3. 3. 선고 94누11767.
138) 대법원 1992. 3. 13. 선고 91다39559.
139) 대법원 1990. 11. 23. 선고 90다카21589; 대법원 1997. 7. 8. 선고 96누6431.

용하고 조합이 입은 손해를 모두 배상한 이후 징계면직처분을 한 경우[140], 사내버스운행 도중 승차요금 5,000원을 횡령한 이유로 해고된 경우[141] 등은 정당한 징계해고에 해당되는 것으로 판시하고 있다. 그러나 근로자의 직무상의 부정행위를 이유로 한 징계해고처분이 동종의 부정행위에 가담한 다른 근로자들에 대한 징계처분보다 지나치게 가혹한 경우[142], 취업규칙에 정한 징계시효기간을 경과하여 총 12차례에 걸쳐 인쇄물 수주에 대한 사례비 명목으로 합계 6,300만 원을 받아 이를 상급자에게 전달한 것을 이유로 해고한 경우[143] 등은 부당해고로 판단하고 있다.

요컨대, 업무와 관련된 범죄행위를 이유로 한 징계해고의 정당성은 사회통념상 현저하게 타당성을 잃어 징계권자에게 맡겨진 재량권을 남용하였는가의 여부에 따라 판단할 수밖에 없다. 여기서 사회통념상 현저하게 타당성을 잃었는지의 여부는 직무의 특성, 징계의 원인이 된 범죄행위의 내용과 성질, 징계에 의하여 달성하려고 하는 사업목적, 징계 양정의 기준, 수수액수, 수수경위, 수수시기, 수수 이후 직무에 영향을 미쳤는지 여부 등 여러 요소를 종합하여 고려하여 객관적으로 판단해야 한다.[144]

4. 해고사유의 판단범위 및 시기

1) 해고사유의 판단범위

해고의 정당성 여부를 판단함에 있어서 그 판단의 대상범위는 징계위원회에서 해고사유로 삼은 것에 한하고, 징계위원회에서 해고사유로 삼지 않은 징계사유를 포함시켜 판단해서는 안 된다.[145] 즉, 해고사유의 판단범위는 징계위원회에 회부된 해고사유에 한하고, 명백한 근로자의 책임 있는 해고사유가 존재하더라도 해고사유로 징계위원회에서 심의되지 않았다면 이를 징계해고사유로 삼을 수 없다.

징계위원회에서 해고사유로 삼았는가의 여부는 구체적인 자료를 통하여 징계위원회에서 해고사유로 삼았는가 여부에 의하여 결정되는 것이므로 반드시 징계결의서나 징계처분서에 기재된 취업규칙 등에 규정된 소정의 해고사유에 한정되는 것은 아니며[146], 징계처분에서 징계사유로 삼지 아니한 비위행위라고 하더라도 징계양정의 참

140) 대법원 1990. 11. 23. 선고 90다카21589.
141) 대법원 1997. 7. 8. 선고 96누6431.
142) 대법원 1994. 5. 24. 93다26854.
143) 대법원 2008. 7. 10. 선고 2008두2484.
144) 대법원 2008. 6. 26. 선고 2008두6387.
145) 대법원 1988. 12. 13. 선고 86다204; 대법원 1995. 3. 10. 선고 9누11880; 대법원 1997. 3. 14. 선고 95누16684; 대법원 2002. 5. 28. 선고 2001두10456 등.
146) 대법원 1996. 9. 20. 선고95누15742; 1997. 3. 14. 선고 95누16684; 2002. 5. 28. 선고 2001두10455.

고자료로 삼는 것은 무방하다.[147)]

판례요지

근로자의 어떤 비위행위가 징계사유로 되어 있느냐 여부는 구체적인 자료들을 통하여 징계위원회 등에서 그것을 징계사유로 삼았는가 여부에 의하여 결정되어야 하는 것이지 반드시 징계결의서나 징계처분서에 기재된 취업규칙이나 징계규정 소정의 징계근거 사유만으로 징계사유가 한정되는 것은 아닐 뿐만 아니라, 징계처분에서 징계사유로 삼지 아니한 비위행위라고 하더라도 징계종류 선택의 자료로서 피징계자의 평소의 소행과 근무성적, 당해 징계처분 사유 전후에 저지른 비위행위 사실 등은 징계양정에 있어서의 참작자료로 삼을 수 있는 것이다(대법원 2002. 5. 28. 선고 2001두10455).

2) 해고사유의 판단시기

입법취지상 근로기준법 제23조 제1항의 정당한 해고사유는 해고 당시 근로관계유지를 계속 기대할 수 없을 정도의 근로자에게 책임 있는 사유를 의미하고, 그 사유는 해고 당시에 존재하여야 한다. 따라서 해고사유의 존재는 해고의 시점을 중심으로 판단해야 한다. 즉, 해고의 정당한 사유는 해고 당시에 현존하여야 하고, 해고 당시 이미 소멸된 과거의 사유나 장래에 발생하게 될 개연성이 있는 사유는 해고사유가 될 수 없다.[148)]

요컨대, 근로기준법 제23조 제1항의 해고제한 규정은 근로관계의 유지를 목적으로 하는 것이므로 해고 당시 사용자와의 관계에서 근로관계의 유지를 기대할 수 없는 근로자의 귀책사유가 존재하지 않는 한, 사용자의 해고처분은 무효이다.

5. 해고사유 요건의 특례

사회통념상 근로관계를 계속 유지할 수 없는 근로자의 책임 있는 귀책사유가 있는 경우에 사용자는 근로기준법과 취업규칙 등에 정한 징계절차에 따라 해고할 수 있음은 당연하다. 그러나 사회통념상 객관적인 해고사유가 있다 하더라도 위법 쟁의행위와 관련하여 민·형사책임을 묻지 않기로 하는 면책합의에 따라 해고가 제한되는 경우가 있고, 징계시효가 경과되거나 신의칙에 반하는 경우에는 해고사유와 관계없이 해고가 무효로 되는 경우도 있을 수 있다. 수습 또는 시용근로자의 경우처럼 해고사유의

147) 대법원 1997. 2. 14. 선고 96누4244; 대법원 1997. 12. 9. 선고 97누9161; 대법원 1998. 5. 22. 선고 98다2365; 대법원 2002. 5. 28. 선고 2001두10455.

148) 김형배, 노동법(신판제4판), 565면; 박홍규, 고용법·근로조건법(제2판), 316면.

요건이 완화되는 경우가 있는가 하면 종교·자선사업 등 이른바 경향사업에 종사하는 근로자에 대해서는 해고요건의 적용을 배제하자는 주장도 있다.

1) 수습(시용)근로자의 해고요건의 완화

수습이란 근로계약 체결 후에 업무수행능력을 습득하기 위한 일정기간을 말하고, 시용이란 정식채용(본채용) 이전에 근로자의 업무적격과 능력을 판단하기 위하여 일정기간 시험적으로 고용하는 것을 말한다. 수습과 시용은 이론적으로 구별되는 것이지만, 판례[149]와 기업현실은 양자의 개념을 명확히 구분하지 않고 사용하고 있다.

수습과 시용은 근로관계가 성립되어 있다는 점에서 노동법의 적용을 받는 근로자임이 분명하므로 사용자는 정당한 사유 없이 본채용을 거부하거나 해고할 수 없다. 그러나 시용 또는 수습은 본채용 또는 정식채용 이전에 근로자의 직업적 능력·자질 등을 판단하기 위한 목적을 가지고 있는 것이므로 통상의 근로자에 대한 해고와 동일한 기준에 따라야 한다고 볼 수는 없다. 따라서 합리적인 이유가 존재하면 회사는 시용기간 또는 수습기간 중의 근로자에 대하여 본채용 또는 정식채용을 하지 않아도 부당해고에 해당되지 않는다고 하는 것이 판례의 입장이라고 할 수 있다.[150] 그러나 시용 또는 수습기간 중에 업무부적격성 등 별다른 취업 장애사유가 없음에도 본채용 또는 정식채용을 거부하는 것은 부당해고에 해당된다.

판례요지

시용(試用)기간 중에 있는 근로자를 해고하거나 시용기간 만료 시 본 계약(本契約)의 체결을 거부하는 것은 사용자에게 유보된 해약권의 행사로써 당해 근로자의 업무능력·자질·

---

149) 판례는 「일정한 수습기간을 두고 고용된 시용근로자라도 정식으로 채용된 경우와 마찬가지로 근로계약관계가 성립한 것임이 틀림없다.」라고 하여 시용을 수습기간의 일환으로 파악하고 있으며(서울행정법원 1999. 2. 12. 선고 98구15558), 「수습기간제도란 확정적인 근로관계를 맺기 전에 정식채용을 전제로 당해 근로자의 직업적 능력을 판단하기 위하여 실무를 배우고 익히는 기간을 두는 것으로서 확정적인 근로계약 체결 여부를 일정 정도 유보하는 제도이다.」라고 하여 수습을 시용과 동일한 개념으로 이해하고 있다(서울행정법원 2002. 12. 6. 선고 2002구합18180). 따라서 판례와 기업현실은 명확하게 시용과 수습을 구별하여 적용하지 않고 있으므로 비록 시용의 명칭을 사용하고 있다 하더라도 실질적으로 수습의 목적을 겸하고 있는 경우는 노동법상 수습근로자의 규정을 적용할 수 있다. 즉, 사용자는 시용채용자에 대하여 최저임금의 90%를 지급할 수 있고, 시용기간은 근로자의 적격성을 평가하여 본채용을 결정하는 것이므로 수습의 성격도 아울러 가지고 있기 때문에 시용기간이 3개월 이내인 경우에는 해고예고 또는 해고예고수당을 지급하지 않고 즉시 해고가 가능한 것으로 해석해야 한다(이상국, 근로기준법(개정2판), 89면).

150) 대법원 1992. 8. 18. 선고 92다15710; 대법원 1994. 4. 11. 선고 92다44695; 대법원 2003. 7. 22. 2003다5955; 대법원 2006. 2. 24. 선고 2002다62432 등.

인품·성실성 등 업무적격성을 관찰·판단하려는 시용제도의 목적에 비추어 볼 때 보통의 해고보다는 넓게 인정되나, 이 경우에도 객관적으로 합리적인 이유가 존재하여 사회통념상 상당하다고 인정되어야 한다(대법원 2003. 7. 22. 선고 2003다5955).

시용 또는 수습기간이 만료되었음에도 사용자가 부적격 사유를 제시하지 않고 해당 근로자를 사실상 계속 사용하거나 시용연장에 대하여 동의 또는 통보하지 아니한 경우에는 기한의 정함이 없는 근로계약관계로 전환된 것으로 보아야 한다.[151)]

판례요지

근로계약서 등에 시용기간이 만료됐더라도 근무태도 등 기타 사유로 연장이 불가피할 경우에는 시용기간을 3개월 연장할 수 있다고 규정했더라도 시용기간 연장은 근로자의 법적 지위에 중대한 영향을 미치고 근로계약의 중요한 일부를 이루는 사항이므로 근로자가 동의하거나 근로자에게 통보돼야 그 효력이 있다(서울행판 2006. 9. 26. 2006구합20655).

2) 민·형사면책 합의

(1) 문제의 소재

사용자는 위법한 쟁의행위에 참가한 근로자나 그 쟁의행위를 주도한 노동조합 간부에 대하여 징계책임을 물을 수 있다. 그런데 노사 당사자가 쟁의행위를 마무리하면서 향후 쟁의행위와 관련된 일체의 민·형사 책임을 묻지 않기로 하는 민·형사면책합의를 하는 경우가 있다. 파업기간 중의 행위에 대한 노사간의 면책합의는 노사의 신뢰관계에 터 잡아 단체행동 등으로 갈등관계에 있었던 노사관계를 종식시키려는데 그 목적이 있는 것이다.[152)] 그런데 근로자가 사회통념상 징계요건에 해당됨에도 이러한 민·형사면책 합의를 이유로 사용자가 징계책임을 물을 수 없는가의 여부가 문제된다. 즉, 민·형사면책 합의에 징계면책도 당연히 포함되어 있는가의 여부이다.

(2) 학설과 판례의 경향

학설[153)]과 판례[154)]는 이러한 면책합의에 위반하여 위법한 쟁의행위를 이유로 하는

---

151) 김유성, 노동법 I (초판), 74면; 김형배, 노동법(신판제4판), 241면; 서울행판 2006. 9. 26. 2006구합20655; 대법원 1994. 4. 11. 선고 92다44695.

152) 현천욱,「면책약정의 해제와 직권해고」, 202면,

153) 이병태, 최신노동법(제8전정판), 366면; 민변, 변호사가 풀어주는 노동법 I (개정3판), 210면; 이승욱,「근로기준법상 서면합의의 효력」, 101면; 현천욱,「파업기간 중 행위에 대한 면책합의의 효력」,196면.

154) 대법원 1991. 1. 11. 선고 90다카21176; 대법원 1992. 7. 28. 선고 92다14786; 대법원 1993. 5. 25.

징계는 무효인 것으로 해석하고 있다. 즉, 민·형사면책 합의는 면벌적(免罰的) 효과가 발생한다. 그 근거로서 민·형사상의 책임을 묻지 않기로 한다는 합의의 취지는 특별한 사정이 없는 한 쟁의행위 기간 중에 일어난 모든 행위에 대한 민·형사 책임뿐만 아니라 사용자의 징계권 행사에 따른 책임까지도 포괄하여 면책시킨다는 취지로 해석해야 한다는 것을 들고 있다. 이와 관련하여 판례는「노동조합의 압력 등에 의하여 궁지에 몰린 상태에서 어쩔 수 없이 사용자가 민·형사 면책합의에 응한 것이라도 그 면책합의가 선량한 풍속과 사회질서에 위반될 수 없음을 전제하면서 그 면책합의를 위반한 징계해고는 사법상 무효인 것」으로 해석하고 있다.[155]

판례요지

면책합의가 압력 등에 의하여 궁지에 몰린 회사가 어쩔 수없이 응한 것이라고 하여도 그 것이 민법 제104조 소정의 요건을 충족하는 경우에 불공정한 법률행위로서 무효라고 봄은 별문제로 하고 민법 제103조 소정의 반사회 질서행위라고 보기는 어려우며, 또 위 면책합의는 회사의 근로자들에 대한 민, 형사상 책임 추궁이나 고용계약상의 불이익처분을 하지 않겠다는 취지이지 회사에게 권한이 없는 법률상 책임의 면제를 약속한 취지는 아니어서 선량한 풍속 기타 사회질서에 위반한 내용이라고 볼 수 없다(대법원 1992. 7. 28. 92다 14786).

그러나 위법한 쟁의행위에 대한 면책합의는 해당 쟁의행위를 이유로 한 징계해고 사유로 삼을 수 없다는 것을 의미하는 것이므로, 면책합의가 있더라도 근로자의 다른 징계사유로 인하여 징계함에 있어서는 면책합의의 대상이 된 위법 쟁의행위를 징계 양정의 판단자료로 삼는 것은 무방한 것으로 해석하고 있다.[156] 그리고 민·형사면책 합의는 쟁의행위로 인한 노사의 갈등관계를 종식시키고 향후 정상적인 노사관계를 회복하는데 있는 것이므로 그 면책합의 이후에 노동조합 또는 근로자가 신의칙에 위반하는 행위로 면책합의의 존속기초가 되는 신뢰관계를 해칠 정도에 이른 경우에는 사용자는 그 합의의 해제권을 행사하여 징계할 수 있도록 하는 것이 정의와 형평에 부합된다.[157]

선고 92다19859.

155) 대법원 1992. 7. 28. 92다 14786.

156) 대법원 1994. 9. 30. 선고 94다4042.

157) 현천욱,「면책약정의 해제와 직권해고」, 202~203면. 대법원은「노동조합과 회사 사이에 임금교섭 기간 중 생겨난 민, 형사상의 문제는 각각 취하하고 회사는 고소된 근로자들을 면책키로 하는 등의 면책약정을 체결한 후 노동조합이 비합법적인 단체행동을 저질러 위 약정을 위반하였다면 회사로서도 이를 이유로 위 약정을 해제할 수 있고 그 해제에 의하여 위 면책약정은 실효되는 것」으로

면책합의에 포함되는 행위의 범위는 쟁의행위와 일체성을 가지는 행위 및 쟁의행위로 인하여 사후에 불가피하게 발생되는 행위까지로 해석해야 한다. 따라서 면책합의 이후에 면책합의의 대상인 쟁의행위로 근로자가 형사처벌을 받고 구속된 기간 동안 결근한 사실이 있더라도 이로 인한 결근을 징계해고사유로 삼을 수 없는 것으로 해석하고 있다.[158]

판례요지

농성기간 중의 사건에 대하여 노동조합원들에 대한 일체의 책임을 묻지 않기로 노사 간에 단체협약을 한 경우, 그 취지는 위 농성행위와 일체성을 가지는 행위 및 위 농성행위 등으로 인하여 사후에 부득이 일어나는 행위에 대해서도 면책시키기로 한 것이라고 봄이 타당하므로, 면책협약 이전의 농성행위 등으로 인하여 면책협약 이후에 처벌(유죄판결)을 받고 또 그로 인하여(구속기간 동안) 결근한 사실이 인사규정 등의 징계해고사유에 해당된다고 하더라도, 이를 이유로 징계해고를 할 수는 없다(대법원 1991. 8. 13. 선고 91다1233).

(3) 평 가

위법한 쟁의행위가 징계사유에 해당된다 하더라도 쟁의행위의 정당성 여부는 사법적 판단에 의존할 수밖에 없기 때문에 사용자가 미리 위법한 쟁의행위인 것으로 판단하여 징계할 수는 없다. 왜냐하면 위법 쟁의행위 여부에 대한 사법적 판단 이전에 미리 사용자가 취업규칙 등에 정한 징계사유에 해당된다는 이유만으로 징계권을 행사하는 경우에는 자칫 징계권의 남용에 해당되어 부당징계에 해당될 수 있는 개연성이 높기 때문이다.

그리고 쟁의행위는 노사간의 경제적 불이익을 초래하는 집단적 행위이기 때문에 쟁의행위로 인한 경제적 불이익을 최소화하기 위하여 쟁의행위 도중 단체협약을 체결하면서 당해 쟁의행위로 인한 일체의 민·형사책임을 묻지 않기로 하는 합의는 원칙적으로 유효하고, 징계권의 행사 여부는 사용자의 재량에 해당된다는 점을 고려하면 민·형사면책 합의에는 당연히 징계면책의 의미도 포함된 것으로 봄이 타당하다. 다만, 민·형사 면책합의서에 징계책임을 제외한다는 의미가 포함되어 있는 경우에는 사용자는 정당한 징계사유가 있는 경우에 그 면책합의와 관계없이 징계가 가능한 것으로 해석해야 한다.[159]

판단하고 있다(대법원 1992. 5. 8. 선고 91누10480).

158) 대법원 1991. 8. 13. 선고 91다1233.

159) 현천욱, 「파업기간 중 행위에 대한 면책합의의 효력」, 198면.

그러나 사용자의 의사를 제압할 수 있을 정도의 노동조합의 물리력 행사·협박 등의 수단으로 어쩔 수 없이 사용자가 노동조합이 일방적으로 제시한 민·형사면책 합의서에 서명한 경우에는 불공정한 법률행위 또는 사회상규 등 강행법규에 위반되어 그 합의서의 효력을 인정할 수 없다. 따라서 민·형사합의서의 효력을 인정할 수 없는 사회통념상 상당성이 인정되는 경우에는 그 합의 여부와 관계없이 위법 쟁의행위에 참가한 조합원과 조합간부에 대해서는 징계책임을 물을 수 있는 것으로 해석해야 한다.

3) 신의칙의 적용

(1) 의 의

신의성실의 원칙(신의칙)이란 모든 사람은 사회공동생활의 일원으로서 상대방의 신뢰에 반하지 않도록 성의 있게 행동해야 한다는 원칙을 말한다. 신의칙은 윤리적·도덕적 평가를 법적 가치판단의 한 내용으로 도입된 것이다. 민법 제2조 제1항은「권리의 행사와 의무의 이행은 신의에 좇아 성실히 하여야 한다.」라고 규정하여 신의칙을 인정하고 있다. 신의칙 위반을 이유로 권리행사가 부정되기 위해서는 법률관계의 당사자가 신의에 반하여 권리를 행사하는 것이 정의 관념에 반하여야 한다.[160] 근로기준법 제23조 제1항의 해고사유 요건을 결하여 부당해고에 해당된다 하더라도, 신의칙에 반하는 경우에는 부당해고에 따른 근로자의 권리행사가 부정될 수 있다.

(2) 적용요건

해고무효 확인소송 등 근로관계의 존부를 둘러 싼 법적 분쟁에서 적용될 수 있는 신의칙은 실효의 원칙이다. 즉, 기업 활동을 전개하는 사용자와 임금 수입에 의존하여 생계를 유지하는 근로자의 입장을 고려하면, 근로관계의 존속에 관한 법적 분쟁은 신속하게 해결하는 것이 바람직하기 때문에 다른 법률관계에 있어서보다 실효원칙의 적용은 적극적으로 적용할 필요가 있다.

「실효의 원칙」이란 신의칙의 파생원칙으로써 권리자가 권리를 행사할 수 있음에도 불구하고 장기간 권리를 행사하지 않음으로써 권리를 행사하지 않을 것이라는 의무자인 상대방의 신뢰에 반하는 권리행사를 허용하지 않는다는 원칙을 말한다.[161]

160) 대법원 1995. 12. 12. 선고 94다42693.

161) 일본에서는 해고된 근로자가 이의 없이 퇴직금을 수령한 후 상당한 기간 내에 해고의 효력을 다투지 않는 경우에 해고무효 확인소송의 청구를 허용하지 않는 것을 해고의 승인문제로 접근하고 있다. 해고의 승인은 해고를 다툴 권리의 포기·합의해약의 성립·합의해약의 신청 등으로 법적 논리를 구성하고, 퇴직금 등의 수령 여부·퇴직금을 수령한 사정·퇴직금 수령 후의 근로자의 태도 등 제반

판례요지

실권 또는 실효의 법리는 신의성실의 원칙에 바탕을 둔 파생적인 원리로서 이는 본래 권리행사의 기회가 있음에도 불구하고 권리자가 장기간에 걸쳐 그 권리를 행사하지 아니하였기 때문에 의무자인 상대방이 이미 그의 권리를 행사하지 아니할 것으로 믿을 만한 정당한 사유가 있게 됨으로써 새삼스럽게 그 권리를 행사하는 것이 신의성실의 원칙에 위반되는 결과가 될 때 그 권리행사를 허용하지 않는 것을 의미한다(대법원 2004. 3. 26. 선고 2001다72081).

실효의 원칙이 적용되기 위해서는 상당한 기간이 경과하여 권리를 행사하여야 하고, 그로 인하여 상대방이 더 이상 권리를 행사하지 않을 것이라는 신뢰를 보호할 필요성이 있는 특별한 사정이 존재하여야 한다. 여기서 「상당한 기간」이란 확정적인 기간을 의미하는 것이 아니라 사회통념상 제반 상황을 종합하여 상대방이 더 이상 권리를 행사하지 않을 것이라고 믿게 할 정도의 기간을 말한다.[162)]

요컨대, 실효의 원칙으로 권리의 행사가 허용되지 않기 위해서는 권리자가 장기간에 걸쳐 권리를 행사하지 않은 것만으로는 부족하고 상대방이 더 이상 권리를 행사하지 않을 것으로 믿을 만한 정당한 사유가 있어야 한다.[163)] 따라서 부당해고를 당한 근로자가 사용자에게 더 이상 해고무효 확인소송 등을 제기하지 않을 것으로 신뢰하게 하는 정당한 사유를 제공한 때에는 그 소송의 제기가 허용되지 않는다.

판례는 사용자로 하여금 해고무효 확인소송을 제기하지 않을 것으로 믿게 하는 정당한 사유로써 ① 조건 없이 퇴직금을 수령한 후 소송을 제기한 경우[164)], ② 동종업체인 다른 직장에서 동일한 월급을 받고 있으면서 해고일로부터 상당한 기간이 경과한 이후에 소송을 제기한 경우[165)], ③ 해고일로부터 12년·해고무효임을 안 때로부터 2년 4개월 이후에 소송을 제기한 경우[166)] 등을 제시하고 있다.

(3) 판례의 경향

판례는 해고된 근로자가 퇴직금 등을 수령하면서 아무런 이의의 유보나 조건을 제

사정을 고려하여 해고승인 여부를 판단하고 있다(박홍규, 고용법·근로조건법(제2판), 317면).

162) 그러나 상당한 기간은 적어도 임금의 소멸시효기간인 3년으로 해석하는 견해도 있다(박홍규, 고용법·근로조건법(제2판), 317면.

163) 대법원 2002. 1. 8. 2001다60019.

164) 대법원 1990. 11. 23. 선고 90다카25512; 대법원 1991. 4. 12. 90다카 8084.

165) 대법원 1991. 5. 28. 선고 91다9275; 대법원 1993. 4. 13. 선고 92다49171.

166) 대법원 1992. 1. 21. 선고 91다30118.

기하지 않고 상당한 기간이 지난 후에 그 해고의 효력을 다투는 소를 제기하는 것은 신의칙이나 금반언의 원칙에 위배되어 허용될 수 없음을 원칙으로 하고, 예외적으로, 해고의 효력을 인정하지 아니하고 이를 다투고 있었다고 볼 수 있는 객관적이거나 특별한 사정이 있는 경우에는 해고의 효력을 인정하지 않은 것으로 판단하고 있다.[167)]

판례요지

사용자로부터 해고된 근로자가 퇴직금 등을 수령하면서 아무런 이의의 유보나 조건을 제기하지 않았다면 특별한 사정이 없는 한 그 해고의 효력을 인정하였다고 할 것이고, 따라서 그로부터 오랜 기간이 지난 후에 그 해고의 효력을 다투는 소를 제기하는 것은 신의칙이나 금반언의 원칙에 위배되어 허용될 수 없으나, 다만 이와 같은 경우라도 해고의 효력을 인정하지 아니하고 이를 다투고 있었다고 볼 수 있는 객관적인 사정이 있다거나 그 외에 상당한 이유가 있는 상황 하에서 이를 수령하는 등 반대의 사정이 있음이 엿보이는 때에는, 명시적인 이의를 유보함이 없이 퇴직금을 수령한 경우라고 하여도 일률적으로 해고의 효력을 인정하였다고 보아서는 안 된다(대법원 2005. 11. 25. 선고 38270).

실효의 원칙 및 금반언의 원칙에 반한다는 이유로 근로자의 해고무효 확인소송의 제기 자체를 부적법한 것으로 인정한 판례로는 ① 해고된 근로자가 변제공탁된 퇴직금을 조건 없이 수령한 후 동종업체에 취업하여 3년이 지나 소송을 제기한 경우[168)], ② 근로자가 해고당한 뒤 아무런 이의를 보류함이 없이 회사로부터 퇴직금을 수령한 후 별다른 사유 없이 1년 7개월이 경과한 뒤 소송을 제기한 경우[169)], ③ 해고통지를 받은 근로자가 동종 업체에 취업하여 종전 회사와 동일한 수준의 임금을 받고 있으면서 퇴직금을 수령한 후 8개월 지나 소송을 제기한 경우[170)], ④ 의원면직된 때로부터 12년, 그 의원면직처분이 무효임을 안 때로부터 2년 4개월이 지나 근로자지위 확인의 소를 제기한 경우[171)], ⑤ 퇴직금을 수령한 후 부당해고구제신청이 기각되어 확정되었음에도 그로부터 1년 7개월이 지난 이후에 소송을 제기한 경우[172)] 등이 있다.

실효의 원칙 및 금반언의 원칙에 반하지 않아 해고무효 확인소송의 제기를 적법한

167) 대법원 2003. 10. 10. 선고 2001다76229; 선고 1996. 3. 8. 선고 95다51847; 대법원 2005. 11. 25. 선고 38270.
168) 대법원 1990. 11. 23. 선고 90다카25512.
169) 대법원 1991. 4. 12. 선고 90다8084.
170) 대법원 1991. 5. 28. 선고 91다9275; 대법원 1993. 4. 13. 선고 92다49171; 대법원 1996. 11. 26. 선고 95다49004.
171) 대법원 1992. 1. 21. 선고 91다30118.
172) 대법원 1995. 3. 10. 선고 94다33552.

것으로 인정한 판례로는 ① 해고된 근로자가 생계를 위하여 퇴직금을 수령하고 일시적으로 다른 업체에 취업하여 근무하고 있으나, 종전 회사에서 근무하기를 희망하면서 해고의 효력을 다투고 노동부에도 해고의 부당성에 대해 진정을 한 경우[173], ② 징계해고 된 근로자가 생활형편이 어려워 퇴직금을 수령한 후 부당해고구제신청을 한 경우[174], ③ 사용자가 공탁한 해고예고수당과 퇴직금을 조건 없이 수령하고 다른 회사에 취업한 경우라도 해고처분 즉시 부당해고구제신청을 한 경우[175], ④ 4개월분에 해당하는 퇴직위로금을 수령한 경영해고 된 근로자가 실질적으로 같은 쟁점을 가지고 있는 동일한 다른 근로자들이 제기한 1심 승소결과에 따라 해고일로부터 2년이 경과하여 소송을 제기한 경우[176] 등이 있다.

다음으로 사용자의 징계해고가 신의칙에 반하여 무효가 된다는 판례는 인사규정상의 징계시효기간을 경과하여 징계 해고한 경우이다.[177]

판례요지

인사규정의 징계시효기간에 관한 규정은 근로자에 대한 징계사유가 발생하여 지방공기업이 일방적으로 근로자를 징계할 수 있었음에도 그 행사 여부를 확정하지 아니함으로써 근로자로 하여금 상당 기간 불안정한 지위에 있게 하는 것을 방지하고, 아울러 지방공기업이 비교적 장기간에 걸쳐 징계권 행사를 게을리하여 근로자로서도 이제는 지방공기업이 징계권을 행사하지 않으리라는 기대를 갖게 된 상태에서 지방공기업이 새삼스럽게 징계권을 행사하는 것은 신의칙에도 반하는 것이 되므로 위 기간의 경과를 이유로 사용자의 징계권 행사에 제한을 가하려는 취지에서 둔 규정으로써, 그 기산점은 원칙적으로 징계사유가 발생한 때이다(대법원 2008. 7. 10. 선고 2008두2484).

위의 판례 내용을 종합하여 볼 때, 판례는 해고된 근로자가 해고에 대한 이의를 보류함이 없이 조건 없이 퇴직금을 수령한 후 별다른 사유 없이 상당한 기간이 경과한 이후에 제기한 해고무효 확인소송과 해고사유 발생일로부터 상당한 기간을 경과하여 해고한 경우에는 실효의 원칙 및 금반언의 원칙에 반하여 허용될 수 없다는 입장을 보이고 있다. 그러나 해고된 근로자가 생활상의 문제로 퇴직금을 수령하면서 해고의 효력을 다투겠다는 의사를 표시하는 등 객관적인 사정이 존재하는 경우에는 해고의

173) 대법원 1987. 4. 28. 선고 86다카1873.
174) 대법원 1996. 9. 6. 선고 95다16400.
175) 대법원 1992. 3. 31. 선고 90다8763.
176) 대법원 2005. 11. 25. 선고 38270.
177) 대법원 2008. 7. 10. 선고 2008두2484; 대법원 1995. 3. 10. 선고 94다14650; 대법원 1995. 3. 10. 선고 94다14650.

효력을 승인한 것으로 볼 수 없으므로 상당한 기간이 경과한 후에 소송을 제기하더라도 실효의 원칙 및 금반언의 원칙에 반하지 않는 것으로 판단하고 있다.

따라서 해고된 근로자가 해고의 효력을 다투고 싶은 생각이 있다면, 생활상의 문제로 퇴직금을 수령할 수밖에 없는 사정과 퇴직금 수령이 해고의 효력을 인정하는 것이 아니라는 취지의 내용증명을 통지하여 해고에 대한 이의를 제기하여 두는 것이 안전하다.

4) 경향사업 종사근로자의 적용제외 문제

일반적으로 경향사업이란 정치·노동조합·신앙·미술·자선·교육·언론에 봉사하는 사업을 의미하는데, 이러한 사업에 종사하는 근로자에 대해서는 근로기준법 제23조 제1항의 정당한 해고사유를 적용하지 않고 해고할 수 있다고 하는 주장이 있다. 즉, 경향사업에 종사하는 근로자 중에서 경향사업의 특징적 활동을 직접 수행해야 할 의무가 있는 자가 경향사업의 목적에 반하는 행위를 한 경우에는 근로기준법상 해고제한 규정과 관계없이 해고를 인정해야 한다고 한다.[178)]

경향사업에 종사하는 근로자의 해고제한 적용제외 규정이 없는 우리나라의 입법체계 아래에서는 근로기준법상의 해고제한 규정이 적용될 수밖에 없다. 다만, 해고의 실체적 요건으로써 사회통념상 근로관계를 유지할 수 없는 근로자의 책임 있는 사유는 사업의 특성·목적·담당자의 지위 등을 종합적으로 고려하여 판단해야 하는 것이므로 경향사업의 목적과 담당근로자의 업무내용 및 지위 등을 종합하여 일반사업에 종사하는 근로자의 해고요건보다 완화될 수는 있다. 그러나 경향사업에 직접적으로 종사하는 근로자에 대한 정당한 해고사유의 완화는 경향사업의 특성에 따른 당연한 결과가 아니고, 사업의 특성·해당 근로자의 담당업무·지위 등을 종합적으로 고려한 합리적인 차별해고사유의 적용으로 보아야 한다.

Ⅳ. 경영상 이유에 의한 해고의 제한

1. 개 관

「경영상의 이유」란 근로자에게는 귀책사유가 없으나 긴박한 경영상의 필요성으로

178) 김형배, 노동법(신판제4판), 563면 이하에서는 경향사업의 특징적 업무를 직접 수행하는 근로자는 독일 해고제한법이 적용되지 않는다는 것을 이유로 들어 해고제한 규정을 적용하지 않아야 한다고 주장하고 있다. 그리고 토지수용보상업무를 담당하고 있는 근로자의 부동산투기 행위를 정당한 해고사유로 인정한 대법원 1994. 12. 13. 선고 93누23275 판례를 인용하고 있다.

근로자의 감원의 필요성이 인정되는 해고사유를 말한다. 긴박한 경영상의 필요에 의한 해고를 경영해고라고 한다. 경영해고는 기업을 유지·존속시키기 위하여 일부 근로자를 해고한다는 점에서 사업을 폐지하기 위하여 청산절차 중에 행하는 통상해고와 구별된다.[179] 경영해고의 요건이 되는 「긴박한 경영상의 필요성」이란 일반적으로 경제적·산업 구조적 또는 기술적 원인으로 인한 경영합리화 계획에 따라 인원을 줄이거나 조직을 개편할 필요가 있는 경우를 말한다.

근로자의 귀책사유에 의한 일반해고나 징계해고와는 달리 경영해고는 사용자의 책임 있는 사유인 긴박한 경영상의 필요성에 의한 해고로써 일반적으로 재취업이 곤란한 불황기에 대량해고로 이어져 근로자의 고용보장을 위협하고 사회적으로 중대한 영향을 미친다는 점에서 일반적인 해고사유와 구별할 필요가 있다. 따라서 경영해고에 대해서는 일반해고나 징계해고와는 달리 특별히 엄격한 해고의 기준을 세울 필요가 있다. 이에 근로기준법 제24조는 근로자의 귀책사유에 의한 해고제한 규정과 별도로 경영해고의 사유와 해고대상자의 선정기준 및 해고절차를 규정하고 있다.

사용자가 경영상의 이유로 근로자를 해고하기 위해서는 ① 긴박한 경영상의 필요성이 있어야 하고, ② 근로자 대표와 성실한 협의를 거쳐야 하며, ③ 해고회피노력을 하여야 하며, ④ 합리적이고 공정한 해고대상자 선정 기준을 세우고 그에 따라 공정하게 대상자를 선정하여 해고하여야 한다. 경영해고 요건의 구체적 내용은 확정적·고정적인 것이 아니라 구체적 사안에서 다른 요건의 충족정도와 관련하여 유동적으로 정해지는 것이므로 구체적 사건에서의 경영해고의 요건은 위의 각 요건을 구성하는 개별적 사정들을 종합적으로 고려하여 판단하여야 한다.[180]

2. 긴박한 경영상의 필요성

1) 긴박한 경영상의 필요성 정도

경영해고가 정당하기 위해서는 우선적으로 해고를 하지 않으면 안 될 정도의 긴박한 경영상의 필요성이 인정되어야 한다. 그러나 어느 정도의 긴박한 경영상의 필요성이 있어야만 경영해고의 요건에 해당되는가에 대하여 견해가 대립한다.

(1) 「도산회피설」은 근로자를 해고하지 않으면 경영악화로 기업이 도산되거나 존속유지가 위태롭게 될 것이 객관적으로 인정되는 경우에 한하여 긴박한 경영상의

179) 대법원 2001. 11. 13. 선고 2001다27975; 대법원 2003. 4. 25. 선고 2003다7005.

180) 대법원 2002. 8. 27. 선고 2000두6756·2000두3061; 대법원 2002. 7. 9. 선고 2001다29452; 대법원 2004. 1. 15. 선고 2003두11339; 대법원 2006. 1. 26. 선고 2003다69393.

필요성이 인정된다는 견해이다. 종전 판례는 「기업이 일정수의 근로자를 정리해고하지 않으면 경영악화로 사업을 계속할 수 없거나 적어도 기업재정상 심히 곤란한 처지에 놓일 개연성이 있을 긴박한 경영상의 필요성이 있어야 한다.」라고 하여 도산회피설에 따라 경영해고의 정당성을 판단하였다.[181)]

(2) 「합리적 필요설」은 기업이 도산될 위험성이 없더라도 객관적이고 합리적인 감원의 필요성이 인정되는 경우에는 긴박한 경영상의 필요성이 인정된다는 견해이다. 현재 우리나라의 통설과 최근 지배적인 판례[182)]의 입장이다. 최근 상당수의 판례는 긴박한 경영상의 필요성을 기업의 경쟁력의 유지·강화를 위한 신기술 도입 등 구조조정에 수반하여 객관적으로 인원삭감이 필요한 경우까지 포함하는 것으로 판단하고 있다. 더욱이 장래에 올 수도 있는 위기에 대처하기 위한 인원삭감의 필요성까지도 포함시키고 있는 경향이다.

판례요지

정리해고의 요건 중 긴박한 경영상의 필요라 함은 반드시 기업의 도산을 회피하기 위한 경우에 한정되지 아니하고, 장래에 올 수도 있는 위기에 미리 대처하기 위하여 인원삭감이 필요한 경우도 포함되지만, 그러한 인원삭감은 객관적으로 보아 합리성이 있다고 인정되어야 한다(대법원 2004. 1. 15. 선고 2003두11339).

(3) 「감량경영설」은 생산성 향상, 경쟁력 강화, 이윤추구 등을 위하여 사용자가 근로자의 감원을 결정한 경우에는 긴박한 경영상의 필요성이 인정된다는 견해이다. 최근 이 견해에 따라 긴박한 경영상의 필요성을 판단하는 일부 판례가 있다.[183)] 판례는 「생산성 향상과 경쟁력 회복 및 강화에 대처하기 위한 작업형태의 변경·신기술의 도입 등 기술적인 요인에 따른 산업의 구조적 변화를 긴박한 경영상의 필요성이 있는 것」으로 판단하고 있다.

판례요지

긴박한 기업경영상의 필요성이라는 것은 기업의 인원삭감 조치가 영업성적의 악화라는 기업의 경제적인 이유뿐만 아니라 생산성의 향상, 경쟁력의 회복 내지 증강에 대처하기 위한 작업형태의 변경, 신기술의 도입이라는 기술적인 이유와 그러한 기술혁신에 따라

181) 대법원 1989. 5. 23. 선고 87다카2132; 대법원 1990. 1. 12. 선고 88다카34094.
182) 대법원 2002. 7. 9. 선고 2001다 29452; 대법원 2002. 11. 8, 선고 2001다16729; 대법원 2004. 1. 15. 선고 2003두11339.
183) 대법원 1991. 12. 10. 선고 91다8647; 대법원 1994. 6. 14. 선고 93다48823.

생기는 산업의 구조적 변화도 이유로 하여 실제 이루어지고 있고 또한 그럴 필요성이 충분히 있다(대법원 1991. 12. 10. 선고 91다8647).

2) 긴박한 경영상의 필요성 요건

경영해고의 정당성이 인정되기 위해서는 ① 경영상의 필요성과 해고(감원) 사이에 긴박성이 인정되어야 하고, ② 경영상의 필요성은 상당기간 동안 계속되어야 하고, ③ 긴박한 경영상의 필요성은 전체 사업을 단위로 판단해야 하며, ④ 경영해고의 시점을 기준으로 긴박한 경영상의 필요성을 판단해야 한다.[184)]

(1) 경영상의 필요성과 해고 사이에 긴박성이 인정될 것

경영상의 필요성과 해고 사이에 긴박성이 있어야 경영해고가 정당화된다. 즉, 경영상의 필요라는 원인에 의해서 해고라는 결과가 인정되지 않을 수밖에 없는 경우가 긴박한 경영상의 필요성에 해당된다. 근로기준법 제24조 제1항의 「사용자가 경영상 이유에 의하여 근로자를 해고하려면 긴박한 경영상의 필요성이 있어야 한다.」라는 규정은 근로자를 해고할 수밖에 없는 긴박성이 있어야 함을 선언한 것이다.

해고할 경영상의 필요성은 경영자의 주관적인 입장에서 판단할 수밖에 없기 때문에 경영상 필요성이 인정된다고 해서 곧바로 경영해고가 정당화될 수는 없다. 따라서 법원은 「긴박성」이라는 객관적인 척도를 통하여 경영상의 필요와 해고 사이의 정당성을 심사하고 통제하여야 한다.[185)] 종전 판례는 「기업경영을 위태롭게 할 정도의 급박한 경영상의 필요성이 존재할 것」을 긴박한 경영상의 필요성의 요건에 해당되는 것으로 판단하였으나[186)], 1990년 초부터 「근로자를 감원하지 않으면 기업이 도산될 위험성뿐만 아니라 장래의 경영위기에 대처하기 위하여 객관적인 감원의 필요성이 인정되는 경우」까지도 그 요건을 확대하고 있다.[187)] 특히, 최근 판례[188)]가 「장래의 경영위기」까지도 긴박한 경영상의 필요성과 연계하여 긴박성의 요건을 완화하고 있는 것은 기업 전체의 경영사정을 현재와 미래의 운영 전반에 걸쳐 종합적으로 검토하

184) 긴박한 경영상의 필요성 요건을 명문으로 규정한 것은 없으나, 경영해고의 취지 및 판례를 종합하여 그 요건을 정리한 것이다.
185) 김형배, 노동법(신판제4판), 569~570면.
186) 대법원 1989. 5. 23. 선고 87다카2132.
187) 대법원 1992. 5. 12. 선고 90누9421; 대법원 1993. 1. 26. 선고 92누3076; 대법원 1997. 9. 5. 선고 96누8031; 대법원 1999. 5. 11. 선고 99두1809; 대법원 2002. 7. 9. 선고 2001다 29452; 대법원 2002. 11. 8, 선고 2001다16729; 대법원 2004. 1. 15. 선고 2003두11339 등.
188) 대법원 2002. 7. 9. 2001다29552·2000두9373; 대법원 2004. 1. 15. 선고 2003두11339.

여 경영상의 필요와 근로자 감원 사이에 객관적인 합리성을 토대로 긴박한 경영상의 필요성을 판단하는 것으로 이해할 수 있다.

그리고 경영악화를 방지하기 위한 사업의 양도·인수·합병은 긴박한 경영상의 필요성이 있는 것으로 간주되는 것이므로(근로기준법 §24·① 후단), 경영악화를 방지하기 위한 것임을 관련 당사자가 입증하기만 하면 긴박한 경영상의 필요성이 있는 것으로 인정된다. 다만, 경영해고권자는 근로계약의 당사자인 사업의 양도인과 피합병인이 되고 양수인과 합병인은 근로자를 해고할 권한이 없기 때문에 경영악화의 여부는 양도인 등을 기준으로 판단해야 하고[189], 경영악화로 인한 해고의 필요성은 사업의 양도·합병 전에 발생하고 있어야 한다.[190]

요컨대, 구조조정·조직의 변경·신기술의 도입·작업방법의 변경·업종의 전환 등과 같은 다양한 경영상 필요에 의한 경영해고가 정당화되기 위해서는 근로자를 감원하지 않으면, 객관적으로 기업의 존립에 중대한 영향을 미칠 수 있거나 경쟁력을 상실할 정도의 경영상 필요성이 있어야만 긴박성을 인정할 수 있을 것이다.

(2) 경영상 필요성이 상당한 기간 계속될 것

경영상의 필요성은 일시적이 아닌 상당기간 동안 계속되어 근로자를 해고할 수밖에 없는 긴박성이 있어야 한다. 즉, 경영해고를 하지 않으면 안 될 정도의 경영상의 어려움이 계속적으로 누적되어 왔고, 그 어려움이 장래에도 쉽게 해소되지 아니할 정도의 개연성이 존재하여야 한다.[191]

판례요지

회사가 누적적인 적자상태에 있기는 하지만, 적자상태가 만성적이고 앞으로도 계속 그런 상태가 유지될 가능성이 있어야 긴박한 경영상의 필요가 있다고 볼 수 있다(대법원 1995. 11. 24. 선고 94누10931).

따라서 ① 파업으로 일시적인 경영난이 발생한 경우, ② 해고된 근로자 수에 상응하는 인원을 신규 채용한 경우, ③ 경영해고 전에 기업이 고급 승용차를 구입한 경우 등은 경영상의 어려움이 상당기간 지속되지 않은 것이므로 긴박한 경영상의 필요성이 인정되지 않는다.

---

189) 김유성, 노동법 I (초판), 293면.
190) 김형배, 노동법(신판제4판), 573면.
191) 이상윤, 노동법(제3판), 418면; 대법원 1995. 11. 24. 선고 94누10931.

(3) 전체 사업에 대한 긴박한 경영상의 필요성이 인정될 것

긴박한 경영상의 필요성은 기업전체의 사업을 기준으로 판단해야 한다.192) 왜냐하면, 경영주체가 동일한 사업주가 경영하는 일부 사업의 적자운영으로 경영결단에 의하여 그 사업을 폐지하였더라도 기업 전체적으로는 근로자를 해고할 만한 긴박한 경영상의 필요성이 있는 것으로 단정할 수 없기 때문이다.

일부 사업장을 폐쇄하였더라도 다른 사업장을 계속 경영하고 있는 이상, 그 사업의 폐쇄만을 이유로 그 사업장에 근무하고 있는 근로자를 모두 해고하는 것은 경영해고의 요건을 충족하지 못한다.193) 그러나 사업물량의 감소로 인한 경영난을 해소하기 위하여 해당 사업부의 업종을 폐지·전환하기로 함에 따라 잉여인력을 감축한 경우에는 긴박한 경영상의 필요성이 인정된다.194)

판례요지

일부 사업장을 폐쇄하였다고 하더라도 다른 사업장에서 사업을 계속하고 있는 이상 사업을 축소한 것에 지나지 아니할 뿐 사업 전체를 폐지한 것이라고 할 수는 없으므로, 그 사업장의 폐쇄만을 이유로 그 사업장에 종사하는 모든 근로자를 다 해고할 수 있는 것도 아니다(대법원 1993. 1. 26. 선고 92누3076).

동일한 사업주가 동일한 두 개의 법인사업체를 운영하고 있는 경우의 긴박한 경영상의 필요성 여부는 원칙적으로 법인사업별로 분리하여 판단해야 하나, 사실상 하나의 법인으로 운영되고 있는 경우에는 두 개의 법인체를 종합적으로 고려하여 판단해야 한다.195)

판례요지

동종의 사업을 하는 두 개의 법인이 동시에 정리해고를 하거나 한 법인의 특정사업부문에 한하여 정리해고를 하는 경우, 「긴박한 경영상의 필요」가 있는지 여부는 원칙적으로 정리해고를 하는 법인별로 판단하여야 하나, 양 법인 또는 한 법인과 다른 법인의 특정사업부문이 동종의 사업을 경영하여 그 업종이 처한 경기상황에 동시에 반응하며, 상호 인적·물적 설비가 엄격하게 분리되어 있지 않고, 노동조합도 각각이 아닌 단일노조로 구성되어 양 법인과 통일적으로 교섭하고 있는 등 사실상 하나의 법인으로 운영되어 그 경

192) 김유성, 노동법 I (초판), 293면; 김형배, 노동법(신판제4판), 570면.
193) 대법원 1993. 1. 26. 선고 92누3076; 대법원 1999. 4. 27. 선고 99두202.
194) 대법원 1997. 9. 5. 선고 96누8031.
195) 대법원 2006. 9. 22. 선고 2005다30580.

영상황이 하나의 기업으로 볼 수 있을 정도로 상호 밀접한 관련이 있는 경우에는 양 법인 또는 한 법인과 다른 법인의 특정사업부문의 긴박한 경영상의 필요에 관하여 종합적으로 판단할 수 있다(대법원 2006. 9. 22. 선고 2005다30580).

(4) 경영해고의 시점에서 긴박한 경영상의 필요성이 인정될 것

긴박한 경영상의 필요성 여부에 관한 판단시점은 경영해고 시점을 기준으로 판단해야 한다.[196] 왜냐하면 경영해고 이전의 일정한 시점, 즉 해고예고통지일이나 경영해고를 실시하기 위하여 근로자대표와의 협의일 등을 기준으로 긴박한 경영상의 필요성을 판단하게 되면 예상하지 않았던 사유로 인하여 경영상태가 호전될 수 있기 때문이다.[197]

3) 사법심사의 대상 여부

긴박한 경영상의 필요에 따라 행한 경영해고의 합목적성에 대하여 법원이 이를 심사할 권한이 있는가의 여부에 대하여 다툼이 있으나, 다수설[198]과 판례[199]는 「경영해고가 기업경영에 대한 결정이라 하더라도 법원이 객관적인 자료에 근거하여 해고의 정당성 여부를 판단해야 한다는 이유로 모든 긴박한 경영상의 필요에 대하여 법원이 심사할 수밖에 없다.」는 견해를 취하고 있다. 그리고 사법심사의 범위는 기업경영 전체에 미치는 것이므로 긴박한 경영상의 필요성 여부의 심사는 일개 영업부문이나 영업소의 수지만을 기준으로 할 것이 아니라 기업 전체의 사정을 종합적으로 검토하여 판단해야 한다는 입장을 취하고 있다.[200]

이에 반하여 「경영해고의 정당성에 관한 법원의 심사권한을 긴박한 경영상 구조변경의 적정성에 대해서까지 인정한다면 기업의 경영활동이 본질적 제약을 받는다는 이유로 경영해고 대상자의 범위와 해고자의 선발기준이 정당한 것인가의 여부만 심사할 권한만 있고, 사업주의 결정이 명백히 비합리적이거나 자의적인 경우가 아닌 한 긴박한

196) 김유성, 노동법 I (초판), 293면.

197) 긴박한 경영상의 필요성 판단시점을 해고통지일로 보고, 제품수주·수출의 증가 등 예상하지 않았던 사유로 경영사정이 호전되어 인원감축의 필요성이 소멸된 경우에는 해당 근로자에게 재취업청구를 할 수 있는 것으로 해야 한다는 견해가 있다(김형배, 노동법(신판제4판), 570면). 그러나 사용자는 일단 경영해고 된 근로자를 재고용할 노력의무만 부담하고 있다는 점과 긴박한 경영상의 필요성이 확대되어 근로기본권이 과도하게 제한될 수 있다는 점에서 수긍하기 어렵다.

198) 이병태, 최신노동법(제8전정판), 644면; 박홍규, 고용법·근로조건법(개정2판), 108면.

199) 대법원 1991. 12. 10. 선고 91다8647; 대법원 2002. 7. 9. 선고 2001다 29452; 대법원 2002. 11. 8, 선고 2001다16729; 대법원 2004. 1. 15. 선고 2003두11339 등.

200) 대법원 1993. 1. 26. 선고 92누3076; 대법원 1999. 4. 27. 선고 99두202; 대법원 2006. 9. 22. 선고 2005다30580.

경영상의 필요성 자체는 심사할 권한이 없다.」고 해석하는 반대의 의견이 있다.[201]

요컨대, ① 사업주의 결정이 비합리적이거나 자의적인지의 여부를 판단하기 위해서는 객관적인 자료에 의해서 기업 경영전체를 심사하여 비합리성·자의성·권리남용 여부를 판단할 수밖에 없다는 점[202], ② 해고대상자의 선정 및 범위의 타당성만을 기준으로 경영해고의 정당성을 심사한다면, 경영해고의 전제가 되는 긴박한 경영상의 필요성 요건은 사문화되어 사용자가 다른 경영상의 요건을 충족한 경우에는 경영상 이유로 한 모든 해고가 정당화될 수 있다는 점을 고려하면, 법원은 당연히 긴박한 필요성 자체도 심사할 권한이 있다고 보아야 한다. 그리고 긴박한 경영상의 필요성이 있다고 하는 입증책임은 사용자가 부담해야 한다.

4) 판례의 경향

(1) 긴박한 경영상의 필요성에 관한 판단기준

판례는 경영해고의 실질적인 요건이 되는 「긴박한 경영상의 필요성」은 근로자를 감원할 객관적이고 합리적인 필요성이 인정되는 경우에는 기업의 도산을 회피하기 위한 재정적 악화뿐만 아니라 장래에 올 수도 있는 경영위기에 미리 대처하기 위한 경우까지를 포함하는 것으로 해석하면서 긴박한 경영상의 필요성이 있는가의 여부는 당해 사용자의 경영위기의 정도, 경영해고를 실시하여야 하는 경영상의 이유, 사업의 내용과 규모, 직급별 인원상황 등을 종합적으로 판단해야 한다.」고 하여 긴박한 경영상 필요성의 판단기준을 제시하고 있다.[203]

(2) 긴박한 경영상의 필요성을 인정한 판례

판례는 위의 긴박한 경영상의 필요성 판단기준에 따라 계속되는 경영악화, 생산성 향상을 위한 구조조정과 기술혁신 및 업종전환, 사업의 양도·인수·합병 등은 긴박한 경영상의 필요성이 인정되는 것으로 판단하고 있다.

◆ 공장의 부지 및 건물의 임대기간이 만료되고 연장이 불가능한 상태이고 새로운 공장을 건립하기에는 그 경영전망이 불확실한 상태에서 공장 전체를 폐쇄할 수밖에 없었던 경우(대법원 2000. 9. 8. 선고 99다42308).

◆ 생산수단·축소로 인해 직업부서가 폐지된 경우(대법원 1990. 1. 12. 88다카34094).

---

201) 김형배, 노동법(신판제4판), 573면.

202) 이병태, 최신노동법(제8전정판), 644면.

203) 대법원 2002. 8. 27. 선고 2000두6756·2000두3061; 대법원 2002. 7. 9. 선고 2001다29452; 대법원 2004. 1. 15. 선고 2003두11339.

◆ 계속된 사업적자로 일부 사업을 하도급제로 전환하면서 근로자를 감축한 경우(대법원 1995. 12. 22. 선고 94다52119).

◆ 계속적인 노사분규로 인한 적자경영을 극복하기 위하여 일부 단위의 부서를 폐지한 경우(대법원 1992. 5. 12. 선고 90누9421).

◆ 기업이 민영화되는 과정에서 제품가격 자유경쟁 체제로의 전환에 따른 산업구조의 변화에 대비하기 위하여 조직을 축소 개편한 경우(대법원 1994. 6. 14. 선고 93다48823).

◆ 자금지원에 의존하는 기업에서 자금지원이 중단된 경우(대법원 1995. 12. 5. 선고 94누15783).

◆ 취업규칙에 근거하여 경영합리화를 위하여 직제를 개편한 경우(대법원 1991. 1. 29. 선고 90누4433).

◆ 경영상의 이유로 과(科)를 폐지하고 법인 산하 타사업장을 흡수한 경우(대법원 1987. 12. 12. 선고 89다카2011).

(3) 긴박한 경영상의 필요성을 부정한 판례

판례는 긴박한 경영상의 필요성은 어느 정도 지속되어야 하고 객관적으로 근로자를 감원할 필요성이 있어야 함을 전제로 하면서 일시적인 경영악화, 계속적으로 만성적자가 발생할 개연성이 없는 경우, 경영해고 이후 신규근로자를 채용한 경우, 여러 사업체 중에서 일부 사업을 폐쇄한 경우 등에 대해서는 긴박한 경영상의 필요성을 인정하지 않고 있다.

◆ 실질적으로 동일한 경영주체가 운영하고 있는 일부 사업체만을 폐업하기로 한 경우(대법원 1990. 3. 13. 선고 89다카24445; 대법원 1992. 5. 12. 선고 90누9421; 대법원 2006. 9. 22. 선고 2005다30580).

◆ 파업으로 인하여 일시 정상적인 경영의 어려움으로 본사 사업장을 폐지하고 다른 영업소에서 사업을 계속하고 있는 경우(대법원 1993. 1. 26. 선고 92누3076).

◆ 경영해고 이후 신규로 근로자를 채용하는 등 사실상 경영사정이 곤란했다고 볼 수 없는 경우(대법원 1989. 5. 23. 87다카2132).

◆ 적자가 만성적이면서도 앞으로도 그러한 상태가 계속될 가능성이 없는 경우(대법원 1995. 11. 24. 선고 94누10931).

◆ 대폭적인 재정적자를 예상하고 경영해고하였으나, 해고 이후 경영실적이 호전된 경우(대법원 1989. 5. 23. 선고 87다카2132).

3. 해고회피의 노력

1) 의 의

근로자를 해고할 수밖에 없는 긴박한 경영상의 필요성이 인정된다 하더라도 사용자는 경영해고를 하기 전에 상당한 기간 동안 해고를 회피하기 위한 노력을 다하여야 한다(근로기준법 §24·②). 경영해고의 정당한 요건인 해고회피를 위한 노력을 다하여야 한다는 것은 사용자가 근로자의 해고범위를 최소화하기 위하여 경영방침이나 작업방식의 합리화, 신규채용의 금지, 일시휴가 및 희망퇴직원의 활용, 전근·배치전환 등의 가능한 조치를 취하는 것을 말한다.[204] 사용자가 해고회피노력을 다하였는가의 여부는 사용자의 능력과 수단에 비례하는 해고회피노력의 원칙, 단계적 해고회피노력의 원칙, 실현가능한 해고회피노력의 원칙에 따라 판단해야 한다.[205] 따라서 사용자가 경영해고를 하기 전에 기업이 당면한 경영상 어려움을 타개하기 위하여 실현 가능한 경영상 모든 조치를 강구하는 등 해고회피노력을 기울였으나, 그러한 노력만으로는 경영상 곤란을 극복할 수 없거나 해고 이외의 다른 경영상의 조치를 취하는 것을 기대하기 곤란한 사정이 있어 부득이 정리해고를 할 수밖에 없음이 인정되는 경우에 그 경영해고는 정당성이 있다.[206]

사용자의 해고회피 노력은 경영해고의 정당성 확보라는 소극적인 요건이기 보다는 장기적인 기업의 발전과 근로자의 고용안정을 위한 적극적 요건으로 이해하여야 하고, 근로자 역시 고용안정을 위하여 고통을 분담하려는 보다 적극적인 사용자의 해고해피 노력에 협력하는 자세가 필요하다.[207]

---

204) 대법원 1992. 12. 22. 선고 92다14779; 대법원 1999. 4. 27. 선고 99두202; 대법원 2004. 1. 15. 선고 2003두11339.

205) 「사용자의 능력과 수단에 비례하는 해고회피노력의 원칙」이란 사용자의 해고회피노력과 해고회피조치의 내용은 그가 보유하고 있거나 동원가능한 수단과 능력에 비례하여 이루어져야 한다는 것을 말한다. 「단계적 해고회피노력의 원칙」이란 사용자의 해고회피노력은 우선적으로 근로자의 이익이 덜 침해되는 조치의 모색에서부터 시작하여야 하고, 이러한 조치가 불가능한 경우에 그 다음 단계의 조치를 모색하고, 금전적 보상이 수반되는 근로관계의 종료조치인 희망퇴직은 최종적인 해고회피의 수단으로 활용하여야 한다는 것을 말한다. 그리고 「실현가능한 해고회피노력의 원칙」이란 사용자의 해고회피노력은 구체적이고 명확해야 하고, 현실적으로 그 실현이 가능해야 한다는 것을 말한다. 이에 관한 상세한 내용은 조용만, 「경영상 해고회피 법리의 현재와 미래」, 110면 이하 참조.

206) 민변, 변호사가 풀어주는 노동법 I (개정3판), 255면.

207) 이러한 면에서 본다면, 사용자 측은 근로자를 채용 후 수년간 많은 투자를 하여 온 가장 중요한 인적 자산이라는 인식하에 기업의 구조조정 과정에서 보유부동산의 매각·물적 비용의 절감·고용유지에 따른 정부지원 방법의 강구 등의 적극적인 조치가 필요하고 해고가 불가피하더라도 고용불안을 최소화할 수 있도록 하는 경영개선 방식을 선택해야 한다. 그리고 근로자 측도 근로자의 해고

2) 해고회피노력의 수단

근로기준법 제24조 제2항은 사용자는 해고를 회피하기 위하여 노력을 다해야 함을 규정하고 있을 뿐, 해고회피의 유형 및 수단에 대해서는 구체적인 규정을 두고 있지 않다. 따라서 사용자가 취할 수 있는 해고회피 노력의 수단은 당해 기업의 특성·경영 악화의 정도·근로자와의 협의 여부 등을 종합적으로 고려하여 해고를 회피하기 위한 최선의 방법을 선택하면 된다. 노동법상 예상되는 사용자의 해고회피노력에 관한 유형 및 수단을 제시하면 아래의 표와 같다.

〈해고회피노력의 수단〉

■ 경영방침의 개선 및 작업방식의 합리화	■ 임원수당 축소 등 일반관리비용의 절감
■ 외부노동력을 자체인력으로의 대체	■ 신규채용의 중단
■ 근로시간 등의 조정	■ 전직 등 기업내부 인사이동
■ 기업 사이의 인사이동(전적·전출 등)	■ 임금의 반납 또는 삭감
■ 휴업·휴직의 실시	■ 희망퇴직·명예퇴직의 실시
■ 정부의 지원제도의 활용	

(1) 경영방침의 개선 및 작업방식의 합리화

경영해고를 단행하기에 앞서 사용자의 경영방침의 합리적 개선과 작업방식의 과학화·합리화 및 조직개편 등은 경영상 필요에 따른 구조조정 과정에서 당연히 전제되어야 한다. 이러한 조치 없이 감원의 필요성이 있다는 이유로 즉시 경영해고를 실시하는 것은 사용자의 해고회피노력을 다한 것으로 볼 수 없다. 판례와 재결은 먼저 경영합리화 노력을 보이지 않고 일방적으로 감원계획을 실행하는 것은 사용자의 해고회피노력을 다하지 않은 것으로 판단하고 있다.[208)]

판례요지

경영상 필요에 따라 일부 생산부서를 폐지하고자 할 때 회사가 먼저 경영합리화 노력을 보이지 않고 일방적인 감원계획을 실행한 경우 해고회피노력을 인정할 수 없다(대법원 1993. 11. 23. 선고 92다12285).

범위를 최소화하거나 해고를 예방하기 위한 근로시간의 단축·순환휴직·임금삭감 또는 반납 등과 적극적인 고용유지 수단을 통하여 경영난을 타개하도록 하는 적극적인 자세가 필요하다(노동부, 경영상 해고제도의 해설, 35~36면).

208) 대법원 1993. 11. 23. 선고 92다12285; 중앙노동위회 1995. 1. 11. 선고 94부해317.

(2) 임원수당 축소 등 일반관리비용의 절감

경영위기는 사용자의 귀책사유에 의한 것이므로 일반적으로 경영진이 먼저 고통을 분담한다는 차원에서 경영진의 임원수당의 반납 또는 축소, 경영진의 차량 반납 등을 우선적으로 실시할 필요성이 있으며, 경비절감과 관련하여 복리후생의 일환으로 시행하고 있는 의료비·교육비·주택비·체력단련비 등의 지원을 축소 또는 폐지할 필요성이 있다. 다만, 이와 같은 복지후생비의 지원이 취업규칙 또는 단체협약에 규정되어 이미 근로조건으로 되어 있는 경우에는 근로자의 집단적 동의를 얻어야 하므로 사용자의 일방적인 폐지는 곤란하다.[209]

판례와 재결은 상당액에 달하는 접대비를 절약하거나 다른 적절한 해고회피노력을 하였다면 상위직을 하위직으로 변경하는 인력교체를 하지 않을 수도 있었다고 볼 수 있는 경우에는 해고회피노력을 다하지 않은 것으로 판단하고 있으며[210], 임원차량의 반납·통근버스의 운행축소 등의 조치를 해고회피노력의 일환으로 인정하고 있다.[211]

(3) 외부노동력을 자체인력으로의 대체

간접고용형태의 파견·하도급 등의 축소 또는 폐지를 통하여 외부노동력의 의존도를 줄이고 자체 노동력의 활용도를 높이려는 사용자의 노력이 필요하다. 비정규직 근로자들에 대한 근로계약갱신의 중단 및 파견업체와의 파견근로계약 체결의 중단 또는 사내하도급의 중단 등의 조치를 통하여 내부 자체의 인력으로 대체하는 것은 해고회피 노력의 일환으로 인정된다.[212]

(4) 신규채용의 중단

사용자가 경영상 이유로 해고를 계획하고 있으면서 한편으로는 근로자의 신규채용을 한다는 것은 그 자체가 모순일 수밖에 없다. 근로자의 결원을 보충하지 않고 기존 근로자를 대상으로 배치전환을 도모하는 것은 해고회피노력의 기본일 뿐만 아니라 근로자의 저항을 받지 않고 시행할 수 있는 가장 간편한 해고회피 노력의 방안이다. 따라서 사용자가 근로자 감원 조치 결정 후 근로자를 신규 채용하는 경우에는 경영해고의 정당성은 인정되지 않는다.[213] 다만, 결원된 업무의 내용이 기존 근로자로 대체

---

209) 노동부, 경영상 해고제도의 해설, 47면.
210) 대법원 1995. 11. 24. 선고 94누10931.
211) 중앙노동위원회 1994. 4. 6. 선고 93부해310.
212) 중앙노동위원회 1996. 12. 17. 96부해174.
213) 대법원 1993. 12. 28. 선고 92다34858; 대법원 1987. 4. 28. 선고 86다카1873.

할 수 없는 경우에는 예외가 인정된다.[214]

(5) 근로시간 등의 조정

근로시간의 단축, 탄력적 근로시간제의 도입, 연월차유급휴가의 적극적인 활용을 통하여 휴가수당의 절감을 꾀하는 것도 해고회피노력의 일환으로 인정된다.

(1) 근로시간의 단축은 임금 수준의 저하를 수반하는 근로조건의 불이익 변경에 해당되는 것이므로 사용자는 경영위기에 따른 조업단축임을 충분히 근로자에게 설명한 후 근로자의 집단적 동의를 얻어야 한다(근로기준법 §94).

(2) 탄력적 근로시간제의 도입은 근로의 합리적인 분산을 통한 경비절감에 기여할 수 있다. 토요격주 휴무제는 사용자와 근로자 모두에게 유익한 측면이 있고, 근로자의 생리적 리듬과 노동 강도에 별다른 영향을 미치지 않으므로 모든 업종에서 실시하고 있다. 그러나 2주 또는 3월 단위의 탄력적 근로시간제는 근로자의 생체리듬과 노동 강도에 좋지 않은 영향을 미칠 수 있으므로 근로기준법 제51조의 요건과 절차에 따라 도입을 검토해야 한다. 특히, 15세 이상 18세 미만의 근로자와 임신 중인 여성 근로자에 대하여는 탄력적 근로시간제를 적용할 수 없다.

(3) 작업량의 감소 등으로 인하여 작업시간이 감소된 경우에 노사간의 합의를 통하여 미사용 휴가일수를 소진하게 하거나 근로기준법 제62조에 따라 근로자대표와의 서면합의를 통하여 연차유급휴가를 특정 근로일에 집단적으로 대체하여 사용하도록 함으로써 연차유급휴가수당을 절감하는 것도 해고회피노력의 일환으로 인정된다.

(6) 기업내부의 인사이동(전직)

기업내부의 인사이동은 인력의 적재적소 배치를 통하여 경영능률을 증진시키기 위하여 근로자의 직무내용·장소 등을 변경시키는 인사 조치를 말한다. 긴박한 경영상의 필요에 의하여 감원될 근로자들을 결원이 있는 직무 또는 업무로 인사이동 조치하는 것은 해고회피노력의 일환으로 인정된다. 다만, 기업내부의 인사이동은 업무상 필요성을 고려하여 근로자에게 현저한 생활상의 불이익이 발생하지 않도록 해야 한다. 따라서 일반적으로 전직 등의 인사이동은 근로자에게 생활상의 이익을 침해한다는 점에서 가능한 한 일부 사업폐지 등으로 인해 발생한 잉여인력에 한하여 실시하는 것이 바람직하다.

---

214) 노동부, 경영상 해고제도 해설, 48~49면.

판례는 전직이나 전보는 원칙적으로 사용자의 권한에 해당하는 것이고, 긴박한 경영상의 필요에 의하여 해고회피의 일환으로 행하여진 전보 및 전직은 유효한 것으로 판단하고 있다.[215] 그리고 노조간부에 대한 인사이동 시 노동조합과 합의를 하도록 하는 단체협약의 규정이 있다 하더라도 노동조합이 합의권을 남용한 경우에는 노동조합과의 합의를 거치지 않고 전직 등의 인사명령 조치는 정당하고 해고회피 노력을 한 것으로 인정된다.[216]

(7) 기업 사이의 인사이동(사외파견·전적) 및 소사장제의 운영

다른 계열회사 또는 협력회사에 자사 근로자를 전출하거나 전적시키는 것도 해고회피의 일환으로 인정될 수 있다. 여기서 전출이란 소속 기업 근로자 신분을 그대로 유지하면서 다른 기업의 지휘 감독 아래에서 근로를 제공하는 기업 사이의 인사이동 형태를 말하고, 전적이란 소속 기업에서 근로자를 퇴직시킨 후 자회사·협력회사·거래회사 등에 취업시키는 것을 말한다.

이른바 소사장제의 도입은 경영악화에 직면하고 있는 개별 기업의 사정에 따라 유용한 해고회피 노력의 일환으로 인정될 수 있다. 소사장제란 생산성 향상 등 기업의 경쟁력을 회복하기 위하여 동일 사업장 내에서 생산라인 또는 공정의 일부를 독립경영 체제로 형성하는 소규모 경영방식을 말한다. 소사장제는 경영실적에 따른 예산·임금배분이 실시되므로 기업 전체적으로 보면 경비절감 등 경영효율을 높일 수 있고, 소사장을 중심으로 근로자 스스로 소사업장 단위의 경영합리화를 이룰 수 있다는 장점이 있다. 따라서 소사장제를 실시할 여건이 마련되어 있는 기업의 경우 고용조정의 한 방편으로 이용되기도 한다.[217]

(8) 임금의 반납 또는 삭감

경영위기에 직면하게 되면 기업의 임금지불능력이 부족하여 임금체불을 하거나 향후 임금지급을 할 수 없는 경우가 발생하는 것이 보통이다. 근로자와 사용자가 합의하여 체불임금을 반납(포기)하거나 임금수준을 하향조정(임금삭감)하는 경우가 있다. 임금의 반납이나 삭감은 경영위기를 타개하기 위한 해고회피 노력의 일환으로 인정된다. 여기서 임금의 반납이란 근로자의 자유로운 의사에 따라 이미 발생한 임금채권을 포기하는 것을 말하고, 임금의 삭감이란 앞으로 지급받게 되는 임금의 수준을 저하

215) 대법원 1995. 10. 13. 선고 94다52928.
216) 대법원 1992. 12. 8. 선고 92다32074.
217) 노동부, 경영상 해고제도 해설, 55~56면.

시키는 것을 말한다.

임금의 반납이 유효하기 위해서는 노조의 결의나 선언, 사용자와 노동조합과의 합의, 노사협의회의 의결 등 집단적 합의만으로는 부족하고 해당 근로자의 개별적인 동의가 있어야 한다.[218] 그리고 임금의 삭감이 유효하기 위해서는 앞으로의 임금 또는 상여금의 수준을 낮추는 것에 대한 근로자의 집단적 동의를 얻어 취업규칙·단체협약·근로계약을 변경해야 한다(근로기준법 §94·① 단서).

판례요지

이미 구체적으로 그 지급청구권이 발생한 임금(상여금 포함)이나 퇴직금은 근로자의 사적 재산 영역으로 옮겨져 근로자의 처분에 맡겨진 것이기 때문에 노동조합이 근로자들로부터 개별적인 동의나 수권을 받지 않은 이상, 사용자와 사이의 단체협약만으로 이에 대한 포기나 지급유예와 같은 처분행위를 할 수는 없다(대판 2007. 6. 28. 2007도1539).

그런데 임금의 반납과 삭감은 퇴직금 등 각종 제 급여를 산출하는 근거가 되는 평균임금의 저하를 수반하기 때문에 임금을 반납하거나 삭감하는 경우라도 퇴직금 등 다른 근로조건에서 불이익을 받지 않도록 임금의 반납 또는 삭감 이전의 평균임금을 그대로 적용하는 것이 바람직하다. 그리고 해고회피 노력의 일환으로 실시한 임금의 반납과 삭감을 둘러싸고 법적 분쟁이 많이 발생하고 있는 현실을 감안하면, 임금의 반납과 임금삭감의 방법과 내용 등에 대하여 반드시 당사자의 서명이 있는 임금반납 동의서 또는 합의서를 작성하고, 임금 삭감의 경우에는 근로자의 동의를 첨부하여 취업규칙 등을 변경한 후 행정관청에게 신고해 놓는 것이 바람직하다.

(9) 휴업·휴직의 실시

수주물량의 부족 등 경영상의 사유로 휴업할 수밖에 없는 경우에 휴업 또는 순환휴직의 실시는 긴박한 경영상의 필요에 의한 해고회피의 일환으로 인정된다. 긴박한 경영상의 필요에 의한 휴업 또는 휴직은 사용자의 귀책사유로 인한 것이므로 사용자는 평균임금의 100분의 70이상에 해당되는 임금 또는 통상임금을 휴업수당으로 지급해야 한다(근로기준법 §46). 즉, 휴업이란 근로자가 근로계약에 따라 근로제공의 의사가 있음에도 불구하고 그 의사에 반하여 취업이 거부되거나 불가능하게 된 경우도 포함되는 것이기 때문에 긴박한 경영상의 필요에 의한 휴업 또는 휴직도 당연히 휴업수당의 지급대상이 된다.[219]

---

218) 대법원 2007. 6. 28. 선고 2007도1539.
219) 대법원 1993. 11. 9. 선고 93다37915; 대법원 1996. 4. 23. 선고 94다446.

다만, 부득이한 사유로 사업계속이 불가능하여 노동위원회의 승인을 받은 경우에는 휴업수당 이하로 휴업수당을 지급할 수 있다. 부득이한 사유로 사업계속이 불가능한 경우에 해당되는가의 여부는 사회경제적 상황, 당해 업종의 평균가동률, 시장상황, 사업을 계속하려는 사용자의 노력 정도, 사업계속을 위한 실행 가능한 조치가 있었는지의 여부 등을 종합적으로 고려하여 노동위원회가 판단할 문제이다.

(10) 희망퇴직 또는 명예퇴직의 실시

근로자를 해고할 수밖에 없는 긴박한 경영상의 필요성이 있는 경우에 근로자의 심한 반발을 사지 않으면서 고용조정의 효과를 거둘 수 있는 해고회피노력의 방안은 바로 희망퇴직과 명예퇴직이라고 할 수 있다. 왜냐하면 사용자는 근로자의 반발이 예상되는 경영해고를 하지 않고 경영위기에 따른 고용조정의 효과를 도모할 수 있고, 근로자도 경영해고를 당하기보다는 추가적인 금전보상을 받고 명예퇴직 또는 희망퇴직하는 것이 유리할 수도 있기 때문이다.

명예퇴직이란 정년퇴직 이전에 퇴직하는 조기퇴직을 의미하고, 희망퇴직은 전 근로자를 상대로 자발적인 퇴직자를 모집하여 퇴직을 희망하는 근로자를 퇴직시키는 일종의 의원면직처분에 해당된다. 해고회피 노력의 일환으로 실시되는 명예퇴직 또는 희망퇴직자에 대해서는 법정퇴직금과 해고예고수당을 초과하는 금전보상을 지급하는 것이 노동관행이다.[220] 그러나 희망퇴직 또는 명예퇴직이 사용자의 적극적인 권유 또는 강요 등으로 근로자의 자유로운 의사에 의한 신청이 아닌 경우에는 사법상 무효로 되는 경우가 있음을 유의해야 한다.[221]

(11) 고용유지지원금 제도의 활용

긴박한 경영상의 필요에 의하여 경영해고를 회피하기 위하여 근로시간 단축, 휴직

220) 노동부, 경영상 해고제도 해설, 63면.

221) 판례는 ① 근로자가 퇴직금을 중간정산받기 위하여 형식상 사직서를 제출한 경우(대법원 1988. 5. 10. 선고 87다카2578), ② 특채인사에 대하여 반발하는 노동조합 조합원이 협상용으로만 사용하겠다는 취지로 사직서를 제출한 경우(대법원 1992. 3. 27. 선고91다44681), ③ 영업의 양도·합병·조직변경에 따라 근로자들이 회사 방침에 따라 퇴직금을 받고 일괄 사직서를 제출한 경우(대법원 1999. 6. 11. 선고 98다18353), ④ 사용자의 지시에 의하여 사직할 의사가 없는 근로자들이 사직서를 제출한 경우(대법원 1994. 4. 29. 선고 93누16185) 등을 민법 제107조의 진의 아닌 사직의사표시로 보아 무효로 판시하고 있다. 이러한 판례에 따라 희망 또는 명예퇴직 근로자가 사용자의 적극적인 권유, 강압 등으로 분위기상 자신의 의사와 관계없이 어쩔 수 없이 희망퇴직 또는 명예퇴직을 신청할 수밖에 없었다는 이유로 부당해고구제신청을 제기하거나 해고무효 확인소송을 제기하는 경우가 많다.

의 실시, 휴업 등을 실시하는 기업에 대하여 국가는 고용유지지원금을 지급하고 있다. 이러한 고용유지지원금 제도의 활용은 해고회피 노력의 일환에 해당된다. 고용보험법은 생산량 감소 등 경영상 이유로 고용조정이 불가피한 사업주가 휴업·휴직 등과 같은 고용유지조치를 하고 근로자의 고용을 유지하는 경우에는 소정의 고용유지지원금이 지급된다.222)

〈고용유지지원금의 내용〉

고용유지조치	지원요건	지원수준 및 기간
휴 업	1월간 소정근로일수의 1/15(월간 2일)을 초과하여 휴업을 실시하고 휴업수당을 지급한 사업주	■ 고용유지조치 기간 동안 사업주가 근로자에게 지급한 임금액 및 휴업수당의 2/3(대규모기업 1/2) ■ 180일 범위 내에서 지급
휴 직	근로자에게 1개월 이상 유·무급휴직을 부여한 사업주	■ 고용유지조치 기간 동안 사업주가 근로자에게 지급한 임금액 및 휴직수당의 2/3(대규모기업 1/2) ■ 무급휴직의 경우에는 1인당 20만원 ■ 무급휴직기간동안 훈련을 실시하는 사업주에게는 노동부장관이 고시한 훈련비와 훈련수당 지급 ■ 180일 범위 내에서 지급
훈 련	고용유지에 적합한 훈련을 실시하는 사업주	■ 훈련을 실시한 경우에는 지급임금의 3/4(대규모기업 2/3) 및 훈련비 지급 ■ 180일 범위 내에서 지급. 단, 180일 고용유지조치 후 훈련을 실시할 경우 90일까지 연장지원
인력재배치	업종전환 후 종전 업종 종사근로자의 60% 이상을 새로운 업종으로 재배치한 사업주	■ 사업주가 피보험자에게 지급한 임금의 3/4(대규모기업의 경우에는 2/3)에 해당하는 금액 ■ 1년간 지급
교대제전환	교대제로 전환하여 조가 증가(4조이하인 경우에 한함)한 사업주	■ 교대제전환의 경우에는 교대제를 적용받고 있는 근로자에게 지급한 임금의 20/100(대규모기업 15/100) 지급. 단, 3조에서 4조로 전환한 경우에는 15/100(대규모기업 10/100) 지급 ■ 1년간 지급

222) 고용보험법 제21조 및 고용보험법 시행령 제19조 내지 제21조 참조.

3) 해고회피노력의 정도

「해고회피 노력을 다하여야 한다는 것」은 경영방침이나 작업방식의 합리화, 신규채용의 금지, 일시휴직 및 희망퇴직의 활용 및 전근 등 사용자가 해고범위를 최소화하기 위하여 가능한 모든 조치를 취하는 것을 의미한다.[223] 그러나 해고회피 노력을 다하기 위한 방법과 정도는 확정적·고정적인 것이 아니라 당해 사용자의 경영위기의 정도, 정리해고를 실시하여야 하는 경영상의 이유, 사업의 내용과 규모, 직급별 인원상황 등 제반 사정을 개별적으로 판단할 수밖에 없다.[224] 그리고 사용자가 해고를 회피하기 위한 방법에 관하여 노동조합 또는 근로자대표와 성실하게 협의하여 경영해고 실시에 관한 합의에 도달하였다면 이러한 사정도 해고회피노력의 판단에 참작되어야 한다.[225]

판례요지

사용자가 정리해고를 실시하기 전에 다하여야 할 해고회피노력의 방법과 정도는 확정적·고정적인 것이 아니라 당해 사용자의 경영위기의 정도, 정리해고를 실시하여야 하는 경영상의 이유, 사업의 내용과 규모, 직급별 인원현황 등에 의하여 달라지는 것이고, 사용자가 해고를 회피하기 위한 방법에 관하여 노동조합 또는 근로자대표와 성실하게 협의하여 정리해고 실시에 관한 합의에 도달하였다면 이러한 사정도 해고회피노력의 판단에 참작되어야 한다(대법원 2005. 6. 9. 선고 2004도7218).

사용자의 해고회피노력은 해고 이외에 경영위기를 모면하기 위한 적극적인 노력을 의미한다. 따라서 사용자가 소극적으로 경영방침을 개선하기 위한 노력은 전혀 하지 않은 채, 단지 신규채용을 없애고 희망퇴직자를 모집하는 등 해고회피를 위한 일부 조치만을 취한 경우에는 사용자의 해고회피노력을 다한 것으로 볼 수 없다.[226]

사용자가 해고회피노력의무를 다하였는가의 여부는 일률적으로 확정할 수 있는 것이 아니라 기업의 규모, 사업의 성질, 경영해고의 목적·규모·긴급성의 정도 등 개별 기업이 처한 제반사정을 종합적으로 고려하여 판단할 수밖에 없다.[227] 따라서 경영위

223) 대법원 2004. 1. 15. 선고 2003두11339.
224) 대법원 1999. 4. 27. 선고 99두202; 대법원 2002. 7. 9. 선고 2001다29552; 2003. 6. 10. 선고 2002두3430; 대법원 2004. 1. 15. 선고 2003두11339; 2005. 6. 9. 선고 2004도7218.
225) 대법원 2002. 7. 9. 선고 2001다29452; 대법원 2003. 6. 10. 선고 2002두3430; 대법원 2005. 6. 9. 선고 2004도7218.
226) 민변, 변호사가 풀어주는 노동법 I (개정3판), 255면.
227) 임종률, 노동법(제6판), 531면; 김유성, 노동법 I (초판), 294면.

기에 직면한 사용자가 모든 해고회피수단을 취해야 하는 것은 아니고, 근로자와의 협의 또는 합의를 통하여 최선의 해고회피수단이라고 생각되는 방안들을 선택·실시한 경우에는 해고회피의 노력은 다한 것으로 보아야 한다. 그리고 해고회피노력을 다하였는가의 판단시점은 경영해고가 이루어지기 이전의 시점을 기준으로 판단해야 한다.[228)]

4) 판례의 경향

판례는 해고회피 노력을 다하기 위한 방법과 정도는 확정적·고정적인 것이 아니라 당해 사용자의 경영위기의 정도, 정리해고를 실시하여야 하는 경영상의 이유, 사업의 내용과 규모, 직급별 인원상황 등의 제반 사정을 개별적으로 판단할 수밖에 없음을 전제로 해고회피노력을 다하였는가의 여부를 구체적인 사안에 따라 개별적으로 판단하고 있다.[229)]

(1) 해고회피노력을 인정한 사례

◆ 폐지된 부서의 상용직 근로자 일부는 본사 및 다른 사업장에 전직조치하고 일부는 의원사직처리하고 임시일용직을 일차적으로 해고한 후 더 이상 다른 사업장에 배치할 수 없는 경우(대법원 1990. 1. 12. 선고 88다카34094).

◆ 작업의 성질이나 근로조건에 비추어 다른 사업장으로 배치전환 할 여지가 없고 다른 해고회피수단이 없는 경우(대법원 1992. 12. 22. 선고 92다14779).

◆ 업무내용이나 인적 구성에 비추어 배치전환이나 희망퇴직자의 모집이 불가능하여 사무실 축소·임원임금 동결·촉탁직원의 권고사직 등의 조치를 취한 경우(대법원 1995. 12. 5. 선고 94누15783).

◆ 해고를 회피하고자 회사의 유휴부지, 사택, 유가증권 등 자산을 매각하고 신규채용을 동결한 경우(중앙노동위원회 2003. 3. 19. 2002부해786).

◆ 기구 통·폐합을 단행하면서 취업알선, 일정기간 동안 임금을 지급하면서 충분한 전직의 기회를 부여한 경우(중앙노동위원회 1990. 12. 3. 90부해113).

◆ 경영합리화 조치를 취하면서 근무시간 단축, 임원 차량 등을 매각한 경우(중앙노동위원회 1994. 4. 6. 93부해310).

---

228) 대법원 2002. 6. 28. 선고 2000두4606.

229) 대법원 2002. 7. 9. 선고 2001다29552; 대법원 2004. 1. 15. 선고 2003두11339.

(2) 해고회피노력을 인정하지 않은 사례

◆ 희망퇴직자, 휴직의 실시, 조업의 단축, 신규채용 억제 등 적극적인 노력을 하지 않은 상태에서 해고대상자를 해고한 경우(대법원 1990. 3. 18. 선고 86다카24445; 대법원 1993. 11. 23. 선고 92다12285).

◆ 다른 아파트단지의 관리사무소로 전근시키는 등 직원 재배치가 불가능한 것이 아님에도 불구하고 입주자대표회의의 감원요청이 있다는 이유로 해고한 경우(대법원 1999. 4. 27. 선고 99두202).

4. 합리적이고 공정한 해고대상자의 선정

1) 의 의

정리해고가 실질적인 정당성을 갖추기 위해서는 긴박한 경영상의 필요성과 사용자의 해고회피노력 이외에 해고대상자의 선정이 합리적이고 공정해야 한다(근로기준법 §24·②). 경영해고의 요건으로써 합리적이고 공정한 해고기준을 요구하는 것은 무엇보다도 경영해고가 근로자의 귀책사유 없이 행해진다는 점을 근거로 한다. 따라서 해고기준의 합리성과 공정성을 확보하기 위해서는 근로자 측의 주관적인 사정을 면밀히 배려할 필요가 있다. 이러한 측면에서 해고기준의 합리성과 공정성은 일정 정도 근로자 상호간의 이익조정 기준으로서의 의미를 갖는 것이며, 기본적으로 근로자에 대한 사회적 보호의 필요성이 우선적으로 고려대상이 되어야 한다.[230] 그러나 경영해고는 경영위기를 타개하기 위한 사용자의 의지가 포함되어 있는 것이므로 해고대상자의 기준을 설정함에 있어서 경영이익을 반영할 필요성도 배제할 수 없다.

2) 합리적·공정한 해고기준의 판단

합리적·공정한 해고기준은 매우 추상적인 개념이고 그 판단기준이 노사의 입장과 개별기업이 처한 상황에 따라 달라질 수 있는 것이므로 그 선정기준은 사전에 노사의 합의로 단체협약 등에 정해 놓는 것이 바람직하다. 사전에 해고기준을 설정하여 놓은 것이 없다면 사용자가 근로자대표와의 협의를 거쳐 합리적이고 공정한 원칙을 정하여 실시하여야 한다.

그러나 합리적이고 공정한 해고대상자 선정기준은 개별사업장의 사정과 여건에 따라 다르므로 이의 기준을 일률적·확정적으로 제시한다는 것은 불가능하다.[231] 결국

---

230) 김유성, 노동법 I (초판), 295면.

231) 합리적이고 공정한 해고대상자 선정기준에 관하여 학설은 ① 원칙적으로 근로자의 주관적인 사정

합리적이고 공정한 해고기준은 기업이 처한 상황과 노사의 견해에 따라 달라질 수밖에 없는 것이므로 「근로자의 보호 측면」과 「경영이익의 측면(공헌도)」을 고려하여 설정할 필요가 있다.[232] 즉, 근로자의 연령, 근속연한, 부양가족 수, 재산의 정도, 건강상태, 근무실적, 숙련도, 자질, 전직의 가능성 등을 종합적으로 고려하여 해고기준을 설정해야 한다.

〈해고대상자 선정기준의 요인〉

근로자의 보호측면	경영이익의 측면
■ 근로자의 연령 ■ 근속연한 ■ 가족의 부양여부 및 정도 ■ 재산소유 상태 ■ 근로자의 건강상태 ■ 업무상 질병·부상 여부	■ 평소의 근무상황(결근·지각·상벌 등) ■ 기능 숙련도·근로능력·경험·자질[233] ■ 전직의 가능성 ■ 기업에의 불이익 유무 ■ 고용형태에 있어서 기업의 귀속성 정도 (비정규직 근로자, 간접고용 등)

위의 해고대상자 선정기준의 요인들 중에서 노사의 합의 또는 협의를 거쳐 노사의 이익을 균형 있게 반영한 해고기준을 설정하여 해고대상자를 선정한 경우에는 특별한 사정이 없는 한, 합리적이고 공정한 해고대상자를 선정한 것으로 볼 수 있다. 그러나 경영해고는 근로자의 귀책사유에 의한 것이 아니고 사용자의 귀책사유인 경영위

에 해당되는 자료를 위주로 하여 상대적으로 사회적·경제적 약자에 해당되어 더욱 보호의 필요성이 높은 근로자순으로 해고대상자에서 제외시키고 사용자의 이익은 2차적으로 고려되어야 한다는 견해, ② 사용자의 기업운영상의 필요성을 고려하는 것은 해고대상 근로자에 대한 공정한 선발기준에 배치된다는 견해, ③ 단체협약 또는 취업규칙에 해고대상자선정기준을 설정하지 않은 경우에는 근로자 측의 입장과 사용자 측 입장이 서로 조화·균형을 유지되어야 한다는 견해, ④ 기업의 업종과 규모 및 인원정리의 필요성 등을 종합적으로 고려하여 구체적으로 정하여야 한다는 견해 등을 제시하고 있다. 이에 관한 상세는 박수근, 「경영상 해고에서 합리적이고 공정한 선정기준」, 210면 이하 참조,

232) 노동부, 경영상 해고제도 해설, 79면.

233) 기능의 숙련도·근로능력·자질 등은 인사고과에 의하여 평가할 수밖에 없다. 그런데 인사고과를 규제할 수 있는 법적 근거가 전혀 없기 때문에 인사고과의 불공정성을 이유로 한 해고의 다툼에 대하여 법원이 인사고과의 공정성 여부를 규범적으로 평가하여 해고의 부당성을 판단할 수 있는가의 여부, 즉 사법심사의 대상에 포함되는가의 여부가 문제된다. 인사고과의 실시주체는 사용자일 수밖에 없고 상당한 재량성이 있는 점을 감안하면, 노사 사이에 합의된 인사고과기준을 크게 벗어나지 않은 이상 사법심사의 대상이 되지 않는 것으로 보아야 한다. 따라서 근로자의 자질·능력 등을 해고대상자의 선정기준으로 설정한 경우에는 이의 객관성과 공정성을 담보할 수 있도록 평가과정에서 근로자를 참여시키고 인사고과기준과 고과결과를 근로자에게 공개함과 동시에 이의신청 시 이를 시정할 수 있는 제도적 장치를 마련할 필요성이 있다(박수근, 「경영상 해고에서 합리적이고 공정한 선정기준」, 228면 이하).

기에 의한 것이므로 원칙적으로 근로자 각자의 주관적인 사정을 위주로 상대적으로 사회적·경제적 약자의 순서로 해고대상에서 제외하고 경영이익의 기준은 부차적으로 고려하는 것이 바람직하다.[234] 따라서 노사의 합의 또는 협의를 거쳐 근로자의 보호측면을 배제하고 경영이익만을 고려한 해고기준에 따라 해고대상자를 선정하는 것은 합리적이고 공정한 해고대상자의 선정으로 볼 수 없다.[235]

특히, ① 사내맞벌이 부부 중 여자, ② 생계책임이 적은 여자, ③ 일정한 연령 이상의 여자, ④ 남편 있는 여자, ⑤ 산전후휴가 또는 육아휴직 중인 자 등의 해고기준은 남녀차별을 이유로 한 합리성과 공정성이 없는 해고기준으로써 당연 무효이다(근로기준법 §24·② 후단).

3) 판례의 경향

(1) 해고기준의 합리성·공정성의 판단기준

판례는 긴박한 경영상의 필요와 마찬가지로 경영해고의 합리적이고 공정한 기준 역시 확정적·고정적인 것이 아님을 전제로 하면서 경영상의 이유, 해고를 실시한 사업 부문의 내용과 근로자의 구성, 해고 실시 당시의 사회경제상황 등 구체적·개별적인 상황을 고려하여 판단해야 한다고 판시하고 있다.[236]

판례요지

경영해고의 각 요건의 구체적 내용은 확정적·고정적인 것이 아니라 구체적 사건에서 다른 요건의 충족 정도와 관련하여 유동적으로 정해지는 것이므로 구체적 사건에서 경영

234) 노동부, 경영상 해고제도 해설, 80면; 김유성, 노동법 I (초판). 295~296면; 박수근, 「경영상 해고에서 합리적이고 공정한 선정기준」, 210면.

235) 이와 관련하여 「해고로부터 보다 많은 보호를 받아야 할 장기근속 근로자를 우선 해고대상자로 선정한 것은 합리성과 공정성을 결한 것으로써 무효」라는 상급심 판례가 있고(대법원 1993. 12. 28. 선고 92다34958), 「경영해고의 경우 근로자의 일신상·행태상의 사유가 아닌 사용자 측의 경영상 필요로 해고가 이루어지는 것이므로 연령·근속기간·부양의무의 유무·재산·건상상태 등 근로자 각자의 주관적 사정을 기초로 그 사회적 위치를 살펴 상대적으로 사회적 보호를 덜 필요로 하는 근로자부터 해고를 하여야 하고, 근무성적·업무능력 등 사용자 측의 이해관계와 관련된 사정들을 부차적으로 고려하여야 할 것임에도 피고회사가 해고기준을 마련함에 있어서 피고회사의 이해관계와 밀접한 사항들만 반영하였을 뿐 근로자 각자의 주관적인 사정을 전혀 고려하지 않은 것은 비록 노동조합과 합의 또는 협의를 거쳤다 하더라도 해고대상자 선별기준의 정당성에 아무런 영향을 미치지 않는다.」라고 하는 하급심 판례가 있다(서울지방법원 1995. 12. 15. 선고 94가합10958).

236) 대법원 2002. 7. 9. 선고 2001다29452; 대법원 2003. 11. 13. 선고 2003두4119; 대법원 2006. 1. 26. 선고 2003다69393 등.

상 이유에 의한 당해 해고가 위 각 요건을 모두 갖추어 정당한지 여부는 위 각 요건을 구성하는 개별 사정들을 종합적으로 고려하여 판단하여야 한다(대법원 2006. 1. 26. 선고 2003다69393).

일반적으로 경영해고의 기준을 근무성적·업무능력·근무태도 및 입사시기 등을 종합적으로 고려하여 결정한 후 해고대상자를 선정함에 있어서 구체적으로 근로자의 가족사정·재산상태 등을 조사하여 감안한 경우에는 합리적이고 공정한 해고대상자를 선정한 것으로 판단하고 있다. 또한 사용자가 노동조합 또는 근로자대표와 합의하거나 협의를 거쳐 해고의 기준을 설정한 경우에는 특별한 사정이 없는 한 합리적이고 공정한 해고기준으로 인정하고 있다.237)

판례요지

사용자가 해고의 기준에 관하여 노동조합 또는 근로자대표와 성실하게 협의하여 해고의 기준에 관한 합의에 도달하였다면 이러한 사정도 해고의 기준이 합리적이고 공정한 기준인지의 판단에 참작되어야 한다(대법원 2002. 7. 9. 선고 2001다29452).

(2) 인정 사례

- 해고대상자 선정기준에 대하여 노사간에 개괄적인 합의만 한 채 구체적인 사항을 회사에 일임하여 회사가 해고대상자를 선정한 경우(대법원 2003. 9. 26. 선고 2001두10776·10783).
- 경영해고 대상자의 수를 최소화하기 위하여 상대적으로 고임금을 받는 높은 직급의 고령 근로자와 재직기간이 긴 직원을 해고대상자로 선정한 경우(대법원 2002. 7. 9. 선고 2001다29452).
- 생산 작업을 하기 위하여 반드시 필요한 자격증을 소지한 근로자와 숙련기능공을 해고대상에서 제외시킨 경우(대법원 2002. 6. 14. 선고 2000두8486).
- 교통사고 발생 전력과 근무기간 동안의 징계전력 등을 경영해고의 기준으로 설정한 경우(대법원 2001. 12. 11. 선고 2000두5708).
- 노동조합 동의 아래 직제개편위원회 개최 하루 전에 위원들을 선발하여 무기명 투표로 해고대상자를 선정한 경우(대법원 2002. 7. 9. 선고 2000두9373).
- 여러 차례에 걸쳐 노사협의회 및 노사실무협의회를 개최하여 정리해고 대상자

237) 대법원 2002. 7. 9. 선고 2001다29452.

의 수 및 그 선정기준 등에 대하여 협의를 하여 왔고, 기존의 근무평정점수가 객관성이 없어 노조의 다면평가를 도입해야 한다는 의견을 반영하여 과거 3년간의 근무평정점수를 25%, 그리고 특별평정점수를 75% 각 반영하여 그 합계점수를 기준으로 하여 그 점수의 최하위순으로 정리해고대상자를 선정한 경우(서울행정법원 2000. 12. 8. 선고 99구30721).

- 평소의 근무성적, 상벌관계, 경력, 기능의 숙련도 등을 고려하여 해고대상자를 선정한 경우(대법원 1987. 5. 12. 선고 86누690).
- 긴박한 경영상의 필요에 의해 실질적으로 별도로 운영되고 있었던 사업부를 폐지하면서 그 소속 전체 근로자를 해고대상자로 선정한 경우(대법원 1994. 5. 10. 선고 93다4892).
- 전직의 가능성이 비교적 어렵고 회사의 공헌도가 높은 장기 근속자를 보호하기 위하여 단기근속자 순으로 해고대상자를 선정한 경우(서울고등법원 1996. 5. 9. 선고 95구19784).
- 부부사원을 우선 명예퇴직대상으로 선정하여 명예퇴직을 종용하여 부부사원 중 여성근로자가 대대수가 퇴직한 경우(대법원 2002. 11. 8. 선고 2002다35379).[238]

(3) 불인정 사례

- 해고로부터 보다 많은 보호를 받아야 할 장기근속 근로자를 우선 해고대상자로 선정한 경우(대법원 1993. 12. 28. 선고 92다34958).
- 단체협약에 정한 해고선정기준을 따르지 않고 사용자가 임의로 해고대상자를 선정한 경우(대법원 1993. 11. 23. 선고 92다12285).
- 긴박한 경영상의 필요성이 발생한 사업장 전체가 아닌 축소대상 부서 소속 근로자만을 경영해고 대상자로 선정한 경우(서울고등법원 1998. 7. 16. 선고 97구47600).

(4) 평 가

합리적이고 공정한 해고대상자의 선정기준에 관한 구체적인 내용은 일률적으로 확정할 수 있는 있는 것이 아니므로 해당 기업과 근로자의 구체적인 상황 등을 고려하여 근로자대표와의 협의 또는 합의를 거쳐 해고대상자의 선정기준을 설정하여 해고대상자를 선정한 경우에는 특별한 사정이 없는 한 정당한 해고로 보아야 한다는 판례

---

238) 이 판례는 부부직원 일방을 명예퇴직대상자로 정하였을 뿐 여성배우자만을 대상으로 한 것이 아니라는 이유로 남녀차별에 의한 해고에 해당되지 않는 것으로 판단한 사안이다.

의 태도는 기본적으로 타당하다.

그러나 해고대상자 기준에 관하여 근로자대표와의 성실한 협의는 경영해고의 전 단계에서 관철되어야 할 불가피한 요청이고, 해고대상자 기준을 선정함에 있어서 근로자의 생활보호 측면과 사용자의 경영이익 측면을 고려하여 노사의 불이익을 최소화하기 위한 최소한의 제도적 장치라고 할 수 있다. 이와 관련하여 판례는 해고대상자의 선정기준에 대하여 노사간의 개괄적인 합의만 한 채 모든 구체적인 사항을 사용자에게 일임한 경우[239], 노동조합 동의 아래 직제개편위원회 개최 하루 전에 위원들을 선발하여 무기명 투표로 해고대상자를 선정한 경우[240]까지도 합리적이고 공정한 해고대상자의 선정으로 인정하고 있는 것은 근로자 대표와의 성실한 협의를 통해 경영해고의 정당성을 확보하려고 한 취지에 반하는 것으로 볼 수 있다.[241]

판례는 우리나라의 임금체계가 연공서열 임금체계임을 감안하여 고임금·고연령·장기근속 근로자를 우선 해고대상자로 선정하여 행한 해고를 정당한 해고로 판단하고 있다.[242] 그러나 해고대상자의 선정기준과 왜곡된 연공서열 임금체계와 연계하여 고임금·고연령·장기근속 근로자를 우선 해고대상자로 선정하는 것은 모순이다. 이들은 퇴직권유 또는 명예퇴직의 대상자가 될 수 있으나, 단순히 경영이익만을 고려하여 우선 해고대상자로 삼는 것은 부당하다. 즉, 업무능력에 비해 고임금을 받는다면 임금체계의 개선을 통하여 임금을 조정해야 할 문제이므로 우선 해고대상자로 선정하는 것은 부당하다.[243]

근로기준법 제6조는 근로조건에 있어서 균등한 처우의 원칙을 규정하고, 남녀평등지원법 제2조 제1호는 남녀의 직접차별뿐만 아니라 사업주가 동일한 근로조건을 적용하더라도 특정 성(性)이 다른 성에 비하여 현저히 적어 불리한 결과를 초래하는 「간접차별」도 남녀차별로 금지하고 있으며, 근로기준법 제24조 제2항 후단은 경영해고에 있어서 남녀차별을 금지하고 있다. 따라서 경영해고대상자의 선정기준을 부양가족이 있는 세대주를 해고대상에서 제외하기로 한 경우 형식적으로는 남녀의 차별적 해고기준에 해당되는 것은 아니나, 실제로 그 기준을 충족할 수 있는 여성이 남성에 비하여 현저히 적어 해고대상자로 선정될 가능성 매우 높을 수밖에 없고, 사내부부 중

239) 대법원 2003. 9. 26. 선고 2001다10776.
240) 대법원 2002. 7. 9. 선고 2000두9373.
241) 김유성, 노동법 I (초판), 296면.
242) 대법원 2002. 7. 9. 선고 2001다29452.
243) 외국의 경우는 경영악화로 인한 해고에 있어서 근속기간이 짧은 근로자부터 해고대상자로 하고, 당기 근속자를 우선적으로 보호하는 「선임권」의 원칙이 관행화 되어 있으나, 이와는 달리 우리나라의 경우는 장기근속자가 고임금이라는 점을 고려하여 우선 해고대상자로 선정하는 경우가 많다.

1인을 해고대상자 우선순위로 하는 경우에도 일반적으로 남성이 여성보다 근속연수가 많고 높은 임금을 받는 경우가 많기 때문에 실질적으로 우선적으로 해고대상자가 될 가능성이 매우 높을 수밖에 없다. 부양가족이 있는 세대주를 해고대상에서 후순위로 하거나 사내 부부 중 1인을 우선 해고대상기준으로 정하는 것은 남녀평등지원법에 의한 해고에 있어서의 간접차별에 해당된다고 보아야 한다.[244] 결국, 부부직원 일방을 명예퇴직대상자로 정하였을 뿐 여성배우자만을 대상으로 한 것이 아니라는 근거로 부부 직원 1인을 명예퇴직대상으로 선정한 것을 정당한 것으로 판단한 판례[245]는 해고에 대한 남녀 간접차별에 해당되는 것으로 보아야 한다.

5. 정당한 해고사유와 고용안정협약과의 관계

1) 문제의 소재

실제적으로 경영해고가 정당하기 위해서는 ① 해고할 수박에 없는 긴박한 경영상의 필요성이 있어야 하고, ② 사용자가 해고회피 노력을 다하여야 하고, ③ 근로자와의 성실한 협의를 통하여 합리적이고 공정한 해고기준에 따라 해고대상자를 선정해야 한다. 경영해고는 다른 해고와는 달리 사용자의 경영악화로 인한 해고이기 때문에 대량해고로 이어져 심각한 고용불안을 야기하므로 경영해고로 인한 고용불안을 해소하기 위한 방안으로 사전에 단체협약에 고용보장 조항을 두거나 별도의 고용안정 합의서를 체결하는 경우가 있는데, 이를 통칭하여 고용안정협약[246]이라고 한다. 즉, 「고용안정협약」은 경영해고의 금지 또는 제한을 내용으로 하는 노사 당사자 사이에 체결된 단체협약과 합의서를 말한다. 그런데 사용자가 고용안정협약을 위반하여 경영해고의 요건인 긴박한 경영상의 필요가 있다는 이유로 근로기준법 제24조의 요건과 절차에 따라 경영해고를 한 경우에 그 해고가 정당한 것인가의 여부가 문제된다.

2) 고용안정협약의 유형 및 내용

고용안정협약을 경영상 해고를 금지하거나 제한하는 노사간의 합의로 이해할 경우, 고용안정협약의 내용은 대체로 다음과 같이 유형화할 수 있다.[247]

---

244) 김유성, 노동법 I (초판), 297면.

245) 대법원 2002. 11. 8. 선고 2002다35379.

246) 고용안정협약은 법률적인 개념은 아니나, 경영해고와 관련한 근로자의 고용안정을 위하여 노사가 체결한 제반 고용보장 합의서를 말한다. 고용안정과 경영위기 극복을 위한 협약서, 고용안정을 위한 협력서, 고용보장합의서, 고용보장협정서 등 다양한 명칭으로 사용되고 있다.

247) 강선희, 「고용안정에 관한 합의의 법적 성격과 효력」, 4면 이하.

(1) 경영해고의 금지

이는 일정 기한까지는 아예 경영해고를 할 수 없도록 단체협약에 규정하거나 별도의 합의서를 작성하는 것으로써 가장 많은 부분을 차지하고 있는 고용안정협약이다. 예컨대, 「OOOO년까지 경영해고를 하지 않는다.」 또는 「OOOO년까지는 인위적인 감원을 하지 않는다.」라고 노사가 합의하는 경우이다. 여기서 인위적인 감원을 하지 않는다는 것은 자연적인 감원을 허용하되 사용자의 결정에 의한 일방적인 경영해고를 금지한다는 취지이므로 해고를 금지하는 것과 동일한 내용으로 볼 수 있다.

(2) 노동조합의 사전 동의 또는 합의

이는 노동조합의 동의 또는 합의를 경영해고의 요건으로 하거나 해고대상자의 선정기준으로 하는 고용안정협약을 말한다. 예컨대, 「경영해고를 하기 위해서는 사전에 노동조합의 동의 또는 합의를 얻어야 한다.」, 「노동조합의 동의 없이 경영해고를 할 수 없다.」, 「해고대상자의 선정기준은 노동조합과 사전 합의하여 시행한다.」라고 노사가 합의하는 경우이다.

3) 고용안정협약의 효력

(1) 학 설

근로기준법 제24조의 경영해고 요건을 충족하였음에도 노동조합이 고용안정협정 내용을 근거로 경영해고에 동의하지 않거나 해고대상자의 선정기준에 대하여 합의를 하여 주지 않는 경우에 사용자가 임의로 해고대상자를 선정하여 해고한 경우에 그 효력의 여부가 문제된다. 대체로 해고의 효력을 인정해야 한다고 하는 긍정설, 고용안정협약을 위반한 해고는 무효라는 부정설, 그리고 해고할 수밖에 없는 긴박한 경영상의 필요성이 있음이 명백함에도 노동조합이 동의하지 않는 것은 신의칙에 반한다는 신의칙설 등의 견해가 있다.

「긍정설」은 경영상 해고는 긴급피난의 이론에 근거한 것이므로 긴박한 경영상의 필요성과 해고대상자의 선정이 합리적이고 공정한 경우에는 노동조합의 동의 또는 합의가 없더라도 해고는 유효하다는 견해이다. 이 견해는 고용안정협약상의 해고제한 금지·제한 규정을 「경영해고를 하지 않도록 최대한 노력한다거나 경영해고를 실시하지 아니함을 원칙으로 한다.」라는 의미로 해석한다.[248] 그 근거로서는 경영해고 자체를 금지하거나 해고권의 행사 여부를 노동조합이 결정하도록 하는 것은 단체교

248) 노동부, 경영상 해고제도 해설, 20면.

섭의 대상이 될 수 없는 것이므로 사용자의 인사권을 근본적으로 제한하는 고용안정협약은 효력이 없다는 점을 들고 있다.[249)]

「부정설」은 사용자가 해고권한을 스스로 제한하여 경영해고를 하지 않거나 노동조합의 동의를 얻어 행사하도록 하는 고용안정협약은 유효한 것이므로 이를 위반한 해고는 무효라는 견해이다. 그 근거로서는 ① 노동조합의 경영해고의 동의(합의) 또는 경영해고 금지 요구는 성실교섭의무를 부담하는 단체교섭 대상이 되지 않는 것이 불과하다는 점, ② 해고권의 행사 여부는 사용자의 권한에 속하는 것이라도 스스로의 의사에 따라 그 권한을 제한할 수 있다는 점, ③ 노사간의 자유의사에 따라 고용안정협약을 체결한 경우에는 이에 구속된다는 사용자의 의사가 존재한 것으로 보아야 한다는 점 등을 들고 있다.[250)]

「신의칙설」은 긴박한 경영상의 필요성이 존재하고 사용자가 고용안정협약에 규정된 동의 또는 합의를 도출하기 위하여 진지하고 성실한 노력을 다하였음에도 노동조합이 합리적인 근거를 제시하지 않은 채 경영해고를 반대하는 경우에는 고용안정협약과 관계없이 경영해고가 가능한 것으로 해석하는 견해이다.

(2) 판 례

판례는 신의칙설에 따라 고용안정협약 위반에 따른 해고의 유효성을 판단하고 있는 것으로 추측할 수 있다. 판례는 해고동의조항의 유효성에 관하여 단체협약상의 해고동의 또는 합의조항을 위반한 해고는 원칙적으로 무효이나, 구체적인 사안에서 노동조합이 동의권을 포기하거나 남용한 경우에는 정당한 해고로 판단하고 있다.[251)]

판례요지

정리해고를 함에 있어 노조와의 사전 합의 조항이 있더라도 정리해고를 하여야 할 긴박한 필요성이 있음이 객관적으로 명백하며 회사가 노동조합과 사전 합의를 위하여 성실하고 진지한 노력을 다하였음에도 불구하고 노동조합측이 합리적 근거나 이유를 제시함이 없이 무작정 정리해고에 반대함으로써 사전 합의에 이르지 못하도록 한 것이 인정되는 경우에는 노동조합측이 합의거부권을 남용한 것이 되어 사용자가 이러한 합의 없이 한 정리해고도 다른 요건을 갖추고 있는 한 유효하다(대법원 2002. 5. 14. 선고 2001두649).

249) 김형배, 노동법(신판제4판), 587·782면; 김형배 외 3인, 집단적 노사자치에 관한 법률, 105면.
250) 강선희, 「고용안정에 관한 합의의 법적 성격과 효력」, 29면.
251) 대법원 1993. 7. 13. 선고 92다45735; 대법원 1993. 7. 13. 선고 92다50263; 대법원 1993. 8. 24. 선고 92다34926; 대법원 1993. 9. 28. 선고 91다30620 판결; 대법원 2002. 5. 14. 선고 2001두649; 대법원 2003. 6. 10. 선고 2001두3136 등.

나아가 판례는 기업이 쇠퇴하고 투자가 줄어들면 근로의 기회가 감소되고 실업이 증가하게 되는 반면, 기업이 잘 되고 새로운 투자가 일어나면 근로자의 지위도 향상되고 새로운 고용도 창출되어 결과적으로 기업과 근로자가 다 함께 승자가 될 수 있다는 전제로 「경영권과 노동3권이 서로 충돌하는 경우 이를 조화시키는 한계를 설정함에 있어서는 기업의 경제상의 창의와 투자의욕을 훼손시키지 않고 오히려 이를 증진시키며 기업의 경쟁력을 강화하는 방향으로 해결책을 찾아야 함을 유의하여야 한다.」라고 판시하고 있고, 사전해고동의(합의)조항을 엄격한 사전협의로 해석하고 있다.[252]

위와 같은 판례의 흐름에 비추어 보면, 경영해고와 관련된 고용안정협약을 위반하여 경영해고를 하였더라도 사용자가 해고하기 전에 노동조합의 동의(합의)를 이끌어 내기 위한 진지한 노력을 다한 경우에는 그 해고는 유효한 것으로 판단하고 있다.

(3) 평 가

경영해고는 긴박한 경영상의 필요에 의한 고도의 경영결단에 속하는 것이므로 원칙적으로 단체교섭의 대상이 될 수 없는 것이나, 사용자의 해고권 남용을 예방하고 노동기본권을 보장하기 위한 목적으로 노사의 자유로운 의사에 따라 경영해고를 금지·제한하는 고용안정협약을 체결하는 것은 강행법규에 위반되거나 공서양속에 반하는 것으로 볼 수 없다. 따라서 원칙적으로 고용안정협약을 위반한 경영해고는 사법상 무효로 봄이 타당하다.

그러나 사용자가 고용안정협약에 규정된 경영해고의 요건을 갖추기 위하여 노동조합의 동의를 얻거나 합의하기 위하여 진지한 노력을 기울이고, 근로기준법 제24조의 경영해고 요건을 갖추어 해고한 경우에는 비록 고용안정협약을 위반하였다 하더라도 그 해고를 당연무효로 해석할 수는 없다.

제5절 절차에 의한 해고의 제한

I. 개 관

해고는 사용자의 일방적인 의사표시에 의하여 근로관계를 종료시키는 법률행위로서 생존 기반이 되는 근로자의 직장상실을 의미한다. 따라서 해고처분은 공정하고

---

252) 대법원 2003. 7. 22. 선고 2002도7225.

신중하게 이루어져야 할 뿐만 아니라 근로자의 입장이 충분히 반영될 수 있는 절차가 보장되어야 한다. 해고의 절차적 제한은 불리한 처분을 받는 자는 자신의 입장을 충분히 소명할 수 있는 기회를 부여해야 한다는 절차적 정의의 요청이라고 할 수 있다. 일반적으로 해고의 공정성을 담보하기 위한 절차는 징계(인사)위원회의 공정한 구성, 해고사유의 사전통지, 징계(해고)혐의자에 대한 충분한 소명 기회의 부여 등이 있다.

그러나 근로기준법은 해고의 일반적인 절차로서 사용자의 해고예고와 해고사유의 서면통지 의무와, 경영해고의 절차로서 경영해고기준·해고회피 방법 등에 대한 근로자대표와의 성실한 협의 및 경영계획의 신고의무 만을 규정하고 있을 뿐이고, 그 이외의 해고제한 절차의 적용 여부는 전적으로 노사의 자율에 위임하고 있다. 징계(인사)위원회의 구성·징계(해고)혐의자의 소명기회의 부여 등 해고의 절차적 정의를 담보하기 위한 절차는 취업규칙·단체협약 등에 별도로 규정하여 운영하고 있는 것이 보통이다. 판례는 취업규칙·단체협약 등에 징계(해고) 제한절차를 규정하고 있는 경우에 이의 절차를 따르지 않은 징계(해고)는 그 사유의 정당성을 따질 필요 없이 무효이나[253], 별도의 절차를 규정하고 있지 않은 경우에는 징계(인사)위원회의 구성·소명기회의 부여 등의 절차를 따르지 않아도 무방한 것으로 판단하고 있다.[254]

그리고 취업규칙·단체협약 등은 징계절차를 거쳐서 행하는 해고와 징계절차 없이 해고할 수 있는 경우로 구분하고, 경우에 따라서는 해고 제한절차를 거치지 않고 즉시 해고하는 경우가 있다. 이와 관련하여 판례는 해고 제한절차 없이 해고할 수 있는 해고를 통상해고라고 하여 징계제한 절차 없이 행한 해고도 유효한 것으로 해석하고 있다.[255]

Ⅱ. 근로기준법에 의한 해고의 제한절차

근로기준법은 일반적으로 적용되는 해고제한 절차로서 해고예고와 해고사유의 서

253) 대법원 1991. 7. 9. 선고 90다8077; 대법원 1993. 7. 13. 선고 92다42774; 대법원 1994. 9. 30. 선고 93다26496; 대법원 1995. 7. 14. 선고 95누11491; 대법원 1998. 11. 27. 선고 97누14132.

254) 대법원 1992. 10. 9. 선고 91다14406; 대법원 1993. 7. 13. 선고 92다42247; 대법원 1995. 2. 3. 선고 94다17758.

255) 판례는 취업규칙 등에서 규정한 징계해고, 정리해고, 직권면직, 당연면직사유 이외의 사유로 인하여 근로계약의 목적 달성이 불가능하거나 경영상 장애 등으로 인하여 더 이상 근로관계를 지속시키기 어려운 상태에 이르러 사용자가 일방적으로 근로계약을 해지하는 것을 통상해고로 정의하면서 이러한 통상해고는 「취업규칙 등에 징계절차를 적용하도록 하는 것이 없다면 사용자가 면직처분을 함에 있어 일반의 징계절차를 거쳐야 한다고 할 수 없고, 실질적으로 면직사유가 징계사유에 해당되는 경우에도 해고 제한절차를 거치지 않아도 된다.」라는 입장을 견지하고 있다(대법원 1995. 6. 30. 선고 94다35350; 대법원 1995. 3. 24. 선고 94다42082; 대법원 2000. 6. 23. 선고 99두4235.

면통지를 규정하고(§26~§27), 특별히 경영해고에 대해서는 보다 엄격한 해고제한 절차를 규정하고 있다. 경영해고에만 특유한 해고 제한절차로는 해고기준과 해고를 회피하기 위한 방법 등에 관하여 근로자대표와의 성실한 협의를 거쳐야 하고, 일정한 규모 이상의 해고를 할 때에는 사전에 경영해고계획서를 노동부장관에게 신고하도록 규정하고 있다(§24·③·④, 영 §10).

1. 공통적인 해고의 제한절차

1) 해고예고

해고예고제도는 사용자가 해고 이전에 일정한 기간 동안 예고를 하도록 하여 근로자에게 재취업을 위한 시간적 여유를 부여하거나 일정한 금액의 해고예고수당을 지급하도록 함으로써 해고를 당하는 근로자에게 최소한의 경제적 뒷받침을 제공할 것을 목적으로 도입된 제도이다. 근로기준법 제27조는 「사용자는 근로자를 해고하려면 적어도 30일 전에 예고를 하여야 하고, 30일 전에 예고를 하지 아니하였을 때에는 30일분 이상의 통상임금을 지급하여야 한다.」라고 규정하고 있다.

해고예고기간인 30일이란 휴일이나 휴가기간도 포함하는 역일을 의미한다. 해고예고는 사용자의 해고의사를 사전에 해당 근로자에게 주지하여 근로자로 하여금 해고 이후의 상황에 대비하도록 하기 위한 제도이기 때문에 불명확한 해고일이나 조건부 해고예고는 허용되지 않는다.

해고예고 기간 동안에도 근로계약관계는 유효하게 존속하기 때문에 근로자의 근로제공의무와 사용자의 임금지급의무가 있음은 당연하다. 그러나 해고예고 기간은 근로계약관계의 종료를 위한 정리단계로 볼 수 있으므로 해고예고 기간 동안의 근로관계는 평상시의 근로관계와 동일한 정도의 근로제공의무가 있는 것으로 볼 수 없다. 따라서 지나치게 장기간의 결근이 아닌 이상 근로자가 새로운 직장을 구하기 위하여 결근한 경우라도 결근에 대한 임금을 공제하는 것은 허용되지 않는 것으로 보아야 한다.[256)]

해고예고를 대신하는 해고예고 수당은 30일분 이상의 통상임금에 상당하는 금액이다. 해고예고수당의 지급시기에 관하여 반드시 해고와 동시에 지급하지 않고 해고일로부터 14일 이내에 지급해도 무방하다는 견해가 있으나[257)], 즉시해고와 동시에 지급

256) 김유성, 노동법 I (초판), 312면; 김형배, 노동법(신판제4판), 549면; 임종률, 노동법(제6판), 517면. 539면.

257) 이병태, 최신노동법(제8전정판), 656면. 만약, 해고예고수당을 해고일로부터 14일 이내에 지급하여도 무방한 것으로 해석할 경우, 사용자는 14일 이내에 지급만 하면 해고예고의무 위반에 따른 벌칙을 면할 수 있고 14일 경과한 이후도 해고예고수당을 지급하지 않는 경우에 한하여 근로기준

해야 하고 사용자가 즉시해고와 동시에 해고예고수당을 지급하지 않으면 해고예고의 효력은 발생하지 않는 것으로 해석해야 한다.

근로기준법 제26조 단서는 천재·사변 그 밖의 부득이한 사유로 사업을 계속하는 것이 불가능한 경우 또는 근로자가 고의로 사업에 막대한 지장을 초래하거나 재산상 손해를 끼친 경우로서 노동부령으로 정하는 사유에 해당하는 경우에는 해고예고를 하지 않고 즉시 해고할 수 있음을 규정하고 있다. 여기서 「부득이한 사유」란 해고를 할 여유가 없는 사유로 당해 설비의 중심이 되는 중요한 건물, 설비 또는 기계 등의 소실과 같이 돌발적이고 불가항력적인 경우를 말하고, 부득이한 사유로 인하여 「사업을 계속하는 것이 불가능한 경우」란 사업의 전부 또는 대부분이 불가능한 경우를 말한다. 사업계속의 불가능 여부의 판단은 사용자가 사회통념상 취할 수 있는 모든 조치를 다하였음에도 불구하고 어쩔 수 없는 정도를 기준으로 한다.[258] 사업계속의 불가능에 대한 입증책임은 사용자가 부담해야 한다.[259]

근로자가 고의로 사업에 막대한 지장을 초래하거나 재산상 손해를 끼친 경우로서 해고예고가 적용되지 않는 근로자의 귀책사유로서는 ① 납품업체로부터 금품이나 향응을 제공받고 불량품을 납품받아 생산에 차질을 가져온 경우, ② 영업용 차량을 임의로 타인에게 대리운전하게 하여 교통사고를 일으킨 경우, ③ 사업의 기밀이나 그 밖의 정보를 경쟁관계에 있는 다른 사업자 등에게 제공하여 사업에 지장을 가져온 경우, ④ 허위 사실을 날조하여 유포하거나 불법 집단행동을 주도하여 사업에 막대한 지장을 가져온 경우, ⑤ 영업용 차량 운송 수입금을 부당하게 착복하는 등 직책을 이용하여 공금을 착복, 장기유용, 횡령 또는 배임한 경우, ⑥ 제품 또는 원료 등을 몰래 훔치거나 불법 반출한 경우, ⑦ 인사·경리·회계담당 직원이 근로자의 근무상황 실적을 조작하거나 허위 서류 등을 작성하여 사업에 손해를 끼친 경우, ⑧ 사업장의 기물을 고의로 파손하여 생산에 막대한 지장을 가져온 경우, ⑨ 그 밖에 사회통념상 고의로 사업에 막대한 지장을 가져오거나 재산상 손해를 끼쳤다고 인정되는 경우 등이다(규칙 §4 별표1).

그리고 단기간의 근로계약으로 취업하는 근로자에 대해서는 해고의 정당한 사유가 있는 경우에는 해고예고 없이 근로자를 즉시 해고할 수 있는데, 이에 해당되는 단기간 근로자는 ① 일용근로자로서 3개월을 계속 근무하지 아니한 자, ② 2개월 이내의 기간을 정하여 사용된 자, ③ 월급근로자로서 6개월이 되지 못한 자, ④ 계절적 업무에

법 제36조의 금품청산의무 위반에 따른 벌칙이 적용되어 부당하다.

258) 김형배, 노동법(신판제4판), 550면.

259) 대법원 1970. 2. 24. 선고 69다1568.

6개월 이내의 기간을 정하여 사용된 자, ⑤ 3개월 이내의 수습 사용 중인 근로자이다(근기법 §35, 영 §16). 여기서 2개월을 초과하는 기간을 정하여 사용한 근로자에 대해서는 그 계약기간이 만료되면 근로계약관계는 당연히 종료되므로 해고예고를 하지 않아도 무방하나, 계약기간 내에 근로계약관계를 해지(해고)하거나 반복적으로 근로계약을 갱신 체결하여 계속 사용한 경우에는 기한의 정함이 없는 근로계약으로 전환되어 사용자가 근로계약을 해지하기 위해서는 해고예고를 하여야 한다.[260)]

그러나 해고의 정당한 사유는 존재하나 사용자가 해고예고를 하지 않고 즉시 해고한 경우에 그 해고의 효력을 인정할 것인가의 여부가 문제된다. 이에 관하여 학설은 근로기준법 제26조의 해고예고 규정은 단순한 단속규정에 지나지 않는 것으로 보아 사법상 해고의 효력이 인정된다고 하는 「유효설」, 해고사유의 정당성 여부와 관계없이 해고예고를 하지 않은 즉시해고는 사법상 무효라고 하는 「무효설」, 해고예고를 위반한 해고는 사법상 효력이 없지만 사후에 해고예고를 하면 사법상 효력이 인정된다고 하는 「상대적 무효설」이 있다. 판례는 해고의 효력은 원칙적으로 정당한 해고사유의 존부에 따라 판단해야 하고, 사용자의 해고예고 의무규정은 효력규정이 아니라 단속규정으로 해석하여 정당한 해고사유가 존재하면 사법상 유효한 것으로 판단하고 있다.[261)]

판례요지

해고예고제도는 해고자체를 금지하는 제도는 아니며, 대법원 판례 또한 예고의무를 위반한 해고도 유효하다고 보므로 해고자체의 효력과도 무관한 제도이다. 즉 해고예고제도는 근로관계의 존속이라는 근로자보호의 본질적 부분과 관련되는 것이 아니므로 해고예고제도를 둘 것인지 여부, 그 내용 등에 대해서는 상대적으로 넓은 입법 형성의 여지가 있다(헌법재판소 2001. 7. 19. 선고 99헌마663).

생각건대, 해고예고 또는 해고예고수당의 지급은 해고의 효력을 발생시키기 위한 강행적 또는 효력 요건이므로 비록 정당한 해고의 사유가 존재하더라도 이를 위반한 해고는 원칙적으로 사법상 효력이 부정된다고 보아야 한다. 다만, 사용자가 해고의 정당한 사유가 있고 사후에 해고예고를 하거나 해고예고수당을 지급한 경우에는 절차상 하자가 치유된 것으로 봄이 타당하므로 상대적 무효설이 타당하다.

---

260) 대법원 1994. 1. 11. 선고 93다17843; 대법원 1995. 7. 11. 선고 95다9280; 대법원 1998. 1. 23. 선고 97다42489; 대법원 2003. 11. 29. 선고 2003두9336 등.

261) 대법원 1993. 9. 24. 선고 93누4199; 대법원 1994. 3. 22. 선고 92누2418; 대법원 1994. 6. 14. 선고 93누20115; 대법원 1998. 11. 27. 선고 97누14132; 헌법재판소 2001. 7. 19. 선고 99헌마663 등.

2) 해고사유 등의 서면통지

사용자는 정당한 해고사유로 인하여 해당 근로자를 해고하기 위해서는 해고사유와 해고시기를 서면으로 통지하여야 한다(근로기준법 §27).[262] 해고의 방식을 서면주의로 한 것은 해고와 관련된 법적 분쟁시 입증을 용이하게 하고 사용자로 하여금 해고의 신중을 기하기 위한 것이다.

해고사유 및 해고시기에 관한 서면통지는 해고의 효력요건이므로 해고자의 진정한 의사가 나타날 수 있도록 사용자의 서명 또는 날인이 있어야 유효하다.[263] 따라서 사용자가 해고사유 및 해고시기를 서면으로 명시하여 통지하지 않으면 그 해고는 사법상 효력이 없고, 비록 서면통지방식에 의한 해고라도 사용자의 서명 또는 날인이 없으면 그 해고는 원칙적으로 무효라고 보아야 한다.[264]

2. 경영해고의 제한절차

1) 근로자대표와의 성실한 협의

사용자는 경영해고를 하기 전에 해고회피를 위한 방법과 해고의 기준 등에 관하여 근로자대표[265]에게 해고예정일 50일 전까지 통보하고 성실하게 협의하여야 한다(근로기준법 §24·③). 근로자대표와 해고회피 노력의 방법과 해고기준 등에 관하여 성실한 협의를 경영해고의 요건으로 한 것은 경영해고의 실질적인 요건을 담보함과 동시에 비록 긴박한 경영상의 필요에 의하여 경영해고를 하더라도 성실한 협의과정을 통해

---

262) 종래 해고의 의사표시는 구두로도 가능하였으나, 서면으로 통지하도록 2007. 1. 26. 근로기준법을 개정하였다.

263) 다만, 전자서명법 제3조는 공인전자서명도 서면으로 인정하고 있기 때문에 사용자가 공인전자서명을 사용하여 해고통지를 하는 것은 무방하다. 팩스 또는 복사는 서면방식의 요건을 충족하지 못한 것이므로 원칙적으로 팩스 또는 복사를 이용한 해고서면통지는 효력이 없는 것으로 보아야 하지만, 신속하게 해당 근로자에게 해고사실을 알리기 위하여 팩스 등의 통신수단을 이용하여 해고통지를 하면서 해고통지서 원본을 발송하는 것은 허용되어야 한다. 이 때 해고의 의사표시 도달시점은 팩스에 의한 사본의 도달 일을 기준으로 삼아야 할 것이다(김형배, 노동법(신판제4판), 554면).

264) 김형배, 노동법(신판제4판), 550면.

265) 근로자대표란 해당 사업 또는 사업장에 근로자의 과반수로 조직된 노동조합이 있는 경우에는 그 노동조합을 말하고, 근로자의 과반수로 조직된 노동조합이 없는 경우에는 근로자의 과반수를 대표하는 자를 말한다. 근로자의 과반수로 조직된 노동조합이 없는 경우에는 사용자의 개입이나 영향이 배제된 상태에서 근로자들이 자주적·자율적으로 자신의 의사를 표시하는 방법에 의하여 근로자대표를 선출하면 된다. 판례도 「근로자의 과반수로 조직된 노동조합이 없는 경우에 그 협의의 상대방이 형식적으로는 근로자 과반수의 대표로서의 자격을 명확히 갖추지 못하였더라도 실질적으로 근로자의 의사를 반영할 수 있는 대표자라고 볼 수 있는 사정이 있다면 위 절차적 요건도 충족하였다고 보아야 한다.」라고 판시하고 있다(대법원 2006. 1. 26. 선고 2003다69393).

노사의 이해관계를 고려하여 실시하도록 하는데 있다.[266] 따라서 단체협약 등에 해고 대상자의 선정기준 및 회피노력 방법의 결정에 있어서 노동조합의 동의 또는 합의를 거치도록 규정되어 있더라도 동의 또는 합의는 강한 협의의 개념으로 이해하여야 하므로 반드시 노동조합의 동의 또는 합의를 거쳐야만 경영해고가 정당한 것은 아니다.

판례요지

경영해고의 실시 여부는 경영주체에 의한 고도의 경영상 결단에 속하는 사항으로서 이는 원칙적으로 단체교섭의 대상이 될 수 없고, 의사표시를 하게 된 경위와 당시의 상황 및 분위기, 당위성 등을 참작하여 단체협약시행협정서 규정상 '사전합의'의 문언을 '사전협의'의 취지로 해석해야 한다(대법원 2003. 7. 22. 선고 2002도7225).

「성실한 협의」란 사용자가 자신의 의견을 근로자대표에게 진지하게 설명한 다음 근로자의 의견을 듣거나 질문에 답하면서 수용할 것은 최대한 수용하고 그렇지 못한 경우에는 그 의견을 설명하는 일련의 의견교환 또는 논의과정을 말한다.[267] 협의는 합의와는 다른 개념이나, 협의를 거쳐 합의에 도달하지 못하더라도 근로자의 의견이 부분적으로 반영될 수 있기 때문에 협의과정은 반드시 거쳐야 한다. 따라서 근로자와 협의하더라도 별다른 효과를 기대할 수 없는 특별한 사정이 있는 경우에는 협의를 거치지 않아도 무방한 것으로 판단하고 있는 판례의 태도[268]는 현행법의 아래에서는 타당하지 않다.

성실한 협의를 거쳤는지의 판단기준은 노사협의를 한 횟수와 혐의내용 등이 그 준거가 될 수 있을 것이나, 사용자의 일방적인 의사전달이나 해고강행의 의사를 피력하면서 근로자 측의 무조건적인 동의를 구하는 것은 협의의 횟수와 관계없이 성실한 협의가 있었던 것으로 볼 수 없다.[269] 구체적으로 판례는 ① 주무장관의 경영개선명령에 따른 인력감축에 관하여 노동조합과 수차례 협의하던 중 일부 근로자들의 노동조합 탈퇴로 근로자 과반수에 미달하게 되어 근로자들이 선출한 근로자위원들과 노사

---

266) 대법원 2002. 7. 9. 선고 2001다29542; 대법원 2006. 1. 26. 선고 2003다69393.

267) 임종률, 노동법(제6판), 534면. 근로자 대표와의 성실한 협의를 이끌어 내기 위해서는 기업이 긴박한 경영상의 필요성에 직면하여 경영해고를 할 수밖에 없다는 구체적인 경영정보를 근로자에게 제시하여야 한다. 그러나 현행법은 이와 같은 경영정보의 제공의무를 규정하지 않은 채 협의절차만을 규정하고 있기 때문에 협의절차는 경영해고를 하기 위한 단순한 요식절차행위로 전락할 가능성이 많다.

268) 대법원 1992. 11. 10. 선고 91다19463; 대법원 1994. 5. 10. 선고 93다4892; 대법원 1995. 12. 5. 선고 94누15783.

269) 민변, 변호사가 풀어주는 노동법 I (개정3판), 257면.

협의회를 구성하여 협의한 경우[270], ② 근로자의 개별적인 사전 협의를 거치지 않고 노사협의회에서 협의를 거쳐 인원감축에 합의한 경우[271], ③ 긴박한 필요성이 있음이 객관적으로 명백하여 노동조합과 사전 합의를 위하여 성실하고 진지한 노력을 다하였음에도 불구하고 노동조합측이 합리적 근거나 이유를 제시함이 없이 무작정 정리해고에 반대함으로써 사전 합의에 이르지 못한 경우[272], ④ 직급별·부서별로 안분된 직원들로 구성된 추진위를 구성하여 인원감축규모와 해고선정기준에 대하여 수차례에 걸쳐 사전협의를 거친 경우[273] 등은 성실한 협의를 거친 것으로 인정하고 있다. 그러나 판례는 노동조합이 합리적인 이유 없이 경영해고에 반대하고 있다는 특별한 사정이 없는 한 노동조합과의 동의 또는 합의규정에 따른 합의 또는 동의를 이끌어 내기 위한 노력을 하지 않은 경우[274]에는 성실한 협의절차를 거치지 않은 것으로 판단하고 있다.

2) 경영해고 계획의 신고

사용자는 일정규모의 이상의 인원을 해고하고자 할 때에는 근로기준법 시행령 제10조에서 정한 바에 따라 최초로 해고하는 날의 30일 전까지 노동부장관에게 신고하여야 한다(근로기준법 §24·⑤). 시행령 제10조는 사용자가 1개월 동안 상시 근로자수가 99명 이하인 사업 또는 사업장에서는 10명 이상의 근로자를, 100명 이상 999명 이하인 사업 또는 사업장에서는 상시 근로자수의 10퍼센트 이상을, 상시 근로자수가 1,000명 이상 사업 또는 사업에서는 100명 이상을 해고하고자 할 때에는 해고 사유·해고 예정인원·근로자대표와 협의한 내용·해고 일정을 신고하도록 규정하고 있다.

경영해고계획을 사전에 신고하도록 한 것은 대량해고가 이루어질 경우에 실업급여의 지급·취업알선 등 행정적인 대처가 필요하기 때문에 이에 대한 행정적인 준비를 위한 정책적인 목적을 달성하기 위한 것이다. 따라서 사용자가 사전에 경영계획신고를 하지 않았더라도 해고의 효력에는 전혀 영향을 미치지 않을 뿐만 아니라 벌칙도 적용되지 않는다.[275]

270) 대법원 2005. 6. 9. 선고 2004도7218.
271) 대법원 2001. 10. 26. 선고 200두3016.
272) 대법원 2002. 5. 14. 선고 2001두649.
273) 대법원 2001. 1. 6. 선고 2000두1454.
274) 대법원 1993. 7. 13, 선고 92다50263.
275) 근로기준법 제24조 제5항은 제1항 내지 제4항의 경영해고 요건을 갖추어 근로자를 해고한 경우에는 정당한 해고로 간주하도록 규정하여 경영해고계획의 신고 여부는 해고의 효력에 영향을 미치지 않음을 분명히 하고 있다.

Ⅲ. 자주적인 규범에 의한 해고의 제한절차

근로기준법은 정당한 사유로 근로자를 해고하기 위한 사전절차로서 해고예고 또는 해고예고수당의 지급(§26), 해고사유 및 해고시기에 관한 서면통지(§27), 경영해고 시의 근로자대표와의 성실한 협의(§24·③)·대량해고시의 경영해고계획의 신고(§24·④)만을 규정하고 있다.

이외의 해고 제한절차를 적용할 것인가의 여부는 전적으로 노사의 자주적인 규범인 취업규칙·단체협약 등에 정하는 바에 따르도록 하고 있다. 판례는 취업규칙·단체협약에 별도의 해고제한 절차를 규정하고 있는 경우에는 그 절차규정을 위반한 해고는 원칙적으로 무효로 해석하고 있으나, 별도의 해고 제한절차를 규정하고 있지 않은 경우에는 근로기준법에 규정된 해고 제한절차만 준수하면 무방하다는 입장을 보이고 있다.[276] 취업규칙·단체협약 등에서 사용자의 해고남용을 방지하고 해고의 절차적 정당성을 담보하기 위하여 해고혐의자에 대한 소명(진술)기회의 부여, 징계(인사)위원회의 구성, 해고 동의(합의)조항, 재심절차 등을 규정하고 있다. 취업규칙·단체협약 등에 규정된 해고 제한절차의 효력에 대해서는 제2장 기업내부의 인사와 근로관계에서 서술한 절차에 의한 징계의 제한 법리와 동일한 것이므로 여기서는 해고와 직접적으로 관련된 해고협의·동의(합의)조항과 징계(인사)위원회의 구성 및 의결정족수에 대해서만 언급하기로 한다.

1. 해고협의·동의(합의) 조항

1) 의 의

징계(해고)권의 남용을 방지하고 인사(징계)의 적정성을 보장하기 위하여 단체협약에 명문으로 노동조합의 관여를 인정하는 인사협의 또는 동의조항을 두는 경우가 있다. 조합원의 징계 또는 해고를 제한하는 인사조항은 노동조합의 관여 정도에 따라 단순한 노동조합의 의견 진술부터 협의 또는 완전한 동의(합의)까지 여러 단계가 있을 수 있다. 사용자의 해고를 제한하는 단체협약상의 인사조항은 크게 「의견 참작조항」, 「해고협의조항」, 「해고동의(합의)조항」으로 구분할 수 있다.

「해고 의견 참작조항」은 노동조합의 협의 또는 동의(합의)조항과는 달리 사용자가 해고를 결정하기 전에 단지 노동조합의 의견을 참고 자료로 삼기위한 것에 지나지

---

276) 대법원 1993. 7. 13. 선고 92다42774; 대법원 1994. 9. 30. 선고 93다26496; 대법원 1995. 7. 14. 선고 95누11491; 대법원 1998. 11. 27. 선고 97누14132 등.

않는 것이므로 해고의 정당한 사유가 있는 경우에는 노동조합의 의견을 듣거나 참작하지 않은 절차상 하자가 있더라도 해고의 효력에는 영향을 미치지 못한다고 하는 것이 판례[277]와 학설[278]의 입장이다.

「해고협의 또는 동의(합의)조항」은 원칙적으로 해고는 사용자의 인사권한에 속하는 것이라도 사용자가 스스로의 의사에 따라 그 권한에 제약을 가할 수 있는 것이므로 그 협의 또는 동의(합의)를 얻지 않고 행한 해고의 효력은 단체협약 규정의 취지에 따라 결정된다고 하는 것이 판례[279]와 학설[280]의 입장이다. 그런데 실무상 문제가 되는 것은 정당한 해고 사유가 있음이 명백한 경우에 노동조합의 사전 협의 또는 합의를 거치지 않은 해고가 유효한가의 여부이므로 이에 관한 내용만 개관하기로 한다.

2) 해고협의조항

해고처분의 공정성과 신중을 기하기 위하여 단체협약에 해고하기 전에 노동조합과 협의절차를 거치도록 규정하는 경우가 있는데, 이를 「해고협의조항」이라고 한다. 인사권은 강행 법규범에 저촉되지 않는 한 원칙적으로 사용자의 권한이라도 단체협약을 통하여 그 권한을 제한할 수 있는 것이므로 노동조합과 사전 협의절차를 거치지 않은 해고는 원칙적으로 사법상 무효로 보아야 한다. 그러나 판례는 해고협의조항은 인사의 공정을 기하기 위하여 필요한 노동조합의 의견을 제시할 기회를 부여하고 노동조합으로부터 제시된 의견을 참고자료로 활용하는 의미로 해석하여 노동조합의 사전협의절차를 거치지 않은 징계해고라도 곧바로 해고의 정당성이 상실되지 않는다는 입장을 견지하고 있다.[281]

판례요지

단체협약상의 「사전협의」는 노동조합 간부에 대한 회사의 자의적인 인사권 행사로 인하여 노동조합의 정상적인 활동이 저해되는 것을 방지하려는 취지에서 회사로 하여금 노동조합의 간부 등에 대한 인사의 내용을 노동조합에 미리 통지하도록 하여 노동조합에게 징계를 포함한 인사의 공정을 기하기 위하여 필요한 노동조합 측의 의견을 제시할 기

277) 대법원 1992. 4. 14. 선고 91다4775.
278) 김유성, 노동법 I (초판), 305면. 그러나 취업규칙·단체협약 등에 규정된 소명의 기회를 부여하지 않은 경우 원칙적으로 징계가 무효인 것과 마찬가지로 노동조합의 의견 참작절차를 거치지 않은 징계와 해고도 무효로 보는 견해도 있다(민변, 변호사가 풀어주는 노동법 I (개정3판), 181면).
279) 대법원 1992. 9. 25. 선고 92다18542; 대법원 1993. 9. 28. 선고 91다30620.
280) 김유성, 노동법 I (초판), 305면.
281) 대법원 1992. 6. 9. 선고 90다41477; 대법원 1992. 9. 25. 선고 92다18542; 대법원 1993. 4. 23. 선고 92다34940; 대법원 1995. 8. 11. 선고 95다10778 등.

회를 주고 노동조합으로부터 제시된 의견을 참고자료로 고려하게 하는 정도에 지나지 않는 것이라고 봄이 상당하므로, 노동조합 간부에 대한 인사가 위와 같은 사전협의 절차를 거치지 아니한 채 행하여졌다고 하여 그 인사의 효력이 없는 것이라고 할 수는 없다 (대법원 1995. 8. 11. 선고 95다10778).

그런데 해고의 공정을 기하기 위한 「사전 협의」는 사용자가 해고의 정당한 사유로 해고하고자 할 때에는 노동조합과 협의하고 그 의견을 충분히 반영함과 아울러 사용자가 의도하는 바를 노동조합 측에 충분히 납득시키고 이행시킬 수 있을 정도의 수준을 의미하는 것이므로, 사용자의 일방적인 설명이나 형식적으로 양해를 얻는 정도의 수준은 협의를 거친 것으로 볼 수 없다.[282] 이와 같은 「사전 협의」의 의미를 고려하면, 사용자가 해고를 하기 전에 사전 협의하기 위하여 노동조합에게 제안하였으나 노동조합이 합리적인 이유 없이 완강하게 협의자체를 거부하지 않은 이상 성실한 협의절차를 거쳐야만 해고가 유효한 것으로 보아야 한다. 따라서 단체협약상의 사전협의 조항을 단지 의견 참작조항과 같은 의미로 해석하여 협의절차를 전혀 이행하지 않은 경우에도 해고의 효력을 인정하고 있는 판례는 부당하다.

3) 해고동의(합의)조항

해고동의(합의)조항이란 사용자가 사전에 노동조합의 동의 또는 합의를 얻은 경우에 한하여 조합원(특히, 조합 임원)을 해고할 수 있도록 한 단체협약의 규정을 말한다. 여기서의 합의 또는 동의는 협의와는 달리 해고의 유효요건이므로, 비록 정당한 해고사유가 존재하더라도 사용자가 사전에 노동조합과의 합의 또는 동의를 얻지 않고 행한 해고는 원칙적으로 사법상 무효이다.[283] 왜냐하면, 「사전 해고동의 또는 합의 조항」은 조합원에 대한 인사권의 신중한 행사를 위하여 단순한 노동조합의 의견수렴을 거치도록 하는 협의조항과는 달리 노동조합 간부에 대하여는 노동조합과 의견을 성실하게 교환하여 노사간의 의견의 합치를 이루어 인사권을 행사하여야 한다는 의미이기 때문이다.[284]

282) 민변, 변호사가 풀어주는 노동법 I (개정3판), 182~183면.

283) 대법원 1992. 9. 25. 선고 92다18542; 대법원 1993. 8. 24. 선고 92다34926; 대법원 1993. 9. 28. 선고 91다30620; 대법원 2007. 9. 6. 선고 2005두8788 등.

284) 대법원 1993. 7. 13. 선고 92다45735.

판례요지

노사간의 협상을 통해 사용자가 그 해고 권한을 제한하기로 합의하고 노동조합이 동의할 경우에 한하여 해고권을 행사하겠다는 의미로 해고의 사전 합의 조항을 단체협약에 두었다면, 그러한 절차를 거치지 아니한 해고처분은 원칙적으로 무효이다(대법원 2007. 9. 6. 선고 2005두8788).

그러나 명백한 해고사유가 존재한 경우에 해고동의 또는 합의조항을 위반한 사용자의 해고처분이 사법상 무효가 되는가에 대하여는 대체로 해고의 효력을 인정하는 유효설, 해고의 효력을 부정하는 무효설, 그리고 해고사유가 명백함에도 노동조합이 동의 또는 합의권을 남용한 경우에는 신의칙에 반하여 해고가 유효하다는 신의칙설의 견해가 있다.

「유효설」은 노동조합의 동의 또는 합의절차를 거치지 않았더라도 객관적으로 정당한 해고사유가 명백하게 존재하는 경우에는 그 해고는 정당한 해고가 된다는 견해이다.[285] 그 근거로서는 ① 단체협약상의 해고동의 또는 합의조항은 사용자가 해고를 하지 않도록 최대한 노력한다거나 해고를 실시하지 아니함을 원칙으로 한다.」라는 의미로 해석해야 한다는 점, ② 해고의 제한·금지는 단체교섭의 대상이 될 수 없다는 점, ③ 해고동의 또는 합의조항은 실질적인 해고권한을 노동조합이 행사한다는 결과를 가져온다는 점, ④ 단체협약상의 인사조항은 채무적 효력으로 해석해야 한다는 점 등이 제시되고 있다.

「무효설」은 단체협약상의 해고동의 또는 합의조항은 강행법규에 위반되는 것이 아닌 한 유효한 것이므로 비록 정당한 해고사유가 있더라도 노동조합의 동의 또는 합의를 거치지 않은 해고는 사법상 효력이 없다는 견해이다.[286] 그 근거로서는 ① 노동조합의 해고의 동의 또는 합의 요구는 성실교섭의무를 부담하는 단체교섭 대상이 되지 않는 것에 불과하다는 점, ② 해고권의 행사 여부는 사용자의 권한에 속하는 것이라도 스스로의 의사에 따라 그 권한을 제한할 수 있다는 점, ③ 노사간의 자유의사에 따른 해고동의 또는 합의는 사용자가 이에 구속된다는 의사가 존재한 것으로 보아야 한다는 점. ④ 단체협약상의 해고동의 또는 합의조항은 규범적 효력이 인정된다는 점 등이 제시되고 있다.

「신의칙설」은 정당한 해고사유가 존재하고 단체협약에 규정된 노동조합의 동의 또

285) 김형배, 노동법(신판제4판), 587·782면; 김형배 외 3인, 집단적 노사자치에 관한 법률, 105면.
286) 이병태, 최신노동법(제8전정판), 250면; 이상윤, 노동법(제3판), 663면.

는 합의를 도출하기 위하여 진지하고 성실한 노력을 다하였음에도 노동조합이 합리적인 근거를 제시하지 않은 채 해고를 반대하는 경우에 한하여 해고가 유효하다는 견해이다.[287] 판례는 해고동의조항의 유효성에 관하여 단체협약상의 해고동의 또는 합의조항을 위반한 해고는 원칙적으로 무효이나, 구체적인 사안에서 노동조합이 동의권을 포기하거나 남용한 경우에는 정당한 해고로 판단하고 있다.[288]

판례요지

단체협약에 해고의 사전 합의 조항을 두고 있다고 하더라도 사용자의 해고 권한이 어떠한 경우를 불문하고 노동조합의 동의가 있어야만 행사할 수 있다는 것은 아니고, 노동조합이 사전 동의권을 남용하거나 스스로 사전 동의권을 포기한 것으로 인정되는 경우에는 노동조합의 동의가 없더라도 사용자의 해고권 행사가 가능하다. 여기서 노동조합이 사전 동의권을 남용한 경우라 함은 노동조합 측에 중대한 배신행위가 있고 그로 인하여 사용자 측의 절차의 흠결이 초래되었다거나 피징계자가 사용자인 회사에 대하여 중대한 위법행위를 하여 직접적으로 막대한 손해를 입히고 비위사실이 징계사유에 해당함이 객관적으로 명백하며 회사가 노동조합 측과 사전 합의를 위하여 성실하고 진지한 노력을 다하였음에도 불구하고 노동조합측이 합리적 근거나 이유 제시도 없이 무작정 반대함으로써 사전 합의에 이르지 못하였다는 등의 사정이 있는 경우에 인정된다(대법원 2007. 9. 6. 선고 2005두8788).

요컨대, 정당한 사유로 인한 해고는 사용자의 인사권한에 속하는 것이지만, 노사합의를 통한 단체협약을 통하여 스스로 그 권한을 제한할 수 있는 것이므로 단체협약상의 해고동의 또는 합의조항은 강행법규 또는 공서양속에 위반되지 않는 한 유효한 것으로 보아야 한다. 따라서 비록 정당한 해고사유가 있더라도 해당 근로자를 해고하기 위해서는 사전에 노동조합의 동의 또는 합의절차를 거쳐야 정당한 해고가 된다.

그러나 사회통념상 명백한 해고사유가 있음에도 노동조합이 해고동의 또는 합의조항을 근거로 사용자의 성실하고 진지한 해고동의 또는 합의 요구를 합리적인 이유를 제시하지 않은 채 노동조합 활동이나 노동조합 임원을 보호한다는 명분으로 반대한 경우에는 해고동의 또는 합의권한을 남용한 것이 되어 노동조합의 동의 또는 합의를 얻지 못하더라도 해고는 사법상 유효한 것으로 해석해야 한다.

---

287) 임종률, 노동법(제6판), 157면; 하갑래, 근로기준법(제16판), 851면.

288) 대법원 1993. 7. 13. 선고 92다45735; 대법원 1993. 7. 13. 선고 92다50263; 대법원 1993. 8. 24. 선고 92다34926; 대법원 1993. 9. 28. 선고 91다30620 판결; 대법원 2002. 5. 14. 선고 2001두649; 대법원 2003. 6. 10. 선고 2001두3136; 대법원 2007. 9. 6. 선고 2005두8788 등.

2. 인사(징계)위원회의 구성 및 의결

1) 의 의

근로자에 대한 해고(징계)의 공정성을 담보하기 위해서는 사용자 1인의 결정에 따라 일방적으로 결정해서는 안 되고, 공정하게 구성된 별도의 인사(징계)위원회의 의결을 거치도록 하는 것이 바람직하다. 그리고 징계위원회의 구성은 사용자 측 위원만으로 구성하는 것보다 해고혐의자를 대변할 수 있는 근로자 측 위원을 참여시키고, 의결정족수의 요건을 어느 정도 강화하는 것이 해고의 공정성을 담보하는데 도움이 된다.

그런데, 노동관계법령은 인사(징계)위원회의 구성과 의결정족수에 대한 별도의 규정을 두고 있지 않으므로 취업규칙·단체협약에서 규정한 내용에 따를 수밖에 없다. 인사(징계)위원회는 의결기관이 아니고 심의기관이기 때문에 인사(징계)위원회의 심의결과에 반드시 구속되는 것은 아니나, 인사(징계)위원회의 심의결과는 사용자가 해고여부를 결정하는데 결정적인 영향을 미친다.[289] 따라서 사용자가 단체협약 등에 규정된 인사(징계)위원회의 구성 및 의결정족수의 요건을 갖추지 않은 해고는 중대한 절차상 하자에 해당되기 때문에 그 요건을 결한 징계해고는 원칙적으로 무효이다.[290]

2) 인사(징계)위원회 구성의 하자

단체협약 등에 규정된 징계위원회의 구성요건을 갖추지 않고 의결한 징계해고 처분은 중대한 절차상 하자에 해당되기 때문에 그 해고처분은 무효이나, 예외적으로 징계위원을 다른 사람으로 교체할 수밖에 없거나 징계대상자를 변론할 징계위원의 선정권을 포기한 것으로 볼 수 있는 특별한 사정이 있는 경우에는 징계위원회의 구성요건을 결한 상태에서 징계해고 의결을 하였더라도 그 징계해고 처분이 당연 무효로 되는 것은 아니다. 그러나 단체협약 등에 노·사 동수로 인사(징계)위원회를 구성하도록 규정되어 있는 경우에는 사용자가 일방적으로 근로자 측 위원을 선임하여 의결한 징계해고는 무효로 된다.[291]

판례요지

취업규칙 등에서 노·사 동수로 징계위원회를 구성하도록 하고 있다면 이는 근로자들 중

289) 대법원 1993. 7. 13. 선고 92다50263.

290) 대법원 1993. 2. 9. 선고 92다27102; 대법원 1995. 4. 28. 선고 94다59882; 대법원 1996. 2. 9. 선고 95누12613.

291) 대법원 2006. 11. 23. 선고 2006다48069; 대법원 2006. 11. 23. 선고 2006다49901.

에서 징계위원을 위촉하여 징계위원회에 대한 근로자들의 참여권을 보장함으로써 절차적 공정성을 확보함과 아울러 사측의 징계권 남용을 견제하기 위한 것이므로, 취업규칙에 직접적으로 징계위원의 자격과 선임절차에 관하여 규정하고 있지 않더라도, 노측 징계위원들이 이전부터 근로자들을 대표하거나 근로자들의 의견을 대변해 왔다는 등의 특별한 사정이 없는 한 사용자가 근로자들의 의견을 반영하는 과정 없이 임의로 노측 징계위원을 위촉할 수 있다고 해석할 수는 없다(대법원 2006. 11. 23. 선고 2006다48069).

인사(징계)위원회의 구성과 관련하여 판례는 ① 단체협약의 규정에 따라 노동조합에게 징계위원 선정권을 부여하였음에도 그 권리를 행사하지 않은 경우[292], ② 당연직 징계위원이 징계대상자로 된 경우에 다른 사람을 징계위원으로 선임한 경우[293]는 유효한 해고처분으로 판단하고 있다. 그러나 ① 징계위원 제척 규정을 무시하고 해고혐의자의 친족과 징계해고사유에 관계있는 자가 징계위원으로 된 경우[294], ② 해고혐의자 소속 과장이 당연직 징계위원으로 되어 있는 경우 소속 과장의 공석 또는 유고로 인하여 소속 계장을 징계위원으로 임명하여 징계해고 의결한 경우[295], ③ 의사정족수를 미달하여 징계해고 의결한 경우[296], ④ 노사 동수로 징계위원을 구성하기로 한 징계규정을 위반하여 조합원을 해고함에 있어서 사용자가 일방적으로 상조회 소속 근로자를 징계위원으로 구성하여 의결한 경우[297]는 무효로 판단하고 있다.

3) 의결정족수 요건의 하자

단체협약 등에 징계위원회의 노사동수 구성, 징계위원 과반수이상의 찬성을 징계의결정족수로 규정한 경우에 이를 위반한 징계해고는 원칙적으로 중대한 절차상의 하자에 해당되어 무효이다. 그러나 근로자 측 위원이 아예 징계위원회에 불참하거나 참석하더라도 징계해고에 반대함으로써 징계의결정족수 요건을 갖추지 못하여 도저히 징계의결을 할 수 없는 사유가 있는 경우에는 사회통념상 근로계약관계를 유지할 수 없는 근로자의 책임 있는 사유가 있음에도 해고할 수 없다고 하는 부당한 결과를 초래한다.

---

292) 대법원 1997. 5. 16. 선고 96다47074.
293) 대법원 1997. 12. 12. 선고 97누3637.
294) 대법원 1995. 4. 28. 선고 94다59882; 대법원 1994. 8. 23. 선고 94다7553; 대법원 1995. 5. 23. 선고 94다24763.
295) 대법원 1995. 2. 10. 선고 94다19228.
296) 대법원 2000. 2. 11. 선고 99두2949.
297) 대법원1996. 6. 28. 선고 94다153716; 대법원 2006. 11. 23. 선고 2006다48069.

따라서 「의결정족수 요건을 충족할 수 없는 불가피한 사정이 객관적으로 존재하는 경우에는 취업규칙 등에 규정된 다른 징계위원회의 의결정족수의 요건을 갖추어 징계해고 의결하더라도 그 징계해고는 당연 무효가 되지 않는 것으로 해석해야 한다. 판례는 「취업규칙에 징계위원회의 구성을 노사 각 3인 동수로 하고, 징계위원과반수의 출석으로 개최하도록 규정되어 있다 하더라도 사용자가 근로자 측에게 징계위원 선정권을 행사할 기회를 부여하였음에도 근로자 측이 징계위원 선정을 포기한 경우에는 사용자 측 징계위원만 참석한 상태에서 의결한 징계해고를 유효한 것」으로 판단하고 있다.[298)]

판례요지

근로자 측에 징계위원 선정권을 행사할 기회를 부여하였는데도 근로자 측이 스스로 징계위원 선정을 포기 또는 거부한 것이라면, 근로자 측 징계위원이 참석하지 않은 징계위원회의 의결을 거친 징계처분이라고 하더라도 이를 무효로 볼 수는 없다(대법원 1999. 3. 26. 선고 98두4672).

Ⅳ. 해고 제한절차의 적용특례

근로기준법은 근로자의 귀책사유를 이유로 한 해고 제한절차로서 해고예고 또는 해고예고수당의 지급(§26)과 해고사유 및 해고시기에 관한 서면통지(§27)만을 규정하고, 기타의 해고제한 절차는 전적으로 노사의 자주적인 규범인 취업규칙·단체협약 등에 정하는 바에 따르도록 하고 있다. 그런데, 판례는 취업규칙 등에 별도로 해고제한절차를 규정하고 있지 않은 경우에는 근로기준법에 규정된 해고 제한절차를 준수하면 무방하고, 해고의 공정성을 확보하기 위한 소명의 기회, 인사(징계)위원회의 의결 등을 거칠 필요가 없다는 입장을 취하고 있다. 그리고 판례는 해고를 징계해고, 정리해고, 직권면직, 당연퇴직(당연면직·자동면직), 통상해고로 구분하면서 징계해고와 정리해고 이외의 해고에 대해서는 취업규칙 등에 해고절차 규정을 두지 않은 이상 그 절차를 준수하지 않아도 된다는 입장을 취하고 있다.

1. 별도의 해고제한 규정이 없는 경우

판례는 「징계처분을 함에 있어서 취업규칙 등 징계혐의사실의 고지나 변명의 기회

298) 대법원 1994. 6. 14. 선고 93다29167; 대법원 1997. 5. 16. 선고 96다47074; 대법원 1999. 3. 26. 선고 98두4672.

부여 등 징계절차를 규정하지 않은 경우에는 징계해고 사유만 정당하다면 별도의 징계절차를 거치지 않더라도 해고는 유효한 것」으로 판단하고 있다.[299)]

판례요지

취업규칙 등에 징계처분에 대한 재심절차에서 징계대상자에게 진술의 기회를 부여한다는 규정이 없는 이상, 재심의 절차가 징계대상자에게 진술의 기회를 부여하지 않고 진행되었다고 하여 무효라고 할 수 없다(대법원 1995. 7. 14. 선고 대법 94누11491).

그러나 근로자에게 직장상실을 의미하는 해고처분을 함에 있어서 해당 근로자에게 최소한의 소명(변명)할 기회를 부여하는 것은 당연히 요구되는 절차적 정의라고 할 수 있다. 취업규칙에 징계절차규정이 없다는 이유만으로 부당한 해고를 방치하는 것은 근로자를 보호하기 위한 기본정신에 반하는 것이므로 최소한 사회통념상 요구되는 소명기회는 부여해야 한다고 본다.[300)] 따라서 취업규칙 등에 규정이 없다는 이유로 소명의 기회를 부여하지 않고 행한 해고를 유효한 해고로 판단하고 있는 대법원 판례는 변경되어야 한다.

2. 직권면직·당연(자동)면직 처분의 경우

1) 의 의

직권면직이란 근로자의 비위 정도가 중대하고 그에 대한 증거가 명백하여 취업규칙 등의 징계사유와는 별도로 면직사유로 규정하여 퇴직시키는 것을 말한다. 당연면직(자동면직 또는 당연 퇴직)이란 채용결격사유에 해당하거나 더 이상 근로관계의 지속이 어렵거나 근로제공을 할 수 없는 근로자의 귀책사유가 있는 경우에 취업규칙 등에 별도로 퇴직사유로 규정하여 퇴직 처리하는 것을 말한다. 직권면직 또는 당연면직은 근로자의 의사에 반하여 근로계약이 해지된다는 점에서 실질적인 해고에 해당된다.

기업은 취업규칙 등에 무단결근이 계속하여 7일 이상인 경우, 업무와 관련하여 유죄판결이 확정된 경우, 형사사건으로 구속된 경우, 금고 이상의 유죄판결이 확정된 경우, 업무에 필요한 자격이 취소된 경우, 업무 외의 부상으로 인한 장해로 근로제공이 어려운 경우, 업무능력의 현저한 저하 또는 업무실적이 저조하여 직위해제(대기발

299) 대법원 1993. 7. 13. 선고 92다42774; 대법원 1994. 9. 30. 선고 93다26496; 대법원 1995. 7. 14. 선고 95누11491; 대법원 1998. 11. 27. 선고 97누14132 등.

300) 이병태, 최신노동법(제8전정판), 984면.

령) 후 3개월 이내에 보직을 받지 못한 경우, 휴직기간 종료 전 7일 이내에 진단서 등 휴직해소사유를 입증하는 자료를 첨부하여 제출하지 아니하는 경우 등을 직권면직과 자동면직 사유로 규정하고 있는 것이 보통이다. 그리고 직권면직 또는 당연면직 사유에 해당되는 경우에는 별도의 징계절차를 거치지 않고 해고할 수 있는 것으로 규정하고 있다.

2) 판례의 태도

판례는 직권면직 또는 당연면직을 실질적인 해고임을 전제로 하면서도 징계해고와는 달리 취업규칙 등에 징계 제한절차를 거치도록 하는 명문규정이 없는 경우에는 징계절차를 거치지 않아도 절차상 하자가 없다는 입장을 보이고 있다. 즉, 판례는 「기본적으로 취업규칙 등에 징계 제한절차에 따라 면직한다는 명문규정이 없는 한, 근로기준법에 규정된 해고의 제한절차 이외의 징계절차를 거칠 필요가 없다.」라고 판단하고 있다.[301)]

판례요지

단체협약 등에서 당연퇴직사유에 대하여 징계해고에 관한 절차 등을 거치도록 규정하고 있지 않다 하여 그것이 근로기준법상의 해고제한 규정을 회피하려는 것으로서 무효라고 할 수 없고, 이처럼 당연 퇴직에 대하여 일반의 징계해고와 달리 아무런 규정을 두고 있지 아니한 경우에는 그 당연퇴직사유가 동일하게 징계사유로도 규정되어 있는 경우를 제외하고는 당연퇴직처분을 하면서 일반의 징계절차를 거쳐야 한다고 할 수 없으며, 이는 당연퇴직사유가 실질적으로는 징계사유에 해당하는 경우에도 달리 볼 것은 아니다(대법원 2007. 10. 25. 선고 2007두2067).

3) 평 가

취업규칙 등에 직권면직 또는 당연면직을 징계해고로 규정하지 않고 징계 제한절차를 거치도록 하는 명문 규정이 없더라도, 직권면직 또는 당연면직처분은 근로자의 의사에 반하는 사용자의 일방적인 의사표시에 따라 근로관계가 종료되는 것이므로 근로기준법상 해고에 해당된다. 그리고 일반적으로 직권면직 또는 당연면직 사유에 해당되는 무단결근이 계속하여 7일 이상인 경우, 업무와 관련하여 유죄판결 또는 구속된 경우 등은 징계사유에 해당되는 것이다.

---

301) 대법원 1999. 9. 3. 선고 98두18848; 대법원 2002. 7. 12. 선고 2002다21233; 대법원 2005. 10. 13. 선고 2005두 6522; 대법원 2007. 10. 25. 선고 2007두2067.

이처럼 직권면직 또는 당연면직 처분은 엄연한 해고일 뿐만 아니라 그 사유도 징계해고 사유와 중복되는 경우가 많다. 그럼에도 취업규칙 등에 징계 제한절차를 따르도록 하는 명문규정이 없다는 이유로 취업규칙 등에 규정된 징계해고 제한절차를 따르지 않아도 무방하다는 판례의 태도는 실질적으로 취업규칙 등에 규정된 징계해고 제한절차가 형해화될 수 있다는 비판을 면할 수 없다. 따라서 취업규칙 등에 징계해고 제한절차를 따르도록 하는 규정이 없더라도, 직권면직 또는 자동면직 사유가 징계해고사유와 중복되는 경우에는 징계절차를 따르도록 판례를 변경할 필요가 있다.

3. 통상해고의 경우

1) 의 의

통상해고란 취업규칙 등에서 규정한 징계해고, 정리해고, 직권면직, 당연면직사유 이외의 사유로 인하여 근로계약의 목적 달성이 불가능하거나 경영상 장애 등으로 인하여 더 이상 근로관계를 지속시키기 어려운 상태에 이르러 사용자가 일방적으로 근로계약을 해지하는 것을 말한다.[302] 판례는 통상해고의 유형을 근로자의 귀책사유에 의한 통상해고, 사용자의 귀책사유에 의한 통상해고, 그 밖의 사유에 의한 통상해고로 구분하면서 통상해고의 경우는 취업규칙 등에 정한 징계제한 절차를 거치지 않고 해고가 가능한 것으로 판단하고 있다.

2) 판례의 태도

(1) 근로자의 귀책사유에 의한 통상해고

이는 근로자의 일신상 또는 행태상의 사유에 의하여 더 이상 근로계약관계를 유지할 수 없는 상태에 이른 경우에 행해지는 해고조치이다. 일신상의 통상해고 사유는 근로자의 부상 또는 질병으로 인한 장애로 정상적인 업무수행이 어렵게 된 경우이고, 행태상의 통상해고 사유는 근로자의 업무능력 저하로 인하여 업무를 감당하기 어렵게 되거나 동료직원들과의 부조화로 인하여 직장분위기를 크게 해치는 등 더 이상 근로관계를 지속시키기 어렵게 되는 경우이다. 판례는 「근로자의 귀책사유로 인한 통상해고의 경우에는 취업규칙 등에 규정된 해고 제한절차를 준수하지 않아도 되나, 해고일 30일 전에 서면으로 해고사유와 시기를 통지할 의무만 있는 것」으로 판단하고 있는 경향을 보이고 있다.[303]

---

302) 서울지방노동위원회, 인사권의 기본원리와 해고, 34면.
303) 대법원 1991. 9. 24. 선고 91다13533; 대법원 1993. 5. 11. 선고 92다20712.

구체적으로 판례는 「통상해고 사유와 징계해고 사유가 동시에 해당되는 경우 어느 해고를 선택할 것인가는 사용자의 재량이나, 통상해고를 선택한 경우에도 부수적으로 징계해고의 절차를 준수해야 한다.」는 견해를 취하고 있다.[304)]

판례요지

특정사유가 단체협약이나 취업규칙 등에서 징계해고사유와 통상해고사유의 양쪽에 모두 해당하는 경우 뿐 아니라 징계해고사유에는 해당하나 통상해고사유에는 해당하지 않는 경우에도, 그 사유를 이유로 징계해고처분의 규정상 근거나 형식을 취하지 아니하고 근로자에게 보다 유리한 통상해고처분을 택하는 것은 근로기준법 제23조 제1항에 반하지 않는 범위 내에서 사용자의 재량에 속하는 적법한 것이다. 그러나 근로자에게 변명의 기회가 부여되지 않더라도 해고가 당연시될 정도라는 등의 특별한 사유가 없는 한 징계해고사유가 통상해고사유에도 해당하여 통상해고의 방법을 취하더라도 징계해고에 따른 소정의 절차는 부가적으로 요구된다고 할 것이고, 나아가 징계해고사유로 통상해고를 한다는 구실로 징계절차를 생략할 수는 없다(대법원 1994. 10. 25. 선고 94다25889).

그리고 판례는 「통상해고도 사용자의 일방적 의사표시에 의하여 근로계약관계를 종료시키는 것이므로 그 의사표시는 반드시 근로자에게 표시되어야 하고, 사용자가 통상해고를 하기 위해서는 30일 전에 예고를 하거나 30일분 이상의 통상임금을 지급해야 하는 것.」으로 판단하고 있다.[305)] 나아가 판례는 「부상 또는 질병을 이유로 해고하기 위해서는 의사가 발급한 진단서를 발급받도록 단체협약에 규정되어 있더라도 법원의 신체감정 촉탁으로 원고(근로자)의 후유장애가 확정되어 객관적인 의학적인 요건이 충족된 이상 진단서의 발급을 받지 않고 해고한 것은 유효한 것」으로 판단하고 있다.[306)]

판례요지

피고 회사의 단체협약이나 취업규칙상 조합원 또는 종업원을 징계해고가 아닌 다른 사유로 해고함에 있어 인사위원회를 개최하여야 한다는 규정이 없고, 퇴직사유의 존부 판단에 해당 근로자의 권익을 위하여 반드시 인사위원회의 심사 기타 절차를 거쳐야만 할 필요성이 있는 것도 아니므로 이와 같은 절차를 거치지 않았다 하여 퇴직처분이 위법하게 되는 것은 아니고, 단체협약에서 정신적 또는 육체적 장애로 업무를 감당하지 못하는

304) 대법원 1994. 10. 25. 선고 94다25889.
305) 대법원 1993. 5. 11. 선고 92다20712.
306) 대법원 1996. 12. 6. 선고 95다45934.

> 자의 경우 의사의 진단서를 발급받도록 되어 있으나 그 취지는 그 장애 정도에 대하여 객관적 의학적 근거 없이 함부로 조합원을 퇴직처분하지 못하도록 한 취지라 할 것인데, 이 사건에서는 원고의 손해배상청구소송에서 법원의 신체감정촉탁으로 원고의 후유장애가 확정된 바 있어 객관적인 의학적 근거 제시의 요건이 충족되었으며, 피고 회사가 그 수개월 후에 원고를 퇴직 처분하였다 하여 그것만으로 신의칙에 위배된다고 할 수 없다 (대법원 1996. 12. 6. 선고 95다45934).

(2) 사용자의 귀책사유에 의한 통상해고

이는 폐업, 해산결의에 의한 청산절차, 파산절차, 회사회생절차 등 사용자의 귀책사유로 인한 해고를 말한다. 판례는 회사의 존속을 전제로 하지 않은 사용자의 귀책사유로 인한 해고에 대해서는 근로기준법상의 해고 제한절차와 취업규칙 등에 규정된 해고절차를 준수하지 않고 해고하여도 무방한 것으로 해석하고 있다.

판례는 ① 파산관재인이 파산선고로 인하여 파산회사가 해산한 후에 사업 폐지를 위하여 행하는 해고[307], ② 사업의 폐지를 위하여 해산한 기업이 그 청산과정에서 행한 해고[308]는 사업의 유지를 전제로 한 경영해고가 아니고 통상해고에 해당된다고 하여 근로기준법과 단체협약에 규정된 해고 제한절차가 적용되지 않는 것으로 판단하고 있다.

> **판례요지**
>
> 파산관재인이 파산선고로 인하여 파산회사가 해산한 후에 사업 폐지를 위하여 행하는 해고는 정리해고가 아니라 통상해고에 해당하는 것이어서 정리해고에 관한 근로기준법 규정이 적용될 여지가 없다(대법원 2004. 2. 16. 선고 2003두13656).

(3) 그 밖의 사유로 인한 통상해고

이는 근로계약의 본질이나 사회적 상당성에 비추어 근로계약을 해지하는 것이 합리적이라고 인정되는 해고를 말한다. 판례는 타 회사와 공동 사업수행을 위하여 설립한 동업체가 회사간의 관계 악화로 소멸되어 그 업무 수행을 위하여 채용된 근로자를 해고한 경우[309], 근로계약체결 시 특정장소에서 근무할 조건으로 근로계약을 체결하였다면 그 장소에 대한 국유재산 사용허가가 취소되어 국유재산을 반환하는 시점에

---

307) 대법원 2004. 2. 16. 선고 2003두13656.
308) 대법원 2001. 11. 13. 선고 2001다27975.
309) 대법원 1996. 10. 29. 선고 96다22198.

서 근로계약을 해지한 경우[310]를 통상해고로 판단하고 있다.

판례요지

타 회사와 공동 사업수행을 위하여 별도의 업체를 설립하고 그 업무 수행을 담당하게 하기 위하여 근로자를 채용하였는데, 그 후 회사의 긴급한 경영상의 필요에 의하여 직원의 수를 줄이기 위한 것이 아니라 그 업체 참여 회사간의 관계 악화로 인하여 그 업체가 소멸하게 되어 동 업체의 업무를 위하여 채용된 근로자에게 다른 합작기업으로의 전적을 권유하였으나 이에 불응함으로써 이루어진 해고는 정리해고가 아닌 통상해고로서 정당한 이유가 있다(대법원 1996. 10. 29. 선고 96다22198).

3) 평 가

판례는 근로기준법 제24조의 경영해고에 해당되지 않는 사업의 폐지를 전제로 한 해고는 근로기준법과 취업규칙에 정한 해고절차를 거치지 않아도 무방하고, 심지어 다른 회사와 공동으로 별도의 법인을 설립하여 그 법인이 소멸된 경우도 경영해고로 보지 않고 통상해고로 해석하여 해고절차를 거치지 않아도 무방한 것으로 판단하고 있다. 그리고 근로자의 귀책사유로 인한 통상해고의 경우는 취업규칙 등에 정한 해고절차를 준수할 필요는 없으나, 해고예고 절차에 따라 해고를 해야 한다는 입장을 보이고 있다.

생각건대, 사용자의 귀책사유로 인한 해고가 근로기준법과 취업규칙 등에 정한 해고절차를 준수하여야하는가 여부는 객관적으로 사업의 폐지를 전제로 한 해고인가를 기준으로 판단해야 한다. 이러한 기준에서 보면, 사업의 폐지를 전제로 한 해산결의에 의한 청산절차의 일환으로 행한 해고는 해고절차를 준수하지 않아도 무방하나, 기업의 도산으로 인한 기업회생 절차의 일환으로 행해지는 해고는 근로기준법 제24조의 경영해고에 해당되는 것이므로 경영해고 절차를 준수해야 한다. 따라서 법원의 파산선고로 인한 해고와 해산결의에 의한 기업의 청산과정 일환으로 행해진 해고는 해고절차를 거칠 필요가 없음은 당연하다. 그러나 동일 사업주의 아래에 있는 전 사업의 폐지를 전제로 하지 않는 일부 사업의 폐지 또는 근로자의 귀책사유로 인한 통상해고의 경우는 근로기준법과 취업규칙 등에 정한 해고절차에 따라 해고하는 것이 노동법의 취지와 부합된다고 보아야 한다.

310) 서울행정법원 2005. 7. 19. 선고 2004구합39723.

제6절 시기에 의한 해고의 제한

Ⅰ. 의 의

근로기준법은 업무상 부상 또는 질병의 요양을 위하여 휴업하고 있는 경우와 산전후의 여성근로자가 휴업하고 있는 경우에는 정당한 해고사유가 있다 하더라도 일정한 기간 동안 해고를 금지하고 있다. 근로기준법 제23조 제2항은 「사용자는 근로자가 업무상 부상 또는 질병의 요양을 위하여 휴업한 기간과 그 후 30일 동안 또는 산전(産前)·산후(産後)의 여성이 휴업한 기간과 그 후 30일 동안은 해고하지 못한다.」라고 규정하고 있다.

만약, 사용자가 업무상 재해근로자와 산전후의 여성근로자에 대하여 일반근로자와 동일하게 해고할 수 있는 권리를 허용한다면, 이들을 위한 노동법상의 특별보호규정의 의의가 상실된다. 이처럼 업무상 부상 또는 질병 및 산전후로 인한 휴업기간과 그 후 30일간에 대하여 특별히 해고를 금지하고 있는 취지는 업무상 재해 또는 출산에 의해 노동능력을 상실하거나 노동능력의 회복에 필요한 기간 동안 해고를 금지시킴으로써 근로자의 생계를 유지하도록 하기 위한 것이다. 다만, 사용자가 업무상 재해를 당한 근로자에 대하여 일시보상을 하였거나 사업을 계속할 수 없게 되는 특별한 사정이 있는 경우에는 예외적으로 해고시기의 제한규정은 적용되지 않는다(§23·② 단서).

Ⅱ. 해고의 금지범위

1. 해고금지의 적용사유

해고가 금지되는 기간은 업무상 재해 또는 출산으로 인한 노동력의 상실시간인 휴업기간과 노동력의 회복을 위한 그 후 30일간이다. 해고가 금지되는 기간은 업무상 재해 또는 출산으로 인한 법정휴업기간과 그 후 30일간에 국한되므로 요양과 휴업 사이에는 상당인과관계가 존재해야 한다. 해고금지 기간이 되는 부상 또는 질병은 업무상 사유에 의한 것에 한하므로 업무와 관련성이 없는 개인적인 부상이나 질병의 요양을 위한 휴업기간은 당연히 해고금지 기간에 해당되지 않는다.

업무상 재해근로자가 취업하면서 업무상 부상 등을 치료받는 일부 휴업의 경우에도 해고금지 기간에 해당되는 것으로 해석해야 한다.[311] 그 근거로서는 ① 일부 휴업

311) 반대 김유성, 노동법 I (초판), 309면.

의 경우를 해고금지기간에서 배제한다면 해고금지의 입법취지를 살릴 수 없다는 점, ② 휴업이 장기화될 경우를 대비하여 사용자가 일시보상의 지급을 전제로 해고할 수 있는 입법장치가 있다는 점(§84) 등을 들 수 있다. 그리고 여성근로자가 출산 전에 휴업을 청구하지 않고 계속 취업하고 있는 경우에도 해고금지 기간에 포함되는 것으로 보아야 한다.[312] 따라서 일부 휴업이나 출산 전에 휴업을 하지 않은 경우라도 사용자는 정당한 해고사유가 있더라도 해고할 수 없음은 물론 해고예고도 할 수 없다.

2. 해고금지의 적용제외 사유

업무상 재해 또는 산전후의 휴업기간과 그 후 30일간의 해고금지 기간에 해당된다 하더라도, 사용자가 근로기준법 제84조의 일시보상을 행하였거나 사업을 계속할 수 없게 된 경우에는 해고할 수 있다(§23·② 단서).

(1) 업무상 재해근로자가 2년을 경과하여도 부상 또는 질병이 완치되지 아니한 경우에 사용자는 평균임금의 1,340일분에 해당되는 일시보상을 지급하면 해고할 수 있다. 이는 요양을 위하여 장기간의 휴업이 이루어지면 사업운영에 장애가 초래되거나 사용자의 지나친 부담이 된다는 점을 고려하여 사용자가 일시보상의 지급을 전제로 근로자를 해고할 수 있게 한 것이다. 일시보상의 지급은 해고의 유효 요건이므로 사용자는 현실적으로 일시보상금 전액을 지급해야만 해고할 수 있다. 그런데, 근로자의 상병이 산업재해보상보험법 제66조의 상병보상요건에 해당되어 상병보상연금을 지급받고 있는 경우에 사용자는 근로기준법상의 재해보상책임이 면제되므로 사용자는 근로기준법 제84조의 일시보상을 행하지 않고 근로자를 해고할 수 있다.[313]

(2) 사용자가 사업을 계속할 수 없게 된 경우에도 해고금지의 규정이 적용되지 않는다. 여기서 「사업을 계속할 수 없게 된 경우」란 사업의 전부 또는 대부분의 계속이 실제로 불가능하게 된 경우를 말한다. 따라서 화재 등으로 일시적으로 사업의 계속이 중지되었더라도 사업의 핵심적인 설비나 시설이 남아 있어 사업의 계속이 가능한 경우에는 사업을 계속할 수 없는 경우에 해당되지 않는다. 그리고 「사업」이란 해당 근로자가 소속한 사업장 또는 부서를 의미하는 것이 아니고, 근로기준법 적용대상이 되는 사업 그 자체를 말한다.[314]

---

312) 김형배, 노동법(신판제4판), 548면.

313) 산업재해보상보험법 제80조 제1항은 「수급권자가 이 법에 따라 보험급여를 받았거나 받을 수 있으면 보험가입자는 동일한 사유에 대하여 근로기준법에 따른 재해보상 책임이 면제된다.」라고 규정하고 있다.

Ⅲ. 해고의 금지내용

해고의 정당한 사유가 존재하더라도 사용자는 해고금지기간 중에는 해고할 수 없기 때문에 근로관계를 유지할 수 없는 일신상 또는 행태상의 귀책사유가 있거나 긴박한 경영상의 필요에 의한 근로자의 감원이 필요한 경우라도 사용자는 해당 근로자를 해고할 수 없다. 사용자가 해고금지 적용제외사유가 없음에도 해고금지기간 중에 해고금지기간이 적용되는 근로자를 해고한 경우에는 사법상 무효가 될 뿐 아니라 벌칙이 적용된다(§107).

그러나 근로기준법 제23조 제2항의 해고금지 기간의 취지는 해고 이외의 근로관계의 종료까지 금지하는 것은 아니기 때문에 근로자의 사직 또는 합의퇴직절차를 거쳐 근로관계를 종료하는 것은 법 위반이 되지 않는다. 문제는 해고금지 기간과 해고예고와는 어떠한 관계에 있는가의 여부이다. 즉, 해고예고 이후에 해고금지의 사유가 발생하거나 해고금지 기간 중에도 해고예고를 할 수 있는가의 여부가 문제된다.

(1) 사용자의 해고예고 이후에 해고 금지사유가 발생한 경우에는 해고예고는 효력이 발생하지 않고 해고금지 기간 경과 이후에 다시 해고예고를 해야 할 것이다. 왜냐하면, 해고예고가 계속 유효한 것으로 본다면, 산·전후 또는 업무상 부상으로 인한 최소한의 노동능력 회복에 필요한 기간을 해고를 제한하기 위한 해고금지의 취지에 반하기 때문이다.[315]

(2) 재해근로자 또는 산·전후 여성근로자의 상실 또는 감소된 노동능력의 회복에 필요한 기간 동안 해고를 금지시킴으로써 근로자의 생계를 유지하도록 하기 위한 입법취지를 고려하면, 해고금지 기간 중에는 해고예고를 할 수 없으며 이 기간 중에 행한 해고예고는 무효로 보아야 할 것이다.[316]

---

314) 사업을 해당 근로자가 소속한 사업장 또는 부서로 축소하여 해석하는 견해가 있다(임종률, 노동법(제6판), 538면). 이처럼 사업의 범위를 축소하여 해고금지 기간의 적용 제외사유를 확대하면 업무상 재해로 요양 중인 근로자와 산전후 휴가기간 중에 있는 여성근로자가 경영해고의 대상으로 될 수 있는 등 해고금지를 규정한 취지와 상반되고 산업재해 보호나 모성보호에도 역행하는 결과를 초래할 뿐만 아니라 해고예고 제외사유와 균형을 유지하는 것이 곤란하다(김유성, 노동법Ⅰ(초판), 310~311면).

315) 해고예고의 효과는 중단되는 것에 그치고, 해고예고 자체는 유효한 것이므로 해고금지 기간이 만료된 후 중단된 해고예고 기간이 기산되어야 한다는 견해가 있다(김유성, 노동법Ⅰ(초판), 311면).

316) 해고예고는 해고 그 자체가 아니기 때문에 해고금지 기간 중에도 해고예고가 가능하다는 반대의 견해가 있다(김유성, 노동법Ⅰ(초판), 311면).

제7절 해고의 효과

Ⅰ. 개 관

근로관계는 근로자와 사용자 사이의 근로계약에 의하여 성립한 후 일정기간 존속하다가 일정한 사유에 의하여 종료하게 된다. 근로관계의 종료사유에는 ① 당사자의 일방적인 의사표시에 의한 해고와 사직, ② 당사자의 의사와 관계없이 근로관계가 소멸하는 정년퇴직·근로자의 사망·법인의 청산·법인의 양도·기간의 정함이 있는 근로계약관계에 있어서의 기간의 만료, ③ 당사자의 의사의 합치에 의한 근로관계의 합의해지 등이 있다. 이와 같은 사유로 근로관계가 종료하면 유기적인 법률관계로서의 근로자의 근로제공의무와 사용자의 임금지급의무 등 기본적인 권리의무관계는 당연히 소멸하는 것이나, 종전의 근로관계로부터 구체적으로 파생된 권리의무관계는 그것이 이행될 때까지는 소멸하지 않는다. 이에 근로기준법은 근로관계존속 중 지급되지 않은 금품의 지급을 확보하기 위한 조치로써 사용자의 금품청산의무(§36)·미지급임금 등에 대한 지연이자의 지급(§37)·임금채권의 우선변제(§38) 등을 규정하고 있다.

사용자의 해고처분이 있으면 해고의 정당성 여부와 관계없이 근로관계는 종료된다. 그러나 해고근로자가 해고의 부당성을 다투어 그 해고가 사법상 무효로 되었을 경우에는 사용자의 복직의무 및 임금소급지급의무, 해고근로자가 복직을 원하지 않을 경우에 적용되는 금전보상지급의무와 사용자가 복직시키지 않을 경우에 적용되는 이행강제금이 적용된다. 그리고 사용자의 부당해고로 해고된 근로자는 이에 따른 민사상 손해배상청구가 인정된다. 다만, 경영해고가 정당하더라도 사용자는 경영해고 이후 3년 이내에 해고근로자가 해고 당시 담당하였던 업무를 할 근로자를 채용하고자 할 때에는 해고된 근로자를 우선하여 고용할 의무가 있다. 아래에서는 해고가 사법상 무효인 경우에 적용되는 해고의 효과를 중심으로 기술한다.

Ⅱ. 임금소급지급의무

1. 의 의

근로자에 대한 사용자의 해고처분이 사법상 무효로 되거나 취소된 경우에 해고근로자는 해고일로부터 복직 시까지 근로자의 신분을 계속 유지되고 있었던 것으로 된다. 따라서 사용자는 해고일로부터 복직 시까지 계속 근로하였을 경우에 받을 수 있는 임금상당액을 해고근로자에게 소급하여 지급할 의무가 있다(민법 §538·①).[317] 해고근로자가 해고기간 동안 근로를 제공하지 못한 것은 사용자의 귀책사유인 부당해고에 의한 것이므로 사용자는 당연히 해고기간 중 받을 수 있는 임금을 소급하여 지급해야 함은 당연한 것이나, 해고기간 동안의 임금상당액에서 중간수입 공제와 과실상계의 법리를 적용할 것인가의 여부가 문제된다.

2. 임금상당액의 성격 및 범위

근로기준법상 임금은 현실적으로 근로를 제공한 것에 대한 대가를 의미하는 것이므로 부당해고 기간 동안 사용자로부터 받은 임금상당액은 임금으로 볼 수 없다. 비록 해고기간 동안의 임금상당액이 근로자의 임금을 기초로 산정되었더라도 임금으로 볼 수 없을 뿐만 아니라, 소득세법상 과세의 대상이 되는 근로소득·퇴직소득에도 해당되지 않는다.[318]

판례요지

해고기간 중의 임금상당액의 성격은 부당해고로 인한 손해배상 또는 보상금에 근로자의 임금 등을 기초로 산정되었다 하더라도 임금으로 볼 수 없고, 소득세법상 과세의 대상이 되는 근로소득, 퇴직소득, 기타 소득 어느 것에도 해당되지 않으므로 소득세 등을 원천징수할 수 없다(대법원 1991. 6. 14. 선고 90다11813).

「임금상당액」이란 해고기간 동안 근로를 제공하였더라면 그 반대급부로 받을 수 있는 임금 전부를 말하는 것이므로 평균임금의 산정의 기초가 되는 임금 총액이 모두 포함된다고 보아야 한다.[319] 따라서 시간외근로수당이나 상여금도 당해 근로자가 해고되지 않았더라면 받을 수 있는 것으로 기대되는 경우에는 임금상당액에 포함되어야 하고[320], 단체협약을 통하여 매년 인상하여 온 임금인상액[321]과 정기적으로 이루어지는 호봉승급에 따른 임금인상액도 임금상당액에 포함된다.

---

317) 대법원 1981. 12. 22. 선고 81다626; 대법원 1989. 5. 23. 선고 87다카2132; 대법원 1995. 1. 24. 선고 94다40987.
318) 대법원 1991. 6. 14. 선고 90다11813.
319) 대법원 1993. 12. 21. 선고 93다11463; 대법원 1990. 12. 7. 선고 90다카19647; 대법원 1999. 9. 3. 선고 98다34393; 2000다18127; 대법원 2006. 12. 8. 선고 2006다38229 등.
320) 대법원 1992. 12. 8. 선고 92다38680; 대법원 2006. 12. 8. 선고 2006다38229.
321) 대법원 1993. 9. 24. 선고 93다21736.

판례요지

부당해고의 경우 근로자가 지급을 청구할 수 있는 임금은 근로기준법 제2조 제1항 제5호 에서 규정하는 임금을 의미하므로 사용자가 근로의 대가로 근로자에게 지급하는 일체의 금원으로서, 근로자에게 계속적·정기적으로 지급되고 그 지급에 관하여 단체협약, 취업규칙, 급여규정, 근로계약, 노동관행 등에 의하여 사용자에게 지급의무가 지워져 있다면 그 명칭 여하를 불문하고 모두 그에 포함된다(대법원 2006. 12. 8. 선고 2006다38229).

그러나 사용자가 지급하여야 할 임금상당액은 해고기간 동안 근로를 제공하였음을 전제로 한 것이므로 해고기간 동안 객관적으로 근로를 제공할 수 없었을 것으로 확실시 되는 경우에는 임금상당액을 산정함에 있어서 제외하여야 한다. 판례는 「사법상 무효가 되더라도 해고근로자가 해고기간 중 형사사건으로 구속되어 근로를 제공할 수 없었던 특별한 사정이 있는 경우에 그 기간 동안의 임금을 지급하지 않아도 무방하고[322], 근로자가 소정의 위로금을 지급받고 명예퇴직을 하였으나 그 명예퇴직이 부당해고로 판정되어 복직된 후 다시 정당한 이유에 의하여 해고된 경우에는 법정퇴직금을 제외한 위로금은 사용자에게 반환해야 한다.」라고 판시하고 있다.[323]

판례요지

사용자의 근로자에 대한 해고가 무효인 경우 근로자는 근로계약관계가 유효하게 존속함에도 불구하고 사용자의 귀책사유로 인하여 근로제공을 하지 못한 셈이므로, 민법 제538조 제1항에 의하여 그 기간 중에 근로제공을 하였을 경우에 받을 수 있는 반대급부인 임금의 지급을 청구할 수 있지만, 해고기간 중 근로자가 징역형의 선고를 받아 상당기간 구속된 경우 해고가 무효라고 하더라도 구속기간 동안에는 근로자가 근로의 제공을 할 수 없는 처지였으므로 구속기간 동안의 임금은 청구할 수 없다(대법원 1996. 4. 23. 선고 94다446).

3. 중간수입의 공제 여부

해고근로자가 해고일로부터 복직 일까지 다른 직장에 취업하여 수입을 얻은 이른바 중간수입을 임금에서 공제할 수 있는가의 여부가 문제된다. 이에 관한 이론으로서는 전액공제설, 공제부정설, 일부공제설이 대립하고 있다.

322) 대법원 1994. 10. 25. 선고 94다25889; 대법원 1996. 4. 23. 선고 94다446.
323) 대법원 1995. 1. 24. 선고 9다40987.

「전액공제설」은 민법상 손익상계의 법리 또는 '채무자(근로자)는 자기의 채무(근로제공)를 면함으로써 이익을 얻은 때에는 이를 채권자(사용자)에게 상환하여야 한다.'라고 규정한 민법 제538조 제2항을 원용하여 중간수입 전액을 공제하여야 한다는 견해이다. 「공제부정설」은 중간수입의 공제를 인정하게 되면, ① 부당해고를 한 사용자가 지급하여야 할 임금이 전혀 발생하지 않게 되는 경우도 발생하여 사용자로 하여금 경제적 부담을 전혀 지지 않는다는 것은 근로자를 보호하기 위한 노동법의 원리가 허구화될 수 있다는 점, ② 해고기간 중 생계유지를 위하여 다른 직장에 취업한 해고근로자에 대해서는 중간수입을 공제하면서 생계유지 노력을 하지 않은 해고근로자에 대해서는 임금 전액을 지급하는 것은 형평성의 원리에 반한다는 점 등을 이유로 중간수입을 공제할 수 없다는 견해이다. 그리고 「일부공제설」은 원칙적으로 임금공제는 가능하나, 해고근로자가 취업하지 못한 것은 근로를 제공할 의사가 있음에도 부당해고로 근로의 제공이 불가능하거나 사용자가 근로제공을 거부한 것에 의한 것이므로 근로기준법 제46조의 휴업수당 규정을 적용하여 휴업수당을 초과하는 범위 내에서만 공제가 가능하다는 견해이다.

이와 관련하여 판례는 일관하여 「중간수입은 민법 제538조 제2항에서 규정하고 있는 채무(노무제공)를 면함으로써 얻은 이익에 해당된다는 이유로 사용자는 해당 근로자에게 해고기간 중 받을 수 있는 임금에서 공제해야 한다.」는 입장을 견지하고 있다.[324)]

판례요지

사용자의 귀책사유로 인하여 해고된 근로자가 해고기간 중에 다른 직장에 종사하여 얻은 이익(이른바 중간수입)은 민법 제538조 제2항에서 말하는 채무를 면함으로써 얻은 이익에 해당하므로, 사용자는 해고기간 중의 임금을 지급함에 있어 그 이익 금액을 임금액에서 공제할 수 있다. 이러한 법리는 근로자가 쌍무계약인 근로계약에 기한 근로제공의무가 채권자인 사용자의 책임 있는 사유로 인하여 이행될 수 없었다고 하면서 근로관계의 존속을 전제로 한 임금의 청구를 하는 경우뿐만 아니라, 사용자의 부당해고가 불법행위에 해당함을 원인으로 한 손해배상청구를 하는 경우에도 그 손해의 범위를 산정함에

324) 대법원 1991. 6. 28. 선고 90다카25277; 대법원 1991. 12. 13. 선고 90다18999; 대법원 1993. 11. 9. 선고 93다37915; 대법원 1996. 4. 23. 선고 94다446 등. 사용자가 지급해야 할 부당해고 기간동안의 임금상당액에서 해고근로자의 중간수입을 공제할 것인가에 대해서 학문적 논의만 전개하여 오다가 대법원 1991. 6. 28. 선고 90다카252 판결에서 「근로기준법 제46조의 휴업수당의 지급사유에 해당되는 '휴업'이란 근로자가 근로계약에 따라 근로를 제공할 의사가 있음에도 그 의사에 반하여 취업이 거부되거나 불가능하게 된 경우에도 포함되는 것이므로 해고기간 동안 근로자가 지급받을 수 있는 임금액 중에서 휴업수당을 초과하는 금액에 한하여 중간수입의 공제가 된다.」라고 하여 중간수입공제의 한계를 판시한 이래 그 판결 내용이 그대로 유지되어 확립된 판례로 정착되었다.

> 있어서는 손해배상의 일반이론에 따라 손해의 원인이 된 사실과 상당인과관계에 있는 이득을 모두 공제하여야 하므로 그대로 적용된다(대법원 1996. 4. 23. 선고 94다446).

판례는 임금에서 공제할 수 있는 중간수입은 그 전액이 아니고 근로기준법 제46조의 휴업수당을 초과하는 범위 내로 한정된다는 입장을 취하고 있다. 즉, 「사용자의 귀책사유로 인하여 휴업하는 경우에 사용자는 휴업기간 중 해당 근로자에게 평균임금의 70%를 휴업수당으로 지급하도록 규정한 근로기준법 제46조에 따라 중간수입의 공제는 휴업수당을 초과하는 범위 내에서만 공제가 가능한 것」으로 판단하고 있다.[325] 예를 들면, 해고근로자의 평균임금이 100,000원이고, 해고기간 중 다른 직장에서 얻은 평균수입이 50,000원이라고 가정할 때 사용자는 평균임금 70,000원을 초과하는 30,000원에 대해서는 중간수입공제가 가능하다는 입장이다.

> **판례요지**
>
> 사용자의 귀책사유로 인하여 해고된 근로자가 해고기간 중에 다른 직장에서 근무하여 지급받은 임금은 민법 제538조 제2항에 규정된 자기의 채무를 면함으로써 얻은 이익에 해당하므로, 사용자는 근로자에게 해고기간 중의 임금을 지급함에 있어 위와 같은 이익(이른바 중간수입)을 공제할 수 있는 것이기는 하지만, 근로자가 지급받을 수 있는 임금액 중 근로기준법 제38조 소정의 휴업수당의 범위 내의 금액은 중간수입으로 공제할 수 없고, 휴업수당을 초과하는 금액만을 중간수입으로 공제하여야 한다(대법원 1993. 11. 9. 선고 93다37915).

4. 과실상계의 적용 여부

과실상계란 채무불이행 또는 불법행위에 관한 채권자 또는 피해자에게 그 손해의 발생·회피·경감 등에 의하여 과실이 있는 경우에 법원이 손해배상의 책임·그 금액을 정함에 있어서 그 과실을 참작하는 것을 말한다(민법 §396, §763). 과실상계는 손해배상 제도를 지도하는 공평의 원칙, 채권관계를 지배하는 신의칙 및 사회생활에 있어서 협동정신의 구체적 표현이라고 할 수 있다.

부당해고 기간동안 임금상당액에서 근로자의 과실에 해당되는 비율을 공제할 수 있는가의 여부가 문제된다. 즉, 근로자의 책임 있는 귀책사유가 있으나 근로관계를

325) 대법원 1991. 6. 28. 선고 90다카25277; 대법원 1991. 12. 13. 선고 90다18999; 대법원 1993. 11. 9. 선고 93다37915.

더 계속 유지할 수 없는 사유에 해당되지 않아 부당해고가 된 경우에 법원이 근로자의 책임 있는 귀책사유에 해당되는 부분을 임금상당액에서 상계할 수 있는가의 여부이다. 이에 관하여 대법원은 「무효인 해고처분으로 해고근로자가 근로를 제공하지 못한 것은 사용자의 귀책사유에 의한 것이므로 민법 제538조 제1항에 의하여 부당해고 기간동안 계속 근로하였을 경우에 받을 수 있는 임금 전액을 지급해야 하고[326], 과실상계의 법리는 근로계약관계의 존속을 전제로 사용자의 수령지체로 인하여 근로하지 못한 기간 동안에 대한 임금의 지급을 구하는 사건에는 적용될 여지가 없다.」라고 판단하고 있다(대법원 1993. 7. 27. 선고 92다4273).

판례요지

채무불이행이나 불법행위로 인한 손해배상의 책임 및 그 범위를 정함에 있어 손해의 공평한 부담을 위하여 피해자의 과실을 참작하는 과실상계의 법리가 근로계약관계의 존속을 전제로 사용자의 수령지체로 인하여 근로하지 못한 기간 동안에 대한 임금의 지급을 구하는 사건에 적용될 여지가 없다(대법원 1993. 7. 27. 선고 92다4273).

그러나 사용자가 지급해야 하는 부당해고 기간 동안의 임금상당액은 민법상 일실이익의 손해에 해당되는 것임을 감안하면, 단지 부당해고라는 이유만으로 일체 과실상계를 인정하지 않는 판례의 견해에 대해서는 의문이 있다. 즉, 해고가 정당하기 위해서는 근로계약관계를 유지할 수 없는 근로자의 책임 있는 귀책사유(실체적 요건)와 근로기준법 및 취업규칙 등에 정한 해고제한 절차의 준수(절차적 요건)를 요건으로 하고 있음에도 모든 부당해고에 대하여 과실상계를 적용하지 않는 것은 문제가 있다. 부당해고의 근본적인 이유가 무엇인가를 판단하여 과실상계의 적용 여부를 판단해야 할 필요성이 있다. 예컨대, 해고의 실체적 요건은 충족하였으나, 단지 해고의 제한절차를 위반하여 부당해고가 된 경우에는 근로자의 책임 있는 귀책사유에 대해서는 과실상계의 법리를 적용하는 것이 오히려 형평의 원칙에 부합하는 것이다.

Ⅲ. 원직복귀의무

1. 의 의

근로계약관계는 근로자의 근로제공과 사용자의 임금지급을 목적으로 하는 계속적

326) 대법원 1981. 12. 22. 선고 81다626.

법률관계이기 때문에 사법상 무효인 해고에 대해서는 사용자는 해고 당시 근로자가 담당하고 있었던 원직에 복직시키고 해고기간 동안 받지 못한 임금의 상당액을 지급해야 함은 당연한 요청이다. 따라서 노동위원회의 원직복직명령이 있거나 해고무효가 확정된 경우에 사용자는 해고근로자가 해고 당시 종사하고 있었던 업무 및 직책·지위 그대로 복직시켜야 하는 법적 의무를 부담한다. 비록 직제개편 등으로 원직이 없어지거나 이미 다른 근로자로 해고근로자의 업무를 담당하고 있는 관계로 원직에 복직시킬 수 없는 경영상의 사유가 있다 하더라도 원직과 동일하거나 실질적으로 유사한 책임과 권한이 있는 직책으로 복직시켜야 한다.

2. 원직복귀의 범위

원래 원직복귀란 해고 당시 근로자가 담당하고 있었던 업무와 동일하거나 유사한 업무·직책·지위에 복직되는 것을 말하는 것이나, 해고기간 동안 담당 업무의 폐지·근로자의 대체·작업환경의 변화 등으로 원직의 업무가 없어진 경우에는 사용자는 그에 합당한 직책과 업무를 부여하여 복직시킨 경우에 원직복귀의무를 다한 것으로 보아야 한다.[327)]

판례요지

사용주가 지방노동위원회의 권고에 따라 해고되었던 근로자를 복직시키면서 해고 이후 복직 시까지 해고가 유효함을 전제로 이미 이루어진 인사질서, 사용주의 경영상의 필요, 작업환경의 변화 등을 고려하여 복직 근로자에게 그에 합당한 일을 시킨 경우, 그 일이 비록 종전의 일과 다소 다르더라도 이는 사용주의 고유권한인 경영권의 범위에 속하는 것이므로 정당하게 복직시킨 것으로 보아야 한다(대법원 1997. 5. 16. 선고 96다47974).

사용자가 해고 당시 근로자가 담당하고 있었던 업무와 직종 및 직책이 없는 경우에는 최대한 이와 유사한 직책과 업무로 복직시킬 수밖에 없으나, 근로자의 입장에서는 사실상 근로조건의 변경을 수반하는 전직에 해당되는 것이기 때문에 직제개편에 따른 전직의 정당성을 다툴 수 있다.[328)]

---

327) 대법원 1997. 5. 16. 선고 96다47974.
328) 김유성, 노동법 I (초판), 322면.

3. 취업청구권의 인정 여부

1) 문제의 소재

부당해고의 구제에 있어서 가장 곤란한 것은 해고근로자의 원직복귀 문제이다. 왜냐하면, 부당해고로 확정된 경우에도 사용자가 해고기간 동안의 임금상당액과 함께 임금을 계속 지급하면서 해고근로자를 원직에 복직시키지 않거나 적당한 업무를 부여하지 않는 경우가 많기 때문이다. 이와 같이 사용자가 부당해고로 확정된 근로자를 정당한 이유 없이 노동력의 수령을 거부하는 경우에 관련 해고근로자가 사용자를 상대로 취업을 청구할 수 있는가의 여부가 바로 취업청구권의 인정여부이다.

취업청구권은 근로자가 사용자에게 노동력의 수령을 요구할 수 있는 사법상의 권리이기 때문에 국가에 대한 공권인 근로권과 구별된다. 이는 결국 사용자의 근로수령의무를 인정할 것인가의 여부이다.[329] 즉, 근로자의 근로행위는 근로계약관계의 반사적 이익에 불과 한 것으로 보아야 할 것인가와 법적 이익으로 보아야 할 것인가의 여부이다.

2) 학 설

부정설은 법령의 근거나 당사자의 특약이 없는 한 사용자의 근로수령의무를 근로자의 인격권으로부터 도출하는 것은 무리이므로 원칙적으로 취업청구권을 인정할 수 없다는 견해이고[330], 긍정설은 명문의 규정이 없다 하더라도 근로자의 취업청구권은 인정된다는 견해로서 ① 사용자의 근로수령 거부는 노동의 보람을 통하여 자유로운 삶을 향유할 수 있는 권리인 노동향유권과 노동인격권을 침해한다는 점, ② 인간의 존엄과 가치를 보장한 헌법 제10조의 이념을 전제로 하여 신의칙상 사용자의 부수적 의무로서의 근로수령의무가 있다는 점[331]을 들고 있다.

3) 판 례

건전한 사회통념이나 사회상규상 용인될 수 없는 해고권 남용으로 인한 해고에 대해서는 사용자의 불법행위책임을 인정하거나[332] 정당한 이유 없이 사법상 무효로 확

---

329) 김유성, 노동법 I (초판), 323면.

330) 김형배, 노동법(신판제4판), 284면. 다만, 부정설의 입장에서도 당사자 사이에 명시적·묵시적 합의가 있는 경우에는 취업청구권을 인정하는 입장을 취하고 있다.

331) 김유성, 노동법 I (초판), 324면; 이병태, 최신노동법(제8전정판), 613면; 정진경, 「복직거부와 위자료」, 530면 이하.

332) 대법원 1999. 2. 23. 선고 98다12157; 대법원 2006. 7. 28. 선고 2006다17355.

정된 근로자를 복직시키지 않은 경우에 이로 인한 근로자의 정신적 고통에 대한 사용자의 손해배상책임을 물은 판례[333]는 있으나, 명시적으로 근로자의 취업청구권에 기한 원직복귀를 인정한 판례는 없다.

다만, 대법원 1996. 4. 23. 선고 95다6823 판례가 「사용자는 근로제공을 통하여 참다운 인격의 발전을 도모함으로써 근로자의 인격을 실현시킬 수 있도록 배려해야 할 신의칙상의 의무를 부담한다고 하면서 근로자의 의사에 반하여 정당한 이유 없이 근로자의 근로제공을 계속적으로 거부하는 것은 근로자의 인격적 법익을 침해하는 것이 되어 이로 인한 근로자의 정신적 고통에 대한 사용자의 배상책임」을 인정한 것으로 보는 견해도 있으나[334], 이는 불법행위의 성립에 따른 정신적 손해배상 책임을 인정한 판례로 봄이 타당하다.

판례요지

사용자는 특별한 사정이 없는 한 근로자와 사이에 근로계약의 체결을 통하여 자신의 업무지휘권·업무명령권의 행사와 조화를 이루는 범위 내에서 근로자가 근로제공을 통하여 참다운 인격의 발전을 도모함으로써 자신의 인격을 실현시킬 수 있도록 배려하여야 할 신의칙상의 의무를 부담한다. 따라서 사용자가 근로자의 의사에 반하여 정당한 이유 없이 근로자의 근로제공을 계속적으로 거부하는 것은 이와 같은 근로자의 인격적 법익을 침해하는 것이 되어 사용자는 이로 인하여 근로자가 입게 되는 정신적 고통에 대하여 배상할 의무가 있다(대법원 1996. 4. 23. 선고 95다6823).

4) 평 가

취업청구권을 전제로 하지 않으면 사용자는 해고가 사법상 무효로 확정되었어도 복직할 때까지 임금을 지급하는 한 그 해고근로자의 근로수령을 거부할 수 있으므로 임금상당액 지급만으로 근로자를 직장에서 배제하려는 목적을 달성하게 되고, 결과적으로 정당한 이유 없이는 해고를 금지하도록 규정한 근로기준법 제23조의 입법취지가 형해화된다는 문제점을 가지고 있음은 부정할 수 없다. 이러한 이유에서 다수설은 매매 또는 임대차계약과는 달리 근로채무의 이행을 위해서는 근로자의 전인격을 사용자의 지배 아래 투입하여야 한다는 근로계약상의 본질적 특성에 착안하여 사용자는 근로자의 근로제공을 수령함으로써 근로자의 이익을 배려할 신의칙상 부수적 의무를 부담하기 때문에 취업청구권을 인정해야 한다는 입장이다. 그리고 대법원

333) 대법원 1996. 4. 23. 선고 95다6823.
334) 김유성, 노동법 I (초판), 324면.

1996. 4. 23. 선고 95다6823 판결을 근거로 판례도 취업청구권을 인정하고 있는 것으로 해석하고 있다.

그러나 위 판례는 해고근로자에 대한 사용자의 부당한 복직거부를 근로자의 인격적 침해에 해당되는 불법행위의 성립을 인정하여 정신적 손해를 물은 것이지 취업청구권을 인정한 것으로 볼 수 없다.[335] 그리고 해고와 관련된 권리의무관계는 공법적인 관계가 아닌 사법관계(私法關係)이고, 원직복직의무는 작위적·비대체적 의무에 해당되는 것이므로 사용자가 해고근로자를 원직에 복직시키지 않더라도 벌칙 등의 적용을 통한 심리적 압박을 가함으로써 간접적인 강제만 가능할 뿐이다.[336] 또한 사법상의 의무를 이행하지 않는 경우의 구제는 금전배상을 원칙으로 하고 있다. 이러한 입법체계를 고려하면, 명문규정이 없는 한 취업청구권을 인정하기는 곤란하다.

Ⅳ. 금전보상명령의 이행의무

1. 의 의

금전보상제는 부당해고의 구제절차에서 해고근로자가 복직을 원하지 않을 경우에 노동위원회가 원직복직을 하지 않는 대신 사용자에게 금전보상의 구제명령을 할 수 있도록 하는 제도이다. 우리나라의 해고구제는 정당성이 없는 부당해고는 사법상 무효이기 때문에 근로계약관계도 그대로 존속되는 것을 전제로 해고근로자는 원직복직과 해고기간 중의 임금상당액의 지급을 구하는 것으로 되어 있다.

그러나 원직복귀와 임금상당액의 지급을 전제로 하는 부당해고의 구제방식은 해고근로자뿐만 아니라 사용자에 대해서도 비효율적이라는 지적이 있어 왔다. 즉, 해고를 다투는 과정에서 이미 노사간의 갈등이 심화되어 신뢰관계가 회복되기 불가능하거나 장기간의 법률적 쟁송을 통하여 해고근로자가 복직된다 하더라도 업무수행능력의 저하 등으로 정상적인 직무를 수행하지 못하는 경우가 있고, 이미 해고근로자가 담당하고 있었던 업무를 다른 근로자가 대체하여 수행하고 있는 경우에는 사용자가 현실적으로 해고근로자를 복직시킨다는 것이 어렵다고 하는 문제가 있다.[337]

---

335) 다만, 일반적으로 해고근로자에 대한 사용자의 복직거부가 손해배상책임이 성립하기 위해서는 취업청구권을 전제로 하는 것이므로 판례가 사실상 취업청구권을 인정한 것으로 해석하는 견해가 있다(정진경, 「복직거부와 위자료」, 535면).

336) 근로기준법은 사용자로 하여금 해고근로자의 원직복귀를 위한 심리적 강제방법으로 노동위원회의 확정된 구제명령을 이행하지 아니한 경우에 형벌을 부과할 수 있도록 하고(§111), 구제명령을 사용자가 이행하지 아니한 경우에는 이행강제금을 부과할 수 있도록 규정하고 있다(§33).

337) 노동위원회의 구제명령은 근로관계의 지속을 객관적으로 기대할 수 있는지의 여부를 고려하지

이러한 지적에 따라 2007. 1. 26. 개정 근로기준법(법률 제8293호) 제33조의 3 제3항은 「노동위원회는 근로자가 복직을 원하지 않는 경우에는 원직복직을 명하는 대신 근로자가 해고기간 동안 근로를 제공하였다면 지급받을 수 있는 임금상당액 이상의 금품을 근로자에게 지급하도록 구제명령을 발할 수 있다.」라고 규정하여 금전보상제도를 도입하였다.

금전보상제도는 해고근로자가 복직을 희망하지 않는 경우에 노동위원회가 원직복직을 대신하여 금전보상 지급의 구제명령을 할 수 있는 제도로써 정당한 이유 없는 해고에 대한 구제방식을 다양화함으로써 권리구제의 실효성을 제고하고 근로관계의 단절상태의 장기화를 방지하여 근로관계를 조속히 안정시키기 위한 제도이다.[338)]

2. 법적 성격 및 특징

금전보상제도는 부당해고 구제절차에서 노동위원회가 사용자에게 내리는 구제명령이다. 즉, 금전보상제도는 노동위원회의 구제절차라는 공법관계에서 사용자에게 이행의무가 부과되는 공법상의 구제조치에 해당된다. 따라서 구제명령에 따른 법적 성격에 따라 다음과 같은 특징을 가진다.[339)]

(1) 노동위원회의 금전보상명령은 사용자에게 의무이행을 부과하는 공법상의 행정처분에 불과한 것이고 사법상의 법률관계를 형성하는 효력을 인정하는 것이 아니다. 따라서 금전보상명령의 범위와 한계는 공법상의 의무에 관한 해석론에 따라 정해진다.

(2) 금전보상명령은 해고근로자의 원직복귀를 대신하는 것이므로 부당해고로 인한 사용자에 대한 징벌적 성격과 근로자가 원직복귀를 원하지 아니함으로써 발생하는 손실 보상의 성격을 모두 가지고 있다.

(3) 노동위원회가 금전보상제도를 운용함에 있어서 상당한 재량권을 가지고 있다.

않은 채 사용자에게 일률적으로 원직복직과 임금지급을 명하는 것이어서 실효성 측면에서 한계가 있었고, 해고무효 판결이 확정되어도 원직복직을 강제하는데 한계가 있었다. 그리하여 부당해고에 있어서 원직복귀와 임금지급이라는 일률적인 구제보다는 해고분쟁의 내용과 성격, 당사자의 의사 등을 고려하여 다양한 구제내용과 방식을 도입할 필요성이 있다는 의견에 따라 2007. 1. 26. 개정 근로기준법에서 해고근로자가 복직을 원하지 않는 경우에는 노동위원회가 금전보상 구제명령을 할 수 있는 금전보상 제도를 도입하였다(금전보상제의 입법과정에 대해서는 조상균, 「부당해고와 금전보상제도」, 3면; 노동부, 노사관계선진화입법자료, 83면 이하 참조).

338) 노동부, 노사관계선진화입법자료, 83면.

339) 김홍영, 「부당해고에 대한 금전보상제의 도입에 따른 쟁점사항」, 39면 이하; 박수근, 「부당해고구제와 금전보상제도의 해석과 과제」, 35면 이하; 조상균, 「부당해고와 금전보상」, 15면 이하 참조.

따라서 노동위원회는 금전보상을 정함에 있어서 민사판례와 민법상의 손익상계와 과실상계를 적용하지 않아도 무방하다.

(4) 금전보상제도는 해고근로자와 사용자의 사법상의 권리의무관계를 확정하는 것이 아니다. 즉, 금전보상제도는 노동위원회의 구제명령에 해당되는 공법상의 행정처분에 해당되기 때문에 당사자의 구체적인 권리의무관계의 분쟁은 민사상의 판례 법리와 법률에 따라 손해배상청구, 임금지급 청구 등의 형식으로 해결할 수밖에 없다.

3. 금전보상명령의 요건

금전보상은 노동위원회가 정당한 이유 없이 해고당한 근로자가 원직복직을 원하지 않는 경우에 사용자에게 원직복직을 명하는 대신 근로자가 해고기간 동안 받을 수 있었던 임금상당액 이상의 금품지급을 명하는 구제명령이다. 따라서 노동위원회가 사용자에게 금전보상명령을 내리기 위해서는 부당해고가 성립하여야 하고 근로자의 원직복직의사가 없어야 한다.

1) 부당해고의 성립

부당해고 구제신청에 대하여 노동위원회가 부당해고가 성립되는 것으로 판단하여 구제명령을 내리는 경우에 한하여 금전보상이 적용된다. 금전보상제도는 해고기간 동안 임금상당액 이상의 금품을 지급하고 근로관계를 종료하려는 목적으로 도입된 것이기 때문에 부당해고 이외의 부당휴직·정직·전직·감봉 등의 부당인사에 대한 구제명령에는 적용되지 않는다.[340] 일반적으로 해고는 사용자의 일방적인 처분에 따라 근로계약관계가 종료되는 것을 의미하는 것이나, 경우에 따라서는 사용자의 일방적인 처분이 아닌 당연 퇴직 또는 직권면직, 의면면직, 기간제근로자에 대한 근로계약의 갱신거절 등도 해고에 해당되는 경우가 있으므로 근로계약관계가 근로자의 의사에 반하여 종료되는 일체의 부당해고를 포함한다.

금전보상은 노동위원회의 구제명령에 한하여 적용되는 것이므로 법원이 제기된 해고무효 확인소송에서 해고가 사법상 무효라고 판단되더라도 원직복직을 명하는 대신 금전보상을 명할 수 없다.

2) 근로자의 신청의사

금전보상은 근로자가 원직복직을 원하지 않는 경우에만 인정된다. 외국의 입법례

340) 김홍영, 「부당해고에 대한 금전보상제의 도입에 따른 쟁점사항」, 39면.

는 금전보상의 신청주체를 근로자뿐만 아니라 사용자에게도 확대하거나 금전보상의 신청사유를 노사간의 신뢰관계 파괴로 인한 근로관계의 유지가 객관적으로 불가능한 경우까지 폭넓게 인정하고 있으나, 우리나라의 노사관계 여건상 사용자의 해고권 남용이 우려된다는 지적에 따라 금전보상의 신청사유를 「근로자가 원직복직을 원하지 아니하는 경우」로 한정하고, 신청주체도 「근로자」로 한정하고 있다.[341)]

근로자가 원직복귀를 원하지 않는 경우 금전보상명령의 신청은 노동위원회의 심문회의 개최 일을 통보받기 전까지 서면으로 제출하여야 한다(노동위원회법 규칙 §64). 근로자의 의사표시는 금전보상명령을 위한 요건해당성을 의미하는 것이므로 금전보상명령의 요건을 둘러싼 다툼을 배제하기 위하여 이를 명확히 하기 위하여 근로자의 의사를 서면으로 제출하도록 한 것은 타당한 입법조치이다. 그러나 근로자가 원직복귀를 포기하고 금전보상을 받을 것인가의 여부를 결정하기까지는 상당한 기간이 필요한 점을 고려하면 근로자는 초심 또는 재심의 심문회의 종료 전까지 금전보상명령을 신청할 수 있는 것으로 해석해야 한다. 그리고 근로자의 의사표시는 노동위원회가 금전보상명령을 내리기 위한 법률상 요건에 해당되는 것이므로 가능한 한 의사표시의 철회는 제한하는 것이 필요하다. 이러한 점에서 초심 또는 재심을 불문하고 근로자의 의사표시를 심문회의 종료시까지 철회하지 않으면 그 이후의 단계에서는 이를 철회할 수 없는 것으로 해석해야 한다. 다만, 근로자의 의사표시 자체에 무효 또는 취소를 행할 중요한 하자가 있는 경우에는 민법 제107조 이하의 규정된 의사표시에 관한 해석에 따라야 한다.[342)]

4. 금전보상의 범위

원직복직을 대신하는 금전보상의 범위에 관하여 근로기준법 제30조 제3항은 단지 「근로자가 해고기간 동안 근로를 제공하였더라면 지급받을 수 있었던 임금상당액 이상의 금품」이라고만 규정하고 있을 뿐 그 보상의 산정방법에 대해서는 아무런 규정을 두고 있지 않다. 따라서 금전보상은 해고기간 동안 임금상당액과 위로금을 포함한 것으로 하여 그 액수는 당사자의 귀책사유와 해고의 부당성 정도 등을 참작하여 노동위원회가 재량적으로 정할 수밖에 없다.[343)] 금전보상의 범위는 해고기간 동안의 임금

341) 김형배, 노동법(신판제4판), 607면; 김홍영, 「부당해고 구제절차에서의 금전보상제도 및 이행강제금 제도」, 48면.

342) 박수근, 「부당해고구제와 금전보상제도의 해석과 과제」, 39~40면.

343) 김형배, 노동법(신판제4판), 607면.

상당액 이상의 금품이므로 금전보상은 임금상당액과 추가보상금으로 구성된다고 보아야 한다.[344]

1) 해고기간 동안의 임금상당액

해고기간 동안의 임금상당액이란 근로자가 해고기간 동안 근로를 제공하였더라면 지급받을 수 있었던 임금에 상당하는 금액을 말한다. 임금상당액은 실제로 근로한 것이 아닌 가상의 근로를 전제로 한 것이므로 종전에 받고 있었던 임금과 정확히 일치할 수 없으며, 임금에 상당하는지의 여부는 노동위원회의 전문성을 기초로 한 재량적인 판단사항이다.[345]

노동위원회가 금전보상을 산정함에 있어서 해고기간 동안 다른 직장에 취업하여 얻은 중간수입을 공제하여 임금상당액을 산정할 수 있는가의 여부가 문제된다. 판례는 근로기준법 제46조의 휴업수당을 초과하는 범위 내에서만 중간수입을 임금상당액에서 공제가 가능한 것으로 보고 있으나, 이는 당사자의 권리의무관계를 다투는 경우에 한하여 적용되는 법리라고 보아야 한다. 그러나 노동위원회의 금전보상은 사인간의 권리의무관계를 확정한 사법상의 권리구제가 아니고, 공법상 행정처분에 해당되는 구제명령에 해당되기 때문에 임금상당액을 판단함에 있어서 중간수입 여부를 고려하지 않는 것이 타당하다.[346]

그런데 금전보상제도는 노동위원회의 구제명령으로서 공법상의 의무에 불과하고 사법상의 권리의무관계에 직접적으로 영향을 미치지 않기 때문에[347] 당사자는 별도로 민사소송을 제기한 경우에는 임금상당액의 지급범위에 대하여 충돌이 발생하게 될 수 있다. 왜냐하면, 민사소송에서는 해고근로자가 다른 직장에 취업하여 수입을 얻은 경우에는 그 수입을 중간수입으로 공제하고 있기 때문이다.[348] 그리고 해고근로

---

344) 그런데 근로기준법은 금전보상의 한도를 규정하지 않음으로써 보상금의 범위를 들러 싸고 다툼의 소지가 많을 뿐만 아니라 노동위원회 위원들의 법적 가치판단에 따라 금전보상의 범위가 달라질 수 있기 때문에 같은 부당해고의 경우에도 금전보상의 범위가 달라질 수 있다는 문제점이 있다. 입법론적으로는 금전보상의 한도와 산정방법에 관하여 근로기준법 시행령이나 시행규칙에 규정할 필요가 있다. 참고로 독일의 해고제한법 제10조는 해고보상금의 한도를 12개월분의 임금으로 정하고 있다.

345) 노동위원회는 해고기 기간 동안의 임금상당액을 산출하기 위하여 근로계약서, 임금대장 등 금액산정에 필요한 자료를 제출하도록 명할 수 있다(노동위원회법 규칙 §64·②).

346) 김홍영, 「부당해고에 대한 금전보상제의 도입에 따른 쟁점사항」, 43면; 박수근, 「부당해고구제와 금전보상제도의 해석과 과제」, 40면.

347) 대법원 1996. 4. 23. 선고 95다53102.

348) 대법원 1991. 6. 28. 선고 90다카25277; 대법원 1991. 12. 13. 선고 90다18999; 대법원 1993. 11. 9. 선고 93다37915; 대법원 1996. 4. 23. 선고 94다446 등.

자의 금전보상의 신청 시점을 기준으로 근로제공의 의사가 없는 것으로 해석할 경우에는 그 이후에는 사용자에게 임금지급 의무를 인정할 근거가 없어 임금상당액의 산정에 있어서 민사판결과 노동위원회의 구제명령 사이에 현격한 괴리가 발생한다.[349]

2) 추가 금전보상금

금전보상은 이미 해고가 부당한 것으로 판정된 이후에 원직복직을 대신하여 사용자에게 내리는 구제명령이므로 해고기간 동안 임금상당액이 포함되는 것은 당연하다. 따라서 임금상당액에 추가하여 지급되는 금전보상은 위로금의 성격이 강한 것으로 보아야 한다. 그러나 근로기준법은 임금상당액 이상에 해당되는 금전보상의 결정에 관한 판단기준을 규정하지 않고 있기 때문에 노동위원회의 심판위원의 구성에 따라 다양한 금액으로 결정될 수 있을 뿐만 아니라 당사자의 불만으로 재심 또는 행정소송의 원인이 될 수도 있다. 이러한 추가보상금을 산정함에 있어서는 다음과 같은 사항을 고려해야 한다.[350]

(1) 금전보상은 민사상 손해배상과는 달리 부당해고에 따른 원직복귀를 대신하는 것이므로 민사상의 손해배상 산정원리가 그대로 적용될 수 없다. 즉, 민사상 정신적 손해액을 산정함에 있어서 과실상계가 적용되지만, 추가 금전보상액을 결정함에 있어서는 근로자의 과실상계 법리를 적용할 필요가 없고 장래의 고용상실의 상황과 다른 직업에 종사할 경우 종전의 임금수입을 얻을 수 있는가의 개연성 등을 고려해야 한다.

(2) 금전보상명령은 부당해고로 인한 사용자에 대한 징벌성과 근로자에 대한 손실보상의 성격을 가지고 있으므로 추가 보상금 산정의 판단기준은 어느 정도 구체화된 징표를 구성할 필요가 있다. 여기에 포함될 수 있는 구체화된 판단기준으로서는 해고 경위, 근로자의 책임 있는 귀책사유, 근무기간과 잔존기간, 취업의 가능성, 사용자의 부담능력, 근로자 개인의 사정 등을 고려할 수 있을 것이다.

---

349) 민사소송 시의 임금상당액의 범위에 관하여 정진경 판사는 적어도 근로자가 금전보상을 신청한 시점에서 근로제공의 의사가 없음을 명시적으로 표시한 것으로 보아야 한다고 하면서 임금상당액의 계산은 해고일로부터 금전보상 신청일까지로 한정해야 한다는 견해를 보이고 있다. 그리고 임금상당액의 범위에 대하여 다툼이 있는 경우에는 사용자는 노동위원회의 금전보상명령을 거부하여 민사소송(채무부존재 확인소송)을 제기할 수 있는 것으로 해석하고 있다(정진경, 「해고관련 법제의 변화 및 전망」, 23~24면).

350) 이하 박수근, 「부당해고구제와 금전보상제도의 해석과 과제」, 43면 이하.

5. 금전보상명령의 불복

부당해고 사건에 대하여 근로자가 원직복귀에 대신하여 금전보상의 의사표시가 있으면, 노동위원회는 원직복귀명령 대신 사용자에게 금전보상을 명하는 구제명령을 발하게 된다. 노동위원회의 금전보상명령에 대하여 그 금액이 과다 또는 과소하다고 판단되는 경우에는 당사자는 재심 또는 행정소송을 제기할 수 있다.

노동위원회의 금전명령에 대한 당사자의 재심 또는 행정소송이 제기된 경우에 금전보상의 산정이 합리적인 사유와 기준에 의해 결정되었는지의 여부가 심리의 대상이 된다. 다만, 사용자가 금전보상명령에 대한 재심 또는 행정소송을 제기한 경우에는 금전보상 산정의 적정성 이외에 해고의 부당성 여부도 심리의 대상이 된다.[351] 그러나 노동위원회의 금전보상명령은 사법적 효력을 갖지 않기 때문에 금전보상명령의 불이행을 이유로 근로자가 민사법원에 그 이행의 청구를 할 수 없을 뿐만 아니라 민사집행을 청구할 수도 없다.

6. 문제점과 개선방향

1) 문 제 점

(1) 개정근로기준법은 근로자가 원직복직을 원하지 않는 경우에는 원직복직명령 대신 해고기간 동안 근로를 제공하였더라면 지급받을 수 있었던 임금상당액 이상의 금품이라고만 규정하고 있을 뿐 금전보상의 범위 및 산정기준에 대하여 구체적인 규정을 두고 있지 않다. 따라서 금전보상의 범위와 산정기준을 둘러싸고 다툼이 발생할 소지가 매우 높다. 더욱이 노동위원회 위원들의 법적 가치판단에 따라 금전보상의 범위와 산정기준이 달라질 수 있기 때문에 같은 부당해고의 경우에도 금전보상의 범위와 액수가 달라질 수 있다는 문제점이 있다.

(2) 사용자가 노동위원회의 금전보상명령을 이행하지 않는 경우에 이행확보수단이 미약하다는 문제점이 있다. 노동위원회의 금전보상명령은 사용자에게 공법상의 의무만 부과하는 것이므로 사법적 효력을 갖지 않기 때문에 사용자가 금전보상명령을 이행하지 않는다고 하여 법원에 그 이행을 청구할 수 없을 뿐만 아니라 금전보상의 명령만으로 곧바로 민사집행할 수 있는 집행권원도 인정되지 않는다. 결국, 해고근로자가 금전보상을 받기 위해서는 또 다시 해고무효 확인소송과 손해배상청구를 할 수 밖에 없다.[352]

---

351) 박수근, 「부당해고구제와 금전보상제도의 해석과 과제」, 46면.

2) 개선방향

(1) 금전보상의 범위와 한도는 해고근로자의 잔여 근로계약기간, 정년도래기간, 사업의 존속기간, 근속기간, 해고의 위법성 정도를 고려하여 차별적으로 적용할 수 있는 기준을 근로기준법 시행령이나 시행규칙에 규정할 필요가 있다. 금전보상의 범위와 한도와 관련하여 독일의 해고제한법 제10조는 원칙적으로 금전보상의 한도를 12개월분의 임금으로 하고, 예외적으로 해고근로자의 근속기간과 연령에 따라 금전보상의 한도를 증액할 수 있도록 규정하고 있다. 구체적으로 해고근로자가 50세를 초과하고 근속기간이 15년을 초과하는 경우에는 15개월분의 임금을, 해고근로자가 55세를 초과하고 근속기간이 20년을 초과하는 경우에는 18개월분의 임금을 금전보상의 한도로 하고 있다. 그리고 영국의 고용보험법은 기초적 금전보상(basic award)과 보상적 금전보상(compensatory award)을 합한 금액을 금전보상으로 지급하도록 규정하고 있다(§118·①). 기초적 금전보상은 해고근로자의 직업상실에 대한 보상으로 근로자의 연령·근속연수 및 주급을 기초로 보상액이 결정되며(§119), 보상적 보상은 부당해고로 해고자가 입은 금전적 손해의 보상을 목적으로 한다. 보상적 금전보상은 부당해고와 합리적인 관련성이 있는 해고근로자가 입은 비용과 이익의 상실을 포함한다(§123).[353)]

(2) 노동위원회의 금전보상명령은 사법적 판단작용이 아니기 때문에 금전보상액을 소송물로 하여 직접 민사소송을 제기할 수 없다. 결국, 금전보상의 이행을 확보하기 위해서는 개정 근로기준법이 새로 도입한 이행강제금과 벌칙을 적극적으로 활용한 심리적 강제수단을 사용할 수밖에 없다.[354)] 즉, 이행강제금과 벌칙은 구제명령의 실효성 확보를 목적으로 도입된 것이므로 사용자가 금전보상명령을 이행하지 않은 경우에는 그 구제명령의 확정 여부와 관계없이 일정기간이 경과하면 즉시 이행강제금을 부과하고, 그 구제명령이 확정된 경우에는 즉시 벌칙을 적용함으로써 금전보상의 실효성을 확보할 수 있도록 해야 한다.

(3) 부당해고와 금전보상명령에 대한 불필요한 재심 또는 행정소송을 방지하고 금

---

352) 김홍영, 「부당해고에 대한 금전보상제의 도입에 따른 쟁점사항」, 51~52면.

353) 박수근, 「부당해고구제와 금전보상제도의 해석과 과제」, 43면; 김소영 외 2인, 부당해고구제의 실효성 제고방안, 82~83면; 김홍영, 「부당해고에 대한 금전보상제의 도입에 따른 쟁점사항」, 44~45면.

354) 근로기준법은 사용자가 노동위원회의 구제명령인 금전보상명령을 이행하지 않는 경우에는 그 구제명령의 확정 여부와 관계없이 이행강제금을 부과할 수 있으며(§33의 6), 확정된 구제명령을 이행하지 아니한 경우에는 1년 이하의 징역 또는 1천만 원 이하의 벌금을 부과하도록 하고 있다(§113의 2).

전보상명령으로 민사집행을 할 수 없다는 문제점을 보완하기 위하여 화해제도를 적극적으로 운영할 필요가 있다. 이와 관련하여 노동위원회법 제16조의 3 제1항과 제5항은 「부당해고의 판정·명령 또는 결정이 있기 전까지 당사자의 신청 또는 직권에 의하여 화해를 권고하거나 화해안을 제시할 수 있고, 화해조서는 민사소송법에 따른 재판상 화해의 효력을 갖는 것」으로 규정하고 있다. 노동위원회에서 이루어진 회해조서는 부당해고구제절차를 종료시키고 화해조서에 기재된 내용의 이행에 대해서는 법원에 민사집행을 청구할 수 있는 집행권원이 된다. 따라서 노동위원회는 우선적으로 화해권고와 금전보상명령을 적절히 활용함으로써 불필요한 법률적 다툼을 해소하고 권리구제의 실효성을 확보하도록 하는 정책적 판단이 필요하다.[355)]

V. 이행강제금의 부과

1. 의 의

사용자가 노동위원회의 구제명령을 정당한 이유 없이 이행하지 않는 경우에 이에 대한 제제수단이 없다면, 구제명령의 실효성을 담보할 수 없다. 더욱이 부당해고에 대한 벌칙이 삭제됨으로써 사용자가 해고권을 남용할 우려가 높다. 이와 같은 이유로 2007. 1. 26. 개정 근로기준법(법률 제82935호)은 노동위원회의 확정된 구제명령을 이행하지 아니한 경우에 1년 이하의 징역 또는 1천만 원 이하의 벌금으로 부과할 수 있도록 하고, 구제명령을 사용자가 이행하지 아니한 경우에는 이행강제금을 부과할 수 있도록 법적 근거를 마련하였다. 이행강제금은 확정된 구제명령이 아니더라도 가능한 것이므로 노동위원회의 판정에 불복하여 재심을 청구하거나 행정소송을 제기한 경우에도 그 부과가 가능하다.

이행강제금(履行强制金)이란 행정법상의 부작위의무 또는 비대체적 작위의무를 이행하지 않는 경우에 그 의무이행을 간접적으로 강제하기 위하여 과하는 금전벌을 말한다. 그리고 이행강제금은 일정한 기한까지 의무를 이행하지 않을 경우에는 일정한

---

355) 화해조서는 빈사집행에 의한 실효성을 최종적으로 담보하는데 있는 것이므로 화해조서에 기재될 내용은 민사집행법상 집행력이 부여될 수 있는 내용을 한정하고, 집행력을 담보할 수 있는 사용자의 책임재산이 확보된 경우에 한해야 한다. 그리고 화해조서는 노동위원회의 구제명령에 해당되는 것이 아니기 때문에 비록 사용자가 화해조서의 내용을 이행하지 않더라도 이행강제금의 부과대상이 될 수 없으므로 부당해고 구제에 있어서 화해조서보다 구제명령으로서의 금전보상명령이 더 효과적이라고 판단할 때에는 금전보상명령을 하는 것이 바람직하다.

금액의 과태료 등 금전지급의무를 부과할 것임을 사전에 계고(戒告)함으로써 의무자에게 심리적 압박을 주어 그 의무를 이행하게 할 수 있는 강제집행수단이다.[356)]

노동위원회의 구제명령의 불이행에 따른 이행강제금제도는 구제명령의 확정 여부를 불문하고 적법하게 취소되기 전까지 사용자의 이행의무를 인정하여 노동위원회가 구제명령을 불이행한 사용자에 대하여 조속한 임의이행을 하도록 행정지도 및 감독을 한 후에도 사용자가 이행을 거부한 경우에 즉시 이행강제금을 부과함으로써 구제명령의 실효성을 확보하려는 제도이다.[357)]

2. 법적 성격

1) 행정벌과의 관계

이행강제금은 이미 이루어진 행정법규 위반에 대한 사후적 재재수단이 아니라 장래에 있어서 일정행위의 이행을 확보하려는 사전적 강제수단인 행정상 명령실현을 위한 강제수단이라는 점에서 과거의 의무위반에 대한 제재로서의 행정벌과는 다르다. 이행강제금은 단 1회에 그치는 행정벌과는 달리 의무자가 이행할 때까지 계속 반복부과가 가능하고 행정벌과의 병과(竝科)가 가능하다.[358)] 이행강제금은 의무불이행이라는 객관적 사실을 그 요건으로 한다는 점에서 의무자의 고의 또는 과실이라는 주관적 요건을 전제로 하는 행정벌과 구별된다. 따라서 행정벌과 이행강제금을 동시에 부과하여도 이중처벌금지에 해당되지 않는다.[359)]

판례요지

건축법 제78조에 의한 무허가 건축행위에 대한 형사처벌과 건축법 제83조 제1항에 의한 시정명령 위반에 대한 이행강제금의 부과는 그 처벌 내지 제재대상이 되는 기본적 사실관계로서의 행위를 달리하며, 또한 그 보호법익과 목적에서도 차이가 있으므로 헌법 제13조 제1항이 금지하는 이중처벌에 해당한다고 할 수 없다(헌법재판소 2004. 2. 26. 선고 2001헌바80).

356) 장태주, 행정법개론(개정3판), 503면.
357) 김재호·김홍영, 「부당해고구제명령 불이행에 대한 이행강제금 부과」, 119면.
358) 장태주, 행정법개론(개정3판), 504면; 김재호·김홍영, 「부당해고구제명령 불이행에 대한 이행강제금 부과」, 127면.
359) 대법원 2002. 8. 26. 선고 2002마1022; 헌법재판소 2004. 2. 26. 선고 2001헌바80.

2) 대집행과의 관계

이행강제금은 일정한 강제금을 부과할 것을 의무자에게 예고함으로써 의무자가 스스로 의무를 이행하도록 하는 간접적·심리적 강제라는 점에서 행정청이나 제3자가 직접 실력을 가하여 그 의무를 실현하는 직접적·물리적 강제인 대집행(代執行)과 구별된다. 행정청은 개별사건에 있어서 위반내용, 위반자의 시정의지 등을 감안하여 합리적인 재량에 의하여 대집행과 이행강제금을 선택적으로 활용할 수 있다.[360)]

판례요지

전통적으로 행정대집행은 대체적 작위의무에 대한 강제집행수단으로, 이행강제금은 부작위의무나 비대체적 작위의무에 대한 강제집행수단으로 이해되어 왔으나, 이는 이행강제금제도의 본질에서 오는 제약은 아니며, 이행강제금은 대체적 작위의무의 위반에 대하여도 부과될 수 있다. 현행 건축법상 위법건축물에 대한 이행강제수단으로 대집행과 이행강제금(제83조 제1항)이 인정되고 있는데, 양 제도는 각각의 장·단점이 있으므로 행정청은 개별사건에 있어서 위반내용, 위반자의 시정의지 등을 감안하여 대집행과 이행강제금을 선택적으로 활용할 수 있으며, 이처럼 그 합리적인 재량에 의해 선택하여 활용하는 이상 중첩적인 제재에 해당한다고 볼 수 없다(헌법재판소 2004. 2. 26. 선고 2001헌바80).

3) 행정질서벌과의 관계

이행강제금은 행정상 강제집행의 수단임에 반하여, 행정질서벌로서의 과태료는 행정상 재재수단으로써 행정목적을 직접 침해하지는 않았지만 행정의 원활한 수행을 방해한 각종의 의무위반에 대하여 부과한다는 점에서 그 목적 자체가 다르다. 그리고 이행강제금을 납부하지 아니한 경우에는 강제징수의 절차에 따라 징수해야 하지만, 행정질서벌의 경우에는 비송사건 절차에 따라 재판을 거쳐야 한다는 점에서 그 징수 방법이 서로 다르다.[361)]

3. 이행강제금제도의 내용

근로기준법은 노동위원회의 확정된 구제명령을 이행하지 아니한 자에 대하여 1년 이하의 징역 또는 1천만 원 이하의 벌금을 부과하고(§111), 구제명령을 이행하지 아니한 경우에는 이행강제금을 부과할 수 있는 것으로 규정하고 있다(§33·①). 구체적으로

360) 장태주, 행정법개론(개정3판), 503면; 헌법재판소 2004. 2. 26. 선고 2001헌바80.
361) 김재호·김홍영, 「부당해고구제명령 불이행에 대한 이행강제금 부과」, 129면.

근로기준법 제33조는 이행강제금의 부과·징수·부과기간 등을 규정하고 있다.

1) 부과권자

이행강제금의 부과기관은 부당해고를 행한 사용자에게 구제명령을 내린 노동위원회이다(§33·②). 이행강제금의 부과기관을 노동부가 아닌 노동위원회로 한 것은 구제명령을 내린 기관이 그 이행을 감독하는 것이 구제명령의 실효성을 확보하는데 효과적이기 때문이다.[362)]

2) 부과절차

이행강제금의 부과절차는 「① 노동위원회의 구제명령 ⇒ 구제명령의 이행기간 경과 ⇒ (근로자의 신고) ⇒ 이행강제금부과 예고통지 ⇒ 이행강제금의 부과 ⇒ 징수」의 순서로 진행된다. 구체적으로 노동위원회는 일정한 이행기간을 정하여 구제명령을 발하고, 이행기간이 도과한 후에도 구제명령이 이행되지 않으면 이행강제금을 부과하는 날의 30일 전까지 이행강제금을 부과·징수한다는 뜻을 사용자에게 미리 문서로써 알려주어야 한다(§33·②). 이행강제금을 부과하기 위한 문서에는 이행강제금의 금액, 부과사유, 납부기한, 수납기관, 이의제기방법 및 이의제기기관 등이 명시되어야 한다(§33·③). 구제명령의 이행기한이 도래하였음에도 사용자가 구제명령을 이행하지 아니한 경우에 근로자는 이행기간이 경과한 날로부터 15일 이내에 그 사실을 노동위원회에 통지할 수 있다(§33·⑧). 근로자의 신고가 있으면 노동위원회는 다시 이행강제금 부과를 예고하여야 한다.

이행강제금 부과처리의 지연은 구제명령의 불이행 내지 이행의 지연을 방치하게 되어 구제명령의 이행을 강제하는 효과가 감소하는 것이기 때문에 이행강제금의 부과업무는 그 개시부터 종결일까지의 기간이 단기간이 되도록 신속히 처리하여야 한다.[363)]

3) 징수방법 및 절차

노동위원회는 최초의 구제명령이 있은 날을 기준으로 매년 2회의 범위 안에서 구제명령이 이행될 때까지 반복하여 2천만 원 이하의 범위 내에서 이행강제금을 부과·징수할 수 있다. 이 경우 이행강제금은 2년을 초과하여 부과·징수하지 못한다(§33·①·⑤). 따라서 이행강제금은 구제명령이 확정되지 않은 상태라도 2년을 초과하지 않는

362) 김재호·김홍영, 「부당해고구제명령 불이행에 대한 이행강제금 부과」, 133면.
363) 김재호·김홍영, 「부당해고구제명령 불이행에 대한 이행강제금 부과」, 140면.

한 매년 2회의 범위에서 반복하여 이행강제금을 부과할 수 있다. 그러나 노동위원회는 중앙노동위원회의 재심판정이나 법원의 확정판결에 따라 노동위원회의 구제명령이 취소되면 직권 또는 사용자의 신청에 따라 이행강제금의 부과·징수를 즉시 중지하고 이미 징수한 이행강제금에 노동부령이 정하는 이자를 가산하여 반환하여야 한다(영 §15). 노동위원회는 이행강제금 납부의무자가 납부기한 내에 이행강제금을 납부하지 아니한 때에는 기간을 정하여 독촉하고, 지정된 기간 내에 납부하지 아니한 때에는 국세체납처분의 예에 따라 강제집행할 수 있다.

사용자가 확정된 구제명령을 이행하지 않은 경우에는 벌칙과 이행강제금을 병과하더라도 이중처벌금지에 저촉되는 것은 아니나, 확정된 구제명령을 이행하지 않은 경우에는 우선적으로 이행강제금을 부과하도록 하고 그 이후에도 구제명령을 이행하지 않는 경우에 한하여 벌칙을 부과하는 방향으로 운영하는 것이 필요하다.[364)]

4. 문 제 점

(1) 이행강제금 제도는 벌칙제도와 함께 노동위원회의 구제명령의 실효성을 확보하기 위한 유용한 제도로 평가되고 있지만, 전통적인 행정적 제재수단이 실효성을 거두지 못할 때 이를 대체할 수 있는 수단이 필요한 경우에 한하여 예외적으로 인정하고 있는 행정 강제수단이다. 그럼에도 근로기준법은 확정되지 않은 구제명령에 대해서 이행강제금을 부과할 수 있도록 하고 노동위원회에 상당한 재량권을 부여하고 있다. 노동위원회가 구제명령이 확정되지 않은 상태에서 사용자에게 이행강제금을 부과할 경우에는 사용자의 권익을 과도하게 침해하는 것으로써 헌법상의 과잉침해금지 원칙을 위반한 것으로 평가될 수도 있다.[365)]

(2) 부당해고에 관한 법적 분쟁은 근로관계에서 발생하는 분쟁으로써 원칙적으로 일반법원이 관할권을 갖는 권리분쟁이므로 행정처분의 대상이 되지 않는다. 다만, 소송경제적인 이유 또는 신속한 해고근로자의 권리구제를 위하여 예외적으로 노동위원회에 부당해고구제 절차를 운영할 수 있는 권한을 부여한 것에 불과하다. 따라서 행정법 관계에서도 극히 예외적으로 허용되고 있는 이행강제금을 노동위원회의 구제명령에 대하여 상당한 재량권과 함께 확대하여 적용하는 것은 법치주의의 원칙에 반한다는 비판을 받을 소지가 많다.[366)]

---

364) 김형배, 노동법(신판제4판), 610면.
365) 김형배, 노동법(신판제4판), 611면.
366) 김재호·김홍영, 「부당해고구제명령 불이행에 대한 이행강제금 부과」, 131~132면; 김형배, 노동법

(3) 해고기간 동안 임금상당액의 구제명령을 이행하지 않은 경우의 이행강제금 부과단계에서 임금상당액의 산정과 관련하여 적지 않은 논란이 있을 수 있다. 원칙적으로 임금상당액 지급의무 불이행과 관련한 이행강제금은 임금액에 관하여 다툼이 없음에도 사용자가 이를 지급하지 아니한 경우에 부과할 수 있는 것이지만, 노사 사이에 임금의 액수 또는 중간수입공제와 관련한 다툼이 있는 경우에는 사용자가 지급하여야 할 임금액이 민사소송에서 정해질 수밖에 없으므로 이행강제금을 부과하기 어려울 것이다.[367)]

(4) 일반적으로 동일한 사건에서 법적 성격을 달리하는 이행강제금과 형벌을 병과하는 것은 헌법 제13조 제1항에서 규정하고 있는 이중처벌금지의 원칙에 반하지 않는 것으로 해석하나, 이행강제금의 제재적 성격을 고려하면 동일한 행위로 형벌을 병과하는 것은 과잉금지 원칙에 위반될 소지가 있다. 과잉금지원칙의 위반에 대한 시비를 피하기 위하여 구제명령이 확정된 경우에는 이행강제금을 부과할 수 없고 형사처벌만 적용해야 할 것이다.[368)] 헌법재판소도 「동일한 행위에 대하여 형벌을 부과하면서 과징금 또는 이행강제금을 부과하여 대상자에게 이중처벌의 효과를 낳는다면 과잉금지의 원칙에 위반될 수 있는 것」으로 판단하고 있다.[369)] 입법론적으로는 확정된 구제명령을 이행하지 않은 경우에 한하여 이행강제를 허용하도록 하고, 벌칙을 적용한 후에도 구제명령을 이행하지 않았을 경우에 보충적으로 이행강제금을 부과하도록 하는 것이 타당하다.

Ⅵ. 정신적 손해의 배상의무

근로계약관계는 기본적으로 근로자의 근로제공의무와 사용자의 임금지급의무가 대가적으로 결합한 법률관계이므로 원칙적으로 사용자가 해고권을 남용하여 그 해고가 사법상 무효가 되더라도 해고의 효력만 발생하지 않는다. 즉, 해고가 사법상 무효로 되더라도 사용자는 불법행위가 성립하지 않고 채무불이행 책임만 부담하는 것이 원칙이다.

(신판제4판), 612면.

367) 정진경, 「해고관련 법제의 변화 및 전망」, 25면.

368) 정진경, 「해고관련 법제의 변화 및 전망」, 26~27면; 이철수, 「개정 해고법제의 주요 내용과 그 평가」, 16면. 행정상 의무는 형벌에 의한 강제보다는 이행강제금과 같은 경제적 제재에 의한 강제가 더 바람직하다고 지적하면서 이행강제금제도가 도입된 현 시점에서는 형사처벌 규정을 삭제하고 이행강제금제도로 통일해야 한다는 견해가 있다(김홍영, 「부당해고 구제절차에서의 금전보상 및 이행강제금」, 76면 이하).

369) 헌법재판소 2001. 5. 31. 선고 99헌가18, 99헌바71·111, 2000헌바51·64·65·85, 2001헌바2(병합).

그러나 사용자가 해고사유에 해당되지 않음을 알고 있으면서도 의도적으로 근로자를 해고함으로써 사회통념상 도저히 받아들일 수 없는 명백한 부당해고를 한 경우에는 사용자는 해고근로자에 대한 채무불이행책임 이외에 불법행위가 성립하여 정신적 손해를 부담하는 경우가 있다. 이와 관련하여 판례는 「징계해고를 할 만한 사유가 전혀 없음에도 오로지 근로자를 사업장에서 몰아내려는 의도 아래 고의로 명목상의 해고사유를 내세워 징계해고 한 경우에는 해고의 효력이 부정되는 것에 그치지 않고, 위법하게 해고근로자에게 정신적 고통을 가하는 것이 되어 불법행위가 성립된다고 하면서 해고근로자의 정신적 고통에 대한 손해를 배상할 책임이 있다.」라고 판시하고 있다.[370)]

판례요지

사용자가 근로자를 해고할 만한 사유가 전혀 없는데도 오로지 근로자를 사업장에서 몰아내려는 의도 아래 고의로 어떤 명목상의 해고사유를 만들거나 내세워 해고한 경우나 해고의 이유로 된 어느 사실이 취업규칙 등 소정의 해고사유에 해당되지 아니하거나 해고사유로 삼을 수 없는 것임이 객관적으로 명백하고 또 조금만 주의를 기울이면 이와 같은 사정을 쉽게 알아볼 수 있는데도 그것을 이유로 해고에 나아간 경우 등 해고권의 남용이 우리의 건전한 사회통념이나 사회상규상 용인될 수 없음이 분명한 경우에 있어서는 그 해고가 근로기준법 제23조 제1항에서 말하는 정당성을 갖지 못하여 효력이 부정되는 데 그치는 것이 아니라 위법하게 상대방에게 정신적 고통을 가하는 것이 되어 근로자에 대한 관계에서 불법행위를 구성한다(대법원 2006. 7. 28. 선고 2006다17355).

그리고 해고가 사법상 무효가 확정되었음에도 합리적인 이유 없이 사용자가 원직에 복직시키지 않는 경우는 해고근로자에게 정신적 고통을 주는 것이므로 역시 불법행위가 성립하여 이로 인한 해고근로자의 정신적 손해를 배상할 책임이 있다.[371)] 그러나 실제로 판례가 인정하고 있는 해고무효에 따른 근로자의 정신적 손해액은 크지 않다.

판례요지

사용자는 특별한 사정이 없는 한 근로자와 사이에 근로계약의 체결을 통하여 자신의 업무지휘권·업무명령권의 행사와 조화를 이루는 범위 내에서 근로자가 근로제공을 통하여 참다운 인격의 발전을 도모함으로써 자신의 인격을 실현시킬 수 있도록 배려하여야 할 신의칙상의 의무를 부담한다. 따라서 사용자가 근로자의 의사에 반하여 정당한 이유 없

---

370) 대법원 1993. 10. 12. 선고 92다43586; 대법원 1996. 4. 23. 선고 95다6823; 대법원 1999. 2. 23. 선고 98다12157; 대법원 2006. 7. 28. 선고 2006다17355; 대법원 2008. 6. 26. 선고 2006다30730 등.

371) 대법원 1996. 4. 23. 선고 95다6823.

이 근로자의 근로제공을 계속적으로 거부하는 것은 이와 같은 근로자의 인격적 법익을 침해하는 것이 되어 사용자는 이로 인하여 근로자가 입게 되는 정신적 고통에 대하여 배상할 의무가 있다(대법원 1996. 4. 23. 선고 95다6823).

Ⅶ. 경영해고자에 대한 재고용의무

경영해고를 한 사용자는 해고한 날부터 3년 이내에 해고된 근로자가 해고 당시 담당하였던 업무와 같은 업무를 할 근로자를 채용하려고 할 경우에는 해고된 근로자가 원하면 그 근로자를 우선적으로 고용해야 한다(근로기준법 §25·①). 경영해고 된 근로자에 대한 사용자의 재고용의무는 해당 근로자를 반드시 재고용해야 하는 법적 의무는 아니고, 근로자의 귀책사유와는 관계없이 경영상의 이유로 해고된 근로자를 사후적으로 해당 기업에 재취업할 수 있는 기회를 부여하기 위한 고용안정 조치라고 보아야 한다.[372]

판례요지

정리해고자에 대한 사용자의 재고용의무는 신규채용의 기회가 생기기만 하면 반드시 정리해고자를 우선 재고용하여야 한다는 법적인 의무를 부과한 것이 아니라, 사용자가 신규 채용하고자 하는 직책에 맞는 정리해고자가 있으면 그를 우선적으로 고용하도록 노력하라는 취지에 불과하다 할 것이므로 정리해고자가 사용자가 신규채용하려는 직책에 맞는 사람이라고 볼 만한 사정이 인정되지 아니한다면 사용자가 그의 합리적인 경영판단에 의하여 다른 근로자를 채용하였다고 하더라도 근로기준법이 정한 위 우선재고용 노력의무를 위반하였다고 평가할 수는 없다(대법원 2006. 1. 26. 선고 2003다69393).

정부는 경영해고 된 근로자에 대하여 생계안정, 재취업, 직업훈련 등 필요한 조치를 우선적으로 취하여야 한다(근로기준법 §25·②). 이 규정에 정부는 실직자의 취업을 촉진하기 위한 목적으로 각종 직업능력 개발사업과 생계안정을 위하여 실업급여 사업을 실시하고 있으며, 고용조정으로 이직한 자를 6월 이후 2년 이내에 재고용한 사업주의 신청에 따라 재고용 1인당 6월간 소정의 재고용장려금을 지급하고 있다(고용보험법 제3~4장).

372) 대법원 2006. 1. 26. 선고 2003다69393.

제5장 인사구제제도

▶ Key Point ◀

1 사용자의 부당한 인사처분에 대한 구제제도로서는 사용자의 처벌을 요구하는 형사구제·노동위원회에의 부당인사구제신청제도 및 행정소송제도·민사소송을 통한 민사구제가 있으나, 인사구제제도의 핵심은 노동위원회의 구제명령과 노동위원회의 판정에 불복하는 행정소송제도이다.

2 노동위원회의 구제명령판정과 행정소송판결은 사법상의 권리의무관계에 직접적으로 영향을 미치지 않기 때문에 사용자가 노동구제명령 또는 행정소송의 판결을 이행하지 않는 경우에는 부당한 인사처분을 받은 근로자는 별도로 민사소송을 통한 구제를 받을 수밖에 없으므로 이중의 쟁송절차를 밟아야 하는 관계로 과다한 시간과 비용을 수반하게 된다는 근본적인 문제가 있다.

3 그리고 근로자가 민사소송을 통하여 인용판결이 확정되더라도 사용자가 해고기간 동안 임금상당액만 지급하고 원직복직을 시키지 않을 경우에는 원직복직을 강제할 방법이 없고, 해고기간 동안 임금상당액의 산정방법에 있어서 노동위원회의 금전보상명령과도 그 법적 판단을 달리하고 있다는 문제를 가지고 있다.

4 이와 같은 구제제도의 문제점과 한계를 고려하면, 부당인사에 따른 실질적인 권리구제의 실효성을 확보하기 위해서는 현재의 노동위원회의 구제기능은 전심절차로서 조정·화해기능을 대폭적으로 개선·전환하고 당사자에게 구속력과 기판력을 인정할 수 있도록 판정기능은 사법적 구제절차로 전환해야 한다.

5 현행 부당인사처분에 대한 행정구제절차는 사실상 5심급단계로 구성되어 있고, 행정구제와 민사구제가 병존하여 구제절차가 지연된다는 지적에 따라 노동위원회의 조정전치절차, 중앙노동위원회 재심절차의 임의화, 노동법원의 도입 등의 입법적 개선방안이 거론되고 있다.

제1절 개 설

사용자의 부당한 인사처분에 대한 사후적인 권리구제는 노동위원회에 부당해고 등 구제신청과 노동위원회의 판정에 대한 불복절차로써 행정법원에 제기하는 행정소송이 있다(행정구제제도). 사용자로부터 부당한 인사처분을 받은 근로자가 관할 지방노동위원회에 구제신청을 하면 해당 지방노동위원회는 그 사건을 조사·심문하여 부당인사의 성립 여부를 판단하고 이에 불복한 당사자는 중앙노동위원회에 재심을 신청하고 중앙노동위원회의 재심판정에 불복하는 당사자는 중앙노동위원회 위원장을 피고로 하여 서울행정법원에 행정소송을 제기한다. 행정법원의 판결에 대한 항소심은 고등법원, 상고심은 대법원이 된다. 부당인사에 대한 행정구제절차는 「지방노동위원회 → 중앙노동위원회 → 서울행정법원 → 고등법원 → 대법원」의 순서로 진행되고 5심제로 구성되어 있다.

부당인사에 대한 노동위원회의 판정 또는 행정소송의 판결은 사용자가 이에 따라야 할 공법상의 의무만 부담하는 것일 뿐, 직접적으로 사법상의 법률관계를 발생 또는 변경시키는 것이 아니기 때문에 근로자는 행정구제제도와는 별도로 법원에 해고무효확인소송과 같은 민사소송을 제기할 수 있다(민사구제).[1] 그리고 노동위원회의 구제명령에 대한 사용자의 불이행 또는 부당해고 등에 대하여 사용자를 형사처벌 함으로써 사용자에게 심리적 부담을 주어 부당인사를 예방하고자 하는 간접적인 구제제도로서의 형사구제가 있다.

이와 같은 사용자의 부당인사에 따른 사후적 구제제도 이외에 사전적 구제제도로서 사전에 사용자의 부당한 인사처분을 예방하기 위한 목적으로 이루어지는 노동부의 근로감독행정제도가 있다.

〈부당인사처분의 구제유형 및 구제수단〉

유 형	구제수단
형사적 구제	부당인사 처분과 노동위원회의 구제명령 불이행과 관련된 벌칙의 적용
행정적 구제	▪ 근로감독행정제도 ▪ 노동위원회의 구제명령 ▪ 행정소송

1) 대법원 1996. 4. 23. 선고 95다53102.

민사적 구제	▪ 가처분제도(임금지급가처분·지위보전가처분 등) ▪ 민사소송(해고무효 확인소송)

제2절 형사구제

Ⅰ. 개 관

노동법 또는 사회상규에 위반된 부당한 인사처분을 행한 사용자에게 형사처벌하는 것은 직접적인 근로자의 권리구제를 실현하기 위한 것은 아니나, 형사처벌을 적용함으로써 사용자에게 심리적인 압박을 가하여 부당한 인사처분의 예방과 부당한 인사처분 이후에 부당한 인사처분이 없었던 상태의 회복을 촉진시켜 간접적인 권리구제의 역할을 도모한다.

그러나 부당한 인사처분이 있다 해서 모두 형사처벌의 대상이 되는 것이 아니고, 형법상 범죄의 성립요건과 가벌성의 요건을 충족해야 한다. 따라서 부당한 인사처분과 형벌의 적용은 반드시 일치하는 것이 아니고, 형법상의 형벌적용 요건을 충족한 경우에 한하여 사용자를 형사처벌할 수 있다.

2007. 1. 26. 개정 이전의 근로기준법은 일반적인 부당징계처분에 대하여 벌칙규정을 두었으나, 형법상 명확성의 원칙과 과잉처벌금지 원칙에 위반될 수 있다는 논란이 있어 왔다. 이러한 지적에 따라 2007. 1. 26. 개정 근로기준법은 노동위원회의 구제명령을 사용자가 이행하지 않는 경우에 이행강제금과 확정된 구제명령 불이행에 대한 형사처벌 조항을 도입하는 대신 부당해고에 대한 형사처벌 조항을 폐지하였다. 따라서 현행법상 부당인사를 행한 사용자에 대한 형사처벌은 극히 예외적인 경우에 적용된다고 볼 수 있다.[2)]

2) 2007. 1. 26. 개정 이전의 근로기준법은 일반적인 부당해고에 대하여 5년 이하의 징역 또는 3천만 원 이하의 벌금에 처하도록 규정하고 있었으나, 법원은 부당해고에 대한 처벌조항을 제한적으로 적용하여 왔다. 대법원은 「법률에 특별한 규정이 없는 한 고의범만을 처벌하도록 규정한 형법 제13조의 '특별한 규정이 있는 경우'를 다른 형벌법규에 의하여 처벌되는 죄의 성립에 고의를 요하지 아니한다는 명문의 규정이 있거나 그 법률 중에서 그러한 취지를 명백하게 알 수 있는 경우로 제한적으로 해석하여 부당해고 위반죄에 대해서 일반형벌의 원칙에 따라 고의가 필요하다고 전제하면서, 어떤 징계사유가 존재하고 당시 사정으로 보아 사용자가 당해 처분을 할 만한 정당한 이유가 있다고 판단한 것이 무리가 아닌 것으로 인정되는 경우에는 비록 그 징계처분이 사후에 사법절차에서 무효로 되었다 하더라도 사용자에게 부당해고에 대한 고의를 인정할 수 없다」라고 판시하여 왔다(대법원

Ⅱ. 부당인사처분과 관련된 형벌의 주체 및 내용

부당한 인사처분에 따른 형사책임의 주체는 원칙적으로 부당인사처분을 행한 사업주와 사업경영담당자가 된다. 형식상 사업경영담당자가 아니더라도 사업주로부터 사업경영의 전부 또는 일부에 대하여 포괄적인 위임을 받고 대외적으로 사업을 대표하거나 대리하는 자도 실질적으로 부당한 인사처분을 행한 경우에는 예외적으로 형사책임의 주체가 될 수 있다.[3)]

〈부당한 인사처분과 관련된 벌칙〉

벌 칙	위반내용
5년 이하의 징역 또는 3천만 원 이하의 벌금	해고금지 기간의 위반(근로기준법 §23·②), 남녀차별에 의한 차등 정년·해고(남녀고용평등과 일·가정 양립지원에 관한 법률 §11), 부당노동행위로 인한 불이익처분에 대한 확정된 구제명령의 불이행(노동조합 및 노동관계조정법 §81·①호)
3년 이하의 징역 또는 3천만 원 이하의 벌금	장애인에 대한 악의적[4)]인 차별행위(장애인차별금지및권리구제에관한법률 §49)
3년 이하의 징역 또는 2천만 원 이하의 벌금	직장내 성희롱 피해자의 해고(남녀고용평등과 일·가정 양립지원에 관한 법률 §14·②), 육아휴직 등을 이유로 한 해고(남녀고용평등과 일·가정 양립지원에 관한 법률 §19·③, §19의2·⑤, §19의3·①)
2년 이하의 징역 또는 1천만 원 이하의 벌금	해고예고의 위반(근로기준법 §26)
1년 이하의 징역 또는 1천만 원 이하의 벌금	확정된 구제명령의 불이행(근로기준법 §31·③)
5백만 원 이하의 벌금	균등처우에 위반되는 근로조건에 해당되는 인사처분(근로기준법 §6), 모집 및 채용에서의 남녀차별(남녀고용평등과 일·가정 양립지원에 관한 법률 §7), 교육·배치 및 승진에서의 남녀차별(남녀고용평등과 일·가정 양립지원에 관한 법률 §10), 육아휴직 마친 후 원직에 복귀시키지 않은 경우(남녀고용평등과 일·가정 양립지원에 관한 법률 §19·①·④), 명예감독관으로서 정당한 업무수행을 이유로 한 인사상 불이익처분(남녀고용평등과 일·가정 양립지원에 관한 법률 §24·③), 직장내성희롱 가해자에 대한 징계의무의 위반(남녀고용평등과 일·가정 양립지원에 관한 법률 §14·①), 성희롱피해의 주장 또는 성적 요구 등에 불응한 것을 이유로 한 불이익한 조치(남녀고

1994. 5. 27. 선고 93도3377; 대법원 1996. 12. 10. 선고 95도830; 대법원 2007. 6. 14. 선고 200도2710).

3) 대법원 1983. 10. 11. 선고 83도2272; 대법원 1988. 11. 12. 선고 88도1162.

	용평등과 일·가정 양립지원에 관한 법률 §14의2·②)
3천만 원 이하의 과태료	확정된 장애인차별 시정명령을 정당한 사유 없이 이행하지 아니한 경우(장애인차별금지및권리구제에관한법률 §44)
5백만 원 이하의 과태료	근로조건 명시의무 위반(근로기준법 §17)
2천만 원 이하의 이행강제금[5]	노동위원회의 구제명령불이행(근로기준법 §33·①)

Ⅲ. 형사처벌의 요건

형법 제13조는 「죄의 성립요소인 사실을 인식하지 못한 행위는 벌하지 않는다. 단, 법률에 특별한 규정이 있는 경우에는 예외로 한다」라고 규정하고 있다. 형사처벌의 대상자인 행위는 원칙적으로 고의범에 한하는 것이지만, 예외적으로 법률에 특별한 규정이 있는 경우에는 범죄의 고의가 없는 행위라도 형사처벌의 대상이 된다. 여기서 「법률에 특별한 규정이 있는 경우」란 다른 형벌법규에 의하여 처벌되는 죄의 성립에 고의를 요하지 아니한다는 명문의 규정이 있거나 그 법률 중에서 그러한 취지를 명백하게 알 수 있는 경우를 의미한다.[6]

따라서 근로자의 책임 있는 징계사유가 명백하게 존재하여 사용자가 정당한 것으로 판단하여 행한 징계처분이 무효로 된다 하더라도 사용자에게 고의를 인정할 수 없으므로 형사처벌할 수 없다. 결국, 근로자에 대한 사용자의 인사권행사가 인사권을 남용하거나 그 범위를 일탈하여 사회통념상 가벌성이 있는 것으로 평가되는 경우에 한하여 형사처벌의 대상이 된다.[7] 판례 역시도 「징계가 그 내용에 있어 징벌권을 남용하거나 또는 그 범위를 벗어난 것으로 인정되고 또 이것이 사회통념상 가벌성이 있는 것으로 평가되는 경우에 한하여 형사처벌의 대상이 되는 것」으로 판단하고 있다.[8]

판례요지

어떤 징계사유가 존재하고 당시 사정으로 보아 사용자가 당해 징계처분을 할 만한 정당

4) 악의적인가의 여부는 ① 차별의 고의성, ② 차별의 지속성 및 반복성, ③ 차별 피해자에 대한 보복성, ④ 차별 피해의 내용 및 규모 등을 모두 고려하여 판단해야 한다.

5) 이행강제금은 행정벌에 해당되나, 편의상 포함시킨 것이다.

6) 대법원 1994. 5. 27. 선고 93도3377.

7) 정진경, 「해고관련 법제의 변화 및 전망」, 20면.

8) 대법원 1994. 6. 14. 선고 93도3128; 대법원 1995. 11. 24. 선고 95도2218; 대법원 2005. 10. 7. 선고 2005도3763; 대법원 2007. 1. 11. 선고 2005도8291; 대법원 2007. 6. 14. 선고 2007도2710 등.

> 한 이유가 있다고 판단한 것이 무리가 아니었다고 인정되는 경우에는 설사 그 징계처분이 사법절차에서 정당한 이유가 없는 것으로 인정되어 무효로 된다고 하더라도 그와 같은 사유만으로 형사처벌의 대상이 된다고 할 수는 없고, 여기에서 나아가 그와 같은 징계가 그 내용에 있어 징벌권을 남용하거나 또는 그 범위를 벗어난 것으로 인정되고 또 이것이 사회통념상 가벌성이 있는 것으로 평가되는 경우에 한하여 형사처벌의 대상이 된다(대법원 2007. 6. 14. 선고 2007도2710).

2007. 1. 26. 개정 근로기준법은 사용자가 노동위원회의 구제명령을 이행하지 않은 경우에는 이행강제금을 부과할 수 있도록 하고, 확정된 구제명령을 이행하지 않은 경우에는 1년 이하의 징역 또는 1천만 원 이하의 벌금을 부과할 수 있도록 규정하고 있다(§33·①, §111). 일반적으로 동일한 사건에서 법적 성격을 달리하는 이행강제금과 형벌을 병과하는 것은 헌법 제13조 제1항에서 규정하고 있는 이중처벌금지의 원칙에 반하지 않는 것으로 해석하나, 이행강제금의 제재적 성격을 고려하면 동일한 행위로 형벌을 병과하는 것은 과잉금지 원칙에 위반될 소지가 있다. 과잉금지원칙의 위반에 대한 시비를 피하기 위하여 구제명령이 확정된 경우에는 이행강제금을 부과할 수 없고 형사처벌만 적용해야 할 것이다.[9] 이와 관련하여 헌법재판소는「동일한 행위에 대하여 형벌을 부과하면서 과징금 또는 이행강제금을 부과하여 대상자에게 이중처벌의 효과를 낳는다면 과잉금지의 원칙에 위반되는 것」으로 판단하고 있다.[10]

Ⅳ. 부당인사처분에 대한 형사업무처리

1. 의 의

2007. 1. 26. 개정 근로기준법은 정당한 이유 없는 부당인사에 대한 형사처벌조항을 삭제하는 대신 노동위원회의 확정된 구제명령을 사용자가 이행하지 않은 경우에는 1년 이하의 징역 또는 1천만 원이하의 벌금에 처하도록 규정하고 있다(근로기준법 §111). 그리고 해고예고를 위반한 경우에는 2년 이하의 징역 또는 1천만 원 이하의 벌금에 처하고(근로기준법 §110), 부당노동행위로 인한 불이익 인사처분에 대한 확정된 구제명령을 이행하지 않은 경우에는 3년 이하의 징역 또는 3천만원 이하의 벌금에 처하도록 규정하고 있다(노동조합 및 노동관계조정법 §89).

9) 정진경,「해고관련 법제의 변화 및 전망」, 26~27면.

10) 헌법재판소 2001. 5. 31. 선고 99헌가18, 99헌바71·111, 2000헌바51·64·65·85, 2001헌바2(병합).

따라서 사용자로부터 부당한 인사처분을 받은 근로자는 노동위원회에 구제신청 및 민사구제를 신청하는 이외에 사업장 관할 지방노동청에 사용자의 형사처벌을 요구하는 진정 또는 고소를 할 수 있다. 그런데 노동위원회 등에서 부당한 인사처분이 확정되지 않은 상태에서 지방노동청에 진정 또는 고소가 제기된 경우에 업무처리 및 판단의 혼선을 초래할 우려가 있다. 따라서 이와 같은 업무처리의 혼선을 방지하기 위하여 노동부는 「부당해고 등 관련 민원사건 처리지침(노동부 1997. 5. 20. 근기 68201-663)」을 마련하여 시행하고 있다.

2. 업무처리의 기본방침

1) 선(先) 노동위원회의 구제신청제도의 활용 권고

부당해고 등에 관한 상담이나 진정 또는 고소·고발이 있을 때는 노사관계의 특수성을 설명하여 가능한 한 먼저 노동위원회의 부당해고 등 구제신청제도를 활용토록 권고하여야 한다.

2) 노동위원회의 판정결과에 따른 사건처리원칙

부당해고 등과 관련되는 진정·고소·고발 등 신고사건은 최대한 준사법기관인 노동위원회의 판정 결과를 존중하여 처리하되 중앙노동위원회의 재심청구여부에 관계없이 지방노동위원회의 판정결과에 따라 신속히 처리함을 원칙으로 한다.

3) 부당해고 등 사용자 의법조치

노동위원회의 구제명령이 확정된 경우는 1차에 한하여 사용자에게 최단 시일 내에 원상회복토록 지시하고, 그 기한 내 불이행시는 지체 없이 근로기준법 위반으로 입건조치한다.

3. 처리절차

1) 고소·진정 접수시의 처리절차

부당인사처분을 받은 근로자의 진정 또는 고소가 접수되면, 관할 지방노동청 소속 근로감독관은 「사법경찰관리의 직무를 행할 자와 그 직무범위에 관한 법률」이 정한 사법경찰관의 지위에 근거하여 사용자의 노동관계법령 위반 여부에 대하여 조사와 수사를 개시한다.

해당 지방노동청은 즉시 고소·진정인 조사를 통하여 노동위원회에 구제신청을 하였는지 또는 구제신청의 의사가 있는지를 확인하고, 구제신청을 하지 않은 경우에는 구제신청을 할 수 있도록 안내한다. 노동위원회에 구제신청토록 권유하였음에도 이를 거부한 경우에는 독자적으로 법 위반여부를 수사하여 그에 따라 검찰에 송치한다. 이미 구제신청을 하였거나 권유에 따라 구제신청을 한 경우에는 기관장의 결재를 얻어 지방노동위원회의 구제판정시까지 수사를 보류하고 진정인 또는 고소인에게 그 뜻을 통지한다. 그러나 조사결과 부당해고 등이 명백한 경우로서 당해 사업장 또는 지역노사관계에 미치는 영향 등을 고려하여 기관장이 필요하다고 판단되는 경우에는 노동위원회의 구제신청을 안내하거나 구제신청 심리결과를 기다릴 필요 없이 독자적으로 적절한 처리를 할 수 있다.

지방노동위원회 조사·설문과정에서 구제신청이 취하되거나 각하된 경우에는 독자적으로 법 위반여부에 관한 수사를 재개하여 검찰에 송치하고, 지방노동위원회에서 구제신청이 기각된 경우에는 노동위원회 판정결과와 그 이유를 참고하여 불기소의견으로 검찰에 송치한다. 노동위원회의 구제명령이 확정된 때에는 노동위원회 판정결과와 그 이유를 참고하여 기소의견으로 검찰에 송치한다.

2) 구제명령서가 송부된 경우의 처리절차

지방노동청은 근로자가 부당인사와 관련된 진정·고소를 제기함이 없이 노동위원회에만 구제신청을 제기하여 구제명령이 내려진 경우 또는 지방노동위원회의 판정결과에 따라 불기소 송치 또는 무혐의 종결 처리하였으나 그 후 중앙노동위원회에서 부당해고 등 구제명령이 내려진 경우에는 다음의 절차에 따라 사건을 처리한다.

지방노동청은 구제명령서가 접수된 즉시 7일 이내의 기간을 정하여 사용자에게 구제명령 이행지시를 하고, 그 기간 내에 사용자가 이행한 경우에는 종결 처리한다. 그 기간 내에 사용자가 이행하지 않은 경우에는 즉시 입건하여 노동위원회 심문결과·판정이유 등을 참고하여 수사 후 기소의견으로 검찰에 송치한다.

4. 검찰의 기소 여부 결정

해당 근로감독관이 노동관계법 위반에 따른 부당인사처분 혐의로 검찰에 사용자를 송치 또는 입건 조치하면, 담당 검사는 기소하여 법원의 최종적인 노동관계법 위반여부를 판단하게 하거나 조사 또는 수사가 미진하다고 판단되는 경우에는 근로감독관으로 하여금 재수사 등을 명할 수 있다. 그러나 노동위원회의 구제명령이 확정되지 않은 상태에서는 구제명령 불이행을 이유로 형사처벌을 할 수 없기 때문에 구제명령이 확정될 때까지는 사용자를 기소하거나 약식벌금을 명할 수 없다.

제3절 행정구제

Ⅰ. 개 관

징계해고와 같은 근로자에 대한 사용자의 부당한 인사처분의 효력을 다투는 기본적인 수단은 해고무효 확인소송 등을 통한 민사구제라고 할 수 있다. 그러나 근로자가 사용자를 상대로 해고무효 확인판결이 확정되었음에도 사용자가 해고근로자를 복직시키지 않거나 해고기간 동안의 임금상당액을 지급하지 않으면 근로자는 별도로 강제집행을 하여야 할 뿐만 아니라 많은 시간과 비용이 소요된다. 그리고 해고무효 확인의 본안소송을 전제로 하는 법원의 가처분명령도 사용자가 임의로 이행하지 않는 한 그 이행을 강제할 방법이 없고 집행력도 인정받지 못한다.

또한 부당한 인사처분을 행한 사용자의 처벌을 목적으로 하는 형사구제 역시 엄격한 죄형법정주의가 적용되기 때문에 그 위반의 입증이 어려울 뿐만 아니라, 비록 사용자가 형사처벌을 감수하고 부당한 인사처분을 취소하지 않는 한 근로자의 권리구제는 확보할 수 없게 된다. 이와 같은 한계와 문제점을 고려하면 민·형사구제는 사용자의 부당한 인사처분에 대한 적절하고 유효한 구제수단이 될 수 없다.

따라서 실질적으로 사용자의 부당한 인사권행사로부터 근로기본권을 보장하기 위해서는 사전에 사용자가 부당한 인사권행사를 하지 못하도록 적절한 근로감독행정이 뒷받침되어야 하고, 부당한 인사처분을 받은 근로자의 원직복귀 등이 담보될 수 있는 행정구제가 필요하다. 즉, 사용자의 부당한 인사처분에 대한 구제의 실효성을 확보하기 위해서는 사용자가 부당한 인사를 하지 않도록 사전에 철저한 행정지도 및 감독이 필요하고, 현실적으로 부당한 인사처분이 있는 경우에는 그 처분이 없었던 원래의 상태로 회복시켜 주도록 하는 사후적인 행정쟁송이 필요하다. 이러한 행정구제에는 사전적 구제제도로서의 근로감독행정과 노동위원회에의 부당인사구제제도 및 행정소송제도가 있다.

Ⅱ. 근로감독행정제도

1. 의 의

부당한 인사처분을 행한 사용자를 형사처벌하거나 쟁송을 통한 권리구제는 현실적으로 사용자의 부당한 인사처분이 발생한 이후의 사후적 권리구제에 지나지 않는다.

사용자의 부당한 인사처분을 예방하는 것이 보다 중요한 권리구제수단이 된다. 따라서 사용자에 대한 벌칙을 배경으로 한 행정적인 지도감독을 통해 근로기준법 위반에 따른 부당인사를 사전에 예방함으로써 근로자의 권리를 보호할 수 있는 사전적 구제수단이 필요하다. 근로기준법은 해고·임금 등 근로조건에 대한 사전예방수단으로서 근로감독행정제도를 두고 있다. 근로감독관제도라 함은 노사관계에 충분한 지식과 경험을 가진 전문적인 행정기관으로 하여금 노동법에 정한 근로기준의 이행을 지도·감독하여 사용자의 위반행위의 발생을 사전에 방지하고, 위반행위가 발생한 경우에는 빠른 시일 내에 시정케 하고, 위반자를 수사하고 벌칙의 적용을 요구함으로써 근로기준 위반행위를 차단하는 제도를 말한다.[11]

2. 법적 성질

근로감독행정은 행정법상 행정지도에 해당한다. 행정지도라 함은 행정기관이 그 소관 사무의 범위 안에서 일정한 행정목적을 실현하기 위하여 특정인에게 일정한 행위를 하거나 하지 않도록 지도·권고·조언 등을 하는 행정작용을 말한다. 즉, 행정지도는 행정주체가 일정한 행정목적을 실현하기 위하여 행정객체를 일정한 방향으로 유도하는 비권력적 사실행위를 의미한다. 행정지도는 상대방의 임의적 협력을 전제로 하기 때문에 그 자체로서는 직접적인 법률효과를 발생시키지 않는 사실행위라는 점에서 개별적·구체적인 법률의 근거를 요하지 않는다.[12] 따라서 근로감독관의 행정지도는 특정사항에 대하여 권리의 설정 또는 의무의 부담을 명하거나 법률상 효과를 발생시키는 행정처분으로 볼 수 없다. 다만, 노동관서의 행정지도를 계속 위반하여 특별감독을 실시하도록 한 경우에는 대외적 구속력을 가진 공권력의 행사에 해당되므로 행정처분에 해당된다.[13]

헌법재판소 결정요지

지방노동관서의 장은 사업주가 노동부예규의 사항을 준수하도록 행정지도를 하고, 만일 이러한 행정지도에 위반하는 경우에는 사업주에게 필요한 조치를 요구하며, 사업주가 계속 이를 위반한 때에는 특별감독을 실시하여 노동부 예규의 위반사항에 대하여 관계법령에 따라 조치하여야 하는바, 지방노동관서의 장은 평등 및 신뢰의 원칙상 모든 사업주에 대하여 이러한 행정관행을 반복할 수밖에 없으므로, 위 예규는 대외적 구속력을 가진 공권력행사로서 헌법소원의 대상이 된다(헌재 2007. 8. 30. 2004헌마670).

---

11) 이병태, 최신노동법(제8전정판), 996~997면.
12) 장태주, 행정법개론(개정3판), 385면.
13) 헌법재판소 2007. 8. 30. 2004헌마670.

3. 효 과

근로감독행정은 원칙적으로 행정지도의 성격을 가지고 있기 때문에 법률의 근거 없이도 가능하고 사용자를 상대로 노동행정이 의도하는 방향을 실현하기 위한 협력적 행위를 요청하는 의사표시에 불과하기 때문에 근로감독관의 행정지도가 단체협약 또는 취업규칙에 정한 근로조건보다 불리하게 지도하더라도 그에 따른 법률효과가 발생하지 않고 항고소송의 대상도 되지 않는다.

판례요지

항고소송의 대상이 되는 행정처분이라 함은 행정청의 공법상 행위로서 특정사항에 대하여 법규에 의한 권리의 설정 또는 의무의 부담을 명하며 기타 법률상 효과를 발생케 하는 등 국민의 구체적 권리의무에 직접적 변동을 초래하는 행위를 말하고, 행정권 내부에서의 행위나 알선, 권유, 사실상의 통지 등과 같이 상대방 또는 기타 관계자들의 법률상 지위에 직접적인 법률적 변동을 일으키지 아니하는 행위는 항고소송의 대상이 될 수 없다(대판 1993. 10. 26. 선고 93누6331).

그러나 행정지도를 위반한 경우에 특별감독을 실시하도록 하는 통제적인 행정지도는 사실상 사용자를 구속하기 때문에 공권력의 행사로서 행정처분에 해당되어 행정쟁송의 대상이 될 수 있다.

Ⅲ. 노동위원회의 구제명령제도

1. 의 의

부당한 인사처분을 받은 근로자는 사법적인 구제절차와는 별도로 노동위원회에 부당해고 등 부당인사구제신청을 하여 권리구제를 받을 수 있다. 사용자와 근로자 사이에 이루어진 인사처분은 공법적인 행정처분이 아니고 사법상의 권리의무관계에 해당되는 것이기 때문에 이의 부당성 여부에 대한 법률적 다툼은 민사소송을 통하여 해결하는 것이 법리에 합치된다.

정당한 이유 없는 부당인사처분에 대하여 노동위원회를 통한 행정구제를 인정한 이유는 민사소송을 통한 권리구제 기간의 장기화, 과다한 소송비용 등으로 경제적 어려움을 겪고 있는 해고근로자가 현실적으로 민사소송을 통하여 권리구제를 받는데 한계가 있다고 하는 정책적 고려에 의한 것이라고 할 수 있다. 근로자가 노동위원회에 구제신청을 하여 부당인사로 판정된 경우에는 노동위원회는 사용자에게 구제명령을 발하게 된다. 사용자는 노동위원회의 구제명령을 이행할 공법상의 의무를 부담하고 확정된 구제명령을 이행하지 않은 경우에는 소정의 벌칙을 적용함으로써 부당인사처분을 받은 근로자의 권리구제 기능을 수행한다.

만약 지방노동위원회의 구제신청에 대하여 기각판정이 있는 경우에는 해당 근로자는 중앙노동위원회에 재심을 신청할 수 있고, 재심의 판정에 불복이 있는 당사자는 행정소송을 제기할 수 있다. 부당인사에 따른 행정구제의 요건과 절차를 예시하면 다음과 같다.

〈부당인사처분 구제신청 요건 및 절차〉

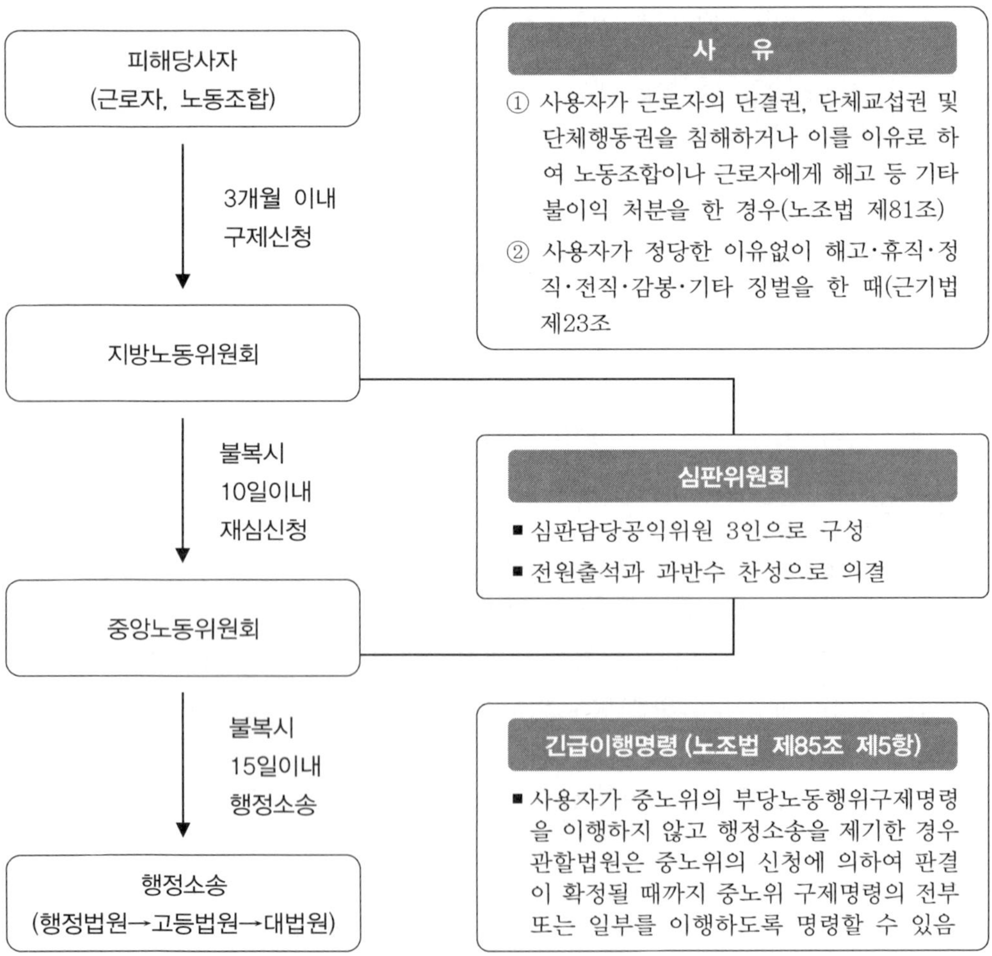

2. 공인노무사 무료지원제도의 활용

공인노무사 무료지원제도란 근로자가 정당한 이유 없이 해고, 징계, 전보 등 인사상 불이익 처분을 받거나 비정규직 근로자가 합리적인 이유 없이 차별을 받은 경우에 권리구제를 받을 수 있도록 노동위원회가 공인노무사를 선임하여 무료로 법률서비스를 지원하는 제도를 말한다. 무료법률지원을 받을 수 있는 자는 노동위원회에 부당해고구제신청 또는 차별신청을 접수한 월 평균임금이 150만 원 미만인 근로자에 한한다. 사업주는 그 규모 및 재정상태 여부와 관계없이 일체 무료법률서비스를 지원받을 수 없다.

무료법률 서비스의 지원범위는 법률상담에서부터 구제신청 이유서 또는 답변서 작성·제출, 심문회의의 참석 및 진술, 합의 등 사건이 종료될 때까지 일체의 법률서비스이다. 무료법률서비스의 지원은 노동위원회의 구제신청서 접수→ 대리인선임신청 → 근로소득확인(월 150만 원 미만)→ 공인노무사 선임 및 통보→ 무료법률 서비스지원의 절차로 진행된다. 공인노무사 선임신청은 노동위원회에 구제신청을 접수할 때 상담을 통하여 신청하거나 구제신청서를 제출한 날로부터 10일 이내 또는 사건진행 안내문을 받은 날로부터 5일 이내에 관할 노동위원회에 신청하면 된다.

3. 심급절차

1) 초 심

(1) 신청인과 피신청인

부당인사처분이 발생한 사업장의 소재지를 관할하는 지방노동위원회 또는 특별노동위원회가 초심으로서의 관할권을 가진다(노동위원회법 §3·②·③). 신청인은 사용자의 부당인사처분으로 인하여 권리를 침해받은 근로자와 부당노동행위로 인한 인사상 불이익처분으로 권리를 침해받은 근로자 또는 노동조합이 된다. 신청인은 노동위원회의 명령서 또는 결정서 등이 교부될 때까지는 언제든지 신청의 전부 또는 일부를 취하할 수 있다.

부당노동행위로 인한 인사상 불이익처분에 대하여 노동조합이 구제신청권을 갖는 것은 권리를 침해당한 근로자 개인과는 별개로 독자적인 권한이므로 부당인사처분을 받은 근로자를 대위하거나 대리인인 자격으로 구제신청에 참가하는 것이 아니다.[14] 따라서 노동조합을 조직하려고 하였다는 이유로 근로자에게 인사상 불이익처분을 행한 부당노동행위에 대해서는 후에 설립된 노동조합도 독자적인 구제신청권을 가진

14) 대법원 1979. 2. 13. 선고 78다2275.

다.[15] 또한 노동조합의 구제신청권은 독자적인 권한이므로 해당 근로자가 부당인사구제신청을 할 의사가 없다 하더라도 해당 근로자에 대한 불이익 처분은 노동조합에 대한 침해행위로 볼 수 있기 때문에 신청권한이 있고, 반대로 노동조합의 어용화(御用化)로 그 노동조합이 부당노동행위에 대하여 다툴 의사가 없더라도 권리를 침해받은 조합원 개인도 신청권한이 있다.[16] 구제를 받고자 하는 신청인은 관할 노동위원회에 ① 신청인의 성명·주소, ② 부당인사행위를 구성하는 구체적 사실, ③ 신청취지, ④ 신청일자와 ⑤ 신청인의 기명·날인이 있는 구제신청서를 제출하여야 한다.

피신청인은 부당인사를 행한 법적 당사자인 사용자이다. 개인기업의 경우에는 개인기업주이고 법인 기업인 경우에는 법인이 된다. 다만, 부당노동행위로 인한 불이익한 인사처분인 경우에는 부당노동행위를 현실적으로 실행한 사업주를 위하여 행동하는 사용자도 피신청인이 될 수 있다.[17]

(2) 신청기간

부당인사구제신청은 부당인사처분이 있은 날로부터 3개월 이내에 하여야 한다. 다만, 계속되는 부당인사처분인 경우에는 그 종료일로부터 3개월 이내에 구제신청을 하면 된다. 따라서 해고예고 없이 행한 해고의 경우에는 해고통지가 도달된 때로부터, 예고기간이 있는 해고의 경우에는 예고기간이 종료된 날로부터 구제신청의 기산일이 된다. 구제신청기간의 법률적 성격은 제척기간이다. 이와 같이 단기의 제척기간을 설정한 이유는 상당한 기간이 경과하면 사실관계의 입증이 곤란하고 구제명령의 실효성이 상실되기 때문이다.

(3) 심 사

노동위원회가 신청인으로부터 구제신청을 받은 때에는 지체 없이 필요한 조사와 관계당사자를 심문해야 한다. 조사는 신청인과 피신청인의 주장과 입증방법을 명확히 하여 쟁점을 정리하는 것으로 심문을 위한 준비절차이다. 노동위원회 위원장은 신청서를 접수한 때에는 지체 없이 당해 사건의 처리를 담당할 조사관을 지정하고, 신청인에게 신청이유를 소명하기 위한 증거의 제출을 요구해야 한다. 피신청인에게는 신청서의 부본을 송부하여 그에 대한 답변서 및 그 이유의 소명을 위한 증거의

15) 대법원 1991. 1. 25. 선고 90누4952.
16) 김형배, 노동법(신판제4판), 965면.
17) 부당노동행위로 인한 불이익한 인사처분에 대해서도 사업주만이 피신청인이 된다는 반대의 의견도 있다(김형배, 노동법(신판제4판), 966~967면).

제출을 요구해야 한다. 노동위원회는 구제신청접수일로부터 60일 이내에 심문회의를 개최하여야 하고, 조사 및 심문과정에서 언제든지 당사자에게 화해를 권고할 수 있다.

조사가 끝난 다음에는 신청의 각하 또는 취하가 없는 한 필요한 심문을 진행하여야 한다. 부당인사 여부의 판정은 반드시 심문을 거쳐야 한다. 당사자 일방이 정당한 이유 없이 출석하지 아니한 경우를 제외하고는 심문은 당사자가 모두 출석한 가운데 행한다. 당사자는 심판위원회 위원장의 승인을 얻어 진술할 수 있으며, 증인을 심문하고 반대심문을 할 수 있다. 당사자는 심문회의 개최일을 통보받기 전까지 증인을 신청할 수 있고, 노동위원회는 증인채택 여부를 결정하고 그 결과를 당사자에게 통지하여야 한다. 심문 결과 부당인사가 성립되지 않는 것으로 판정한 때에는 기각결정을 하고, 부당인사가 성립하는 것으로 판정하면 사용자에게 구제명령을 하여야 한다.

(4) 화 해

노동위원회는 사건의 조사과정이나 심문회의 진행 중에 당사자에게 화해를 권고하거나 주선할 수 있다. 화해가 성립한 경우에는 당해 사건은 종결되고, 화해조서가 작성된다. 그러나 실제 대부분의 화해는 화해조서작성이라는 형식을 취하지 않고 당사자 사이에 화해를 한 다음 신청인이 신청을 취하하는 형식으로 이루어지고 있다.

2) 재 심

(1) 재심신청

지방노동위원회의 구제명령 또는 기각결정에 불복이 있는 당사자는 그 명령서 또는 결정서를 송달받은 날로부터 10일 이내에 중앙노동위원회에 재심을 신청할 수 있다. 재심신청이 있다 하더라도 지방노동위원회의 구제명령 또는 기각결정의 효력이 정지되지 않는다. 재심을 신청하고자 할 때에는 재심신청서에 초심 지방노동위원회의 명령서 또는 결정서 사본을 첨부하여 초심 지방노동위원회를 경유하거나 직접 중앙노동위원회에 제출하여야 한다. 재심신청은 초심에서 신청한 범위를 넘어설 수 없고, 재심심리와 판정은 당사자가 재심을 신청한 불복의 범위 안에서 하여야 한다.

(2) 재심의 범위 및 절차

재심은 신청한 불복의 범위 내에서만 행해지므로 재심의 심리와 판정은 당사자가 재심을 신청한 불복의 범위 안에서만 하여야 한다. 즉, 초심신청사실에 관한 것이라도 재심신청인이 재심청구를 하지 않은 것이라면, 초심의 결정 또는 명령의 당부는 재심의 대상이 되지 않는다.

재심절차에서도 초심과 마찬가지로 신청 → 조사 → 심문 → 의결 → 명령 등의 절차가 진행된다. 재심신청이 취하되거나 화해가 성립된 때에는 중앙노동위원회는 그 사실을 초심 지방노동위원회에 통지한다. 중앙노동위원회는 재심 결과 그 재심신청이 이유 없다고 인정하는 경우에는 기각결정하고, 이유 있는 것으로 인정하는 경우에는 초심의 처분을 취소하고 새로운 구제명령을 내리거나 변경할 수 있다.

4. 구제명령

1) 의 의

구제명령이란 노동위원회가 근로자에 대한 사용자의 인사처분이 부당인사 또는 부당노동행위가 성립한 것으로 인정한 경우에 해당 사용자에게 부과하는 행정명령이다. 구제명령은 일종의 행정처분으로써 어떠한 내용의 구제명령을 발할 것인가는 전적으로 노동위원회의 재량행위라고 할 수 있다. 따라서 구제명령은 노동위원회의 재량행위로서의 행정처분의 성격을 가지고 있다. 노동위원회가 부당인사처분으로 인정하는 판정을 한 때에는 신청의 취지와 부당인사의 내용 등을 참작하여 부당인사처분이 없었던 상태로 회복하는데 가장 적절하고 타당하다고 판단되는 구제명령을 내려야 한다.

2) 구제명령의 내용

구제명령의 내용을 규정한 명문규정이 없기 때문에 노동위원회가 사용자에게 어떠한 구제명령을 내릴 것인가는 전적으로 노동위원회의 재량이라고 할 수 있다. 노동위원회는 사용자의 부당인사처분으로 침해된 근로자의 권리를 회복하는데 필요하고도 적절한 구체적인 구제명령을 하면 된다.

일반적으로 부당해고 사건에서 노동위원회가 발하는 구제명령은 해고근로자를 원직 또는 원직에 상당하는 지위에 복직시킬 것과 해고가 없었다면 지급했어야 할 임금상당액의 지급(back pay)을 명하는 것이 보통이고, 해고근로자가 원직복귀를 원하지 않는 경우에 한하여 금전보상명령을 내릴 수 있다. 부당노동행위와 부당해고가 성립한 경우에는 해고근로자에 대한 원직복귀명령과 임금소급지급명령 이외에 사용자의 지배개입을 금지하는 내용의 부작위명령 또는 사과문의 게시명령(post notice)을 발할 수 있다. 해고가 아닌 부당한 징계처분 또는 전직의 경우에는 효력정지명령을 내릴 수 있다.

승급 또는 승진차별의 경우에는 기업의 승급 및 승진기준 등 구체적인 사안에 따라 구제명령의 내용이 결정된다. 예컨대, 연공·학력 등과 같이 객관적인 속인적 기준에 따라 기계적으로 승급 또는 승진이 이루어지는 경우에는 승급 또는 승진명령을 내릴 수 있다. 그러나 관리직으로의 승진요건이 사용자의 경영관리적 의사결정에 의하여 이루어지는 경우에는 구체적인 승진명령을 내릴 수 없고, 재사정명령을 내리는 것이 타당할 것이다.[18] 이외에도 노동위원회의 재량에 따라 구제명령의 이행상황에 관한 보고명령을 행할 수 있다.

구제명령은 사용자의 부당한 인사처분을 시정하기 위한 행정상의 조치이기 때문에 그 적법성은 어디까지나 행정처분으로서의 적법성을 갖추면 무방한 것이고, 반드시 사법상의 적법성까지를 요구하는 것은 아니다.[19]

3) 효 력

노동위원회가 구제신청의 전부 또는 일부를 이유 있는 것으로 인정하여 구제명령을 하였을 때에는 그 명령의 확정 여부와 관계없이 사용자는 이를 이행하여야 한다. 만약 사용자가 이행기한까지 구제명령을 이행하지 않은 경우에는 2천만 원 이하의 이행강제금을 부과한다. 확정된 구제명령을 사용자가 이행하지 않은 경우에는 소정의 1년 이하의 징역 또는 1천만 원 이하의 벌금이 적용된다.[20] 구제명령이 당사자에게 교부된 이후에는 노동위원회는 이를 취소 또는 변경할 수 없고, 구제명령의 취소 또는 변경은 재심절차 또는 행정소송의 제기에 의해서만 가능하다.

노동위원회의 구제명령은 부당인사처분에 대한 공법상의 권리구제절차로 사용자에 대한 공법상의 의무만 부담시키는 것에 불과할 뿐, 사용자와 근로자 사이의 사법상 법률관계에 직접적으로 영향을 미치는 것이 아니므로 사용자가 구제명령에 따라 해고근로자가 실제로 복직하여 근로를 제공한 경우에 한하여 임금청구권이 발생한다.[21]

---

18) 김형배, 노동법(신판제4판), 972면.

19) 김형배, 노동법(신판제4판), 972면.

20) 구 노동조합법 제46조는 확정되지 않은 구제명령에 대해서도 벌칙을 적용하도록 규정하고 있었으나, 헌법재판소는 1995. 3. 23. 적법절차의 원리와 과잉금지의 원칙에 반한다는 이유로 헌법불합치 결정을 함에 따라 벌칙의 적용은 확정된 구제명령에 한하도록 법률을 개정하였다. 이에 따라 구제명령의 실효성이 문제되자, 노동조합 및 노동관계조정법은 재심판정에 대하여 사용자가 불복하여 행정소송을 제기한 경우에는 소송이 진행 중이더라도 관할법원의 결정에 의하여 긴급이행명령을 발할 수 있도록 입법적 보완을 하였다(§85·⑤).

21) 대법원 1996. 4. 23. 선고 95다53102.

Ⅳ. 행정소송제도

1. 의 의

중앙노동위원회의 구제명령, 기각결정, 각하결정 등 재심판정은 일종의 행정처분에 해당되기 때문에 이에 불복이 있는 당사자는 행정소송을 제기할 수 있다. 행정소송은 중앙노동위원회의 재심판정의 취소를 구하는 것이므로 행정소송법상 취소소송에 해당된다. 행정소송의 1심법원은 서울행정법원, 2심법원은 고등법원, 3심법원은 대법원이 된다(3심제).

2. 행정소송의 제기

중앙노동위원회의 재심판정에 불복이 있는 당사자는 재심판정서를 송달받은 날로부터 15일 이내에 서울행정법원에 행정소송을 제기할 수 있다. 소장의 청구취지에는 소의 결론을 기재하고, 청구원인에는 원고가 구하는 소의 결론을 이끌어내는 근거가 되는 사실관계와 법률관계를 기재한다. 중앙노동위원회의 재심판정 취소소송은 노동위원회의 재심판정 또는 구제명령이 위법한지 여부가 쟁점이므로 노동위원회의 재심판정 또는 구제명령의 위법성을 기재해야 한다. 피고인 중앙노동위원회는 소장 부본을 송달받은 날로부터 30일 안에 답변서를 제출하여야 한다. 다만 이해관계자인 근로자 또는 사용자는 보조참가신청을 통하여 답변서를 제출할 수 있다.

원고적격이 인정되기 위해서는 중앙노동위원회 재심판정의 취소를 구할 소의 이익이 있어야 한다. 인사처분과 관련된 행정소송은 취소소송에 해당되는 것이기 때문에 소의 이익에 관한 일반론에 따라 소의 이익 여부가 결정된다. 재심판정이 있은 후 사용자가 중앙노동위원회의 구제명령을 이행하거나 해당 기업이 소멸된 경우에는 소의 이익이 없기 때문에 각하사유에 해당된다. 즉, 중앙노동위원회의 재심판정을 다투는 취소소송은 행정소송에 해당되므로 노동위원회의 구제명령이 내려진 후의 사정변경으로 인하여 그 구제명령의 실현이 무의미하거나 객관적으로 불능으로 된 경우에는 소의 이익이 인정되지 않는다.[22)]

판례는 사정변경에 의하여 구제명령의 전부가 이행불능인 경우에는 소의 이익이 없으나, 구제명령의 일부에 대하여 이행가능한 경우에는 소의 이익이 있는 것으로 판단하고 있다.[23)] 그리고 소의 이익이 부정되는 사유인 구제명령의 이행불능은 확정

22) 전진경, 「부당해고구제소송에서의 소의 이익」, 59면.
23) 대법원 2000. 8. 22. 선고 99두6910; 대법원 1993. 4. 27. 선고 92누13196.

적인 것이어야 하므로 전직명령 이후 해고된 경우라도 전직명령의 적법성 여부가 해고사유와 직접적인 관련성이 있다면, 그 전직명령에 대한 소의 이익이 있는 것으로 판단하고 있다.24)

판례요지

근로자를 징계해고한 회사가 해산등기 이후 청산절차가 종료되어 청산절차 종결등기를 마친 경우, 위 근로자는 부당해고구제신청에 따른 구제명령을 얻는다고 하더라도 위 회사와의 근로관계 회복이 객관적으로 불가능하게 되었고, 그 외 법령 등에서 재취업의 기회를 제한하는 규정을 두고 있는 등의 특별한 사정이 없고 위 회사에 분배되지 아니한 잔여재산이 남아 있지 않다면 해고 이후 복직이 가능하였던 기간 중의 임금 상당액도 변제받을 수 없게 되었다고 할 것이므로 부당해고구제재심판정의 취소를 구할 소의 이익이 없다(대법원 2000. 8. 22. 선고 99두6910).

소송제기 기간은 제척기간이므로 이 기간 내에 행정소송을 제기하지 않으면, 재심판정은 확정된다. 그러나 재심판정에 불복이 있는 자가 이 기간 내에 행정소송을 제기하더라도 재심판정의 효력이나 그 집행 또는 절차의 속행에 영향을 미치지 않는다.

행정소송을 제기할 수 있는 원고는 재심판정에 불복이 있는 근로자 또는 사용자이고, 피고는 항상 중앙노동위원회 위원장이 된다. 재심판정에 불복이 있는 일방당사자가 행정소송을 제기한 경우에는 타방은 소송당사자가 아니므로 행정소송에서 보조참가인의 자격으로 소송에 참가할 수 있을 뿐이다.

3. 긴급이행명령

노동위원회의 구제명령은 그 명령서를 당사자에게 교부한 날로부터 효력이 발생하고 재심신청이나 행정소송을 제기하였더라도 그 효력이 정지되지 않는다. 그러나 사용자가 구제명령을 이행하지 않더라도 그 명령이 행정소송 판결에 의하여 확정되지 않는 한 사용자에게 벌칙을 적용할 수 없다. 따라서 구제명령이 법원에 의하여 확정되기까지는 상당한 시간을 요하기 때문에 구제명령의 실효성을 담보할 수 없다는 문제가 발생한다. 구제명령의 실효성을 확보하기 위하여 「노동조합 및 노동관계조정법」 제85조 제5항은 사용자가 행정소송을 제기한 경우에 관할법원은 중앙노동위원회의 신청에 의하여 결정으로써 판결이 확정될 때까지 중앙노동위원회의 구제명령의 전부

24) 대법원 1995. 2. 17. 선고 94누7959.

또는 일부를 이행하도록 명할 수 있도록 입법적 보완을 하였다. 이를 긴급이행명령이라고 한다.

긴급이행명령은 구제명령이 판결에 의하여 확정될 때까지 잠정적으로 그 명령의 이행을 강제하는 제도이다. 따라서 법원이 사용자에게 긴급이행명령을 발하기 위해서는 확정판결 시까지 구제명령의 이행을 강제할 필요성이 존재하여야 한다. 법원이 긴급이행명령을 발하기 전에 구제명령의 위법성을 심사할 수 있는가의 여부에 관하여 다툼이 있을 수 있으나, ① 긴급명령은 본안소송과는 별개의 절차로써 인정되는 것이므로 사용자가 본안소송에서의 승소가능성은 긴급명령의 인정요건에 영향을 미칠 수 없다는 점, ② 긴급이행명령의 취지는 노동위원회의 실체적 판단을 존중하여 구제명령의 실효성을 확보하는 데 있다는 점, ③ 법원의 긴급이행명령이 있은 후에도 구제명령의 위법성 혐의가 발견된 경우에는 당사자의 신청 또는 직권에 의하여 그 결정을 취소할 수 있다는 점 등을 고려하면 중대하고 명백한 하자가 있는 등의 특단의 사정이 없는 한 구제명령은 적법한 것으로 추정된다고 보아야 한다.[25)]

사용자가 긴급이행명령을 따르지 않을 경우에는 법원은 500만 원 이하의 금액 내에서, 당해 구제명령이 작위를 명하는 것인 때에는 그 명령의 불이행일수 1일에 50만 원 이하의 비율로 산정한 금액을 과태료로 부과한다.

4. 변론 및 심리

재판장은 답변서가 제출된 후 관련사건과의 관계상 신속한 기일지정이 필요하거나, 사건의 성질상 신속한 처리가 요청되는 경우 또는 법리문제만 쟁점이 되어 변론준비절차에 부칠 필요가 없는 사건의 경우 등에는 즉시 변론기일을 지정한다. 그러나 재판장이 서면공방을 진행하기로 결정한 사건에 대해서는 참여사무관은 원고에게 발송일로부터 3주 정도로 기한을 정하여 피고의 답변에 대한 반박 준비서면 및 입증자료를 제출하도록 최고해야 하고, 쟁점정리단계에서는 원고의 청구근거로 삼고 있는 사실관계와 피고가 항변하는 사실관계를 정리하고, 쌍방이 주장하는 사실관계 중에서 서로 다툼이 없는 부분과 다툼이 있는 부분을 구분하여 정리한다.

인사처분에 대한 행정소송의 소송물은 중앙노동위원회의 재심판정에 대한 위법성 여부이므로 당해 구제명령 또는 결정을 취소해야 할 위법성이 있는가의 여부가 심리의 대상이 된다. 따라서 심리의 대상은 ① 노동위원회의 사실인정의 당부, ② 인정한 사실이 부당인사 또는 부당노동행위를 성립시키는가의 여부, ③ 구제명령의 위법성

25) 김형배, 노동법(신판제4판), 978면.

여부, ④ 구제명령 또는 결정에 수반되는 절차의 위법성 여부이다. 중앙노동위원회의 구제명령 또는 결정에 대한 위법성 여부를 판단하는 기준시점은 재심결정시가 된다. 왜냐하면, 행정소송은 행정처분에 해당되는 재심판정의 적법성을 심리하는 것이므로 통상의 행정처분을 다투는 행정소송과 동일하게 위법성의 판단시점은 행정처분 시로 보아야 하기 때문이다.

입증책임의 분배원칙상 부당해고 등 인사처분의 사실관계가 불명확한 경우에는 부당인사가 성립하지 않는 것으로 재판하여야 하므로 인사처분의 부당성은 노동위원회가 입증책임을 부담하고, 구제신청기각 명령의 경우에는 원고인 근로자가 입증책임을 부담한다.[26]

5. 판결의 효력

중앙노동위원회의 재심판정을 취소하는 법원의 확정판결은 중앙노동위원회를 구속한다. 따라서 중앙노동위원회는 심판위원회를 열어 당해 사건의 심사의 재개를 결정하고, 재결정서를 당사자에게 송부해야 한다. 중앙노동위원회의 구제명령에 대한 취소판결이 확정된 경우에는 구제명령의 효력은 상실되고, 반대로 사용자의 패소(기각)판결이 확정된 경우에는 구제명령도 확정되는 것이므로 사용자가 이를 이행하지 않은 경우에는 소정의 벌칙이 적용된다.

제4절 민사적 구제

Ⅰ. 개 관

사용자의 인사처분에는 정직·전근·감봉·휴직·전출·전적 등 다양하나, 주로 민사소송과 관련된 것은 부당해고에 대한 다툼이라고 할 수 있으므로 부당해고에 대한 민사구제방법을 중심으로 기술한다.

근로자에 대한 사용자의 해고처분이 정당하기 위해서는 ① 사회통념상 근로계약관계를 유지할 수 없을 정도의 책임 있는 근로자의 귀책사유가 존재하여야 하고, ② 법률과 취업규칙 등에 정한 절차를 거쳐야 하고, ③ 해고금지 기간을 준수해야 한다. 이와 같은 해고요건을 갖추지 않은 사용자의 부당해고에 대해서는 해고근로자는 국

26) 菅野和夫(이정 역). 일본노동법(초판), 709면.

가의 공신력을 이용하여 사법상 구제절차를 밟을 수 있다.

실무적으로 해고근로자는 해고기간 동안 사용자로부터 임금을 지급받지 못함에 따라 생계에 중대한 위협이 될 뿐만 아니라 취업규칙 등에 인정된 근로자로서의 권리와 이익을 상실하게 된다. 이에 따라 해고근로자는 해고무효 확인판결(본안판결)을 받을 때까지 임금지급가처분 또는 근로자 지위가처분 등을 신청하는 경우가 있다. 따라서 부당해고 등에 대한 민사적 구제방법으로서는 해고무효 확인소송과 본안판결인 해고무효 확인판결이 있을 때까지 잠정적으로 임시의 지위를 정하는 가처분으로서의 근로자 지위보전 및 임금지급가처분으로 대별할 수 있다.

Ⅱ. 가 처 분

1. 의 의

가처분이란 금전채권 이외의 청구권에 대한 집행을 보전하거나 다툼이 있는 권리관계에 대해 임시의 지위를 정하기 위하여 법원이 행하는 일시적인 명령을 말한다. 가처분 명령이 행해지기 위해서는 피보전권리가 존재해야 하고, 현상의 변경으로 당사자의 권리를 실행하지 못하거나 이를 실행함에 현저히 곤란할 염려가 있어야 한다. 가처분에는 법률상 다툼이 있는 가처분과 임시의 지위를 정하는 가처분이 있으나 실무상 근로관계소송에서 주로 이용되는 것은 임시의 지위를 정하는 가처분이다.

본안판결이 있을 때까지 임시의 지위를 정하는 가처분은 피보전권리에 관하여 본안판결을 기다리지 않고 일응 신청인에게 만족을 준다는 점에서 만족적 가처분의 성격을 가진다. 그러나 만족적 가처분도 가처분인 이상 본안소송을 전제로 하는 부수적인 것이고, 본안판결에 의한 분쟁의 종국적 처리에 이르기까지 잠정적인 조치의 성질을 가진다.

노동법은 근로자의 최대 관심사인 사법상 무효해고에 따른 원직복직에 관하여 특별규정이 없기 때문에 시민법 체계에 속하는 사건에 적용되는 가처분제도가 법원의 해석을 통하여 노동사건에도 널리 이용되어 왔다.[27] 노동사건에 대한 가처분이 가처분 본래의 범위를 넘어 특수한 영역을 형성하게 된 데에는 해고와 관련된 가처분이 결정적인 역할을 하여 왔다.[28]

---

27) 정진경, 「해고관련 법제의 변화 및 전망」, 6면.

28) ① 본안소송에 있어서 확정판결 시까지 잠정적인 보전상태를 형성함을 목적으로 하는 가처분제도 본래의 한도를 초과하여 지위보전가처분이 무효임에도 보전의 필요성을 넓게 인정하고, ② 담보제

2. 가처분의 요건

가처분에는 법률상 다툼이 있는 가처분과 임시의 지위를 정하는 가처분이 있는데, 법원이 가처분명령을 내리기 위해서는 피보전권리와 보존의 필요성이 있어야 한다. 즉, 가처분은 본안소송 확정판결 시까지 금전 이외의 임시적인 지위를 정하는 잠정적인 조치이므로 ① 그 권리는 금전이외의 특정급여청구권이어야 하고(피보전권리), ② 장래 강제집행이 불가능하거나 현저하게 곤란하여야 한다(보전의 필요성).

1) 다툼의 대상에 관한 가처분의 요건

(1) 피보전권리(被保全權利)

다툼의 대상에 관한 가처분의 피보전권리는 금전 이외의 특정급여청구권이고, 본안소송은 주로 금전지급 이외의 이행의 소가 된다. 피보전권리는 특정급여청구권이므로 그 다툼의 대상물은 명확히 특정되어야 한다. 특정할 수 있으면 조건부나 기한부 또는 장래의 청구권이라도 상관없으며(민사집행법 §301·②), 본안소송의 계속 여부와도 무관하다.

그러나 금전 이외의 청구권이 특정된 경우라도 가처분은 민사집행을 전제로 하는 것이므로 강제집행에 친하지 않은 청구권은 피보전권리에 해당되지 않는다. 따라서 사법상 무효인 해고라 하더라도 부제소합의가 있는 청구권은 피보전권리가 될 수 없다.[29]

(2) 보전의 필요성

보전의 필요성은 대상물의 현상을 바꾸면 장래에 집행불능 또는 집행곤란의 염려가 있는 경우이다(민사집행법 §301·①). 보전의 필요성이 법정화 되어 있는 경우를 제외하고는 그 필요성 여부는 법원에게 광범위한 재량권이 인정된다.

가처분은 가압류와는 달리 재산관계의 변경이 아니라 계쟁물의 현상변경으로 인한 집행의 곤란에 있는 것이므로 비록 채무자가 충분한 책임재산을 갖고 있는가의 여부는 문제되지 않는다. 그러나 보전의 필요성이 인정되더라도 채권자가 집행 가능한 집행권원을 확보한 경우, 다른 법적 구제수단이 있는 경우, 가처분신청이 신의칙[30]에

공을 요구하지 않음으로써 사용자가 승소하고도 임시로 지급한 금전(임금)의 반환을 어렵게 한다는 점, ③ 금전급부를 목적으로 하는 청구권의 보전은 본래 가압류를 이용해야 함에도 부당해고 사건에서 임금지급가처분이 널리 이용되고 있는 점 등을 이유로 노동사건과 관련된 가처분의 확대에 대하여 비판적인 견해가 있다(정진경, 「해고관련 법제의 변화 및 전망」, 6~7면).

29) 이시윤, 신민사집행법(보정판), 481면.

30) 해고근로자가 사용자에게 아무런 이의 없이 퇴직금과 퇴직위로금 등을 지급받고 다른 직장에 취업

반하는 경우 등은 그 필요성이 조각된다.[31]

2) 임시의 지위를 정하기 위한 가처분의 요건

(1) 피보전권리

피보전권리는 「다툼이 있는 권리관계」이고, 그 보호이익은 재산적 이익뿐만 아니라 인격적 이익 또는 생활상의 이익도 포함된다. 가처분은 장래의 집행보전이 아니라 현존하는 위험을 방지하기 위한 것이므로 권리관계는 「현존」해야 한다. 따라서 이미 효력이 상실된 과거의 효력을 정지하는 가처분은 허용되지 않고[32], 가처분은 본안소송의 실효성을 확보하기 위한 것이므로 법적 근거가 없는 형성의 소를 본안소송으로 하는 경우에도 허용되지 않는다.

「다툼」이 있는 권리관계란 권리관계에 관하여 당사자의 주장이 대립되기 때문에 소송에 의한 권리보호가 요구되는 것을 말한다. 따라서 현재 권리의 침해가 없더라도 상대방이 권리관계를 부인하거나 이행하지 않는 경우, 침해의 위험이 가까워진 경우에도 다툼 있는 권리관계에 포함된다.

다툼이 있는 「권리관계」에는 특정채권만을 피보전권리로 하는 가압류와는 달리 널리 채권자와 채무자 사이의 권리관계가 포함된다.

(2) 보존의 필요성

보존의 필요성이란 다툼이 있는 권리관계에 대하여 채권자에게 생길 「현저한 손해 또는 급박한 위험」을 피하기 위한 필요성을 의미한다(§300·②). 즉, 권리관계에 대한 다툼으로 인하여 채권자가 현저한 손해 또는 급박한 위험에 직면하게 되고, 본안소송으로 권리관계의 확정을 기다리게 되면 소송목적을 달성할 수 없게 되어 일응 응급적·잠정적인 법적 상태를 만들어 놓을 필요성이 있어야 한다.[33]

「현저한 손해」는 본안판결의 확정까지 기다리는 것이 가혹하다고 생각될 정도의 불이익이나 고통을 말하는 것으로써 재산적 손해뿐만 아니라 명예·신용 등 정신적 손해도 포함된다.[34] 부당해고를 당한 근로자가 해고기간 동안 임금을 지급받지 못함으로써 근로자의 생존을 위협하는 경우에는 보존의 필요성이 있는 현저한 손해에 포함된다.

하고 있는 등 사용자로 하여금 더 이상 해고 무효 확인 등의 소송을 제기하지 않을 것이라는 신뢰를 위반하여 가처분을 신청하는 경우에는 피보전권리가 조각될 수 있다.

31) 이시윤, 신민사집행법(보정판), 482~483면.

32) 대법원 1995. 3. 10. 선고 94마605.

33) 이시윤, 신민사집행법(보정판), 484~485면.

34) 대법원 1967. 7. 4. 선고 67마424.

「급박한 위험을 피하기 위한 경우」는 현저한 손해의 한 예시로써 본안소송에 있어서 승소 가능성을 고려하여 판단한다. 따라서 본안소송에서 사용자의 해고가 사법상 유효한 것으로 판결날 개연성이 높은 경우, 상당한 기간이 경과된 이후에 가처분신청을 낸 경우에는 급박성이 결여되어 보존의 필요성이 없다.

그리고 채권자가 가처분에 의하여 받는 이익이 존재하더라도 채무자가 받는 불이익이 현저하게 큰 경우에는 비례의 원칙에 의하여 보존의 필요성이 인정되지 않는다. 따라서 보존의 필요성 여부는 당사자 쌍방의 이해득실관계를 고려하여 판단해야 한다.[35)]

3. 사용자의 인사처분과 관련된 가처분의 유형

해고근로자가 해고무효 확인 등 본안소송을 제기하는 목적은 해고기간 동안 임금상당액의 지급과 해고 당시의 원직에 복귀하는데 있다. 따라서 해고무효 확인소송의 재판지연으로 인한 가처분에는 해고근로자의 생계를 유지하기 위한 「임금지급가처분」과 해고기간 동안 근로자의 지위를 보전하기 위한 지위보전가처분이 있다. 그리고 사용자의 부당한 전근명령에 대한 효력을 잠정적으로 정지시키는 것을 내용으로 하는 전근명령의 효력부인 가처분이 있다.

1) 임금지급가처분

해고가 사법상 무효이거나 노동조합의 쟁의행위에 대한 사용자의 직장폐쇄가 위법·부당한 경우에는 근로자가 근로를 제공하지 못하였더라도 사용자를 상대로 임금청구권을 가진다. 근로자의 임금청구권을 본안소송에서 주장하는 경우, 임금을 유일한 생계수단으로 하는 근로자는 임금지급의 중단으로 인하여 생계에 위협을 받아 본안 판결을 받을 때까지 기다리기 힘든 경우에는 임시로 사용자에게 임금상당액의 금전지급을 명하는 가처분을 법원에 신청할 수 있다.[36)]

해고근로자가 임금지급가처분을 신청하기 위해서는 가처분의 일반법리와 마찬가지로 피보전권리와 보존의 필요성이 있어야 한다. 피보전권리에 해당되는 임금청구권은 사용자의 귀책사유인 부당해고에 기인한 것이므로 피보전권리의 유무는 해고무효의 판단문제로 귀결된다.[37)]

보전의 필요성은 임금지급이 중단됨으로써 근로자가 최소한의 생활유지에 곤란을

35) 대법원 1994. 11. 10. 선고 93마2022; 대법원 2003. 11. 28. 선고 2003다30265.
36) 한국경영자총협회, 노동관계소송, 54면.
37) 유원석, 「노동사건에 있어서의 근로자측의 가처분」, 617면.

받는 상황에 직면한 것을 말한다. 임금을 유일한 생계수단으로 하는 근로자에 있어서 임금지급이 중단되면 아무런 수입이 없어 생활유지가 어려운 곤란한 상황에 처할 것이라는 점은 경험칙상 당연히 추정할 수 있으므로 상대적으로 해고근로자가 이를 소명하기 용이하다.[38] 따라서 임금지급의 중단사실이 소명되면 가처분의 필요성은 사실상 추정된다. 그러나 임금이 유일한 생계수단이 아닌 경우, 다른 직장에 취업하여 수입을 얻고 있는 경우, 배우자의 부양능력이 있는 경우, 실업급여를 지급받고 있는 경우 등은 보전의 필요성이 사실상 추정되지 않고 법원이 구체적 사안에 따라 보전의 필요성 여부를 판단해야 한다.[39]

일반적으로 가처분의 주문은 「피신청인은 신청인에게 언제부터 본안판결의 확정에 이르기까지 매달 며칠 금 얼마를 임시로 지급하라」는 형태를 취한다. 임금지급을 명하는 금액은 해고기간 동안의 임금전액이 아니고, 보전의 필요성이 있는 범위의 금액에 한정된다.

2) 근로자 지위보전의 가처분

근로자 지위보전의 가처분은 근로자가 사법상 해고무효임을 이유로 해고무효 확인소송의 본안판결 확정시까지 임시로 사용자와 근로자 사이에 해고 전과 같은 내용의 근로계약관계를 설정하는 가처분을 말한다.

가처분의 일반법리와 마찬가지로 피보전권리와 보존의 필요성이 있어야 한다. 피보전권리는 해고가 무효이므로 근로계약관계가 그대로 존속한다는 것을 말하고, 보전의 필요성은 근로계약관계의 존부를 다투어 근로자로 취급되지 않음으로써 현저한 손해가 발생하거나 발생할 위험이 급박하여 이를 피할 필요성을 말한다. 구체적으로 보존의 필요성은 무효인 해고에 의하여 현재 근로자로서 취급받지 못한 결과 사용자로부터 사택반환요구에 시달리고 있거나 건강보험의 혜택을 받지 못하고, 사업장에 출입하지 못함으로써 노동조합활동이 저해된다는 등의 사정이다.

가처분 명령의 주문은 「신청인이 피신청인에 대하여 근로계약상의 권리를 가지고 있음을 임시로 정한다」 또는 「신청인이 피신청인에 대하여 근로자로서의 지위에 있음을 임시로 정한다」라는 형식을 취한다.

3) 전근명령의 효력부인가처분

전근명령이란 사용자가 근로자에 대하여 직종, 업무내용, 근무 장소 등을 일방적으

---

38) 유원석, 「노동사건에 있어서의 근로자측의 가처분」, 618면.
39) 한국경영자총협회, 노동관계소송, 55면.

로 변경하는 인사명령을 말한다. 종래 전근명령은 사용자의 고유한 경영권 또는 인사권에 근거한 사용자의 자유재량행위로써 법적 규제를 받지 않는 것이므로 전근명령의 유·무효 여부는 논의대상이 될 수 없는 것으로 보았으나, 오늘날은 법적 규제를 받는다는 것이 학설과 판례의 일관된 입장이다. 따라서 전근명령이 무효인 경우에는 무효인 해고와 마찬가지로 본안 판결이 있기 전까지 임시적으로 그 효력을 부인하는 가처분을 신청할 수 있다.[40)]

「전근명령의 효력부인 가처분」은 지위보전 가처분에 해당되는 것이므로 그 법적 성격도 지위보전 가처분과 동일하다. 따라서 신청인과 피신청인 사이에는 전근명령이 있기 전과 동일한 법률관계가 발생하며(만족적 가처분), 사용자가 법원의 가처분명령을 이행하지 않더라도 강제집행의 대상이 되지 못한다(임의이행성).

전근명령의 효력을 부인하는 가처분도 다른 가처분과 마찬가지로 전근명령이 무효이어야 하고(피보전권리) 보전의 필요성이 있어야 한다. 보전의 필요성 유무는 구체적인 사안에 따라 실질적으로 판단해야 하나, 일반적으로 다음과 같은 경우에는 보전의 필요성이 인정된다.[41)]

(1) 전근명령을 따르지 아니하면 해고될 염려가 있는 경우 또는 전근명령을 따르지 않는다는 이유로 임금지급을 중단하는 경우[42)]

(2) 전근명령에 의하여 현저한 경제적·정신적 손해가 발생하거나 노동조합활동을 방해하기 위하여 조합원인 근로자를 전근시켜 노동조합 활동의 불이익이 현저한 경우

전근명령 전의 직장에서 근무할 근로계약상의 지위를 피보전권리로 하는 가처분의 주문은 「피신청인이 ○○○○년 ○○월 ○○일 신청인에 대하여 한 피신청인 회사의 ○○공장 근무를 명하는 의사표시의 효력을 임시로 정지한다」라는 식으로, 전근명령 후의 새로운 직장에서 근무할 의무가 없는 지위를 피보전권리로 하는 주문은 「신청인은 피신청인이 ○○국 ○○과에서 근무할 의무가 없음을 임시로 정한다」라는 식으로 표시하는 것이 일반적이다.

40) 유원석, 「노동사건에 있어서의 근로자측의 가처분」, 627~628면.

41) 이하 유원석, 「노동사건에 있어서의 근로자측의 가처분」, 629면.

42) 사용자가 전근명령을 따르지 않는다는 이유로 이미 해고한 경우에는 해고무효를 이유로 한 지위보전 가처분 또는 임금지급가처분과 함께 전근명령의 효력을 부인하는 가처분을 동시에 신청할 수 있다.

4. 가처분명령의 절차

1) 가처분 신청

가처분명령의 신청은 신청의 취지와 보전할 권리·권리관계 그리고 보전의 필요성을 기재하여 서면으로 관할법원에 제출한다. 가처분명령의 관할법원은 본안소송 관할 지방법원 또는 다툼의 대상이 있는 곳을 관할하는 지방법원이 된다. 신청의 취지는 근로자가 구하는 가처분명령의 내용으로써 소장의 청구취지에 해당된다. 근로자는 가처분의 방법, 즉 보전할 권리·권리관계를 특정해야 하는데, 이는 소장의 청구원인에 해당된다. 보전할 권리는 다툼의 대상에 관한 가처분에 있어서 피보전권리이고, 권리관계란 임시의 지위를 정하기 위한 가처분에서 다툼 있는 권리관계를 의미한다.

2) 가처분 신청의 심리

가처분 명령절차는 원칙적으로 변론 없이 심리하고 판결이 아닌 결정으로 행한다. 다만, 임시지위를 정하는 가처분의 재판에 있어서는 변론기일 또는 채무자가 참석할 수 있는 심문기일을 열어 심리해야 하나, 채권자에게 중대한 위험이 절박한 경우 등 그 기일을 열어 심리하면 목적을 달성할 수 없는 사정이 있는 때에는 예외적으로 심문 없이 결정할 수 있다(민사집행법 §304).

3) 재판 및 가처분명령

가처분신청에 대한 재판은 결정으로 행한다. 가처분요건의 하자나 법원이 명한 담보제공[43]의 불이행이 있는 경우에는 가처분신청을 각하하고, 피보전권리와 보전의 필요성에 대하여 소명이 없는 경우에는 기각한다. 가처분신청의 기각과 각하는 모두 실체적 확정력이 없기 때문에 엄격히 구별할 필요가 없다.

가처분신청이 이유 있다고 인정되는 경우에는 가처분명령을 채무자에게 발한다. 그러나 법원의 가처분명령은 단지 채무자에게 송달할 뿐이고, 채무자가 가처분명령을 이행하지 않더라도 집행력이 인정되지 않는다.

43) 부당해고로 인한 가처분은 근로자의 생계를 위한 임금지급가처분과 근로자의 지위를 보전하는 것을 목적으로 하는 것이고, 가처분명령은 집행력이 없기 때문에 대부분 법원의 재량으로 무담보로 처리되고 있다.

5. 가처분의 내용과 한계

1) 가처분의 내용

임시의 지위를 정하는 가처분은 피보전권리가 본안판결을 기다리지 않고 본안소송에서 실현되는 것과 동일한 정도의 만족을 준다는 점에서 만족적 가처분에 해당된다. 즉, 가처분은 본안소송에서 승소하기 전에 그에 기한 강제집행과 동일한 결과를 일시적으로 실현시킬 것을 목적으로 한다.[44]

그러나 가처분명령의 효력은 형성적이므로 채무자인 사용자는 가처분명령에 의하여 형성된 법률상의 지위에 있는 것을 이행할 것이 요청되나, 직접적인 법적효과가 발생하는 것은 아니다. 특히, 근로자 지위보전의 가처분의 효력은 형성적이나 그 내용은 집행에 의한 실현이 적합하지 않다. 따라서 채무자인 사용자가 법원의 공권적 판단을 존중하여 채무를 임의로 이행한다는 사실적 효과를 기대하면서 가처분명령을 발하는 것이지 채무자에게 직접적인 법적 효과가 발생하는 것은 아니다.[45] 이러한 점에서 가처분은 채무자의 임의이행을 전제로 한다.

2) 가처분의 한계

가처분은 본안판결에 준하는 강제집행과 동일한 결과를 본안판결 전에 실현시키는 것을 목적으로 하는 만족적 가처분의 성격을 가지고 있다. 그러나 채무자인 사용자가 임의로 가처분명령을 이행하지 않더라도 이를 강제할 방법이 없을 뿐만 아니라 사용자의 재산을 집행할 수 있는 집행권원도 되지 못한다. 이러한 의미에서 가처분은 사용자의 임의이행을 촉구하는 성격밖에 없다. 따라서 사용자가 법원의 공권적 판단을 존중하여 임금지급 가처분명령 또는 근로자 지위보전 가처분명령을 이행하지 않는 경우에도 이를 강제할 방법이 없다는 점에서 집행력의 한계가 있을 수밖에 없다.

Ⅲ. 해고무효 확인소송

1. 의 의

해고는 사용자의 일방적인 의사표시로 근로계약관계를 종료시키는 법률행위로써

---

44) 민사집행법은 만족적 가처분을 전제로 있다. 만족적 가처분을 전제로 한 민사집행법의 규정으로서는 급여의 지급을 명할 수 있도록 규정한 제305조 제2항, 소송물인 권리 또는 법률관계가 이행된 것과 동일한 내용의 가처분의 집행정지를 규정한 제309조, 가처분이 취소된 경우의 원상회복신청을 규정한 제308조 등이다.

45) 이시윤, 민사집행법(보정판), 513면.

직장상실을 초래하는 가장 중한 징계처분에 해당된다. 근로기준법은 근로자의 직장보호와 해고의 적정성을 보장하기 위하여 정당한 이유 없이 해고를 금지하고 있는 동시에 해고의 적정성을 보호하기 위하여 해고의 예고 등 절차적 규정을 두고 사용자의 부당한 해고를 규제하고 있다.

사용자가 근로기준법에 규정된 해고제한 규정을 위반하거나 해고권을 남용하여 해고가 사법상 무효라고 판단되는 경우에는 노동위원회의 부당해고구제명령과는 관계없이 법원에 해고무효 확인소송을 제기할 수 있다.[46] 해고무효 확인소송의 내용은 해고기간 동안 임금상당액의 지급과 해고 당시의 원직에 복귀를 주된 내용으로 한다.

원래 권리 또는 존부의 확정을 목적으로 하는 확인의 소는 원칙적으로 현재의 권리 또는 법률상의 지위에 관한 현존하는 불안이나 위험을 제거하기 위하여 확인판결을 받는 것이 가장 유효적절한 수단일 때 허용되는 것이므로 과거의 권리 또는 법률관계의 확인을 구하는 소송은 인정되지 않는다. 그러나 과거의 법률관계라 할지라도 현재의 권리 또는 법률상 지위에 영향을 미치고 있고, 현재의 권리 또는 법률상의 지위에 대한 위험이나 불안을 제거하기 위하여 그 법률관계에 관한 확인판결을 받는 것이 유효적절한 수단이라고 인정되는 경우에는 예외적으로 허용된다.[47]

따라서 해고무효 확인소송도 과거의 해고처분에 대한 효력을 다투는 것으로써 과거에 행해진 법률행위의 효력확인을 구하는 확인의 소에 해당되는 것이나, 근로계약관계의 존속을 확인함으로써 그 관계를 회복하고 해고기간 동안의 임금을 지급받고 해고 당시 근로자가 담당하고 있었던 업무 및 직위에 복직하는데 있는 것이므로 해고무효 확인판결을 받는 것이 유효적절한 수단으로 인정된다.

2. 소의 제기

해고무효 확인소송을 제기하기 위해서는 ① 소송을 제기할 자격이 있는 자(원고적격)가 ② 부당해고를 행한 사용자를 상대(피고적격)로 ③ 일정한 형식(소장)을 갖추어 ④ 관할권이 있는 법원(관할법원)에 제출하여야 한다.

---

46) 노동위원회의 사용자에 대한 구제명령은 사용자가 이에 복종하여야 할 공법상의 의무만을 부담시킬 뿐 직접 노사간의 사법상의 법률관계를 발생 또는 변경시키는 것이 아니므로 사용자가 노동위원회의 구제명령을 이행하지 않을 경우에는 근로자는 사법상의 지위를 확보하거나 권리를 구제받기 위하여 사용자를 상대로 별도의 민사소송을 제기할 수밖에 없다(정진경, 「부당해고구제소송에서의 소의 이익」, 37~38면).

47) 민변, 변호사가 풀어주는 노동법 I (개정3판), 221면; 정진경, 「부당해고구제소송에서의 소의 이익」, 36면.

1) 원고적격자

당사자적격이란 특정한 분쟁에 관하여 당사자인 원고와 피고로서 소송을 수행하고 본안판결을 유효하게 받을 수 있는 자격을 말한다. 해고무효 확인을 제기할 수 있는 원고적격자는 해고무효 확인을 구할 소의 이익이 있는 자로서 사용자로부터 부당해고를 당한 근로자 또는 노동조합[48]이다. 여기서 「소의 이익」이란 당해 해고처분의 근거법규 및 관련 법규에 의하여 보호되는 개별적·직접적·구체적 이익이 있는 경우를 말하고, 「당해 해고처분의 근거법규 및 관련 법규에 의하여 보호되는 개별적·직접적·구체적 이익」이라 함은 당해 해고처분의 근거법규의 명문규정에 의하여 보호받는 법률상의 이익뿐만 아니라 당해 해고처분의 근거법규 및 관련법규에서 명시적으로 당해 이익을 보호하는 명문규정이 없다 하더라도, 그 근거법규 및 관련 법규의 합리적 해석상 그 법규에서 해고를 제한하는 이유가 개별적·직접적·구체적 이익을 보호하는 취지가 포함되어 있는 경우를 말한다.[49] 따라서 사용자가 근로기준법과 취업규칙 또는 단체협약에 규정된 해고의 제한규정을 위반한 것이 없더라도 당해 근로자에 대한 징계해고가 동일한 징계사유를 범한 근로자와 형평성을 결여하였거나 이중징계해고처분에 해당되는 등 징계권을 남용한 경우에는 해고무효 확인을 구할 이익이 있다.

해고무효 확인소송의 소송물은 소장의 청구취지에 표시된 해고가 무효라는 것을 판결로써 공적 확인을 하여 달라는 것이므로, 소의 이익이 인정되기 위해서는 비록 과거의 법률관계라 할지라도 현재의 권리 또는 법률상의 지위에 영향을 미치고 있고, 현재의 권리 또는 법률상의 지위에 대한 위험이나 불안을 제거하기 위하여 그 법률관계에 의한 확인판결을 받는 것이 유효적절한 수단이라고 인정되어야 한다.[50]

그러나 해고무효 확인소송을 구하는 이유가 단순히 사회적 명예의 손상을 회복하기 위한 것인 경우에는 현존하는 권리나 법률상의 지위에 대한 위험이나 불안을 제거하기 위한 것으로 볼 수 없기 때문에 소의 이익이 인정되지 않는다.[51] 판례는 회사가 자진폐업하면서 모든 근로자를 해고조치한 후 체불임금·퇴직금·해고예고수당 등을 공탁한 경우에는 소의 이익이 없는 것으로 판단하고 있으나[52], 부당해고 재심판정 이후 사업장이 폐쇄되었다 하더라도 해고 다음날부터 복직명령의 이행이 가능하였던

48) 부당노동행위로 인한 해고인 경우에 한한다.
49) 대법원 2004. 8. 16. 선고 2003두2175.
50) 정진경, 「부당해고구제소송에서의 소의 이익」, 36~37면. 해고무효확인소송의 소의 이익에 관한 판례는 대법원 1995. 4. 11. 선고 94다4011와 대법원 1991. 6. 25. 선고 91다1134 참조.
51) 민변, 변호사가 풀어주는 노동법 I (개정3판), 221면.
52) 대법원 1980. 9. 30. 선고 78다1606.

사업장 폐쇄 시까지의 임금상당액의 지급을 면하기 위한 목적으로 회사가 재심판정의 취소를 구하는 소송을 제기한 경우에는 소의 이익이 있는 것[53]으로 판단하고 있다.

2) 피고적격자

해고무효 확인소송의 상대방인 피고적격자는 부당해고를 행한 사용자가 된다. 그런데 근로계약 당사자인 사용자의 배후에 있는 특정의 기업 또는 구성원이 인사 및 근로관계에 관하여 실질적인 권한을 행사하여 근로계약 당사자인 사업주가 단지 명목에 지나지 않는 경우에 그 배후에 있는 기업이나 특정인이 해고무효 확인소송의 상대방인 피고적격을 가지고 있는가의 여부가 문제된다. 즉, 사용자인 기업의 법인격이 부인되는 경우에 그 배후에 있는 자가 피고적격자가 될 수 있는가의 여부이다.[54] 판례는 법인격이 부인되는 경우에는 그 배후에 있는 자에 대해서도 회사에 행위에 관한 책임을 물을 수 있는 당사자적격을 인정하고 있다.[55]

판례요지

회사가 외형상으로는 법인의 형식을 갖추고 있으나, 그 실질에 있어서는 완전히 그 법인격의 배후에 있는 타인의 기업에 불과하거나 그것이 배후자에 대한 법률적용을 회피하기 위한 수단으로 함부로 쓰여지는 경우에는 비록 외견상으로는 회사의 행위라 할지라도 회사와 그 배후자가 별개의 법인격체임을 내세워 회사에게만 그로 인한 법적 효과가 귀속됨을 주장하면서 배후자의 책임을 부정하는 것은 신의성실의 원칙에 위반되는 법인격의 남용으로서 심히 정의와 형평에 반하여 허용될 수 없으므로, 회사는 물론 그 배후자인 타인에 대하여도 회사의 행위에 관한 책임을 물을 수 있다고 보아야 한다(대법원 2001. 1. 19. 선고 97다21604).

그리고 인사 및 근로관계, 임원의 구성, 자본 등에 있어서 사용자와 실질적으로 동일한 지위에 있는 실질사업주를 피고적격자로 볼 수 있는가의 여부가 문제된다. 형식상 근로계약상의 당사자로서의 사용자와 관계없이 실질적인 사업주를 근로계약상 사용자로 보아야 한다는 이론이 이른바 실질적 동일성의 법리라고 한다. 원래 「실질적 동일성의 법리」는 위장 해산된 구회사와 신설회사가 영업실태와 회사 임원의 구성

53) 대법원 1994. 4. 29. 선고 93누16680.

54) 「법인격부인의 법리」란 법인과 구성원 사이에 자산·업무가 혼동되어 있어서 법인격이 형해화(허수아비)되어 있는 경우 또는 그 법인이 그 구성원에 의하여 남용적인 목적으로 이용되고 있는 경우에 특정한 권리관계에 한해서 법인격의 존재를 부인하고, 그 배후에 있는 실질적인 구성원을 법인과 동일시하여 법률관계를 타당하게 조정 또는 해결하려는 이론을 말한다(김홍규, 민사소송법(제7판), 38면).

55) 대법원 2001. 1. 19. 선고 97다21604.

등 여러 가지 면에서 실질적으로 동일하다고 판단되는 경우에는 신설회사에게 사용자 책임을 묻는 이론이다. 최근 다양한 고용형태의 확산으로 인하여 근로계약상의 사용자와 동일시할 수 있는 자에게까지 사용자 개념을 확대하여 책임을 묻는 판례들이 많이 있다.[56)]

판례요지

형식적으로는 피고 회사와 도급계약을 체결하고 소속 근로자들인 원고들로부터 노무를 제공받아 자신의 사업을 수행한 것과 같은 외관을 갖추었다고 하더라도, 실질적으로는 업무수행의 독자성이나, 사업경영의 독립성을 갖추지 못한 채, 피고 회사의 일개 사업부서로서 기능하거나, 노무대행기관의 역할을 수행하였을 뿐이고, 오히려 피고 회사가 원고들로부터 종속적인 관계에서 근로를 제공받고, 임금을 포함한 제반 근로조건을 정하였다고 봄이 상당하므로, 원고들과 피고 회사 사이에는 직접 피고 회사가 원고들을 채용한 것과 같은 묵시적인 근로계약관계가 성립되어 있었다고 보는 것이 옳다(대법원 2008. 7. 10. 선고 2005다75088).

따라서 해고근로자의 사용자인 법인의 인격이 사실상 형해(허수아비)화되어 있는 경우에는 그 배후에 있는 자도 피고적격자가 될 수 있으므로 원고는 해고무효 확인소송을 제기한 후 당사자표시의 정정절차에 의하여 피고를 정정할 수 있다.

3) 소　장

소장은 심리와 재판의 기초를 이루는 매우 중요한 자료에 해당되는 것이므로 그 내용을 논리정연하고 정확하게 기재해야 한다. 소장에는 당사자 및 법정대리인, 청구의 취지 및 청구원인을 필수적으로 기재하여야 한다. 당사자 및 법정대리인의 표시는 원고(근로자)·피고(사용자)가 특정인이라는 것을 식별할 수 있도록 성명·명칭·주소 등을 정확히 기재하여야 한다. 피고(사용자)의 주소가 불명확한 경우에는 공시송달의 방법으로 소송을 진행할 수밖에 없으므로 공시송달의 요건에 관한 소명자료를 갖추어 최후의 주소를 기재한다.[57)]

「청구취지」는 원고(해고근로자)가 어떠한 종류, 내용, 범위의 재판을 구하는 것인가를 표시하는 소의 결론적 부분에 해당하는 것으로서 간결·명확하게 표시한다. 청구취

56) 대법원 2002. 11. 26. 선고 2002도649; 대법원 2003. 9. 23. 선고 2003두3420; 대법원 2008. 7. 10, 선고 2005다75088.

57) 실무적으로는 피고가 자연인인 경우에는 통·반장의 「불거주 확인서」를, 회사의 경우에는 「부재확인서」를 첨부한다.

지는 ① 본안에 관한 부분, ② 소송비용의 부담에 관한 부분, ③ 가집행선고에 관한 부분으로 구성된다. 본안에 관한 부분은 「1. 피고가 2008. 2. 4. 원고에 대하여 한 해고는 무효임을 확인한다. 2. 피고는 원고에게 2008. 2. 5.부터 원고를 원직에 복직시킬 때까지 1일 금 80,000만 원의 비율에 의한 금원을 지급하라」라는 식으로, 소송비용의 부담에 관한 부분은 「소송비용은 피고의 부담으로 한다.」라는 식으로, 가집행선고에 관한 부분은 「제1항은 가집행할 수 있다」라는 식으로 표시한다.

「청구원인」은 청구취지를 이끌어내는 논리적인 판단의 경위와 사실관계를 설명하는 부분으로 대체로 당사자의 지위, 해고의 경위, 해고의 부당성, 해고기간 동안의 임금상당액 등으로 구성하여 기술한다. 「당사자의 지위」에서는 해고근로자인 원고와 해고를 행한 사용자인 피고를 중심으로 한 근로계약관계 등 법적인 지위를, 「해고의 경위」에서는 해고근로자의 근무상황 및 사용자의 해고과정 등을 기술하고, 「해고의 부당성」에서는 근로기준법과 취업규칙·단체협약 등에 규정된 해고사유와 절차 위반 등의 사실과 사용자의 징계해고 남용 등을 적시하여 해고가 무효임을 기술하고, 「해고기간 동안의 임금상당액」에서는 해고가 없었더라면 받을 수 있는 임금을 1일 평균임금으로 산정하여 기술한다.

청구를 이유 있게 하는 공격·방어방법의 기재는 소장의 필수적 기재사항이 아니므로 이를 기재하지 않았다 하여 소장이 각하되는 일은 없다. 그러나 2002. 1. 26. 개정 민사소송법이 집중심리제도를 도입함에 따라 기본적인 주장이나 증거를 소장에 분명하게 기재하고, 준비서면을 통하여 청구를 이유 있게 하는 직접사실 및 간접사실의 주장과 증거를 제출함으로써 첫 변론기일에 집중심리가 될 수 있도록 하는 것이 유리하다.

4) 관할법원

원고(해고근로자)는 일정한 형식을 갖춘 소장을 작성하여 원고의 주소지를 관할하는 법원에 제출함으로써 소송이 개시된다. 따라서 해고무효 확인소송의 관할법원은 원칙적으로 피고(사용자)의 주소지를 관할하는 법원이 아니라 원고의 주소지를 관할하는 법원이 된다. 해고무효 확인소송의 관할법원이 원고의 주소지를 기준으로 한다는 점에서 사용자의 주소지를 관할하는 지방노동위원회에 제기하는 부당해고구제신청과는 구별된다.

5) 제소기간의 적용여부

해고무효 확인소송은 민사소송법상 확인의 소에 해당되기 때문에 특별히 제소기간의 제한을 받지 않기 때문에 언제든지 소송을 제기할 수 있다고 하는 장점이 있다.

그러나 해고가 사법상 무효사유에 해당되더라도 해고근로자가 상당한 기간이 경과하여 소송을 제기함으로써 사용자가 더 이상 소송을 제기하지 않을 것이라는 신뢰를 배반한 경우에는 부적합한 소의 제기가 되어 각하되는 경우가 있다.

사용자의 신뢰관계를 위반하여 해고무효 확인소송을 제기하는 것을 제한하는 이론을 실효의 원칙이라고 한다. 「실효의 원칙」이란 신의칙의 파생원칙으로써 권리자가 권리를 행사할 수 있음에도 불구하고 장기간 권리를 행사하지 않음으로써 권리를 행사하지 않을 것이라는 의무자인 상대방의 신뢰에 반하는 권리행사를 허용하지 않는다는 원칙을 말한다.[58)]

판례는 기업 활동을 전개하는 사용자와 임금 수입에 의존하여 생계를 유지하는 근로자의 입장을 고려하여 근로관계의 존속에 관한 법적 분쟁은 신속하게 해결하는 것이 바람직하다는 판단 아래 실효원칙을 적용하여 부적합한 소의 제기로 해고무효 확인소송을 각하하는 경우가 많음을 유의해야 한다.

대체로 판례는 「해고된 근로자가 퇴직금 등을 수령하면서 아무런 이의의 유보나 조건을 제기하지 않고 상당한 기간 지난 후에 그 해고의 효력을 다투는 소를 제기하는 것은 신의칙이나 금반언의 원칙에 위배되어 허용될 수 없는 것」으로 판단하고 있다.[59)]

3. 변론준비

변론준비(辯論準備)란 변론의 집중적·계속적 심리를 위하여 주로 쟁점과 증거의 정리를 목적으로 행해지는 변론기일 전의 절차를 말한다. 변론준비절차의 목표는 변론기일의 횟수를 최소한으로 줄여 변론을 집중하는데 있는 것이므로 법원은 첫 변론기일에 소송이 완결될 수 있도록 하고 소송당사자도 이에 협력해야 한다(§287·①).

개정 민사소송법은 원고(해고근로자)의 소장 부본을 송달받은 피고(사용자)의 답변서가 제출되면 법원은 무변론 판결을 하는 경우를 제외하고는 모든 소송사건을 변론준

58) 신의칙에 위반된다는 이유로 부적합한 소송으로 취급되는 형태는 ① 소송형태의 부당형성의 배제이론, ② 금반언의 원칙, ③ 실효의 원칙, ④ 권리남용 금지의 원칙이 있다. 「소송형태의 부당형성의 배제이론」이란 소송당사자 중 일방이 부당하게 자신에게 유리한 소송형태를 만들어 소송법규의 적용 또는 회피를 목적으로 하는 행위는 신의칙에 반한다는 것이고, 「금반언의 원칙」이란 소송경과 중에 일정한 주장을 하거나 태도를 취해 그에 따라 상대방이 일정한 신뢰를 했음에도 그러한 주장·태도와 모순되는 거동은 상대방의 신뢰를 부당하게 저버리는 자기 모순행위이므로 신의칙상 허용되지 않는다는 원칙이고, 「권리남용금지의 원칙」이란 소송당사자가 정당한 이유 없이 재판의 지연을 목적으로 기피권을 남용하거나 소권을 남용하는 등의 소송상의 권리를 남용하는 것은 신의칙상 허용될 수 없다는 원칙이다(김상수, 민사소송법개론(제4판), 15면).

59) 대법원 2003. 10. 10. 선고 2001다76229; 선고 1996. 3. 8. 선고 95다51847; 대법원 2005. 11. 25. 선고 38270.

비절차에 회부하여 서면으로 당사자 주장의 제출, 증거신청, 석명처분[60] 등을 먼저 진행하여 쟁점 및 증거를 명확히 정리하여 사실관계를 명확히 하고, 변론기일에 실체적 진실에 부합하는 신속한 재판을 도모할 수 있도록 「집중심리주의」를 채택하고 있다(§279 이하).[61]

변론준비절차의 진행방식은 준비서면의 교환과 변론준비기일에 의하여 사건의 쟁점 및 증거를 정리하는 방식이 있다. 준비서면에 의한 준비절차를 진행한 다음 변론준비기일에 의한 절차를 밟는 것이 원칙이나, 이 중 하나의 진행방식을 채택하여 변론준비절차를 진행하는 것도 무방하다. 준비서면의 교환은 피고의 답변서를 원고에게 송달하면서 일정한 기간 안에 이에 대한 반박 준비서면과 필요한 증거를 제출하도록 하는 법원의 준비명령으로 시작된다. 이어 원고로부터 반박 준비서면이 제출되면 이를 피고에게 송달하면서 재반박 준비서면을 제출하도록 하는 준비명령을 보내는 방식으로 진행된다. 준비서면의 교환 횟수는 소장을 포함한 두 번의 공격방어를 원칙으로 한다.[62] 「준비서면」이란 변론기일에 앞서서 변론의 내용을 법원 및 상대방에게 예고하는 서면으로써 당사자의 공격·방어방법 및 상대방의 공격방법에 대한 응답내용을 적은 것을 말한다.

변론준비절차가 끝나면 법원은 변론준비기일에 참석한 법원사무관 등이 변론준비기일의 경과 및 결과를 적은 보고서인 변론준비 기일조서를 작성한다. 이 문서는 심리에 있어서 다툼이나 혼란을 방지하고 변론기일에 집중적인 증거조사 및 변론준비기일의 종결에 따른 실권효(失權效)의 적용근거를 명확하게 하는 기능을 한다.

변론준비기일이 끝나면 변론준비절차에서 제출하지 아니한 공격·방어방법은 변론기일에 제출할 수 없고, 당사자가 변론기일에 공격·방어방법을 제출한 경우에는 법원은 이를 각하하여야 하는 실권효과(失權效果)가 발생한다. 따라서 소송당사자는 변론기일 전에 진행되는 변론준비절차에서 상대방의 주장을 반박하기 위한 철저한 준비서면을 작성하여 제출하는 것이 소송승패에 결정적인 역할을 한다.

---

60) 석명처분이란 소송관계를 분명하게 하기 위하여 법관이 당사자의 진술모순이나 불완전함을 제거하기 위하여 당사자의 출석명령, 소송에 인용한 문서 등의 제출 또는 유지, 감정, 필요한 조사의 촉탁 등을 말한다(민사소송법 §140).

61) 구 민사소송법에서는 소 제기 후 바로 변론이 개시되어 제1회 변론기일까지 소송당사자가 사실상 아무런 소송준비를 하지 않거나 비록 당사자가 공격·방어방법이 제출되더라도 법원이 사건의 쟁점을 명확히 파악하지 못함으로써 소송이 지연되고 시간과 노력의 낭비가 심하다는 비판이 있어 왔다. 개정 민사소송법은 집중심리주의를 취하여 하나의 사건을 계속적으로 집중 심리하여 그 사건을 종료한 뒤에 다른 사건을 심리하도록 하고 있다.

62) 김홍규, 민사소송법(제7판), 433~434면.

4. 변론 및 심리

변론준비절차를 거친 사건은 재판장은 변론기일을 정하고 당사자에게 통지함으로써 변론이 개시된다(§258·②). 재판장이 지정한 첫 변론기일에 변론준비절차에서 정리된 결과에 따라 바로 증거조사를 시행하여야 하고, 당사자 심문도 함께 완료하도록 집중해서 심리해야 한다(§287).

변론에 입회한 법원사무관 등은 변론기일 마다 변론경과의 개요를 정리한 변론조서를 작성해야 한다. 변론조서는 변론의 경과를 명확히 함으로써 후일의 다툼이나 혼란을 방지하고 절차의 안정을 꾀하며 상급법원에 의한 원심판결 적부의 조사·판단을 가능케 해준다. 당자자의 주장과 입증이 종국판결을 할 상태에 이르렀다고 인정되는 경우에는 법원은 변론의 종결을 선고한다.[63]

변론 및 심리과정에서 소송결과에 지대한 영향을 미치는 것이 바로 입증(주장)책임에 관한 문제이다. 입증책임이란 어떤 법률효과를 수반하는 요건사실의 주장이 변론기일에 제출되지 않음으로써 법관이 그 요건사실을 인정할 수 없게 되어 당해 법률효과의 발생이 인정되지 아니하는 한 쪽 당사자의 불이익 내지 부담을 말한다. 소송당사자는 입증책임의 분배원칙에 따라 각 요건사실에 따라 입증책임을 부담한다. 법률효과의 발생 또는 소멸의 요건으로 규정되어 있는 법률요건구성 사실을 표준으로 소송당사자에게 입증책임이 분배된다고 하는 것이 통설이다(법률요건분류설). 입증책임의 분배에 의하면, 권리를 주장하는 원고는 권리근거규정의 요건사실에 대해서는 입증해야 하나, 권리의 부존재를 주장하는 피고는 권리 장애규정의 요건사실·권리멸각 규정인 요건사실·권리행사를 배제 또는 저지하는 규정의 요건사실을 입증해야 한다.[64]

해고근로자가 사용자를 상대로 해고무효를 이유로 한 지위보전가처분 또는 해고무효 확인소송을 제기한 경우에 권리발생사유로서 근로계약의 체결사실, 근로제공사실 등에 대한 입증책임은 해고근로자가, 해고행위와 해고의 정당한 사유에 대한 입증책임은 사용자가 부담한다.[65] 구체적인 사용자의 입증책임은 다음과 같은 과정을 거치게 된다.

만약 사용자가 여러 가지 징계사유를 주장하고 있는 경우에 전체 징계사유에 대하여 입증할 증거가 없다면 그 징계처분은 무효로 되고, 그 일부에 대하여 입증할 증거

---

63) 다만, 범원이 변론의 종결을 선고하였더라도 변론이나 증거조사가 불충분하거나 그 밖에 필요하다고 인정되는 경우에는 종국판결을 선고할 때까지는 변론의 재개를 명할 수 있다(§142).

64) 김홍규, 민사소송법(제7판), 408면; 김상수, 민사소송법개론(제4판), 149면.

65) 노동관계소송과 관련된 입증책임에 관한 상세는 김남태, 「노동관계소송과 입증책임」, 637면 이하 참조.

가 없다면 다음 단계로 넘어가 징계양정의 적정성 여부를 판단한다. 이때 법원은 당해 사용자의 사업목적과 성격, 사업장의 여건, 당해 근로자의 지위 및 담당직무의 내용, 비위행위의 동기와 경위, 이로 인한 기업위계질서의 문란위험성 등 기업질서에 미칠 영향, 과거의 근무태도 등 여러 가지 사정을 종합적으로 검토하여 그 징계양정이 적정한가의 여부를 판단한다.[66] 그리고 당해 근로자의 평소의 소행, 근무성적, 징계처분 전력, 징계사유로 되지 않은 비위사실도 징계양정의 참작자료가 된다.[67] 이러한 검토 과정을 거쳐 징계양정이 적정하지 않다고 판단되는 경우에는 당해 징계처분은 사용자가 허용된 징계재량권의 범위를 일탈한 것으로 무효가 된다.[68]

5. 판 결

1) 의 의

법원은 변론과 심리를 종료하면 판결절차를 거쳐 판결 선고를 해야 한다. 해고무효 확인소송의 본안판결은 원고승소 판결과 원고패소 판결로 구분된다. 원소승소 판결은 해고근로자인 원고의 해고무효 확인 등의 청구가 이유 있는 것으로 판결하는 청구인용판결이고, 원고패소 판결은 원고의 청구가 이유 없는 것으로 청구기각 판결이다.

2) 판결의 내용

해고무효 확인소송의 청구취지는 해고가 사법상 무효이므로 원직에 복직시킬 것과 해고기간 동안 임금상당액의 지급을 목적으로 하는 소송이다. 따라서 판결의 주문과 이유도 이러한 내용으로 구성된다. 원고인 해고근로자의 청구를 인용하는 판결인 경우에는 주문에는 해고가 무효임과 해고기간 동안 사용자가 지급하여야 임금상당액의 지급방법을 명시함과 동시에 원직 복직시킬 것과 가집행선고를 한다. 그리고 판결이유에는 주문의 내용을 뒷받침하는 내용을 구체적으로 명시한다.

그리고 해고 이외의 인사처분을 소송물로 하는 확인소송의 경우에는 주문에 인사의 부당성 여부를 간략하게 명시하고, 판결이유에서는 그 근거와 이유를 구체적으로 명시한다.

---

66) 대법원 1992. 5. 12. 선고 91다27518; 대법원 1994. 1. 11. 선고 93다49192; 대법원 1995. 4. 25. 선고 94누13053; 대법원 1995. 5. 26. 선고 94다46596; 대법원 1998. 11. 10. 선고 97누18189; 대법원 2002. 5. 28. 선고 2001두10455 등.

67) 대법원 1998. 5. 22. 선고 98다2365.

68) 도재형, 노동위원회 패소사례분석(2000. 1. 1.~ 2005. 4. 30.), 118면.

3) 판결의 효력

변론과 심리를 거쳐 판결이 확정되면 그 판결 선고와 동시에 판결 법원은 그 판결을 임의로 철회 또는 변경할 수 없고(기속력), 판결 선고 이후 상소기간 내에 상급법원에 상소하지 않으면 그 판결은 확정되고(형식적 확정력), 판결이 종국적으로 확정되면 당사자를 구속할 뿐만 아니라 동일한 사항에 대하여 이에 반하는 주장을 하여 다툴 수 없고 법원도 이와 모순·저촉되는 판결을 할 수 없다(실질적 확정력). 그리고 원고(근로자) 승소 이행판결이 확정되면 원고는 그 판결 내용의 이행의무를 강제집행에 의하여 채권만족을 얻을 수 있고(집행력), 확정판결의 선고 내용에 따라 당사자 사이의 법률관계를 창설하거나 종래의 법률관계를 변경 또는 소멸시키는 효력이 발생한다(형성력).

(1) 기 속 력

해고무효 확인소송의 본안판결이 선고되면, 재판을 임의로 철회 또는 변경을 할 수 없도록 법원을 구속하는 원칙을 기속력(羈束力) 또는 자박력(自縛力)이라 한다. 기속력을 인정하는 이유는 재판은 법원의 공권적 판단의 표시이므로 일단 재판으로서 외부에 표시된 이상 이를 철회 또는 변경을 허용하면 법적 안정성을 해칠 뿐만 아니라 소송제도의 신용을 떨어뜨리기 때문이다.

(2) 형식적 확정력

판결이 더 이상 상소에 의하여 취소될 수 없는 상태로 확정된 경우에 그 판결은 확정되어 당사자는 더 이상 다툼을 할 수 없는 판결의 효력을 말한다. 즉, 종국판결에 대한 불복수단이 없어 취소불가능 상태의 효력을 형식적 확정력이라고 한다. 판결의 내용에 따라 발생하는 기판력, 집행력, 형성력 및 부수효 등은 판결의 형식적 확정력이 확정되어야 발생하는 것이 원칙이다.

통상의 불복수단인 상소에 의하여 판결을 다툴 수 없게 되면 판결이 확정되는 것이지만, 상소를 다툴 수 없는 시기는 각 사안에 따라 다르기 때문에 이에 따라 판결의 확정시기도 달라진다. 상고심 판결 및 제권판결과 같이 상소를 할 수 없는 판결은 판결선고시에, 상소가 허용되는 판결의 경우에는 상소기간의 만료 시에, 상소 각하판결·기각판결이 확정된 경우에는 원판결의 선고 시에, 당사자 모두가 상소기간 만료 전의 상소권을 포기한 경우에는 그 포기 시에, 양 당사자가 시기를 달리하여 상소권을 포기한 경우에는 최후의 상소권 포기 시에, 종국판결 전에 당사자의 불항소합의(不抗訴合意)가 있는 경우에는 판결의 선고 시에, 종국판결 후에 당사자의 불항소합의(不抗訴

合意)가 있는 경우에는 그 합의 시에 각각 판결이 확정된다.[69]

그런데 판결의 확정은 판결원본이나 정본에 나타나지 않으므로 확정판결을 이용하여 본안판결에 따른 각종 권리행사(배당요구·등기신청·호적부의 신분기재 등)를 위한 판결확정증명서는 별도로 소송기록을 보관하고 있는 제1심 법원에 교부신청을 하여 발급받아야 한다.

(3) 실질적 확정력(기판력)

확정판결의 내용이 당사자 및 후소법원(後訴法院)을 내용적으로 구속하는 효력을 기판력(旣判力) 또는 실질적 확정력이라고 한다. 기판력은 확정된 종국적 판결의 존중을 제도적으로 강제하기 위한 수단이고, 분쟁의 종국적·강제적 해결이라는 민사소송제도의 목적달성에 불가결한 것으로써 확정된 종국판결에 주어지는 효력이다.

판결의 효력 중 기속력은 소송절차상의 효력으로서 법원에 대한 구속력을, 형식적 확정력은 당사자에 대한 구속력을, 기판력은 소송물에 관하여 행하여진 판단의 효력으로써 당해 소송보다는 오히려 그 뒤의 별소(別訴)에 있어서 당사자 및 법원에 대한 구속력을 의미한다.

(4) 집 행 력

좁은 의미에서의 집행력이란 이행판결의 내용인 이행의무를 강제집행에 의하여 실시할 수 있는 효력을 말하고, 넓은 의미에서의 집행력이란 강제집행 이외의 방법으로 판결의 내용에 적합한 상태를 실현할 수 있는 효력을 말한다. 넓은 의미에서의 집행력은 이행판결 뿐만 아니라 확인판결과 형성판결에도 인정된다.

해고무효 확인판결에서 집행력이 미치는 범위는 "해고기간 동안 임금상당액"에 국한되고 원직복귀에는 적용되지 않는다. 따라서 해고무효 확인소송이 확정되었음에도 사용자가 해고기간 동안 임금상당액을 지급하지 않으면 해고근로자는 사용자의 재산에 대하여 강제 집행할 수 있다.

집행력은 판결이 확정되어야 효력이 발생하는 것이지만, 법원은 예외적으로 확정 전이라도 그 효력을 발생시키기 위하여 가집행선고를 할 수 있다. 가집행선고는 판결의 확정 전에 미리 집행력을 부여하는 형성판결을 의미한다. 해고무효 확인 판결의 주문에 가집행선고가 있는 경우에는 항소심에 계류 중이라도 해고근로자는 사용자의 재산에 대하여 강제 집행할 수 있다.

---

69) 김홍규, 민사소송법(제7판), 592~593면; 김상수, 민사소송법개론(제4판), 202~203면,

(5) 형 성 력

형성력이란 확정판결이 그 선고한 대로 당사자 사이의 법률관계를 창설하거나 종래의 법률관계를 변경 또는 소멸시키는 효력을 말한다. 형성력은 형성판결에만 적용되는 것이므로 비록 해고무효 확인판결이 확정되었음에도 사용자가 해고근로자를 원직에 복직시키지 않는 한 당연히 근로자의 자격이 회복되는 것은 아니고, 해고기간 동안의 임금상당액이 증가될 뿐이다.

제5절 현행 권리구제의 문제점과 개선방향

Ⅰ. 개 관

1994. 7. 27. 개정되어 1998. 3. 1.부터 시행하고 있는 행정소송법은 종전의 행정심판전치주의를 폐지하고 행정심판을 임의절차로 하면서 행정소송을 2심제(고등법원→대법원)에서 3심제(행정법원→고등법원→대법원)로 전환하였다. 그러나 부당인사에 대한 행정구제절차는 행정소송이 3심제로 전환되면서 종전 4심제에서 5심제로 오히려 늘어나게 되었다. 심급단계가 늘어남에 따라 구제절차가 지연되어 권리구제의 실효성을 저해한다는 비판이 있다.

그리고 노동위원회 또는 행정소송에서 확정된 구제명령은 사용자가 이에 복종해야 할 공법상 의무만 부담할 뿐이므로 사용자가 구제명령을 이행하지 않는 경우에는 근로자는 권리를 구제 받기 위하여 사용자를 상대로 별도로 민사소송을 제기해야만 하는 문제점이 있다. 이와 같은 심급의 다단계와 구제절차의 중복에 따른 권리구제의 실효성을 확보하기 위한 입법적 개선방안으로써 심급제도와 노동위원회의 기능을 개편해야 한다는 논의가 일고 있다.

Ⅱ. 심급단계에 관한 부분

1. 문 제 점

지방노동위원회는 부당인사처분 구제신청이 있으면 그 사건을 조사·심문하여 부당인사 여부를 판단하게 되고, 이에 불복하는 당사자는 중앙노동위원회에 재심신청을 하게 되며, 중앙노동위원회의 재심판정에 불복하는 당사자는 중앙노동위원회 위원장을 피고로 하여 서울지방행정법원에 행정소송을 제기하게 된다. 행정법원의 판결에 불복이 있는 당사자는 고등법원과 대법원에 항소와 상고를 하게 된다. 이와 같은 모든 심급절차를 밟게 되는 경우에는 대법원까지 약 3년간의 장기간이 소요되어 부당인사 구제신청사건의 신속한 처리를 기대하기 어렵게 하여 권리구제의 실효성을 확보할 수 없다는 문제가 있다.

2. 개선방안

다층구조인 심급단계로 인한 구제지연의 문제를 해결하기 위한 방안으로서는 행정소송을 2심화로 단축하는 방안, 재심절차를 임의화하는 방안, 현재의 심급체제를 유지하되 문제점을 보완하는 방안 등이 논의되고 있다.

1) 행정소송의 2심화 방안

이는 중앙노동위원회의 재심판정에 불복하여 행정소송을 제기하는 경우에는 고등법원에 취소소송을 제기하도록 하는 방안이다. 부당인사처분의 구제는 분쟁의 신속·적정한 해결을 목적으로 하는 것이므로 일반 행정쟁송절차와는 다른 형태의 행정소송절차의 도입이 가능하다는 것을 전제로 한 방안이다. 그 근거로서 행정법원이 중앙노동위원회의 판정과 무관하게 전면적으로 사실관계와 법리를 새로이 심리하는 것은 전문노동행정기관인 노동위원회의 준사법적 판단인 재심판정이 번복됨으로써 노동위원회를 통한 분쟁해결의 의미가 감소된다는 점, 사실관계를 중복 심리하는 것은 비효율적이고 신속한 권리구제가 제한된다는 점이 제시된다.[70]

2) 재심절차의 임의화 방안

이는 지방노동위원회의 초심판정에 대해 중앙노동위원회에 재심을 신청할 수 있게 하거나 곧바로 행정소송을 제기할 수 있게 하는 방법을 임의로 선택하게 하는 방안이다. 재심절차를 임의화하는 방안은 지방노동위원회의 초심판정에 대한 불복 당사자의 편의를 도모하고[71] 중앙노동위원회의 업무를 감경하는 동시에 곧바로 행정소송의 제기를 가능하게 함으로써 신속한 구제 및 분쟁해결을 촉진하기 위한 것이다.[72] 이

70) 김홍영, 「노동위원회를 통한 구제절차상의 심급제도의 개선논의에 관한 검토」, 359면 이하.

71) 지방노동위원회의 초심판정에 불복하는 당사자는 중앙노동위원의 재심과 서울행정법원의 행정소송을 거치지 않고 직접 지방에 있는 법원에 행정소송을 제기할 수 있기 때문에, 가까운 지역에서 행정소송을 수행할 수 있고 변호사의 조력을 받을 수 있다는 편리성이 있다.

72) 김홍영, 「노동위원회를 통한 구제절차상의 심급제도의 개선논의에 관한 검토」, 364면 이하.

방안이 도입되기 위해서는 부당노동행위와 관련하여 해고의 효력을 다투는 자의 조합원 자격을 중앙노동위원회의 재심판정 또는 행정소송 1심 판결시까지로 인정할 수 있도록 노동조합 및 노동관계조정법 제2조 제4호 라목을 개정해야 한다.

3) 현재 심급단계를 보완하는 방안

이는 현재 심급단계를 그대로 유지하면서 권리구제 기간을 단축할 수 있도록 중앙노동위원회의 제도를 부분적으로 보완하는 방안이다. 이 방안은 현재의 구제절차가 전혀 문제가 없다는 것이 아니라 무리하게 심급절차를 변경하기 보다는 중앙노동위원회의 인력을 증원하고 재심절차를 개선하여 구제절차의 지연을 방지하고 권리구제의 실효성을 확보할 수 있도록 하자는 것이다. 그 이유로 부당해고 등의 권리구제절차가 종전보다 한 단계 더 늘었으나, 집중심리제도가 도입되어 소송처리사건이 대폭적으로 단축되어 사건의 처리에 있어서 종전과 비교할 때 소송기간이 실질적으로 단축되었다는 것을 들고 있다.

권리구제의 실효성 방안으로서 현재의 긴급이행명령제도를 부당노동행위뿐만 아니라 부당인사에도 확대하고 중앙노동위원회의 재심에도 도입할 것을 제시한다. 재심단계에서 구제명령의 실효성을 확보할 수 있다면 불복절차와 관련하여 신속한 권리구제의 목적을 달성할 수 있으므로 심급단계를 단축할 필요성은 감소된다. 즉, 부당노동행위 사건과 부당해고 사건 모두에 긴급이행명령제도가 재심단계에서 제대로 활용된다면, 행정소송기간 중에도 적절한 권리구제를 받을 수 있으므로 다소 구제절차가 지연되더라도 현재와 같은 심각한 피해는 상당 부분 해소된다.[73)]

Ⅲ. 행정쟁송과 민사소송절차의 중복에 관한 부분

1. 문 제 점

노동위원회의 구제명령은 사용자가 이행할 공법상의 의무만이 발생하고 사법상의 법률관계를 발생 또는 변경하는 효력이 없을 뿐만 아니라 집행력도 없다. 따라서 사용자가 노동위원회의 구제명령을 이행하지 않는 경우에는 근로자는 권리구제를 받기 위하여 사용자를 상대로 해고무효 확인 등의 민사소송을 제기할 수밖에 없다.

노동위원회와 법원은 별개의 조직이며 노동위원회를 통한 행정구제는 소송절차에

73) 김홍영, 「노동위원회를 통한 구제절차상의 심급제도의 개선논의에 관한 검토」, 372면 이하.

의한 것이 아니기 때문에 민사소송절차에서 법원은 노동위원회의 판정에 구속되지 않는다. 노동위원회의 구제명령이 확정되었다 하더라도 근로자가 제기한 민사소송에서 사용자가 구제명령의 당부를 다투는 것이 신의칙이나 금반언의 원칙에 반하지도 않는다.74)

판례요지

노동위원회의 사용자에 대한 구제명령은 사용자에게 이에 복종하여야 할 공법상의 의무를 부담시킬 뿐, 직접 노사 간의 사법상의 법률관계를 발생 또는 변경시키는 것은 아니라고 할 것이므로 노동위원회로부터 부당해고라는 구제명령이 있었고 이것이 확정되었다는 사정만으로 새로이 제기된 민사소송에서 사용자가 이를 다투는 것이 신의칙이나 금반언의 원칙에 반하여 허용될 수 없는 것이라고 하기 어렵다(대법원 2006. 11. 23. 선고 2006다49901).

이처럼 근로자가 동일한 권리분쟁임에도 보호방식과 구제내용이 다르다는 이유로 노동위원회를 통한 구제절차와 병행 또는 별도로 직접 민사소송을 제기할 수 있게 하는 것은 서로 법적 판단이 달라질 수 있을 뿐만 아니라 이중의 절차를 거쳐야 한다. 노동위원회가 노동사건에 대한 심판기능을 부여하는 이상 법원과의 기능중복 및 이로 인한 구제절차의 지연과 혼란을 초래한다. 그 결과, 사건의 해결이 지연되어 노동분쟁의 신속한 해결이라는 노동사건의 권리구제의 목적에 부합하지 않는다는 문제가 발생한다.

2. 개선방안

노동사건에 대한 노동위원회를 통한 행정구제절차와 민사소송을 통한 민사구제절차의 병존에 따른 노동분쟁 해결의 지연문제를 해소하기 위한 제도적 개선으로서는 노동위원회의 기능을 개편하는 방안과 노동법원을 설립하는 방안이 거론되고 있다.

1) 노동위원회의 기능을 개편하는 방안

노동위원회의 기능을 민사소송을 제기하기 전에 반드시 거쳐야 하는 조정전치주의로 전환하고 심판기능은 법원에 이관함으로써 중복적인 분쟁처리 절차를 일원화하는 방안이다. 이 방안은 개별적인 근로관계에서 발생한 부당인사의 정당성 여부에 관한

74) 대법원 2006. 11. 23. 선고 2006다49901.

판단을 사법기관이 아닌 노동위원회가 판단할 수 있게 한 것이 근본적인 문제라고 지적하면서 노동위원회의 심판기능을 재검토해야 한다는 입장이다. 다음과 같은 근거로 개별적인 권리분쟁인 노동사건에 대한 노동위원회의 심판기능을 없애고, 조정기능으로 전환해야 한다고 주장한다.

노동사건은 신속하게 해결되는 것이 바람직하므로 엄격한 사법판단보다는 당사자의 합의에 의하여 종결되는 것이 가장 이상적이다. 따라서 노동위원회는 판정기관이 아닌 근로관계에 대한 전반적이고 현실적인 시각을 가진 구성원들이 전문적인 자문을 통하여 분쟁을 조정하거나 중재하는 기관으로 전환하고, 다툼이 있는 노동사건에 대해서는 일정한 기준을 정하여 법원에 제소하기 전에 전치절차를 거치도록 하는 것이 바람직하다고 한다.[75] 즉, 노동위원회가 이익분쟁의 조정뿐만 아니라 권리분쟁을 포함한 노동분쟁의 전반적인 영역에서 조정역할을 담당하도록 하는 것이다.

이와 같이 일정한 기준에 의한 조정전치제도의 도입은 노동위원회의 기능을 활성화할 수 있을 뿐만 아니라 분쟁의 초기단계에서 당사자들의 감정을 노출하지 않고 분쟁을 종결시킬 수 있고, 당사자의 감정 대립으로 인한 근로자의 원직복귀가 현실적으로 어렵다는 문제점도 해결할 수 있다. 노동위원회는 전문성을 살려 조정을 전담하는 기관으로 만들고 심판기능은 법원에 이관하여 중복적인 분쟁처리절차를 일원화할 경우, 법원과 노동위원회가 노동사건에 관련한 유기적인 역할분담을 도모하고 노동분쟁을 효율적이고 신속하게 처리할 수 있게 된다.[76]

2) 노동법원의 설립방안

노동위원회를 통한 노동사건 구제제도의 많은 문제점으로 권리구제의 실효성을 확보할 수 없다는 전제 아래 특별소송구조의 한 형태로 노동분쟁을 전담하는 별도의 노동법원을 설립하여 노동분쟁을 해결하자는 방안이다. 이는 노동법원이라는 별개 법원의 설치만을 의미하지 않고, 일정한 노동사건에 대해 노동법원에 전속적인 관할 권한을 부여해야 한다는 것을 의미한다. 노동법원은 독일·프랑스·영국 등 유럽 국가들이 주로 도입하고 있는데, 노동법원이 일반법원과 별도로 조직된 일정한 노동관계 분쟁을 전속적으로 관할하고 노사대표가 판사의 구성에 참여한다는 공통점을 가지고 있다. 우리나라에서의 노동법원의 도입론은 오래 전부터 주로 노동계에서 주장되어 왔는데, 대체로 노동단체와 사용자단체가 추천하는 2명의 배석판사가 심리에 참여하

75) 정진경, 「해고관련 법제의 변화 및 전망」, 29면; 김홍영, 「노동분쟁에 대한 노동위원회의 역할과 과제」, 135면.

76) 박수근, 정진경, 「해고관련 법제의 변화 및 전망」, 29~30면.

는 삼자구성방식을 강조하고 있다.

노동법원을 도입해야 한다는 근거로서는 유동적인 노동관계를 다루고 있는 노동사건은 고정적인 권리의무관계를 다루고 있는 일반 민사소송과 상이하기 때문에 전문법원이 필요하다는 점, 노사를 대표하는 배석판사가 참여함으로써 삼당사자주의 및 민주주의가 관철되어 권위 있는 사법기관으로 자리잡을 수 있다는 점, 노동분쟁을 법적으로 해결할 수 있는 환경을 형성하여 법치주의를 확립할 수 있다는 점 등이 제시되고 있다. 그러나 노동법원을 도입하기 위해서는 노동사건을 해결하는데 적합한 노동소송법의 제정이 전제되어야 한다. 즉, 노동사건은 행정소송의 전제인 공법관계와 민사소송의 전제인 정태적 관계가 아니라 매우 유동적인 사인관계이므로 이에 적합한 노동소송법의 제정이 필수적으로 요청된다.[77]

77) 이상의 내용은 김홍영, 「노동위원회를 통한 구제절차상의 심급제도의 개선논의에 관한 검토」, 369면 이하 참조.

부 록

I. 노동부 및 노동위원회의 인사구제 서식 작성례

1 진정서 및 답변서

[진정서]

<table>
<tr><td colspan="7">진 정 서</td></tr>
<tr><td rowspan="3">진 정 인
(신고인)</td><td>성 명</td><td colspan="2">홍 길 동</td><td>전화번호</td><td colspan="2">02-000-0000</td></tr>
<tr><td>주민등록번호</td><td colspan="2">640224-1000000</td><td>휴대폰 번호</td><td colspan="2">011-000-0000</td></tr>
<tr><td>주 소</td><td colspan="5">서울특별시 ○○구 ○○동 ○○번지</td></tr>
<tr><td rowspan="3">피진정인
(사업주)</td><td>사업체명</td><td colspan="2">주식회사 ○○○산업</td><td>전화번호</td><td colspan="2">02-000-0000</td></tr>
<tr><td>대 표 자</td><td>○ ○ ○</td><td>주민번호</td><td>6100224-
1000000</td><td>업 종</td><td>제 조</td></tr>
<tr><td>사업장소재지</td><td colspan="3">서울특별시 ○○구 ○○동 ○○번지</td><td>근로자수</td><td>30명</td></tr>
<tr><td colspan="7">진 정 내 용

상기 진정인은 위 회사 노동조합 위원장으로서 . . . 입사하여 근무하던 중 쟁의행위에 참가하였다는 이유로 피진정인은 해고예고 또는 해고예고절차를 거치지 않고 . . . 즉시해고 처분한 한 것은 부당해고와 부당노동행위임이 분명하므로 복직하여 근무하게 원직에 복직하여 근무할 수 있도록 선처하여 주시기 바랍니다.

[첨부] 1. 해고통보서 사본 1부

년 월 일
진 정 인 : 홍 길 동 (서명 또는 날인)

ㅇㅇ지방노동청(ㅇㅇ지청)장 귀하</td></tr>
</table>

[답변서(부당해고 진정)]

답 변 서

진 정 인 홍 길 동
서울특별시 ○○구 ○○동 ○○번지

피진정인 주식회사 ○○산업 대표 ○○○
서울특별시 ○○구 ○○동 ○○번지

위 진정인이 피진정인을 상대로 귀 ○○노동청(○○지청)장에 제기한 부당해고 진정 사건에 대하여 위 피진정인은 아래와 같이 답변서를 제출합니다.

Ⅰ. 답변취지

「피진정인에 진정인에게 행한 해고는 진정인의 불법쟁의행위를 이유로 한 정당한 해고이므로 피진정인은 해고예고수당 및 해고예고절차를 준수할 의무가 없다.」라는 취지의 답변을 합니다.

Ⅱ. 답변이유

1. 해고경위에 대하여

가. 진정인은 피진정인 회사에 설립된 노동조합 위원장으로서 . . . 단체교섭을 진행하던 중 피진정인 회사가 노동조합의 임금인상을 수용하지 않는다는 이유로 . . . 일방적으로 교섭을 중단하면서 쟁의찬반투표와 쟁의조정절차를 거치지 않은 채 . . .부터 . . .까지 총 20일간 조업을 중단하였습니다.

나. 진정인을 포함한 조합원들이 행한 불법적인 조업중단으로 인하여 피진정인 회사는 총 20억 원의 조업손실과 거래회사의 감소 등에 따른 간접손실 5억 원의 손해를 입게 되었습니다.

다. 이에 피진정인 회사는 부득이 기업을 정상화하기 위한 절박한 심정으로 . . . 불법조업을 적극적으로 주도한 진정인을 포함한 다수의 조합원을 해고하였던 것입니다.

2. 해고의 정당성 여부에 대하여

가. 쟁의행위가 정당하기 위해서는 성실하게 단체교섭을 진행하다가 노사간의

장불일치로 인하여 교섭이 결렬된 이후 조합원의 쟁의행위 찬반투표와 노동위원회의 조정절차를 거쳐야 하는 것입니다.

나. 그러나 진정인은 노동조합 및 노동관계조정법에 규정된 쟁의행위의 정당한 요건과 절차를 전혀 지키지 않고 단지 한 차례의 교섭을 진행하다가 피진정인이 노동조합의 요구를 들어 주지 않는다는 이유로 일방적으로 교섭을 파기하고, 쟁의행위절차를 준수하지 않고 즉시 조업을 중단한 것은 엄연한 불법적인 쟁의행위에 해당되는 것입니다.

다. 피진정인이 진정인이 주도·기획한 불법 쟁의행위와 이로 인한 막대한 조업손실을 이유로 진정인을 포함한 다수의 조합원을 징계해고한 것은 근로기준법 제23조 제1항의 정당한 해고일 뿐만 아니라 부당노동행위와는 전혀 관련성이 없는 것입니다.

3. 해고예고수당의 지급 여부에 대하여

가. 근로기준법 제26조는 천재·사변, 그 밖에 부득이한 사유로 사업을 계속하기 불가능하거나 근로자가 고의로 막대한 사업에 막대한 지장을 초래하거나 재산상 손해를 끼친 경우에는 해고예고수당을 지급하지 아니할 수 있도록 규정하고 있습니다.

나. 진정인을 포함한 조합원들은 고의로 조업을 중단함으로써 피진정인에게 막대한 재정적 손실을 끼친 것은 근로기준법 제26조에 규정된 해고예고수당의 적용제외 사유에 해당되는 것입니다.

4. 결 론

가. 위와 같은 진정인의 불법쟁의행위 과정과 이로 인한 피진정인 회사의 손실 등을 고려하면, 진정인에 대한 피진정인의 해고가 비록 해고예고절차 또는 해고예고수당을 지급하지 않았다 하더라도 정당한 해고이고 부당노동행위에도 해당되지 않는 것입니다.

나. 진정인과 다수의 조합원들이 노동위원회에 구제신청을 제기하여 현재 계류 중에 있으므로 노동위원회의 최종 판정이 있을 때까지 이 진정 사건을 유예해야 할 것입니다.

입증방법 및 제출서류

1. 피진정인 회사의 손해액 집계표 1부
1. 징계위원회 회의록 사본 1부

년 월 일

피진정인 주식회사 ○○산업

대표이사 ○ ○ ○ (서명 또는 날인)

○○지방노동청(○○지청)장 귀하

2 부당인사구제신청서 및 답변서

[부당해고구제신청서]

<table>
<tr><th colspan="5">부당해고구제신청서</th></tr>
<tr><td rowspan="2">근로자</td><td>성 명</td><td colspan="3">○ ○ ○ 외 29인 (주민등록번호 : 630224-0000000)</td></tr>
<tr><td>주 소</td><td colspan="3">서울시 영등포구 영등포동 123 (☎ : 02-330-15187)</td></tr>
<tr><td rowspan="2">사용자</td><td>사업체명</td><td>주식회사 ○○일보</td><td>대 표 자</td><td>○ ○ ○</td></tr>
<tr><td>소 재 지</td><td colspan="3">서울시 서대문구 서대문동 123 (☎ : 02-339-1588)</td></tr>
<tr><td colspan="2">신청취지</td><td colspan="3">1. 주식회사 ○○일보가 2008. 8. 5. 근로자 ○○○외 30명에 행한 경영해고를 부당인사로 인정한다.
2. 주식회사 ○○일보는 위 근로자들을 즉시 원직에 복직시킬 것과 복직 시까지 받을 있는 임금상당액을 지급해야 한다.
라는 판정을 구합니다.</td></tr>
<tr><td colspan="2">신청이유</td><td colspan="3">〈별지〉 신청이유 참조</td></tr>
<tr><td colspan="5">위 근로자들은 「근로기준법」 제28조와 「노동위원회규칙」 제39조에 따라 부당해고구제를 위와 같이 신청합니다.

2008년 8월 30일

신청인 대 표 자 ○ ○ ○ (서명 또는 날인)
위 대리인 공인노무사 ○ ○ ○ (서명 또는 날인)</td></tr>
</table>

서울지방노동위원회위원장 귀하	
구비서류	1. 해고의 경우 해고통지서 2. 부당노동행위에 대한 사실을 증명할 수 있는 자료

[별 지]

신 청 이 유

Ⅰ. 당사자에 대하여

1. 근로자 ○○○ 외 30명(이하 "신청인들"이라 합니다.)은 노동조합 및 노동관계법조정법상 합법적인 쟁의절차를 거쳐 2008. 7. 초순경부터 파업에 돌입하자 주식회사 ○○일보(이하 "피신청인 회사"라 합니다.)로부터 긴박한 경영상의 필요라는 이유로 2008. 8. 5. 경영해고를 당한 전국언론노동조합 ○○일보 지부 소속 조합원인 근로자들이고,
2. 피신청인은 상시근로자 40여명을 고용하면서 신문제작업을 경영하고 있는 주식회사 ○○일보 청산입니다.

Ⅱ. 경영해고의 경위에 대하여

1. 2008. 7. 초순경 신청인들은 노동관계법상 정당한 노동쟁의절차를 거쳐 합법적으로 파업에 돌입하자, 피신청인 회사는 외주도급을 통하여 신문을 제작하여 오다가 2008. 7. 중순경 임시주주총회를 개최하여 법인청산을 결의하면서 ○○○을 청산인으로 선임하였습니다.
2. 피신청인 회사는 ○○○을 청산인으로 선임한 후 즉시 신청인들의 쟁의행위를 근로기준법 제24조 제1항의 긴박한 경영상의 필요성이 있는 것으로 판단하여 해고예고의 절차도 거치지 않은 채 2008. 8. 5. 일방적으로 총 근로자 40여명 중에서 31명을 대량해고하였습니다.

Ⅲ. 경영해고 정당성 여부에 대하여

1. 경영해고의 실체적 정당성 여부
   가. 근로기준법상 경영해고의 실체적 요건으로서 긴박한 경영상의 필요성과 합리적·공정한 해고대상자 기준을 설정하여야 함에도 불구하고 피신청인 회사는 경영해고의 실체적 요건을 결하였습니다.
   나. 노동조합 및 노동관계조정법상 정당한 파업권에 대항하여 일방적으로 직

장폐쇄와 신문발행 중단으로 맞서면서 청산절차를 밟는 것은 근로기준법상 긴박한 경영상의 필요성이 있다고 해석할 수는 없는 것입니다. 즉, 피신청인 회사는 다년간 적자경영을 하여 왔으나 최근에는 근로자의 적극적인 영업활동 등으로 그 재정악화가 상당히 개선되었을 뿐만 아니라 2009년도에도 상당한 수익사업을 추진하는 것으로 확정되어 있었기 때문에 감원을 할 만한 객관적인 긴박한 경영상의 필요성이 전혀 없었던 것입니다.

다. 경영해고가 정당하기 위해서는 공정하고 합리적인 해고대상자를 선정해야 함에도 피신청인 회사는 편집국장, 영업국장, 경리차장 등 단 10명을 제외한 전 근로자를 해고한 것은 공정한 해고대상자의 선별한 것으로 해석할 수는 없습니다.

2. 절차적 요건 여부의 판단

가. 긴박한 경영상의 필요성이 있다 하더라도 해고일 50일 전에 해고대상자의 기준과 해고회피노력 등에 근로자대표와의 성실한 협의를 거쳐야 하고, 해고대상자가 선정된 이후에도 개별 근로자들에게 해고예고 또는 해고예고수당을 지급하여야 하는 것입니다.

나. 그러나 피신청인 회사는 단 한 번도 신청인 조합과 경영해고에 대하여 협의를 하거나 요청한 사실이 전혀 없으므로 절차상 분명한 하자가 있는 경영해고조치인 것입니다.

Ⅳ. 결 어

근로기준법상 경영해고가 정당하기 위해서는 감원을 할 수박에 없는 긴박한 경영상의 필요성이 있어야 하고, 근로자와 해고대상자의 기준 등에 관하여 성실한 협의를 거쳐야 할 뿐만 아니라 해고절차를 거쳐야 하는 것임에도 피신청인은 위와 같은 실체적 요건과 절차적 요건을 갖추지 않은 채 해고한 것은 분명한 이상 피신청인 회사가 신청인들에 행한 해고는 부당해고에 해당되는 것입니다.

입증방법 및 첨부서류

1. 경영해고 통보서 사본 각	1통
2. 법인회계결산서	1통
3. 대표자선정서	1통
4. 위임장	1통

2008년 10월 1일

신청인 대표 ○ ○ ○ (인)
위 대리인 공인노무사 ○ ○ ○ 인)

서울지방노동위원회 위원장 귀하

[부당해고구제신청 답변서]

답 변 서

사 건 2008 부해 00

신 청 인 ○ ○ ○ 외 30명
위 대리인 공인노무사 ○ ○ ○

피신청인 주식회사 ○○일보 대표 ○ ○ ○
위 대리인 공인노무사 ○ ○ ○

위 당사자 간 부당해고신청사건 2008 부해 00 건과 관련하여 피신청인은 아래와 같이 답변합니다.

신청취지에 대한 답변

「피신청인이 2008. 8. 5. 신청인들에게 행한 해고는 정당한 것이므로 신청인들의 부당해고구제신청과 부당해고임을 전제로 한 해고기간 동안 임금상당액의 지급 신청은 모두 기각한다.」
라는 판정을 구합니다.

신청이유에 대한 답변

Ⅰ. 해고경위에 대하여

1. 피신청인 회사는 1980. 2. 1. 설립된 이래 노동조합이 결성되지 않았으나, 2008. 5. 1. 다수의 근로자들이 전국언론노동조합에 가입하여 ○○일보지부가 설치되었습니다.
2. 1997. 12. 외환위기 이후 광고수주가 대폭적으로 감소되어 현재에 이르기까지 경영적자가 지속됨에 따라 2008. 7. 초순경 노동조합이 파업에 돌입하기 이전에도 이사회와 주주총회를 통하여 폐업 여부를 논의하여 왔고, 3년 동안 임금의 동결은 물론 근로자의 임금반납 등을 통하여 회사의 회생을 물색하여 왔습니다.
3. 회사의 폐업 여부를 심각하게 고민하여 오던 중 전국언론노동조합 ○○지부가 설립되면서 과도한 임금인상 교섭을 요구하자 피신청인 회사가 이를 거부하자 2008. 7. 초순경부터 파업에 돌입하였습니다.
4. 이에 피신청인 회사는 더 이상 회사의 자생력이 없다고 판단하여 2008. 7. 말경 임시주주총회를 개최하여 폐업하기로 의결한 후 ○○○을 청산인으로 회사의 해산절차에 착수하여 2008. 8. 5. 피신청인 회사 청산업무를 위한 최소한의 인력만 남겨 두고 근로자 전원을 해고하였던 것입니다.

Ⅱ. 해고의 정당성 여부에 대하여

1. 신청인들은 해고통지서에 기재된 경영해고라는 문언을 근거로 신청인들에 대한 피신청인 회사의 해고가 근로기준법 제24조의 경영해고요건을 충족하지 않았다는 이유로 부당해고라고 주장하고 있으나, 용어의 착오 기재에 불과한 것으로써 경영해고에 해당되는가의 여부는 실질적으로 판단해야 합니다.
2. 피신청인 회사가 근로자를 해고한 결정적인 이유는 2008. 7. 말경 임시주주총회에서 의결 된 폐업결정에 따라 회사의 청산절차를 밟기 위한 일련의 과정에서 이루어진 것이므로 이는 통상해고에 해당되는 것입니다.
3. 대법원은 해고의 유형을 징계해고, 정리해고, 통상해고로 구분하면서 통상해고인 경우에는 통상해고의 사유가 정당하다면, 근로기준과 취업규칙 등에 규정된 해고의 절차를 준수하지 않아도 정당한 해고로 판단하고 있습니다. 즉, 대법원은 파산관재인이 파산선고로 인하여 파산회사가 해산한 후에 사업 폐지를 위하여 행하는 해고와 사업의 폐지를 위하여 해산한 기업이 그 청산과정에서 행한 해고는 사업의 유지를 전제로 한 경영해고가 아니고 통상해고에 해당된다고 하여 근로기준법과 단체협약에 규정된 해고 제한절차가 적용되지 않는 것으로 판단하고 있다(대법원 2001. 11. 13. 선고 2001다27975 판결 및 대법원 2004. 2. 16. 선고 2003두13656 판결 참조).

4. 그리고 기업은 헌법 제23조의 재산권 보장 규정에 따라 당연히 기업의 폐지여부를 결정할 수 있는 헌법상의 권리를 가지고 있는 것이므로 비록 기업의 폐지결정에 따라 다수의 근로자들이 직장을 상실하는 결과를 초래하더라도 기업의 존속을 법률이 강제할 수 없는 것입니다. 이와 관련하여 분명하게 대법원과 헌법재판소는 "헌법 제15조의 직업선택의 자유, 헌법 제23조 제1항의 재산권의 보장, 헌법 제119조 제1항의 경제활동 자유에 따라 기업은 그가 선택한 사업 또는 영업을 자유롭게 경영할 수 있는 자유가 헌법상 보장되고 있으므로 사업 또는 영업을 변경하거나 처분할 수 있는 자유를 가지고 있으며, 기업은 원칙적으로 이와 같은 헌법상의 권리에 따라 자유로운 의사결정에 따라 사업을 확장·축소하거나 폐업 또는 양도할 수 있는 권리"가 있는 것으로 판시하고 있습니다(대법원 2003. 11. 13. 선고 2003도687 판결; 헌법재판소 1997. 8. 21. 선고 94헌마19·95헌마34·97헌가11 결정; 헌법재판소 1998. 10. 29. 선고 97헌마345 결정 등 참조).
5. 피신청인 회사는 임시주주총회를 통하여 이미 폐업하기로 결정되었고 이미 상당 부분 청산절차가 완료된 상태이므로 위장폐업으로 볼 수 있는 법률적 근거는 전혀 없습니다.

Ⅲ. 결 어

1. 피신신청인 회사가 신청인들을 해고한 것은 주주총회에서 확정된 법인의 해산결의에 따른 후속적인 절차의 일환으로써 진행된 통상해고임이 분명하고, 이미 청산진행과정이 상당부분 진척된 점을 감안하면 위장폐업의 조치로 볼 수 있는 근거는 희박한 것입니다.
2. 신청인들에 대한 해고는 통상해고임이 분명하므로 피신청인 회사는 근로기준법과 단체협약 등에 대한 해고제한절차를 준수하지 않아도 무방한 것으로 보아야 합니다.

입증방법 및 첨부서류

1. 임시주주총회의사록	각 1통
2. 이사회 회의록	각 1통
3. 법인대차대조표(1998~2007년분)	1통
4. 법인등기부등본	1통

5. 위임장 1통

2008년 10월 30일

피신청인 (주) ○○일보 청산인 ○ ○ ○ (인)
위 대리인 공인노무사 ○ ○○ (인)

서울지방노동위원회 위원장 귀하

Ⅱ. 인사구제소송 서식 작성례

1 부당해고판정취소 소장 및 답변서

[부당해고판정취소소송 소장]

소 장

사 건 부당해고판정취소

원 고 주식회사 ○○일보
서울시 서대문구 서대문동 123
청산인 ○ ○ ○
소송 대리인 변호사 ○ ○ ○
서울특별시 서초구 서초동 123 ○○법률사무소

피 고 중앙노동위원회 위원장 ○○○
서울시 마포구 공덕동 123

청 구 취 지

1. 피고가 2008. 12. 12. 원고에게 행한 ○○○외 30명에 대한 부당해고판정과 해고기간 동안의 임금상당액의 지급결정을 취소한다.

2. 소송비용은 피고의 부담으로 한다.
라는 판결을 구함.

청 구 원 인

1. 당사자간의 관계
   가. 원고는 근로자 40여명을 고용하면서 신문제작 및 판매를 주 업종으로 하는 서울시 서대문구 서대문동 123번지에 소재하는 주식회사 ○○일보 청산인이고,
   나. 피고는 소외 원고회사의 근로자 ○○○ 외 30명에 대하여 행한 원고의 해고처분이 부당해고라고 판정한 중앙노동위원회 위원장입니다.
2. 사건경위
   가. 원고회사 소속 근로자의 다수가 2008. 5. 1. 전국언론노동조합에 가입하여 ○○일보지부가 설치된 이후, 경영여건상 원고회사가 도저히 수용할 수 없는 무리한 단체교섭을 요구하여 왔습니다.
   나. 원고회사는 1997. 12. 외환위기 이후 광고수주가 대폭적으로 감소되어 현재에 이르기까지 경영적자가 지속됨에 따라 2008. 7. 초순경 노동조합이 파업에 돌입하기 이전에도 이사회와 주주총회를 통하여 폐업 여부를 논의하여 왔고, 3년 동안 임금의 동결은 물론 근로자의 임금반납 등을 통하여 회사의 회생을 물색하여 왔습니다.
   다. 원고회사는 폐업 여부를 심각하게 고민하여 오던 중 전국언론노동조합 ○○지부가 설립되면서 과도한 임금인상 교섭을 요구하자 피신청인 회사가 이를 거부하자 2008. 7. 초순경부터 장기 파업에 돌입하였습니다.
   라. 이에 원고회사는 더 이상 회사의 자생력이 없다고 판단하여 2008. 7. 말경 임시주주총회를 개최하여 폐업하기로 의결한 후 ○○○을 청산인으로 회사의 해산절차에 착수하여 2008. 8. 5. 청산업무를 위한 최소한의 인력만 남겨 두고 근로자 전원을 해고하였던 것입니다.
   마. 원고회사가 근로자를 해고한 것은 경영악화로 더 이상 사업유지가 어렵다고 판단하여 폐업하기로 결정한 고동의 경영결단에 의한 것임에도 피고가 근로기준법상 경영해고의 절차 등을 준수하지 않았다는 이유로 원고회사의 근로자에 대한 해고가 부당해고를 판정한 것은 부당하다고 판단되어 이 소송을 제기하기에 이른 것입니다.

3. 피고의 부당해고 판정의 부당성

가. 피고는 원고회사가 해고근로자에게 통지한 해고통지서상 경영해고라는 문언을 근거로 근로기준법 제24조의 경영해고요건을 충족하지 않았다는 이유로 원고회사의 근로자에 대한 해고처분이 부당한 것으로 판단하고 있으나, 경영해고에 해당되는가의 여부는 실질적으로 판단해야 합니다.

나. 원고회사가 근로자를 해고한 결정적인 이유는 2008. 7. 말경 임시주주총회에서 의결 된 폐업결정에 따라 회사의 청산절차를 밟기 위한 일련의 과정에서 이루어진 것이므로 이는 통상해고에 해당되는 것입니다.

다. 대법원은 파산관재인이 파산선고로 인하여 파산회사가 해산한 후에 사업폐지를 위하여 행하는 해고와 사업의 폐지를 위하여 해산한 기업이 그 청산과정에서 행한 해고는 사업의 유지를 전제로 한 경영해고가 아니고 통상해고에 해당된다고 하여 근로기준법과 단체협약에 규정된 해고 제한절차가 적용되지 않는 것으로 판단하고 있다(대법원 2001. 11. 13. 선고 2001다27975 판결 및 대법원 2004. 2. 16. 선고 2003두13656 판결 참조).

라. 기업은 헌법 제23조의 재산권 보장 규정에 따라 당연히 기업의 폐지여부를 결정할 수 있는 헌법상의 권리를 가지고 있는 것이므로 비록 기업의 폐지결정에 따라 다수의 근로자들이 직장을 상실하는 결과를 초래하더라도 기업의 존속을 법률이 강제할 수 없는 것입니다. 이와 관련하여 대법원과 헌법재판소는 "헌법 제15조의 직업선택의 자유, 헌법 제23조 제1항의 재산권의 보장, 헌법 제119조 제1항의 경제활동 자유에 따라 기업은 그가 선택한 사업 또는 영업을 자유롭게 경영할 수 있는 자유가 헌법상 보장되고 있으므로 사업 또는 영업을 변경하거나 처분할 수 있는 자유를 가지고 있으며, 기업은 원칙적으로 이와 같은 헌법상의 권리에 따라 자유로운 의사결정에 따라 사업을 확장·축소하거나 폐업 또는 양도할 수 있는 권리"가 있는 것으로 판시하고 있습니다(대법원 2003. 11. 13. 선고 2003도687 판결; 헌법재판소 1997. 8. 21. 선고 94헌마19·95헌마34·97헌가11 결정; 헌법재판소 1998. 10. 29. 선고 97헌마345 결정 등 참조).

마. 원고회사는 임시주주총회를 통하여 이미 폐업하기로 결정되었고 이미 상당 부분 청산절차가 완료된 상태이므로 위장폐업으로 볼 수 있는 법률적 근거는 전혀 없습니다.

바. 따라서 피고가 원고회사의 근로자에 대한 해고가 실질적으로 통상해고에 해당됨에도 원고회사가 근로기준법 제24조의 경영해고 요건과 절차를 준

수하지 않았다는 이유로 부당해고로 판정한 것은 통상해고의 법리를 오해한 것으로 볼 수 있습니다.

4. 소외 해고근로자의 구제이익 여부

가. 원고회사의 소외 근로자 ○○○ 등에 해고는 폐업결정에 따른 고도의 경영결단에 의한 것이었고, 현재 법인청산절차가 거의 완료되어 사업을 전혀 운영하지 않고 있는 상태입니다.

나. 따라서 해고된 소외 근로자들이 복직할 사업장이 없는 점을 고려하면, 소외 해고근로자의 구제이익이 상실된 것으로 보아야 합니다.

5. 피고회사의 임금지급의무

가. 원고회사의 소외 근로자 ○○○ 등에 해고는 폐업결정에 따른 통상해고로써 근로기준법과 취업규칙 등에 대한 해고제한절차를 준수하지 않아도 되는 것이고, 현재 법인청산절차가 거의 완료된 상태에서 다시 기업경영을 할 개연성은 전혀 없는 상태인 점을 고려하면 원고회사의 근로자에 대한 해고는 정당한 것으로 판단해야 합니다.

나. 따라서 원고회사의 근로자에 대한 해고가 정당한 이상, 해고기간 동안 원고회사가 해고근로자에 대하여 임금상당액을 지급할 법적 의무가 없는 것입니다.

6. 결 어

가. 원고회사의 소외 근로자 ○○○ 등에 해고는 사용자가 근로기준법과 취업규칙 등에 규정된 해고제한절차를 준수할 의무가 없는 폐업결정에 따른 통상해고에 해당되는 것이고, 경영을 재개할 개연성이 전혀 없고 해고근로자에 대해서는 구제이익이 없는 점을 고려하면,

나. 원고회사의 근로자에 대한 해고는 정당한 것일 뿐만 아니라 해고기간 동안 원고회사가 해고근로자에 대하여 임금상당액을 지급할 법적 의무가 없다고 보아야 하므로 피고의 부당해고 판정은 취소되어야 합니다.

입 증 방 법

1. 갑제1호증 임시주주총회의사록
2. 갑제2호증 이사회 회의록
3. 갑제3호증 법인대차대조표(1998~2007년분)
4. 갑제4호증 해고통지서

5. 갑제5호증 법인청산진행 상황표
기타 변론시 제출하고자 함.

첨 부 서 류

1. 위 각 입증방법 각1통
2. 중앙노동위원회 부당해고판정서 1통
3. 법인등기부등본 1통
4. 소장부본 1통
5. 소송대리위임장 1통

2009. 1. 22.

위 원고소송 대리인
변호사 ○ ○ ○

서울행정법원 귀중

[부당해고판정취소소송 소장 답변서]

답 변 서

사 건 2008구합○○○○○부당해고판정취소

원 고 주식회사 ○○일보
서울시 서대문구 서대문동 123
청산인 ○ ○ ○
소송 대리인 변호사 ○ ○ ○
서울시 서초구 서초동 123 ○○법률사무소

피 고 중앙노동위원회 위원장 ○○○
서울시 마포구 공덕동 123

위 피고의 보조참가인 ○ ○ ○

서울시 영등포구 영등포동 123

위 당사자간 행정심판취소소송 사건 2008구합○○○○ 건과 관련하여 피고의 보조참가인은 아래와 같이 답변합니다.

청구취지에 대한 답변

1. 피고가 2008. 12. 12. 원고에게 행한 ○○○외 30명에 대한 부당해고판정과 해고기간 동안의 임금상당액의 지급결정은 정당한 것으로 인정한다.
2. 소송비용은 원고의 부담으로 한다.

라는 판결을 구함.

청구원인에 대한 답변

1. 사건경위에 대하여
   가. 2008. 7. 초순경 피고의 보조참가인은 노동관계법상 정당한 노동쟁의절차를 거쳐 합법적으로 파업에 돌입하자, 원고 회사는 즉시 노동관계법상 금지되어 있는 대체근로금지 규정을 위반하면서 외주도급을 통하여 신문을 제작하여 왔습니다.
   나. 원고회사는 일방적으로 2008. 7. 말경 신문발행중단과 직장폐쇄를 단행한 후 2008. 8. 초순경 임시주주총회를 개최하여 법인청산 결의를 하였습니다.
   다. 법인청산 결의 후 원고 회사는 조합원들의 정당한 파업행위를 긴박한 경영상의 필요성으로 해석하면서 근로자 과반수를 대표하고 있는 노동조합과 어떠한 협의를 거치지 않은 채 일방적으로 2008. 8. 5. 경영해고를 실시하였습니다.
   라. 이에 보조참가인을 포함한 해고근로자들은 노동위원회의 초심과 재심을 통하여 원고회사의 해고가 부당하다는 판정을 하였습니다.
2. 원고의 부당해고 여부에 대하여
   가. 이 사건의 핵심은 원고 회사의 법인청산 결의가 진정으로 폐업의 의사를 가지고 이루어졌는가의 여부와 법인 청산결의 후 법률상 법인청산을 위한 절차가 제대로 실행되었는가의 여부라고 할 수 있습니다.
   나. 법률상 법인해산이라 함은 '회사의 법인격을 소멸시키는 법률요건'을 의미

하는 것이고, 청산이라 함은 '회사가 해산한 다음 그 재산적 권리의무를 정리한 후 회사의 법인격을 소멸시키는 절차'를 의미하는 것이므로 주주총회에서 선임된 청산인은 신속하게 회사의 재산적 권리관계를 종결하여 청산종결의 등기를 해야 하는 것입니다.

다. 그러나 원고회사는 형식적으로는 주주총회에서 법인해산 결의와 해산등기만 하여 놓은 채 후속적인 청산진행 절차를 하지 않고 있으며, 오히려 (주)○○일보를 (주)○○에게 양도한 이후 일방적으로 이를 파기한 후 별도의 ○○인터미디어(주)를 설립한 후 속간한 사실이 있음을 볼 때, 법인청산절차가 순조롭게 진행되어 왔다고 볼 수 없는 것입니다.

라. 원고회사의 법인 청산은 임시주주총회의 의결을 거친 임의청산에 해당하는 것으로서, 언제든지 주주총회를 개최하여 법인청산을 철회할 수 있는 것입니다. 위와 같은 법인청산 과정에 비추어 보면 진정으로 ○○일보 제호를 양도하면서 사업을 폐지하고자 하는 진정한 폐업의사에 의한 것으로 볼 수 없습니다.

마. 요컨대, 원고는 진정으로 폐업할 의사가 없이 노동조합을 와해하기 위하여 형식적으로 법인청산을 결의한 것에 불과하기 때문에 원고는 당연히 근로기준법과 단체협약에 규정된 해고의 요건과 절차를 준수해야 하는 것입니다.

3. 소외 해고근로자의 구제이익 여부

가. 원고회사는 일관하여 현재 법인청산이 진행 중이므로 원직복귀시킬 대상이 없다는 이유로 본 사건에 대하여는 구제이익이 없다고 주장하고 있습니다. 그러나 원고회사는 현재 법인청산의 진행에 별다른 성과를 보이지 않고 있을 뿐만 아니라 계속하여 영업재개의 의사를 밝히는 등의 발언을 하여 왔음을 볼 때 언제든지 기회가 있으면 법인해산을 철회하여 회사운영을 계속하거나 영업양도의 가능성이 있으므로 원직복귀의 구제실익이 없는 것으로 판단할 수는 없는 것입니다.

나. 비록 법인청산이 종료될 개연성이 크다 하더라도 장래의 불확실성을 가지고 구제이익 여부를 주장하고 있는 것은 법리에 맞지 않는 것입니다. 즉, 구제이익이 있는가의 여부는 심리시를 기준으로 하여야 하는 것이므로 심리일을 기준으로 하여 법인청산이 종료되지 않은 경우에는 당연히 법률상 구제이익이 있는 것으로 판단하여야 합니다.

다. 그리고 부당해고의 구제이익은 반드시 원직복귀에만 있는 것이 아니고 해고일로부터 원직복귀시까지의 임금상실액 보전과 예방적인 차원에서의 형사구제 측면도 있는 것이므로 구제이익이 없다고 하는 원고의 주장은 이유 없다 할 것입니다.

4. 피고회사의 임금지급의무

근로자에 대한 원고의 해고는 무효이므로 원고는 해고기간 동안 근로를 제공하였다면 받을 수 있는 임금상당액을 해고근로자에게 지급해야 함은 당연한 것입니다.

5. 결 어

소외 근로자에 대한 원고의 해고이유는 노동조합을 무력화하기 위하여 형식상 폐업을 결정한 후 대다수의 조합원을 해고한 것으로써 근로기준법과 단체협약에 정한 해고요건과 절차를 위반한 것으로 보아야 하므로 원고의 부당해고판정취소는 이유없다 할 것입니다.

입 증 방 법

1. 을제1호증	수도계약서
2. 을제2호증	○○일보속간 기사
3. 을제3호증	(주)○○인터미디어 등기부 등본

기타 변론시 제출하고자 함.

첨 부 서 류

1. 위 각 입증방법	각1통
2. 답변서 부본	2통
3. 보조참가신청서	1통
4. 소송대리위임장	1통

2009. 1. 22.

위 피고보조참가인 대리인 변호사 ○ ○ ○ (인)

서울행정법원 귀중

2 종업원지위보전가처분신청서 및 가처분이의신청서

[종업원지위보전가처분신청서]

종업원지위보전가처분신청

신 청 인 1. ○ ○ ○
서울시 금천구 시흥동 123번지
2. ○ ○ ○
서울시 노원구 상계동 123번지
위 대리인 법무법인 ○○법률사무소
서울시 서초구 방배동 123번지
담당변호사 ○ ○ ○

피신청인 주식회사 ○○산업
서울시 마포구 망원동 123번지
대표이사 ○ ○ ○

신 청 취 지

「신청인이 피신청인에 대하여 근로자로서의 지위에 있음을 임시로 정한다.」 라는 재판을 구합니다.

신 청 이 유

1. 피신청인 회사는 서울시 마포구 망원동 123번지에 그 주 영업소를 두고 학용품의 제조·판매를 하고 있는 주식회사이고, 위 신청인들은 각 2000. 3. 2. 생산직 근로자로 채용되어 근무하던 중 입사 시 최종 학력인 대학교 중퇴임을 이력서에 기재하지 않았다는 이유로 피신청인 회사으로부터 2005. 3. 10. 부당해고를 당한 근로자들입니다.
2. 신청인들이 대학 중퇴임을 이력서에 기재하지 않은 것은 최종 학력은 최종 학교를 졸업한 것만을 의미하는 것으로 생각하여 대학교 중퇴를 이력서에 기재하지 않은 것에 불과한 것이었습니다.
3. 신청인들은 피신청인 회사에서 근무하는 동안 근로자에 대한 열악한 근로조건

을 개선하기 위하여 합법적인 범위 내에서 적극적인 노동조합활동을 한 것 이외에는 징계해고를 당할 만한 어떠한 비위행위는 물론 근태를 위반한 사실이 없습니다.

4. 피신청인 회사는 경력사칭을 해고사유로 규정한 취업규칙 제19조 제1항 제5호를 근거로 신청인들을 해고한 것으로 주장하고 있으나, 실질적으로는 신청인들의 적극적인 노동조합활동을 혐오하거나 노동조합을 와해시킬 목적으로 해고한 것으로 보아야 한다.
5. 위와 같은 해고의 일련과정을 볼 때, 신청인들에 대한 피신청인 회사의 해고처분은 근로기준법 제23조 제1항에 의한 정당한 이유 없는 부당해고임이 분명하므로 피신청인들은 본안판결이 있기 전까지 피신청인 회사에 대하여 근로자의 신분이 있음을 임시로 정하여 줄 것을 신청하는 본 건 가처분신청을 하기에 이른 것입니다.

소명방법 및 첨부서류

1. 해고통보서 1통
2. 노동조합설립신고증 1통
3. 위임장 1통
4. 해고무효 확인소송 접수확인증 1통

20005년 11월 10일

위 신청인들 대리인 변호사 ○ ○ ○ (인)

○○ 지방법원 귀중

[가처분이의신청서]

가처분이의신청

신 청 인 주식회사 ○○산업

서울시 마포구 망원동 123번지
대표이사 ○ ○ ○
위 대리인 법무법인 ○○법률사무소
서울시 서초구 방배동 125번지
담당변호사 ○ ○ ○

피신청인 1. ○ ○ ○
서울시 금천구 시흥동 123번지
2. ○ ○ ○
서울시 노원구 상계동 123번지
위 대리인 법무법인 ○○법률사무소
서울시 서초구 방배동 123번지
담당변호사 ○ ○ ○

신 청 취 지

1. 피신청인들의 신청인에 대한 귀원 ○○○○카9005 근로자지위보전가처분 신청사건에 관하여 동원이 20005. 12. 17. 신청인에 행한 가처분 결정은 취소한다.
2. 소송비용은 피신청인의 부담으로 한다.
3. 제1항은 가집행 할 수 있다.

라는 재판을 구합니다.

신 청 이 유

1. 피신청인들은 신청인 회사에 생산직 근로자로 입사한 초창기에는 성실하게 근무하여 왔으나, 해고처분이 있었던 2005. 3. 10. 이전 약 2년부터 근로조건 향상과 피고회사의 경영을 바로 잡는다는 명문 아래 성실하게 근무하고 있는 생산직 근로자를 선동하여 노동조합의 결성을 주도적으로 추진하여 왔습니다.
2. 노동조합이 결성된 이후에는 쟁의행위의 정당한 요건과 절차를 무시하고, 이른바 준법투쟁과 불법적인 쟁의행위를 주도하여 왔습니다. 또한 원고는 근로자 권리의식교육 프로그램을 개설하여 근로자로 하여금 잔업을 못하게 함으로써 피고회사의 생산차질에 막대한 악영향을 끼쳐 왔습니다. 피신청인들은 위 교육을 실시하면서 자신이 ○○대학에서 법학을 전공하였음을 은연중에 비추기도 하였다는 소문이 있어 신청인회사가 확인결과 ○○대학 법학과 3학년 중

퇴자임이 밝혀졌습니다.

3. 경력사칭이 해고에 해당되는가에 관하여 대법원은 중요한 경력사칭은 신의칙 위반일 뿐만 아니라 노동력이나 전인격적 판단을 그르치게 한 결과 채용 후의 인력의 적정한 배치 등 기업의 질서나 운영에 지장을 초래할 우려가 있다는 점에서 정당한 해고사유에 해당되는 것으로 판시하고 있습니다(대법원 1999. 3. 26. 선고 98두4672 판결 참조). 그리고 사용자가 정당한 해고사유로 근로자를 해고한 경우에 근로자의 조합 활동을 못마땅하게 여긴 흔적이 있다거나 사용자에게 반조합의사가 추정된다 하더라도 해고사유가 단순히 표면상의 구실에 불과하다고 볼 수 없는 것으로 판시하고 있습니다(대법원 2000. 6. 23. 선고 98다54960 판결 참조).

4. 위와 같은 경력사칭을 이유로 한 해고의 정당성과 해고사유와 부당노동행위와의 관계에 관한 판례 법리를 종합하여 판단하여 볼 때, 신청인 회사가 피신청인들의 의도적인 경력사칭과 불법쟁의행위를 이유로 한 정당한 해고에 해당되는 것이므로 마땅히 신청인 회사에 대한 피신청인들의 근로자지위보전가처분 가처분결정은 취소되어야 할 것입니다.

소 명 방 법

1. 소을제1호증	원고 대학졸업증명서 사본
2. 소을제2호증	노동조합의 불법쟁의일지
3. 소을제3호증	징계의결서 사본

첨 부 서 류

1. 위 소명방법	각1통
2. 위임장	1통

2005년 12월 30일

신청인의 대리인 변 호 사 ○ ○ ○

○○ 지방법원 귀중

3 해고무효 확인 등 청구소송 소장 및 답변서

[해고무효 확인 등 청구소송 소장]

소 장

사 건 해고무효확인 등 청구의 소

원 고 ○ ○ ○
서울특별시 은평구 ○○동 12-12
소송 대리인 변호사 ○ ○ ○
서울특별시 서초구 ○○동 429-17

피 고 주식회사 ○○산업
서울특별시 서대문구 ○○동 590-10

청 구 취 지

1. 피고가 . . 4. 원고에 대하여 한 해고는 무효임을 확인한다.
2. 피고는 원고에게 ○○○○. 2. 5.부터 원고를 원직에 복직시킬때까지 1일 금 00,000원의 비율에 의한 금원을 지급하라.
3. 소송비용은 피고의 부담으로 한다.
4. 위 제1항은 가집행할 수 있다.

라는 판결을 구함.

청 구 원 인

1. 당사자간의 관계
   피고는 위 주소지에서 ○○전자라는 상호로 종업원 150여명을 고용하여 카스라디오 제조 판매업을 영위하는 자이고, 원고는 ○○○○. 9. 19. 피고 경영의 위 ○○전자에 생산직 노동자로 입사하여 근무하다가 ○○○○. 2. 4. 부당해고 당한 자입니다.
2. 원고의 형식적 해고사유
   가. 피고는 ○○○○. 2. 4. 취업규칙 제2장 제14조 제6항에 근거하여 원고를

해고하였습니다. ○○○○. 3. 2.부터 시행된 위 ○○전자의 취업규칙 제2항 제14조에는 종업원의 해고사유를 규정하고 있는 바, 피고는 원고가 동조 제6호 "부당한 방법으로 채용된 때(위장취업했을 때)"에 해당한다는 이유로 원고를 해고한 것입니다.

나. 피고는 원고가 위 ○○전자에 채용될 당시 제출한 이력서에 원고의 종전 근무 경력을 사실과 달리 기재하였으며 이는 위 취업규칙 제2항 제14조 제6항 소정의 부당한 방법으로 채용된 것, 즉 위장취업에 해당하는 것이므로 당연히 징계해고 시킬 수 있다는 것입니다.

다. 즉, 원고는 ○○○○. 6. 22.부터 ○○○○. 2. 15.까지 사이에 인천 소재 전자제품 생산업체인 ○○○○○○전자에서 생산직 노동자로 근무하면서 전자 부품조립 업무를 담당한 바 있는데, 위 ○○전자에 채용될 당시 위 근무경력을 밝히지 아니하였으므로 이는 위장취업에 해당한다는 것입니다.

3. 원고의 실질적 해고이유

가. 그러나 피고가 주장하는 위 해고사유는 형식적인 것에 불과합니다. 원고가 채용될 당시 원고를 면접한 피고의 피용자 생산부장 ○○○은 원고에게 전자회사에서 근무한 경력이 있는지 여부, 잔업할 수 있는지 여부 등 회사 내에서 정상적으로 근무할 의사와 능력이 있는지 여부만을 확인하였고, 채용된 후에도 원고는 위 ○○전자에서 담당한 업무의 수행능력에 관하여 조금도 부족함이 없다는 평가를 받아왔던 것입니다.

나. 피고가 원고를 해고한 실질적 해고이유는 원고가 위 ○○전자 내에서 노동조합을 설립, 운영하는 등 노동자들의 권익향상을 위한 활동을 열성적으로 수행한 때문입니다.

다. 원고가 채용될 당시 위 ○○전자의 노동자는 대부분 나이어린 여성이고, 그 중 상당수가 야간학교에서 공부하는 학생들이었는데, 임금으로 일반노동자는 1일 금 50,000만 원, 학생노동자는 1일 금 30,000만 원의 저임금을 받으며 1일 10시간 이상을 열악한 작업환경 하에서 혹사당하는 상황이었습니다.

이에 원고는 ○○○○. 12. 23. 근로조건 개선을 위한 건의문을 작성 동료노동자 140여명의 서명을 받아 피고와 면담을 하였으나 피고는 미온적인 태도를 취하였으며, 원고등 위 서명을 주동한 몇몇 노동자들은 보다 조직적인 권익향상활동을 수행하기 위하여 노동조합을 결성하기로 하였습니다.

라. 그리하여 원고 등 노동자 17인은 ○○○○. 1. 17. 노동조합을 결성하여

원고를 위원장으로 선출하고, 같은 해 1. 21. ○○광역시장으로부터 노동조합 활동을 실행하게 되었는 바, 노동자 100여명이 노조에 가입하는 등 노동자들의 노동조합에 대한 기대와 신뢰가 점증하게 되었습니다.

마. 그러자 피고등 위 ○○전자 관리자들은 비조합원인 주임, 수리기사들을 사주하여 원고 등 노조간부들에게 시비를 걸고, 협박회유하는 등 그 활동을 방해하고, 노동조합과 위원장인 원고를 불순세력이라고 공공연히 비방하는 한편 이에 항의하는 원고 등 노조간부들을 집단폭행하는 등 집중적인 탄압을 하다가 ○○○○. 2. 4. 마침내 노조위원장인 원고, 교육부장 소외 ○○○, 열성조합원 소외 ○○○ 등 3인에 대하여 상술한 바와 같은 이유로 일방적인 해고조치를 한 것입니다.

바. 결국, 원고에 대한 이건 해고는 원고의 노조활동에 대한 피고의 혐오감에서 비롯된 것으로서 아무런 정당한 이유가 없는 것이므로 근로기준법 제27조이 위반되어 당연 무효인 것입니다.

4. 원고가 ○○○○. 2.경 경남 ○○군 소재 ○○고등학교를 졸업한 이후 가계를 돕기위하여 ○○○○. 4.경부터 같은 해 6. 20.경까지 사이에는 성남 소재 ○○전자에서, 같은 해 6. ○.부터 ○○○○. 2. 15.까지 사이에는 인천 소재 ○○○○○○전자에서, 86. 3.경부터 ○○○○. 5.경까지 사이에는 주식회사 ○○에서, 같은 해 4.부터 같은 해 8.까지는 ○○물산에서 각 생산직 근로자로 종사○○ 건강상 이유로 잠시 요양하였고, 다시 ○○○○. 6.경부터 같은 ○경까지 사이에는 ○○물산에서 같은 해 9.경부터 이건 해고당할 때인 88. 2. 4.까지 사이에는 ○○전자에서 각 생산직 근로자로 종사하였습니다.

가. 원고가 위 ○○○○○○에서 근무할 당시인 ○○○○. 4. 14. 위 회사에는 노조가 결성되어 원고는 이에 가입, 열심히 활동하였는데 위 회사측의 극심한 노조탄압에 견디다 못하여 ○○○○. 7.경 동료노동자 60여명과 함께 ○○노총에 들어가 회사 측의 탄압을 막아 줄 것을 호소하였는바, 이 때문에 도로교통법 위반 등을 이유로 7일간 구류를 살게 되었습니다. 그러자 위 ○○○○○로 전자회사측은 원고를 무단결근으로 처리하여 일방적으로 해고하였고, 이에 대항하여 원고는 ○○○○법원에 해고무효확인소송을 제기하여 승소하였으나 위 회사측은 원고의 복직을 허용하지 아니하므로 부득이 ○○○○. 2.경 그 동안의 임금 등을 수령하고 위 회사를 사직하게 된 것입니다.

나. 위 회사를 사직한 이후 규모가 작은 회사에서 일을 하였으나 근로기준법에

전혀 지켜지지 않는 열악한 근로조건하에서 일을 하는 것이 너무 힘이 들었고, 임금이 체불되는 등 도저히 안정적인 생활을 할 수 없어 보다 큰 회사를 찾아다니던 중 ○○○○. 9. 경 구인광고를 통하여 피고경영의 위 ○○전자를 찾아가게 된 것입니다.

다. 그 당시 원고는 주위에서 소위 블랙리스트라는 불온문서가 작성되어 노사분규에 참여하였던 노동자의 명단이 사업자들에게 배포되어 있다는 소문을 듣고 있어 원고가 과거 ○○로 재직당시의 노동조합활동이 문제될지 모른다는 두려움과, 단순한 전자제품 조립을 하는 생산직 노동자의 경우 회사측에서 그 종전 경력에 관하여는 전혀 문제삼지 않으며, 입사 시 제출하는 이력서란에 경력은 거의 형식적으로 기재하는 것이 생산직 노동자 채용의 관행인 점을 감안하여 별 생각없이 ○○○○○로 전자의 근무 경력을 빼고 그 기간을 다른 회사로 채워 넣었던 것입니다.

라. 결국, 원고가 피고 경영의 ○○전자에 채용될 당시에 종전 경력을 밝히지 아니한 이유는 첫째로, 통상적인 경우 생산직 노동자의 종전 경력은 채용의 조건이 되지 아니하므로 이력서에 종전 경력을 모두 상세히 기재하는 것을 번잡하게 여겨 경력을 대강 기재하고 있는 현실을 감안하고, 둘째로 만일종전경력을 사실대로 기재하였을 경우 소위 블랙리스트라는 불법적인 문서 때문에 채용되지 않을지 모른다는 두려움에 기인한 것 때문이라 할 것 입니다.

5. 피고의 임금지급의무

상술한 바와 같이 피고의 원고에 대한 위 해고조치는 당연무효인 바, 피고는 위 해고일 이후 현재까지 원고에게 임금을 지급하지 아니하고 있으며, 그 이후에도 지급하지 않을 것이 명백한 바, 원고가 위 기간 동안 피고에게 근로를 제공하지 못하는 것은 전적으로 피고의 귀책사유로 인한 수령지체 때문임이 명백하므로 피고는 원고에게 근로계약 소정의 임금을 지급할 의무가 있다고 할 것입니다.

따라서 피고는 원고에게 위 해고일인 ○○○○. 2. 4.부터 원고를 원직에 복직시킬 때까지 해고당시 원고가 수령하던 평균임금 1일 금 ○○○만원의 비율에 의한 금원을 지급할 의무가 있다고 할 것입니다.

입 증 방 법

1. 갑제1호증 해고통지서

2. 갑제2호증의 1　　　　　　　신고서수리
3. 갑제2호증의 2　　　　　　　신고증
4. 갑제3호증　　　　　　　　　건의사항
5. 갑제4호증의 1, 2, 3　　　　각 소식지
6. 갑제5호증의 1, 2　　　　　　각 진술서

기타 변론시 제출하고자 함.

첨 부 서 류

1. 위 각 입증방법	각1통
2. 소장부본	1통
3. 소송대리위임장	1통

○○○○. 1. 22.

위 원고소송 대리인
변호사 ○ ○ ○

○○ 지방법원 귀중

[답변서(해고무효 확인청구 등)]

답 변 서

사 건	○○○○가합1222 해고무효확인 등
원 고	○ ○ ○ 서울특별시 은평구 ○○동 12-12 위 대리인 변호사 ○ ○ ○ 서울특별시 서초구 ○○동 429-17
피 고	주식회사 ○○산업

서울특별시 서대문구 ○○동 590-10
대표이사 ○ ○ ○
위 대리인 변호사
서울특별시 서초구 ○○동 420-15

위 당사자 ○○○○가합1222 해고무효확인 등 소송사건에 대하여 피고는 아래와 같이 답변합니다.

청구취지에 대한 답변

1. 원고의 청구를 기각한다.
2. 소용비용은 원고의 부담으로 한다.
라는 판결을 구함.

신청원인에 대한 답변

1. 당사자관계에 대하여
   가. 원고는 주식회사 ○○산업(이하 "피고회사"라고 합니다)에 ○○○○. 3. 4. 생산직 근로자로 입사하여 근무하던 중 ○○대학교를 졸업하였음에도 ○○고등학교를 졸업한 것이 밝혀져 ○○○○. 2. 4. 정당한 징계절차를 거쳐 해고된 근로자이고,
   나. 피고는 위 주소지에서 카스라디오를 제조·판매하는 주식회사 ○○산업 대표이사입니다.
2. 해고경위에 대하여
   가. 원고는 생산직 근로자로 입사한 초창기에는 성실하게 근무하여 왔으나, 해고처분이 있었던 ○○○○. 2. 4. 이전 약 2년부터 근로조건 향상과 피고회사의 경영을 바로 잡는다는 명문 아래 성실하게 근무하고 있는 생산직 근로자를 선동하여 노동조합의 결성을 주도적으로 추진하여 왔습니다.
   나. 노동조합이 결성된 이후에는 쟁의행위의 정당한 요건과 절차를 무시하고, 이른바 준법투쟁과 불법적인 쟁의행위를 주도하여 왔습니다. 또한 원고는 근로자 권리의식교육 프로그램을 개설하여 근로자로 하여금 잔업을 못하게 함으로써 피고회사의 생산차질에 막대한 악영향을 끼쳐 왔습니다.
   다. 원고는 위 교육을 실시하면서 자신이 ○○대학에서 법학을 전공하였음을

은연 중에 비추기도 하였다는 소문이 있어 피고회사가 확인결과 ○○대학 법학과 졸업자임이 밝혀졌습니다.

라. 이에 피고회사는 원고가 근로자로서의 자질이 없고, 불법쟁의해위를 주도한 것을 이유로 징계위원회의 의결을 거쳐 ○○○○. 2. 4. 징계해고를 하기에 이른 것입니다.

3. 해고의 정당성 및 부당노동행위의 해당 여부에 대하여

가. 원고는 해고의 정당한 사유에 해당되지 않음에도 노동조합을 와해할 목적으로 형식상 취업규칙에 규정한 징계해고사유를 적용하여 해고한 것이므로 무효라고 주장하고 있으나, 이는 해고의 법리를 오해한 것으로 볼 수 있습니다.

나. 피고회사 취업규칙 제14조 제6호 및 제7호는 "부당한 방법으로 채용된 때(위장취업했을 때)"와 "불법쟁의행위"를 한 때에 해고의 사유로 규정하고 있습니다.

다. 근로자의 경력사칭이 해고에 해당되는가에 관하여 대법원은 중요한 경력사칭은 신의칙 위반일 뿐만 아니라 노동력이나 전인격적 판단을 그르치게 한 결과 채용 후의 인력의 적정한 배치 등 기업의 질서나 운영에 지장을 초래할 우려가 있다는 점에서 정당한 해고사유에 해당되는 것으로 판시하고 있습니다(대법원 1999. 3. 26. 선고 98두4672 판결 참조). 그리고 사용자가 정당한 해고사유로 근로자를 해고한 경우에 근로자의 조합 활동을 못마땅하게 여긴 흔적이 있다거나 사용자에게 반조합의사가 추정된다 하더라도 해고사유가 단순히 표면상의 구실에 불과하다고 볼 수 없는 것으로 판시하고 있습니다(대법원 2000. 6. 23. 선고 98다54960 판결 참조).

라. 위와 같은 경력사칭을 이유로 한 해고의 정당성과 해고사유와 부당노동행위와의 관계에 관한 판례 법리를 종합하여 판단하여 보면, 피고회사는 원고의 의도적인 경력사칭과 불법쟁의행위를 이유로 정당한 해고에 해당되는 것입니다.

4. 원고에 대한 임금지급의무 여부에 대하여

위에서 제시한 바와 같이 원고에 대한 피고회사의 해고는 정당한 것이므로 피고회사는 원고에게 원직시킬 의무가 없을 뿐만 아니라, 임금을 지급할 법적 의무가 없음은 분명합니다.

입 증 방 법

1. 을제1호증 원고 대학졸업증명서 사본
2. 을제2호증 불법쟁의행위 일지
3. 을제3호증 징계위원회 징계의결서 사본
4. 을제4호증 각 진술서

기타 변론시 제출하고자 함.

첨 부 서 류

1. 위 각 입증방법 각1통
2. 답변서부본 1통
3. 소송대리위임장 1통

○○○○. 2. 20

위 원고소송 대리인
변호사 ○ ○ ○

○○ 지방법원 귀중

Ⅲ. 인사관련 노동부 지침

1 근로자파견의 판단기준에 관한 지침 관련 사업장 점검요령

('07. 6. 근로기준팀 비정직대책팀)

사업장 점검요령은, 사내하도급 등 근로자파견과 유사한 근로형태의 확산에 따라 파견과 도급 등의 구별 필요성이 증가하는 상황에서, 불법파견 여부를 점검함에 있어서의 점검 요령, 판단기준 및 사후조치에 관한 내용을 정함으로써 효율적인 점검을 도모하고, 지방관서간 업무 처리의 일관성을 확립하는데 그 목적이 있음

I. '근로자파견'의 판단기준에 관한 지침

1	목 적

이 지침은 「파견근로자 보호 등에 관한 법률」(이하 '법'이라 한다)에 위반한 고용형태를 효과적으로 단속함으로써 근로자파견제도의 적정한 운영을 기하기 위하여, 법 제2조 제1호의 규정에 의한 '근로자파견'과 근로자파견이 아닌 것을 구분함에 있어 그 판단의 기준을 정하는 것을 목적으로 한다.

2	구성 주체

법 제2조 제1호에 의한 '근로자파견'은 근로자파견사업을 행하는 자인 '파견사업주'와 근로자파견계약에 의하여 파견근로자를 사용하는 '사용사업주' 및 파견사업주가 고용한 근로자로서 근로자파견의 대상이 되는 '파견근로자'라는 삼자 관계로 구성이 된다.

3	판단의 체계

가. 판단 순서

1) 법 제2조 제1호의 '근로자파견'에 해당하는 지의 여부는 근로자와 고용계약을 체결한 파견사업주, 수급인, 수임인 등(이하 '파견사업주 등'이라 한다)에 대하여 사업주로서의 실체를 인정할 수 있는 지를 먼저 판단한다.

2) 파견사업주등이 사업주로서의 실체가 인정되지 않는 경우에는 당해 근로자를 고용하지 않고 사용하는 사용사업주, 도급인, 위임인 등(이하 '사용사업주 등'이라 한다)이 당해 근로자를 직접 고용한 것으로 추정하여 노동관계법 위반 여부를 판단한다.

3) 파견사업주등이 사업주로서의 실체가 인정되는 경우에는 당해 근로자가 사용사업주등의 지휘·명령을 받는지 여부를 조사하여 당해 고용관계가 '근로자파견'에 해당하는 지를 판단한다.

나. 판단방법(종합적 판단)

○ 법 제2조 제1호의 '근로자파견'에 해당하는지의 여부는 아래 4의 가 및 나의 각 호를 종합적으로 고려하여 판단한다. 이 경우 나의 1), 2), 3)은 근로자파견 인지를 판단하는 주요 기준으로 본다.

4	판단의 기준

가. 파견사업주등에 대한 사업주로서의 실체 판단

사용사업주 등과 파견사업주 등 사이에 체결된 계약의 명칭·형식 등에도 불구하고, 파견사업주등에게 다음 각 호의 권한이나 책임이 존재하지 않는 경우에는 파견사업주등의 실체가 인정되기 어려우므로, 법 제2조 제1호의 근로자파견의 정의 중에서 "파견사업주가 근로자를 고용한 후 그 고용관계를 유지"하는 것으로 보지 아니한다. 다만, 4), 5)는 단순히 육체적인 노동력을 제공하는 경우에는 적용되지 아니한다.

1) 채용·해고 등의 결정권

※ 채용면접표, 취업규칙, 근로계약서, 신규채용자 안전교육, 기타 해고관련 서류 등을 확인

2) 소요자금 조달 및 지급에 대한 책임

※ 사무실 임대차 계약서, 사업체 설립비용 부담 여부, 주식회사의 경우 주금 납입 경위 및 주식 소유비율, 기성금 및 수당 지급방법 등을 확인

3) 법령상 사업주로서의 책임

※ 4대 보험 가입 증명서, 주민세 및 사업소세 등 각종 세금관련 자료, 근로소득 원천징수 관련 자료, 사용사업주등과 파견사업주등 사이에 체결된 계약서, 임원간 순환근무 여부, 기타 단체교섭 관련 서류 등을 확인

4) 기계, 설비, 기자재의 자기 책임과 부담

※ 사용사업주등이 지급하는 기계나 설비, 기자재의 내역과 유·무상 여부를 확인하고, 무상으로 제공할 경우 그 필요성 및 정당성을 확인

5) 전문적 기술·경험과 관련된 기획 책임과 권한

※ 기획관련 작성서류, 사용사업주등과 파견사업주 등 사이에 체결된 계약서 및 동 계약이 단순 노무제공인지 여부, 사업계획서, 파견사업주등의 업무 수행능력 및 소속 근로자 자격증 유무 등을 확인

나. 사용사업주등의 지휘·명령에 대한 판단

사용사업주등과 파견사업주 등 사이에 체결된 계약의 명칭·형식 등에도 불구하고, 사용사업주등이 당해 근로자에 대하여 다음 각 호의 권한을 행사하는 경우에는 법 제2조 제1호의 근로자파견의 정의 중에서 "파견사업주가 … 사용사업주의 지휘·명령을 받아 사용사업주를 위한 근로에 종사하게 하는 것"으로 판단한다.

1) 작업배치·변경결정권

※ 작업계획서, 인력배치 계획서, 관련 회의자료, 기타 작업배치 관련 서류 및 관행 등을 확인

2) 업무 지시·감독권

※ 일일 작업지시서, 안전교육 일지, 조회 개최 여부, 업무관련 지시 전달 방법 등을 확인

※ 특히 직접 고용한 근로자와 혼재하여 같거나 유사한 업무에 종사토록 하는 경우에는 업무 지시·감독권 행사 여부를 보다 신중히 검토

※ 계약서상 업무의 목적이나 내용이 지나치게 추상적이어서 사용사업주등의 지시를 통해 비로소 구체화되는 불확정한 상태에 놓여있거나 또는 업무 전반을 망라하는 것으로 되어 있어 특정 업무에 한정되지 않는 경우에는 업무 지시·감독권이 인정될 수 있음에 유의

3) 휴가, 병가 등의 근태 관리권 및 징계권

※ 휴가, 결근, 조퇴, 외출, 지각원, 출근부, 기타 징계관련 서류 등을 확인

4) 업무수행에 대한 평가권

※ 업무수행 및 실적에 대한 평가서, 파견사업주등의 직원이 현장에서 감독·평가하는지 여부, 잘못된 업무수행이 발견될 경우에 있어서의 조치 관행 등을 확인

5) 연장·휴일·야간근로 등의 근로시간 결정권(다만, 작업의 특성상 일치시켜야 하는 경우에는 제외한다)

※ 연·월차 유급휴가 사용내역, 일일 근무현황, 기타 근로시간 관련 서류 등을 확인

Ⅱ. 근로자파견과 도급 등의 구별

1	근로자파견과 도급 등의 개념

가. 근로자파견

○ "근로자파견"이라 함은 파견사업주가 근로자를 고용한 후 그 고용관계를 유지하면서 근로자파견계약의 내용에 따라 사용사업주의 지휘·명령을 받아 사용사업주를 위한 근로에 종사하게 하는 것(파견근로자 보호 등에 관한 법률 제2조, 이하 파견법)

- "파견사업주"라 함은 근로자파견사업을 행하는 자를 말함
- "사용사업주"라 함은 근로자파견계약에 의하여 파견근로자를 사용하는 자를 말함
- "근로자파견계약"이라 함은 파견사업주와 사용사업주간에 근로자파견을 약정하는 계약을 말함

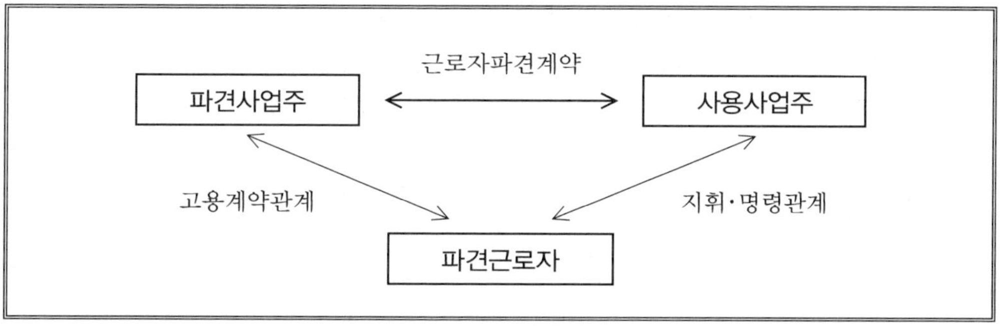

나. 도급·위임 등의 개념

1) 근로자 공급

○ 근로자를 공급하는 공급사업주가 자신의 지배 하에 있는 근로자를 타인(사용사업주)이 사용하게 하는 것[1)]

※ 파견법 제정 이후 고용계약관계 근로자를 타인에게 사용하게 하는 것은 파견법의 적용을 받으므로, 직업안정법상 근로자공급은 "사실상 지배하에 있는 근로자"를 사용사업주에게 공급하는 경우로 한정

1) 국내근로자공급사업의 경우 노조법상 노조만이 허가를 받을 수 있고, 항운노조가 그 대표적 예

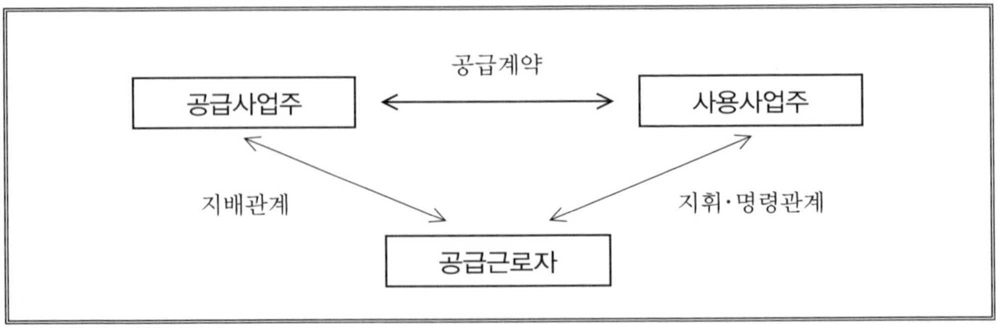

2) 도 급

○ 당사자 일방(수급인)이 어떤 일을 완성할 것을 약정하고, 상대방(도급인)은 그 일(유·무형)의 결과에 대하여 보수를 지급할 것을 약정함으로써 성립하는 계약(민법 제664조)

- 수급인 스스로의 재량과 책임 하에서 자기가 고용한 근로자를 사용하여 일을 완성

※ 사내하도급(사내하청)은 원도급업체가 자기 사업장 내에서 이루어지는 업무의 일부를 하도급업체로 하여금 수행토록 하는 도급 유형

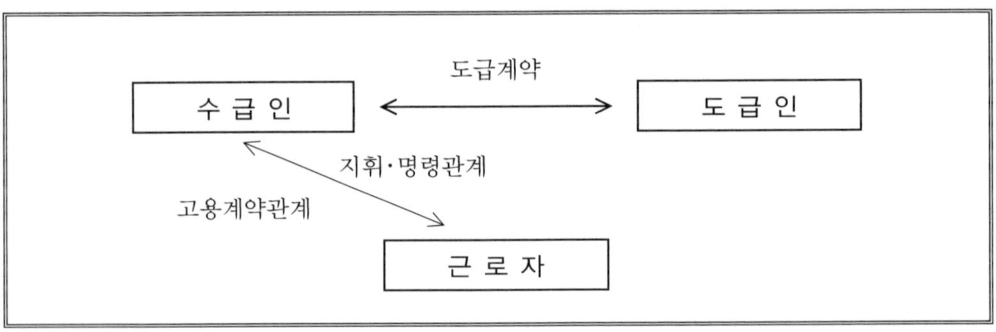

3) 위 임

○ 당사자 일방이 상대방에 대해 사무처리를 위탁하고 상대방이 이를 승낙함으로써 성립하는 계약(민법 제680조)

4) 용 역

○ 거래의 대상이 상품이 아닌 서비스(용역)로 용역업체에 일정한 업무를 맡겨 수행하도록 하는 형태로서, 계약 내용에 따라 민법상 도급, 위임 등에 해당될 수 있음

※ 예: 경비용역사업(경비업법), 청소용역사업(공중위생관리법), 기술용역사업(엔지니어링기술진흥법)

다. 근로자파견과 도급·위임 등의 구별

1) 구별의 필요성

○ 실제로는 근로자파견 관계이나 파견법상 규제(대상업무, 파견기간, 사업주 책임 등)를 회피하기 위해 도급·위임 등으로 위장하는 사례 발생

- 이에, 당사자간 노무를 제공하고 사용하는 형태가 근로자파견에 의한 것인지 도급 등에 의한 것인지 구별 필요

2) 근로자파견과 도급·위임 등의 차이

○ 파견은 사용업체가 직접 사업을 수행하면서 근로자만 파견업체로부터 파견받아 사용

○ 도급(위임)은 수급인(수임인)의 책임 하에 도급(위임)받은 사업을 수행하는 것으로, 필요한 근로자도 수급인(수임인)이 직접 고용하고 사용

⇒ 양자간 구별의 핵심은 전반적인 사업수행 과정에서 근로자에 대한 지휘·명령권을 누가 행사하는지에 있음

① 파견사업주등의 실체가 인정되지 않는 경우에는 사용사업주등이 당해 근로자를 **직접 고용한 것으로 추정** ② 파견사업주등의 실체가 인정되고, 사용사업주등이 파견사업주등의 근로자에 대하여 지휘·명령권을 행사한다면 **파견근로관계** ③ 파견사업주등의 실체가 인정되고, 사용사업주등이 파견사업주등의 근로자에 대하여 지휘·명령권을 행사하지 않는다면 **도급, 위임·위탁, 용역 등의 관계**

2	구별의 원칙

《 기 본 원 칙 》

〈1〉 검토 순서

○ 삼자[2]관계의 형성 여부를 판단하기 위해 먼저, 파견사업주등의 **실체존재 여부**를 파악

○ 파견사업주등의 실체가 확인되면, 근로자에 대한 **지휘·명령권의 행사주체**가 사용사업주등 인지 파견사업주 등 인지를 파악

2) 도급인(위임인) - 수급인(수임인) - 수급인(수임인)의 근로자, 또는 사용사업주 - 파견사업주 - 파견근로자

〈2〉 **사실관계에 따른 판단**

○ 계약의 명칭·형식 등 외견상 양태나 현상에 기초하기 보다는 **구체적인 사실 관계**에 따라 판단

〈3〉 **종합적 검토**

○ 파견사업주등의 실체, 지휘·명령권 행사 주체를 판단함에 있어

- 업종이나 업무 완수에 요구되는 특성 등을 고려하면서, 근로제공과 관련한 **여러 기준들을 종합적·전체적**으로 검토

※ ① 작업배치·변경 결정권 ② 업무 지시·감독권 ③ 휴가, 병가 등의 근태 관리권 및 징계권은 근로자파견 인지를 판단하는 주요 기준

3	「판단의 기준」 설명[3]

가. 파견사업주 등의 실체 판단을 위한 고려 요소

⇒ 삼자관계 성립 여부를 확인하기 위한 징표

4-가-1) 채용·해고 등의 결정권

※ 채용면접표, 취업규칙, 근로계약서, 신규채용자 안전교육, 기타 해고관련 서류 등을 확인

○ 실체 인정을 위해서 마땅히 파견사업주등이 수급·수임인의 근로자, 파견근로자(이하 '파견근로자등'이라 한다)의 채용, 해고 등을 독자적으로 실시하여야 하며, 만일 사용사업주등의 지시를 받거나 사실상 사용사업주등이 결정하는 경우는 실체 인정에 부정적 징표가 될 것임

〈 실체 인정의 부정적 징표 〉

◆ 법원은 원도급자가 하도급자의 근로자 채용과정에 직접 참여하여 채용여부를 결정하거나, 사실상 직접적으로 해고 또는 징계를 결정한 사실을 하도급자의 실체를 부정하는 요소의 하나로 예시함(SK-인사이트코리아 사건, 경기화학 소사장 사건 등)

3) 이하 기술된 징표들은 현실에서는 각각이 속하여 사용된 판단요소별로 엄격하게 구별되는 것이 아니며, 다른 판단요소에도 영향을 미치고 다른 요소의 판단을 위해서도 사용될 수 있으며, 또한 개별 징표의 존재 여부는 전부 또는 전무(all or nothing)의 형태가 아니라 강약(strong or weak)의 형태, 즉 정도로서 나타날 것임

〈 **실체 인정의 중립적 징표** 〉

◆ 사내하도급과 같이 동일 사업장에서 도급 업무를 수행하는 경우, 도급계약의 목적 달성을 위해 원도급자가 하도급 근로자의 일정한 자격을 요구하는 것은 도급인의 정당한 '지시권'의 범위에 포함되는 것으로 하도급자의 실체를 부정하는 요소로 보기 어려움

4-가-2) 소요자금 조달 및 지급에 대한 책임 ※ 사무실 임대차 계약서, 사업체 설립비용 부담 여부, 주식회사의 경우 주금(株金) 납입 경위 및 주식 소유비율, 기성금(旣成金) 및 수당 지급방법 등을 확인

○ "소요자금 조달 및 지급에 대한 책임"은, 금전적 측면에서 파견사업주등의 실체가 있는지 여부를 판단하기 위한 것임

- 파견사업주등이 사업 수행에 필요한 자금을 자기 책임 하에 조달하고 조직을 구성할 수 있는 규모나 관리능력을 갖추고 있어야 함

〈 **실체 인정의 부정적 징표** 〉

◆ 사업실적과 무관하게 매월 파견사업주등에게 일정액을 보장하여 임금부족분 등을 보전하여 주는 경우

◆ 파견사업주등의 근로자 임금인상을 결정함에 있어, 사실상 사용사업주등 소속 근로자들의 인상분과 연동으로 도급비의 인상을 산정하는 경우는 실체 부인의 한 요소가 될 수 있으므로 다른 요소들과 종합적으로 고려할 필요

〈 **실체 인정의 중립적 징표** 〉

◆ 성과급 등 일시적, 돌발적 지급 금품을 파견사업주등(또는 그 단체) 대표와 협의를 통해 기준을 결정하고, 파견사업주등에게 지급 후 파견사업주등이 근로자에게 지급하는 경우

◆ 회사 창립일이나 명절 등에 선물을 원·하도급 근로자 구분 없이 사내에 근로하는 모두에게 지급하는 경우

◆ 사용사업주 등의 복지시설을 이용하도록 하거나 사내근로복지기금 수혜자로 적용하는 경우

◆ 기타 파견사업주등의 근로자 복리후생 증진을 위한 것

4-가-3) 법령상 사업주로서의 책임
※ 4대 보험 가입 증명서, 주민세 및 사업소세 등 각종 세금관련 자료, 근로소득 원천징수 관련 자료, 사용사업주등과 파견사업주 등 사이에 체결된 계약서, 임원 간 순환근무 여부, 기타 단체교섭 관련 서류 등을 확인

○ 파견사업주등은 사업자 등록이 있어야 하고, 자신의 명의 하에 파견근로자등을 4대 보험에 가입[4]시켜야 하며, 노동관계법상 사용자로서의 의무(취업규칙 작성, 노사협의회 구성·운영, 체불 등 민원이나 노사분쟁 발생시 처리)를 이행하여야 함

◆ 계약상 당사자로서의 책임(계약의 사실성)은 사실관계를 확인

※ ① 계약 이행을 담보하기 위한 하도급자의 이행보증 제출 여부, ② 위약금·공사지연 등의 지체상금과 실제 발생사례, ③ 하자보증에 관한 내용과 발생사례, ④ 기타 계약과 관련한 원도급자와의 분쟁 유무 등

◆ 사내하도급은 계약 후 공사추가 등 변경이 빈번한 점을 감안하여 변경사유 등을 통해 계약의 사실성을 확인

4-가-4) 기계, 설비, 기자재의 자기 책임과 부담
※ 사용사업주등이 지급하는 기계나 설비, 기자재의 내역과 유·무상 여부를 확인하고, 무상으로 제공할 경우 그 필요성 및 정당성을 확인
※ 다만, 단순히 육체적인 노동력을 제공하는 경우에는 적용되지 아니한다.

○ 기계, 설비, 기자재의 자기책임과 부담의 판단은 소유의 개념보다는 당해 업무특성, 사용사업주등의 기계·시설 등의 사용 필요성과 사용에 따른 파견사업주등의 부담과 책임 등을 고려

- 사용사업주등이 지급하는 기계나 설비, 기자재 내역과 유 ·무상 여부를 확인하고, 무상으로 제공할 경우 도급계약 내용과 무상제공의 필요성 및 정당성에 중점을 두어 판단

※ 사용사업주등은 계약으로 목적물의 품질 유지·개선이나 작업의 효율성 등, 정당한 사유가 있는 경우 자재·금형 등을 제공할 수 있도록 업종별 「표준하도급 계약

---

4) 용인기업 사건에서 원도급자가 하도급자가 납부할 건강보험, 국민연금, 고용보험금 등을 하도급자에게 기성금과 함께 지급하였고, 산재보험은 원도급자의 명의로 가입하였으며, 사용자배상책임보험은 원·하도급자가 공동 가입한 후 보험료를 분담하였음에도 다른 요소들과 함께 종합적으로 고려하여 하도급자의 실체를 부인하지 않았음

서」에 예시되어 있음

- 기자재 등에 대한 명세와 대장 등 관리현황, 분실 또는 훼손시 변상규정, 공사완료 후 반납 등의 절차에 관한 내용을 확인

〈 실체 인정의 중립적 징표 〉

◆ 서비스분야에서 수급(수임)업무 수행 시 특정 복장을 착용할 필요가 있어 사용사업주등이 작업복 등을 지원하는 것은, 업무 수행의 특성에 따른 계약조건으로 파견사업주등의 실체를 부정한다고 보기 어려움

> 4-가-5) 전문적 기술·경험과 관련된 기획 책임과 권한
> ※ 기획관련 작성서류, 사용사업주등과 파견사업주 등 사이에 체결된 계약서 및 동 계약이 단순 노무제공인지 여부, 사업계획서, 파견사업주등의 업무 수행능력 및 소속 근로자 자격증 유무 등을 확인
> ※ 다만, 단순히 육체적인 노동력을 제공하는 경우에는 적용되지 아니한다

○ 파견사업주등이 계약의 내용을 수행하기 위한 전문적 기술이나 경험을 보유하고, 자기 책임과 권한 아래 사용한다면 실체 인정에 유리한 징표라고 할 수 있음

- 전문적 기술·경험과 관련한 기획 책임과 권한은 파견사업주등을 기준으로 판단하여야 하며 개별근로자가 소유하는 기술, 기능 여부를 판단하는 것이 아님

나. 지휘·명령권 행사의 주체 판단을 위한 고려 요소

⇒ 사용사업주등과 파견근로자등간 지휘·명령관계 여부를 확인하기 위한 징표

> 4-나-1) 작업 배치·변경 결정권
> ※ 작업계획서, 인력배치 계획서, 관련 회의자료, 기타 작업배치 관련 서류 및 관행 등을 확인

○ 사용사업주등이 파견근로자등의 작업 배치·변경에 대한 결정권을 가지고 업무를 수행하는 경우는 사용사업주등의 지휘·명령관계 인정의 주요 징표가 됨

> 4-나-2) 업무 지시·감독권
> ※ 일일 작업지시서, 안전교육 일지, 조회 개최 여부, 업무관련 지시 전달 방법 등을 확인

※ 특히 직접 고용한 근로자와 혼재하여 같거나 유사한 업무에 종사토록 하는 경우에는 업무 지시·감독권 행사 여부를 보다 신중히 검토

※ 계약서상 업무의 목적이나 내용이 지나치게 추상적이어서 사용사업주등의 지시를 통해 비로소 구체화되는 불확정한 상태에 놓여있거나 또는 업무 전반을 망라하는 것으로 되어 있어 특정 업무에 한정되지 않는 경우에는 업무 지시·감독권이 인정될 수 있음에 유의

○ 사용사업주등이 파견근로자등에 대하여 직접적·구체적으로 업무 수행 방법, 수행 속도, 근로의 장소 및 시간 등을 지시하고 감독하는 경우는 사용사업주등의 지휘·명령권 인정의 주요 징표가 됨

〈 지휘·명령관계 인정의 부정적 징표 〉

◆ 파견사업주등이 그의 근로자에 대한 업무지시와 감독을 자신의 관리자를 통해 자체적으로 이행한다면 사용사업주등의 지휘·명령권을 부정하는 주요 징표가 될 수 있음

〈 지휘·명령관계 인정의 중립적 징표 〉

◆ 사용사업주등이 계약에 반하는 파견사업주등의 업무수행에 대하여 계약 내용을 알려주거나 시정을 요구하는 것은, 사용사업주등의 지시권 범위에 포함된다고 볼 수 있으며, 파견사업주등의 지휘·명령권을 침해한다고 보기 어려움

◆ 계약의 목적 달성을 위해 일정 수준 이상의 자재를 사용하거나 일정 수준 이상의 업무 수행이 필요한 경우, 파견근로자등이 계약 내용과 다른 제품의 자재를 사용하거나, 다른 방법을 사용하여 업무를 수행하는 것에 대하여, 사용사업주등이 이를 지적하고 시정을 요구하는 것은 계약의 목적 달성을 위한 지시권 범위에 포함된다고 볼 수 있음

◆ 계약을 통해 파견사업주등(파견근로자등)이 수행해야할 업무가 사전에 확정되어 사용사업주등의 파견사업주등에 대한 업무 전달방법으로 내부전산망이 활용되며, 파견근로자등이 그 내용에 따라 통상의 절차에 따라 업무를 수행하고, 사용사업주등의 별도 지시나 감독 또는 사용사업주등에 대한 결과보고 등의 조치가 없다면 파견사업주등의 지휘·명령권을 침해한다고 보기 어려움

◆ 특정제품의 생산이나 규격의 통일, 사업내용의 획일성을 위해 사용사업주등이 제시한 주문서, 시방서, 설계도면 등에 의해 업무를 수행하는 것이 파견사업주등의 지휘·명령권을 침해한 요소로 보기 어려움

◆ 산업안전보건법 제29조에 의한 도급인의 작업장 순회점검 등 안전·보건관리, 하도급 근로자의 안전·보건교육에 대한 지도와 지원 등 가능

4-나-3) 휴가, 병가 등의 근태관리권 및 징계권
※ 휴가, 결근, 조퇴, 외출, 지각원, 출근부, 기타 징계관련 서류 등을 확인

○ 사용사업주등이 파견근로자등의 전반적인 근태를 관리하고, 징계를 결정하고 있는 경우 사용사업주등의 지휘·명령관계 인정의 주요 징표가 됨(SK와이번스 사건, 한국마사회 사건)

〈 **지휘·명령관계 인정의 중립적 징표** 〉

◆ 휴가기간 동안 파견사업주등의 자체적 업무수행이 가능하지 않다면, 사용사업주등의 근로자 휴가시 파견근로자등에게 휴가를 적용하는 것이, 반드시 파견사업주등의 지휘·명령권을 침해하는 것은 아니라고 할 수 있음

◆ 사용사업주등이 단순히 파견사업주등의 근로자 출·퇴근시간을 파악하여 파견사업주등에 통보함으로써 파견사업주등으로 하여금 근태관리를 할 수 있도록 한 것이, 반드시 파견사업주등의 지휘·명령권을 침해하는 것은 아니라고 할 수 있음

◆ 사용사업주등이 사업장 질서 유지를 위해 파견사업주등에게 퇴거·근태시정을 요구하는 것은 도급인의 정당한 '지시권'의 범위에 포함되는 것으로, 반드시 파견사업주등의 지휘·명령권을 침해하는 것은 아니라고 할 수 있음

4-나-4) 업무 수행에 대한 평가권
※ 업무수행 및 실적에 대한 평가서, 파견사업주등의 직원이 현장에서 감독·평가하는지 여부, 잘못된 업무수행이 발견될 경우에 있어서의 조치 관행 등을 확인

○ 업무수행 과정에서 사용사업주등의 공정이나 기술지도 등의 양태와 업무수행결과에 대해 검사, 평가가 어떻게 이루어지는지를 현장 점검을 통해 확인

○ 파견근로자등의 업무 수행 결과에 대한 사용사업주등의 개별·구체적 평가가 상시적으로 이루어진다면 사실상 직접적인 지휘·명령권 행사에 해당

〈 **지휘·명령관계 인정의 중립적 징표** 〉

◆ 업종 및 공정의 특성상 사용사업주등의 업무수행방법의 유지가 필요한 경우, 사용사업주등이 입회하여 공정검토, 기술지도 및 업무수행결과를 검사하는 것이 파견사업주등의 지휘·명령권을 침해한다고 보기 어려움

4-나-5) 연장·휴일·야간근로 등의 근로시간 결정권(다만, 작업의 특성상 일치시켜야 하는 경우에는 제외한다)

※ 연·월차 유급휴가 사용내역, 일일 근무현황, 기타 근로시간 관련 서류 등을 확인

○ 사용사업주등이 파견근로자등의 연장·휴일·야간근로 등의 근로시간 결정권을 직접 행사하는 경우 양자간 지휘·명령관계 인정의 징표로 활용될 수 있음

〈 지휘·명령관계 인정의 중립적 징표 〉

◆ 작업특성상 사용사업주등과 파견사업주등간 작업시간, 휴게시간을 일치시키는 것이, 반드시 파견사업주등의 지휘·명령권을 침해하는 것은 아니라고 할 수 있음

◆ 연장·야간·휴일근로 등 시간외근로의 경우, 사용사업주등과 파견사업주등간 사전협의가 있었고, 그 필요성이 인정된다면, 파견사업주등의 지휘·명령권을 침해하는 것은 아니라고 할 수 있음

Ⅲ. 사업장 점검 요령

1	점검 순서 및 요령

◈ ① 자료수집·검토 등 예비조사 ② 근로자 설문 ③ 현장점검 등의 순서로 진행

◈ 계약의 명칭, 외형보다는 실제 이행과정에서 나타나는 사실관계를 밝히는데 중점을 두고 점검

1. 예비조사

○ 근로자 설문 및 현장조사 이전에 도급계약서 등 자료를 면밀히 검토하여 현장점검시의 중점 착안사항을 결정

<사전 검토 자료(예)>

- 하도급업체 관리규정, 도급계약서 및 단가산출자료
- 파견사업주등의 근로자 명부, 단체협약, 취업규칙, 근로계약서

- 체불 등 민원 및 노사분쟁 발생 시 처리내역, 노사협의회 운영실태 등
- 법률에 규정된 사업주 의무이행 관련 자료(고용·산재보험 가입 등)
- 파견사업주등의 이력, 도급사업 경력 등

2. 근로자 설문(붙임 2 설문지 활용)

○ 예비조사시 파견사업주등의 근로자명부를 제출받아 대상근로자(3~5명)를 선정하되 보안에 유의

※ 노조가 있는 경우, 업무단위 별로 노조원과 비노조원을 적정하게 배분

○ 객관적인 설문이 이루어지도록 비밀유지가 가능한 장소를 이용하거나, 필요한 경우 전화·우편 등을 활용하고,

- 설문의 내용은 업종 등에 따라 조정하여 시행

3. 현장점검

○ 조사자가 노동조합 또는 노사협의회 근로자위원을 면담, 근무실태 및 불법파견 등에 대하여 의견을 청취하고 필요한 자료 등을 확인

<현장 확인 자료(예)>

- 채용 면접표, 취업규칙, 근로계약서, 신규채용자 안전교육 서류 등
- 사무실 임대차 계약서, 사업체 설립비용 부담 여부, 주금 납입 경위 및 주식 소유비율, 기성금 및 수당 지급방법, 사업계획서
- 사용사업주등이 지급하는 기계나 설비, 기자재의 내역과 유·무상 여부
- 기획관련 작성서류, 사용사업주등과 파견사업주등 사이에 체결된 계약서, 파견사업주등과 소속 근로자의 자격증 유무 등
- 작업계획서, 인력배치계획서, 작업공정도, 기타 작업배치 관련 서류 등
- 일일작업지시서, 안전교육 일지, 업무관련 지시 전달 방법 등
- 휴가·결근·조퇴·외출·지각 등 근태관리부, 징계관련 서류 등
- 연·월차 유급휴가 사용내역, 일일 근무현황, 기타 근로시간 관련 서류 등
- 업무수행 및 실적에 대한 평가서, 사용사업주등의 직원이 현장에서 감독·평가하는지 여부, 잘못된 업무수행이 발견된 경우의 조치 관행 등

○ 파견근로자등에 대한 작업 감독 및 지시자, 파견사업주등의 사업 수행에서의 독자성 정도, 파견사업주등과 사용사업주등의 근로자 혼재작업 여부, 업무의 동질성 여부 등을 점검표를 이용하여 확인

4. 종합적 판단

○ 어느 하나의 징표가 아니라 위에서 언급된 여러 징표들을 종합적·전체적으로 검토하여 파견·도급 등 여부를 판단

- 이 경우 ① 작업배치·변경 결정권 ② 업무 지시·감독권 ③ 휴가·병가 등 근태관리 및 징계권 등은 다른 징표에 비해 우선적으로 고려

Ⅳ. 점검결과 조치

1	직접 고용지도

※ 불법파견 판정 시 파견근로자등의 고용안정을 최우선적으로 고려하여 조치

1. 파견사업주등의 실체가 부인되는 경우

○ 사용사업주등이 직접 고용하도록 지도하고,

- 사용사업주등이 직접고용에 응하지 않은 경우에는 파견법 이외의 다른 노동관계법 적용 여지를 검토하여 조치

※ 근로자파견관계가 성립하지 않으므로 파견법 적용은 어려움

○ 최종적으로는 민사절차에 의한 권리구제 지도

2. 불법파견의 경우

○ 동일한 사용사업주등이 2년 이상 사용한 파견근로자등은 당사자의 명시적인 반대나 대통령령으로 정하는 정당한 사유가 없는 한, 법 제6조의2 제1항의 규정에 의거 사용사업주등이 직접 고용토록 지도

※ 절대 파견금지 업종은 근속기간과 무관하게 직접고용 지도

3. 직접고용시의 근로조건

○ 직접 고용하는 파견근로자등의 근로조건은, 당해 근로자와 동종 또는 유사업무를 수행하는 사용사업주등의 근로자와 동일하게 하되

- 동종 또는 유사업무를 수행하는 근로자가 없을 경우 당해 근로자의 기존 근로조건보다 저하되지 않도록 지도

2	시정지시·사법처리 등

※ 근로감독관 집무규정에 의거 조치

1. 시정지시

○ 적법도급·파견 전환 또는 직접채용 등을 통하여 파견근로자등의 고용안정이 우선적으로 확보되도록 지도

※ 고용안정 조치는 사실상 사용사업주등의 결정에 달려있음을 감안하여 지도

○ 파견사업주등과 사용사업주등에게 근로자 고용안정에 대한 개선계획서를 제출토록 요구(25일 이내)하여, 타당성이 인정되는 경우 시정지시

- 개선계획서는 불법상태 해소 방법, 내용, 시기, 파견근로자등의 고용안정에 관한 사항 등 포함
- 개선 기한 : 2월 이내(파견·사용사업주등의 노사간 합의서가 제출되고, 필요성이 인정되는 경우 2개월까지 기한연장 가능)

2. 사법처리

○ ① 처벌을 요구하는 진정 등 민원이 제기된 경우, ② 사용사업주등이 고용안정 조치 없이 도급계약을 해지함으로써 파견근로자등의 실직이 예상되는 경우, ③ 불법상태의 해소 가능성이 없거나 개선계획서 미제출 등 개선의지가 없거나 개선기한 내 시정되지 않은 경우, ④ 불법파견으로 사회적 물의 발생, 노사간 분쟁 장기화 등, 필요하다고 판단되는 경우 사법처리 절차를 진행

[붙임 1]

수급(수임)업체 운영실태 점검표

1. 사업체 개요

구 분	수 급(수 임) 업 체	도 급(위 임) 업 체
사 업 체 명		
소 재 지		
사 업 종 류		
대표자(근로자수)		
전 화 번 호		

2. 도급(위임)계약의 내용

계 약 일		계 약 기 간	
도 급 금 액		업 무 내 용	
작 업 장 소		현 장 책 임 자	

3. 점검결과

구 분	점 검 항 목	확 인 결 과
수급·수임인의 실 체	채용·해고 등의 결정권	
	사업수행에 필요한 자금조달·지급 책임	
	법령상 사업주로서의 책임 부담	
	기계, 설비, 기자재의 자기 책임과 부담	
	전문적 기술 또는 경험과 관련된 기획 책임과 권한	
지휘명령권의 행사주체	작업배치·변경 결정권자	
	업무 수행에 대한 지시·감독권자	
	휴가, 병가 등의 근태 관리 및 징계권자	
	업무 수행에 대한 평가권자	
	연장·야간·휴일근로 등 근로시간 결정권자	

○ 기타 확인 사항

○ 근로자 설문 요지

○ 종합의견

년 월 일

조사자 소 속
직 책
성 명 (인)

[붙임 2]

근로자 설문지

이 조사는 당해 사업장 근로자의 업무수행실태를 파악하여 도급 또는 파견 여부 판단에 참고하기 위한 것이므로, 아래의 질문내용에 따라 사실대로 적어 주시기 바랍니다.

1. 인적사항

성　　명		소속회사명(부서)	
입사일자		담당업무	

2. 귀하를 채용하고 임금을 결정한 사람은 누구입니까?
   ① 도급업체(원청) 관계자　　　② 소속회사 사장 또는 관계자

3. 귀하에 대한 작업배치 또는 변경의 결정은 누가 합니까?
   ① 도급업체(직책, 이름) :　　　② 소속회사(직책, 이름) :

4. 귀하의 업무수행과 관련하여 필요한 기계, 설비, 기자재는 누구로부터 제공받습니까?
   ① 도급업체(원청) 관계자　　　② 소속회사 관계자

5. 귀하는 도급업체 근로자와 같은 장소에서 같이(함께) 작업을 하고 있습니까?
   ① 예　　　② 아니오

5-1. (5번 문항에 ①로 답한 경우) 도급업체 근로자를 포함하여 같이 일하는 근로자는 하루에 보통 몇 명입니까?
   ○ 도급업체(원청) 근로자 :　　　○ 소속회사 근로자 :

5-2. (5번 문항에 ①로 답한 경우) 도급업체 근로자와 귀하의 업무내용에 차이가 있습니까?
   ① 같음　　　② 비슷함　　　③ 전혀 다름

5-3. (5-2번 문항에 ③,④로 답한 경우) 도급업체 근로자와 귀하의 업무내용을 기재하십시오.
   ○ 도급업체(원청) 근로자 :　　　○ 귀　하 :

6. 귀하는 도급업체(원청) 근로자의 업무를 대신 수행한 적이 있습니까?
① 예 ② 아니오

6-1. (6번에서 ①로 답한 경우) 업무를 대신 수행한 이유는 무엇입니까?
① 도급업체(원청) 근로자가 갑자기 결근하거나 휴가 갔기 때문
② 작업물량이 늘어났기 때문
③ 기타(이유)

7. 작업내용을 구체적으로 지시하고 감독하는 사람은 누구입니까?
① 도급업체(원청) 관계자 ② 소속회사 관계자
○ 지시, 감독자 인적사항
- 소속회사와 직위 : - 성 명 :

8. 귀하가 수행한 업무에 대한 평가는 누가 합니까?
① 도급업체(원청) 관계자 ② 소속회사 관계자
○ 지시, 감독자 인적사항
- 소속회사와 직위 : - 성 명 :

9. 잔업이나 휴일근무는 누가 결정하고 지시합니까?
① 도급업체(원청) 관계자 ② 소속회사 관계자
○ 지시자 인적사항
- 소속회사와 직위 : - 성 명 :

10. 귀하에 대한 휴가·병가 등 근태관리나 징계를 결정하는 사람은 누구입니까?
① 도급업체(원청) 관계자 ② 소속회사 관계자
○ 지시, 감독자 인적사항
- 소속회사와 직위 : - 성 명 :

11. 귀하는 임금, 퇴직금, 상여금, 휴업수당 등 금품을 도급업체(원청)로부터 직접 지급받은 적이 있습니까?
① 예 ② 아니오

11-1. (11번에 ①로 답한 경우) 지급받은 금품과 시기를 기재 하십시오.
○ 금품 이름 : ○ 받은 시기 :

년 월 일 작성자 : (인)

2 아파트 종사근로자의 근로조건 보호에 관한 지침

(근기 68206-564, '99. 11. 9)

1. 배 경

○ 아파트 등 공동주택관리의 관리형태는 관리주체에 따라
- 주택건설업자 등 『사업주체』에 의한 관리
- 입주자에 의하여 구성된 자치관리기구(입주자대표회의)에 의한 『자치관리』
- 입주자(입주자대표회의)가 선정한 주택관리업자에 의한 『위탁관리』가 있으나

○ 최근 아파트 관리형태 변경시 또는 주택관리업자 변경시 아파트관리업무 종사근로자의 퇴직금·해고 등과 관련한 분쟁이 빈발

○ 따라서 노사간 분쟁해소를 위해 아파트 관리형태별 사실관계에 따라 근로기준법상 책임소재를 분명히 할 필요성 제기

2. 기본원칙

○ 관리형태 자체를 변경하는 경우(예 : 자치관리 → 위탁관리, 위탁관리 → 자치관리)에는 업무의 동질성이 유지되고 근로자의 인수를 배제하는 특약이 없는 한 영업의 양도·수로 보아 고용이 승계된다고 봄

○ 주택관리업자를 변경하는 경우에는 다음의 2가지로 구분
- 수탁받은 주택관리업자가 입주자대표회의로부터 독립하여 근로자에 대한 인사·노무관리의 전권을 행사하는 경우에는 원칙적으로 고용승계 의무가 없음
- 수탁받은 주택관리업자는 근로자에 대해 근로계약 체결 등 형식적 사용자의 지위를 가질 뿐, 입주자대표회의가 사실상의 사용자로서 근로자의 인사·노무관리에 직접 관여하는 경우에는 입주자대표회의가 사용자로서의 지위를 가지므로 특별한 사유가 없는 한 고용은 유지되어야 할 것임

3. 구체적 판단기준

가. 관리형태 변경의 경우

○ 업무의 동질성이 유지되고 근로자의 인수를 배제하는 특약이 없으면 영업의 양도·수로 보아 고용은 승계되는 것으로 봄

○ 영업양도라 하더라도 당사자 사이에 근로관계 일부를 고용승계의 대상에서 제외하기로 한 특약이 있는 경우에는 그에 따라 근로관계의 승계가 이루어지지 않을

수 있으나, 그러한 특약은 실질적으로 해고나 다름이 없으므로 근로기준법 제30조 제1항의 정당한 이유가 있어야 유효함

○ 영업의 양도, 양수시 당해 기업의 소속 근로자가 자유의사에 의해 사직서를 제출하고 퇴직금을 수령한 후 양수기업에 새로이 입사하는 것은 가능함

나. 주택관리업자 변경의 경우

1) 원칙적으로 고용승계의무가 없는 경우

○ 주택관리업자가 아파트 입주자대표회의로부터 아파트 관리업무를 수탁받아 관리직원의 임면, 노무관리, 보수 및 퇴직금 지급 등 업무수행에 관하여 전권을 행사하는 경우로서

○ 위·수탁계약이 해지되어 관리업무를 행하지 않게 되고 새로운 주택관리업자가 다시 입주자대표회의로부터 아파트 관리업무를 수탁받아 관리하게 되면

○ 두 업체간에 고용승계에 관한 별도의 약정이 없는 한 원칙적으로 새로운 업체가, 종래 업체와 근로자간에 맺어진 근로관계를 승계하여야 할 법적의무는 없음

■ 판단기준

① 주택관리업자가 관리업무 종사자의 채용·해임·승진·배치전환·징계 등 인사조치에 관하여 전권을 행사하는 경우

② 주택관리업자가 매월 관리비·사용료 및 특별수선충당금 등의 징수·사용·보관 및 예치에 관하여 전권을 행사하는 경우

※ 이러한 경우에 해당하는 때에는 주택관리업자를 근로기준법상 사용자로 봄. 다만, 일반관리비 중에서 퇴직급여 충당금을 주택관리업자가 관리하지 아니하고 입주자대표회의가 직접 관리할 경우에는 퇴직금 부분에 관한 한 입주자대표회의에 대해 근로기준법 제43조 제1항의 직상수급인의 연대책임 규정 적용

2) 원칙적으로 고용이 유지되어야 하는 경우

○ 주택관리업자가 비록 외형상으로는 아파트 입주자대표회의로부터 아파트 관리업무를 수탁받아 관리하고 있을지라도

○ {입주자대표회의가 관리직원의 급여를 직접 지급하거나, 관리직원의 급여수준을 직접 결정한 경우, 관리직원의 임면 등 인사, 노무관리에 직접관여한 경우}에는 주택관리업자 변경시에도 고용은 유지되어야 함

■ 판단기준

① 관리업무 종사자에게 정기적으로 지급되는 임금·퇴직금 등의 지급·결정에 있어

서 최종 결재권을 행사하는 경우

② 입주자대표회의가 관리업무 종사자의 채용·해임·승진·배치전환·징계 등 인사조치와 관련하여 위탁관리업체에게 지시하거나 최종적으로 결재하는 경우

③ 입주자대표회의가 외형상 위탁관리 방식을 취하면서도 관리업무 전반에 사실상의 집행권을 행사하는 경우

※ 이러한 경우에 해당하는 때에는 입주자대표회의를 근로기준법상의 사용자로 봄

4. 기존의 행정해석과의 관계

○ 기존의 행정해석 중 당해 지침과 배치되는 행정해석은 이 지침시행과 동시에 폐지함

5. 유권해석 및 구체적 사례

【법무부 유권해석】: 위탁관리업체 변경시 고용승계 여부(법심 61010-477, '98. 7. 29)

○ 아파트 입주자대표회의가 아파트를 주택관리업자에게 위탁하여 관리하다가 주택관리업자를 변경하는 경우

- 원칙적으로 고용승계가 되지 않으나 입주자대표회의가 사실상 사용자로서의 권한을 행사하는 경우에는 고용승계가 된다고 봄이 상당

○ 이 유

- 위탁관리의 경우 입주자대표회의는 위탁관리업체와 위탁계약만 체결하고 아파트관리 종사근로자들은 위탁관리업체가 채용하여 근로계약을 체결하고 교육, 감독도 하게 되므로 위탁관리업체가 변경되는 경우 위탁관리업체 상호간에 영업양도·수 등 특별한 사정이 없다면 법률적인 근로자 고용승계의무는 없음
- 다만 근로기준법상 사용자로서의 지위가 근로계약의 존재여부 등 법형식에 의해서만 결정되는 것은 아니며 개별적이고 실질적인 관점에서 결정되는 것이므로 근로계약의 당사자가 아니라 하더라도 인사, 급여 등 근로조건의 결정, 근로실시에 관한 명령, 감독권의 사실상 행사여부 등으로 인하여 근로종속관계가 인정된다면 사용자로서의 지위가 결정될 것임
- 따라서 아파트 위탁관리의 경우에도 입주자대표회의가 채용, 해임, 승진, 징계, 급여 등 근로조건의 결정에 직접적으로 개입하고 사실상 근로자를 사용하며 지휘·감독하였다면 입주자대표회의를 사용자로 볼 수 있으며 이러한 경우에는 위탁관리업체는 입주자대표회의의 노무지휘권한을 수임받은 자에 불과하다고 볼 것이므로 위탁관리 업체가 변경되어도 정당한 사유가 없다면 고용은 유지되어야 할 것임

【중앙노동위원회 판정사례 1】 : 은마아파트 사건(98부노160 및 98부해623, '99. 3. 10)

○ 입주자대표회의가 아파트관리를 위탁하였다 할지라도 근로자의 인사 노무관리에 관여하여 지도감독 차원을 벗어나 집행권이라고 할만한 최종적인 의사결정권을 행사한 경우라면 입주자대표회의는 사용자의 지위에 있다고 볼 것이고 아울러 자치관리라고 할 수 있으므로

○ 비록 위탁관리업체가 변경되더라도 이는 입주자대표회의의 노무지휘권을 수임받은 자의 변경에 불과하다 할 것이므로 특별한 사유가 없는 한 근로자의 고용관계는 유지되어야 할 것임

○ 따라서 위탁자의 변경을 이유로 고용관계의 유지가 이루어지지 않은 것은 부당한 해고에 해당

【중앙노동위원회 판정사례 2】 : 목동10단지아파트 사건(98부노135, 98부해550, '99. 4. 29)

○ 신청인들은 관리업체가 변경되어도 근로조건의 변동없이 근무하여 왔고 근속기간도 단절되지 아니하였으며, 관리업체가 계약만료 또는 해지될 때는 신청인들은 입주자대표회의의 소속으로 환원되도록 되어있는 점과

○ 입주자대표회의가 아파트 관리를 위탁하였다 할지라도 근로자의 인사, 노무관리에 직·간접적으로 관여하였으므로 입주자대표회의는 사용자의 지위에 있다고 볼 것이고 아울러 자치관리와 다름없다고 할 수 있으므로

○ 비록 위탁관리업체가 변경되더라도 이는 입주자대표회의의 노무지휘권을 수임받은 자의 변경에 불과하다 할 것이어서 특별한 사유가 없는 한 근로자의 고용관계는 유지되어야 할 것임.

【사례1】 : 관리형태 변경의 경우 (근기 68207-147, '99. 8. 30)

○ 사업주체에서 관리해온 현상태(직원, 관리기구, 비품 및 공기구 등)대로 입주자대표회의가 인수한 경우 직원들에 대한 고용승계가 이루어진 것으로 볼 수 있는지 여부 및 인계인수전 사업주체와 맺은 근로계약, 취업규칙에 대한 것도 현 상태대로 인수하였으므로 입주자대표회의와 별도의 근로계약을 체결하지 않아도 되는지 여부

- 사업주체의 의무관리 기간이 경과한 후 입주자대표회의에서 의무관리의 상태(직원, 관리기구, 비품 및 공기구 등)대로 모든 권리·의무를 포괄적으로 인수하였다면
- 직원들에 대한 고용승계도 이루어졌다고 판단되며, 이 경우 입주자대표회의와 별도의 근로계약을 다시 체결하지 않아도 기존의 근로계약은 유효하다고 사료됨

【사례2】 : 관리형태 변경의 경우 (근기 68207-147, '99. 9. 28)

○ 사업주체인 ○○회사는 의무관리 기간동안 주택관리업자와 위탁관리계약을 체

결하고 관리하던 중 의무관리기간이 종료되고 입주자대표회의가 자치관리하기로 한 경우 고용승계 여부

- 관리업무의 동질성이 변경되지 아니하였고 단순히 사업주체의 변경에 불과하다고 판단되므로 새로운 사업주체(입주자대표회의)가 관리업무 종사자의 고용을 승계함이 타당

【사례3】 : 관리형태 변경의 경우 (근기 68207-343, '99. 10. 16)

○ 입주자대표회의가 자치관리하다가 주택관리업자에게 위탁관리하고자 하는 경우 관리소장을 포함한 관리직원을 해고할 수 있는지 여부

- 관리형태 변경시에는 새로운 수탁업체가 당해 아파트관리업무종사자의 고용을 승계하여야 함이 원칙이므로 관리형태 변경시 근로자를 해고하고자 할 경우에는 정당한 사유가 있어야 함.

3 해고의 정당사유에 관한 업무지침(1992. 1. 7. 근기32003-9)

1. 해고의 사유

(1) 근로기준법 제23조[5]의 해고의 정당한 사유 중 「근로자의 귀책사유」여부는 근로자가 기업의 생산성에 기여하지 않았다든지 유기적 조직체로서의 경영 질서를 문란하게 하는 등 사회통념상 해고를 정당시 할 만한 상당한 이유가 있는가에 따라 판단하여야 할 것이며, 근로자의 경미한 귀책사유가 있는 경우에는 해고 이외의 휴직·정직·전직·감봉 기타 징벌을 할 수 있는 것임.

(2) 따라서 근로기준법 제23조의 정당한 해고사유에 해당되는 것으로 인정되는 다음의 사례는 단체협약이나 취업규칙으로 규정하여 시행할 수 있을 것임.

1) 회사 측 사정(근기법 제24조 관련)

가. 감원을 하지 않으면 회사가 도산할 위기에 있거나 경영악화로 사업을 계속할 수 없다고 인정되는 경우 등 경제적인 이유뿐만 아니라, 생산성의 향상, 경쟁력의 회복 내지 증강에 대처하기 위한 작업형태의 변경, 신기술의 도입이라는 기술적인 이유와 그러한 기술혁신에 따라 생기는 산업의 구조적 변화 등을 이유로 인원삭감이 객관적으로 보아 합리성이 있다고 인정되는 때(1992. 1. 16. 개정)

나. 불필요한 사유에 의한 일부 작업부서의 폐쇄로서 그 부서 근로자를 타 부서에 전직시켜 사용할 수 없는 특별한 사정이 있다고 인정되는 경우나 사업이 폐지되는 경우 등

---

5) 이 업무지침은 구 근로기준법을 기초로 작성되었으므로 현행 근로기준법 조문을 대체하였음.

2) 근로자 측의 귀책사유

가. 근무태도 불량 등

① 원칙적으로 정당한 이유 없이 장기간(상황에 따라 다르겠으나 일반적으로 1주 이상) 무단결근하고도 사용자의 출근 독촉에 따르지 아니하거나 출근 및 결근이 일정치 않는 등 평소 출근성적이 불량하여 사용자로부터 3회 이상 주의를 받고도 이를 시정하지 아니하는 등 근무태도가 극히 불량하다고 인정되는 경우

② 사업의 업무형편상 합리적인, 그리고 그 기준 및 사유가 정당한 사용자의 전근명령을 거부하여 직장규율을 문란케 하는 행위

③ 도박·풍기문란 등에 의하여 직장규율을 어지럽히고 다른 근로자에게 악영향을 미쳤다고 인정되는 경우 또는 이들 행위가 사업장 밖에서 행하여진 경우라 할지라도 이로 인하여 당해 사업장의 명예나 신용이 실추되거나 거래관계에 악영향을 끼쳤다고 인정되는 경우 또는 노·사간의 신뢰관계를 상실하였다고 인정되는 경우

④ 사용자의 정당한 업무상 지시에 정당한 사유 없이 불복함으로써 직장규율을 문란케 하여 노사관계의 신뢰를 상실케 한 것이라고 인정되는 경우

⑤ 사용자가 산업안전보건법 제23조 내지 제24조의 규정에 의한 안전·보건상의 조치를 다하고 정당한 작업지시를 하였음에도 근로자의 고의 또는 중대한 과실로 인하여 중대한 재해를 유발케 한 행위

나. 범법행위

① 원칙적으로 지극히 경미한 것을 제외하고 사업장에서의 절도·횡령·상해 등 형사범에 해당되는 행위가 있는 경우

② 일반적으로 보아 지극히 경미한 사안이라 할지라도 사용자가 사전에 예방 또는 경고조치를 한 것이 객관적으로 인정됨에도 불구하고, 근로자가 2회 이상 절도·횡령·상해 등의 형사범에 해당하는 행위나 이와 유사한 행위를 한 경우

③ 사업장 밖에서 행하여진 절도·횡령·상해 등 형사범에 해당하는 행위라 할지라도 이로 인하여 당해 사업장의 명예나 신용이 심히 실추되거나 거래관계에 악영향을 끼친 경우 또는 노사간의 신뢰관계를 상실하였다고 인정되는 경우

④ 업무와 관련하여 수뢰·배임 등 부정한 금품을 수령하는 등 형사범에 해당하는 행위를 한 경우

⑤ 사업장 안팎을 막론하고 「불법적인 불온선동이나 집단행동을 주도」하여 직장 또는 사회질서를 문란케 하는 등 형사범에 해당하는 경우

다. 경력위조 기타

① 채용요건의 미달 등 채용의 주요 요소가 되는 경력의 위조 또는 불채용의 요건이 되는 경력을 위조한 경우

② 타 사업에 전직한 경우

(3) 사업장별 단체협약이나 취업규칙에 규정·시행할 정당한 해고사유에 해당된다고 인정되는 위의 사례는 당해 사업장의 사업의 종류·규모 또는 영업실태 등에 따라서, 그리고 당해 근로자의 지위·직종·직무내용 기타 형편에 따라 규정·운영하여야 할 것이며, 일률적·획일적으로 규정·시행할 성질의 것은 아니라고 판단된다. 예컨대 미싱사가 미싱바늘을 절취한 경우와 도난 예방을 위한 경비원이 미싱바늘을 절취한 경우에는 같은 징계종류를 적용할 수 없는 것과 같음.

2. 입법취지

(1) 법 제23조의 정당한 해고사유가 있다 하더라도 동법 제26조 제1항 본문에서 30일 전에 해고예고를 하거나 30일분 이상의 통상임금을 지급하도록 한 것은 임금이 유일한 생활원천인 근로자에게 최소한 30일전에 다른 직장을 구하게 하기 위한 시간을 부여하는데 그 입법취지가 있다고 보아야 할 것임.

(2) 또한 업무상 부상·질병의 요양으로 인한 휴업기간과 그 후 30일간 또는 임신 중의 여자에게는 법 제74조에 의하여 산전·산후를 통하여 60일의 유급휴가(그 중 30일 이상은 산후에 부여)와 그 후 30일간은 해고를 못하도록 규정한 것도 정당한 해고사유가 있다 하더라도 이와 같은 곤란한 경우에 처한 근로자의 보호라는 입법취지로 이해되어야 할 것이며, 위의 해고금지기간을 경과한 경우에도 법 제26조의 제1항 본문에 의한 해고예고나 30일분 이상의 통상임금을 지급하여야 할 것임.

(3) 다만, 정당한 해고사유가 되는 근로자의 귀책사유가 있는 다음의 경우에는 법 제27조의 2 제1항 단서 규정에 따라 해고예고(또는 해고수당 지급) 없이 즉시해고가 가능한 것임.

1) 천재·사변 기타 부득이한 사유로 사업계속이 불가능한 경우는 불가항력적·돌발적 사유로 해고예고를 할 여유가 없는 것이기 때문임.

2) 법 제23조에서 규정한 정당한 「해고사유에 해당하는 근로자의 귀책사유」중에서 근로관계를 즉시 단절하여야만 타당하다고 인정되는 경우, 즉 「해고예고에 의하여 근로자를 보호할 가치가 없을 정도」의 고의로 사업에 막대한 지장을 초래하거나 재산상의 손해를 끼친 경우로 노동부장관의 승인을 받은 때(제26조의 제1항 단서 후단; 시행규칙 별표○)

참 고 문 헌

【단행본】

菅野和夫(이정 역). 일본노동법(초판), 법문사, 2005.
권영성, 헌법학원론(개정판), 법문사, 2005.
권유상, 백두헌법(초판), 고시연구사, 2002.
김상수, 민사소송법개론(제4판), 법우사, 2007.
김소영, 고용형태 다양화와 법·제도 개선과제, 한국노동연구원, 2001.
김소영 외 2인, 부당해고구제의 실효성 제고방안, 한국노동연구원, 2003.
김유성, 노동법 I(초판), 법문사, 2007.
______, 노동법 II, 법문사, 2007.
김재형·남효순, 통합도산법, 법문사, 2006.
김철수, 헌법학개론(제18전정신판), 박영사, 2008.
김형배, 노동법(신판제4판), 박영사, 2007.
김형배 외 3인, 집단적 노사자치에 관한 법률, 박영사, 1996.
김홍규, 민사소송법(제7판), 삼영사, 2004.
노병호·한경식, 임금보호법(초판), 진원사, 2008.
노동부, 노사관계선진화입법자료, 2007. 1,
______, 경영상 해고제도 해설, 1999.
도재형, 노동위원회 패소사례분석(2000. 1. 1.~2005. 4. 30.), 중앙노동위원회, 2005.
민주사회를 위한 변호사모임(민변), 변호사가 풀어주는 노동법 I(개정3판), 2006.
박종희·김소영, 기업변동시 노동법적 쟁점과 정책과제, 2000.
박종희·이승길, 사업의 일부이전에 따른 근로관계의 이전 등 노동법상 제 문제에 관한 고찰 및 개선방안연구, 노동부, 2002.
박종희 외 3인, 비정규직 차별금지에 관한 선진국 제도운용 연구, 노동부, 2005. 12.
박종희 외 4인, 비정규직 차별금지판단기준 및 운영에 관한 연구, 중앙노동위원회, 2006. 12.
박홍규, 고용법·근로조건법(제2판), 삼영사, 2005.
서울지방노동위원회, 인사권의 기본원리와 해고, 2008. 6.
서울지방법원, 회사정리실무(개정판), 2001.
____________, 파산사건실무(개정판), 2001.

성낙인, 헌법학(제6판), 범문사, 2006.
유성재, 사업양도시 고용승계에 관한 법제개선방안, 한국법제연구원, 2000.
이병태, 최신노동법(제8전정판), (주)중앙경제사, 2008.
이상국, 근로기준법(개정2판), 신론사, 2006.
이상윤, 노동법(제3판), 법문사, 2007.
이시윤, 신민사집행법(보정판), 박영사, 2005.
임종률, 노동법(제6판), 법문사, 2007.
임채홍·백창훈 외, 회사정리법(상), 한국사법행정학회, 2002.
장태주, 행정법개론(개정3판), 현암사, 2006.
정찬영, 상법강의요론(제7판), 박영사, 2008.
조임영 외 4인, 비정규직차별시정제도의 운영에 관한 연구 : 기간제근로자 차별시정제도를 중심으로, 국회환경노동위원회, 2006. 12.
최종태, 현대인사관리론(전정판), 박영사, 2006.
하갑래, 근로기준법(제16판), (주)중앙경제, 2007.
한경식, 산업재해보상 및 배상론(초판), 한국학술정보(주), 2007.
허 영, 한국헌법론(전정4판), 박영사, 2007.
한국경영자총협회, 노동관계소송, 1994.

【논 문】

강희원, 「해고법제의 체계를 위하여」, 노동법학(제10호), 한국노동법학회, 2000.
권성중, 「자산매각과 고용관계의 승계」, 노동판례비평, 민주사회를 위한 변호사모임, 2002.
김남태, 「노동관계소송과 입증책임」, 노동관계소송상의 제 문제[하], 재판자료 제40집, 법원행정처, 1987.
김외숙, 「근로계약기간과 해고에 관한 법리」, 노동판례모음집, 중앙노동위원회, 2005.
김재호·김홍영, 「부당해고구제명령 불이행에 대한 이행강제금 부과」, 노동법연구(제21호, 2006. 12.
김재훈, '징계절차의 하자관행과 징계행위의 효력', 2001 노동판례비평, 민주사회를 위한 변호사모임, 2002.
______, '단체협약상의 해고사유와 취업규칙상의 해고사유', 노동법연구(제4호), 서울대학교노동법연구회, 1994.

김지형, 「영업양도와 근로관계의 승계」, 민사재판의 제 문제(제8집), 민사실무연구회, 1994.

김철영, 「대기발령의 정당성 한계」, 노동판례평석모음집, 중앙노동위원회, 2005. 3.

김홍영, 「부당해고에 대한 금전보상제의 도입에 따른 쟁점사항」, 월간노사 Focus(통권 제1호), 한국공인노무사회, 2007. 5.

______, 「부당해고 구제절차에서의 금전보상 및 이행강제금」, 노동법학(제25호), 한국노동법학회, 2007.

______, 「노동위원회를 통한 구제절차상의 심급제도의 개선논의에 관한 검토」, 노동법학(제10호), 한국노동법학회, 2000.

______, 「노동분쟁에 대한 노동위원회의 역할과 과제」, 노동법학(제21호), 한국노동법학회, 2005.

김홍준, 「기업변동에 있어서 노동법적 측면에 대한 소고」, 노동법연구(제4호), 한국노동법학회, 1994.

도재형, 「직위해제에 이은 당연퇴직의 정당성」, 노동판례평석모음집, 중앙노동위원회, 2005. 3.

문무기, 「전직의 법리」, 노동법학(제13호), 한국노동법학회, 2001.

박수근, 「부당해고구제와 금전보상제도의 해석과 과제」, 월간노사 Focus(제7호), 한국공인노무사회, 2007. 12.

______, 「기간제근로분쟁에서의 쟁점과 법해석의 기준 및 과제」, 노동법연구(제18호), 서울대학교노동법연구회, 2005.

______, 「경영상 해고에서 합리적이고 공정한 선정기준」, 노동법연구(제15호), 서울대학교노동법연구회, 2003.

서경환, 「회사정리절차가 계약관계에 미치는 영향」, 회사정리법·화의법상의 제문제(재판자료 제86집), 법원도서관, 2000.

선재성, 「파산과 노동관계」, 파산법의 제문제(재판자료집 제82집), 법원행정처, 1999.

송강직, '해고무효', 2001노동판례비평, 민주사회를 위한 변호사모임, 2002.

유성재, 사업양도시 고용승계에 관한 법제개선방안, 한국법제연구원, 2000.

유원석, 「노동사건에 있어서의 근로자측의 가처분」, 노동관계소송의 제 문제(하), 재판자료 제40집, 법원행정처, 1989.

윤기택·한경식, 「기간제 근로자의 차별처우금지제도에 관한 고찰」, 법학연구(제26집), 한국법학회, 2007. 5.

이상덕,「영업양도와 고용승계」, 노동법학(제7호), 한국노동법학회, 1997.

이승욱,「사업양도에 있어서 사업의 동일성과 근로관계의 이전」, 노동법연구(제6호), 서울대학교 노동법연구회, 1997.

______,「해고절차에 관한 고찰-해고동의(협의)조항 중심으로」, 노동법연구(제2권), 서울대학교노동법연구회, 1992면.

______,「징계처분의 범위와 한계」, 1997 노동판례 비평, 민주사회를 위한 변호사모임, 1998.

______,「근로기준법상 서면합의의 효력」, 노동법연구(제7호), 서울대학교노동법연구회, 1998.

이철수,「개정 해고법제의 주요 내용과 그 평가」, 2006-2007 개정 노동법의 법리적 검토(2007년 춘계학술대회), 서울대학교노동법연구회, 2007.

______, 고령자 고용과 정년제의 법적 과제」, 노동법연구(제15호), 서울대학교 노동법연구회, 2003.

조상균,「부당해고와 금전보상」, 노동정책연구(제7권제2호), 한국노동연구원, 2007. 5.

조용만,「고용에서의 연령차별금지의 법적 현황과 과제」, 노동법연구(제15호), 서울대학교 노동법연구회, 2003.

______,「경영상 해고회피 법리의 현재와 미래」, 노동법연구(제13호), 서울대학교 노동법연구회, 2002.

정진세,「법인격부인과 기판력·집행력」, 법률신문(제2588호), 법률신문사, 1995. 5. 12.

전형배,「도산절차와 근로관계의 승계」, 노동법학(제27호), 한국노동법학회, 2008.

정진경,「해고관련 법제의 변화 및 전망」, 법과 노동의 소통(2008년 가을공동학술대회), 서울대학교노동법연구회, 2008.

______,「부당해고구제소송에서의 소의 이익」, 노동법연구(제12호), 서울대학교 노동법연구회, 2002.

정태상,「회사정리, 파산, 화의시 노사관계에 관한 법률문제」, 제8기 공인노무사실무교육, 한국공인노무사회, 1999.

최준선,「법인격부인이론의 적용요건(상)」, 법률신문(제1849호), 법률신문사, 1989. 6. 5.

______,「법인격부인이론의 적용요건(하)」, 법률신문(제1850호), 법률신문사, 1989. 6. 12.

한경식,「근로자 요건의 재구성 - 판례비판을 중심으로 -」, 법학연구(제30집), 한국법학회, 2008. 5.

______,「기간제근로자의 차별처우금지제도에 관한 고찰」, 법학연구(제26집), 한국법

학회, 2007. 5.
현천욱, 「징계사유 관련자가 위원으로 참석한 징계의 적법여부」, 노동판례평석집, 한국경영자총협회, 1995.
______, 「파업기간 중 행위에 대한 면책합의의 효력」, 노동판례평석집, 한국경영자총협회, 1995.
______, 「면책약정의 해제와 직권해고」, 노동판례평석집, 한국경영자총협회, 1995.
______, 「해고협의조항에 위반된 해고의 효력', 노동판례평석집, 한국경영자총협회, 1995.
______, 「해고합의조항의 유효성과 한계」, 노동판례평석집, 한국경영자총협회, 1995.

사 항 색 인

(ㄱ)

가처분 ………… 462
가처분명령 ………… 468
감급(감봉) ………… 134
강등(강호) ………… 135
견책(경고) ………… 133
경력사칭 ………… 145, 340
경영권 ………… 25, 74
경영해고 ····· 210, 214, 217, 304, 368
경향사업 ………… 362
고용안정협약 ………… 387
고용조정휴직 ………… 110
과실상계 ………… 419
과잉징계(해고)금지의 원칙 … 149, 151
구제명령 ………… 319, 451, 456
권고사직 ………… 172
권리남용 ………… 87
근로감독 ………… 449
근로계약 ………… 66, 91
근로계약과 근로관계 ………… 66
근로계약기간의 만료 ………… 180
근로관계 ………… 66
근로기본권 ………… 25, 27
근로자 ………… 33
근로자 범위의 확장 ………… 38
근로자 지위보전의 가처분 ………… 466
근로자의 의무 ………… 68
근로자파견 ………… 84, 271
근로제공수령의무 ………… 70
근로제공의무 ………… 68
근무태만 ………… 142, 336
금전보상명령 ………… 424
금전보상의 범위 ………… 427
기간제고용 ………… 181
기소휴직 ………… 110
기속력 ………… 479
기업 내부의 인사 ………… 97
기업 사이의 인사 ………… 221
기업경매 ………… 300
기업변동 ………… 232
기업분할 ………… 258
기업비밀의 누설 ………… 145, 344
기업회생절차 ………… 206, 213
기판력 ………… 480
긴급이행명령 ………… 459
긴박한 경영상의 필요성 ………… 363

(ㄴ)

남녀차별 ………… 80, 310

(ㄷ)

단체협약 ………… 90
단체협약과 취업규칙과의 관계 ···· 155
당사자적격 ………… 471
당연(자동)면직 ………… 406
당연(자동)퇴직 ………… 198
당연(자동)퇴직 규정 ………… 199
대기발령 ………… 84, 198

도급 …… 266
도산 …… 204

(ㅁ)

모성보호 …… 313
무단결근 …… 143
민사적 구제 …… 461
민·형사면책 합의 …… 355

(ㅂ)

범법행위 …… 146, 335
법원 …… 88
법인격 부인 …… 56, 292
변경해지 …… 176
보전의 필요성 …… 463
부당노동행위 …… 79, 294, 317
분사화 …… 263
불문법원 …… 91
불이익처분 …… 317
불이익취급의 사유 …… 321

(ㅅ)

사내하도급 …… 273
사업경영담당자 …… 54
사업주 …… 54
사용기간의 제한 …… 184
사용사업주 …… 273, 279
사용자 …… 53
사용자 범위의 확장 …… 55, 292
사용자의 의무 …… 70
사용자의 채용의무 …… 78
사직 …… 165
산전후 휴가 …… 313
상당성의 원칙 …… 151, 328
상병휴직 …… 109
상위규범 적용의 원칙 …… 155
성문법원 …… 88
소사장제 …… 263
소의 이익 …… 458, 471
수습근로자 …… 354
승진 …… 161
시용근로자 …… 354
신의칙 …… 87, 358
실질적 동일성의 법리 …… 56, 293
실효의 원칙 …… 358
심급단계 …… 481

(ㅇ)

아웃소싱 …… 262, 290
안전배려의무 …… 73
업무명령 위반 …… 144, 338
영업양도 …… 235
용역 …… 266
원고적격자 …… 471
원직복귀의무 …… 111, 420
위법쟁의행위 …… 147
위법한 노동조합활동 …… 347
위임·위탁 …… 267
유리조건우선의 원칙 …… 159
육아휴직 …… 110, 314
의원면직 …… 98, 169
이중징계금지의 원칙 …… 152
이중취업 …… 146, 202, 345
이행강제금 …… 432

인사 …… 21
인사관계법 …… 21
인사관리 …… 22
인사권 …… 23, 77, 86
인사권의 제한 …… 86
일괄사직 …… 174
일반해고 …… 304
임금상당액 …… 416, 428
임금소급지급의무 …… 415
임금지급가처분 …… 465
임금지급의무 …… 72
임금피크제도 …… 197
입주자대표회의 …… 269
입증책임 …… 311

(ㅈ)

자산매각 …… 296
자치법원 …… 90
장애인차별 …… 325
재고용 …… 194, 439
전근명령의 효력부인가처분 …… 466
전적 …… 85, 227
전직 …… 23, 84, 99
전직명령권의 남용 …… 102
전출 …… 84, 222
전출근로자 …… 226
전출기업 …… 226
정년 …… 188
정년연장 …… 192
정리해고 …… 307
정신적 손해 …… 437
정직(출근정지) …… 135
조건부해고 …… 173
중간수입의 공제 …… 417
즉시해고 …… 304
지배영역의 법리 …… 57
직권면직 …… 118, 306, 406
직위해제 …… 84, 114, 202
직장규율위반 …… 134, 339
직장내 성희롱 …… 315
직접고용의무 …… 279
집행력 …… 480
징계 …… 130
징계권의 남용 …… 149
징계사유 …… 136
징계해고 …… 136, 304
징계휴직 …… 109

(ㅊ)

차별금지 …… 281
차별시정 …… 186, 281
차별적 해고 …… 311
차별정년 …… 193
채용내정자 …… 81
채용의 자유 …… 77
채용자유의 제한 …… 78
충실의무 …… 70
취업규칙 …… 91, 155
취업의무 …… 70
취업청구권 …… 422

(ㅌ)

통상해고 …… 304, 307, 408

(ㅍ)

파견기간 ······ 277
파견대상업무 ······ 276
파견사업주 ······ 272, 273
파산절차 ······ 215
피고적격자 ······ 472
피보전권리 ······ 463

(ㅎ)

합병 ······ 254
합의퇴직 ······ 170
해고 ······ 301
해고권 남용금지의 원칙 ······ 327
해고대상자의 선정 ······ 381
해고동의(합의)조항 ······ 398
해고무효 확인소송 ······ 358, 469
해고의 금지 ······ 412
해고의 효과 ······ 415
해고협의조항 ······ 399
해고회피의 노력 ······ 371
행정구제 ······ 449
행정소송 ······ 458
행정해석 ······ 92
형벌의 주체 ······ 444
형사구제 ······ 443
형사처벌의 요건 ······ 445
형성력 ······ 481
형평성의 원칙 ······ 153, 329
확정력 ······ 479
휴직 ······ 84, 108

판 례 색 인

대법원 1970.01.27. 선고, 68누10 …… 119
대법원 1980.03.25. 선고, 77누265 …… 60
대법원 1983.11.08. 선고, 83도2505 …. 51
대법원 1984.05.22. 선고, 84다1115 …. 62
대법원 1986.08.19. 선고, 83다카657 ………………………………………… 61, 267
대법원 1987.05.12. 선고, 86누690 …. 385
대법원 1987.07.12. 선고, 99마628 …… 61
대법원 1987.12.12. 선고, 89다카2011 … 370
대법원 1988.02.09. 선고, 87도2509 … 300
대법원 1989.05.23. 선고, 87다카2132 … 370
대법원 1989.05.23. 선고, 88누4508 … 252
대법원 1990.01.12. 선고, 88다카34094 …………………………………………369, 380
대법원 1990.01.25. 선고, 89누3564 …. 93
대법원 1990.03.13. 선고, 89다카24445 … 370
대법원 1990.03.18. 선고, 86다카24445 … 381
대법원 1990.05.22. 선고, 88다카28112 … 50
대법원 1990.08.10. 선고, 8217 ……… 322
대법원 1990.11.23. 선고, 90다카21589 … 351
대법원 1991.01.29. 선고, 90누4433 … 370
대법원 1991.06.14. 선고, 90다11813 … 416
대법원 1991.08.13. 선고, 91다1233 … 357
대법원 1991.12.10. 선고, 91다8647 … 365
대법원 1992.01.21. 선고, 91누5204 … 100
대법원 1992.03.13. 선고, 91다39559 … 330
대법원 1992.05.12. 선고, 90누9421 … 370
대법원 1992.06.26. 선고, 92도674 …… 48
대법원 1992.07.28. 92다 14786 ……… 356
대법원 1992.12.22. 선고, 92다14779 … 380
대법원 1993.01.15. 선고, 92다13055 … 161
대법원 1993.01.26. 선고, 92누3076 ………………………………………… 367, 370
대법원 1993.02.23. 선고, 92누11121 … 226
대법원 1993.02.29. 선고, 92다22206 … 147
대법원 1993.04.27. 선고, 92다48697 ………………………………………… 94, 142
대법원 1993.05.25. 선고, 91다41750 ………………………………………… 60, 243
대법원 1993.06.08. 선고, 92다42354 … 48
대법원 1993.07.13. 선고, 92다50263 … 140
대법원 1993.07.27. 선고, 92다4273 … 420
대법원 1993.09.10. 선고, 92다42897 … 83
대법원 1993.09.28. 선고, 91다30620 … 138
대법원 1993.10.26. 선고, 93누6331 ‥ 451
대법원 1993.11.09. 선고, 83다7464 … 111
대법원 1993.11.09. 선고, 93다37915 … 419
대법원 1993.11.23. 선고, 92다12285 ………………………………… 372, 381, 385
대법원 1993.12.28. 선고, 92다34958 … 385
대법원 1994.03.08. 선고, 93다1589 …. 60
대법원 1994.03.25. 선고, 93다32828 … 349
대법원 1994.05.10. 선고, 93다47677 … 103
대법원 1994.05.10. 선고, 93다4892 … 385
대법원 1994.06.14. 선고, 93다48823 … 370
대법원 1994.06.28. 선고, 93다33173 … 240
대법원 1994.06.28. 선고, 93다38173 … 239
대법원 1994.10.25. 선고, 93누21231 ………………………………………… 60, 255
대법원 1994.10.25. 선고, 94다25889 … 409
대법원 1994.12.09. 선고, 94다22859 … 42
대법원 1995.03.10. 선고, 94다14650 … 342

대법원 1995.06.13. 선고, 95다1323 … 322
대법원 1995.07.14. 선고, 94누11491 … 406
대법원 1995.08.11. 선고, 95다10778 … 400
대법원 1995.09.06. 선고, 95다35289 … 48
대법원 1995.09.15. 선고, 94누12067 … 46
대법원 1995.11.10. 선고, 94도1477 … 207
대법원 1995.11.14. 선고, 95누1422 ………… 173, 174
대법원 1995.11.24. 선고, 94누10931 ………… 366, 370
대법원 1995.12.05. 선고, 94누15783 ………… 370, 380
대법원 1995.12.22. 선고, 94다52119 … 370
대법원 1995.12.22. 선고, 95누3565 …. 58
대법원 1995.12.26. 선고, 95다41659 … 248
대법원 1996.04.12. 선고, 95누7130 … 229
대법원 1996.04.23. 선고, 94다446 ………… 417, 419
대법원 1996.04.23. 선고, 95다6823 ………… 65, 71, 423, 439
대법원 1996.04.26. 선고, 78다510 …… 51
대법원 1996.05.31. 선고, 95다33238 … 244
대법원 1996.06.11. 선고, 96누1504 … 287
대법원 1996.07.30. 선고, 96도732 …… 50
대법원 1996.08.23. 선고, 94누13589 … 193
대법원 1996.09.06. 선고, 95다35289 … 48
대법원 1996.10.29. 선고, 96다22198 … 411
대법원 1996.12.06. 선고, 95다45934 ………… 334, 410
대법원 1996.12.23. 선고, 96다29970 … 228
대법원 1997.02.14. 선고, 96누1795 …. 50
대법원 1997.05.16. 선고, 96다47974 … 421
대법원 1997.07.22. 선고, 97다18165 … 106
대법원 1997.12.26. 선고, 97다17575 … 248
대법원 1998.01.23. 선고, 97다44676 … 49
대법원 1998.02.10. 선고, 96누10188 … 318
대법원 1998.04.24. 선고, 97다57672 … 47
대법원 1998.04.28. 선고, 97누19953 … 76
대법원 1998.12.11. 선고, 98다36924 … 230
대법원 1998.12.23. 선고, 97누18035 ………… 163, 318
대법원 1999.03.26. 선고, 98두4672 ………… 132, 405
대법원 1999.04.27. 선고, 99두202 …. 381
대법원 1999.06.11. 선고, 98다18353 ………… 256, 257
대법원 1999.07.12. 선고, 99마628 ………… 59, 62, 271
대법원 1999.11.12. 선고, 99도2451 …. 49
대법원 1999.12.21. 선고, 98두7787 … 350
대법원 2000.01.18. 선고, 99도2910 …. 47
대법원 2000.03.10. 선고, 98두4146 ………… 62, 269
대법원 2000.08.22. 선고, 99두6910 … 459
대법원 2000.09.01. 선고, 99두7908 … 122
대법원 2000.09.08. 선고, 2000다22591 … 47
대법원 2000.09.08. 선고, 99다42308 … 369
대법원 2000.10.06. 선고, 2000다30240 ………… 48, 49
대법원 2000.10.13. 선고, 93다11437 … 239
대법원 2000.10.13. 선고, 98다11437 … 241
대법원 2000.10.13. 선고, 98두8858 … 340
대법원 2000.11.28. 선고, 2000다51476 … 51
대법원 2000.12.22. 선고, 99다21806 … 231
대법원 2001.01.05. 선고, 2000두2686 … 62
대법원 2001.01.18. 선고, 99다48986 … 47

대법원 2001.01.19. 선고, 97다21604 ··· 59, 472
대법원 2001.01.19. 선고, 2000다51919 ··· 175
대법원 2001.02.09. 선고, 2000다57498 ··· 43
대법원 2001.06.01. 선고, 2001두2218 ··· 62, 271
대법원 2001.06.26. 선고, 99다5484 ··· 47
대법원 2001.07.27. 선고, 99두2680 ··· 61, 300
대법원 2001.11.13. 선고, 2000다18608 ··· 246
대법원 2001.11.13. 선고, 2001다27975 ··· 204, 218
대법원 2001.12.11. 선고, 2000두5708 ··· 384
대법원 2001.12.14. 선고, 2000두3689 ··· 346
대법원 2002.03.29. 선고, 2000두8455 ··· 241
대법원 2002.04.23. 선고, 2000다50701 ··· 93
대법원 2002.05.14. 선고, 2001두649 ··· 389
대법원 2002.05.28. 선고, 2001두10455 ··· 137, 336, 353
대법원 2002.06.14. 선고, 2000두8486 ··· 384
대법원 2002.07.09. 선고, 2000두9373 ··· 384
대법원 2002.07.09. 선고, 2001다29452 ··· 384
대법원 2002.11.08. 선고, 2002다35379 ··· 385
대법원 2002.11.22. 선고, 2001도3889 ··· 59
대법원 2002.11.26. 선고, 2001다36504 ··· 95
대법원 2002.11.26. 선고, 2002도649 ··· 59, 60, 265
대법원 2002.12.10. 선고, 2000다25910 ··· 84
대법원 2003.01.24. 선고, 2002두8565 ··· 50
대법원 2003.02.12. 선고, 2002두12229 ··· 50
대법원 2003.04.25. 선고, 2001두6081 ··· 166
대법원 2003.04.25. 선고, 2002다11458 ··· 168, 172
대법원 2003.04.25. 선고, 2003다7005 ··· 217
대법원 2003.07.22. 선고, 2002도7225 ··· 27, 32, 396
대법원 2003.07.22. 선고, 2003다5955 ··· 355
대법원 2003.07.25. 선고, 2001다12669 ··· 125
대법원 2003.09.23. 선고, 2003두3420 ··· 60, 262
대법원 2003.09.26. 선고, 2001두10776·10783 ··· 384
대법원 2003.09.26. 선고, 2002다64681 ··· 49
대법원 2003.12.12. 선고, 2002두12809 ··· 196
대법원 2004.01.15. 선고, 2002도3075 ··· 49
대법원 2004.01.15. 선고, 2003두11339 ··· 364
대법원 2004.02.16. 선고, 2003두13656 ··· 410
대법원 2004.02.27. 선고, 2003다51675 ··· 183
대법원 2004.03.26. 선고, 2001다72081 ··· 359
대법원 2004.03.26. 선고, 2003두13939 ··· 47
대법원 2004.04.15. 선고, 2003두12639 ··· 153, 157
대법원 2004.05.14. 선고, 2002다23185 ··· 257
대법원 2004.11.12. 선고, 2002다66892 ··· 244
대법원 2005.04.14. 선고, 2004도1108 ··· 45

대법원 2005.05.27. 선고, 2005두524 … 45
대법원 2005.06.09. 선고, 2004도7218 … 379
대법원 2005.06.10. 선고, 2004두10548 ………… 302
대법원 2005.09.09. 선고, 2005두6003 … 188
대법원 2005.11.10. 선고, 2005다50034 ………… 46
대법원 2005.11.25. 선고, 2003다8210 … 119
대법원 2005.11.25. 선고, 38270 ……… 360
대법원 2006.01.26. 선고, 2003다69393 ………… 384, 439
대법원 2006.07.28. 선고, 2006다17355 ………… 438
대법원 2006.09.22. 선고, 2005다30580 ………… 368, 370
대법원 2006.09.22. 선고, 2006두12180 … 45
대법원 2006.09.28. 선고, 2004다44506 … 73
대법원 2006.11.23. 선고, 2006다48069 ………… 404
대법원 2006.11.23. 선고 2006다49901 ………… 484
대법원 2006.11.23. 선고, 2006두11644 ………… 115, 121
대법원 2006.12.07. 선고, 2004다29736 … 44
대법원 2006.12.08. 선고, 2006다38229 ………… 417
대법원 2006.12.21. 선고, 2006두15240 … 45
대법원 2007.02.08. 선고, 2005두7273 … 194
대법원 2007.02.23. 선고, 2005다3991 ………… 86, 120, 122, 124, 125
대법원 2007.03.29. 선고, 2005두13018·13025 ………… 44, 45
대법원 2007.03.30. 선고, 2004다83330 ………… 62
대법원 2007.05.31. 선고, 2007두1460 ………… 115, 118
대법원 2007.06.01. 선고, 2005다5812 … 236
대법원 2007.06.14. 선고, 2007도2710 … 446
대법원 2007.06.28. 2007도1539 ……… 376
대법원 2007.09.06. 선고, 2005두8788 ………… 401, 402
대법원 2007.09.21. 선고, 2006다25240 ………… 116, 119, 333
대법원 2007.10.11. 선고, 2007115566 … 104
대법원 2007.10.12. 선고, 2005두10149 ………… 336
대법원 2007.10.25. 선고, 2007두2067 ………… 200, 201, 407
대법원 2007.12.27. 선고, 2007다51758 ………… 95, 158
대법원 2008.01.31. 선고, 2005두8269 ………… 89, 328
대법원 2008.02.29. 선고, 2007다85997 ………… 189, 191
대법원 2008.06.26. 선고, 2008두6387 … 330
대법원 2008.07.10. 선고, 2005다75088 ………… 57, 59, 60, 473
대법원 2008.07.10. 선고, 2008두2484 ………… 361

서울고등법원 1993.11.26. 선고, 93다916774 ………… 46
서울고등법원 1996.05.09. 선고, 95구19784 ………… 385
서울고등법원 1998.07.16. 선고, 97구47600 ………… 385

서울지방법원 1998.11.24. 선고, 98가단28156 ············ 252
서울행정법원 2000.12.08. 선고, 99구30721 ············ 385
서울행정법원 2001.07.24. 선고, 2001구7465 ············ 146, 345
서울행판 2006.09.26. 2006구합20655 ············ 355
헌법재판소 1999.04.29. 선고, 94헌바37 ············ 31
헌법재판소 2001.07.19. 선고, 99헌마663 ············ 394
헌법재판소 2004.02.26. 선고, 2001헌바80 ············ 433, 434
헌법재판소 2004.08.26. 선고, 2003헌마467 ············ 31
헌법재판소 2007.08.30. 2004헌마670 ··· 450